Der Bürger erhebt sich

Peter Schleuning

Der Bürger erhebt sich

Geschichte der deutschen Musik im 18. Jahrhundert

Verlag J. B. Metzler
Stuttgart · Weimar

Das Buch erschien erstmals 1984 und wird hier in einer korrigierten und durchgesehenen Neufassung vorgelegt.

Die Deutsche Bibliothek – CIP-Einheitsaufnahme

Schleuning, Peter:
Der Bürger erhebt sich : Geschichte der deutschen Musik im 18. Jahrhundert /
Peter Schleuning.
– Stuttgart ; Weimar : Metzler, 2000
   ISBN 3-476-01797-4

Gedruckt auf chlorfrei gebleichtem, säurefreiem und alterungsbeständigem Papier
ISBN 3-476-01797-4

© 2000 J. B. Metzlersche Verlagsbuchhandlung und Carl Ernst Poeschel Verlag GmbH
in Stuttgart
www.metzlerverlag.de
info@metzlerverlag.de
Einbandgestaltung: Willy Löffelhardt
Satz: Typomedia Satztechn. GmbH, 73760 Ostfildern
Druck und Bindung: Franz Spiegel Buch GmbH, Ulm
Printed in Germany
Dezember/2000

Verlag J. B. Metzler Stuttgart · Weimar

Inhalt

Kapitel III
Die Volkserzieher:
Bitte deutlich komponieren und deutsch fühlen!

Ein dreifaches Motto

1781

Aber eine verkehrte Geschmackspolizey hat die Kunst lange in der Sklaverey gehalten. Sie an ihrer Vollkommenheit hindern, hieß uns einen Theil unsers Vergnügens versagen. Ist es nun zu verwundern, daß man sich mit einer Art von Unsinn diesem Vergnügen überläßt, da man zum Genuß desselben endlich gelangt ist? Man sucht sich durch heißhungrigen Genuß wegen der langen erzwungenen Enthaltsamkeit schadlos zu halten.

Johann Adam Hiller, Über die Musik und deren Wirkungen, Leipzig 1781, 5. XVIIf

1782

So entstanden die höchst unnatürlichen Sonaten, Symphonien, Konzerte und andre Stücke unsrer neuen Musik. Wo's erst lustig, dann mit einmahl traurig und straks wieder lustig hergeht. Und so mußte bald alles aufs Produziren hinauslaufen.

Johann Friedrich Reichardt, Instrumentalmusik, in: Reichardt, Musikalisches Kunstmagazin, Bd. I, Berlin 1782

1783

Das starke Händeklatschen nach einem Concert ist der sicherste Beweis, daß nur das Gehör beschäftigt war. Music, die ins Herz dringt, muß uns vergessen machen, daß wir Hände haben.

Carl Friedrich Cramer, Magazin der Musik, Jahrg. I, 2. Hälfte, Hamburg 1783, S. 843; Bericht eines Korrespondenten aus Wien

Vorwort

Das Buch hat den Anspruch, den historischen Ausgangspunkt unserer heutigen musikalischen Situation zu zeigen. Es ist ein Buch über die heutige Musikszene.

Der Großteil unserer heutigen Verhaltensweisen und Probleme, auch musikalisch, stammt aus dem 18. Jahrhundert. Von dort leitet sich unsere ganze Misere, unser ganzer Reichtum her. Viel hat sich seitdem nicht verändert. Die Leute aus dem 18.Jahrhundert, die Lebensumstände, in die sie gerieten, die sie sich erkämpften, ihre Hoffnungen, ihre Erfolge, das sind alles unsere eigenen Dinge. In den Menschen des 18. Jahrhunderts finden wir uns wieder. In ihnen hat unser Verhalten seinen Ursprung, in diesen frühen Bürgern, die den Versuch machten, sich zu emanzipieren.

Schriebe man eine Musikgeschichte des 17. Jahrhunderts, würde man bemerken: Die Probleme jener Menschen sind uns viel ferner, wir können sie in uns nicht wiedererkennen, sie könnten fast ebensogut dem Mittelalter entstammen. Ein Mensch wie Heinrich Schütz ist uns in seinen Auffassungen und seiner Art zu leben kaum mehr zugänglich, übrigens auch Bach, der noch viel vom 17. Jahrhundert in sich hatte.

Und das 19. Jahrhundert?

Da ist für die Bürgerlichen auch viel Neues dazugekommen, aber nicht so Entscheidendes, so Einschneidendes wie im 18. Jahrhundert. Für die Arbeiter dagegen ist hier das Entscheidende geschehen.

Seit dem Jahre 1967, als ich die Arbeit für meine Dissertation über improvisierte Klaviermusik des 18. Jahrhunderts begann (»Die Freie Fantasie. Ein Beitrag zur Erforschung der klassischen Klaviermusik«, fertiggestellt 1970, veröffentlicht 1973), hat mich besonders der Aspekt gefesselt, wie die Komponisten, die Musiker und das Publikum mit dem Schock bzw. der Freude fertig wurden, endlich aus den fürstlichen und kirchlichen Bindungen hinaus auf den »freien« Markt zu stürzen. Da lagen sie nun, die zerbrochene Schloßtür hinter sich, etwas benommen auf dem Straßenpflaster und fragten sich, wie sie die neue Freiheit genießen und gleichzeitig ihren Lebensunterhalt verdienen sollten – Vorbilder gab es nicht.

Der Frage ging ich dann auch in einigen Rundfunksendungen für den Südwestfunk nach, aus denen ein längerer Aufsatz über die Entstehungsbedingungen und die öffentlichen Folgen der Instrumentalmusik der »Wiener Klassiker« hervorging: »Warum wir von Beethoven erschüttert werden« (und andere Aufsätze über Musik in dem so benannten Aufsatzband im Verlag Roter Stern, Frankfurt 1978). Vor allem aber gingen aus diesem Interesse Veranstaltungen über die Musik und Sozialgeschichte des 18. Jahrhunderts an der Pädagogischen Hochschule Karlsruhe und den Universitäten Oldenburg und Bremen hervor, die letzte dieser Veranstaltungen im Sommer 1982. Dabei konnte ich sehr viel wichtige Kritik an Stoffauswahl und Darstellungsmethode erfahren, viele Neuanregungen, wichtige Informationen und Hinweise. Das brachte mich auf den Gedanken, diese Materialien und Erfahrungen in einem Buch zusammenzustellen, das nicht nur für Spezialisten der Musikforschung bestimmt und geeignet ist. Diese werden wohl auch dies und das an neuen Dokumenten und Denkmethoden mitbekommen, aber im wesentlichen werden es wohl »normale« Musikinteressierte sein, die dieses Buch mit besonderem Nutzen lesen: Die umfangreiche Dokumentensammlung macht es für den Schul- und Hochschulunterricht geeignet, die daran anknüpfenden Analysen und Betrachtungen auch für die Lektüre einzelner.

Im übrigen ist ein Merkmal des Buches, daß die aufgefundenen und aufgeworfenen Fragen und Probleme nicht mit dem Zwang zur Lösung totgeschlagen werden, sondern manchmal, mit einigen weiterführenden Anmerkungen versehen, unbeantwortet den Lesern vorgeführt werden. In vielen Fällen werden eher Dokumente zu einem Problemkomplex sammlungsartig vorgeführt und kommentiert, als daß eine ausgebreitete, zusammenhängende, quasi literarische Darstellung angestrebt würde.

Es ist meine Überzeugung, daß Geschichte, wenn sie nicht etwas von uns Entferntes, Abgeschnittenes sein soll, sondern etwas, das wir uns aneignen und auf uns beziehen können, das wir vergleichend erleben und erfühlen können, nur mittels einer eher kaleidoskopartigen Reihung von Einblicken, und zwar gründlichen Einblicken in die Lebenspraxis der Vergangenheit dargestellt werden kann.

Die große, aus der Feder des heutigen Spezialisten fließende Zusammenschau des ehemaligen Lebens sagt uns Lesenden immer nur: Merkwürdige Leute damals! So war es also! Heute ist es anders! Wenn Geschichte aber aktiv erlebt und umgesetzt werden soll, müssen die Menschen aus früherer Zeit selbst zur Sprache kommen, in vielen Zitaten und auch in vielen widersprüchlichen Zitaten. Und die Leser sind dabei gezwungen, mit dem Autor zusammen diese Zitate zu überdenken, zu vergleichen, auf Ungereimtheiten, logische Zusammenhänge, vor allem aber auch auf ihre Gültigkeit für die Gegenwart zu überprüfen.

Gerade im Hinblick auf das 18. Jahrhundert ist diese Art der Eigenaktivität der Leser unbedingt erforderlich, denn – nochmals sei es gesagt –: Die Bürger des 18. Jahrhunderts sind viele von uns immer noch!

Bis vor wenigen Jahren war es selbstverständlich, daß ein Musikgeschichtsbuch ausschließlich die Geschichte der Wandlungen von musikalischen Stilen, Formen, Gattungen und Kompositionsmethoden in einem bestimmten Zeitraum beschrieb und beurteilte (Großmeister, Kleinmeister, Zwerge). Seit einiger Zeit ist daneben auch ein Interesse für die sogenannte Sozialgeschichte aufgetreten. Dabei geht es darum, wie die Künstler und die Hörer, die Organi-

satoren und Mäzene finanziell, beruflich, ständisch usw. von der Kunst geprägt wurden oder sie prägten.

In diesem Buch versuche ich, diese beiden Aspekte des Kulturlebens zusam-
menfassend darzustellen, sie aufeinander zu beziehen. Dabei liegt der Schwerpunkt allerdings eher auf der sozialgeschichtlichen als der stilgeschichtlichen
Ebene, denn diese ist schon oft beackert worden, jene liegt noch weitgehend
brach. Außerdem habe ich eher die Aktivitäten der Normalmenschen als die
der Heroen gewürdigt und untersucht. Auch hier ist die Notwendigkeit eines
Nachholprozesses der ausschlaggebende Grund.

Leider kommt in diesem Buch vieles zu kurz (z. B. die Vokalmusik) oder
bleibt auf der Strecke (z. B. Hausmusik, Instrumentenbau und Musikunterricht, die am Ende von Kap. II hätten dargestellt werden sollen). Einzelhin-
weise im Register sind ein schwacher Trost.

Selbstverständlich hat der begrenzte Rahmen eines solchen Buches dazu
geführt, daß ich diese Entscheidungen getroffen habe. Mich leitete der Grundsatz: lieber wenige und typische Dinge gründlich und deutlich als alles mögliche knapp und verschwommen! Diesem Grundsatz habe ich auch mit großem
Bedauern ein umfangreiches Kapitel über deutsche Volksmusik im 18. Jahrhundert geopfert. So sind wenigstens wesentliche Züge der bürgerlichen Musikentwicklung versammelt.

Kapitel I   bringt die Leser sozusagen auf den musikalischen Stand um 1700,
             schildert einige typische Musiksituationen am Jahrhundertbeginn
             und zeigt dann drei bis heute modellhafte Aktionsformen von
             Komponisten im Umgang mit ihren beruflichen Möglichkeiten in
             der Gesellschaft.

Kapitel II   dokumentiert die Techniken, Erfolge und Schwierigkeiten, die die
             frühen Bürger hatten, als sie ihre musikalischen Bedürfnisse nach
             öffentlicher Unterhaltung und Bildung in Gestalt des Konzerts zu
             organisieren begannen.

Kapitel III beschreibt, wie die bürgerlichen Aufklärer das neue Publikum und
             die neue Musik gerne gehabt hätten und wie ihre Schwierigkeiten
             dabei aussahen.

Kapitel IV   zeigt, wie die Heroen sich bemühten, ihren eigenen Bedürfnissen
             und denen des Publikums gerecht zu werden und was dabei für
             Musik herauskam.

Vorbemerkung zur Neuauflage

Peter Schleunings Musikgeschichte des 18. Jahrhunderts erschien erstmals 1984 im Rowohlt Taschenbuch Verlag, ein korrigierter Nachdruck 1989. Das Buch war der erste Band in der geplanten Reihe »Geschichte der Musik in Deutschland«. Es folgte 1987 der von Sabine Schutte herausgegebene Band »Ich will aber gerade vom Leben singen... Über populäre Musik vom ausgehenden 19. Jahrhundert bis zum Ende der Weimarer Republik«. Ein angekündigter dritter Band von Martin Geck über die Musik des 19. Jahrhunderts erschien nicht mehr in der inzwischen eingestellten Reihe, sondern als selbständige Veröffentlichung unter dem Titel »Von Beethoven bis Mahler. Die Musik des deutschen Idealismus« 1993 im Metzler Verlag. Peter Schleunings damals wie heute unter dem Titel »Der Bürger erhebt sich« vorgelegtes Buch war der erste Versuch einer sozialgeschichtlich ausgerichteten Musikgeschichtsschreibung seit Eberhard Preußner und Leo Balet/E. Gerhard (d. i. Eberhard Rebling) in den 1930er-Jahren. Da die materialreiche Darstellung in ihren Ansätzen und Ergebnissen bis heute nicht überholt ist, hat sich der Metzler Verlag entschlossen, das lange vergriffene Buch in einer vom Autor durchgesehenen Ausgabe neu vorzulegen. Auch heute noch kann es als grundlegende Einführung in eine zentrale Epoche der Musikgeschichte gelten, die die gängigen musikgeschichtlichen Darstellungen ergänzt. Das 1997 im Metzler Verlag erschienene Buch von Peter Schleuning (»Die Sprache der Natur. Natur in der Musik des 18. Jahrhunderts«) ist gewissermaßen eine Fortsetzung und Ergänzung von »Der Bürger erhebt sich«, so daß beide Bücher zusammen eine Argumentationseinheit bilden.

Stuttgart, im September 2000   J. B. Metzler Verlag

Quellenkürzel-Verzeichnis

Es wird in diesem Buch keine Fußnoten geben: Quellenangaben und Zusatz-
bemerkungen sind nicht Nebensache, sondern sind von gleichem Interesse wie
die Zitate und die Hauptgedanken selbst. Die Leseerfahrung zeigt, daß Fußnoten beim aktiven Lesen den Lesefluß nicht ordnen, sondern zerhacken und
stören.

Die Quellenangaben zu Zitaten folgen dem Zitat in Klammern, und zwar
bei seltener benutzten Werken in voller Ausführlichkeit, bei häufig benutzten
Werken lediglich mit Angabe von Autor, Jahr und Seite. Bezugspunkt dieser
Angabe ist die folgende, nach Autorenalphabet geordnete Liste, aus der ich
gesondert sieben Titel vorangestellt habe, die ich besonders interessierten
Lesern zum weitergehenden, aber nicht allzu spezialisierten Studium des Pro-
blemfeldes empfehle. Die meisten der Quellenschriften aus dem 18. Jahrhundert sind übrigens in fotomechanischem Neudruck (Reprint) zugänglich.

Norbert Elias, Die höfische Gesellschaft. Untersuchungen zur Soziologie des Königtums
und der höfischen Aristokrarie, Darmstadt und Neuwied 1969, ⁴1979 (Soziologische
Texte, hg. v. H. Maus u.a., Band 54)
Leo Balet u. E. Gerhard (Eberhard Rebling), Die Verbürgerlichung der deutschen
Kunst, Literatur und Musik im 18. Jahrhundert (1936), Ullstein 1973
Walter Bruford, Die gesellschaftlichen Grundlagen der Goethezeit (1936), Ullstein
1975
Eberhard Preußner, Die bürgerliche Musikkultur. Ein Beitrag zur deutschen Musik-
geschichte des 18. Jahrhunderts, Hamburg 1935
Arnold Hauser, Sozialgeschichte der Kunst und Literatur (1953), München 1975, vor
allem die Seiten 455–682
Walter Salmen (Hg.), Der Sozialstatus des Berufsmusikers vom 17. bis 19. Jahrhundert,
Kassel und Basel 1971 (darin: H.W. Schwab, Zur sozialen Stellung des Stadt-
musikanten; D. Krickeberg, Zur sozialen Stellung des deutschen Spielmanns...; R.
Petzoldt, Zur sozialen Lage des Musikers im 18. Jahrhundert; K. Hortschansky, Der
Musiker als Musikalienhändler...; Chr.-H. Mahling, Herkunft und Sozialstatus des
höfischen Orchestermusikers...; u.a.)
Gert Mattenklott, Kl. Scherpe (Hg.), Westberliner Projekt: Grundkurs 18. Jahrhundert,
Bd. 1 (Analysen), Bd. 2 (Dokumente), Reihe Literatur im hist. Prozeß Nr 4/1 und 4/2,
2. Aufl. Kronberg 1976

Adlung 1758: Jacob Adlung, Anleitung zu der musikalischen Gelahrtheit, Erfurt
Agricola 1757: Joh. Friedrich Agricola, Anleitung zur Singkunst, Bln. 1757 (Übers. der
Singeschule des Pier Francesco Tosi von 1723)
Bach I, II, III: Bach-Dokumente, hg. vom Bach-Archiv Leipzig, Supplement zur Neuen
Bach-Gesamtausgabe
Bd. I: Schriftstücke von der Hand Joh. Seb. Bachs, hg. v. Werner Neumann und H.-J.
Schulze, Kassel und Basel 1963

Bd. II: Fremdschriftliche und gedruckte Dokumente zur Lebensgeschichte Joh. Seb. Bachs 1685–1750, hg. von denselben, Kassel und Basel 1969

Bd. III: Dokumente zum Nachwirken Joh. Seb. Bachs 1750–1800, hg. von H.-J. Schulze, Kassel und Basel 1972

Bach Versuch 1753, 1762: Carl Philipp Emanuel Bach, Versuch über die wahre Art das Clavier zu spielen, Bd. I Berlin 1753, Bd. II Berlin 1762

Balet: Leo Balet und E. Gerhard, Die Verbürgerlichung der deutschen Kunst, Literatur und Musik im 18. Jahrhundert (1936), Ullstein 1973

Bossler 1788, 1789, 1790: Musikalische Real-Zeitung auf das Jahr…, hg. von Heinrich Philipp Carl Bossler, 3 Bde., jeweils mit einer Musikalischen Anthologie, der musikalischen Real-Zeitung praktischer Theil, Speier

Bruford: Walter Bruford, Die gesellschaftlichen Grundlagen der Goethezeit (1936), Ullstein 1975

Bücken: Ernst Bücken, Die Musik des Rokokos und der Klassik, Potsdam 1929 (Handbuch der Musikwissenschaft, hg. v. E. Bücken)

Burney 1773 I, 1773 II: Charles Burney, Tagebuch einer musikalischen Reise, aus dem Englischen übersetzt, Bd. 2, Hamburg 1773, Bd. 3, 1773

Cramer 1783, 1784/86: Magazin der Musik, hg. v. Carl Friedrich Cramer, Halbbände I/1 und I/2 Hamburg 1783, Halbbände II/1 und II/2 Hamburg 1784/86

Dörffel, Alfred: Geschichte der Gewandhauskonzerte zu Leipzig, Leipzig 1884

Dulon 1807: Dülons des blinden Flötenspielers Leben und Meynungen von ihm selbst bearbeitet, hg, v. C. M. Wieland, Teil 1, Zürich 1807

Elias: Norbert Elias, Die höfische Gesellschaft, Neuwied ⁴1979

Forkel, A 1782, 1783, 1784, 1789: Johann Nikolaus Forkel, Musikalischer Almanach auf das Jahr…, 4 Bde., Leipzig

Forkel, B I 1778, II 1778, III 1779: ders., Musikalisch-kritische Bibliothek, 3 Bde., Gotha

Hauser: Arnold Hauser, Sozialgeschichte der Kunst und Literatur (1953), München 1975

Haydn: Joseph Haydn, Gesammelte Briefe und Aufzeichnungen, hg. v. Denes Bartha, Kassel und Basel 1965

Hiller 1781: J. A. Hiller, Über die Musik und deren Wirkungen, Leipzig 1781; Übers. einer frz. Schrift von Chabanon, 1779

Hiller 1766, 1767, 1768/69, 1770: Wöchentliche Nachrichten und Anmerkungen die Musik betreffend, hg. v. Johann Adam Hiller, 4 Bde., Leipzig 1766, 1767, 1768/69, 1770

Junker 1784: Carl Ludwig Junker, Musikalischer Almanach auf das Jahr 1784, Freyburg

Koch 1802: Heinrich Christoph Koch, Musikalisches Lexikon, Frankfurt 1802

Kraus 1777: Joseph Martin Kraus, Etwas von und über Musik fürs Jahr 1777, Frankfurt 1778, Neuausgabe, hg. v. Fr. W. Riedel, München 1977

Marpurg 1749/50: Der critische Musicus an der Spree, hg. v. Friedrich Wilhelm Marpurg, 50 Stücke, Berlin 1749/50

Marpurg 1754/55, 1756, 1757, 1758/59, 1760/78: Historisch-kritische Beyträge zur Aufnahme der Musik, hg. v. Friedrich Wilhelm Marpurg, 5 Bde., Berlin 1754/55, 1756, 1757, 1758/59, 1760/78

Mattenklott I, II: Gert Mattenklott, Kl. Scherpe (Hg.), Westberliner Projekt: Grundkurs 18. Jahrhundert, Bd. 1 Analysen, Bd. 2 Dokumente, 2. Auflage, Kronberg 1976 (Literatur im historischen Prozeß, Bd. 4/1 und 4/2)

Mattheson 1722 f, 1725: Johann Mattheson, Critica Musica, Hamburg 1722/23 und 1725

Mattheson 1728: ders., Der musikalische Patriot, Hamburg 1728

Mattheson 1739: ders., Der vollkommene Capellmeister, Hamburg 1739

Mattheson 1744: ders., Die neueste Untersuchung der Singspiele, nebst beygefügter musikalischer Geschmacksprobe, Hamburg 1744

MGG: Die Musik in Geschichte und Gegenwart. Allgemeine Enzyklopädie der Musik, hg. von Friedrich Blume, Kassel und Basel 1949 ff

Mizler 1738: Lorenz Chr. Mizler, Neu eröffnete musicalische Bibliothek, oder gründliche Nachricht nebst unpartheyischem Urtheil von musicalischen Schriften und Büchern, 4 Bde., Leipzig 1736–54, hier Bd. 1, 5. Stück, 1738

Mozart 1756: Leopold Mozart, Versuch einer gründlichen Violinschule, Augsburg 1756

Mozart Dokumente: Wolfgang Amadeus Mozart. Die Dokumente seines Lebens, hg. von Otto Erich Deutsch, Kassel und Basel 1961 (Neue Gesamtausgabe, Serie X, Gruppe 34)

Mozart Briefe I-VII: Wolfgang Amadeus Mozart. Briefe und Aufzeichnungen, hg. von W. A. Bauer und O. E. Deutsch, 7 Bde. (darin 2 Kommentarbände und ein Registerband von Joseph Heinz Eibl = Bd. V, VI, VII) Kassel und Basel 1962/75

Petri 1767: Johann Samuel Petri. Anleitung zur praktischen Musik, Lauban 1767, hier zit. nach der 2. Auflage, Leipzig 1782

Preußner: Eberhard Prcußner, Die bürgerliche Musikkultur. Ein Beitrag zur deutschen Musikgeschichte des 18. Jahrhunderts, Hamburg 1935

Quantz 1752: Johann Joachim Quantz, Versuch einer Anweisung die Flöte traversiere zu spielen, Berlin 1752, hier zit. nach der 3. Auflage, Berlin 1789

Reichardt 1774, 1776: Johann Friedrich Reichardt, Briefe eines aufmerksamen Reisenden die Musik betreffend, 2 Bde., Frankfurt und Breslau 1774 u. 1776

Reichardt 1782, 1791: Johann Friedrich Reichardt, Musikalisches Kunstmagazin, 2 Bde., Berlin 1782 und 1791

Rouvel: Diether Rouvel, Zur Geschichte der Musik am Fürstlich Waldeckschen Hofe zu Arolsen, Regensburg 1962 (Kölner Beitr. z. Mf., Bd. 22)

Salmen 1971: Der Sozialstatus des Berufsmusikers ... (s. o.)

Salmen 1969: Haus- und Kammermusik. Privates Musizieren im gesellschaftlichen Wandel zwischen 1600 und 1900, Leipzig 1969 (Musikgeschichte in Bildern, hg. v. H. Besseler und W. Bachmann, Bd. IV, Serie 3)

Scheibe 1745: Johann Adolf Scheibe, Der critische Musicus, 78 Stücke, Leipzig 1737/40, zit. nach der erweiterten Ausgabe Leipzig 1745

Schleuning: Peter Schleuning, Die Freie Fantasie. Ein Beitrag zur Erforschung der klassischen Klaviermusik (1970), Göppingen 1973

Schlichtegroll: Friedrich von Schlichtegroll, Musiker-Nekrologe, neu hg. von Richard Schaal, Kassel und Basel o. J.

Schwab: Heinrich W. Schwab, Konzert. Öffentliche Musikdarbietung vom 17. bis 19. Jahrhundert, Leipzig 1971 (Musikgeschichte in Bildern, hg. v. H. Besseler und W. Bachmann, Bd. IV, Serie 3)

Sulzer 1771: Allgemeine Theorie der schönen Künste, hg. von Johann Georg Sulzer, Leipzig 1771 ff

Telemann B: Georg Philipp Telemann, Briefwechsel. Sämtliche erreichbaren Briefe von und an Telemann, hg. H. Grosse u. H. R. Jung, Leipzig 1972

Telemann D: Georg Philipp Telemann, Singen ist das Fundament zur Musik in allen Dingen. Eine Dokumentensammlung, hg. W. Rackwitz, Wilhelmshaven 1981

Walter: Friedrich Walter, Vom Liebhaberkonzert zur Musikalischen Akademie, in: 150 Jahre Mus. Akad. d. Mannheimer Nationaltheaters 1779–1929, Mannheim 1929

Walther 1732: Johann Gottfried Walther, Musicalisches Lexikon oder musicalische Bibliothek, Leipzig 1732

Wolff: Hellmuth Christian Wolff, Oper. Scene und Darstellung von 1600 bis 1900, Leipzig 1968 (Musikgeschichte in Bildern, hg. v. H. Besseler und Max Schneider, Bd. IV, Serie 3)

Kapitel I

Fürsten und Bürger: Voraussetzungen und Grundtendenzen

Was bisher geschah ...

Das deutsche Bürgertum hatte es recht schwer mit seiner Selbstbefreiung. Es konnte sich nie in einem gemeinsamen Klassenbewußtsein und einer gemeinsamen Kampfrichtung zusammenfinden, also auch keinen Bastille-Sturm herbeiführen. Das lag sicher mit daran, daß die deutschen Bürgerlichen keine geschlossene Nation und keine Hauptstadt vorfanden, auf denen ihre Aktionen basieren konnten, sondern durch die Aufspaltung Deutschlands in Hunderte kleiner Länder am Operieren und Kommunizieren gehindert waren. Aber es lag auch daran, daß eine seelische Last, die Bürger aller Länder beim Versuch ihrer Selbstbefreiung und ihrer Zielfindung hinderte, in Deutschland besonders schwerwiegend war: Es war dieser riesige Berg der seit Jahrhunderten angehäuften psychischen Haltungen und Antriebe, Praktiken und Denkmethoden, die in den aufstrebenden Untertanen verankert waren und nicht so einfach zugleich mit der Überwindung des Feudalismus abzustreifen waren. Sehr viel von dem Mitgeschleppten blieb unbearbeitet liegen oder verschlimmerte sich gar noch, hatte Einfluß auf die Mängel und Selbstfesselungen, die die Bürgerlichen bei ihren Emanzipationsbemühungen in sich entdeckten oder auch erzeugten, und es hatte auch Einfluß auf die Unterdrückung, die die Bürgerlichen in der Gefolgschaft des von ihnen entmachteten Feudalismus auf die nächst untere Klasse ausübten.

Wie sahen diese Mängel auf musikalischem Gebiet aus? Um diese Frage beantworten zu können, will ich zunächst ein paar wichtige, vor dem 18. Jahrhundert liegende Stationen aus der Entwicklung der europäischen Kunstmusik beleuchten; damit soll deutlich werden, was sich um 1700 schon alles an Problemen angesammelt hatte, eine Masse, die von einer so heterogenen Klasse wie dem Bürgertum gar nicht fortzuschaufeln war. Die Eingrenzung auf die Kunstmusik ist sinnvoll, weil Angelpunkt und Kampfplatz der musikalischen Befreiung im 18. Jahrhundert diese Musikart war. Die Volksmusik von

Handwerkern und Landbevölkerung gab es zu dieser Zeit auch noch, aber die interessierte die Bürger zunächst nicht so sehr.

Die beiden wichtigsten Etappen auf dem Wege der Kunstmusik ins 18. Jahrhundert waren ihr Beginn im 9. Jahrhundert und ihr radikaler Umschwung im 15./16. Jahrhundert. Ich will versuchen, diese musikhistorischen Fakten politisch zu verstehen. Da es dazu so wenig Vorarbeit gibt, werde ich um Hypothesen und Vergröberungen, also auch Fehler, nicht herumkommen. Aber ich möchte nicht – wie Eisler sagte – bei der Musik »mein Gehirn an der Garderobe abgeben«.

9. Jahrhundert: Die Kunstmusik beginnt

Was sie von der Volksmusik grundsätzlich abhebt, sind Theorie und Schrift. Während in der Volksmusik das Musikmachen, auch das mehrstimmige, mündlich überliefert und durch Mitsingen und Mithören in einem weitreichenden Prozeß weitergetragen wird, ist ein Grundmerkmal der mehrstimmigen Kunstmusik, daß ihr Erlernen und Ausführen von der Kenntnis einer Notenschrift und einer Zusammenklangstheorie abhängt. Beides wurde im 9. Jahrhundert im karolingischen Reich entwickelt. Es gab jetzt schriftliche Anweisungen, welche Töne eine zweite Stimme zum »gregorianischen Choral« setzen durfte und welche nicht. Und es gab erstmals dazu Beispiele in Notenschrift. Die Musikart, die so an den Kirchen einen freien Umgang mit dem »Choral« verhinderte und zur allgemeinverbindlichen Form kirchlicher Mehrstimmigkeit wurde, hieß Organum. In parallelen Quinten und teilweise auch Quarten bewegte sie sich fort, offenbar volkstümliche Elemente aufgreifend, aber eben streng systematisierend. Im Gottesdienst und zu seinem »Schmuck« geschah es, daß Schrift und Theorie gebildet wurden: Die Kunstmusik begann als gut lehrbare Anweisung einer einheitlichen Kirchenmusik. Die mehrstimmige Kunstmusik, Seitenstück zur Choral- und Schriftreform im karolingischen Reich, entstand als Mittel der »Befriedung«, d.h. Unterwerfung germanischer und anderer Völker unter dem Zeichen des Christentums. Wie auch in anderen Fällen wurden (hier in der Musik) Schrift und Theorie erfunden und angewendet, um von einem Machtzentrum aus in ein Reich, das viel zu groß war für mündliche Mitteilungen und viel zu hierarchisch geordnet für die Entwicklung selbständiger Zentren, klare, einheitliche Befehle zu entsenden, die zentral gesteuert und deren Ausführung auch zentral kontrolliert werden konnte. Die Kunstmusik entstand als Waffe des kulturellen Reichs-Imperialismus. Die Schrifttradition hatte noch andere, von der Funktion als Machtmittel nur scheinbar unabhängige Konsequenzen. Da ihr Kommunikationssystem, den Herrschenden wunderbar dienlich, auf zentrale Aufgabenstellung und kollektive Ausführung ausgerichtet war – die Musikschrift stellt

Aufgaben, die nicht zu korrigieren, sondern nur auszuführen sind! –, veränderten sich auch vollständig die gesellschaftlichen Begriffe vom Lernen und vom Neuen. Gab es in der mündlichen Tradition der Volksmusik Neuerungen nur in allmählichen Prozessen, die deshalb so schleichend und langsam waren, weil der Lernprozeß allgemein war und für alle Lernenden eine produktive Komponente hatte, so waren Neuerungen auf dem Gebiet der schriftlich fixierten Kunstmusik bald in beliebiger Schnelligkeit hervorzubringen, zu erfinden. Die Schriftform der Musik betraf nur den relativ kleinen Kreis von Klerikern, die an den weitverstreuten Kirchen und Klöstern des Reiches den Choral mehrstimmig ausschmückten. Die Bevölkerung war von dieser Art des Musikmachens ausgeschlossen. Sie hörte zu. Unter den Kirchen-, d. h. den Kunstmusikspezialisten begann eine rapide Beschleunigung des musikalischen Erneuerungs- und Lernprozesses, da diese Entwicklung der volksmusikalischen Basis entzogen war. Während die Volksmusik ihre behäbige, allen zugängliche Neuerungsgeschwindigkeit beibehielt, heulte der Motor der Kunstmusikneuerungen, völlig isoliert, immer höher auf. Und je mehr die Reichseinheit zerfiel, desto geringer wurde auch der Anspruch auf kirchliche Allgemeinverbindlichkeit der Neuerungen. Nur noch einige Zentren korrespondierten miteinander, trieben die Entwicklung voran; Schulen bildeten sich, spezialisierten sich, unkontrollierbar von der Bevölkerung, geschützt von der kirchlichen Allmacht, korrigiert nur von Zeit zu Zeit von einer päpstlichen »Bulle«, wenn die Kluft zwischen Bevölkerung und Kunst so weit getrieben war, daß auch die Kirchenobrigkeit in Zweifel kam, ob sie eher auf der Seite der Kunst oder der des Volkes stehen sollte.

So entwickelte sich die Kunstmusik, sprich Kirchenmusik, rapide von den Bedingungen der Volksmusik fort. Sicher, es gab Melodiezitate oder Harmonien oder Strukturierungsverfahren aus volkstümlicher Musik in ihr, und es begann auch allmählich die weltliche Kunstmusik mit mehrstimmigen und einstimmigen Liedern. Aber dennoch gab es als Höhepunkt der Entwicklung im 14. und 15. Jahrhundert Stücke von einer derartig »manieristischen« Künstlichkeit, durchsetzt von geheimen rhythmischen und melodischen Formplänen, daß der erwähnte Charakter von Schrift und Theorie in der Musik als volksfremde Herrschaftszeichen, ob an Hof oder Kirche, unübersehbar ist.

Und es gab auch schon die großen Meister. Der in Frankreich arbeitende Guillaume de Machaut war die von den Zeitgenossen bewunderte Zentralgestalt der Kunstmusik des 14. Jahrhunderts. Seine spezialisierten Objekte wurden (für die damalige Zeit) weit verbreitet, übertrafen als »ars nova«, d. h. als Neue Kunst, die traditionellen Werke.

Es gab also bereits im Mittelalter die scharfe Trennung zwischen Volks- und Kunstmusik, und innerhalb der Kunstmusik gab es große Meister, die Avantgarde und auch die Scheidung in wenige Produzierende und viele Reproduzierende und Konsumierende. (Eine ausgezeichnete Darstellung einer ganz entgegengesetzten Geschichtsauffassung im Mittelalter gibt Fritz Reckow im Bericht über den Intern. Musikwiss. Kongreß Bayreuth 1982, Kassel und Basel 1983.)

Die Wende im 15. und 16. Jahrhundert

Daß aber der Kreis der an Kunstmusik Teilhabenden im wesentlichen auf Hof und Kirche beschränkt war, konnte kein Zustand von Dauer sein. Denn: Aus der Bevölkerung stiegen immer mehr Menschen in die mittleren und oberen Zonen der Gesellschaft auf, große Staaten wie England, Frankreich und Spanien bildeten sich fester aus, der Handel und die Handelswege erweiterten sich, Amerika wurde entdeckt, die internationalen Beziehungen wurden befestigt. Und all die Beamten, Händler, Unternehmer und Reisenden, die an diesem Ausweitungsprozeß teilnahmen, entfernten sich immer mehr von einer ländlichen, bodenständigen Kultur, trieben den Prozeß der Verstädterung voran und waren darauf angewiesen, an den verschiedensten Orten gleichartige, international einheitliche Kommunikationsformen vorzufinden und zu benutzen. Als Voraussetzung dazu wurde der Buchdruck erfunden. Und in ihren Stadthäusern, die an Zahl und Wohlstand zunahmen, war auch die alte Volksmusik nicht mehr das angemessene musikalische Ausdrucks- und Repräsentationsmittel: Etwas Gehobenes und dennoch Allgemeinverständliches, ein Klang sollte an ihre Stelle treten, den auch der Gast aus dem Ausland begriff und möglichst auch selbst mitgestalten konnte – singend oder spielend –, ein allgemeinverständliches musikalisches Sprachmittel der neuen Händler, Zunftbürger und Patrizier, weder Volksmusik noch die herkömmlich-komplizierte Kirchen- und Hofmusik: Man war schließlich eine neue, selbständige Kraft!
    Was änderte sich musikalisch?

1. Die weltliche Musik holte mengenmäßig gegenüber der kirchlichen Musik gewaltig auf, wodurch auch das Eintreten der Nationalsprachen – auch Deutsch – in die Kunstmusik sich verstärkte.

2. Die Instrumentalmusik trat aus ihrer bisherigen Rolle als volkstümliche Tanzmusik oder als Begleitmusik in Volks- und Kunstmusik heraus – die Kunstmusik war ja als Bearbeitung des Kirchenchorals wesentlich Vokalmusik gewesen! – und wurde kunstfähig, zunächst in verzierten Bearbeitungen von kirchlichen und weltlichen Vokalstücken, dann aber in immer selbständigeren Formen. Dabei war oft das virtuose Element der Instrumentalbeherrschung, das Erstaunliche der instrumentalen Fertigkeit, bestimmend. Noch Mattheson (1739, S. 233) nennt »die Verwunderung über eine ungewöhnliche Fertigkeit« als spezifische »Gemüths-Bewegung« bei Klaviersonaten.

3. Was aber, wenn nicht mehr die Sätze des Textes im Vokalstück Anfang und Ende einer Musik festlegten, sondern wenn *nur* Musik ohne Worte da war? Woher dann Maßstäbe für Anfangen und Schließen nehmen? Das war die Stunde, in der die Grundtonart als Strukturmittel auftrat: Mit der Tonart, in der ein Instrumentalstück beginnt, muß es auch aufhören. Das gab es vorher nicht. Diese Forderung nach Tonarteinheit überträgt sich später auch auf die Vokalmusik. Sie bildet dann auch den Boden für musikalische Rahmen- handlungen, Wiederkehrformen, wie sie später – ausgehend von Tanz- und Liedmusik – allbeherrschend werden: Die Melodie oder der Teil, die zu Beginn in der Grundtonart auftreten, kehren am Ende zugleich mit dem Wiederein- tritt der Grundtonart wieder. Jedoch bahnte sich das im 16. Jahrhundert erst ganz allmählich an, während das Prinzip der Tonarteinheit schon um sich griff.

4. Dieser Abbau einer gewissen Vielfalt und Vielgestaltigkeit der mittel- alterlichen Kunstmusik zugunsten einer normierten Vereinheitlichung wurde ebenfalls auf dem Gebiet der Melodik und Harmonik (bei letzterer noch über die Tonarteinheit hinaus) weitergetrieben. Die mittelalterlichen Kirchentonar- ten, offenbar fast alle im Austausch mit der Volksmusik entstanden, dann aber relativ fest theoretisch geregelt und systematisiert, wurden – zunächst in der weltlichen Musik – zurückgedrängt durch die heute so genannten beiden Tongeschlechter Dur und Moll. Dabei ist wichtig, daß diese beiden Tonge- schlechter, in der Kunstmusik bis dahin selten anzutreffen, aus der Volks- musik, vor allem der englischen und italienischen, zusammen mit volks- liedhafter Liedmelodik in die komponierte Kunstmusik eindrangen. Drei- klangsmelodik in schönstem Dur gehörte zu den Neuerungen der Zeit.

Damit zusammen hängt eine neue Spannungsharmonik auf Dreiklangsbasis, die seit dem 15. Jahrhundert um sich griff und gleichfalls aus der Volksmusik stammte: Die Dominant- oder Leittonspannung, wie man heute sagt. Ein Prozeß wurde möglich, den wir aus der Musik der späteren Jahrhunderte kennen: Melodik und Harmonik stauen sich auf und lösen sich dann in einer großen Schlußwendung. Dieser Prozeß ist eine notwendige Folge der Tonart- einheit. Ihn gab es in der mittelalterlichen Musik nicht. In ihr gab es zwar auch harmonische Spannungen, aber kurzfristiger, von einem Klang zum nächsten, nicht aber diese Langzeitspannungen auf die Zukunft, den Schluß hin, wo die harmonische Gesamterlösung stattfindet. Da führt dann der »Leitton«, der Halbton unter dem Grundton der Tonart, endlich wieder in die Tonartheimat zurück, das lange Sehnen hat ein Ende, ist gelöst. Und der zum »Leitton« gehörende Dreiklang, der auf der 5. Tonleiterstufe (in C-Dur g-h-d, wobei h Leitton ist), ist der harmonische Boden dieses Spannungsprozesses. In ihm ist die Spannung materialisiert mit dem Leitton als Hauptträger. Dieser Dreiklang, die »Dominante«, löst sich endlich in die »Tonika«, den Grundtonartdreiklang (c-e-g). Diese Spannung beherrscht ganze Stücke, die »Wacht am Rhein«, »Mariechen saß weinend im Garten«, den Schlußsatz der 5. Sinfonie von Beethoven oder die »Internationale«, gleich ob der Leitton in der Melodie oder Begleitung steht. Das war im 15. und 16. Jahrhundert neu – allerdings auch noch selten. Erstaunt bemerkt man in kleinen Stücken des in Cambrai geborenen Guillaume Dufay von etwa 1430 plötzlich Leittöne und »Dominanten« in Schlußwendungen. Auch das kam offenbar von der Volksmusik in die Kunstmusik.

5. Und noch etwas kam aus der Volksmusik neu hinzu: der später innerhalb der Musikwissenschaft so genannte Akzentstufen-Takt.

Das ist jene von Takt zu Takt immer gleich gefühlte Folge von Gewichtsabstufungen, die für unsere Kunstmusik selbstverständlich ist. Mag die rhythmische Einzelausfüllung der Takte vom Komponisten noch so gegenläufig und widersprüchlich sein. Sie wirkt nur gegenläufig und widersprüchlich, weil wir als Grundlage ständig die gleiche Folge von »Akzentstufen« fühlen: im ¾-Takt z. B. schwer-leicht-leichter, im ⁴⁄₄ stark-schwach-mittelstark-sehr schwach. Daß man in sich diese Dauerfolgen pulsieren fühlt, sich manchmal – vor allem nach Auftakten oder in Synkopen – so richtig in die Eins hineinlehnt, das gab es in der mittelalterlichen Kunstmusik nicht. Sie lief relativ frei dahin, die Einzelstimmen hatten ihr rhythmisches Eigenleben, ohne daß sie immer wieder in regelmäßigen Folgen auf einem »Schlag« zusammengefaßt wurden. Es gab zwar eine regelmäßige »Eins«, die bei mehrstimmiger Musik auch dirigiert wurde, aber sie diente nur zur Koordination der Musiker, hatte organisatorische Funktion. Mensur hieß diese mittelalterliche, nicht taktmäßige Zeiteinteilung in der Musik. Tänze kommen allerdings ohne diese Akzentstufen nicht aus. Ihre Art, regelmäßige Bewegungsfolgen mit Gewichtsverlagerungen zu veranlassen – linker Fuß, rechter Fuß, linker Fuß zurück beispielsweise! –, macht solche musikalischen Gewichtsfolgen notwendig. (Das gilt natürlich nur für unsere europäische Art der Volkstänze.) Und zusammen mit den anderen Elementen aus der Volksmusik ging auch dieses Taktphänomen in die Kunstmusik ein. Die Instrumentalensembles des 16. Jahrhunderts, die Opernarien und -zwischenspiele des 17. Jahrhunderts, Lieder und Orgelstücke hatten plötzlich diesen neuen pulsierenden Impetus, der so körperlich stimulierend wirkte, Körperwiegen, Fußtreten, Händeschwenken auslöste.

Von den genannten Punkten betreffen zwei die Erweiterung des Kunstmusikspektrums (Weltliche Musik, Instrumentalmusik), zwei weitere stilistische Vereinheitlichungen (Tonarteinheit, Tongeschlechter mit Dominantspannung).

Diese Neuerungen entsprechen sehr gut den genannten Erfordernissen eines international, zumindest aber urban orientierten neuen Handels- und Zunftstandes. Er bedurfte einer ihm spezifischen musikalischen Verständigungsform ohne regionale Beschränktheit und ohne höfisch-kirchliche Abhängigkeit. Er suchte in der Musik mehr Möglichkeiten einer körperlichen, selbstbestimmten Aktivität, jedoch undörflich, mit Würde. Und da saß die Familie des Zunftmeisters mit ihren Gästen und Freunden an einem Tisch, vielleicht in Nürnberg. Sie spielten mit ihren Gamben, Flöten und anderen Instrumenten die Tanzstück-Sammlungen aus Paris und Venedig, oder eine Gruppe sang die neuartigen mehrstimmigen weltlichen Madrigale aus Italien über Liebe und Tod, und die andere Gruppe spielte die Stimmen mit den Instrumenten mit. Vielleicht sang auch die Hausfrau die Oberstimme, und die anderen spielten die Unterstimmen auf den Instrumenten. Man hatte viele Möglichkeiten mit dieser neuartigen Musik. Es war eine sehr sinnliche, kirchenferne, eine sehr häusliche und wohlhabende Atmosphäre, geprägt zugleich von ländlichen Elementen der Volksmusik wie von Elementen der höheren, internationalen Bildung der vornehmen Welt.

Und all das wäre nicht möglich gewesen ohne den Notendruck. Seit etwa 1500 war er da und wurde ein grundlegender Bestandteil der musikalischen Entwicklung. Wie die internationale Musiksprache pflegen ohne internationalen Vertrieb der Noten, und zwar sehr vieler Exemplare? Die handschriftliche Praxis der alten Zeit reichte da nicht mehr aus. Riesige Verlagshäuser entstanden und belieferten die kulturhungrigen Patrizier, aber auch die anwachsenden Kirchenchöre und -orchester der Renaissance mit Notenbüchern, die nun doppelt und dreifach so groß sein mußten wie vor 100 Jahren, denn auch die Chöre hatten sich in dem gleichen Maß vergrößert, und es gab pro Stimme nur ein Chorbuch, das vorne stand. (Gott gnade den Kurzsichtigen!)

Der wohlhabende Hamburger Kaufmann konnte jetzt – wenn er in Messekatalogen von ihnen gelesen hatte – die neuesten Madrigale des im fernen Italien lebenden Cyprian de Rore kaufen und zu Hause musizieren. Er konnte sie sich aber auch vom Kapitän seines Handelsschiffes mitbringen lassen, es sei denn, nach einem bedauerlichen Zwischenfall blätterte ein Seeräuberhauptmann darin und warf sie dann über Bord, um mit seinen Gesellen die Volksmusik in rohen Gesängen zu pflegen.

Sowohl für die weltgewandten und seebefahrenen Handelsleute als auch für die auf Expansion bedachten Verlage konnten sich Musiksprachen nicht bewähren, die in ihrer Verständlichkeit regionalsprachlich beschränkt und geographisch begrenzt waren. Was sollte man in Hamburg mit genuin spanischer Folklore? Das Interesse an ihr stammt aus späteren Jahrhunderten. Jetzt hatte man ja gerade erst begonnen, die Tatsache internationaler Verbindungen und Verständigungsmöglichkeiten zu genießen und wirtschaftlich auszunutzen. Es ging um den Ausbau einer allgemeinverständlichen Bildungssprache der Musik, wie sie auf dem Gebiet der Wirtschaft (italienisch), der Dichtung (italienisch, französisch) und der Wissenschaft (lateinisch) bereits bestand. Selbst auf deutsch hatte sich in der Kirchensprache ein Ansatz zur

Vereinheitlichung durch Luthers Bibelübersetzung angebahnt. Überall der Zug zu größeren, übergreifenden, vereinheitlichten Komplexen, ob in der Sprache, im Wirtschafts- und Finanzwesen (Weltgeltung des Gulden) oder in der Staatenbildung (Frankreich, England, Spanien).

Kleinräumige Dialekte standen dem Aufschwung entgegen, nur die Weltsprachen konnten die neuen Dimensionen überbrücken. Und die weltliche Kunstmusik aus Thüringen hatte nun um 1500 eine so große Klangähnlichkeit mit der Kirchenmusik aus Madrid, wie es 100 Jahre früher nur in einem sehr viel kleineren Areal möglich gewesen wäre, vielleicht von der Größe Frankreichs. Die Verständigungsmöglichkeiten hatten sich enorm erweitert. Und dabei erwuchs der Kunstmusik noch eine weitere Spaltung, die der bereits benannten (zwischen den wenigen Produzenten und den vielen Reproduzierenden und Konsumierenden) an die Seite trat und weiterhin die Entwicklung bestimmte: die Spaltung zwischen Spezialistenkunst und Massenkunst.

Falls jener Hamburger Kaufmann wirklich die Madrigale von Cyprian de Rore kannte, war er schon ein großer Kenner der Musik. Denn dieser Komponist gehörte zu dem italienischen Kreis der »musica riservata«, der zurückgezogenen Musik, in der ganz besonders feine, edelmännische Spezialitäten und geistreiche Manierismen ausgetauscht wurden, die von der Hausmannskost des Nürnberger Musizierkreises weit entfernt waren. Die Avantgarde bildete sich also im Zeitalter des Dur-Moll-Systems, der weltlichen Instrumentalmusik und des weitreichenden Notenvertriebs weiter aus. Allerdings war ihr Entwicklungstempo nun nicht mehr ganz beliebig ihr selbst überlassen. Denn die musikalische Schrift- und Schrifttumstradition war jetzt nicht mehr wie im Mittelalter ihr Eigentum, d.h. – weil handschriftlich – vom Einblick Außenstehender abgeschirmt: Durch den Musikdruck war nun garantiert, daß die Erzeugnisse der Avantgarde nicht exklusiv bleiben konnten, sondern auf den Markt kamen und damit jedem Interessierten zugänglich waren. So waren sie auch von jedermann kritisierbar. Es gab plötzlich musikalische Öffentlichkeit und damit auch die Möglichkeit einer Avantgarde-Diskussion. Sie setzte auch sehr bald ein und war seit etwa 1600 permanente Begleiterin der Musikgeschichte. Die Frage der Schnelligkeit und Heftigkeit von Neuerungen wurde durch den Notendruck einer allgemeinen Beurteilung zugänglich. Die Spezialisten standen einer bisher unbekannten Front gegenüber. Um den »Fortschritt« wurde jetzt öffentlich gestritten.

Um 1700: Frühe öffentliche Konzerte

Inzwischen hatte sich diese Trennung zwischen Avantgarde-Kunst und Massenkunst beträchtlich verschärft, und zwar weil der Feudalismus den Unterschied zwischen normalem Leben und Hofleben bis ins Extrem ausgebaut hatte. Die Ausbeutung im Land, der triste Durchschnitt in den Städten und dagegen die Summierung aller Reichtümer bis zu Luxus und Verschwendung an den höfischen Zentren nahm Züge an, bei denen mancher Untertan eher als an Gottesgnadentum an Teufelsblendwerk dachte.

Der normale Bürger konnte nach wie vor seine Hausmusik machen, in einigen Gasthäusern halb bäuerliche Musik hören. In den Kirchen konnte er außer der gottesdienstlichen Musik auch manche besonderen, außergewöhnlichen Oratorien mitbekommen (wie seit der Mitte des 17. Jahrhunderts in den »Abendmusiken« an der Lübecker Marienkirche während der fünf Sonntage vor Weihnachten). Er konnte in den vereinzelt aufkommenden öffentlichen Opernhäusern rechte und schlechte Spektakel sehen und sich von den Collegia musica, den privaten Musikvereinigungen vornehmer Musikliebhaber und Studenten, kleine Orchesterstücke vorspielen lassen. Aber die neue, fortschrittliche Musik in guter Ausführung gab es doch nur in der fürstlichen Kammer und in der Hofoper. Dort konzentrierte sich der ganze musikalische – wie auch der übrige – Reichtum, dort standen die berühmten Komponisten, Instrumentalisten und Sänger exklusiv im Dienst, dort waren genug Probenzeit, Instrumentarium und Fachkenntnis für die großbesetzten Opern und Konzertstücke und: Dort durfte der Bürger nicht hinein. Zu all den Reichtümern, die die Feudalherren dem Volk vorenthielten und nur für sich selbst und ihren engen Zirkel beanspruchten, gehörte auch die große neue Musik.

Der Deutschlandreisende Charles Burney schreibt noch in der 2. Hälfte des Jahrhunderts (Burney 1773 I, S. 86 f): »Die schönen Künste sind Kinder des Überflusses und des Wohllebens: in despotischen Reichen machen solche die Gewalt weniger unerträglich, und Erholung vom Denken ist vielleicht ebenso nothwendig, als Erholung vom Arbeiten. Wer also in Deutschland Musik suchen will, sollte danach an die verschiedenen Höfe gehen, nicht nach den freyen Reichsstädten, deren Einwohner mehrentheils aus unbegüterten, arbeitsamen Leuten bestehen, welcher Genie von Sorgen der Nahrung niedergedrückt wird, welche nichts auf eitle Pracht und Üppigkeit verwenden können; sondern sich schon glücklich schätzen, wenn sie ihr nothdürftiges Auskommen haben. Die Residenz eines souveränen Prinzen hingegen, wimmelt, außer den bestallten Musikern bei Hofe, an den Kirchen und in den Theatern, von Expectanten, welche bey alle dem oft Mühe haben, zum Gehör zu kommen.« (Die »Expectanten« sind Musiker und auswärtige Virtuosen, die auf eine Stelle oder eine Belohnung warten.)

Möglicherweise hat Burney die Notdurft der Stadtbevölkerung doch zu extrem gezeichnet. Aber die gigantischen Unterschiede in der Verteilung der Reichtümer zwischen Hof und Stadt und die Funktion der Künste in diesem Gefälle hat er richtig gesehen.

Die Sozialgeschichte des 18. Jahrhunderts besteht im wesentlichen darin, daß das aufstrebende Bürgertum diese Schranken und Begrenzungen einreißt, sich Zugang zu den bisher nur den feudalen Kreisen vorbehaltenen Kulturgütern verschafft, sie aber auch nach eigenen Bedürfnissen abwandelt und weiterentwickelt, schließlich eigenständige Formen daraus bildet. Das bedeutet einen unter dem Zugriff des Bürgertums einsetzenden Rückzug des Feudalismus aus den Schaltzentralen, ob kulturell oder wirtschaftlich. Dieser sich allmählich verstärkende bürgerliche Zugriff ist so allumfassend, daß er bald auch die bis daher relativ unangetastete Volksmusik erreicht, sich anverwandelt und einverleibt, also damit auch in die bisherige Kulturautonomie der Landbevölkerung und der Handwerker zerstörend eingreift. Der Kampfplatz und der Siegesort dieser bürgerlichen Musikbewegung ist das öffentliche Konzert. Seine Organisation, sein Aufbau und Ausbau sind der Schlüssel für das Verständnis der musikalischen und kulturellen Fortschritte und Widersprüche des 18. Jahrhunderts.

Um 1700 suchten sich viele Bürger mit Eifer und Begeisterung in den Stand zu setzen, möglichst vielfältig und oft öffentlich Musik zu machen und zu hören. Ein Spiegel solcher Bemühungen sind die »Reisetagebücher des Johann Friedrich A. von Uffenbach aus Frankfurt/M. 1712–1716«, die unter dem Obertitel »Die musikalischen Reisen des Herrn von Uffenbach« von Eberhard Preußner 1949 herausgegeben worden sind (Kassel und Basel). Auf diese Ausgabe beziehen sich im folgenden die Seitenangaben.

Uffenbach, ein Frankfurter Patriziersohn, Forscher und Ingenieur, betrieb die Musik als Liebhaberei und suchte während seiner Reisen durch ganz Europa überall als eines seiner ersten Ziele die Orte auf, wo öffentlich Musik zu hören war. Als Freund Telemanns war er 1717 Mitgründer des öffentlichen Wochenkonzerts in Frankfurt/Main. Einige Auszüge aus seinen Tagebüchern können einen guten Einblick geben in den Charakter dieser frühen Versuche, den eigenen Umgang mit Musik aus dem Privatzirkel herauszureißen und so der Abgeschlossenheit der kirchlichen und fürstlichen Musikübung eine Alternative entgegenzustellen. Da lebte ein neues Bewußtsein gemeinsamer Interessen und gemeinsamer Möglichkeiten auf, die unabhängig und z.T. auch schon gegen den Feudalismus durchgesetzt wurden. Das Bürgertum erwachte!

Ich mache hier den Versuch, die Darstellungen Uffenbachs ein wenig auf die typischen Konzertformen der Frühzeit hin zu systematisieren und z.T. mit einigen ergänzenden weiteren Fällen zu begleiten.

Da gibt es zunächst die Öffnung der fürstlichen Hauskonzerte für die Allgemeinheit. Uffenbach erlebt sie 1715 in Rom, wo der Fürst Rospoli jeden Sonntag in seinem Palast unter großen Kosten ein Konzert unterhält »und jedem frembden ohn introduction erlaubt hinzukommen«. Der Eintritt ist frei, es werden Kaffee, Konfekt, Likör und Eis gereicht, und die ganze Musik dauert an die vier Stunden bis Mitternacht. Das ist das »Sonntagliche ordinaire concert« mit reicher Besucherzahl, sowohl aus Bürgerlichen wie Adligen gebildet, in Deutschland noch selten möglich.

Beim Hören ist »jedermann in solcher attention und verzuckung daß man auch eine fliege hätte fliegen hören so still hielt sich jedermann, die hitzigen Italiener vertrehten

zwar all augenblick die augen und all Glieder vor admiration klopfeten auch in die
hände wenn etwas zu ende ging doch auf den dazwischen gelegten vielmahl doppelten
mantel, damit man es nicht hörte, und solches gegen den respect wäre, und nur in
theatris erlaubt ist«, d. h. auch in der Oper. (S. 78 f)

Im gleichen Jahr erlebt er auch die von Vivaldi unterhaltene Oper St. Angelo
in Venedig, wo er sich eine Loge leistet und sich »alsdann auf hießig art an
dem parterre (rächte) gleich wie man uns das vorige mahl gethan hatte, ob es
mir zwar schier ohnmöglich zu thun fürkahm«: Man spuckt von oben herab!
Das letzte Mal speit ihm »einer ein entsetzliches Maul mitten auf das Opern-
buch«, und von oben werden allerlei Abfall, Pfeifen, Obstschalen usw. nach
unten geworfen. Man nimmt es hin – es ist Karneval, die Hauptsaison der
Oper, und die Zielscheiben sind vor allem die Masken im Parterre.

»Gegen das Ende spielte der vivaldi ein accompagnement solo, admirabel, woran er
zuletzt eine phantasie anhing die mich recht erschrecket, denn dergleichen ohnmöglich
so jemahls ist gespielt worden noch kann gespiehlet werden, denn er kahm mit den
fingern nur einen Strohhalm breit an den Steg daß der bogen keinen plaz hatte, und das
auf allen 4 saiten mit Fugen und einer geschwindigkeit die unglaublich ist, er surpre-
nierte [überraschte] damit jedermann, allein daß ich sagen soll daß es mich charmirt das
kan ich nicht thun weil es nicht so angenehm zu hören, als es künstlich gemacht.«
(S. 65, 67)

Der Opernunternehmer schiebt – zeitüblich – Kammermusik zwischen die
Akte oder am Schluß ein, möglichst extravagant und reißerisch, eine Wer-
beattraktion, die andere Opernhäuser nicht haben, zuerst ein »accompagnement solo«, d. h. eine Sonate nur mit Baßbegleitung, dann eine freie Solo-
erfindung mit höchsten Kunststücken (»Fugen« bedeutet: Imitationen).
   Andere Ansätze zum öffentlichen Konzert sind Eigeninitiativen von Hofmusikern, die private Unternehmungen beginnen. Der englische Geiger John
Bannister, Mitglied der Hofkapelle, gibt bei sich zu Hause von 1672 bis 1678
gegen einen Shilling Eintritt Hauskonzerte, bei denen die Hörer sich die Musik
wünschen dürfen. (Georg Knepler, Musikgeschichte des 19. Jahrhunderts,
Berlin 1961, S. 49) Dergleichen erlebt Uffenbach auch in den Konzerten von
John Christopher Pepusch, seit 1712 Organist und Komponist des Duke of
Chandos, Mitgründer der 1710 ins Leben gerufenen Academy of Ancient
Music (Wiederaufführung von Werken des 16. Jahrhunderts). 1709 geht
Uffenbach für eine Krone Eintrittsgeld in ein solches Konzert. Dieses »stellt
der berühmte Pepusch ... auf Ersuchen vornehmer Lords öffters an«, also
unregelmäßig. Das Programm ist nicht genau festgelegt, die Hörer verhandeln
mit den Musikern über Unterrichtsstunden und ihren Preis. Der Star des
Abends ist die Opernsängerin Margarita de l'Epine. Auch ein Italiener namens
Pietro spielt »Wunder-Sachen: ... Als dieses Concert vorbei war, wollte er sich
allein auf der Flöte traverse oder Flöte d'Allemande hören lassen, allein das
Frauenzimmer machte einen Aufstand, und wie diese fortgingen, hörte die

ganze Musik auf, die in allem nur zwey Stunden gewähret. Ich hätte noch die ganze Nacht mit großen Vergnügen zugehöret.« (S. 15)

Auch die Musikgelehrten, die »Magistri und Doctores Musici« des Christ-College, halten ein wöchentliches öffentliches Konzert ab, dem Uffenbach 1709 beiwohnt.

Es sind »keine Musici von Profession, sondern es sind lauter Baccalaurei«: »Ich glaube aber, daß ihre Ingenia [Anlagen] gar nicht Musica sind, wie aller flüchtigen Menschen; dannenhero sind ihre Compositiones auch alle sehr hart, und kommen weder den artigen manieren der Franzosen, noch den zarten der Italiäner bey. Wie dann diese Musik, so wohl das Singen, als die Instrumental-Musik gar schlecht war. Es währte bis 11 Uhr des Nachts, man rauchte Taback und trank Wein dabey, welchem beydem wir aber nicht viel thaten. Als es 11 Uhr war, wurde die Zeche gemahnt, und zahlte jede Person zwey Schillinge. (S. 16)

Was hier »flüchtig« bedeutet, ist nicht ganz klar. Es ergibt einen Sinn, wenn man es nicht von »fliehen« herleitet, sondern von derjenigen »Flucht«, die von »fliegen« kommt und in »Fluchtlinie« enthalten ist, also einer graden Linie oder Reihe. Dann bedeutet »flüchtig« gradlinig, borniert, phantasielos.

Wichtig für die Organisationsformen des frühen Konzerts ist die finanzielle Absicherung durch Verzehrgeld, hier offenbar einheitlich 2 Schilling. So ist es auch bei den vielen Gasthäusern, die früheste Konzertstätten sind. Uffenbach macht diese Erfahrung auch bei dem Gastwirt Binet in London 1709, der wöchentlich ein Konzert gibt (S. 15 f). Auch andere Privatleute wie der Londoner Kohlenhändler Thomas Britton geben Privatkonzerte. Britton hält ab 1678 auf seinem niedrigen Kohlenspeicher unentgeltlich solche Abende ab, nimmt später aber 10 Schilling Eintritt und 1 Penny für die Tasse Kaffee. 37 Jahre lang ist sein Haus Konzertstätte. Auch Pepusch und Händel nehmen an ihnen teil (Uffenbach, S. 14 und Knepler, a. a. O.). Eine andere frühe Form des Eintrittsgeldes ist die Stuhlmiete in Kirchenkonzerten. Uffenbach (S. 13) berichtet darüber: Er »hörte die music biß zu ende mit großem Vergnügen, weil absonderlich vor zwei groschen einen stuhl gemiethet hatte und also nach der bequehmlichkeit es aushalten kunte«.

Jedoch gibt es auch schon zu dieser frühen Zeit öffentliche Konzerte, die nicht von fürstlichen oder Privatpersonen organisiert werden, sondern – ganz im Sinne der weiteren Konzertentwicklung – von der Gemeinde oder von einer Bürgervereinigung.

1712 geht Uffenbach in das »ordinaire wöchentliche concert« in Straßburg, »so alle mahl diesen tag«, nämlich am Samstag, »in dem collegio bey der neuen Kirch von den Statt musicis gespielt wird und von 1 uhr biß 3 währet«. Mit einem der Geiger »redete [ich] im herausgehen von einer stunde so ich haben wolte welches er mir zusagte und nachmahls kahm, da ich ihm monatlich 4 neue fr. geben mußte, und manchmal umbsonst warten mußte, weil er nicht gar zu accurat im Kommen war«. (S. 22)

Der musikalische Privatunterricht ist noch nichts allgemein Übliches. Erst allmählich wird er für die musikhungrigen Bürger wie auch für die Musiker ohne feste Anstellung eine in großem Umfange fließende Quelle des Lernens und Verdienens.

Über die Stadtmusici wird Näheres in den Erläuterungen zur Selbstbiographie von Quantz gesagt.

1715 erlebt Uffenbach das wöchentliche Mittwochs-Konzert der Kaufleute in Lyon, für das er sich »mit großer mühe ein billet verschaffte ..., dieweil man wegen des engen raumes damit sehr hartnäckig und spahrsam war, als ich dahin gekommen fand wohl 40 musicis alle als liebhaber so keine profesion davon machen bey einander, oder vielmehr in einander gesteckt, an einer seite war ein enger raum vor die zuhörenden, unter denen ersten aber waren in der mitte zwei wohlgekleidete frauenzimmer so beyde auf der violdagamba sehr accurat und wohl accompagnirten«. (S. 112)

Frauen als Teilnehmer am öffentlichen Musizieren sind sonst in der Kirche, teilweise auch im Fürstenhaus, nicht gestattet. Das ist eine Errungenschaft der bürgerlichen Selbstorganisation und wird an anderer Stelle noch näher behandelt, auch in seiner Widersprüchlichkeit (hier S. 179 ff).

Die Begeisterung, mit der diese frühen Bürger dem neuen öffentlichen Genuß des Musikmachens und -hörens zudrängen, ist ungeheuer, ist eine Gefühlsqualität, die bisher unbekannt, unterdrückt, unter feudalistischer Aussperrung begraben gewesen ist.

Beispielhaft ist außer Uffenbachs Eintragungen in sein Tagebuch ein kurzer Auszug aus den Tagebüchern des englischen Marinebeamten Samuel Pepys, in dem es für das Jahr 1668 u. a. heißt (deutsche Übersetzung):

»Im Königlichen Theater gewesen, um die ›Jungfräuliche Märtyrerin‹ zu sehen ... Was mir am besten auf der Welt gefällt, ist die Bläsermusik, wenn der Engel niedersteigt. Sie ist so herrlich, daß sie mich in Extase versetzt. Und sie hat mich derartig hingerissen, daß sie mich ganz krank gemacht hat – so wie früher, als ich in meine Frau verliebt war. Den ganzen Abend daheim konnte ich an nichts anderes denken, und ich war die ganze Nacht so völlig davon benommen, daß ich mir nicht denken kann, die Musik könne über die Seele irgend eines Menschen so viel Macht haben wie über die meine.‹

Eine Eintragung von 1661 heißt:

»Nachhaus gekommen, um mich meiner Musik zu widmen. Meine Frau und ich sangen lange zusammen in meinem Zimmer. – Heute früh sind meine Frau und ich lange zusammen im Bett geblieben, und u. a. sind wir auf Musik zu sprechen gekommen. Sie bat mich, sie Gesangstunden nehmen zu lassen, was ich in Erwägung zog, und ich habe es ihr versprochen. Gerade als ich noch zu Bett war,

> meldete man mir meinen Gesangslehrer Mr. Goodgroom, der zu meiner Stunde
> gekommen war. Da stand meine Frau auf und begann an diesem Morgen, singen
> zu lernen.« (H. J. Moser, Dokumente der Musikgeschichte, Wien 1954, S. 84)

In diesen lustbesetzten Wünschen der Privatleute steckt Sprengkraft! *Er* will
seine orgiastischen Sinnenräusche immer wieder erleben, diese völlig neuartigen und von der Gefühlswelt des gemessenen Edelmannes abweichenden
wilden und libidinösen Zustände. Und er will sie auch selbst erzeugen können,
nicht in dieser Hinsicht auf die Hofoper angewiesen sein, zu der er als
Staatsbeamter allerdings leichter Zugang hat als andere. Er will letztendlich
mit seinesgleichen diese Extasen herstellen und genießen.

Und *sie* will Musikunterricht, will auch einmal unabhängig sein im Herstellen von Musik, nicht immer nur zuhören, will eine musikalisch selbständige Kreatur sein in ihren Bedürfnissen und Verbindungen. Sie will selbst
Musik herstellen und genießen.

Sachsen und die Vorgänge an der Dresdner Hofkapelle

Betrachten wir einmal den Dresdner Hof zu Beginn des 18. Jahrhunderts und
stellen wir uns vor, was ein rechtschaffener und ehrliebender Mensch wie z. B.
Johann Sebastian Bach zu den Vorgängen dort gesagt hätte.

In Sachsen, dessen Hauptstadt Dresden war, herrschte eine im Vergleich zu
anderen deutschen Ländern besonders große Verelendung der Bauern durch
ausgebreitete Gesindezwangsdienste von seiten der Junker und durch immer
stärker wachsende Steuern. Der Anteil der Groß-, Mittel- und Kleinbauern an
der Bevölkerung betrug 1774 etwa 45 %. Der Handel dagegen hatte mit dem
Zentrum der Messestadt Leipzig einen ungeheuren Aufschwung genommen,
vor allem im Hinblick auf den durch die merkantilistischen Verordnungen im
Vordergrund stehenden Export: staatlich subventionierte Manufakturen und
Verlage mit Heimindustrie (Weber, Spinner, Klöppler im Erzgebirge und der
Oberlausitz) schossen aus dem Boden und bedeuteten für die beschäftigten
Arbeiter (1774 ca. 18 % zusammen mit Bergarbeitern und Tagelöhnern) wegen der anwachsenden Abgaben eine doppelte Ausbeutung. Bemerkenswert
ist, daß die sächsischen Kurfürsten nicht wie andere deutsche Fürsten das
aufkommende Bürgertum als politisches Gegengewicht gegen die Feudalari-
stokratie ausspielten, indem sie aus ihm hohe Beamte und Regierungsvertreter
zogen. Entgegen dieser üblichen Balancepolitik konnten die sächsischen Herrscher die reichen Bürger und den Neuadel aus den Regierungskreisen fernhalten, dagegen den Landadel aber unterwerfen und an sich binden, indem sie
ihn agrarisch aushöhlten (Verbot von profitsteigernden Maßnahmen) und auf

den Dresdner Hof und seine Ämter konzentrierten. Vor allem die Niederlage im Siebenjährigen Krieg (1756–63) ruinierte den Landadel in vielen Fällen und brachte ihn um seine Selbständigkeit, d.h. auch um seine Möglichkeit, zum Hof in Dresden ein Gegengewicht zu bilden. Der Zentralabsolutismus war also voll ausgebildet, vor allem seit ab 1697 Kurfürst August der Starke (gest. 1733) zugleich auch als August II. König von Polen mit Zweitregierungssitz in Krakau war, was wiederum den Handel mit Osteuropa stärkte.

Das neue Bürgertum erstarkte zwar wirtschaftlich, hatte aber politisch vorerst wenig Einfluß. Es mag 1774 ca. 15 % der Bevölkerung umfaßt haben, wenn man zu ihm Beamte, Räte, Ärzte, Advokaten, Lehrer, Kaufleute und Gastwirte und die reicheren Handwerker zählen will (zur Problematik solcher Einteilungen vgl. Bruford, S. 190, S. 253 ff; die übrigen Darstellungen fußen auf Angaben vor allem bei Mattenklott, Bd. I. S. 15; als Überblicke über die Kultur im Feudalismus sind empfehlenswert die Bücher von N. Elias, Bruford und D. Rouvel, letzteres spezieller auf Musik bezogen). Man kann erwarten, daß die Hofhaltung in Dresden bei dieser zentralistischen Ausbeutungs- und Expansionspolitik problemlos ihre Repräsentation hätte betreiben können. Das Gegenteil davon war aber der Fall: Die Staatskasse war derartig verschuldet, daß immer neue Anleihen gemacht werden mußten und von 1744 bis 1750 Teile der zeitweilig zu Sachsen gehörenden Grafschaft Henneberg (Franken) für 3,5 Millionen Taler an England verpfändet wurden; die Staatsschuld stieg von 1732 bis 1756 um mehr als das Achtfache auf über 40 Millionen Taler, ein Loch, das weder durch weitere Anleihen noch durch radikale Steuererhöhung noch schließlich dadurch zu stopfen war, daß 1755 eine bestimmte Steuereinnahme auf sieben Jahre an großbürgerliche Spekulanten verpachtet wurde, die nun das Einzugsmonopol hatten und die Bevölkerung hemmungslos schikanierten.

Nach dem Tode des Nachfolgers von August dem Starken, König August III. von Polen, und nach dem Ende des Siebenjährigen Krieges, half dann nur noch eine Staatsreform (1762/63), die nun auch das Großbürgertum und den Neuadel in die Regierung brachte und damit den Absolutismus rettete.

Die Ursache der ungeheuren Verschuldungen waren neben den hohen Ausgaben für das Militär und für den Landgewinn außerhalb Sachsens (Polen) in erster Linie die Prunkbauten (Kirchen und Schlösser) und das exzessive Hofleben in Dresden. Riesige Feste, Prunkbankette, festliche Opernaufführungen, Jagden und Feuerwerke stürzten die Hofkasse in tiefste Schulden und die Landeskinder in entsetzliche Ausbeutung. Dieser Auspressung der Bevölkerung um eines Luxuslebens willen entspricht die Praxis Augusts des »Starken«, seine »Kebsweiber« nach Belieben zu rauben und zu schwängern. (Erstaunlich, daß häufig auch heute noch die Tatsache der angeblich 354 unehelichen Kinder Augusts ein bewundernd-genüßliches Schmunzeln auf die Züge der so Informierten zaubert!) Und die Frauen, denen August die Kinder

Sächsische Länder um 1750

machte, werden auch sie alle geglaubt haben, »daß ein ungeregeltes Liebes-
verhältnis mit einem Grossen für eine Person nichts Entehrendes enthalte, dass
vielmehr auf eine solche Etwas von dem splendeur ihres amanten übergehe«?
(Biedermann 1854 nach Balet, Die Verbürgerlichung . . ., S. 46, auch die folgende Angabe) »Splendeur« ist der Glanz!

Im Hungerjahr 1719 gab August für seine Hofvergnügungen 4 Millionen
Taler aus. Was machte er damit?

Unter anderem zahlte er damit seine Hofmusik. Gehaltslisten aus den
Jahren 1711 und 1717 sind erhalten (Petzold in Salmen 1971, S. 67 f). Diese
Hofgehaltslisten waren in Sachsen von enormem Umfang. Noch 1773 war die
Liste dreiundfünfzig Seiten stark (Bruford, S. 79). Die Musikergehälter pro
Jahr beliefen sich auf folgende Summen:

1711 (Hofkapelle) Auszug

Bratschist	100 Taler
andere deutsche Orchestermusiker	300 Taler
Kontrabassist Zelenka	350 Taler
Geiger Pisendel	400 Taler

1717 (Oper) Auszug
»Specification was folgende zur Italienischen Opera gehörigen Personen, ver-
möge Ihrer Contracte, an Tractement bekommen sollen« (Tractement ist das
Gehalt)

Kapellmeister Lotti	10 500 Taler
Kastrat Senesino	7 000 Taler

(Er erhält auch eine Mietkutsche gezahlt und wird im Hungerjahr 1719 auch
während seines Berufsaufenthaltes in Venedig – ein halbes Jahr! – durchgehend bezahlt.)

normale Sänger(-innen)	3 000–4 000 Taler
Hofpoet, ital. Instrumentalisten	1 000 Taler

Zum Vergleich: Ein Maurer konnte beim Bau der Dresdner Frauenkirche
1733–35 im Jahr auf eine Einnahme von etwa 78 Talern kommen (Petzold,
S. 70). In der zweiten Hälfte des Jahrhunderts verdiente in Preußen ein
Dorfschulmeister jährlich 40–100 Taler (den Löwenanteil des Gehalts machten allerdings Naturalabgaben der Dorfbewohner aus, vgl. auch bei Bachs
Gehalt, S. 70), ein städtischer Schulmeister 200–400 Taler, ein Universitätspro-
fessor 1 200 Taler (Bruford, S. 235, S. 239, weitere Angaben auch S. 101 f).

Auffallend an den Dresdner Angaben sind zunächst die Hungerlöhne der
deutschen Musiker. Oft waren sie unter dem Lebensminimum, und die Musiker mußten sich durch Stundengeben, Notenkopieren – handschriftliches
Stimmenmaterial war bis weit ins 19. Jahrhundert üblich, ist es auch heute oft

noch in der populären Musik –, Botengänge am Hof und andere Hofdienste
über Wasser halten. Meist reichte es dennoch nicht. Die Eingaben um Aufbesserung des Gehaltes waren ebenso zahlreich wie erfolglos.

1733 bittet der aufgeführte Johann Dismas Zelenka um Gehaltserhöhung,
da er bisher schon unentgeltlich zusätzlich zu seinem Dienst komponiert habe
und »fast die Hälffte meines bisherigen Tractements zur Copierung derer
Musicalien aufwenden müssen«. Beginn des Gesuchs: »Vor den Füßen Eu.
geheiligten Königl. Majestät wirft Dero allerunterthänigster Knecht Endes
benannter Supplicant sich in allertiefster Submission nieder, weil die äußerste
Not ihn gleichsam zwinget ...« (Supplicant = der Bittende, Antragsteller;
Submission = Unterwerfung).

Antwort: »Soll sich gedulden Cracau 12. Febr. 1734«, an anderen Stellen
häufig auch: »Beyzulegen, weil von diesen Geldern bereits disponiret« (Petzold, S. 68 f).

Völlig unhaltbar war die Lage der deutschen Hofmusiker aber in all den
Fällen, wo die Verschuldung der Hofkasse direkt auf die Musikgehälter
verteilt wurde: Es wurde wenig oder gar nichts gezahlt. Oft blieben die
Gehaltszahlungen monate-, ja jahrelang aus trotz allen verzweifelten Bittens
und Flehens der Betroffenen. Und was sollten die armen Menschen auch sonst
tun? »Freie« Musikerberufe gab es noch nicht, und der Privatmusikunterricht
war noch wenig verbreitet, wie bereits am Beispiel Uffenbach erwähnt wurde.
Verlage von großen Dimensionen und eine ebensolche Öffentlichkeit gab es
ebenfalls noch nicht, denen man beliebig Werke hätte anbieten können. Es gab
noch weniger Möglichkeiten als heute, mit Musik Geld zu machen. So waren
viele Musiker darauf angewiesen, sklavische Posten zu bekleiden, um zumindest in die Aussicht eines Gehaltes zu gelangen, ob es nun im Verzug war
oder gar in Erwartung. Letzteres galt im Falle der Accessisten, die meist ohne
einen Groschen Gehalt mitmusizierten, und zwar als potentielle »Aufrücker«
in eine der noch besetzten Planstellen, immer den baldigen Tod des Plan-
stellen-Inhabers im Auge. Für viele deutsche Musiker war dies die einzige
Möglichkeit, eine Orchesterstelle am Hof zu erhalten, und viele mußten, um
mit ihren Familien durchzukommen, allerlei niedrige Arbeiten machen, vor
allem aber Schulden. Mancher Musiker geriet dadurch ins Schuldgefängnis.
Dieser Zustand blieb für Musiker, die nicht den Sprung in die »Freiheit«
wagen konnten, durchs ganze Jahrhundert ein Jammer.

Die Großen der Mannheimer Kapelle wie Johann und Carl Stamitz, die
Cannabichs oder Franz Xaver Richter sind bekannt – sie trugen zur Entwicklung der Sinfonie bei –, nicht jedoch der dort arbeitende »Hofmusicus Georg
Pranger« (Mahling bei Salmen 1971, S. 120), ein Geiger, der in den Jahren
1788 und später immer wieder Gesuche um Zuschüsse und Vorauszahlungen
seines Gehaltes zur Abdeckung seiner Schulden stellte. Diese seien deshalb so
hoch, weil er »16 Jahre als Hofmusickaccessist ohne Besoldung«, danach aber

mit einer Besoldung von nur 100 Gulden gespielt habe (3 Gulden oder Florin waren so viel wert wie 2 Taler). 1790 erhält er eine »einmalige Gratification« von 100 Gulden, und 1793 werden 50 Gulden gewährt, damit er seine versetzten Kleider auslösen kann. 1798 bittet er, ihm, »dem 52jährigen Besoldungs Aspiranten . . ., die schon so oft gesuchte, aber noch nie erhaltene ganze Besoldung« zu zahlen.

Angesichts solcher Zustände ist es unverständlich, allerdings nicht unüblich, daß ausgerechnet der Sozialhistoriker Bruford (S. 91) anläßlich seiner Darstellung der höfischen Verschwendung in dieser Zeit über Mozarts Jahre 1777/78 schreibt: »Was Mozart bei seinem Mannheimer Aufenthalt lernte, das allein ist schon fast eine Rechtfertigung der ungeheuren Summen (200 000 Gulden jährlich oder gar mehr), die Karl Theodor für seine Theater und Opern ausgab« (vgl. S. 88).

Diese Denkweise ist heute immer noch verbreitet (Bruford schrieb 1936). Sie akzeptiert die Tatsache, daß es Herren und Sklaven gibt, als richtiges System. Wieviel Unterdrückung führte zu den 200 000 Gulden! Und ist gar nichts davon in Mozarts schöner Musik zu hören? Ist sie weltfern, von den sozialen Verhältnissen getrennt, einfach nur schön? Spiegelt sich in ihr nicht auch irgendwo diese maßlose Quälerei der Untertanen, durch die sie zustande kommen durfte?

Ganz ähnliche Fälle wie aus Mannheim waren auch vom Dresdner Hof bekannt. Vor allem die deutschen Musiker waren sozusagen das Freiwild der Hofmusik. Ein Mann wie Bach wird das alles sehr genau gewußt haben. Zwar waren die Zustände in Anhalt-Köthen, wo er 1717 bis 1723 Hofkapellmeister war, nicht so katastrophal, aber die Vorfälle in Dresden, das ja nebenan lag, werden die Runde gemacht haben unter den Musikern der kleineren Höfe. Sicher wird Bach mit bedenklicher Miene daran gedacht haben, wie leicht auch ihm selbst als deutschem Musiker an einem Hof so etwas geschehen konnte. Dazu brauchte man nicht in Dresden angestellt zu sein. Sollte man da nicht auf eine festere, krisensichere Stellung sinnen, vielleicht so etwas wie ein großes Kantorat in einer Stadt? Gott würde den alten Kuhnau in Leipzig womöglich doch bald zu sich rufen, hörte man, so daß dessen Stelle an St. Thomas frei würde! Vielleicht hat Bach etwa so gedacht wie Telemanns Freund Johann Beer, in dessen 1719 posthum erschienenen »Musicalischen Discursen« steht:

»Viele fürstliche Musiker sehnen sich nach den Städten, weil der Dienst an den Höfen so unsicher ist und er den Wanderstab ergreifen muß, sobald man aus der Gunst der Herren fällt oder die Musik am Hofe eingeschränkt wird . . . Heute muß man mit dem Hofe da –, morgen dorthin. Tag und Nacht leidet da keinen Unterschied; Sturmwind, Regen und Sonnenschein gilt da eines wie das andere. Heute muß man zu der Tafel, übermorgen aufs Theatrum. Gegen diese Unruhe geht es in den Städten etwas ruhiger zu.« (nach Arno Werner, Vier Jahrhunderte im Dienste der Kirchenmusik. Geschichte der evangelischen Kantoren, Organisten und Stadtpfeifer seit der Reformation, Leipzig 1933, S. 223 f)

Tatsächlich, da war doch gerade 1713 eine solche »Einschränkung« am preußischen Hof vorgefallen: Als Friedrich Wilhelm I., der sogenannte »Soldatenkönig«, den Thron bestieg, entließ er die ganze Hofkapelle zugunsten von Militärausgaben. Gegenüber solchen Hoheiten gab es keinen Vertrag, Renten oder sonstige Sicherheiten. Man konnte sie auch nicht verklagen. Die Musiker saßen auf der Straße. (Über ihr mit Bach verbundenes Schicksal vgl. S. 66.) Nur ein Oboistenkorps für Jagd- und Feldmusik durfte bleiben. Auf solch einem Hofposten alt zu werden, das war wohl mehr als zweifelhaft für einen so auf Sicherheit bedachten Mann wie Bach. Sollte er denn seiner zweiten Frau Anna Magdalena, die er nach dem Tode seiner ersten Frau Maria Barbara 1721 in Köthen heiratete, eine so unsichere Zukunft zumuten und den vielen Kindern, die er bereits hatte und nach Gottes Willen noch erzeugen würde?

Überhaupt hatte der Tod von Regenten in der damaligen Zeit oft einschneidende Wirkungen für die Untertanen. Das Beispiel des Regierungsantritts von Friedrich Wilhelm I. (nach dem Tode Friedrichs I. von Preußen) beweist es ebenso wie viele andere Vorfälle des Jahrhunderts: Als einer der Landgrafen von Hessen-Kassel 1785 starb, versetzte sein Nachfolger die Hofkapelle in Pension, so daß die meisten Musiker abwandern mußten und anderwärts Stellungen suchten, eine »Catastrophe, die die Tonkunst bey uns durch die Abdankung der Hofcapelle erlitten hat«, wie ein Korrespondent schrieb. Denn nicht nur die Musiker, sondern auch die Hörer waren schwer getroffen, da »für Cassel ... die Tonkunst, die hier so sehr blühete, mit unserm seeligen Fürsten begraben zu seyn (scheint)«: »Der Gedanke verbitterte das Vergnügen der Zuhörer.« Durch diesen Fußtritt des neuen Landgrafen waren die Untertanen zur Selbständigkeit gezwungen, und zwar »auf eine ganz unerwartete Art, und die Liebhaberey scheint sogar dabey gewonnen zu haben«. Die ersten Schritte bürgerlicher Emanzipation waren oft Reaktionen auf fürstliche Willküracte (genauere Dokumentation vgl. hier S. 89 ff).

Rausschmisse dieser Art ereigneten sich noch lange weiter. Der für die deutsche Musikerschaft erschütterndste war wohl der folgende: 1763, als König August III. starb und als die Staatsverschuldung in Sachsen sich zur Staatskrise ausgewachsen hatte, wurden der hochberühmte und -geehrte Hofkomponist Johann Adolf Hasse und seine vielleicht noch angesehenere Frau, die Sängerin Faustina Bordoni, nach 30jährigem Hofdienst einfach ohne Pension entlassen! Mit der bereits erwähnten Staatsreform sollten die Staatsfinanzen durch rigorose Einsparungen saniert werden. Die Hasses hatten noch Forderungen von 3000 Talern an die Hofkasse. Beide hatten seit 1734 je 6000 Taler jährlich erhalten. Zähneknirschend stimmten sie schließlich einer einmaligen Abschlagszahlung von 12000 Talern zu. Gut für sie, daß sie berühmt waren! Sie kamen anderswo unter. Aber die normalen Orchestermusiker? (Petzold, S. 69) Sehr unwahrscheinlich ist es daher, was Hasse später in Italien Charles Burney erzählte (Burney 1773 I, S. 234): Der König von Polen habe ihm Druck und Papier einer geplanten Gesamtausgabe zahlen wollen, jedoch sei das Vorhaben durch einen Brand während der Beschießung Dresdens durch die Preußen im Siebenjährigen Kriege zerstört worden. Vielleicht war das aber auch einer der letzten Finanzpläne Augusts III., bevor er starb.

Unter vielen anderen Einschränkungen, die Hofangestellte in ihrer Berufsausübung außer den genannten Katastrophen zu erleiden hatten, waren auch diejenigen bei Stellenwechsel oder bei Reisen. Mit dem erstgenannten Problem hat sich Bach herumgeschlagen, aber was mußte er auf sich nehmen, um gegen den Willen eines Fürsten erfolgreich zu sein (vgl. S. 66)! Andere mußten ihre Pläne aufgeben und in der alten Stelle verharren. Und wieviel Anstrengungen und Enttäuschungen kostete es im Jahre 1780 die berühmte preußische Hofsängerin Elisabeth Mara, geb. Schmeling, einen dringend vom Arzt angeratenen Kuraufenthalt in Teplitz (im kaiserlich-österreichischen Böhmen) durchzusetzen. Sie bat König Friedrich II. um Erlaubnis. Doch der schrieb kurz zurück: »Freyenwalde vaudra autant« (Freienwalde, ein preußisches Bad, wird genauso nützen).

Die Mara schreibt in ihrer Autobiographie (zum erstenmal veröff. in Allg. Mus. Zeitung 1875, Nr. 32 ff; hier Nr. 36, Sp. 565):

»Man sah wohl ein, daß er nicht wollte, daß ich so weit über die Grenze gehen sollte. Es that mir leid dass der König so wenig Vertrauen auf meine Liebe und Verehrung für ihn hatte; denn wenn er mir zuweilen erlaubt hätte zu reisen, so hätte ich mich gewiss durch nichts abhalten lassen zurück zu kehren ... Nun fing ich an die Sclaverey zu fühlen. Ich sollte meinen Ruhm und Glück bey ihm vergraben und nun – auch meine Gesundheit.« Schließlich half sie sich durch eine geschickt eingefädelte Flucht. Über das Erwachen in der ersten »böhmischen Station«, einem kleinen Dorf, schreibt sie sensibler und bildhafter als so mancher Schriftsteller der Zeit (Sp. 577): »Ich hatte öfters auf fürstlichen Betten geschlafen, aber nie so sanft geruht, als auf diesem Stroh. Ein herrlicher Morgen erwartete mein Erwachen, vor dem Haus war ein grün Plätzchen, dahin ließ ich den Thee-Tisch bringen und fühlte mich vollkommen glücklich. O Liberté!«

Ein zweiter Blick auf die Liste der Dresdner Hofmusiker (S. 17) lenkt die Aufmerksamkeit auf das Pendant zur Minderwertigkeit der deutschen Musiker: auf die Sonderstellung der Ausländer, vor allem der Italiener.

Diese Bevorzugung, besonders auf seiten der Sängerinnen, blieb bis ins 19. Jahrhundert bestehen, was die Hofkapellen anbelangt, besonders die in Potsdam und Dresden. 1756 zählte die »Königliche Capell- und Cammer-Music zu Dresden« 79 Mitglieder, davon 6 Leiter, Komponisten und Textdichter, nur acht »Pensionairs«, 43 Instrumentalisten (davon 11 Italiener, also etwa 25 %) und 22 Sänger und Sängerinnen (davon 15 Italiener, also etwa 70 %; vgl.

Marpurg 1756, S. 475 ff). Welcher »Jubel« bei solchen Verhältnissen, wenn ausnahmsweise einmal »eine deutsche Sängerin vom König geehrt« wurde, nämlich die Mara, als sie am preußischen Hof Primadonna, also erste Sängerin, wurde (Mara, Selbstbiographie, a.a.O., Sp. 545)

Bei diesen Zuständen herrschte selbstverständlich eine große Verbitterung unter den deutschen Musikern. Sie schlägt sich auch in einem der neuen Unterhaltungs- und Bildungsmittel des Bürgertums nieder, der Anekdote, mündlich und in den neu entstehenden Musikzeitschriften verbreitet (zur Anekdote vgl. S. 277). Carl Friedrich Cramer (1784/86, S. 374 f) überliefert eine dieser typischen anti-welschen Geschichten:

»Veracini«, ein italienischer Geigenvirtuose, »kam von Florenz nach Dresden, in starker Hoffnung, an dasigen Hof in vortheilhafte Dienste zu treten. Der König August wollte ihn ein Violinconcert spielen hören. Dies sagte ihm der Concertmeister Pisendel, mit dem Verlangen, er möchte das Concert«, also die Noten, »zur Probe der Accompagnisten hergeben«, d.h. des Begleitorchesters. Die Aufführung findet statt, aber Veracini »entschuldigte sich ... gegen den König ohne Noth, daß es nicht besser gerathen, mit dem unverschämten Zusatz: Wo Deutsche mitspielten, könnte es nicht besser ausfallen.« Nun muß natürlich die Genugtuung folgen! Pisendel läßt vor den Augen des Königs und Veracinis den Geiger vom letzten Pult (»mit dem er vorher heimlich dieses Stück treflich durch gegangen hatte«!!) die Solostimme übernehmen und so das Konzert nochmals spielen, und zwar so gut, daß dem deutschen Geiger »der Preiß vor Veracini zugestanden werden mußte. Hierüber verfiel der Großsprecher in eine solche Raserey, daß er etliche Tage nicht von seinem Zimmer kam, und aus Schaam und Verzweiflung sich endlich öffentlich in Dresden zum Fenster herunter auf die Gasse stürzte. Sein thörichter Fall hatte zu allem Glücke nicht schlimmere Folgen, als daß er eine ziemliche Narbe in seinem tollen Schedel bekam, und das eine Bein brach. So gut man auf seine Wiederherstellung bedacht war, behielt er doch ein lahmes Bein, und damit hinkte er auch nachmahls aus Dresden nach Prag, und eine Zeitlang darauf von da nach London.«

Gut 60 Jahre früher klang die Geschichte allerdings noch ganz anders und auch keineswegs so chauvinistisch: Es »hat sich hier / in Dresden / ein betrübter Zufall / mit einem unsrer größten Virtuosen / vor einiger Zeit / zugetragen. Es ist nemlich Mr. Veracini, unser weltberühmter Violiniste / plötzlich närrisch und so rasend geworden / daß er / am 13. Aug. zwey Stockwerke hoch / zum Fenster hinausgesprungen / den einen Fuß zweymahl / und die Hüffte ganz entzwey gefallen / auch wenig Hoffnung zur Vernunft / wohl aber zur Genesung des Leibes / von sich gegeben hat. Die Schuld sothaner Verrückung des Verstandes wird / theils seiner allzugrossen application [Üben] auf die Music / theils der Lesung chymischer Schriften / beygemessen / als in welchen letztern er sich so sehr vertieffet / daß er endlich gar nicht mehr hat schlaffen können«. (Mattheson 1722 f, S. 152)

Zu viel geübt, zu viel gelesen, mehr nicht! Er brauchte auch gar nicht mit Tricks um eine Anstellung zu kämpfen, denn er war 1722 schon seit zwei Jahren Dresdner Kammervirtuose. Zwar wird in Matthesons Zeitschrift wenig später (S. 287) nochmals freundlich die Hoffnung ausgesprochen, Veracini werde nach einem Rückfall in den Wahnsinn nun doch durch eine Italienreise genesen, aber es ist nicht auszuschließen, daß schon zu dieser Zeit die Krankheit und der Fenstersturz für viele willkommener Anlaß zu hämischen, verallgemeinernden Bemerkungen über die Welschen gewesen sind, woraus dann die Anekdote entstanden sein mag.

An solchen zweifelhaften Geschichten reagierten die Deutschen ihren Welschenhaß ab, der durch die Bevorzugung dieser ausländischen Konkurrenz an den Höfen immer wieder von neuem geschürt wurde.

»Es ist ohnedieß anitzo zur Mode geworden, alle musikalischen Thorheiten der Italiener zu erheben, und sie gleichsam mit gefalteten Händen und gebeugten Knieen zu bewundern. Und sehen wir nicht, wie leicht ein verlaufener Italiener, den sein eigenes Vaterland ausgespien hat, in auswärtigen Ländern Bewunderung erhält, ob er schon in allen seinen Stücken nichts als elende Scholarenschnitzer blicken läßt, alle seine abgeschmackten, ausgeschriebenen und fehlerhaften Sätze aber mit handgreiflichen Prahlereyen und Windmachereyen ausbietet, und Unwissenden, oder von Vorurtheilen eingenommenen Leuten aufheftet« – so jedenfalls der Bachschüler Johann Adolf Scheibe 1745 (Vorrede, c v).

Können wir denn nicht ebensoviel wie diese Hergelaufenen – wird man gesagt haben –, die nichts tun als prassen, einen unzüchtigen Lebenswandel führen und dazu noch diese alberne, aufgedonnerte italienische Opernmusik, diese verschwenderischen Schaugepränge mit ihren überladenen, völlig sinnlosen Koloraturen und Verkünstelungen vortragen? »Verwelschte Kräuseler« ist 1739 ein Schimpfwort Matthesons (S. 345).

Hatte man richtig gehört? Gut 10 000 Taler bekam dieser Lotti in Dresden im Jahr, der deutsche Kapellmeister Schmidt dort nur 1 200 – man selbst ja sowieso nur lumpige 400! Das war doch unglaublich! Und dann noch diese Kastraten! War das denn mit Gottes Schöpfung vereinbar, diese Unnatur? Kein Wunder, daß die Papisten das eingeführt hatten, Luther wäre auf so etwas nie gekommen. Und für so einen – »Mann«, diesen Senesino, gab August gerade im Hungerjahr 1719 7 000 Taler aus, sogar in dem halben Jahr, als er in Venedig sang, und die deutschen Kollegen konnten auf ihr Geld warten. Ja, wer war denn eigentlich der Herr im Haus, August oder Senesino? Konnten sich denn die Welschen alles erlauben?

Das fragte sich der Kurfürst selbst langsam offenbar auch.

Gerade 1719 ereignete sich folgendes (Bericht von Johann Joachim Quantz, vgl. S. 31 ff; Johann David Heinichen war neben Schmidt Kapellmeister der Hofkapelle):

»Nach dem Beylager komponirte Heinichen noch eine Oper, welche nach der Zurückkunft des Königs aus Polen aufgeführt werden solte. Bey der Probe aber, die auf dem königlichen Schlosse, in Gegenwart des Musikdirectors Baron von Mortax gehalten wurde, machten die beiden Sänger, Senesino und Berselli, einen ungeschliffenen Virtuosen-Streich. Sie zankten sich mit dem Kapellmeister Heinichen über eine Arie, wo sie ihm, einem Manne von Gelehrsamkeit, der sieben Jahre sich in Wälschland aufgehalten hatte, Schuld gaben, daß er wider die Worte einen Fehler begangen hätte. [Die Musik, nach damaliger Lehre ›Dienerin der Worte‹, hatte die im Text enthaltenen Bilder, Gefühle und Bewegungen getreulich wiederzugeben.] Senesino, welcher seine Absicht schon nach England gerichtet haben mochte, zerriß die Rolle des Berselli, und warf sie dem Kapellmeister vor die Füße. Dieses wurde dem König nach Pohlen berichtet. Inzwischen hatte zwar der damalige Graf von Wackerbart, der sonst ein großer Gönner der Wälschen war, den Capellmeister und die Castraten zu des Capellmeisters völliger Gnugthuung, in Gegenwart einiger der Vornehmsten vom Königlichen Orchester, als Lotti, Schmidt, Pisendel, Weiß u.a. wieder miteinander verglichen. Es kam aber ein königlicher Befehl zurück, daß alle wälschen Sänger abgedanket seyn solten. Hiermit hatten die Opern für diesmal ein Ende.«

Geschickt, dieser August!

Er spielt den Ehrenmann: Die Deutschen werden von Welschen beleidigt! Das ist untragbar für die Ehre eines deutschen Fürsten. Alle welschen Sänger werden entlassen, ohne weitere Rente, auch wenn nur einer sich daneben benommen hat. Endlich, dachte vielleicht Bach, jetzt zeigt der Kurfürst, wer der Herr ist und daß die Welschen nicht jedem Deutschen auf der Nase herumtanzen können! Sicherlich wußte Bach aber auch, daß 1719 die Hofkasse total verschuldet war – erst 1723 war sie wieder saniert! Also Einsparung durch Entlassungen wie im Falle Hasse, und das noch mit politischem Scharfblick: Der Ausländerhaß vieler deutscher Musiker und Nichtmusiker wurde befriedigt, der Kurfürst erschien als deutscher Mann, Chauvinismus konnte den Blick für die wahren Gründe der Entlassung vernebeln und August im Ansehen steigen lassen.

Kastraten

Und wie zahlreich waren die Bemühungen, den Widerstand gegen das bevorzugte Kastratenwesen auf eine hämische, herablassende Art zu artikulieren: Der Kaiser Leopold soll nach einer Anekdote (Forkel 1784, S. 230f), derzufolge seine Kastraten sich wegen Gehaltsrückständen weigerten, öffentlich zu singen (ein Musikerstreik!), und einige Minister auf eine Bestrafung dieser »Verwegenheit« drangen, gesagt haben: »Die guten Leute haben einen Theil ihrer Mannheit, und zugleich ein Stück ihres Verstandes verlohren, welches sie sowohl des Verbrechens als der Strafe unfähig macht.«

Und Georg Benda »machte sich oft lustig darüber, daß ein Kastrat in Italien vorzugsweise Musico genannt wird. Er pflegte zu sagen: Ein Kastrat könne nur so viel Musikus sein, als er Mensch sei«. (Nekrolog des 1795 Verstorbenen, vgl. Schlichtegroll, S. 28) Auch der sonst so kluge Johann Mattheson (1681–1764) aus Hamburg bildete da keine Ausnahme (Das neueröffnete Orchestre, Hamburg 1713, S. 213): Unter den »Vagabonds«, »Creaturen, die bißweilen keinen Schuß wehrt, und sich bloß durch Intrigen und Räncke einschleichen«, pflegten die »Gönner der Music, insonderheit in unserm Teutschlande«, vor allen die »inutilia terrae pondera [unnütze Last der Erde], ich meine, solche nichtswürdige Castraten, und aus der Schul entlauffene Welsche; Hümper und Stümper, welche Italien ausspeyet, viel lieber auff das kostbarste zu unterhalten, als einem eingebohrnen teutschen Künstler sein Stück Brod anzuweisen«.

Tröstlich ist es zu wissen, daß Mattheson im Alter anders über die »armen verschnittenen Sänger« schrieb (1744, S. 24 f): »So viel ist gewiß, daß man diese verstümmelten Menschen, ohne das geringste von ihnen zu befürchten, bey den höchsten Potentaten am allermeisten sucht, sie am allerliebsten höret, auch am allertheuresten bezahlt, und daß man bisher, diesseits der Alpen, noch von keiner Gefahr das geringste vernommen, worin die Zuhörer etwa ihrentwegen schweben sollten, so, daß sie von der Opernbühne irgend eine unziemliche und weibische Zärtlichkeit nach Hause brächten... Fragt den englischen und preußischen Hof darum, ob jemahls aus diesen Stimmen, in ihren volkreichen Städten, ein Schade erwachsen sey?«

Für hellsichtige Zeitgenossen mußte es deutlich sein, daß es Fürsten wie August gar nicht wirklich um die Musik ging. Die berühmten Italiener waren nur als Stars angestellt, als Sterne am sächsischen Ruhmeshimmel, als Prestigeobjekte wie die seltenen Tiere, die – aus Afrika oder Amerika gebracht – im berühmten »Großen Garten« den Gästen als besondere, einmalige Kostbarkeiten vorgeführt wurden. Wer Senesino hatte, war musikalisch der Erste! Ihn zu halten, mußte man seine ganzen Mittel einsetzen. War er einmal weg, konnte man ihn nicht haftbar machen. Internationales Recht in solchen Sachen gab es nicht. Blieb Senesino in Venedig, guckte August in die Röhre und war blamiert. Also wurde doppelt gezahlt. Nur in höchster Finanznot konnte man auf ihn verzichten, dann aber mit List.

Die Fürsten hörten in dem Gesang der Kastraten meist weniger den schönen Klang und die artistische Musikleistung als ihre eigene Erhöhung. Musik als Kunst war eher Nebensache dabei. Die Fürstensöhne lernten ja auch Musik neben Karten- und Schachspiel als weltmännische Zerstreuung (Bruford, S. 72). Nach einer Anekdote hatte einmal ein Hofmarschall, nachdem die Kapelle im Konzert eine wirkungsvolle Generalpause eingelegt hatte, geäußert: »Im Dienste Sr. Majestät würden keine Pausen statuirt.« (Cramer 1783, S. 741 f)

Widersprüche in den Musikern

Ludwig Spohr, einer der berühmtesten Geiger und Komponisten seiner Zeit (1784-1859), berichtet aus seiner Jugend, also den Jahren um 1800, noch folgendes vom Braunschweigischen Hof (Autobiographie von 1860, Neuausgabe 1954, Bd. I., S. 11):

»Diese Hofconcerte bei der Herzogin fanden in jeder Woche ein Mal Statt und waren der Hofkapelle im höchsten Grade zuwider, da nach damaliger Sitte während der Musik Karten gespielt wurde. Um dabei nicht gestört zu werden, hatte die Herzogin befohlen, daß das Orchester immer piano spiele. Der Kapellmeister ließ daher Trompeten und Pauken weg und hielt streng darauf, daß nie ein forte zur Kraft kam. Da dies in Symphonien, so leise auch die Kapelle spielte, nicht immer ganz zu vermeiden war, so ließ die Herzogin auch noch einen dicken Teppich dem Orchester unterbreiten, um den

Schall zu dämpfen. Nun hörte man das ›ich spiele, ich passe‹ u. s. w. allerdings lauter als die Musik.«

Dies war nicht Ausnahme, sondern üblicher Brauch im Hofkonzert der Zeit. Charles Burney berichtet wie selbstverständlich von einem Nymphenburger Schloßkonzert (1773 I, S. 102): »Die regierende Churfürstinn und die Hofdamen spielten im Musikzimmer Karten.«

Was es noch 1807, also 100 Jahre nach der im Zusammenhang mit Dresden zur Rede stehenden Zeit, in Deutschland für Mühe kostete, sich gegen solche feudalistische Mißachtung zur Wehr zu setzen, beschreibt Spohr wenig später (S. 114–116):

»Von München ging die Reise nach Stuttgart, wohin wir Empfehlungen an den Hof mitbrachten. Ich übergab diese dem Hofmarschall und erhielt von ihm schon am folgenden Tage die Zusicherung, daß wir bei Hofe gehört werden würden. Ich hatte aber unterdessen in Erfahrung gebracht, daß auch hier während der Hofconcerte Karten gespielt und auf die Musik wenig gehört werde. Noch von Braunschweig her voller Abscheu gegen eine solche Entwürdigung der Kunst, nahm ich mir daher die Freiheit, dem Hofmarschall zu erklären, daß ich und meine Frau nur dann auftreten würden, wenn der König die Gnade habe, während unseres Spieles das Kartenspiel aufzuheben. Ganz erschrocken über eine solche Kühnheit, trat der Hofmarschall einen Schritt zurück und rief: ›Wie! Sie wollen meinem gnädigsten Herrn Vorschriften machen? Nie werde ich es wagen, ihm das vorzutragen!‹ – ›Dann muß ich auf die Ehre, bei Hofe gehört zu werden, verzichten‹, war meine einfache Antwort. Hierauf empfahl ich mich.

Wie der Hofmarschall es angefangen hat, seinem Könige so Unerhörtes vorzutragen, und wie dieser es über sich hat gewinnen können, darauf einzugehen, habe ich nicht erfahren. Das Resultat aber war, daß der Hofmarschall mir sagen ließ: ›Se. Majestät wolle die hohe Gnade haben, meinen Wunsch zu gewähren; nur werde die Bedingung daran geknüpft, daß die Musikstücke, die ich und meine Frau vortragen würden, sich sogleich folgen sollten, damit Se. Majestät nicht öfter incommodirt würden.‹

So geschah es denn auch. Nachdem der Hof an den Spieltischen Platz genommen hatte, begann das Concert mit einer Ouvertüre, auf welche eine Arie folgte. Während dem liefen die Bedienten geräuschvoll hin und her, um Erfrischungen anzubieten, und die Kartenspieler riefen ihr ›ich spiele, ich passe‹ so laut, daß man von der Musik und dem Gesang nichts Zusammenhängendes hören konnte. Doch nun kam der Hofmarschall zu mir, um anzukündigen, daß ich mich bereit halten solle. Zugleich benachrichtigte er den König, daß die Vorträge der Fremden beginnen würden. Alsbald erhob sich dieser, und mit ihm alle Uebrigen. Die Bedienten setzten vor dem Orchester zwei Stuhlreihen, auf welche sich der Hof niederließ. Unserem Spiele wurde in große Stille und mit Theilnahme zugehört; doch wagte Niemand ein Zeichen des Beifalles laut werden zu lassen, da der König damit nicht voranging. Seine Theilnahme an den Vorträgen zeigte sich nur am Schlusse derselben durch ein gnädiges Kopfnicken, und kaum waren sie vorüber, so eilte Alles wieder zu den Spieltischen, und der frühere Lärm begann von neuem.

Während des übrigen Concertes hatte ich Muße, mich umzusehen. Meine Aufmerksamkeit wurde besonders auf den Spieltisch des Königs gelenkt, an welchem, um es der Majestät bei ihrer Corpulenz bequemer zu machen, ein halbrunder Ausschnitt angebracht war, in welchen der Bauch des Königs genau hineinpaßte. Der große Umfang

desselben und der kleine des Königreiches haben bekanntlich zu der hübschen Carica-
tur Veranlassung gegeben, auf welcher der König, im Krönungsornate, mit der Land-
karte seines Königreiches auf dem Hosenknopfe, in die Worte ausbricht: ›Ich kann
meine Staaten nicht überblicken!‹

So wie der König sein Spiel beendet hatte und den Stuhl rückte, wurde das Concert
mitten in einer Arie der Madame Graff abgebrochen, so daß ihr die letzten Töne einer
Cadenz förmlich im Halse stecken blieben. Die Musiker, an solchen Vandalismus schon
gewöhnt, packten ruhig ihre Instrumente in die Kasten; ich aber war im Innersten
empört über eine solche Entwürdigung der Kunst.«

Spohr setzte sich hier tatsächlich gegen den Fürsten durch. Andere erträumten
und erhofften es nur, wenn sie zum Beispiel lasen:

»Ein berühmter Musikus spielte auf Verlangen vor einem Cardinal ein neues Stück von
seiner eigenen Composition. Während der Zeit unterhielt sich der Cardinal mit denen,
die um ihn standen, und schien wenig auf die Musik acht zu geben. Auf einmal hörte
dieser auf zu spielen. Der Cardinal fragte ihn, ob ihm etwas an seinem Instrumente
verunglückt sey? Nein, erwiederte er, sondern ich befürchte nur Ihro Eminenz in Ihren
Geschäften zu stören.« (Forkel 1779, S. 338)

Da wird sich der Kardinal aber geschämt haben! So jedenfalls hoffte der
verbitterte Untertan nach Lektüre der Anekdote. Er meinte, angesichts solcher
Vorfälle müsse der Feudalismus schon aus moralischen Gründen abdanken,
zerknirscht von seiner eigenen Untugend und Nichtigkeit. Der Bürger
brauchte wohl gar nicht offen zu kämpfen, sondern nur die Überlegenheit
seiner Leistungen offen und deutlich zu zeigen?

Spohr fährt fort:

»Würtemberg seufzte damals unter einer Despotie, wie sie das übrige Deutschland wohl
nie gekannt hat. So mußte, um nur Einiges anzuführen, Jeder, der den Schloßhof in
Stuttgart betrat, den Weg vom Gitterthore bis zum Schloßportal mit entblößtem
Haupte zurücklegen, es mochte regnen oder schneien, weil Se. Majestät nach dieser
Seite hin wohnte. Ferner war jeder Civilist auf Allerhöchsten Befehl gehalten, vor den
Schildwachen den Hut abzunehmen, ohne daß diese ihm die Honneurs zu machen
brauchten. Im Theater war es durch Anschlag streng verboten, Beifall zu klatschen,
bevor nicht der König damit begonnen habe. Die Majestät steckte aber ihre Hände,
wegen der strengen Winterkälte, in einen großen Muff und brachte sie nur heraus,
wenn Höchstdieselben das Bedürfnis fühlten, eine Prise zu nehmen. War dies geschehen, dann wurde, unbekümmert um Das, was gerade auf dem Theater geschah,
nun auch geklatscht. Der Kammerherr, welcher hinter dem Könige stand, fiel sogleich
ein und gab dadurch dem loyalen Volke das Zeichen, nun auch seinerseits Beifall zu
spenden. So wurden denn fast immer die interessantesten Scenen und besten Musikstücke der Oper durch einen heillosen Lärm gestört und unterbrochen.«

Wohlgemerkt: Wenn der König schnupft, klatscht er gleich in die Musik
hinein, worauf der Kammerherr einfällt und dem Volk ein Zeichen gibt, auch
mitklatschen zu dürfen! Wie bei der Senesino-Affäre in Dresden eine große
bürgerliche antifeudalistische Entrüstung über die »Entwürdigung der
Kunst«!

Soweit Spohr.

Aber!

Die bisherige Darstellung der Verhältnisse ist etwas blauäugig, etwas zu idealistisch. Sicher waren viele verbittert, entrüstet und konnten lediglich wegen ihrer sozialen Gebundenheit nicht ausweichen oder Alternativen suchen. Aber wenn wirklich der Großteil der Bürger, also auch der Musiker, so gedacht hätte, wie ich es für Johann Sebastian Bach simuliert hatte, wäre es mit dem Feudalismus schneller aus gewesen, wären einheitliche Pläne und Organisationsformen des Bürgertums eher und besser dagewesen, als es nun einmal der Fall war.

Die Idee und die Praxis des Gottesgnadentum steckten viel fester und unzerbrechlicher in den Köpfen vieler Untertanen, als wir uns das heute vorstellen können. Nicht umsonst dauerte die bürgerliche Emanzipation so lang: Überall an den Aufstrebenden hing der große Troß derjenigen, die überzeugt waren, am Hof und in der Nähe des Fürsten richtig aufgehoben zu sein und deshalb möglichst fest an ihm kleben zu müssen. Die Selbstbiographie von Johann Joachim Quantz wird uns bald darüber belehren. Man macht sich gern ein Bild von dem zornig emporblickenden Bürger, aber man vergißt dabei leicht den ehrfurchtsvoll aufblickenden.

Derselbe Spohr erzählt in seinem Tagebuch noch aus dem Jahre 1802 von einer Begebenheit am Strelitzschen Hofe (Bd. I, S. 28):

»Man erzählte mir von einem Volksfeste, welches am 27. August, dem Geburtstage des Erbprinzen, in Hohenzirze veranstaltet werden soll. Es sind dazu die Bauern der umliegenden Dörfer zu Tanz und Abendessen eingeladen. Auch auf dem Schlosse wird man tanzen. Auf meine Frage, woher man denn die vielen Musiker nehmen werde, erfuhr ich, daß die Janitscharenmusik den Bauern, und die Kapelle – man denke sich mein Erstaunen! – dem Hofe zum Tanze aufspielen werde. Ich wollte es anfangs nicht glauben, bis es mir wiederholt beteuert wurde. Aber, fragte ich, wie ist es möglich, daß der Herzog von den Mitgliedern seiner Hofkapelle so etwas verlangen kann und daß diese so wenig Ehrgefühl und Künstlerstolz besitzen, um sich dessen nicht zu weigern? Der Herzog, antwortete man mir, fühlt nicht, daß es unschicklich für seine Kapelle ist, zum Tanze zu spielen und der größte Theil der Mitglieder darf nicht wagen, sich seinen Befehlen zu widersetzen, da sie, wenn man sie hier abdankt, schwerlich bei einer anderen Kapelle ein Unterkommen finden werden, weil sie arme Stümper sind.«

Die Haltung kennen wir doch! Arm, aber gebildet! Man muß eben mit dem wenigen, was man hat, auskommen und sich deshalb noch lange nicht unter die einfachen Leute mischen. »Igitt«, sagte der arbeitslose Prokurist, als der Arbeiter sein Hemd auszog.

Und nicht nur die unbekannten, unterdrückten Musiker verhielten sich so widersprüchlich und muckerhaft, sondern auch Spohr und viele der großen musikalischen Zeitgenossen, die von Unterdrückung weit weniger betroffen waren, so Johann Nikolaus Forkel, neben Johann Mattheson wohl der bedeutendste deutsche Musikgelehrte des Jahrhunderts. Seit 1772 hielt er Privat-

Vorlesungen über Musik an der Universität Göttingen, wurde 1779 dort Universitäts-Musikdirektor und 1787 sogar Ehrendoktor.

1778, im 2. Band seiner »Musikalisch-kritischen Bibliothek« (S. 393), meldet er unter »Musikalische Neuigkeiten«: »Aus dem Würtenbergischen. Hr. Schubart, Verfasser verschiedener Schriften, und unter andern auch einer deutschen Chronik, eines Zeitungsblattes, worinn öfters musikalische Sachen vorgekommen sind, ist wegen verschiedener unvorsichtiger Urtheile den 23. Jan. 1777 zu Blaubeuren auf Herzogl. Würtenbergisch. Befehl in Verhaft genommen, und auf das Schloß Asperg gesetzt worden. Seine Frau ist aber mit einem Jahrgelde von 200 fl. begnadigt [fl. bedeutet Florin oder Taler], und seine Kinder sind in die Herzogl. Akademie aufgenommen worden. Den neuesten Nachrichten zufolge, ist er nun unter gewissen Einschränkungen wieder auf freyen Fuß gesetzt.«

Diese neuesten Nachrichten stimmen leider nicht, denn der Freidenker und aktive Fürstenfeind Christian Friedrich Daniel Schubart saß bis zum Jahre 1787 auf dem Asperg (und schrieb dort seine »Ideen zu einer Ästhetik der Tonkunst«). Schubarts Kämpfertum, das sind für Forkel »unvorsichtige Urtheile«. Vielleicht formulierte Forkel so »vorsichtig«, damit sich seine »Musikalisch-kritische Bibliothek« auch in Württemberg verkaufen ließ? Und wie wird die Frau mit ihrem kleinen Gnadengeld sich gefühlt haben? Und wie die Kinder im Zentrum der herzoglichen Willkür, der Akademie, in der zur gleichen Zeit auch Friedrich Schiller zwangsweise steckte, wie Schubart Anhänger des »Sturm und Drang«, Fürstenfeind, bis er nach der Niederschrift der »Räuber« (1781) und einer im Zusammenhang damit erteilten Kerkerhaft schließlich 1782 nach Mannheim floh? Wußte das alles der im sicheren Göttingen schreibende Forkel nicht, kümmerte es ihn nicht, oder hätte er eine engagiertere Informationsart auch als »unvorsichtiges Urtheil« angesehen?

Jedenfalls berichtet er – ganz unbefangen – im »Musikalischen Almanach für Deutschland auf das Jahr 1783« (S. 156) unter »Anekdoten«:

»Der ehemalige Graf Ernst zu Schaumburg und Holstein hatte eine Kapelle und zween Kapellmeister. Jedem der letzteren gab er jährlich 1200 Rthlr. und zween Kapellisten eben so viel; den übrigen allen aber 1000 Rthlr. Diese Besoldung wurde ihnen an einem bestimmten Tag in seidenen Beuteln, in das Haus geschickt, und sie noch ausserdem gekleidet. An den Sonn- und Festtagen giengen sie in schwarzen sammetnen, mit goldnen Galonen besetzten Kleidern; sonst aber in schönen tuchenen, mit silberenen Schnüren gezierten Kleidern. Auf ihren Hüten hatten sie weise Federn, und die Kapellmeister trugen auch goldene Ketten.« [Galonen sind die Tressenbesätze auf den Uniformen.]

Na bitte, es gibt doch auch gute Fürsten!

Die bürgerliche Erhebung im 18. Jahrhundert war tatsächlich kein einheitlicher Prozeß. Ihr Wesensmerkmal war die Uneinheitlichkeit, der Widerspruch, das Vor und Zurück. Es war ein großer Unterschied, ob man sich entgegen dem Feudalismus emanzipieren und etwas Selbständiges, Spezifisches aufbauen wollte oder ob man sich nur aus kleinen Verhältnissen nach oben durcharbeiten wollte, am sichersten unter Anlehnung an die Feudalherren. Wer aufmerksam um sich sah, kritisch dachte, aber nicht kämpferisch war, konnte nur eins tun: Vorsichtig sein!

>>Den Fürsten kann man eher ungestraft schaden, als mißfallen; eine Maxime, die die Musiker sich um so mehr merken solten, als sie ihren Herren alle Augenblicke mißfallen, aber nur selten schaden können; und sie sollten aufhören sich zu wundern, wenn die Fürsten eher alle ihre Tonkünstler, als einen Bedienten ihres Landes abdanken.<< (Marpurg 1760/78, S. 290; >>Vermischte Gedanken. [Eingeschickt.]<< Nr. 3)

>>Der Umgang mit Personen von vornehmen Stande ist eine gute Schule artiger und wohlanständiger Sitten. Wie aber keine Regel ohne Ausnahme ist, so rathe ich dem Sänger, sich von Orten, wo er nicht hingehöret, ohne sichs Leid seyn zu lassen, zu entfernen. Sein Weggehen oder Außenbleiben wird hinlänglich für ihn reden. Wurde er von Großen nicht belohnet; so beklage er sich niemals darüber. Denn anstatt ein Weniges zu gewinnen, kann man dagegen viel darüber verlieren; die Beyspiele davon sind so gar selten nicht. Der beste Entschluß hierbey ist dieser, ihnen desto aufmerksamer zu dienen. Vielleicht kömmt doch einmal eine Zeit da sie es erkennen.<< (Agricola 1757, S. 212)

Drei Biographien

Ich will drei Möglichkeiten, sich zu den dargestellten gesellschaftlichen Problemen zu verhalten, an den Lebensgeschichten dreier namhafter Musiker verdeutlichen: Johann Joachim Quantz, Georg Philipp Telemann und Johann Sebastian Bach. Für die Biographien der beiden ersten kann ich auf ihre eigenen Darstellungen zurückgreifen, bei Bach bin ich auf das über ihn gesammelte Quellenmaterial angewiesen.

Gerade Biographien habe ich als Anschauungsmaterial gewählt, weil uns so das Vergleichen der einzelnen Lebensstufen mit unserem eigenen beruflichen Fortkommen leichter fällt, weil uns dadurch das Verständnis von Geschichte als unserer eigenen Lebenspraxis deutlicher wird.

Und gerade Selbstbiographien habe ich gewählt, weil schon ihre Existenz allein ein Zeichen der bürgerlichen Emanzipation ist. In den Jahrhunderten davor – wer schrieb da schon eine Selbstbiographie? Staats- und Kirchenmänner, öffentliche Berühmtheiten wie Ulrich von Hutten, Künstlerfürsten wie Benvenuto Cellini, niemals aber ein normaler Künstler und schon gar nicht ein Musiker. Solche musikalischen Kunsthandwerker hätten nie im Traume daran gedacht, sich in einer öffentlichen Bedeutung und einem allgemeinen Interesse

zu wähnen, das eine Autobiographie gerechtfertigt hätte. Eine Selbstbiographie von Heinrich Schütz ist völlig undenkbar. Und auch Bach, dieser
Tradition verpflichtet, hat dem mehrfachen Ansinnen des Musikforschers und
Biographen Johann Mattheson, eine biographische Skizze von sich für die
1740 erschienene Musiker-Biographien-Sammlung »Grundlage einer musikalischen Ehrenpforte« zu verfassen, widerstanden. Telemanns Selbstbiographie
stand jedoch darin.

Auch Georg Misch weist in seiner riesigen »Geschichte der Autobiographie« (4. Band,
2. Hälfte, Frankfurt 1969) auf die neue Funktion dieser Selbstdarstellung im 18.
Jahrhundert hin. Er betont die Zunahme von Autobiographien in Deutschland
(S. 784 f), jedoch erst um 1780, vor 1750 nur auf religiösem Gebiet, vor allem im
Pietismus. Wenn schon ein so schmales Gebiet wie die Musik dem widerspricht, wirft
das kein gutes Licht auf Mischs Gründlichkeit und sein Verständnis der bürgerlichen
Emanzipation. »Suchen nach der individuellen Bestimmung« (S. 779) ist wohl ein
Zweck der neuen Aktivitäten. Misch interpretiert sie nur geistesgeschichtlich, nicht
gesellschaftlich. Seit 1750 erschienen Sammlungen von Biographien und Selbstbio-
graphien in fast allen Musikzeitschriften, die von Quantz bei Marpurg 1754, S. 197 ff.
Sie dienten vor allem der Verbreitung von bürgerlichen Verhaltensmustern, als welche
ich sie auch heute noch verwende. Daß Biographiensammlungen auch dazu dienen
konnten, zur Unterstützung der Hinterbliebenen zu ermuntern, erfahren wir aus einer
Rezension von 1788 (Bossler I, Sp. 82 ff).

Erläuterungen zu Quantz' Lebenslauf (S. 32–34)

Diese Lebensgeschichte gliedert sich in drei Abschnitte.
Abschnitt I (Absätze 1–9): Erste Kontakte mit der Musik, Stadtmusikanten-
  Lehre
Abschnitt II (Absätze 10–17): 1. Sprungbrett zur Karriere (Dresden)
Abschnitt III (Absätze 18–23): 2. Sprungbrett zur Karriere (Querflöte)

Abschnitt I
Die Absätze 3 und 5 enthalten interessante Bemerkungen von Quantz zu der
heute so heftig diskutierten Frage, ob eher ererbte Anlage (»Begabung«) oder
die Umwelterfahrung für die Lernerfolge eines Kindes entscheidend sind.
Quantz kommt dabei zu einem Schluß, der gar nicht so weit entfernt ist von
den Ergebnissen des dickleibigen Werkes »Begabung und Lernen« von 1968
(Gutachten und Studien der Bildungskommission des deutschen Bildungsrates,
Bd. 4, hg. v. H. Roth): Beides ist wesentlich, nicht ein Merkmal allein
hervorstechend in seinem Einfluß, die Umwelterfahrung aber meist mangel-
haft gefördert. Quantz sieht diesen Zusammenhang folgendermaßen: »Der
Schöpfer« oder die »ewige Vorsehung« zeigen dem Menschen den »Weg« zu
seinem »zukünftigen Glücke«, indem sie das Kind – sogar entgegen väter-
lichem Wunsch – mit den richtigen Leuten in Kontakt bringen und indem sie

Der hohe Beamte: Johann Joachim Quantz

Ausschnitt aus seiner Selbstbiographie

(Erläuterungen zu den von mir numerierten Absätzen im Anschluß)

A) Herrn Johann Joachim Quantzens Lebenslauf, von ihm selbst entworfen.

1 Ich bin im Hanöverischen Gebiete, in dem zwischen Göttingen und Münden gelegenen Dorfe Oberscheden, am 30. Januar. des 1697. Jahres, Abends zwischen 6 und 7 Uhren gebohren, und hierauf Evangelisch=Lutherisch getauft und erzogen worden.

2 Mein Vater war Andreas Quantz, Hufschmidt im gedachten Dorfe. Die Mutter hieß Anna Ilse Bürmannin. Sie starb im Jahre 1702. und mein Vater verheirathete sich wieder. Doch im Jahre 1707, den Tag vor Ostern, starb er selbst, im 48. Jahre seines Alters.

3 Er hatte mich schon, von meinem neunten Jahre an, zum Schmiedehandwercke angehalten: auch noch auf seinem Sterbebette erklärte er, daß ich bey dieser Lebensart bleiben solte. Allein die ewige Vorsehung, welche alles besser einzurichten weis, als es die Sterblichen ausgedacht zu haben glauben, zeigte mir bald einen andern Weg zu meinem künftigen Glücke.

4 So bald mein Vater gestorben war; erboten sich zween seiner Brüder, deren einer ein Schneider, der andere aber Hof= und Stadtmusikus in Merseburg war, mich zu sich zu nehmen, und mich ihre Profession zu lehren: wobey sie mir die Wahl ließen, welche von beyden ich ergreifen wolte. Meines Vaters Schwester war an einen Prediger zu Lautereck in der Pfalz verheirathet. Dieser wolte gleichfals für meine Erziehung sorgen, und mich studiren lassen. Allein weil ich schon von meinem achten Jahre an, meinen ältesten Bruder, der bisweilen bey den Freudenfesten der Bauern die Stelle eines Dorfmusikanten vertrat, bey diesen Gelegenheiten, mit der deutschen Baßgeige, doch ohne eine Note zu kennen, hatte begleiten müssen; so hatte diese Musik, so schlecht sie auch war, dennoch sich meiner Neigungen dergestalt bemeistert, daß ich nichts anders als ein Musikus werden wolte.

5 Ich begab mich, also im August des 1708. Jahres nach Merseburg, zu dem obgemeldeten Stadtmusikus Justus Quantz, in die Lehre. Allein nach drey Monaten starb auch dieser. Seinen Dienst erhielt sein nachheriger Tochtermann, Johann Adolf Fleischhack. Bey diesem nun, bin ich fünf und ein viertel Jahr als Lehrbursche, und zwey und ein viertel Jahr als Geselle in Condition gestanden. Er war, nach damaligen Zeiten betrachtet, eben kein schlechter Musikus; besonders auf der Violine. Er mochte aber lieber seiner Bequemlichkeit abwarten, als den Lehrlingen den gehörigen Unterricht in der Musik ertheilen. Die Gesellen waren größtentheils eben so gesinnet. Folglich war da keine andere Unterweisung zu holen, als die, welche ein Lehrling dem andern, so gut er konte, gab. Ich würde, bey diesen Umständen, gewiß in der Musik eben so weit zurück geblieben seyn, als meine Cameraden: wenn nicht die brennende Liebe zu dieser Wissenschaft, welche der Schöpfer, nebst einem guten Naturell, in mich geleget hatte, mich zu eigenem Fleiße angetrieben, und mir auch die beschwerlichsten Bemühungen, in Erlernung der Tonkunst, zum Vergnügen gemacht hätte.

6 Das erste Instrument, welches ich erlernen mußte, war die Violine; zu welcher ich auch die größte Lust und Geschicklichkeit zu haben schien. Hierauf folgte der Hoboe, und die Trompete. Mit diesen drey Instrumenten habe ich mich in meinen Lehrjahren am meisten beschäftiget. Mit den übrigen Instrumenten, als Zincke, Posaunen, Waldhorn, Flöte a bec, Fagott, deutsche Baßgeige, Violoncell, Viola da Gamba, und wer weis wie vielerley noch mehr, auf welchen allen ein rechter Kunstpfeifer muß spielen können, blieb ich auch nicht verschonet. Es ist wahr, daß man wegen der Menge so verschiedener Instrumente, welche man unter die Hände bekömmt, auf jedem insbesondere ein Stümper bleibt. Indessen bringt man sich dadurch diejenige Kenntniß ihrer Eigenschaften zuwege, welche den Componisten, besonders solchen, die sich mit Kirchenmusiken beschäftigen, nöthig, ja fast unentbehrlich ist.

7 Auf dem Claviere, deſſen Ausübung zu meiner damaligen Lebensart nicht erfodert wurde, nahm ich, aus eigener Begierde, von dem Organiſten Kieſewetter, meinem Verwandten, einigen Unterricht: wodurch ich den erſten Grund zur Kenntniß der Harmonie legte, und vielleicht die erſte Luſt zur Erlernung der Compoſition bekam.

8 Mein Lehrherr hatte nicht den Fehler ſeiner meiſten Kunſtgenoſſen, welche ſich in das Steife und Ungeſchmackte des Alterthums verlieben, und das was neu und gut iſt, wenn ſie es ſelbſt auszuführen nicht im Stande ſind, verwerfen und verachten. – Er wußte gute muſikaliſche Stücke zu wählen, und bemühete ſich, die beſten Sachen, die damals ans Licht traten, anzuſchaffen. – Beſonders erhielt er deren viel aus Leipzig, von den berühmten Männern, Telemann, Melchior Hofmann, Heinchen, und andern. Dieſes ſchaffte mir damals einen Vortheil, woraus ich noch in ſpätern Jahren viel Nutzen gezogen habe.

9 Die Herzogliche Capelle in Merſeburg war damals noch nicht ſonderlich zahlreich. Wir mußten alſo bey Hofe, ſowol in der Kirche, als bey der Tafel, die Muſik verſtärcken. Dieſes diente mir zu einer nicht geringen Aufmunterung: zumal da ſich öfters fremde Tonkünſtler, von andern Höfen, daſelbſt hören ließen. [...]

10 Dresden, oder Berlin waren die Oerter, wo ich mit der Zeit meinen Aufenthalt zu finden wünſchete: weil ich da viel mehr Schönes von Muſik hören, und viel mehr lernen zu können glaubte, als in Merſeburg.

11 Eine im Junius des 1714. Jahres eingefallene drey monatliche Trauer, wegen Abſterbens des Prinzen Friedrich, Bruders des regierenden Herzogs, gab mir bald Gelegenheit, Hand an die Ausführung meines Vorhabens anzulegen. Ich reiſete von einer Stadt zur andern; bis nach Dresden, in der Hofnung, mich daſelbſt bekannt zu machen. Ich erreichte aber damals meinen Entzweck noch nicht; ſondern mußte weiter gehen. Ich kam über Biſchofswerde nach Radeberg, wo es eben an einem Geſellen fehlte. Theils um nicht in dem heißen Wetter zu reiſen, theils weil ich mein Verlangen, mich in Dresden, wovon dieſer Ort nur zwo Meilen entfernet iſt, bekannt zu machen, noch nicht hatte fahren laſſen, nahm ich, auf ſo lange, bis die Merſeburgiſche Trauer geendiget ſeyn würde, bey dem daſigen Stadtmuſikus Knoll, Condition an.

[Das Dorf brennt nieder]

12 Bey dieſen Umſtänden war für mich der beſte Rath weiter zu reiſen. Ich gieng, auf Zureden des armen abgebrannten Stadtmuſikus Knolls, nach Pirna zu dem Stadtmuſikus Schalle, bey dem ein Geſelle franck worden war, auf die Zeit die ich noch übrig hatte, in Condition. Dieſes war eigentlich, wie ich aus der Folge erſehen habe, der von der Vorſehung mir beſtimmte Weg, nicht nur meinen Wunſch, in Dresden bekannt zu werden, zu erfüllen, ſondern auch dadurch mein künftiges Glück zu befördern. Denn wenn der Stadtmuſikus Heine in Dresden, wie öfters geſchahe, mehr Hochzeiten mit Muſik zu verſehen hatte, als er mit ſeinen Leuten beſtreiten konnte; pflegte er von den benachbarten Städten die benöthigten Geſellen zu verſchreiben: bey welchen Gelegenheiten denn auch die Reihe öfters traf. Hierdurch wurde ich mit ihm bekannt, und das war meine erſte Bekanntſchaft in Dresden.

13 In Pirna bekam ich zu dieſer Zeit die Vivaldiſchen Violinenconcerte zum erſtenmale zu ſehen. Sie machten, als eine damals gantz neue Art von muſikaliſchen Stücken, bey mir einen nicht geringen Eindruck. Ich unterließ nicht, mir davon einen ziemlichen Vorrath zu ſammeln. Die prächtigen Ritornelle des Vivaldi, haben mir, in den künftigen Zeiten, zu einem guten Muſter gedienet.

14 Im September dieſes Jahres rufte mich mein geweſener Lehrherr in Merſeburg, bey geendigter Trauer, wieder zurück. Ich begab mich wieder dahin, um die ihm verſprochene Zeit von anderthalb Jahren noch auszuhalten.

15 Im Jahre 1715 wurde ich als erſter Violiniſt nach Berenburg berufen, und mußte mich, auf dem Luſtſchloße Friedeburg, vor der Fürſtlichen Herrſchaft hören laſſen. Die Bedingungen, die man mir wegen meines künftigen Gehalts machte, waren vortheilhafter, als ich zu der Zeit verlangen konnte. Weil ich aber meine Abſicht, in der Muſik etwas mehrers zu erlernen, an einem Orte nicht erreichen zu können glaubte, wo ich unter Schlechten der beſte ſeyn ſolte; ſo lehnte ich dieſes Anerbieten von mir ab, um eine vortheilhaftere Gelegenheit abzuwarten.

16 Kurz darauf solte ich an einen andern Fürstlichen Hof, als Hoboist in Dienste kommen : und endlich wolte mich auch der Herzog Moritz zu Merseburg, der große Kunstpfeifer-Patron, aus besondern Gnaden, als Trompeter lernen laßen. Dieses verbat ich ; und jenes wartete ich nicht ab : denn der Stadtmusikus Heine in Dresden trug mir zu eben der Zeit seine Dienste an. Diese zog ich den andern sogleich mit Freuden vor ; in der Hoffnung, meinem Endzwecke näher zu kommen : welches denn auch geschehen ist.

17 Im März des 1716 Jahres, begab ich mich also nach Dresden. Hier wurde ich bald gewahr, daß das bloße Treffen der Noten, so wie sie der Componist hingeschrieben hat, noch lange nicht der größte Vorzug eines Tonkünstlers sey. [...]

18 Ich wurde, bey Anhörung dieser berühmten Leute, in große Verwunderung gesetzet ; und mein Eifer, in der Musik weiter nachzuforschen, verdoppelte sich. Ich suchte mich in den Stand zu setzen, mit der Zeit auch ein leidliches Mitglied einer so hervorragenden Gesellschaft abgeben zu können. Denn ob ich gleich sonst sehr von der Kunstpfeifer-Lebensart eingenommen war ; so machte doch das beschwerliche Tanzspielen, welches zu der feinern Ausführung so hinderlich ist, daß ich mich nach einer Auflösung davon sehnete. Indessen hielt ich doch noch zwey Jahre dabey aus.

19 Im Jahr 1717 verstarb die Frau Mutter des Königs Augustus des II. Die Trauer darüber verursachete ein dreymonatliches Stillschweigen der Musik. Während dieser Zeit that ich eine Reise durch Nieder- und Oberschlesien, Mähren und Oesterreich nach Wien ; und kehrte im October dieses Jahres, über Prag wieder nach Dresden zurück.

20 Bey dem damals eingefallenen Jubelfeste, über die Kirchen-Reformation, traf sichs unter andern, daß ich in der Kirche etwas concertirendes auf der Trompete blasen mußte. Dieses hatte der damalige Capellmeister Schmidt mit angehöret. Er that mir darauf den Vorschlag, es, wenn ich Lust hätte, dahin zu bringen, daß mich der König, nach Trompeter Gebrauch, auslernen ließe ; und daß ich darauf in königliche Dienste, als Hoftrompeter, aufgenommen werden solte. Es fehlete damals, wie an vielen andern Orten, an musikalischen Trompetern. Ich verbat aber diese seine gütige Vorsorge : weil mir wohl bekannt war, daß auf diesem Instrumente, der gute Geschmack, welcher mir damals hauptsächlich fehlete, nicht zu bilden ist.

21 Im März des 1718. Jahres, wurde die sogenannte Polnische Capelle, welche aus 12 Personen bestehen solte, aufgerichtet. Da nun schon 11 Mitglieder angenommen waren, und es noch an einem Hoboespieler mangelte, wurde ich dazu in Vorschlag gebracht ; und nach abgelegter Probe vor dem Director derselben, Baron von Seyfertiz, in Dienste genommen. Das jährliche Gehalt war 150 Thaler, und frey Quartier in Polen. Mehr bekamen die andern auch nicht. Ich reisete im Sommer 1718 mit dieser Capelle nach Polen, und kam im folgenden Frühjahre wieder nach Dresden zurück.

22 Hier fieng sich nun ein neuer Zeitpunct, so wohl in Ansehung meiner bisherigen Lebensart, als auch meines Hauptwercks, an. Die Violine, welche bisher mein vornehmstes Instrument gewesen war, solte ich nun mit dem Hoboe vertauschen. Auf beyden Instrumenten aber, wurde ich, durch meine Cameraden, welche länger in Diensten waren, gehindert, mich hervor zu thun ; welches mir doch sehr am Herzen lag. Der Verdruß hierüber veranlassete mich, die Flöte traversiere, worauf ich mich bishero für mich selbst geübet hatte, mit Ernst zur Hand zu nehmen : weil ich hierauf, unter der Gesellschaft wo ich war, eben keinen sonderlichen Widerstand zu befürchten hatte : um so viel mehr, da der bisherige Flötenist Friese, dessen größte Neigung eben nicht auf die Musik gieng, mir den ersten Platz bey diesem Instrumente freywillig abtrat. Ich bediente mich, etwan vier Monate lang, der Unterweisung des berühmten Flötenspielers Buffardin ; um die rechte Eigenschaften dieses Instruments kennen zu lernen. Wir spielten nichts als geschwinde Sachen : denn hierinn bestund die Stärcke meines Meisters.

23 Diese neue Beschäftigung zog auch nach sich, daß ich anfieng, mit mehrerm Eifer auf die Composition bedacht zu seyn. Damals hatte man noch nicht viel Stücke, die eigentlich für die Flöte gesetzet waren. Man behalf sich größtentheils mit Hoboen- und Violinenstücken, welche sich ein jeder selbst, so gut er konnte, brauchbar machte. Ich setzte unterschiedene Flöten-Sachen, und ließ dieselben von einem und andern verbessern ; allein einer förmlichen Unterweisung, in den Grundsätzen der Composition, konnte ich damals noch nicht genießen.

dem Kind sowohl das »gute Naturell« als auch die »brennende Liebe« zu einem bestimmten Gegenstand mitgeben. Aus diesen beiden resultiert dann der »eigene Fleiß«, d.h. die Eigenaktivität des Kindes, durch die das Beschwerliche des Lernens zum »Vergnügen« wird.

Zwei Jahre zuvor hatte Quantz in seiner Flötenschule (Quantz 1752, Einleitung, § 12) den Zusammenhang so ausgedrückt: »Ein Fleiß also, der eine brennende Liebe und unersättliche Begierde zur Musik zum Grunde hat, muß mit einem beständigen und eifrigen Nachforschen, und reifem Nachdenken und Untersuchen verknüpft werden. Es muß ein edler Eigensinn dabey herrschen, welcher nicht erlaubet, daß man sogleich in allen Stücken mit sich selbst zufrieden sey: sondern immer vollkommener zu werden trachte. Denn wer die Musik nur auf das Gerathewohl, nicht als eine Wissenschaft, sondern nur als Handwerk treiben will, der wird lebenslang ein Stümper bleiben.« Das klingt wie ein Motto über dem Leben von Quantz und seinem »edlen Eigensinn« im Streben nach mehr Kenntnis und Prestige.

Johann Mattheson (1739, Teil II, Kap. 2, § 60) hat das Zusammenwirken der Kräfte in der Entwicklung eines Musikers etwas eindrucksvoller beschrieben, und es scheint, daß Quantz diese Stelle gut kannte:

»Ein sogenanntes Naturell, ohne Lust und Liebe, ist wie ein vergrabener Schatz; Lust, ohne Bestreben und Wirckung, ist wie ein verliebter Greiß; Fleiß, ohne Lust, ist wie ein Karn-Gaul, der vom Morgen bis an den Abend ziehet, doch aus lauter Zwang und mit tiefen Seufzen. Lust und Fleiß, ohne Naturell, ist schier das allerärgste: denn es gleichet eine solche Vermischung demjenigen Menschen, der gerne reich seyn wollte, auch weder Mühe noch Gefahr scheuet seinen Zweck zu erreichen; aber durch lauter unnatürliche, unerlaubte Mittel und Wege, weil er keine rechtmässige antreffen will oder kann.«

Absatz 3 und 4:
Daß es sich bei der Schrift von Quantz nicht einfach um munter erzählte Lebenserinnerungen handelt, sondern daß Quantz seiner Biographie die Qualität eines Musters für den Leser beimißt, kann man daraus schließen, daß er am Beginn seiner Flötenschule (1752, Einleitung, § 3) im Verlaufe einiger Ratschläge für Eltern musikalischer Sprößlinge eine anonyme Entwicklungsgeschichte eines Jungen erzählt, die mit seiner eigenen Jugendentwicklung übereinstimmt.

Zunächst wird »der eine ... von zween Tonkünstlern« dargestellt, »die zu gleicher Zeit, vor ohngefähr vierzig Jahren, bey einem Meister gelernet haben und deren beyder Väter Schmiede gewesen sind«. Er bleibt, obwohl der Vater ihm eine teure Musikausbildung aufdrängt, auch trotz Lust und Fleiß, ein »ganz gemeiner Musikus« und wäre besser Hufschmied geworden. (Quantz illustriert hier offenbar den letzten von Matthesons Musikertypen, den ohne »Naturell«.) »Der andere wurde hingegen von seinem Vater, der nicht so viel Vermögen als jener hatte, dem Schmiedehandwerke bestimmt. Es würde auch solches unfehlbar erfüllet worden seyn, wenn er nicht durch das frühzeitige Absterben seines Vaters, die Freyheit erlanget hätte, sich selbst nach seinem eigenen

Gefallen eine Lebensart zu erwählen. Zu dem Ende wurde ihm von seinen Anverwandten vielerley vorgeschlagen, nämlich, ob er ein Schmidt, oder ein Schneider, oder ein
Musikus werden wollte, oder ob er Lust zum Studiren hätte; weil von jeder Art, unter
seinen Anverwandten, sich einige befanden. Weil er aber zur Musik die größte Neigung
bey sich verspürete, so ergriff er auch glücklicher Weise diese Wissenschaft, und kam zu
obengemeldetem Meister in die Lehre. Was ihm hier an guter Anweisung, und am
Vermögen andere Meister zu halten, abgieng; das ersetzte sein Talent, Lust, Begierde
und Fleiß, ingleichen die glückliche Gelegenheit, bald an solche Orte zu kommen, wo er
viel gutes hören konnte, und des Umgangs vieler braven Musikverständigen theilhaftig
wurde. Hätte sein Vater noch ein paar Jahre länger gelebet; so hätte dieser Schmidts-
sohn auch ein Schmidt werden müssen: folglich würde sein Talent zur Musik seyn
begraben worden; und seine nachher verfertigten musikalischen Werke, würden niemals das Licht erblicket haben.« Das ist das positive Gegenbeispiel, das ist Quantz, wie
auch die weiteren Passagen seiner Biographie erweisen werden! Die göttliche Fügung
hat offenbar eingegriffen und den Vater abberufen, damit der Sohn freie Bahn hat! (Wer
wohl sein Kollege ist, den er da anonym als »gemeinen Musikus« abtut?)

Quantz bekennt sich dazu, daß das Fortkommen und der Erfolg eines Menschen ausschließlich nach seiner Begabung und Leistung zu bestimmen ist,
nicht nach seiner Geburt. Es zählt allein die bereits erwähnte notwendige
Mischung aus Naturell, Lust und Fleiß, nicht die Herkunft. Das ist eine
moderne, die Leistungsgesellschaft ankündigende Haltung und Praxis, in der
unter bestimmten Voraussetzungen die Klassengrenzen aus eigenem, indivi-
duellem Antrieb überwunden und überstiegen werden können. Sie beginnt, die
ältere, ständische, nach Schichten fest geordnete Vorstellung vom Aufbau der
Gesellschaft zu überwinden, nach der »niemand höher fliegen kan als ihm
seine von der Geburt angeerbte Flügel verstatten wollen«. (Johann Beer,
Musicalische Discurse, 1719, S. 68) Quantz flog höher!

Absatz 5:
Auf diese göttliche Weisung hin kommt Quantz zu den Stadtpfeifern, die auch
Stadtmusici oder Kunstpfeifer heißen. Sie sind seit Jahrhunderten in kleinen
und großen Städten eine Zunft wie alle anderen Handwerke, d.h., sie sind
durch Vereinbarungen mit dem Stadtrat oder der Landesobrigkeit privilegiert,
also bei ihren Aufgaben vor Konkurrenz geschützt innerhalb des Stadtge-
bietes: Bei offiziellen Stadt-Festen und -Feiern, in ihrer Hilfe bei Kirchen- und
Hofmusik, beim Signal- und Stundenblasen auf den Türmen der Stadt, bei
Familienfeiern innerhalb der Mauern und bei der Nachwuchsausbildung bis
zur Meisterprüfung.
   Daß die Lehrzeit eines Kunstpfeifers kein Zuckerschlecken war, sondern
von harter Arbeit, häufigen Nachtdiensten, Handlanger- und Botenarbeit
erfüllt, dazu noch oft mit Flüchen und Schlägen garniert, ist aus mehr als
einem Bericht bekannt, ebenso die auch von Quantz erwähnte, die Virtuosität
hemmende Verpflichtung, möglichst viele Instrumente zu erlernen (einzelne
Instrumente konnten aber auch Privileg des Meisters oder von Gesellen sein).

Ein deutlicher Bericht davon ist der »Musicus vexatus, oder Der wohlgeplagte / doch Nicht verzagte / sondern jederzeit lustige Musicus instrumentalis« des Johann Beer von 1690, u. a. verfaßt, um entgegen dem landläufigen Vorurteil gegenüber den Stadtpfeifern »zu weisen / daß auch unter denen Kunst-Pfeiffern Leute wären / die Bücher schreiben können« (S. 6).

Schon während seiner Lehrzeit hat Quantz das Bestreben weiterzukommen, sein »Glück« zu machen, etwas Höheres zu erreichen. Die in Absatz 6 voll Bedauern dargestellte Eigenart der Stadtpfeifer, sich nicht auf ein bestimmtes Instrument zu spezialisieren, sondern möglichst viele – wenn auch mittelmäßig – zu beherrschen, funktioniert und rationalisiert er zu einer guten Grundlage für späteres Kirchen-Komponieren um. Auch der in Absatz 7 erwähnte Klavierunterricht weist ihn in die Kompositionsrichtung, ebenso – Absatz 8 – die gute Notensammlung seines Lehrers, aus der er »in späteren Jahren viel Nutzen gezogen« hat.

Auch das Anhören der fremden »Tonkünstler« – Absatz 9 – hat wohl für ihn diesen auf seine zukünftige höhere Bestimmung hinweisenden Vorbild-Charakter. »Tonkünstler« ist als Eindeutschung des Wortes musicus zu verstehen und damals noch nicht auf eine bestimmte Tätigkeit festgelegt. Es begann aber schon eine Trennung der beiden Termini: Die im Ansehen niedrigeren Musiker wie die Stadtpfeifer nannten sich »Musici«, während das Wort »Tonkünstler« sich an die höherwertigen Tätigkeiten zu heften begann. Im 19. Jahrhundert war dann der musikalisch Dienende der Musicus, der Tonkünstler aber eher der Freischaffende, über die Niederungen Erhabene.

Diese Begierde von Quantz, möglichst viel zu lernen, schnell weiterzukommen, vor allem schneller als die anderen, zeigt sich verstärkt im

Abschnitt II
Sein erstes Ziel ist es, in eine große Stadt zu kommen. Dafür läßt er alles andere liegen. Sein »künftiges Glück« hängt davon ab (12). Und die »Vorsehung« hilft ihm wieder – so jedenfalls schreibt er (12). Allerdings scheint sein Weg nach Dresden wohl eher auf seine Beharrlichkeit und seine Halsstarrigkeit als auf die Vorsehung zurückzuführen zu sein. Alle Angebote, die nicht direkt nach Dresden führen, lehnt er ab. Er will nicht »unter Schlechten der Beste seyn« (15), sondern offensichtlich unter den Besten der Beste. So schleicht er um Dresden herum in der Hoffnung, plötzlich durch irgendeine Wendung in ein städtisch-höfisches Amt zu schlüpfen. Und es gelingt. Die Zeit für dieses Heranpirschen erlangt er durch die Vierteljahres-Trauer am Merseburger Hof (11; das gleiche wird später Absatz 19 wieder für Dresden belegt): Beim Tod von Mitgliedern einer Herrscherfamilie hatte alle Lustbarkeit zu schweigen, vor allem die Musik im Land. Die Musiker erhielten oft, wie hier, keine Gehaltsfortzahlung für die Dauer der Trauerzeit und mußten sehen, wie sie die Zeit überstanden, eine weitere Willkürmaßnahme, die sich den bereits

erwähnten Schikanen gegenüber den Hofmusikern an die Seite stellt und in einer Reichsstadt nicht möglich gewesen wäre.

Es gab offenbar sogar häufig auch noch längere Trauerzeiten. Mattheson (1739, Kap. 5, § 30) schreibt sehr klug, fortschrittlich und geharnischt dagegen:

»Wegen der bey hohen Trauerfällen so unbillig verbotenen Kirchen- und Hochzeits-Musiken sind zwar schon am andern Orte die politischen Reformations-Gründe angezeiget worden; sie haben sich aber seit dem gemehret, und ich will mir die Freiheit ausbitten, dieselbigen alhier kürtzlich zu summiren. 1) Gottes Ehre leidet. 2) der Wohlstand desgleichen. 3) Sirach redet nirgend von einem gantzen Trauer-Jahr, sondern nur von einem paar Tagen, nimt auch die Ursache bloß aus dem Wolstande, und setzt derselben gleich eine wichtigere entgegen. Aaron und Mose wurden 30 Tage beklaget. 4) Die Kunst verlischet. 5) Die Orgel-Wercke verderben. 6) Man kan ja traurig genug musiciren: so wie die Glocken zu Leid und Freude dienen, es braucht deswegen keines Schweigens. 7) Traurigkeit selbst erfordert Aufmunterung und Trost. 8) Mehrentheils ist die Trauer zum Staat [d. h. man will nur Staat damit machen], eitel und erdichtet. 9) Kein Mensch hat Nutzen davon. 10) Die Musici verlieren an ihren Einkünfften und Übungen ein merckliches, und werden hernach desto untüchtiger. 11) Den Hochzeitern ist es eine Tyranney: sie sollen Freude haben; man beraubet sie aber dessen, was Gott selbst ihnen hertzlich gerne gönnet und giebt. 12) Es läuft wider den Brauch aller Völcker. 13) In hohen Fällen auch wieder die Ehrerbietigkeit, so man dem Nachfolger schuldig ist, über welchen man sich, wenn er gut ist, mehr Ursache zu freuen, als über den verstorbenen lange zu betrüben hat.«

Mit List und Schläue glaubt der Rationalist zu erreichen, was unmöglich ist: Durch Logik und gute Gründe in Masse die Obrigkeit von ihren Riten abzubringen!

Abschnitt III

Nun ist er also in Dresden und hat ein Amt. Sein ganzer beruflicher Antrieb bleibt weiterhin gekennzeichnet von Konkurrenz: Er bekommt 150 Taler – »mehr bekamen die anderen auch nicht« (21), und er will sich »hervortun, welches mir doch sehr am Herzen lag« (22). Doch wird er daran »gehindert«: Auf allen Instrumenten gibt es schon meisterhafte Spieler, die er nicht ausstechen kann. Das bereitet ihm »Verdruß« (22). Was tun? Er muß eine Marktlücke suchen, und er findet sie: die aus Frankreich gerade erst in die deutsche Kunstmusik einwandernde Querflöte (»traversiere« bedeutet »quer«). Die kann noch keiner richtig, da kann er sich einen Vorsprung verschaffen, uneinholbar und einzigartig werden. Er geht zielstrebig ans Werk, läßt sich kurz unterweisen, beginnt mit der Komposition der noch nicht vorhandenen Originalmusik und macht sich zum Vater des deutschen Querflötenspiels.

Dies alles nicht aus Liebe zum Instrument, nein, nur auf Grund eines strategisch wohldurchdachten Karrierismus. Er muß der Erste sein, und dem wird alles andere untergeordnet. So etwas wie Neigung oder Vorliebe gibt es nicht bei der Instrumentenwahl.

Sicher gibt Quantz auch musikalische Begründungen für seinen Weg nach oben. Was er nicht mehr will, sind die »schlechte« Musik und das »beschwerliche Tanzspielen«, wie er das von den Dorfmusikanten und dann aus seiner Ausbildung als Stadtpfeifer kennt. Da reichte das »bloße Treffen der Noten« (17; auch in Spohrs Bericht aus Strelitz war ja der gleiche Widerwille der Hofmusiker gegen das Tanzmusizieren zu spüren, vgl. S. 28). Er aber will in der Musik »weiter nachforschen« (18), »viel mehr lernen« (10), zum Beispiel die »feinere Ausführung«, mit der die bisherige Tanzmusikpraxis unvereinbar ist. Dies gilt allerdings nur für Solisten wie ihn. Dagegen beweist »die Erfahrung ..., daß diejenigen, welche unter guten Musikanten-Banden erzogen sind, und viele Zeit zum Tanze gespielet haben, bessere Ripienisten abgeben, als die, welche sich nur allein in der galanten Spielart, und in einerley Art von Musik geübet haben« (Quantz 1752, Kap. 17/I, § 11). Die Ripienisten, also die Begleitspieler, haben dadurch nämlich mehr rhythmische Schärfe, als es aus dem sanften Spiel der »galanten« Musik gewohnt ist.

Vor allem will Quantz den »guten Geschmack« erlernen, wofür das Spielen auf vielen Instrumenten wie bei den Stadtpfeifern oder die angebotene Ausbildung zum Trompeter hinderlich wären (20): Er muß sie ablehnen. Wie ein Kommentar dazu schreibt Adlung (1758, Kap. 20, § 428): einer, der viele Instrumente durcheinander spiele, könne nicht Virtuose genannt werden, »weil auf vielen Instrumenten zugleich keiner etwas vollkommenes zu leisten pflegt ... Zumal bey Blasinstrumenten verdirbt das eine den Ansatz zu dem andern. Ich habe noch keinen vollkommenen Trompeter gesehen, welcher vorzüglich gewesen auf der Queerflöt oder Hautbois«. (Dieses französische Wort, »oboá« gesprochen, bedeutet »Hochholz« und ist das Ursprungswort der Eindeutschung »Oboe«.)

Weiterer Werdegang

Quantz' Ziel ist die hohe, feine Musik, und in ihr will er der Erste sein. Der Weg in die Großstadt bedeutet den Weg ins Hoforchester, in jene exklusive Gesellschaft, wo die vornehmste, die feinste Musik gemacht wird. Das ist der erste Schritt, mit dem Dorf- und Kleinstadtmusik überwunden sind. Der Sprung in die Marktlücke Querflöte erhebt ihn nun selbst unter den Hofmusikern in eine ganz besondere, einzigartige Stellung. Vom Instrument her hat er die Konkurrenten bereits hinter sich gelassen. Aber wie kann er auch in seiner Berufsstellung über sie hinaus kommen, den zweiten Schritt tun?

Hier helfen Taktik und Zufall zusammen.

Nachdem er 1724 bis 1727 mit kurfürstlichem Stipendium eine der zeitüblichen Ausbildungsreisen nach Italien gemacht hat – eine hohe Auszeichnung, durch die allein schon er viele seiner Kollegen übertrifft! –, begegnet er

1728 dem jungen Kronprinzen Friedrich von Preußen, der sich ebenfalls, beflügelt durch seine Frankophilie, der Querflöte zugewandt hat. Zunächst läßt Friedrich Quantz zweimal im Jahr für längere Aufenthalte auf seine Residenz Rheinsberg kommen, um dort von ihm unterrichtet zu werden. Dann besteigt Friedrich II. 1740 den Thron und zieht Quantz zu sich empor. Er hat sein Ziel, sein »Glück« erreicht.

»Endlich, 1741, trat er mit einem Gehalte von 2000 Rtr. auf Lebenszeit, außerdem noch einer besonderen Bezahlung für jede seiner Kompositionen und auch 100 Dukaten für jede von ihm gefertigte Flöte [1 Dukaten ist 3 Reichstaler wert], überdies mit der Freiheit, nicht im Opernorchester spielen zu dürfen, sondern blos in der Kammermusik und von Niemandes, als des Königs Befehlen abzuhängen, in die Dienste Friedrichs II. Er hatte täglich mit diesem Duette und neue Konzerte zu spielen, die er meist selbst komponiert hatte, und in den allabendlich stattfindenden Soireen den Takt anzugeben. Sein Einfluß auf alle musikalischen Ereignisse war bald so bedeutend, daß ohne seinen Willen und die Anwendung seines Einflusses nichts geschah und ihm die Bezeichnung ›Musikpapst‹ mit vollem Rechte gegeben werden konnte. Ein ... in Berlin vor dem Ausbruch des Siebenjährigen Krieges umlaufendes Witzwort charakterisiert nicht minder seine Stellung: ›Wer regiert den preußischen Staat?‹ ›Das Schoßhündchen der Madame Quantz, denn der König läßt sich von Quantz, dieser von seiner Frau und diese von dem Schoßhündchen regieren.‹«

So schreibt Hans Michael Schletterer 1865 in seiner Biographie des von 1775 bis 1793 in preußischen Diensten stehenden Hofkapellmeisters Johann Friedrich Reichardt (Quantz starb 1773, Friedrich 1786). Schletterer gibt auch Auszüge aus den Lebenserinnerungen Reichardts wieder, der Quantz persönlich gekannt hat. Hier einige Proben, die kennzeichnen, was es war, das Quantz erreichen wollte und nun erreicht hatte (S. 237 f, S. 265, S. 269 f).

»Dieser gute Mann hatte auf des Königs musikalische Ansichten den größten Einfluß, war aber zugleich sehr empfindlich und sehr leicht verletzt. Einstmals fand er sich durch eine Stelle in den critischen Briefen über die Tonkunst beleidigt [Marpurg 1759–63] und da das Werk in Berlin erschienen war, so benützte er eine gemütliche Stunde seines königlichen Gönners, seine Klage anzubringen und das Verfahren des Schriftstellers gegen ihn, den Lehrer seiner Majestät, als eine Art Hochverrat darzustellen und er bat daher den König, den Verbrecher wenigstens auf einige Wochen nach Spandau zu schicken. ›Lieber Monsieur Quantz‹, sagte der König, ›die Strafe wäre für den Autor zu gelinde. Treib er's weiter mit ihm und schreib er ihn nieder!‹ Quantz hat 299 Konzerte für die Flöte geschrieben, bei dem 300sten überraschte ihn seine letzte Krankheit, in der er von seinem großen Schüler die liebreichste und sorgsamste Pflege erhielt. Von diesem wurde auch das unvollendete Werk durch ein letztes Allegro noch vervollständigt ...

(Es war zu beobachten), daß alle jene Männer, die den König umgaben ..., ihm große Verehrung für den damaligen Zustand der Musik und Geneigtheit für ihre Kunstansichten, aber auch Abscheu gegen alle Neuerungen einzuflößen wußten. Quantz, der in seiner Art ein sehr despotischer Regent war, hatte hieran den größten Anteil; seine Meinungen erkannte man auch in allen Äußerungen und Urtheilen des Königs ...

(Reichardt beschreibt ein Gespräch mit Friedrich anläßlich seiner eigenen Diensteinstellung): »Indem er den gewöhnlichen Kopf- und Hutnicker machte, sagte er zu dem

dienenden Kammerhusaren: ›Laßt die Musikanten herein!‹ So nannte er in seinem
Deutsch die Mitglieder der Kapelle, die ihm täglich accompagniren mußten. Ich hatte in
meiner Unbefangenheit den Muth um die Erlaubnis zu bitten, bleiben zu dürfen, um ihn
spielen hören zu können. Halb erstaunt, halb lächelnd sah er mich eine Weile starr an,
dann sagte er mit unbeschreiblich angenehmen Ton: ›Meintwegen.‹ In allen Abend-
concerten des Königs, in denen er in frühen Jahren gewöhnlich fünf, in spätern drei
Quantzsche Flötenconcerte blies, war gewöhnlich kein Zuhörer, und so mußte ihm
meine Bitte um so mehr auffallen; er schien sie indes nicht übel aufzunehmen. Benda
und Duport riefen dem König zuweilen Bravo zu und auch ich unterließ dies nicht, so
oft mich der Ausdruck des Vortrags besonders rührte. Im Adagio war er wirklich ein
großer Virtuose; er hatte seinen Vortrag nach den größten Sängern und Virtuosen seiner
Zeit, besonders nach des alten Benda, (der schon in Rheinsberg bei ihm war) herz-
rührendem Spiel gebildet. Unverkennbar war es aber auch, daß er selbst fühlte, was er
blies; schmelzende Übergänge, höchst feine Akzente und kleine melodische Verschönerungen sprachen ein feines und zartes Gefühl sehr bestimmt aus und standen nie
vereinzelt da. Sein ganzes Adagio war ein sanfter Erguß und reiner, anmutiger, oft
rührender Gesang. – Der sichere Beweis, daß der Vortrag ihm aus der Seele kam.«

Später schrieb Reichardt, 1791, S. 40, in seinen »Musikalischen Anekdoten von Friedrich dem Grossen« zum Adagiospiel des Königs: »Oft
durchdrang der Gedanke mein Innerstes: wie ist es möglich, daß dieser
gefühlvolle Mann oft nach Grundsätzen so hart erscheinen und handeln
kann, daß die Welt ihn für einen harten, gefühllosen Mann halten muß!
und ist nicht vielleicht diese Unterdrückung und Überwindung seines
eignen Gefühls um sicherer und fester den Weg zu wandeln, den tief-
durchdachter Plan und tieferwogene Grundsätze ihm vorzeichneten, sein
größtes Verdienst, und die Unbekümmerniß um verkehrte Urtheile der
Welt von seinem eigentlichen Charakter, seine königlichste Eigenschaft!«

»Im Allegro war er dafür desto schwächer; seinem Spiel fehlte Feuer und Kraft, in den
Passagen blieb er oft zurück, unerachtet er sie jedesmal, ehe die Kapellisten herein-
gerufen wurden, fleißig übte, auch lange Tabellen von Lungen-, Zungen- und Finger-
übungen täglich mehrmals abblies. Aecht königlich trat er bei solchen schleppenden
Stellen und Verrückungen im Zeitmaße, die nicht selten vorkamen, mannlich den Tact,
als wären es die Begleiter, die da wankten oder eilten, ungeachtet sie ihm mit großer
Kunst und Discretion folgten; es waren die vorzüglichsten Künstler des königlichen
Orchesters.« (Forts. des früheren Berichts)
   (Jean Pierre Duport war seit 1773 Solocellist der Hofkapelle; Friedrich Wilhelm
Benda als Geiger war seit 1765 königl. Kammermusicus, dessen Onkel Joseph, eben-
falls Geiger, war auch »Kapellist« und wurde 1786 Konzertmeister: Diese beiden
könnten mit »Benda« gemeint sein, während es sich bei dem »alten Benda« um den
Vater von Friedrich Wilhelm und den Bruder von Joseph handelt; er war seit 1733 in
Friedrichs Kapelle und von 1771 bis zu seinem Tod 1786 deren Konzertmeister; die

»Akzente« sind die einfachen, sogenannten »wesentlichen Manieren« bzw. Verzierungen wie Triller, Mordent, Doppelschlag, die freien »melodischen Verschönerungen«
hießen »willkürliche Manieren«.)

Exkurs

Zum Begriff »Virtuose«

Das Wort war damals noch nicht unbedingt an die Fähigkeit zum schnellen,
fehlerfreien und technisch perfekten Spiel gebunden. Vom lateinischen Wort
virtus (Tugend und hohe Fähigkeit) abgeleitet, hieß es ursprünglich im allgemeinen Sinn so viel wie einer, der »sich in einer Wissenschaft oder Kunst
besonders hervortut« (Scheibe 1745, S. 252), und wurde auch im 18. Jahrhundert häufig noch auf Musikgelehrte angewandt: Marpurg 1749/50 (S. 7)
beruft sich auf »mit vernünftigen und geschickten Virtuosen in unterschiednen
Ländern gepflogenen Unterhaltungen«, Johann Beer (Musicalische Discurse,
1719, S. 176) deutet den hohen Prestigegrad an, der mit dieser Bezeichnung
verbunden ist, indem er sagt, wenn sie zur Sprache komme, »kützelt sich ein
jeder heimlich im Hertzen / und weiß doch eigentlich selbst nicht / ob er
würdig sey vor einen gehalten zu werden / oder ob er sich mit Recht dieses
Titels anmassen könne«. Denn immerhin bedeutet er für Beer (S. 176) einen
»Doctissimo domino«, einen »sehr Gelehrten«, der »unter die besten mit
unterzustellen« sei. 1728 (S. 231) läßt sich der Musikgelehrte Mattheson in
einem Lobgedicht einen »Brauchbahren Virtuosen« nennen. Noch 1779 empfiehlt Johann Nikolaus Forkel in der »Ankündigung seines akademischen
Winter-Concerts« (S. 9) vor dem Anhören von Instrumentalmusik den Vortrag
eines »Virtuosen . . ., dessen Kunst durch vieljähriges Studium eine gewisse
Reife erhalten hat«.

Jedoch kam allmählich (Scheibe 1745, S. 253 f) das Wort »mehr den praktischen Musikanten zu, als den theoretischen«, wurde »nur denen jenigen
beygeleget, welche etwa im Singen oder Spielen einen hohen Grad der Vor-
trefflichkeit erlanget haben«, Leuten – so Adlung 1758 (S. 804) –, »so dieses
und jenes Instruments dem Wissen und Gebrauch nach vor andern mächtig.
Wiewohl ein guter Sänger nicht ausgeschlossen wird« (wohl aber ein Violin-
strumentenspieler, wie bereits erwähnt wurde, vgl. S. 39). Man verstand nun
beispielsweise unter einem »Virtuose auf dem Flügel . . . einen geschickten und
vernünftigen Flügelspieler« (Marpurg 1749/50, S. 7). Daß dabei immer noch
die Sphäre der Ratio und der Bildung mitschwang, zeigt auch Hillers (1766,
S. 174) Charakterisierung Mozarts als einen der »frühzeitigen Gelehrten, oder
Virtuosen, wie man sie in der musikalischen Sprache nennen muß«.

Bossler schließlich (1789, Sp. 48) nimmt eine Anekdote über den Opernkomponisten Jommelli, in der der Meister über einen »eingebildeten Musiker«
sagt: »Der Kerl kann nicht lesen«, zum Anlaß, über musikalische Höchst-

qualifikation folgendes zu definieren: »Wer eine Oper, oder sonst ein Singstük gleich aus der Partitur auf'm Klavier wegspielt; die obligaten Stimmen überzutragen weiß [d.h. die Soloinstrumente darin mit aufgreift]; wie im Adlerblick die ganze Oekonomie des Sazes übersieht; mit dem Strom der Empfindung fortschwimmt; dem Sänger Ton, Takt und Empfindung angiebt; wer das Leichte ganz und das Schwere größtentheils wegspielt [vom Blatt]; wer eine einzelne Violinstimme gleich beim ersten Anblik mit Baß und Mittelstimmen zu begleiten weiß; wer sogar einem blossen Baß aus dem Stegreif eine Melodie anzuschmiegen vermag; wer endlich seine eigene Phantasien schnell und leicht aufs Papier wirft, und was er spielt, mit Geschwindigkeit, Präzision, Rundung und Anmuth vorträgt, ist ein – – Virtuos.«

Kehren wir zurück zu jener Szene, in der König Friedrich im Allegro nicht ganz mitkommt und mit dem Fuße stampft.

Quantz hatte dieser Zeremonie drei Jahrzehnte lang beigewohnt und die musikalischen Unterwerfungen seiner Kollegen – darunter Carl Philipp Emanuel Bach als Hofcembalist – von seinem Beobachter- und Richterposten aus schweigend beobachtet.

Er »hatte bey dem Concert ... nichts zu thun, als bey dem Anfange eines jeden Satzes mit einer kleinen Bewegung der Hand den Tackt anzugeben, ausser daß er zuweilen am Ende der Solosätze und Cadenzen Bravo! rief; welches ein Privilegium zu seyn scheint, dessen sich die übrigen Herrn Virtuosen von der Kapelle nicht zu erfreuen haben.« (Burney 1773 II, S. 110f)

Offenbar nahm er seinen königlichen Herren aus den Lehren seiner Flötenschule aus (1752, Kap. 16, § 11), wo es heißt: »Hat ein angehender Flötenspieler sich bey seiner bisherigen besondern Übung angewöhnt, den Tact mit dem Fuße zu markiren: so muß er sich dessen, bey öffentlichen Musiken, so viel als möglich ist enthalten.« Der König wurde anders und weniger streng behandelt als die übrigen Schüler.

In den »Drei musikalischen Anekdoten Friedrich den Einzigen betreffend« erzählt der Lehrmeister der Prinzessin Wilhelmine von Preußen, Bourdais, daß Friedrich unzufrieden war, als er einen jüngeren Schüler Quantzens hörte, der erheblich weiter war als Friedrich selbst. Friedrich soll daraufhin zu Quantz gesagt haben (Bossler 1790, Sp. 79f): »Ihr habt mich im Unterrichte vernachläßigt! Euer Schüler, der sicherlich nicht so fleißig war, wie ich, beweißt es mir.« Der Lehrer gestund, er habe sich allerdings bei der Bildung dieses leztern eines weit wirksamem Mittels bedient, als beim Könige. Dieser war äußerst begierig, dis Mittel kennen zu lernen, und je mehr Quantz sich weigerte, es zu entdeken, desto lebhafter drang er in ihn, es zu sagen. Endlich gab es Quantz zu

> erkennen, indem er mit dem Finger auf eine Hezpeitsche wies. »O, was
> dis Mittel betrift«, sagte der König, »dis würde freilich für mich nicht
> taugen. Wir wollen, wenns beliebt, bei andern bleiben.«

Zweifellos wurde über diese Anekdote und das quantzische Erziehungsprivileg
gelacht. Wird wohl auch Entrüstung über das Erziehungsmittel Hetzpeitsche
geherrscht haben, oder wird man es als zeitgemäßes Mittel des Umganges mit
Untertanen dem »Musikpapst« Quantz problemlos zugestanden haben, so wie
man ja auch dem König das Spießrutenlaufen in der Armee oder den oft
viehischen Umgang mit anderen Untertanen häufig nicht weiter vorwarf?
Quantz jedenfalls verhielt sich in diesem Punkt wie ein Herrscher zum anderen, mit standesgemäßer Angemessenheit und Milde.

Und Quantz hat offenbar auch, obwohl er der musikalische Herr des
Königs war, kein Wort über dessen Anrede der Hofmusiker als »Musikanten«
verloren, ein Wort, das auf diese Vornehmsten der Vornehmen unter den
Musikern beleidigend wirken mußte, da es gewöhnlich den Dorf- und Stadt-
musikern vorbehalten war, der musikalischen »bêtaille« (Vieh, Herde), nach
Friedrichs Worten.

Exkurs

Zum Begriff »Musikant«

Dafür, daß er zumeist eine abwertende Bedeutung hatte, ist der Kronzeuge im
norddeutschen Musikerkreis Johann Adolf Scheibe im »Critischen Musikus«.
»Die Musikanten selbst sind Schuld daran, daß die Musik anitzo sehr in
Verachtung kömmt, und bey vielen vornehmen und vernünftigen Männern ihr
Ansehen fast gänzlich verlieret.« (S. 525) Er faßt unter die Schuldigen nicht
die Instrumentalisten allgemein, die er auch »praktische Musikanten« oder
gar »Virtuosen« nennt (12., 26. und 60. Stück), sondern den »musikalischen
Pöbel«: »Stadtpfeifer, Kunstpfeifer oder zünftige Musikanten«, »die mit einer
so erhabenen Wissenschaft, als mit einem gemeinen Handwerke umgehen«
und »bey einer so niederträchtigen Handthierung dennoch stolz und aufgeblasen sind«, »ungeachtet vernünftige Leute nichts als Thorheiten und Unwissenheit an ihnen erblicken können.« »Sie machen die Musik niederträchtig,
weil sie selbst niederträchtig sind. Sie schimpfen auf wahre Virtuosen und auf
alle diejenigen, die ihnen vorgesetzt sind, oder mehr Vorzüge besitzen, bloß
deswegen, weil sie von ihrer ersten Jugend an, mit dem gemeinsten Pöbel
umgegangen sind, und sich dadurch eben dieselben Sitten angewöhnet haben.« (Vorrede, S. b7) Jedoch fährt Scheibe dann, wie um Leute wie Quantz
zu beruhigen und speziell anzusprechen, fort:

»Man wird mir aber auch zutrauen, daß es mir gar wohl bekannt sey, wie es einige Virtuosen gegeben hat, und auch noch giebt, die sich von ihrem ersten Handwerke losgerissen, über ihre ehemaligen Mitbrüder empor geschwungen, und sich endlich durch ihre eigenen Verdienste erhoben haben. Ich weis es auch, daß man selbst unter den Stadtmusikanten einige Männer findet, die dasjenige, was sie täglich sehen, verabscheuen, sich einer andern Aufführung befleißigen, und die durch wahre Geschicklichkeit nicht aber aus Handwerksgebrauche Musikanten zu seyn verlangen, und es auch mit nicht gemeinem Ruhme sind. Alle diese vernünftigen Leute verdienen eine wahre Hochachtung, und sie unterscheiden sich folglich von allen denenjenigen Musikanten, von denen ich zuvor geredet habe.«

Hier rechnet das neue Prinzip der individuellen Leistung mächtig mit den althergebrachten Zunftprivilegien ab!

Quantz wird es genossen haben, wie da der König mit dem Wort »Musikanten« den Aufstieg seines Flötenlehrers aus der Zahl aller Musiker, gleich welcher Art, deutlich machte: Quantz war tatsächlich der Beste unter den Besten geworden, der Musikkönig, auf diesem Gebiet selbst Friedrich überlegen! In diesen Höhen verwischte sich der Unterschied zwischen Dorf- und Hofmusikern. Beide waren im Vergleich zu Quantz nur noch eines: niedrig, »Musikanten«! Aber er: Ein hoher Beamter mit einem regelmäßigen, vielleicht manchmal monotonen Dienst, fürstlicher Bezahlung, stockkonservativer Einstellung, absoluter Treue gegen den Dienstherrn, dessen unkontrollierbare Machtbefugnis er sich zeitweilig zu leihen suchte, um Gegner zu bestrafen – hier Friedrich Wilhelm Marpurg –, die es wagten, sein musikalisches Gottesgnadentum anzuzweifeln: Auf seinen Wink hin sollte Marpurg im Gefängnis verschwinden. Hierin zeigt sich das Übermaß an Selbstüberschätzung und Selbsterhöhung. Es war wohl selbstverständlich, daß er alle repressiven Maßnahmen Friedrichs gegen Systemkritik vorbehaltlos bejahte: Sie dienten ihm als Handlungsmuster.

Da ist er, der eine Typ des neuen Bürgers: Der Karrierist, dessen Ziel nicht die eigene Befreiung ist, sondern ein Platz möglichst weit oben am Machtzentrum, um dort, treu, sicher und unterdrückerisch, ohne jedes eigene Risiko Macht und Einfluß auszuüben. Neu daran ist vor allem die Tatsache der Karriere, denn diese Sucht, der eigenen Klasse nach oben zu entfliehen, gab es vorher als Massenbewegung noch nicht. Man blieb meist bei seinem »Leisten«, im Rahmen des elterlichen Berufsfeldes. Der Aufstiegswille nach oben ist aber neu und zukunftsträchtig. Nicht Stadtmusiker bleiben, sondern »Musikpapst« werden! Bürgerliche Befreiung heißt hier nicht: Anders werden als die Fürsten! sondern: Ebenso werden wie die Fürsten! Quantz zeigt als einer der ersten in Deutschland, wie man als Musiker mit Köpfchen und Beharrlichkeit zu Macht, Geld und Sicherheit aufsteigt, aber nicht als Selbständiger. Er ist der Idealtyp der höheren Beamten, wie sie jetzt im 18. Jahrhundert für die neuaufgebauten Verwaltungen und Regierungen nach preußischem Vorbild gesucht und immer zahlreicher wurden, treu und leistungsfähig, eine starke

Säule des neuen Bürgertums (Einzelheiten zu dieser Entwicklung bei Bruford, S. 246 ff).

Aus Dittersdorfs Lebensbeschreibung

Ganz ähnlich mutet »Karl Ditters von Dittersdorfs Lebensbeschreibung seinem Sohne in die Feder diktiert« an, 1800 zuerst erschienen, 1940 erneut von Eugen Schmitz herausgegeben (Regensburg). In diesem Buch schildert der aus sog. guten Wiener Hause Stammende »seiner lieben deutschen Nation« (so der Erstherausgeber Karl Spazier), wie er schon als Knabe entdeckt wird und als Geigenvirtuose durch fürstliche Orchester bis ins Wiener Hoforchester gelangt, schließlich nach zwei Italienreisen und einer Kapellmeisterstellung in Großwardein sein Leben als komponierender Amtmann und Regierungsrat im Schloß Johannisberg des Breslauer Fürstbischofs abschließt. Höhepunkt ist ein um 1780 gehaltenes, in theatralischer Gegenrede dargestelltes Privatgespräch mit Kaiser Joseph II. (»Kaiser: ... Ich: ...«), in dem sie beide über Musik wie Gleichgestellte sprechen. »Ist es doch gerade, als wenn wir beide aus einerlei Buch studiert hätten«, sagt der Kaiser erstaunt, nachdem er festgestellt hat, daß er Dittersdorfs Urteil über mehrere bekannte Musiker genau teilt. Und Dittersdorf, anstatt vor schamhaftem Stolz zu schweigen, übertrifft den Kaiser noch an Wortgewandtheit und Lebensreife, indem er antwortet: »Das haben wir auch, und zwar aus jenem großen Buche Erfahrung.« (S. 212) Selbst wenn dieses Gespräch zur Hälfte erdichtet ist und Dittersdorf sich nachträglich die besten Wendungen ausgedacht hat, so erfüllt sich doch sein Streben nach Emanzipation darin, dem höchsten Pol des Feudalismus nahezukommen und ihm auf einem Gebiet als Ebenbürtiger gegenüberzustehen, nicht etwa etwas völlig Abweichendes zu tun. Sein Wunsch ist das subalterne Dasein, sein Stolz, sich so gut hochgedient und hochgelernt zu haben, daß er dem höchsten Repräsentanten geistig standhalten kann.

Der Unternehmer: Georg Philipp Telemann

Ausschnitte aus seinen Selbstbiographien

Dagegen nun Telemann!
   Bei einer solchen Gegenüberstellung von Lebensbildern käme üblicherweise das »positive« Gegenbild. Aber gibt es da überhaupt so klare Polarisierungen zwischen schlechtem und gutem Weg? Hat da nicht jeder Weg, so »fortschrittlich« er auch scheinen mag, seine Unterdrückungs- und Rückschrittsme-

chanismen, aus egoistischer Strebsamkeit geboren, von vornherein in sich? Und war denn Quantzens Weg überhaupt so verdammenswert? Wenn ja, so sind wir selbst auch mitbetroffen, denn wir müssen uns eingestehen, daß der größte Teil von uns diesen Aufstiegswillen von Quantz in sich hat und seine Praktiken und Techniken zum Teil freudig anwendet. Sind wir nicht in den allermeisten Berufen oftmals einfach gezwungen, diese Haltungen und Handlungen uns zu eigen zu machen? Wir leben eben in der bürgerlichen Gesellschaft. Telemann bietet in seinem Werdegang ein anderes Beispiel des Aufstiegs. Auch ihn bringt eine Karriere nach oben. Aber wie legt er sie an, wie bewerkstelligt er sie? Hören wir ihm genau zu, bedenken wir auch, *was* der Selbstbiograph wichtig findet zu erzählen, und *wie* er es erzählt! Bei Quantz war immer die Vorsehung hervorgehoben und der unerschütterliche Wille, viel zu lernen, von der Pike auf, und sich zum Ersten emporzuarbeiten. Was betont Telemann demgegenüber?

(Für Leser, die in der Musikgeschichte nicht sehr bewandert sind, empfiehlt es sich, meine zur Autobiographie geschriebenen Erläuterungen parallel zum Haupttext mitzulesen, da einige von den Passagen sonst nicht verständlich sind. Die Erläuterungen sind nach den Absatzzahlen geordnet, die ich dem Haupttext zugesetzt habe.)

AUTOBIOGRAPHIE IN JOHANN MATTHESON, GRUNDLAGE EINER MUSICALISCHEN EHRENPFORTE, HAMBURG 1740 (AUSZUG)

1 Ich bin ... in Magdeburg 1681. den 14. Märtz gebohren, und den 17ten drauf Evangelisch-Lutherisch getauft worden. Mein Vater, Henricus, war Prediger daselbst an der Kirchen zum H. Geist, und starb 1685. den 17. Jenner, als er kaum 39. Jahr erlebet; ich aber noch nicht das vierte erreichet hatte. Meine Mutter, Maria, stammte gleichfalls von einem Pastore aus Altendorff, Johann Haltmeyer, her, und verblich 1710.

2 In den kleinern Schulen lernte ich das gewöhnliche, nemlich Lesen, Schreiben, den Catechismus und etwas Latein; ergriff aber auch zuletzt die Violine, Flöte und Cither, womit ich die Nachbarn belustigte, ohne zu wissen, ob Noten in der Welt wären. Die große altstädter-Schule, so ich im zehnten Jahre betrat, verschaffte mir die höhere Unterweisung, vom Cantore, Hrn. Benedicto Christiani, biß in die oberste Classe des Hrn. Rectoris, Anton Werner Cuno, endlich auch diejenige des Hrn. N. Müllers, Rectoris am Dom, welcher mir die erste Liebe zur deutschen Dichtkunst einpflantzete. Gesamte Lehrer aber waren mit meinem Fleiße, oder vielmehr mit meiner Fähigkeit bald zu fassen, sehr zu frieden, und gaben mir das Zeugniß, daß ich im Lateinischen, besonders aber im Griechischen, einen guten Grund geleget hatte. Allein, was vergißt man nicht ohne Uebung.

3 In der Musik hatte ich, binnen wenig Wochen so viel begriffen, daß der Cantor mich, an seiner Statt, die Singestunden halten hieß, ob gleich meine Untergebene weit über mir hervorrageten. Während dieser Zeit componirte er; so bald er aber den Rücken wandte, besahe ich seine Partituren, und fand immer etwas darin, so mich ergetzte; warum aber? das war mir verborgen. Gnug, ich wurde dadurch veranlasset, allerhand Musik zusammen zu raffen, die ich in Partituren schrieb, und emsig in selbigen laß, mithin immer mehr Licht bekam: biß ich endlich mit Ehren zu melden, selbst anfing zu componiren; aber doch in aller Stille.

4 Inzwischen wuste ich, mit Unterschreibung eines erdichteten Nahmens, mein Machwerk in des Cantoris und Präfecti Hände zu spielen, da ich es denn theils in der Kirche, theils auf der Gasse, und auch zugleich den neuen Verfasser aufs beste loben hörte. Dies machte mich so kühn, daß ich eine ertappte hamburger Oper, Sigismundus etwa im zwölften Jahr meines Alters, in die Musik setzte, welche auch auf einer errichteten Bühne toll genug abgesungen wurde, und wobey ich selbst meinen Held ziemlich trotzig vorstellte. Ich mögte diese Musik wohl itzt sehen, wenn mir der Kopf nicht recht stehet.

5 Bevor ich zu solchem Vermögen gelanget war, ließ ich mich auf dem Clavier unterrichten; gerieth aber zum Unglück an einen Organisten, der mich mit der deutschen Tabulatur erschreckte, die er eben so steiff spielte, wie vielleicht sein Grosvater gethan, von dem er sie geerbet hatte. In meinem Kopffe spuckten schon muntrere Töngens, als ich hier hörte. Also schied ich, nach einer vierzehntägigen Marter, von ihm; und nach der Zeit habe ich, durch Unterweisung, in der Musik nichts mehr gelernet.

6 Ach, aber, welch ein Ungewitter zog ich mir durch besagte Oper über den Hals! die Musik-Feinde kamen mit Schaaren zu meiner Mutter, und stellten ihr vor: Ich würde ein Gauckler, Seiltäntzer, Spielmann, Murmelthierführer etc. werden, wenn mir die Musik nicht entzogen würde. Gesagt, gethan! mir wurden Noten, Instrumente, und mit ihnen das halbe Leben genommen. Damit ich aber desto mehr davon abgezogen würde, so ward beschlossen, mich nach Zellerfeld auf dem Hartze in die Schule zu schicken: weil meine Notentyrannen vieleicht glaubten, hinterm Blockberge duldeten die Hexen keine Musik.

7 Ich ging, etwa 13. Jahr alt, mit einem Empfehlungs-Briefe an den Superintendenten, Hn. Caspar Calvor, begleitet, der mich zum Studieren sorgfältig anhalten sollte, welches auch geschahe, und ich nahm in selbigem, besonders in der Feldmesserey, mercklich zu; aber auch diese hat das Schicksal des vorhin gedachten Griechischen gehabt.

8 Nach einigem Zeitverlaufe sollte ein Bergfest gefeiret werden, und der Cantor zu einer ihm gegebenen Poesie die Musik verfertigen; allein er lag am Podagra. Immittelst hatte ich einem meiner Schulgesellen vertrauet, daß ich Tone zusammen zu setzen wüste. Dieser eröffnete es jenem; ich wurde gerufen, und übernahm, auf dessen Ansuchen, solche Verrichtung. Der Tag der Aufführung nahete heran; mein Cantor aber mußte annoch das Bette hüten: also kam das Tactgeben an mich, als an eine Figur von 4. Fuß und entlichen Zollen, welcher man ein Bänckgen untersetzte, damit sie gesehen werden könnte. Die Musik war gut besetzet, und klang. Die treuherzigen Bergleute, mehr durch meine Gestalt, als durch die Harmonie gerührt, wollten mir, nach geendigtem Gottesdienste, ihre Liebe bezeugen, und brachten mich hauffenweise nach meiner Wohnung; einer aber von ihnen trug mich auf dem Arme dahin, wobey ich mich mit ihrem gewöhnlichen Lobspruche: Du kleiner, artiger Boß! zum öfftern beehren hörte.

9 Mein lateinischer Hüter, der brave Hr. Calvor, ließ mich zu sich fordern, eröffnete sein Vergnügen über meine Musik, und ermahnete mich, ferner darin forzufahren; zeigte mir auch die Verwandtschafft der Meskunst mit der Musik: wie denn seine Schrifften hernach gewiesen haben, daß er in beiden ein gantzer Meister gewesen sey. Dies schien das meiner Mutter gegebene Versprechen aufzuheben, und verleitete mich zu einem unschuldigen Ungehorsam: also, daß ich das Clavier wieder hervorsuchte, und im Generalbasse zu grübeln anfing, wovon ich mir einige Regeln niederschrieb. Denn, ich wuste noch nicht, daß Bücher davon wären, und den Organisten wollte ich auch nicht fragen, weil der magdeburgische, fürchterlichen Andenkens, mir noch unvergessen war. Daneben wurden Violine und Flöte auch nicht hintangesetzt; zur Kirche aber verfertigte ich fast alle Sonntage ein Stück: fürs Chor Moteten; und für den Stadt-Musikanten allerhand Bratensymphonien.

10 Nach einem vierjährigen Auffenthalt allhier begehrte des hildesheimischen damahls-berühmten Gymnasii Direktor, Mr. Mag. Loßius, mich dahin, welches mir auch von Magdeburg aus bewilliget ward, wohin mein mehrgedachter Gönner mogte geschrieben haben. Der Hr. Loßius pflegte jährlich ein oder zwey Schauspiele poetisch zu verfassen und aufzuführen, also, daß die Recitative geredet, die Arien aber gesungen wurden; und zu diesen muste ich die Musik setzen, die vieleicht bloß darum gefiel, weil ich immer nur noch ein Stück vom menschlichen Cörper war.

11 Die Sätze von Steffani und Rosenmüller, von Corelli und Caldara erwählte ich mir hier zu Mustern, um meine künfftige Kirchen- und Instrumental-Music darnach einzurichten, in welchen beiden Gattungen denn kein Tag ohne Linie vorbey ging. Die zwo benachbarten Capellen, zu Hanover und Braunschweig, die ich bey besonderen Festen, bey allen Messen, und sonst mehrmahls besuchte, gaben mir Gelegenheit, dort die frantzösische Schreibart, und hier die theatralische; bey beiden aber überhaupt die italiänische näher kennen, und unterscheiden zu lernen. Auch brachten mir, die hie und dort befindliche, trefliche Instrumentspieler die Begierde bey, auf den meinigen stärcker zu werden; worin ich aber weiter gegangen wäre, wenn nicht ein zu hefftiges Feuer mich angetrieben hätte, außer Clavier, Violine und Flöte, mich annoch mit dem Hoboe, der Traverse, dem Schalümo, der Gambe etc. biß auf den Contrabaß und die Quint-Posaune, bekannt zu machen.

12 Endlich ward ich der Manteljahre satt, und sehnte mich nach einer hohen Schule, wozu ich Leipzig erkiesete. Ich reisete nach meiner Vaterstadt, um hiezu das benöthigte in Ordnung zu bringen. Ein veranstaltetes Examen brachte den Ausspruch zu Wege, daß ich ein Jurist werden, und der Musik gäntzlich absagen sollte. Jenes war ohne dies meine Absicht; und zu diesem bequemte ich mich ohne allen Wiederspruch, mit dem festen Vorsatze, auf einen geheimen Rath loß zu studieren: hinterließ auch meine gantze musikalische Haushaltung, und begab mich 1701. nach Leipzig, da ich unterwegs in Halle, durch die Bekanntschaft mit dem damahls schon wichtigen Hrn. Georg Fried. Händel beynahe wieder Notengifft eingesogen hätte. Allein ich hielt fest, und nahm meine vorige Gedancken wieder mit auf den Weg. Ich langte an, und kam am schwartzen Brete mit einem ansehnlichen Studioso überein, dessen Stubenpursch zu werden. Mein Reisegeräthe ward geholet; aber wie klopffte mir das Hertz, als ich Wände und Winkel der Stube mit musikalischen Instrumenten versehen fand! mir wurde alle Abend was vorgemusiciret, welches ich bewunderte; ob ich es gleich selbst weit besser konnte.

13 Mittlerweile kömt mein Stubenpursch einst über meinen Coffre, und findet den von mir componirten sechsten Psalm, der, ich weiß nicht wie, unter mein Leinenzeug gerathen war. Ich verständigte ihn meines Vorhabens, welches er billigte; bat sich aber den Psalm aus, um ihn am nähesten Sonntage in St. Thomaskirche musiciren zu lassen. Der damahlige Bürgermeister und geheime Rath, Hr. D. Romanus, findet Geschmack daran, und beredet mich, alle 14. Tage ein Stück für besagte Kirche zu setzen; wogegen ich mit einem erklecklichen Legat versehen wurde, ohne die Hoffnung, so man mir zu größern Vortheilen machte: doch ging dessen ferner Rath dahin, daß ich die andern Studien nicht niederlegen sollte.

14 Itzo fiel mir meine Mutter, deren Befehle ich ehrte, wieder ein, eben als ich von ihr einen neuen Geldwechsel empfing. Ich schickte solchen wieder zurück, meldete meine übrigen Umstände, und bat um Aenderung ihres Willens, in Ansehung der Musik. Ihr Seegen zu meiner neuen Arbeit erfolgte: und nun war ich auf der einen Achsel wieder ein Musikus.

15 Bald darauf gewann ich die Direktion über die Opern, deren ich insgesamt, auch noch von Sorau und Franckfurt aus, etliche und zwantzig, und zu vielen davon ebenfalls die Verse, gemacht habe. Für den weißenfelsischen Hof verfertigte ich etwa vier Opern, und richtete endlich in Leipzig das noch stehende Musikcollegium an.

16 Die Orgel in der neuen Kirche wurde fertig, und ich darüber, als Organist, wie auch zum Musikdirector bestallet. Jene habe nur bey der Einweihung berühret; hernach aber solche Studiosis unter die Hände gegeben, die sich darum zanckten. Die Feder des vortreflichen Hn. Johann Kuhnau diente mir hier zur Nachfolge in Fugen und Contrapuncten; in melodischen Sätzen aber, und deren Untersuchung, hatten Händel und ich, bey öfftern Besuchen auf beiden Seiten, wie auch schrifftlich eine stete Beschäfftigung.

17 Im 1704ten Jahr wurde ich nach Sorau, zu S. Excellenz, dem Hrn. Grafen, Erdmann von Promnitz, als Capellmeister berufen. Das gläntzende Wesen dieses auf fürstlichem Fuß neu-eingerichteten Hofes munterte mich zu feurigen Unternehmungen auf, besonders in Instrumentalsachen, worunter ich die Ouvertüren mit ihren Nebenstücken vorzüglich erwehlete, weil der Herr Graf kurtz vorher aus Franckreich wiedergekommen war, und also dieselben liebte. Ich wurde des Lulli, Campra und anderer guten Meister Arbeit habhafft, und legte mich fast gantz auf derselben Schreibart, sodaß ich der Ouvertüren in zwey Jahren bey 200. zusammen brachte.

18 Als der Hof sich ein halbes Jahr lang nach Plesse, einer oberschlesischen, promnitzischen Standesherrschaft, begab, lernete ich so wohl daselbst, als in Krakau, die polnische und hanakische Musik, in ihrer wahren barbarischen Schönheit kennen. Sie bestund, in gemeinen Wirtshäusern, aus einer um den Leib geschnalleten Geige, die eine Terzie höher gestimmt war, als sonst gewöhnlich, und also ein halbes dutzend andre überschreien konnte; aus einer Quintposaune, und aus einem Regal. An ansehnlichen Oertern aber blieb das Regal weg; die beiden erstern hingegen wurden verstärckt: wie ich den einst 36. Böcke und 8. Geigen beisammen gefunden habe. Man sollte kaum glauben, was dergleichen Bockpfeiffer oder Geiger für wunderbare Einfälle haben, wenn sie, so offt die Tantzenden ruhen, fantaisiren. Ein Aufmerckender könnte von ihnen, in 8. Tagen, Gedancken für ein gantzes Leben erschnappen. Gnug, in dieser Musik steckt überaus viel gutes; wenn gehörig damit umgegangen wird. Ich habe, nach der Zeit, verschiedene große Concerte und Trii in dieser Art geschrieben, die ich in einen italiänischen Rock, mit abgewechselten Adagi und Allegri, eingekleidet.

19 Bisher war mirs ergangen, wie den Köchen, die eine Reihe Töpffe am Feuer stehen haben, aus deren etlichen sie nur etwas zu kosten geben. Nunmehr aber sollte ich völlig anrichten, das ist, mit allen meinen Instrumenten, mit Singen und mit der Feder zeigen, was ich gelernet hatte.

20 Die Absicht war in Eisenach anfangs nur auf eine Instrumental-Musik gerichtet, deren Glieder der nie genug zu rühmende Hr. Pantaleon Hebenstreit zusammen suchte und welcher ich, als Concertmeister, vorgesetzet ward: mithin bey der Tafel und in der Kammer die Violine, und das übrige, zu spielen hatte; da jener den Nahmen eines Directoris führete, in der letzten aber auch mitgeigete, und auf seinem bewundernswürdigen Cymbal sich hören ließ. Es erwuchs aber bald eine Capelle, nachdem der Durchlauchtige Hertzog an einigen Kirchencantaten, die ich allein absang, Gefallen getragen: da ich denn befehliget wurde, benöthigte Sänger zu verschreiben, die aber auch als Violinisten gebraucht werden könnten; nach deren Ankunfft ich denn zum Capellmeister ernannt wurde, jedoch auch zugleich die vorigen Dienste that. Ich muß dieser Capelle, die am meisten nach frantzösischer Art eingerichtet war, zum Ruhm nachsagen, daß sie das parisische, so sehr berühmte Opern-Orchester, welches ich nur erst vor kurtzen gehöret, übertroffen habe.

21 Es wurden vier Jahrgänge in so vielen Jahren fertig, nebst zween andern, zum nachmittäglichen Gottesdienste, worin aber etlich Lücken blieben: die Missen, Communionstücke und Psalmen ungezehlet. Hierzu kamen die Serenaten zu Geburths- und Nahmens-Tagen, wozu ich die Verse entwarf, deren etwa 20, nebst 50. andern Cantaten, welsch und deutsch, wurden.

22 Und wie wäre es möglich, mich alles dessen zu erinnern, was ich zum Geigen und Blasen erfunden? Aufs Triomachen legte ich mich hier insonderheit, und richtete es so ein, daß die zwote Partie die erste zu seyn schien, und der Baß in natürlicher Melodie, und in einer zu jenen nahe tretenden Harmonie, deren jeder Ton also, und nicht anders seyn konnte, einhergieng. Man wollte mir auch schmeicheln, daß ich hierin meine beste Krafft gezeigt hätte.

23 Anno 1709. verheirathete ich mich zum erstenmahl mit Jungfer Amalien Luisen Julianen: zwoten Tochter Hrn. Daniel Eberlins, ehemaligen Capitains unter den päbstlichen Völckern in Morea, so gegen die Türcken fochten; hernach Bibliothekarii in Nürnberg; darauf Capellmeisters in Cassel; ferner Pagenhofmeisters, Capellmeisters, geheimen Secretars, Müntzwardeins und Regentens auf dem Westenwalde, in eisenachischen Diensten; hernach Bankirers in Hamburg und Altenau; endlich Capitains von der Landmilitz in Cassel. Gewiß, abentheurliche Glücks-Veränderungen; aber auch Zeugnisse eines Kopffes, dergleichen die Natur wenige an Geschicklichkeit hervorgebracht hat. Er war, die Musik betreffend, ein gelehrter Contrapunktist, starcker Geiger, wovon seine in Nürnberg gestochene Trii zeugen, und rechnete aus, daß die Violine 2000. mahl verstimmet werden könne.

24 Kurtz vor meiner Heirath 1709. wurde mir unvermuthet eine fürstliche Bestallung eingeliefert, worin ich den Titel eines Secretar, und einen Platz an der Marschallstafel erhielt, welchen letzteren ich auch in Sorau gehabt hatte. Die Ursache mogte seyn, weil der Capellmeister in der Rangordnung noch nicht mitbegriffen war: sintemahl man vorher daselbst noch keine förmliche Capelle gehabt hatte. Ich wurde aber sothaner Classe bald der älteste, weil etliche daraus starben, und andre sonst Beförderung bekamen: mithin gerieth ich den Räthen an die Seite.

25 Ich weiß nicht, was mich bewog, einen so auserlesenen Hof, als der eisenachische war, zu verlassen; aber das weiß ich, damahls gehört zu haben: Wer Zeit Lebens fest sitzen wolle, müsse sich in einer Republick niederlassen. Also folgte ich 1712. dem nach Franckfurt am Mayn, als Capellmeister an der Baarfüßerkirche, erhaltenen Berufe, ohne daß ich einen Menschen daselbst kannte. Jedoch die angenehme Freiheit im Leben ersetzte hier den Verlust, den ich dort an einem gnädigen Herrn und an braven Virtuosen erlitten hatte.

26 Zum prächtigen Freudenfeste, welches Franckfurt, wegen der Geburth des österreichischen Ertzhorzogs und Printzen von Asturien, feirete, lieferte ich eine umfängliche Serenate, die unter freiem Himmel, auf einem Gerüste, auf dem Römerberge, von vielen vortrefflichen, verschriebenen Virtuosen verstärcket; überhaupt aber mit mehr, als 50. Personen, besetzet, sich hören ließ: und die ich hernach Seiner Kaiserl. Majestät dedicirte. Weiter machte ich mich über das Meisterstück des Passions-Oratorio Sr. Hochweish. Herrn B. H. Brockes, Herrn des Raths in Hamburg: und hiernächst über dessen Vergnügung des Gehörs im Frühling, über eben desselben Wassermusik; welchen hernachmahls in Hamburg der Herbst und Winter folgeten.

27 Die erste wurde, an etlichen außerordentlichen Tagen in der Woche, in der Hauptkirche, starck und ausbündig bestellt, bei Anwesenheit verschiedener großer Herren, und einer unsäglichen Menge von Zuhörern, zum Besten des Waisenhauses, aufgeführt. Es ist hiebey, als etwas sonderbares, zu mercken, daß die Kirchenthüren mit Wachen besetzt waren, die keinen hineinließ, der nicht mit einem gedruckten Exemplar der Passion erschien, und daß die mehresten Glieder E. Ehrw. Ministerii am Altare in ihren Pontificalkleidern Platz nahmen. Sonst hat diese Passion in vielen Städten Deutschlands die Chöre und Klingsäle erschallen gemacht.

28 An Hochzeitserenaden mögen etwa 20. hervorgetreten seyn, zu welchen allen die Verse mich zum Urheber haben; derer viele ich aber, in Ansehung ihrer Freiheit, und ihres nicht gar zu schmackhafften Saltzes, itzo zu schreiben Bedencken tragen würde. Meine zwote Heirath wurde allhie in Franckfurt, 1714. mit Hrn. Andrea Textors, Rathskornschreibers ältesten Jungfer Tochter, Maria Catharina, vollzogen.

29 Folgende Wercke kamen in mehr gedachtem Franckfurt am Mayn von mir, durch öffentlichen Kupferdruck, zum Vorschein: 6. Sonaten mit 1. Viol. und G. B.; 6 Trii für allerhand Instrum. und G. B.; 6. Sonatinen, mit 1 Viol. und G. B.; kleine Cammer-Musik fürs Clavier, oder andre Instrumente.

30 Im Jahr 1721. den 10. Jul. wurde ich, nachdem Herr Joachim Gerstenbüttel seeligen Todes verblichen, in Hamburg zum Direktor des musikalischen Chors, und Cantore des Johannei erwählet, und, um Michaelis darauf, nach vorhergegangenem Einladungs-Programmate mittelst einer Rede, de Musica in Ecclesia, feierlich eingeführt.

31 Anno 1723. berief mich Leipzig an die Stelle weiland Herrn Johann Kuhnau, Musikdirectoris und Cantoris daselbst, welche Ehre der Nachfolge mir bereits vor 20. Jahren zugedacht war: weil jenes Schwächlichkeit dessen baldigen Tod vermuthen ließ; allein es beliebte der Stadt Hamburg, diesen Ruf, durch ansehnliche Verbesserung meines Unterhaltes, abzulehnen.

32 Der eisenachische Hof, dem ich annoch, als Capellmeister, mit einer Besoldung von 100 Rthl., bedienet war, ernannte mich 1724. zum Correspondenten, mit Beilage von ebenmäßiger Summe: in welcher Verwaltung ich die merckwürdigsten Neuigkeiten im Norden wöchentlich zweimahl zu berichten hatte.

33 Ferner erhielt ich 1726. von Bayreuth eine Bestallung, als Capellmeister, lieferte von Zeit zu Zeit einige Instrumental-Musik, und jährlich eine Oper: wofür mir 100 Rthlr. Besoldung angediehen. Im 1729ten Jahre wurde mir aus Rusland gewincket, um eine deutsche Capelle zu errichten, die sich hernach in eine welsche verwandelt hat.

34 Hamburgs Annehmlichkeit aber, und der Vorsatz, nach vorhergegangenem viermahligen Rücken, endlich stille zu sitzen, überwogen die Begierde nach einer außerordentlichen Ehre.

35 Meine längstabgezielte Reise nach Paris, wohin ich schon von verschiedenen Jahren her, durch einige der dortigen Virtuosen, die an etlichen meiner gedruckten Wercke Geschmack gefunden hatten, war eingeladen worden, erfolgte um Michaelis, 1737. und wurde in 8. Monathen zurück geleget.

36 Uebrigens füge hier annoch ein Verzeichniß, jedoch nur ohngefehr, von derjenigen Musik hinzu, die ich in den 18 hier zurückgelegten Jahren ausgearbeitet habe. Nehmlich zwölf Jahrgänge ... Von gedruckten Wercken sind folgende ans Licht getreten: harmonischer Gottesdienst, ein Jahrgang, mit 1. Stimme 1. Instr. und GB.; ...

TELEMANN, BRIEF AN JOH. GOTTFRIED WALTHER (1729) FÜR DESSEN MUSICALISCHES LEXICON (1732)

37 Bey allem dem ist die bloße Natur meine Lehr-Meisterin, ohne die geringste Anweisung, gewesen, es müßte denn seyn, daß ich anfangs 14 Tage lang auf dem Claviere unterrichtet worden.

AUS TELEMANNS SELBSTBIOGRAPHIE AUS MATTHESONS GROSSER GENERALBASSSCHULE (1731)

38 Hier erlernete die Grundsätze im Singen / etwa im 9. oder 10ten Jahre / bey Herrn Benedicto Christiani, Cantore in der alten Stadt (an den noch jetzo danckbarlich gedencke) in recht weniger Zeit. Hierauf nahm Lection auf dem Claviere / welche aber / weiß selbst nicht mehr / warumb? nur 14. Tage fortsetzen konnte. Dieses beydes ist alles / was in der Music durch Anweisung begriffen; das Uebrige that nachgehends die Natur / welche mir auch noch eher / als ich im Singen unterrichtet wurde / schon die Flöte und Violine / und bey jener fast zugleich die Feder in die Hand gegeben hatte / so daß ich erstlich Arietten / hernach Moteten / Instrumental-Sachen / und endlich gar eine Oper / die auch vorgestellt wurde / zusammen setzte ...

39 Alldieweil aber die Veränderung belustigt / so machte mich auch über Concerte her. Hiervon muß bekennen / daß sie mir niemahls recht von Herzen gegangen sind / ob ich deren schon eine ziemliche Menge gemacht habe / worüber man aber schreiben möchte:

Si natura negat, facit indignatio versum
Qualemcunque potest. – – – [Übers. vgl. S. 60]

Zum wenigsten ist dieses wahr / daß sie mehrentheils nach Franckreich riechen. Ob es nun gleich wahrscheinlich / daß mir die Natur hierinne etwas versagen wollen / weil wir doch nicht alle alles können / so dürffte dennoch das eine Uhrsache mit seyn / daß ich in denen meisten Concerten / so mir zu Gesichte kamen / zwar viele Schwürigkeiten und krumme Sprünge / aber wenig Harmonie und noch schlechtere Melodie antraff / wovon ich die ersten hassete / weil sie meiner Hand und Bogen unbequehm waren / und / wegen Ermangelung derer letzern Eigenschafften / als worzu mein Ohr durch die Frantzösischen Musiquen gewöhnet war / sie nicht lieben konnte / noch imitieren mochte ...

40 In währender dieser Zeit suchte das Clavier wieder hervor / auf welchem so lange grübelte / biß die nöthigsten Reguln des General-Basses von mir selbst fand / und sie in einige Execution brachte / welches ich vielleicht mit weniger Mühe hätte thun können / wann mir die von dieser Materie handelnden Bücher in die Hände gefallen wären / und mich die Blödigkeit, oder vieleicht der Eigesinn / nebst einer unnöthigen Ambition / nicht gehindert hätten / einen Organisten um Rath zu fragen.

> Lust und Fleiß kann Wege finden /
> Ob sie noch so tieff verschneyt /
> Und ein kühnes Unterwinden
> Trotzet der Unmöglichkeit.
> Zeigen sich gleich große Berge?
> Frisch gewagt! du kommst hinan.
> Sieh die Schwürigkeit für Zwerge /
> Dich für einen Riesen an.

41 Ferner wurde hier / wegen der Nachbarschaft / mit der Polnischen Music bekannt / wovon gestehe / daß ich viel Gutes und veränderliches darbey gefunden / welches mir nachgehends in manchen / auch ernsthafften Sachen / Dienste gethan. Bey Erwehnung dieses bey der Musik-verständigen Welt so schlecht geachteten Styli kann mich nicht enthalten / ihm ein kleines Panegyricum zu setzen:

> Es lobt ein jeder sonst das / was ihn kann erfreun.
> Nun bringt ein Polnisch Lied die gantze Welt zum springen;
> So brauch ich keine Müh den Schluß heraus zu bringen:
> Die Polnische Music muß nicht von Holtze seyn.

42 Ich ließ die Stücke derer neuern Teutschen und Italiänischen Meister mir zur Vorschrifft dienen / und fand an ihrer Erfindungs-vollen / singenden und zugleich arbeitsamen Arth den angenehmsten Geschmack / bin auch noch jetzt der Meynung / daß ein junger Mensch besser verfahre / wenn er sich mehr in denen Sätzen von gedachter Sorte umsiehet / als denenjenigen Alten nachzuahmen sucht / die zwar krauß genug contra-punctiren / aber darbey an Erfindung nackend sind / oder 15. biß 20. obligate Stimmen machen / wo aber Diogenes selbst mit seiner Laterne kein Tröpfgen Melodie finden würde.

43 Music will / daß ein Mensch sich ihr allein verschreibe,
> Allein die Welt fällt jetzt der Meynung nicht mehr bey.
> Sie fodert / daß man mehr darneben lern' und treibe.
> (Als ob ein Noten-Kopf so voll von Fächern sey)

Drum wird man sich doch wohl nach ihr bequehmen müssen.
Das / was der Hauffe will / wird endlich ein Geboth.
Doch ists auch angenehm / von vielen was zu wissen;
Und bringt es gleich nichts ein / so frißt es doch kein Brodt.

Erläuterungen dazu

Gehen wir auch diese Lebensbeschreibung durch.
Absatz 3: Der Kantor, der beamtete Kirchenmusikleiter, hatte auch in der kirchlich organisierten Lateinschule Unterricht zu geben, und nicht nur in Musik.
Absatz 4: Mit der »ertappten Oper« ist ein heimlich besorgtes Textbuch, ein Libretto, gemeint. Der Präfekt war der dem Kantor unterstellte Zweitchorleiter zur Vertretung und für geringere Anlässe, etwa zur Leitung der Kurrende (Straßen- und einfaches Begräbnissingen der Chorschüler). Oft gab es unter einem Kantor mehrere Präfekten, meist ältere, gut ausgebildete Schüler.
Absatz 5: Die deutsche Tabulatur ist eine Buchstabenmusikschrift der älteren Orgel- und Klavierkomponisten, die zeitweilig auch Bach benutzte. Hier ist wohl der altväterische Stil gemeint, der zu ihr paßt: traditionalistische Musik. Angeblich hat Telemann danach nie mehr durch »Unterweisung« gelernt, ein Selbstbekenntnis, das Quantz eher ehrenrührig gefunden hat (s. u.). Eine Stadtmusikerlehre wäre Telemann ein Greuel gewesen! Wie lernte er statt dessen?

Durch Selbststudium in Form von eigenem Probieren und Finden (9, 40), dies auch beim Instrumentalspiel (11), durch Beobachtung guter, musterhafter Musiken (11, 42), vor allem aber durch die »Natur« (37, 38). Sie ist nicht etwa Quantzens »Vorsehung«, sondern eher dessen »Naturell«, denn sie ist Telemanns »Lehrmeisterin« (37), die ihn Dinge finden läßt, die andere kaum durch Bücher finden (zum Begriff des »Natürlichen« S. 328 ff). Telemann ist Autodidakt, und er ist stolz darauf. Das Bewußtsein, alles selbst gefunden und sich aufgebaut zu haben, ist ein starker Antrieb für ihn, ist seine Berufsgrundlage. Er ist Selfmademan, erreicht alles ohne Protektion und fremde Hilfe, nicht einmal lehrende. Er wuchert mit seinem Pfunde, und das wiegt so schwer, daß nicht einmal elterliche Verbote ihn hindern können – Quantz' Vater starb zum Glück, als er einen anderen als den Musikerberuf bestimmte! –: Die »Natur« setzt sich durch, mit rätselhaften Zufällen und Winkelzügen. Wenn man nur will und sich der Natur überläßt, gelingt alles! Man trägt sein Schicksal in sich. Das absolute Gegenteil zu Quantz! Der braucht Werkzeuge, die Stadt und die Flöte, Telemann kann angeblich alles sofort, ohne Hilfsmittel, kommt überall sofort an.

Quantz schreibt:
»Ein großes Hindemiß des Fleißes und weitern Nachdenkens ist es, wenn man sich zu viel auf sein Talent verläßt. Die Erfahrung lehrt, daß man unter denjenigen, welche besonders gute Naturgaben besitzen, mehr Unwissende antrifft, als unter denen, die ihrem mittelmäßigen Talente durch Fleiß und Nachdenken zu Hülfe gekommen sind. Manchem gereicht das besondere gute Naturell mehr zum Schaden als zum Vortheile. Wer davon Beweis verlanget, der betrachte nur die meisten Componisten nach der Mode, itziger Zeit. Wie viele findet man unter ihnen, die die Setzkunst nach den Regeln erlernet haben? Sind nicht die meisten fast pure Naturalisten?« (Quantz 1752, Einleitung § 14) Telemann war allerdings »Naturalist«, und die Meinung von Quantz ist vielleicht eher eine Rechtfertigung seines eigenen Lebensweges als der Spiegel der maßgebenden zeitgenössischen Meinung, die z.B. auch folgendermaßen zum Ausdruck kommen konnte: »Es giebt eine Geschicklichkeit, welche die Natur verleiht, und die der zu einsame Fleis verderben kann. Daher siehet man Tonkünstler, die in ihrer Kunst sich nicht sehr üben, noch weniger sie emsig studiren, hingegen fleißig Musiken besuchen, und ihrem Genie freyen Lauf lassen. Und diese gefallen zuweilen mehr, als andere, die entsetzlich studiren, sich aber nur selten bey Musiken einfinden und hören lassen.« (Marpurg 1757, S. 38, Nr. 87 der »Vermischten Gedanken«)

Absatz 11: Schalümo (Chalumeau) ist eine schalmeiartige Frühform der Klarinette.
Absatz 13 und 16: In Leipzig schien er vor Erfolg und Aktivität geradezu zu bersten. Er durfte im Wechsel mit dem Thomaskantor Kuhnau 14tägig die Kantate schreiben. Er wurde 1702 Leiter der 1693 von dem Dresdner Hofkapellmeister Strungk gegründeten Leipziger Oper, die bereits damals ein eigenes Haus hatte, was sonst nur bei Hofopern üblich war, nicht bei den städtisch-bürgerlichen (Hamburg seit 1678 unter Johann Theile). Im gleichen Jahr gründete er das erste Leipziger Collegium musicum. Solche bürgerlich-studentischen Musikzirkel spielten seit 1660 (Hamburg) auch öffentlich. Ihr Zweck war, wie es 1718 für Frankfurt/Main heißt, »theils durch diesen unschuldigen Zeitvertreib das von denen Amts-Geschäfften ermüdete Gemüth zu erquicken, theils auch die Music durch ein beständiges Exercitium zu desto mehrerm Wachsthume zu bringen«. (Telemann in Telemann D, S. 83) In diesem kurzen Zitat tauchen schon zwei wichtige Auslöser der bürgerlichen Kulturrevolution auf: Die Trennung von Arbeit und Freizeit mit dem Bedürfnis der Rekreation

in der Freizeit, dann die selbstorganisierte, vom Fürstentum unabhängige Organisation dieser Rekreation, was einen selbst gestalteten Aufschwung, eine Qualitäts- und Mengenerweiterung der Musik zur Folge und Bedingung hat.

J. S. Bach, seit 1723 Nachfolger von Johann Kuhnau als Thomaskantor, übernahm 1729 dieses Telemannische Collegium musicum, nachdem 1708 noch ein zweites gegründet worden war und beide nun parallel arbeiteten, öffentlich Instrumentalmusik und Arien zu universitären, fürstlichen oder bürgerlichen Anlässen, auch besondere Huldigungskantaten oder -oden, aufführten. Häufigster Aufführungsort waren die seit 1694 in Leipzig bestehenden Kaffeehäuser, deren Besitzer damit die frühesten Konzertunternehmer der Stadt waren. Der Eintritt war frei. Ähnlich war es auch in anderen Städten, wo an Stelle von Billetts der Verzehr stand, wie es schon in den Berichten von Uffenbach für diese frühen öffentlichen Konzertdarbietungen anklang. (Das erste deutsche Kaffeehaus gab es 1673 in Bremen.)

Telemann hatte aber nicht nur diese beiden Ämter, sondern wurde auch noch Organist und »Musikdirektor« der Neuen oder Universitäts-Kirche, was er aber nicht recht ernst nahm, sondern wofür er andere Studenten einsetzte. Er war mehr für die weltliche, öffentliche Musik, hat auch stets betont, daß er sich in erster Linie dem großen Publikum verpflichtet fühlte (43), nicht den kleinen Zirkeln in Hof oder Kirche – wie Quantz. Er wollte nicht exklusiv sein, sein Feld war der öffentliche Markt, das Eingehen auf die Publikumswünsche.

»Musikdirektor« hieß zu dieser Zeit immer der höchste Musikbeamte einer Stadt, dem die Musik der meisten Kirchen unterstand sowie auch die Aufsicht über die Stadtpfeifer (die eigens für obrigkeitliche Anlässe in größeren Städten bestallten Ratsmusiker). Johann Sebastian Bach z. B. war seit 1723 Leipzigs »Director Musices« (griechischer Genitiv), ein Amt, in dem das Thomaskantorat einbegriffen war. Telemann meint hier, daß er der Leiter der Musik an der Universitätskirche war.

Dieser Erfolgssturm hatte aber nicht nur erfreuliche Seiten. Denn er bedeutete auch ein Zurückdrängen des seit 1701 angestammten Thomaskantors Kuhnau. Auf Betreiben oder mit Billigung Telemanns wurde dem Vorgänger Bachs, der wie dieser in ständigem Streit mit dem Magistrat der Stadt um seine Privilegien und Rechte als städtischer Musikdirektor lag, das Leben schwergemacht und sein Recht geschmälert: Telemann unterbot und unterwanderte den Älteren, wo er konnte. Er entzog ihm den Boden für Gehaltsverhandlungen mit dem Stadtrat, indem er das Kantatenkomponieren für die Haupt- (Thomas-)Kirche z. T. übernahm und so die Unersetzlichkeit Kuhnaus für die Kirchenmusik, bisher dessen Hauptargument in den Verhandlungen, fragwürdig machte. Er lockte Kuhnau die Studenten fort, die bisher in der Thomaskirche ausgeholfen hatten, sich nun aber in dem neuen Collegium musicum sammelten, ja sogar zur Oper fortliefen. Dagegen versuchte sich

Kuhnau auf dem Amtswege zu wehren, vergeblich. Und mit den gleichen Studenten brachte Telemann Kuhnau auch um das Recht, die Musik der Universitätskirche zu gestalten. Wiederum erschien Kuhnau entbehrlich: Kuhnau hatte nämlich Forderungen an den Stadtrat gestellt, um seinen Dienst an der Universitäts- oder Neuen Kirche, die erst seit 1699 dem Thomaskantorat unterstand, zu erleichtern. In den Verhandlungen ging es im Grunde um die Kompetenzen und die Unabhängigkeit des Musikdirektors. Telemann war nur kurz in Leipzig und zerstörte alles. Er führte, nur für das Organistengehalt, mit den Studenten komplizierte Musik auf und bewarb sich anschließend noch erfolgreich um das Kantorat dort. Auch hiergegen ging Kuhnau vergeblich an. Der Stadtrat frohlockte, weil er auf so billige Art und mit einem so willigen Subjekt die Macht des Thomaskantors gebrochen hatte. Er trug Telemann sogar zweimal Kuhnaus Nachfolge an (31). Telemann schwächte um seines Fortkommens willen die musikalische Kompetenz des Thomaskantorats. Das bekam noch Kuhnaus Nachfolger Bach zu spüren (vgl. S. 70).

Die folgende Passage aus einem Musikerroman von Johann Beer aus der Zeit um 1700 könnte geradezu auf Telemann gemünzt sein:

»Ich halte dafür, sagte Cotalus, dass diejenigen, so denen Musicis ihre von Alters gemachte Besoldung und Accidentien [Nebeneinkünfte] beschneiden, und entziehen, viel ärgere Diebe seyn, als andere. Denn sie nehmen und stehlen gleichsam nicht allein gegenwärtigen Musicis ihren Bissen Brot, sondern auch allen Successoribus [Nachfolgern]: angesehen dasjenige, was einmal abkommt, nimmermehr wieder auffgebracht wird. Solcher Leute Gedächtnis wird verfluchet, und ihre Nachkommen werden gehasset von allen denen, so dadurch leyden müssen.« (Hans Friedrich Menck, Der Musiker im Roman, Heidelberg 1931, S. 39)

Wie muß Kuhnau den Jüngeren gehaßt haben, und mit was für gemischten Gefühlen wird Bach an seinen berühmteren Zeitgenossen Telemann gedacht haben, als er gehört hatte, durch wessen Aktivitäten die Privilegien des Musikdirektors so geschmälert und der Rat der Stadt so hochnäsig und herablassend geworden war.

Telemann arbeitete sich nicht zu den Autoritäten hoch wie Quantz, er nahm es sofort mit ihnen auf, ohne das Entsprechende »gelernt« zu haben. Wie wird Kuhnau aufgeatmet haben, als Telemann 1705 nach Sorau ging! (Quellen für die Auseinandersetzung Telemann-Kuhnau sind die entsprechenden Personen-Artikel in MGG.)

Absatz 17: Die »Ouverturen mit ihren Nebenstücken« sind Orchestersuiten, bestehend aus Ouvertüre und einer Tanzsatzfolge, wie wir sie von Bach gut kennen.

Absatz 18: Telemann will nicht wie Quantz von der bäuerlichen Musik weg nach oben, sondern ist – ungewöhnlich für die Zeit – begeistert von ihr, erkennt den Wert des »Niedrigen« vorbehaltlos an, erhebt ihn im Grunde sogar über den der Kunstmusik (Absatz 41). Aber – bürgerlicher Widerspruch! –: Er kann diese Bewunderung nur empfinden in Verbindung mit dem Ziel, den Gegenstand der Bewunderung wirtschaftlich auszubeuten, in klingende Münze umzusetzen. Es ist eine ähnliche Haltung, wie sie der Reiseunternehmer hat, der voller Entzücken ein unberührtes Naturgebiet mit Ureinwohnern kennenlernt. »Das müssen alle sehen können«, mag er menschenfreundlich sagen, »das kann jedem wieder Kraft und Lebensmut geben, wenn ...« Und hier kann er Telemanns Formulierung übernehmen »... gehörig damit umgegangen wird«. Der Gedanke an den eigenen Verdienst mag subjektiv sekundär sein, aber er ist die treibende Kraft dieser Bewunderung und ihrer wirtschaftlichen Umsetzung.

Polonaise: Dazu kommt noch, daß das Komponieren von polnisch klingender Musik zu dieser Zeit in Sachsen eine spezielle Bedeutung hatte. Der Kurfürst war ja seit Ende des 17. Jahrhunderts auch König von Polen (vgl. S. 15). Deshalb gehörte das Aufkommen von Musikstücken in polnischem Klanggewand zu einer aktuellen politischen Musikmode, wenn nicht gar zu einer musikalischen Huldigung für den Landesherrscher und seine Politik. Auf jeden Fall konnte man damit gut ankommen. Telemann schrieb mehrere solcher polnischen Stücke, so den Schlußsatz aus dem e-Moll-Konzert für Blockflöte, Querflöte und Orchester. Auch Johann Sebastian Bach wirkte an dieser musikalischen Feier des um Polen vergrößerten Sachsen mit: In das erste der sogenannten Brandenburgischen Konzerte nahm er eine »Polacca« auf, und sein Sohn Wilhelm Friedemann komponierte zwölf sehr schwere und schöne Klavier-Polonaisen, wohl auch nicht ohne die Anregungen, die er von der Hofmusik an seinem ersten Wirkungsort Dresden erhalten hatte. Wie in vielen anderen Dingen war aber auch hierin Telemann der Pionier:

»Es ist nur in diesem Jahrhunderte erst geschehen, daß wir von dieser Musikart insbesondere gehöret haben; zuvor finden wir keine Spuren, daß sie in irgend einem Rufe gewesen wäre. Der berühmte Telemann hat sie am ersten bekannt gemacht, und durch die schönsten Proben dargetan, wie schön diese Musikart ist, wenn sie in ihrer gehörigen Vollkommenheit ausgeübet wird.« (Scheibe 1745, 15. Stück, S. 149)

Das Instrument »Regal« ist eine kleine, auf dem Tisch gespielte Orgel mit Zungenpfeifen.
Absatz 20: Pantaleon Hebenstreit, der das »bewunderungswürdige Cymbal«, auch »Pantaleon«, erfand, eine Vorform des Hammerklaviers, war also »Director«, Leiter oder Dirigent des Orchesters. Vor allem bei der Tafelmusik dirigierte er offenbar, während Telemann als »Concertmeister« die erste Geige spielte. Jedoch war das Dirigieren heutiger Art zu jener Zeit nur bei Großorchestern üblich, die es in Eisenach sicher nicht gab. In diesem Fall war eine sog. Doppeldirektion üblich: Der »Direktor« gab wichtige Einsätze, am Continuo-Cembalo sitzend, teils mit Akkordspiel, teils mit einer freien Hand, der Konzertmeister unterstützte ihn mit Körper- oder Bogenbewegung. In der

Kammer, also beim eigentlichen Hofkonzert, verzichtete Hebenstreit aber offenbar auf die Leitung. Er überließ sie Telemann, indem er mitgeigte oder als Solist das von ihm erfundene Instrument spielte.

Kapelle: Im folgenden Text des Absatzes gibt es ein Verwirrspiel mit dem Wort »Capelle«. Es ist, als ob Telemann terminologische Interessen gehabt habe und uns den Bedeutungswandel des Wortes vorführen wolle. In der älteren Musik bis ins 16. Jahrhundert ist die Kapelle immer der kirchliche Chor, die Kapellisten sind die Chorsänger (»a capella« singen bedeutet heute noch: chorisch, ohne Instrumentalbegleitung). In dieser Form verwendet Telemann es zuerst: Er soll einen Chor bilden. Dann verwendet Telemann das Wort in seiner historisch nächsten Bedeutungsstufe: Er wird »Capellmeister« dieses Klangkörpers, dessen Mitglieder auf Geheiß des Herzogs zugleich Sänger und Streicher sein müssen. Das entspricht dem Wandel im Gebrauch des Wortes im 17. Jahrhundert, als neben den Sängern auch die Instrumentalisten, sowohl kirchlich als höfisch, zur Kapelle gehörten. Im 18. Jahrhundert dann bildete sich die Wortbedeutung zu der bis heute gültigen Art um: als Bezeichnung für einen Instrumentalkörper. Entsprechend ist Telemanns dritte Verwendung des Wortes: Die »Capelle« – rein instrumental – ist zu vergleichen mit dem Pariser Opernorchester. Sie bildet nun, unter Telemanns Leitung, ein vokal-instrumentales Zweitorchester (nicht die kleinbesetzte »Kammer-Musik«) neben dem Instrumental-Orchester von Hebenstreit. Es gibt nun zwei Kapellmeister am Hof. Auch hier hat Telemann durch seinen unsäglichen Einsatz und Eifer den Älteren eingeholt, wenn nicht übertroffen. Und er macht solchen Eindruck, daß er noch später das Gehalt eines Geheim-Sekretärs erhält und dafür Kompositionen und politische Nachrichten nach Eisenach schickt (vgl. Absatz 32).

Absatz 22: Hiermit meint Telemann diejenigen seiner Triosonaten, in denen die beiden Oberstimmen, leicht fugiert, wie selbstverständlich zusammenwirken und auch der Baß mit einer selbständigen, melodischen, nicht plump umherspringenden Stimme an diesem Spiel beteiligt ist. Daß die Melodie »natürlich« sein solle, ist eine Grundforderung der neuen, bürgerlichen Musiköffentlichkeit und der sie vertretenden musikalischen Schriftsteller. Künstlichkeit, Überladenheit, Verworrenheit werden als Zeichen einer überlebten Musikkultur verworfen und bekämpft und häufig mit der älteren Kirchenkantate und Hofoper oder bestimmten Konzerten identifiziert (Absatz 39; das Bildungszitat dort heißt übersetzt: Wenn die Natur nicht will, macht ihr Unwille den Vers so, wie er gerade kann bzw. will). Telemann nennt auch als negatives Beispiel die alte Kontrapunktik (Absatz 42). Noch deutlicher wird er anläßlich einer von Mattheson angestellten Umfrage über die Bedeutung des Kanons in der zeitgenössischen Musik (1722 f, S. 358 f):

»Weil bey ihnen immer eine Note der andern Gefangene ist / so können sie sich in der Harmonie / modulation [d.h. in der harmonischen Bewegung] und Melodie nicht nach Willen regen / noch also gegen das Gehör recht gefällig bezeugen. Derowegen muß nothwendig ein besserer Weg vorhanden seyn / der uns zu mehrer Vollkommenheit in der Kunst führet.« Telemann leugnet nicht ihren Nutzen für die Kompositionslehre und ihre Bedeutung für die Kirchenmusik oder ihre Fähigkeit, »den Verstand eines Kenners belustigen« zu können. Er spricht ihnen aber das Wesensziel der neuen Musik ab, »vermittelst harmonischer Sätze in den Gemüthern der Menschen allerhand Regungen erwecken« zu sollen.

Absatz 23: Ist weniger zum Lachen als zum Weinen: Da gewinnt er echt Quantzische Züge mit seiner Orientierung an der Autorität. Da die Frau nicht dazu taugt, muß der Vater aufgebaut werden. Im Grunde wenig anders als die Art, wie die deutschen Faschisten am Beginn des ersten Bandes von Klaus Theweleits »Männerfantasien« über ihre Frauen (nicht) berichten.

Absatz 24: Die Rangordnung, eine damals unentbehrliche Sache! Der Stadtrat oder der Fürst legten eine Wertordnung verschiedener Berufsstände fest, an der man ablesen konnte, wen man vortreten lassen mußte, wer einen zu grüßen hatte, mit wem man am Tisch sitzen durfte. Verbunden damit war eine Kleiderordnung. Es durften bei Strafe die von den niederen Rängen nicht tragen, was den oberen Rängen vorbehalten war. Das bezog sich natürlich auch auf Waffen. Wo man mit seinem Beruf oder Einkommen nun in der Ordnung stand, war nach Land oder Stadt ganz unterschiedlich, dem Gutdünken der Obrigkeit überlassen. 1718 wurde z.B. für Flensburg eine »Rangordnung für die Bürger und Einwohner und deren Frauen« herausgegeben (nicht alle Einwohner waren Bürger, sondern nur solche, die zumindest männlich waren, dann aber auch ein bestimmtes Einkommen, eine bestimmte Zahlung an den Rat, eine bestimmte Steuerhöhe oder Wohndauer ihrer Familie nachweisen konnten, dadurch auch Privilegien, Erleichterungen, Wahlmöglichkeiten erhielten usw., vgl. Bruford, S. 190). Danach gab es vier Klassen: In der ersten alle königlichen Bedienten, der Stadtrat mit Bürgermeister, die Doktoren, Geistlichen, Richter, Sekretäre, Lehrer an Lateinschulen, in der zweiten alle Lehrer an deutschen Schulen, Musiker (auch Stadtpfeifer) und die Kaufleute mit mehr als 9000 Mark »lübisch« (Lübecker Währung), in der dritten die weniger wohlhabenden Kaufleute, dazu die Schiffer, Maler, Bildschnitzer und andere Künstler (die Musiker stehen höher!), alle in Gilden organisierten Handwerker, in der letzten Klasse Arbeiter, Seeleute, Taglöhner, Krämer und unorganisierte Handwerker (Schwab bei Salmen 1971, S. 25). In Frankfurt 1731 waren in der ersten Klasse die städtischen Würdenträger, Ärzte, Richter und Mitglieder der Patrizierfamilien, die mindestens 100 Jahre an der Stadtverwaltung teilgenommen hatten, in der zweiten Zunftmitglieder, vornehme Bürger, Großkaufleute und Großbankiers, in der dritten Notare, Advokaten, Künstler und Ladeninhaber, in der vierten Krämer, Budenbesitzer, Handwerker, in der fünften Kutscher, Arbeiter und Diener (Bruford, 185).

War die Rangordnung in den Städten also halbwegs einheitlich, so war die Berufseinordnung an den Höfen je nach Vorliebe der Herren völlig unterschiedlich, wie man am Beispiel der Musiker sieht. Bach stand als Köthener Hofkapellmeister in einem Rang mit dem Hofmarschall, dem zweithöchsten Beamten. In Halle-Weißenfels kam der Inhaber des Hofkapellmeisteramtes in den dritten Rang, in Gotha in den 10., in Schwerin in den 16. nach zwei Kammerdienern und vor dem Kantor, den Hoftrompetern und -paukern und den übrigen Hofmusikern (Petzold bei Salmen 1971, S. 66) und den Organisten (Hans Engel, Musik und Gesellschaft, 1960, S. 128, auch das Folgende). In Lippe-Detmold stieg – anders als sonst – die Ranghöhe mit den Zahlen: 17. Die Stadt- und Landmusikanten, 35. Trompeter, Kellermeister, Konditor, 76. Ober-Kapellmeister (vor Kanzlei-Advokaten und Baudirektor), 103. Kammer-Musici, Virtuosen. In Weimar kam 1768 ein Gymnasiallehrer nach dem Hoftrompeter, und der Dichter Johann Heinrich Voß, von Beruf Lehrer, mußte im Leichenzug seines Landesherrn neben dem Kammerdiener gehen, für jene Zeit ein ehrenvoller Platz (Bruford, S. 236).

Wenn also – wie in Telemanns Fall – ein Hofkapellmeister noch nie am Hof angestellt worden war, mußte er irgendwie eingeordnet werden. Sonst hing er in der Luft, konnte sich bei Hof nicht bewegen oder benehmen, war orientierungslos. Also ernannte man ihn zum Sekretär, der er zwar nicht von seiner Tätigkeit her, nun aber durch Ernennung war. Nun war die Welt wieder in Ordnung. Und er stieg von diesem Rang, einem ohnehin schon hohen, in den darübergelegenen, den der Hofräte, eine seltene Auszeichnung für einen Musiker.

Absatz 25: »Wer Zeit Lebens fest sitzen will, muß sich in einer Republik niederlassen.« Das ist der Satz, der dem bereits zitierten von Johann Beer an die Seite zu stellen ist. Die Republiken, d.h. die Reichsstädte, bieten Sicherheit gegenüber der fürstlichen Willkür (vgl. S. 19f).

Ein Zeitgenosse schreibt über die Musikpflege in Frankfurt: »Diese edle Belustigung ist seitdem der berühmte herr Telemann hier gewesen, in große Aufnahme gekommen. Es sind wenig angesehene Familien, da nicht die Jugend auf einem oder dem anderen Instrument, oder im Singen unterwiesen wird; die Concerten sind deswegen sowohl öffentlich als in vornehmen Häusern sehr gewöhnlich, und lassen sich dabei insgemein auch fremde und berühmte Virtuosen hören, wenn sie hier durchreisen, oder eine Zeitlang sich hier aufhalten.« (Art. Telemann in MGG)

Auch der S. 10 zitierte Frankfurter Bürger Uffenbach erwähnt Telemann bewundernd (vgl. Preußner, Die musikalischen Reisen ..., S. 167f). Nachdem Telemann später von Frankfurt nach Hamburg gewechselt hatte (1721, vgl. Absatz 30), tat auch Bach den Schritt vom Hof zur Stadt, von Köthen nach Leipzig (1723), und als dessen zweitältester Sohn Carl Philipp Emanuel den Hofcembalistendienst bei dem eigensinnigen, konservativen Friedrich II. in Potsdam und seine Unterbezahlung dort leid war, bewarb er sich nach dem

Tode seines Patenonkels Telemann – nach ihm hieß er Philipp – 1768 erfolgreich um dessen Nachfolge als Hamburger Musikdirektor (vgl. S. 389 f).

Er wie sein Vorgänger und wie sein Vater saßen in der Republik »Zeit
Lebens fest«, nachdem sie von Hofämtern genug hatten.

Absatz 27: Hier zeigt sich Telemanns Genie als Musikhändler. Statt Eintrittskarten, die zu jener Zeit für die Kirche ganz unüblich waren, machte Telemann den Kauf des sicher recht teuren Textbuches zur Eintrittsbedingung,
eine Maßnahme, mit der er später in Hamburg noch großen Ärger haben
sollte, da das Druckhaus des Buches ihm Teile der Einnahmen streitig machen
wollte. Es gab einen langen Rechtsstreit. Überhaupt war Telemann der Pionier
des musikalischen Urheberrechts, denn er wollte es nicht dulden, daß irgend-
ein anderer – z. T. durch Raubdrucke, einer damals keineswegs seltenen oder
kriminellen Tätigkeit – auch nur einen Pfennig von dem abbekam, was er
durch seine bienenartige Emsigkeit erwirtschaftete. 1728 erfand er sogar eine
musikalische Fortsetzungszeitschrift, den »Getreuen Musikmeister«: Hier
kauften Sie den Anfangssatz der Sonate, der Rest folgt im nächsten Heft!

Telemann ist der Liebling der vornehmen und bürgerlichen Musikwelt,
macht alles, will alles, kann alles! Und daß er alles kann, dokumentiert er in
seiner Selbstbiographie mit ausgedehnten, hier gekürzten Verzeichnissen seiner
Werke (Absätze 15, 18, 21, 22, 26, 29, 36). Ja, er wuchert mit seinem Pfunde,
und er macht deutlich, daß er alles, was er erreicht hat, durch eigene Leistung
vollbracht hat. Keiner hat ihm geholfen, noch nicht einmal ein Lehrmeister,
geschweige denn irgend ein hoher Gönner! Er hat alles selbst erreicht, ohne
Hilfe und Protektion, ist selbständiger Unternehmer, nimmt es mit allen
anderen auf, vor allem – dies steht zwischen den Zeilen – mit den Fürsten!

Sind sie nur durch Erbe und selbstbehauptetes Gottesgnadentum etwas,
ohne dafür auch nur die geringste Leistung erbracht zu haben, so hat er alles
redlich verdient und aufgebaut. Nichts ist ihm geschenkt worden, jeder Heller
ist mit eigenem Schweiß erwirtschaftet.

Die beiden Achtzeiler aus Absatz 40 und 43 können über seinem ganzen
Leben stehen: Man kann alles, wenn man nur will, und: Man muß vielseitig
und erfinderisch sein, um durch das Eingehen auf die Massen massenhaft zu
verdienen. Produzieren und verkaufen! Arbeiten, nicht sich beschenken lassen!

»Aber, weil der Mensch der Arbeit wegen, und um dem Nächsten zu
dienen, lebt, so habe ich mich endlich diese Hinderniß nicht anfechten
lassen«, schreibt Telemann im Vorwort seines »Getreuen Musik-Mei-
sters« 1728 (Telemann D, S. 145) und gibt damit ein Motto für viele
Bürgerliche.

Telemann ist der Idealtyp des bürgerlichen Unternehmers, des selbständigen Geschäftemachers, unabhängig, reich an Beziehungen und Finessen, mutig und voll unerschöpflicher Kraft und Erfindungsgabe die Konkurrenz angreifend und ausbootend. Er ist, wenn man überhaupt auf diese antifeudalistische Bewegung des Bürgertums das Wort Revolution anwenden will, der bürgerliche Revolutionär in Reingestalt. Andere Heroen wie Philipp Emanuel Bach und Haydn werden ihm auf diesem Weg nachfolgen und seine Methoden verfeinern. Aber er ist der absolute Pionier der bürgerlichen Musikbefreiung.

Solidarität oder Massenbewegung kamen selten bei den Bürgern auf. Ihre Befreiung bestand in der Möglichkeit, ohne fürstliche oder kirchliche Einschränkungen ihr individuelles, geschäftliches Fortkommen zu erkämpfen und auf dem Felde der Konkurrenz zu fechten und auch zu sterben. Die Handelsfreiheit war Sinn und umkämpftes, schließlich erreichtes Ziel der Bürger. Das war auch ihr soziales Ziel. Die Befreiung der Menschheit oder die brüderliche Gleichheit hatten nur einzelne Schwärmer und Idealisten im Sinn, die letztendlich keine Wirkung hatten. Der Unternehmer, gleich auf welchem Gebiet, war der Held der bürgerlichen Bewegung. Und in dieser Funktion drängte er auch den Feudalismus zurück und entmachtete ihn.

Absatz 31–35: Von überall her bekommt er ehrenvolle Anträge und gutdotierte Aufträge. Das Thomaskantorat wird ihm angeboten, er lehnt aber trotz einer anfänglichen Zusage ab. Der Leipziger Stadtrat ist beleidigt, dann etwas bekümmert, als auch der zweite Angeforderte, Kapellmeister Graupner in Darmstadt, nicht kommen kann, weil sein fürstlicher Herr ihn nicht gehen läßt. Dann verfällt der Stadtrat erst auf Bach. »Es wäre nöthig auf einen berühmten Mann bedacht zu seyn, damit die Herren Studiosi animiret werden möchten«, sagt der Bürgermeister zuungunsten von Bach. Bach als Zugpferd für die Zunahme der Studentenzahlen bzw. für die musikalische Betätigung der Studenten! Telemann wäre dafür geeignet gewesen, war offenbar die Meinung des Stadtrates.

Das ist – nach dem angepaßten und obrigkeitsorientierten Quantz – der andere neue Typus des Bürgertums: Der einsame Held, sein Schwert unermüdliche Leistungsfähigkeit, sein Schild Wendigkeit und Erfindungsreichtum. Diese beiden Typen – Beamte und Unternehmer – bilden den Kern des neuen Bürgertums, flankiert von einigen akademischen Berufen wie Juristen, Ärzten, Lehrern usw., aber auch höheren Handwerkerberufen. Jedoch sind auch diese in vielen Fällen den Beamten und Unternehmern zuzurechnen, den »Unselbständigen« und »Selbständigen«.

Die beiden Bürgergattungen kennen im Normalfall keine Hilfe und kein gemeinsames Bewußtsein gegenseitig und untereinander. Der individuelle Blick nach oben oder der nach vorn, das ist ihr Bekenntnis. Aber in Momenten der Gefahr für ihre Existenz halten sie zusammen, immer gegen »unten«, und dann sind sie unschlagbar, verhindern – in Deutschland – jede Revolution.

Der Unangepaßte: Johann Sebastian Bach

Und wohin gehört Bach?

Ist er schon neuer Bürger – oder noch nicht?

Musikalisch hat er sehr vieles vorbereitet und eingeleitet, was später die bürgerlichen großen Komponisten aufgreifen und weiterentwickeln konnten. Darin war er ein eigenständiger Pionier, ein unabhängiger Tüftler, unbequem und »dunkel« in der Melodik. Alle jene feinfühlige und untergründige Durchführungs-, Abspaltungs- und Entwicklungsmotivik begründete er, die so beschwerlich zu hören ist, aber wesentlicher Bestandteil der »klassischen« Kompositionsweise wurde.

Bach war in musikalischer Hinsicht weder ein am Geschmack der Herren orientierter Quantz, der 300 sich ähnliche Flöten-Konzerte schrieb, noch ein am Geschmack des großen Publikums orientierter Telemann, der eine Riesenzahl von gedruckten Veröffentlichungen in die Welt hinausschleuderte und große Verkaufserfolge hatte. Bach schrieb sehr individuelle Werke, die jede musikalische Gattung auf den Gipfel der Kompliziertheit trieben, und er veröffentlichte wenig. Er war schon zu Lebzeiten als Fugen-, Kontrapunkt- und Orgelspezialist bekannt, als Meister schwierigster Klavierkunst. Trotz gelegentlicher Bemühungen während der 30er Jahre lag ihm nichts ferner als ein Einschwenken auf den neuen, leichten, beim Publikum geliebten »galanten« Stil. Und so unangepaßt und eigenbrötlerisch war Bach auch gegenüber der Obrigkeit. Kaum eine Stellung, in der er keinen Streit mit den Vorgesetzten hatte. Die treue Ergebenheit von Quantz und die aalglatte Tüchtigkeit von Telemann waren ihm fremd. Er ist der grundsätzlich Unangepaßte, der kämpft und streitet um die kleinste Einzelheit, manchmal schon etwas querköpfig und eigensinnig.

1685 wird er in Eisenach geboren.

1703–07 ist er Organist in Arnstadt und wird während dieser Zeit öfters bei der Kirchenbehörde vorgeladen: Er beschimpfe und reize Schüler, so daß es zu Schlägereien komme, er unterweise die Chorschüler schlecht, überschreite den Urlaub um einige Monate, verwirre die Gemeinde beim Choralbegleiten durch wüste Modulationen, gehe während der Predigt Wein trinken und ein anderes Mal entgegen aller Vorschrift mit einer Frau auf die Empore, um mit ihr Musik zu machen. Er zeigt sich in den Vorladungen äußerst einsilbig und halsstarrig.

Es ist, als habe Mattheson (1739, Teil 3, Kap. 26, § 25) Bach gemeint, als er ausdrücklich auf die notwendige »Aufmercksamkeit« der Musiker im Gottesdienst hinweist, »da sie denn, als in besonderer Gegenwart des allerheiligsten Wesens dem sie zu Lobe erschienen, gewiß alle andre, ausschweiffende Gedancken fahren lassen, und ihren Sinn, aus Ehrfurcht, nur auf das vorhabende, heilige Werck richten müssen. Wenn dieses geschiehet, so wird die Vollziehung gut von statten gehen: denn alle Ferckel [mus. Fehler], die gemacht werden, rühren aus einer Unachtsamkeit und solcher Gemüths-Beschaffenheit her, dabey man mit seinen Gedancken an einem andern Ort ist.«

1707–08 ist er Organist in Mühlhausen/Thüringen.

1708–17 ist er Hoforganist in Weimar, ab 1714 Konzertmeister bei Hof mit mehrfacher Gehaltsaufbesserung. Über »Bachs Jagdkantate als profanes Ritual« hat Erich Reimer in ›Musik und Bildung‹ 1980 (Heft 11, S. 674 ff) einen wichtigen sozialhistorischen Aufsatz geschrieben. Das 1713 geschriebene Stück gibt Erkenntnisse »Zur politischen Funktion absolutistischer Hofmusik« (Untertitel). 1716 wird Bach beim Tod des Hofkapellmeisters nicht auf dessen Stelle gesetzt. »Wegen seiner Halßstarrigen Bezeugung v. [und] zu erzwingenden dimission«, d.h. seinem unverrückbaren Wunsch, entlassen zu werden, wird er Ende 1717 fast einen Monat lang im Arrest behalten, eine unerhörte Demütigung für einen fürstlichen Konzertmeister, aber auch Zeichen einer unerhörten antifeudalistischen Durchsatzkraft Bachs. Er war entgegen der allgemein vermittelten Lehre der Zeit der Auffassung, daß über sein Schicksal und seine Zukunft einzig er – nach Gott! – zu entscheiden habe, daß er seine Entscheidungen durchsetzen werde, auch gegen einen Fürsten, »es möchte kosten was es wolle«, wie er später 1736 in einem Kompetenzstreit mit der Leipziger Obrigkeit sagte (Bach II, S. 272).

1717–23 ist er Hofkapellmeister in Anhalt-Köthen. Die Kapelle besteht aus 17 Mitgliedern. Fünf von ihnen holt Fürst Leopold 1716, ein Jahr nach seinem Regierungsantritt, aus Berlin, wo sie seit der Auflösung der preußischen Hofkapelle 1713 durch Friedrich Wilhelm I. stellungslos leben (vgl. S. 20). Leopold kennt sie von seiner Ausbildungszeit an der Berliner Ritterakademie. Bach leitet die Kapelle – seltenerweise – als Bratschist (Angaben nach Fr. Smend, Bach in Köthen, 1951, S. 22 f). Leopold entspricht seinem Entlassungsgesuch mit einem sehr anerkennenden und freundlichen Schreiben.

1723 bis zu seinem Tod 1750 ist Bach in Leipzig Städtischer Musikdirektor in Nachfolge Kuhnaus. Über den Berufswechsel und spätere Enttäuschungen in Leipzig schreibt er seinem Jugendfreund Erdmann, der als russischer Beamter in Danzig einigen Einfluß hatte, 1730 folgenden Brief (Erläuterungen dazu nachfolgend):

Hoch Wohlgebohrner Herr.
Ew: Hochwohlgeboren werden einem alten treüen Diener bestens *excusiren*, daß er sich die Freyheit nimmet Ihnen mit diesen zu *incommodiren*. Es werden nunmehr fast 4 Jahre verfloßen seyn, da E: Hochwohlgebohren auf mein an Ihnen abgelaßenes mit einer gütigen Antwort mich beglückten; Wenn mich dann entsinne, daß Ihnen wegen meiner *Fatalitäten* einige Nachricht zu geben, hochgeneigt verlanget wurde, als soll solches hiermit gehorsamst erstattet werden.

Von Jugend auf sind Ihnen meine *Fata* bestens bewust, biß auf die *mutation,* so mich als Capellmeister nach Cöthen zohe. Daselbst hatte einen gnädigen und *Music* so wohl liebenden als kennenden Fürsten; bey welchem auch vermeinte meine Lebenszeit zu beschließen. Es muste sich aber fügen, daß erwehnter *Serenißimus* sich mit einer Berenburgischen Princeßin vermählte, da es denn das Ansehen gewinnen wolte, als ob die *musicalische Inclination* bey besagtem Fürsten in etwas laulicht werden wolte, zumahln da die neüe Fürstin schiene eine *amusa* zu seyn: so fügte es Gott, daß zu hiesigem *Directore Musices* u. *Cantore* an der *Thomas* Schule *vociret* wurde. Ob es mir nun zwar anfänglich gar nicht anständig seyn wolte, aus einem Capellmeister ein *Cantor zu* werden, weßwegen auch meine *resolution* auf ein vierthel Jahr *trainirete,* jedoch wurde mir diese *station* dermaßen *favorable* beschrieben, daß endlich (zumahln da meine Söhne denen *studiis* zu *incliniren* schienen) es in des Höchsten Nahmen wagete, u. mich nacher Leipzig begabe, meine Probe ablegete, u. so dann die *mutation* vornahme. Hieselbst bin nun nach Gottes Willen annoch beständig. Da aber nun (1) finde, daß dieser Dienst bey weitem nicht so erklecklich als mann mir Ihn beschrieben, (2) viele *accidentia* dieser *station* entgangen, (3) ein sehr theürer Orth u. (4) eine wunderliche und *der Music* wenig ergebene Obrigkeit ist, mithin fast in stetem Verdruß, Neid und Verfolgung leben muß, als werde genöthiget werden mit des Höchsten Beystand meine *Fortun* anderweitig zu suchen. Solten Eu: Hochwohlgebohren vor einen alten treüen Diener dasiges Ohrtes eine *convenable station* wißen oder finden, so ersuche gantz gehorsamst vor mich eine hochgeneigte *recommendation* einzulegen; an mir soll es nicht *manquiren,* daß dem hochgeneigten Vorspruch und *interceßion* einige *satisfaction* zu geben, mich bestens befließen seyn werde. Meine *itzige station* belaufet sich etwa auf 700 rthl., und wenn es etwas mehrere, als *ordinairement,* Leichen gibt, so steigen auch nach *proportion* die *accidentia;* ist aber eine gesunde Lufft, so fallen hingegen auch solche, wie denn voriges Jahr an *ordinairen* Leichen *accidentien* über 100 rthl. Einbuße gehabt. In Thüringen kan ich mit 400 rthl. weiter kommen als hiesiges Ohrtes mit noch einmahl so vielen hunderten, wegen der *exceßiven* kostbahren Lebensart. Nunmehro muß doch auch mit noch wenigen von meinem häußlichen Zustande etwas erwehnen. Ich bin zum 2ten Mahl verheurathet und ist meine erstere Frau seelig in Cöthen gestorben. Aus erster Ehe sind am Leben 3 Söhne u. eine Tochter, wie solche Eu. Hochwohlgebohren annoch in Weimar gesehen zu haben, sich hochgeneigt erinnern werden. Aus 2ter Ehe sind am Leben 1 Sohn u. 2 Töchter. Mein ältester Sohn ist ein *Studiosus Juris,* die andern beyden *frequentiren* noch, einer *primam* der andere *2dam Classem,* u. die älteste Tochter ist auch noch unverheurathet. Die Kinder anderer Ehe sind noch klein, u. der Knabe als erstgebohrener 6 Jahr alt. Insgesamt aber sind sie gebohrne *Musici,* u. kan versichern, daß schon ein *Concert Vocaliter* u. *Instrumentaliter* mit meiner *Familie formiren* kan, zumahln da meine itzige Frau gar einen sauberen *Soprano* singet, auch meine älteste Tochter nicht schlimm einschläget. Ich überschreite fast das Maaß der Höflichkeit wenn Eu: Hochwohlgebohren mit mehreren *incommodire,* derowegen eile zum Schluß mit allem ergebensten *respect* zeit Lebens verharrend Eu: Hochwohlgebohren

gantz gehorsamst-
ergebenster Diener
Joh: Sebast: Bach.

Leipzig. den 28. *Octobr.* 1730
(nach: Bach I; normaler Druck = deutsche Schreibschrift, *Kursiv*druck = lateinische Schreibschrift)

Erklärungen:

treuer Diener: Freund
excusiren: entschuldigen
incommodiren: belästigen
abgelaßenes: abgeschickter Brief
Fatalitäten: Lebensereignisse, Schicksale
verlanget wurde: Erdmann hatte offenbar darum gebeten
mutation: Wechsel, Veränderung
zohe: zog
inclination: Neigung
amusa: eine unmusikalische Frau
Musices: (griech. Genitiv)
vociret: berufen
resolution: Entscheidung
trainirete: ich zog sie hinaus;
station: Stelle
favorable: vorteilhaft
studiis zu incliniren: den Studien zuzuneigen (Leipzig war Universitätsstadt)
accidentia: Nebeneinkünfte
Fortun: Glück
convenable: angemessene
recommendation: Empfehlung
manquiren: fehlen, mangeln
interceßion: Einwirkung, Eingriff
satisfaction: Befriedigung (er will Erdmann für dessen Bemühungen entschädigen)
ordinairement: üblich
nach proportion: entsprechend
ordinaire Leichen: normale Leichen, d. h. solche, die eine übliche Musikbegleitung beim Begräbnis bekommen
frequentiren: gehen regelmäßig hin
primam, 2dam Classem: auf Prima und Sekunda (1. und 2. Klasse)

Warum ging er nun von Köthen weg?

Die Begründung, die er gibt, stimmt nicht. Er verschweigt seinem alten Freund recht viel.

Zum einen wurde die musikalische »Inclination« des Fürsten Leopold überhaupt nicht »laulicht«, denn von Bachs Fortgang an bis zu Leopolds Tod 1728 musizierte die Hofkapelle unter Leitung des Konzertmeisters Spieß fleißig weiter. Es traten alle möglichen durchreisenden Virtuosen am Hof auf, so am 25. August 1725 ein »Musico«, »so auf Gläsern gleich als einem Glockenspiel gespielet«, also auf einer Vorform der späteren Glasharmonika. Und auch das Ehepaar Bach war häufig ein Musikbesuch. Von einer Verstimmung zwischen Leopold und Johann Sebastian Bach kann also keine Rede sein. Bach schrieb auch noch eine besondere Trauer-Ode auf Leopolds Tod, die in Köthen 1729 aufgeführt wurde (diese und andere Angaben über Köthen bei Fr. Smend, Bach in Köthen, 1951, S. 20 ff). Bis zu diesem Zeitpunkt blieb Bach auch in Leipzig Köthener »Kapellmeister von Haus aus«.

Eine weitere Tatsache ist es, daß die von Bach zur »Amusa« gestempelte Fürstin bereits 10 Tage, bevor Bach von Leopold seine freundliche Entlassung erhielt, verstarb, nachdem sie nur 16 Monate Leopolds Frau gewesen war. Es ist doch sehr unwahrscheinlich, daß sie den Fürsten in der kurzen Zeit so umkrempeln konnte! Und warum sollte sich ausgerechnet der musikbegeisterte Leopold eine »unmusikalische« Frau suchen?

Es müssen andere Gründe gewesen sein als die angebliche »Amusa«, die Bach von Köthen fortzogen.

Bach bewarb sich schon vor 1723 mindestens zweimal von Köthen weg bzw. knüpfte berufsbezogene Verbindungen an.

1720 bewarb er sich um eine Organistenstelle in Hamburg, war offenbar auch der beste der Bewerber. Jedoch aus der Berufung wurde nichts. Entweder Bach konnte es nicht erreichen, das angestrebte Amt in Richtung auf einen Musikdirektorposten auszuweiten, oder er wurde das Opfer von Intrigen, die einen Hamburger favorisierten. Jedenfalls erschien er auf die Aufforderung vorzuspielen nicht.

Gleich im nächsten Jahr widmete er die saubere Partiturabschrift von sechs Instrumentalkonzerten verschiedenster Machart dem Markgrafen Christian Ludwig von Brandenburg, den er vielleicht in Karlsbad kennengelernt hatte, wohin Fürst Leopold alljährlich in eine Art aristokratischen Erholungsurlaub fuhr, meist oder immer begleitet von seiner Kapelle. Wie auch später noch war dieser Ort der Treffpunkt europäischer Aristokraten. Bach erwähnt in der französischen Widmung, daß er »vor einigen Jahren« dem Markgrafen vorgespielt habe und von diesem den Auftrag zur Übersendung von Kompositionen erhalten habe. Mit dem Wissen, daß Christian Ludwig eine kleine Kapelle unterhielt, schreibt Bach weiter, es liege ihm nichts so sehr am Herzen, »als zu Gelegenheiten herangezogen zu werden, die Ihrer und Ihres Dienstes würdiger sind« als diese später sogenannten Brandenburgischen Konzerte, also vielleicht zu einem Kapellmeisteramt?

Was hatte er im Sinn?

Hatte er gegen allen Anschein tatsächlich Schwierigkeiten mit Leopold, oder zog es ihn schon 1720 wieder mehr zur Kirchenmusik? Hatten ihm trotz aller Verehrung für Leopold die Ereignisse 1719 in Dresden doch so zu denken gegeben – die plötzliche Entlassung der italienischen Musiker (S. 24) –, daß er im Sinne Telemanns »sich in einer Republik niederlassen« wollte? »Sehnte« er sich – mit dem Wort von Beer von 1719 – als »fürstlicher Musiker nach der Stadt«? War es Sicherheitspolitik, weitsichtiges Vermeiden von Risiken? Vielleicht kränkelte der Fürst, und Bach malte sich sein Schicksal nach dessen Tod aus! Würde der Nachfolger ein zweiter Friedrich Wilhelm I. sein? (Er war's: Leopolds Bruder August warf 1754 alle alten Musiker trotz Bitten des Vorstehers der Rentkammer ohne Rente einfach hinaus!)

Jedenfalls ist der Satz, es sei ihm nicht ganz recht gewesen, vom Kapellmeister- zum Kantorenamt abzusteigen, nicht widerspruchsfrei, zeigt das Balancieren auf dem Grat zwischen feudalistischem und bürgerlichem Berufsbild. Zwar ist damit das offizielle Wertgefälle angesprochen, das zu Bachs Zeit noch herrschte, so wie es auch in den höfischen Rangordnungen sich widerspiegelt – der Hofkapellmeister weit über dem Kantor (vgl. für Gotha S. 62) –, aber andererseits haben sich die Betroffenen selbst (wie hier Bach) aus den schon oft genannten Gründen häufig gegen diese Wertskala und für ihre eigene Wertskala entschieden, die sich an einer längerfristigen Sicherheit orientierte.

Dies geschah zumal dann, wenn man annehmen mußte, als Kantor mehr zu verdienen: statt 400 Taler jährlich in Köthen nun geschätzte 700 in Leipzig. Dabei war das Grundgehalt lediglich 87 Taler, wozu noch Holz- und Lichtgeld kamen sowie eine bestimmte Menge Korn, Holz und Wein, dann Gelder aus Legaten und Stiftungen. Die »Accidentia« aber, die Einnahmen aus Begräbnis- und Hochzeitsmusiken sowie die Sammlungen aus dem Kurrende-Singen, waren je nach Eheschließungs- und Sterbezahl schwankend. Und das beklagt Bach neben der extremen Aufwendigkeit des Lebens in Leipzig, die einen numerischen Vergleich der Gehälter von Köthen und Leipzig offenbar gar nicht möglich machte.

Vor allem aber der Streit mir der Obrigkeit verleidete ihm den Posten. Dabei ging es darum, daß der als Organist und Musikdirektor an der Neukirche 1729 eingesetzte Gerlach eine besondere Bevorzugung durch den Stadtrat erfuhr, im Mai 1730 bedeutende Gelder für Instrumentenkäufe erhielt, im Juni eine doppelte Gehaltsaufbesserung. Bach muß sich gefühlt haben wie Kuhnau, als er die Favorisierung Telemanns – ebenfalls an der Neuen Kirche – erfahren mußte (vgl. S. 57 f). Nun beschloß der Stadtrat auch noch am 2. August 1730, »dem Cantor die Besoldung zu verkümmern« (Bach I, S. 69), und Bachs wohl auch daraufhin am 23. August eingereichter »Kurtzer, iedoch höchstnöthiger Entwurff einer wohlbestallten Kirchenmusik; nebst einigem unvorgreiflichen Bedencken von dem Verfall derselben« blieb offenbar ohne Reaktion oder Erfolg.

In dieser Situation höchster Verärgerung und Zurücksetzung schrieb Bach am 28. Oktober, also zweieinhalb Monate nach der Eingabe, seinen Brief an Erdmann. (Zu diesen Vorfällen und Zusammenhängen stehen auch noch weitere Gedanken bei Günther Stiller, Joh. Seb. Bach und das Leipziger gottesdienstliche Leben seiner Zeit, Berlin 1970, S. 178 ff.)

Damit hatte Bach aber keine Ruhe erreicht. Erdmann scheint nicht geantwortet zu haben, und der Streit mit dem Stadtrat und dann auch mit dem Konsistorium, der städtischen Kirchenbehörde, ging weiter. Nun drehte es sich um Kompetenzfragen, einmal um die Auswahl der Gottesdienstchoräle, dann aber – mit größter Heftigkeit und Zähigkeit – um die Einsetzung der Chorpräfekten. Bach zeigte sich dabei so halsstarrig wie in Arnstadt, oft auch listig und uneinsichtig. Beim Lesen mancher Berichte der Gegner (z. B. Bach II, S. 268 ff, Eingabe des Rektors Ernesti von 1736) ist man geneigt, ihnen mehr Glauben zu schenken als den Eingaben Bachs an den Stadtrat. Aber man gewinnt ein gutes Bild von Bachs bedingungsloser Unnachgiebigkeit:

Nachdem Bach zum ersten Chorpräfekten Johann Gottlob Krause eingesetzt hatte, ihn gleich darauf aber wieder absetzen wollte, und nachdem Krause mit einer Beschwerde darüber beim Rektor Erfolg hatte, ordnete dieser in einer mündlichen Unterredung mit Bach Krauses Wiedereinsetzung an, verbot die Absetzung. Bach, um der Verteidigung seiner Amtsrechte willen zu keinem Kompromiß bereit, denen zufolge er sich im alleinigen Recht zur Einsetzung der Präfekten glaubte, ignorierte nun jede Anweisung des vorgesetzten Rektors oder entsprechende Passagen der Schulordnung und begleitete sein weiteres Vorgehen mit einer Flut von Eingaben an den Stadtrat. Zunächst setzte er sich über die Anordnung des Rektors hinweg, führte auch keine weiteren Gespräche, etwa mit dessen Vorgesetztem, sondern setzte einfach am kommenden Sonntag Krause ab. Ernesti schrieb ihm – immer seiner Darstellung folgend – einen Brief und forderte die Wiedereinsetzung. Bach schickte den Konrektor zu Ernesti und ließ mitteilen, er habe den Brief »mit Vergnügen« gelesen, wolle alles in Güte regeln und Krause sofort wieder einsetzen. Hierin hatte er aber mit seinem Vorgesetzten »ein Gespötte getrieben«, denn es erfolgte nichts dergleichen. Ernesti ließ ihn erinnern. Der Kantor ließ sagen, er wolle 14 Tage verreisen, dann solle die Wiedereinsetzung geschehen. Noch zehn Tage nach seiner Rückkehr von der Reise war nichts geschehen. Ernesti schrieb wieder und forderte sofortige Maßnahmen. Keine Antwort. Nun handelte der Rektor: Er befahl Krause unter Strafandrohung, sein Amt wieder anzutreten. Dies geschah. Bach lief zum Superintendenten, dem Vorsitzenden des Konsistoriums, und trug ihm den Fall vor, indem er seine Zurücksetzungen beklagte. Der Superintendent fällte offenbar keine Entscheidung, Bach lief aber in die Kirche zurück, täuschte eine Entscheidung des Superintendenten vor, worauf er Krause »mit großem Ungestüm veriaget«, der natürlich sofort mit der Neuigkeit bei Ernesti erschien. Dieser ging, sich zu erkundigen, zum Superintendenten, erhielt aber von diesem volle Rechtfertigung seiner Maßnahmen, d. h. die Rechtfertigung der Wiedereinsetzung von Krause. Dies ließ er Bach mitteilen, der aber antwortete, »daß er sich daran durchaus nicht kehre, es möchte kosten was es wolle«. Krause ging nachmittags wieder auf Befehl in sein Amt in der Kirche. Bach hat ihn dann »mit großem Schreyen u. Lermen von dem Chor giaget«, was Krause wieder meldete. Bachs Präfekten-Favorit Küttler fügte sich inzwischen auch den Anweisungen des Rektors, wurde deshalb abends beim Essen in der Thomasschule durch Bach »vom Tische giaget«.

Schon im Vorfeld dieser Streitereien scheint Bach, da Erdmann nicht geholfen hatte, nur noch einen Ausweg gewußt zu haben, durch den er seine angegriffene Position stärken konnte, nämlich die Ausnutzung einer Schwäche des feudalistischen Systems: Die alte Selbständigkeit vieler Städte hatte sich immer mehr aufgelöst und damit auch die Allmacht der Stadtgerichtsbarkeit.

»Es gab keine städtischen Gerichtshöfe mehr und kein Appellationsrecht an den Oberhof, den Gerichtshof der ›Mutterstadt‹, die mit ihrem Recht als Vorbild gedient hätte. Das römische Recht galt uneingeschränkt, und der einzige Appell lag an den höchsten Gerichtshof des Territoriums. Daß unter solchen Bedingungen jedem Mißbrauch der Stadtregierung Tür und Tor geöffnet war, war nur zu erwarten. Wenn der Bürger an den Fürsten appellierte, so hatte dieser einen Vorwand, Kommissare zu

senden, die den Fall untersuchten und in Wirklichkeit den Rat vollkommen beiseite
schoben, damit konnte dann auch keine Rede mehr sein von demokratischer Selbstre-
gierung.« (Bruford, S. 183)

Und genau das tat Bach. Er spielte die Autoritäten gegeneinander aus in der
Hoffnung, die höhere werde die niedere für ihn in die Knie zwingen. Er sandte
dem Kurfürsten Friedrich August II. von Sachsen, also dem König August III.
von Polen, in dessen Territorium Leipzig lag – er war seit diesem Jahre 1733
Nachfolger Augusts des Starken –, die beiden ersten Sätze der h-Moll-Messe
mit dem Ersuchen, ihn zum externen sächsischen Hofkomponisten zu ernen-
nen und ihm dabei gegen seine Leipziger Widersacher zu helfen. Einen Erfolg
hatte er erst 1736, nachdem er nochmals an sein Ersuchen erinnert hatte. Das
war auf dem Höhepunkt des Streites mit Stadtrat, Rektor und Kirchenkon-
sistorium von Leipzig. Nach der Ernennung schickte Bach noch einen langen
Hilferuf an den Kurfürsten mit mehreren Anlagen, in denen er die Argumente
der Gegenseite dokumentierte und beurteilte. Diese Beschwerde wurde von
Dresden nach Leipzig an das Konsistorium zurückgesandt, von dort wenig
später wiederum an den Stadtrat. Von diesem Zeitpunkt ab fehlen Quellen zu
dem Streit. Wenn sie nicht verlorengingen, muß man annehmen, daß Bach mit
seinem Schachzug Erfolg hatte, daß nun niemand mehr aus der Stadt sich
verantwortlich fühlen und Bach weiter drangsalieren wollte, nachdem sich der
Kurfürst selbst eingemischt und Bach gegen die Stadt einer so hohen Ehre für
würdig erachtet hatte. Offenbar kehrte nun Ruhe ein. Bach konnte mit der
Fürsprache seiner Dresdner Freunde bei Hofe zufrieden sein, die wohl auch
einen gewissen Anteil an der Berufung seines ältesten Sohnes Wilhelm Friedemann 1733 als Organist der dortigen Sophienkirche gehabt hatten.
    Bachs erste Eingabe an den Kurfürsten lautete folgendermaßen (meine
Worterklärungen jeweils in Klammern):

Durchlauchtigster ChurFürst,
Gnädigster Herr,

Ew. (Euer) Königlichen Hoheit überreiche in tieffster Devotion (Verehrung)
gegenwärtige geringe Arbeit von derjenigen Wissenschafft, welche ich in der
Musique (französisch auszusprechen) erlanget, mit ganz unterthänigster Bitte, Sie
wollen dieselbe nicht nach der schlechten Composition, sondern nach Dero Welt
berühmten Clemenz (Milde) mit gnädigsten Augen anzusehen und mich darbey
in Dero mächtigste Protection (Schutz) zu nehmen geruhen. Ich habe einige Jahre
und bis daher bey denen beyden Haupt-Kirchen in Leipzig das Directorium in
der Music gehabt, darbey aber ein und andere Bekränckung unverschuldeter
weise auch iezuweilen eine Verminderung derer mit dieser Function (Amt) ver-
knüpften Accidentien (Nebeneinnahmen) empfinden müssen, welches aber gänzlich nachbleiben (unterbleiben) möchte, daferne Ew. Königliche Hoheit mir die

Gnade erweisen und ein Praedicat (Titel) von Dero Hof-Capelle conferiren (mitteilen), und deswegen zu Ertheilung eines Decrets (Ernennung, Urkunde), gehörigen Orths hohen Befehl ergehen laßen würden; Solche gnädigste Gewehrung meines demüthigsten Bittens wird mich zu unendlicher Verehrung verbinden und ich offerire (biete an) mich in schuldigsten Gehorsam, iedesmahl auf Ew. Königlichen Hoheit gnädigstes Verlangen, in Componirung der Kirchen Musique sowohl als zum Orchestre meinen unermüdeten Fleiß zu erweisen, und meine ganzen Kräffte zu Dero Dienste zu widmen, in unauffhörlicher Treue verharrend

      Ew. Königlichen Hoheit

          untterthänigst-gehorsamster Knecht

          Johann Sebastian Bach.

(Nach Bach I)

Dieser Brief mag uns erbittern wegen der Unterwürfigkeit, mit der er verfaßt ist, wegen der darin zum Ausdruck kommenden Ohnmacht der Untertanen im Feudalismus.

Wichtiger aber ist der Brief als Zeichen der damaligen sozialen Zusammenhänge und der speziellen Stellung von Bach darin.

Den ersten Schritt der Befreiung vermochte Bach zu leisten: vom Hof zur Stadt. Hier hatte er die Sicherheit, bei seinen chronischen Schwierigkeiten mit der Obrigkeit nicht so leicht abgesetzt zu werden, sondern eine lebenslange berufliche Kontinuität zu haben. Und er mochte sich eben nicht um des lieben Friedens willen anpassen oder in bestimmten Punkten zurückstecken. Er bestand auf seinem Recht. Hierin war er der Gegenpol zu Quantz. Er konnte gar kein Aufsteiger und guter Beamter sein.

Den zweiten Schritt der Befreiung vermochte Bach nicht zu leisten: Vom Amt zum freien Künstler. Das hatte zwar auch nicht Telemann geschafft, auch er war von seinem Hamburger Amt abhängig. Jedoch hätten sich im Notfall andere Städte und Höfe um ihn gerissen, auch hätte er genug aus seinen Veröffentlichungen ziehen können, um eine Krisenzeit zu überstehen. Um das zu erreichen, hätte Bach seinen musikalischen Stil ändern müssen, gefälliger, einfacher, für die große Menge schreiben. Dazu war er aber nicht bereit, hierin genau so individuell und beharrend wie gegenüber der Obrigkeit, hierin Gegenpol zu Telemann. Er konnte gar kein Held und unternehmerischer Publikumsliebling sein.

So blieb ihm als Ausweg nur, im Amt zu verharren und dessen verbriefte Sicherheit zu nutzen, ansonsten aber die Kompetenzunsicherheit zwischen Stadt und Hof für sich auszuschlachten, die eine gegen den anderen auszuspielen und sich mit der königlichen Autorität gegen die städtischen Zänker zu wehren. Bach war der Unangepaßte par exellence, nicht der neue Bürger in

Quantzscher oder Telemannscher Art. Er zeigte sich – außer in solchen
Notfällen – am Wechselspiel und Getriebe der Höfe und des neuentstehenden
Marktes uninteressierter. Sein Typ wurde nicht modern, und er ist es auch
heute noch nicht. Aber seine Schroffheit gegen die Obrigkeit ist doch in
Ausnahmefällen weitergeführt worden: Beethoven hat neben der musikalischen Ruppigkeit Bachs auch viel von dessen unnachgiebigem Beharren gegen
den Feudalismus gehabt und hat damit Epoche gemacht. Nur: Er fand schon
ein Publikum vor, das ihm auch kompliziertere Musik abkaufte und sie auch
im Konzert anhören wollte. Er konnte aufs Amt verzichten und als »freier«
Künstler existieren, ohne Amt, so hart das für ihn und manche seiner Zeitgenossen auch oft war.

FREIE KÜNSTLER

Die ersten Instrumentalisten und Sänger(innen), die ohne Anstellung
(wie Stadtmusikanten, Opernkünstler, Kirchen- oder Hofmusiker) und
ohne Zunft- und Gildenschutz auskamen (wie die Spielleute), sondern
ausschließlich durch unabhängig organisierte Auftritte ihr Geld verdienten, waren offenbar die reisenden Virtuosen, jene Konzertattraktio-
nen, die schon im Hofkonzert für Aufsehen und Abwechslung sorgten
(für Köthen vgl. S. 68 f), dann aber ihr eigentliches Betätigungsfeld im
Bereich des gewaltig expandierenden öffentlichen Konzertes fanden.

Freie Komponisten in diesem Sinne, also Produzenten, die nur vom
Erlös ihrer Kompositionen und evtl. noch vom Musikunterricht lebten,
gab es in größerer Zahl erst später, zunächst immer wider Willen.
Mozart hoffte nach seiner Umsiedlung nach Wien (1781) vergeblich auf
eine feste Stelle, erhielt nur einen mäßig dotierten Titel eines kaiserlichen
Hof-Komponisten. Beethoven erging es später ähnlich. Haydn hätte gut
von seinen Kompositionen leben können, vor allem nach seinen Lon-
don-Reisen Anfang der 90er Jahre. Jedoch blieb ihm das ungarische
Kapellmeisteramt an der Esterhazyschen Hofkapelle zeitlebens erhalten.

Johann Baptist Vanhal, der als der erste wirkliche »freie« Komponist
gilt (seit den 60er Jahren in Wien), hätte Anfang der 70er Jahre eine
Kapellmeisterstelle am Dresdner Hof annehmen können, eventuell auch
wollen. Jedoch hinderte ihn ein Anfall religiösen Wahnsinns daran. Er
blieb danach freier Künstler.

Diese Darstellung der musikalischen Entwicklung des 18. Jahrhunderts muß hier abbrechen, weil sie auf dem besten Wege ist, Musikgeschichte als die Geschichte der großen Komponisten, der Heroen, zu beschreiben. Das würde den geschichtlichen Ablauf zu einer Abfolge von Zufällen, von individuellen Willensbekundungen einzelner Komponisten machen. Geschichte wäre nicht als Zusammenhang sozialer Bewegungen zu verstehen.

Dennoch ist Geschichte oft so geschrieben worden: Kapitel auf Kapitel folgen sich die Heroen und füllen einen Zeitraum durch die Aufreihung verschiedenfarbiger und verschieden großer Perlen.

Mehr Kontinuität und logische Geschlossenheit hat dagegen die Darstellung, wenn sie eine Geschichte des »Materials« ist, in diesem Fall also Ablauf von Stilen, Gattungen oder Besetzungsarten, wobei die Komponisten durch Beispiele ihrer Produkte vertreten sind. Nur: Dabei kommen die Menschen nicht vor, die diese Produkte lebendig gemacht haben, die mit ihnen in einen aktiven Kontakt getreten sind: die Hörer, die kleineren Leute im Publikum, aber auch in den Orchestern.

Ihre Bedürfnisse, ihre Tätigkeiten, ihre Einflüsse sind ein Element in der musikalischen Entwicklung, das selbständigen Wert hat und in einem produktiven Wechselverhältnis zu den Komponisten und Stilen sowie den Gattungstraditionen und -wandlungen steht.

Es besteht ein unzertrennlicher Zusammenhang zwischen diesen Bereichen. Und dennoch ist es um der Deutlichkeit und Verständlichkeit willen notwendig, diese Bereiche der historischen Entwicklung zertrennt, aufeinanderfolgend zu beschreiben. Ich werde mich bemühen, dieser bedauerlichen Notwendigkeit durch eine logisch aufeinander aufbauende Abfolge der Teilgebiete etwas Positiveres als bloße Deutlichkeit abzugewinnen. Und dabei werde ich mich an die Folge halten, mit der schon in diesem Kapitel die historischen Gegenstände aufgetreten sind: Konzert und andere Formen frühbürgerlicher Selbstorganisation (Kap. II), nationalistische und rationalistische Erziehungs- und Stilprozesse (Kap. III), Entwicklungen, Entdeckungen und Widersprüche großer und kleiner Männer auf dem neuartigen freien Markt (Kap. IV).

Kenner und Liebhaber: Öffentliches Konzert und andere Formen der Selbstorganisation

Das öffentliche Konzert

Einleitung

Die meisten Darstellungen der Musikgeschichte der letzten drei Jahrhunderte vermitteln den Eindruck, im 18. Jahrhundert habe sich ein großer, allgemeiner Aufbruch des Bürgertums zur umfassenden Teilhabe an den verschiedensten Musikformen vollzogen, während dann im 19. Jahrhundert die Scheidung in die schwerverständliche, hohe Kunstmusik (»E-Musik«) für die gebildete Elite und die anspruchslose, seichte Unterhaltungsmusik (»U-Musik«) für die breiten, weniger gebildeten Bürgerschichten erfolgt sei.

Diese Sicht der Entwicklung hat viel für sich:

Einmal gab es im 18. Jahrhundert tatsächlich so etwas wie eine Probierphase. Komponisten und Publikum mußten erst einmal die neuen Möglichkeiten des öffentlichen Konzerts und des anonymen Musikmarktes auskundschaften und für ihre Bedürfnisse sondieren, ja überhaupt erst einmal ihre Bedürfnisse in der neuartigen Situation entwickeln, erkennen und deutlich machen. Zudem war das Publikum noch nicht so zahlreich, daß es sich gelohnt hätte, in großem Rahmen besondere Konzerte mit »schwerer« Musik – gesondert von »leichten« Massenkonzerten – zu organisieren. Kennzeichen der Programme in dieser frühen Zeit war die Vermischung verschiedener Genres und Auftrittsformen. Eine Spezialisierung der Programmgestaltung in Richtung auf eine Qualitätstrennung gab es nur in Ansätzen, in kleineren Zirkeln. Erst Beethoven konnte damit rechnen, daß es in dem zahlenmäßig gewachsenen Publikum genug Kenner gab, die sich eigens zu einem ausschließlich auf »schwere« Musik beschränkten größeren Konzert in genügender Anzahl zusammenfanden. Und das war auch nur in so großen Städten wie Wien möglich, wo schon seit einem halben Jahrhundert eine so starke Konzentration verschiedenster musikalischer Aktivitäten herrschte, daß eine Differen-

zierung der Konzertarten und des Publikumsgeschmackes nach »hoch« und
»tief« möglich wurde. Auch heute noch gibt es in der Kleinstadt kein Sinfoniekonzert, und das ist nicht nur eine Folge der fehlenden Gelder: Man würde
dort auch nicht regelmäßig einen Saal füllen können, wenn immer nur »Klassik« erklänge.

Das alles sind gewichtige Gründe, die dafür sprechen, daß die Aufspaltung
des Musiklebens nach »hoch« (E-Musik) und »niedrig« (U-Musik) in die Zeit
um das Jahr 1800 fällt.

Dennoch aber ist eine solche Darstellungsweise nicht stichhaltig. Tendenzen
zu einer Aufspaltung, ja zu einer qualitativen Polarisierung von Konzertarten
gab es seit Anbeginn des bürgerlichen Konzertes. Nur verliefen die Fronten
noch etwas anders:

Die Trennung von »hoch« und »tief« war noch keine allgemein akzeptierte
Selbstverständlichkeit. Es gab noch eine unausgerichtete Vielfalt von Haltungen und Methoden. Eine Konzertstätte für die hohe, strenge Kunstübung gab
es zwar schon – in Gestalt des exklusiven, nur professionellen oder halb-
professionellen Mitgliedern zugänglichen Übungskonzerts der Konzertgesellschaften. Aber viel häufiger gab es daneben das buntscheckige, allgemein
zugängliche und um Qualitätsunterschiede zunächst weniger bekümmerte
öffentliche Konzert, das aus der Tradition der Laienkreise und der Unter-
haltungskonzerte in Wirtshäusern hervorging.

Diese letztgenannte Art der musikalischen Übung kann man noch am
ehesten mit dem Gedanken der bürgerlichen Erhebung gegen Klassenschran-
ken in Einklang bringen. Aber das Bürgertum machte seine Entwicklung im
18. Jahrhundert nur teilweise unter demokratischen Vorzeichen: Auch die
Praxis der Exklusivität, des Eingeweihten-Zirkels hatte von Anbeginn einen
festen Platz. Sie übertrug Hochgestochenheit und Ausschließlichkeit, die am
Adel oft kritisiert wurden, auf die eigene Ebene und trug sie dort weiter.

Die Entwicklung zur endgültigen Scheidung zwischen E- und U-Musik zu
Beginn des 19. Jahrhunderts geht von den Vertretern dieser exklusiven Ken-
ner-Zirkel aus, die in Privatkonzerten und strengen Konzertgesellschaften das
Bewußtsein von Qualität, Disziplin und Kulturhöhe ausprägten und es immer
stärker gegen die andere Praxis der frühen Konzerte ausbreiteten oder in ihr
durchsetzten. Das Konzert als buntes, gesellschaftliches Ereignis mit unterschiedlichen Musikarten, mit Lärm, Vielfalt und allgemeiner Beteiligung am
Vortragen und Beurteilen der Musik geriet immer mehr in den Geruch des
Niederen, Unordentlichen, Unschicklichen. Die Profi-Interessen der Musikgesellschaften setzten sich immer mehr durch. Selbstverständlich haben sich
diese beiden Tendenzen nicht nur in organisatorisch und inhaltlich geschie-
denen Konzertformen niedergeschlagen, sondern es gab unterschiedliche Arten der Überschneidung und Verbindung. Es gab Konzertformen und Auffüh-
rungsarten, in denen beide Tendenzen miteinander kämpften und wetteiferten,

ob auf dem Podium selbst oder zwischen Podium und Publikum oder im Publikum selbst.

Als Beispiel für das Gesagte ein Bericht vom Leipziger »Großen Konzert« aus dem Jahre 1776 (Reichardt 1776, S. 104 ff). Dieses Konzert, 1743 gegründet, wurde nach einer Unterbrechung durch den Siebenjährigen Krieg von Thomaskantor Johann Adam Hiller (1728–1804) wiedereröffnet und als »Abonnements-Concert« bis 1781 geleitet, wonach es ins Gewandhaus verlegt wurde und dessen Namen annahm. Der Berichterstatter ist der Komponist Johann Friedrich Reichardt, 1752 in Ostpreußen geboren. Er studierte in Leipzig Philosophie und war gleichzeitig Schüler Hillers, den er als Organisator und Leiter des »Großen Konzertes« also genau beobachten konnte. Über einen späteren Leipzigbesuch 1774 schreibt er dann den folgenden Brief, der einen sehr guten Eindruck von dem Leben im frühen, noch ganz ungezähmten bürgerlichen Konzert vermittelt.

Aber der Brief zeigt auch die Kluft, die zwischen den unbekümmerten Bürgern und Bürgerinnen auf der Bühne und im Publikum einerseits und dem professionellen Berichterstatter andererseits bestand. Er war inzwischen Hofkapellmeister bei Friedrich II. in Potsdam und gehörte zu den frühen Betreibern und Organisatoren der feineren, disziplinierten Konzerte mit Bildungsanspruch.

1 Nun noch ein Wort von dem berühmten grossen Concert. Dieses ist ein wahrer Beweis davon, wie wenig man in den Werken der Kunst dem Urtheile derjenigen Leute trauen muß, die selbst keine theoretische Kenntniß der Kunst, oder auch oft nicht einmal ein feines Gefühl und glückliche Organa besitzen: überhaupt, wie wenig man dem allgemeinen Rufe trauen muß. Ein feiner und scharfsinniger französischer Schriftsteller bemerkt daher sehr richtig, wie alle in der Ferne so sehr gewünschte Vergnügungen in der Nähe unendlich verlieren.

2 Es werden in diesem Concerte Symphonien gespielt, Arien gesungen – die beste Zierde des Concerts, die Madem. Schröter ihm giebt – und auf verschiedenen Instrumenten Concerte gespielt. Wenn diese aber nun auch noch so gut gewählt und ausgeführt werden, so ist die Begleitung doch immer schlecht.

3 Die Symphonien, die oft wiederholt werden, hört man zuweilen gut ausführen. Man sieht also daraus, daß die andern Sachen auch würden besser ausgeführt werden können, wenn häufigere Proben gehalten würden, wogegen dann aber die eingebildete Vollkommenheit der Herren ein starkes Hinderniß ist.

4 Die wenigen geschickten Männer, die ich in meinem letztem Briefe an B. genannt, können das Ganze nicht vollkommen machen; da dieses nur durch die Gleichheit aller einzelnen Theile geschehen kann. Ausser seinem Solo oder Concert ist der Virtuose so gar verpflichtet der Gleichheit wegen seine *besondere* Geschicklichkeit zu verbergen, und er gilt alsdann nichts mehr, als der Unterste gelten sollte, dem man gemeinhin nur ein Licht aufs Pult steckt; ich meyne den Bratschisten, von dem man fast allgemein glaubt, daß er gut genug spiele, wenn man ihn nur eben so wenig hört, als er in seinem Winkel gesehen wird.

5 Uebrigens ist dieses Concert wie alle andere öffentliche Concerte beschaffen, ausser daß der Eingang etwas mystisches hat, indem man durch eine gemeine Herberge einen Gang heraufgeführt wird, nach dem man sich ehe ein heimliches Halsgericht vermuthen sollte, als einen hellen Saal* voll galanter Gesellschaft, die vielleicht ein wenig mehr gepudert ist, ein wenig steifer sitzt, und ein wenig unverschäm- ter über die Musik raisonnirt, als in anderen grossen Concerten geschieht; übrigens aber die schöne Gabe des Plauderns und Ge- räusches mit allen übrigen Concertgesellschaften gemein hat.

6 Zwar steht dafür ein Kaufmann, der die Besorgung des Concerts auf sich hat, zur Wache, und klopft, wenn jemand gar zu laut spricht, mit einem grossen Ladenschlüssel ans Clavecin, welches er zugleich ver- stimmt, indem er jenen das Stillschweigen anbefiehlt, die es dennoch nicht halten.

Dieses heldenmüthige Betragen schränkt er aber nur auf die Manns- leute ein, für die Frauenzimmer hat er die in Paris erlernte Höflichkeit, sich zu ihnen zu gesellen, und den Discours zu vermehren.

7 Das ist das *grosse Concert*, bey dem unser Hiller Direktor ist. Ich wünsche diesem braven, verdienstvollen Manne ein vortheilhafteres Glück an einem Orte, wo man seine Verdienste besser erkennete und belohnte.

---

* So wird das Concertzimmer genannt, welches die Grösse einer mittelmäßigen Wohnstube hat, die auf der einen Seite mit einem hölzernen Gerüste für die Spielenden, und auf der andern mit einer hohen hölzernen Galerie für Zuschauer und Zuhörer in Stiefeln und ungepuderten Köpfen verbaut ist. Man urtheile jetzt selbst, was die Musik da für Wirkung thun kann. Uebrigens ist dieser Saal mit dem Bilde des Churfürsten geziert, der diesem Concert wöchentlich so gut als persönlich beywohnt. Sein Bild ist sehr gut getroffen.

Zu unterscheiden ist, was beschrieben wird und wie es beschrieben wird. Was wird beschrieben?

Wir sehen, daß es offenbar nicht sehr fein und geordnet zugeht. Das Konzert wird im Hinterraum einer Gaststätte gehalten, wo heute der Männerchor seine Übungen abhält. Einfache Holzaufbauten sind die spezielle Konzerteinrichtung. Man ist beim Spielen nicht sehr still, vielleicht auch manchmal nicht aufmerksam. Das Publikum ist also offenbar noch nicht unter der Zuchtrute der Kunst. Die Kleidung ist gemischt. Und auf dem Podium herrscht etwas, das wir heute im Musikbereich nur noch aus den Neuansätzen der politischen Musik kennen: ein Versuch demokratischer Strukturen. Der Profi soll seine Kunst ruhig zeigen, aber er muß sich auch an der langweiligeren Arbeit beteiligen. Die Beschäftigung mit Musik bedeutet nicht unbedingt, daß man sich totübt, sich auch noch in der Freizeit schindet. (Daß es dabei Schwierigkeiten und Auseinandersetzungen über die Ergebnisse der Arbeit gibt, ist selbstverständlich; so wird es in Leipzig auch gewesen sein.) Derjenige, der als Profi die Gruppe leitet, wird nicht mit einer dankbaren, unterwürfigen Fleißorgie belohnt, sondern seine Tätigkeit wird als selbstverständlicher Dienst am musikalischen Bedürfnis der Öffentlichkeit akzeptiert. (Schwierigkeiten s. o., diesmal auch für den Leiter.) Die Zusammenarbeit von Laien und Professionellen ist etwas Selbstverständliches, wird zumindest als solches gefordert. Das jedenfalls sehe ich in dem Bericht von 1776.

Aber wie wird das von Reichardt beschrieben?

Er scheint seinen Beobachtungen eine Beurteilung abzugewinnen, über die Musikpapst Quantz zustimmend gelächelt hätte, wenn er noch gelebt hätte. Reichardts Sicht der Dinge zeigt gut die Einstellung vieler professioneller Musiker zum nichtprofessionellen Musikbetrieb. Sein Bericht ist ein Verriß. Alles, was die normalen bürgerlichen Dilettanten tun, wird beißend kritisiert. Nur die großen Kollegen, Hiller (sein Lehrer) und Corona Schröter (deren Klavierbegleiter er in seiner Studienzeit war), werden ausgenommen, geschont, gelobt, im Falle Hillers gar bemitleidet.

Zusammengefaßt sagt Reichardt in den einzelnen Absätzen des Berichts zwischen den Zeilen folgendes:

1 Ein Urteil steht nur dem Fachmann zu (siehe die Diskussion über Atomkraftwerke).

2/3 Wer nicht übt, ist faul! Andere Gründe kann es nicht geben. (Warum hielt es der so gelobte Hiller wohl 18 Jahre mit den »Eingebildeten« aus?)

4 Keine Gleichmacherei! Zuviel Demokratie behindert die Leistungsorientierung. Wer viel kann, muß noch zusätzlich gefördert werden; wer wenig kann, wird nicht gefördert! (Vgl. Antikommunismus in der Leistungsgesellschaft und die Begründung für Aufnahmeprüfungen)

5 Kunst braucht eine gediegene Umgebung: Ruhe, feinen Saal, schöne Kleidung! Lärm, Wohnzimmer, Pöbel – da geht ja die Kunst unter, denn *sie* soll doch die Hauptsache sein, nicht die Leute, die sie machen oder hören! (In

seinem Eifer kommt Reichardt bei seiner Beschreibung in Widersprüche: Sind die Leute im Publikum nun gepudert oder nicht? (Die in Stiefeln und ungepuderten Haaren sind offenbar in »Werther«-Tracht.) Und plaudern sie nur achtlos, oder »raisonniren« sie über Musik? Beides ist ihm offenbar nicht recht. Daß die Leute vielleicht nicht genug Geld für einen prächtigen Saal aufbringen konnten, wäre ein naheliegender Gedanke gewesen, allerdings nur für einen unvoreingenommenen Beobachter.)

6 Falsche Höflichkeit gegenüber Frauen ist abzulehnen! (Hat er recht! War eine übliche Unsitte, auch beim Erheben des Eintrittsgeldes, vgl. S. 186 f.)

7 Die großen Künstler sind im Grunde zu schade für den Unverstand des gemeinen Publikums, sollten eigentlich alle Hofkapellmeister sein, weil da wenigstens ein Mindestmaß an Disziplin und Ruhe wahrscheinlich ist!

Hiller selbst sah das alles ganz anders. Er hat sein ganzes Leben der musikalischen Öffentlichkeitsarbeit gewidmet und konnte in seiner Übersetzung einer französischen Musikschrift 1781, und zwar gerade im Jahre seines Abschiedes vom »Großen Konzert«, etwas sehr Positives über den neuen öffentlichen Konzertbetrieb Leipziger Prägung schreiben. Dabei geht es um die z. T. etwas chaotischen Reaktionen des Publikums auf die neuen Möglichkeiten des Konzerts nach der langen Einschränkung öffentlicher Musikbetätigung durch den Feudalismus und – in geschmacklicher Hinsicht – auch durch die Aufklärer (vgl. Kap. III). Bemerkenswert ist, daß Hiller an dieser Stelle keinerlei einschränkende Fußnote verwendet, was er sonst in seiner Übersetzung macht, wenn er nicht mit dem französischen Autor einverstanden ist. Er ist also offenbar gleicher Meinung, wenn er übersetzt:

> Er sagt, »daß unsere geschwinden und ausgebreiteten Einsichten in die Musik eine Folge der Art von Enthusiasmus sind, womit man sich jetzt mit derselben beschäftigt; und daß dieser Enthusiasmus eine Folge des Zwanges und der Unterdrückung ist, worinne man die Kunst bey uns gehalten hat. Wenn man ihrem natürlichen Wachsthume keine Hindernisse in den Weg gestellt hätte, so würde jedes Zeitalter etwas von diesem Wachsthume bemerkt haben; alle hätten mit dem Fortgange der Kunst Schritt gehalten, und sie in ziemlich gleichem Maaße geschätzt; der Geschmack an der Musik wäre zu keiner Zeit in Raserey übergegangen, weil keine Epoche so glänzend würde gewesen seyn, daß sie aller Herzen an sich gezogen hätte. Aber eine verkehrte Geschmackspolizey hat die Kunst lange in der Sklaverey erhalten. Sie an ihrer Vervollkommnung hindern, hieß uns einen Theil unsers Vergnügens versagen. Ist es nun zu verwundern, daß man sich mit einer Art von

Unsinn diesem Vergnügen überläßt, da man zum Genuß desselben endlich gelangt ist? Man sucht sich durch heißhungrigen Genuß wegen der
langen erzwungenen Enthaltsamkeit schadlos zu halten. Eben das ließe
sich von der Philosophie sagen, was ich hier von der Musik sage.«
(Hiller 1781, S. XVII f)

Das allerdings ist eine verständnisvolle Kritik der Zustände: Der »Unsinn«,
also das etwas ungezügelte Verhalten, mag vielleicht nicht der Weisheit letzter
Schluß im Umgang mit Kunst sein, aber die Situation, in der er entsteht, wird
begründet und verstanden. Und sie wird politisch verstanden.

Dieser »Unsinn« des »Vergnügens« konnte sich nicht beim stillen, disziplinierten Sitzen und Lauschen wie oft in der Kirche erfüllen, sondern in einem
allumfassenden Spaß, wo es neben der Musik auch Begrüßen, Reden, Lärm
oder gar Rauchen, Essen und Trinken gab.

Johann Peter Weimar, scheidender Leiter des Erfurter öffentlichen Konzerts,
berichtet 1784 (Cramer II, S. 416 f) aus den Anfangszeiten des damals 20jäh-
rigen Unternehmens:

»Am Anfange mußten wir freylich klein damit anfangen. Wir erlaubten Bier und
Toback dabey zu genießen; die keinen sonderlichen Gefallen an der Music fanden,
divertirten sich dabei mit einem l'Hombre [Kartenspiel], und nach und nach gesellten
sich auch unsere Damen dazu …«

Und über die Gegenwart sagt er, bezogen auf seinen Nachfolger Johann
Wilhelm Häßler:

»Sein jetziges errichtetes Winterconcert ist in der That ungemein gut eingerichtet. Es
werden schöne und fürtrefliche Sachen mit Ordnung und Accuratesse aufgeführt.
Leider aber wird vieles davon überhört, da das Auditorium nicht durchgängig das Dic
cur hic? allezeit beobachtet [Sage, warum du hier bist? Latein konnten auch schon
damals die meisten nicht.] Ein Theil davon scheint es mehr als ein Assemblee zu
besuchen.«

Eine »Assemblee«, also eine festliche Versammlung, ein Fest, eine fröhliche
Veranstaltung, ein gesellschaftliches Ereignis: Das war es offensichtlich, was
ein großer Teil des frühen Bürgertums unter einem Konzert verstand und von
ihm erwartete. Dort konnte man sich mit »Unsinn« dem »Vergnügen« hinge-
ben, ohne allzu starke Einschränkungen.

Nicht untypisch ist es, wenn über ein Mitte August 1783 in Altona ge-
gründetes Liebhaberkonzert berichtet wird: »Zur Abwechslung wird ohngefähr alle vier Wochen, statt des Concerts, ein Ball gegeben.« (Cramer II/1,
S. 177) In der ersten Konzertsaison in Mannheim 1778/79 wurde außer dem
Freitags-Konzert auch jeden Dienstag ein Ball veranstaltet (Walter).

Die Praxis solcher Konzerte will ich im folgenden beschreiben, soweit sie
aus den damaligen Zeitschriften und anderen Quellen ersichtlich ist, und im

Kontrast dazu auch die Organisations- und Musizierformen der exklusiven, nach Bildung strebenden Konzertgesellschaften, die – im Sinne Reichardts – der »hohen« Musik huldigten und ihr eine störungslose Aufmerksamkeit sichern wollten.

Übrigens: Wie ging es denn mit Reichardt weiter?

Er versah seinen Dienst in Potsdam nach Meinung der Sängerin Elisabeth Mara als »aufgeblasener Egoist« (Eine Selbstbiographie der Sängerin... Mara, Allgemeine Musikalische Zeitung, 8. 9. 1875), eine Charakterisierung, die die Autorin an einer späteren Stelle ein wenig differenziert: Er sei doch immerhin ein »geistreicher, angenehmer Gesellschafter« gewesen. 1783 eröffnete er das »Concert spirituel«, ein geistliches Konzert nach französischem Muster, wo es offenbar ordentlich und gesittet zuging (s. S. 113 f). Allerdings fiel er bald am Hof in Ungnade, und zwar weil er für die französische Revolution eintrat. Er schied daraufhin aus dem Hofdienst aus. Er scheint dann seine Bemühungen um musikalische Öffentlichkeitsarbeit aufgegeben zu haben, zog sich auf das Landgut Giebichenstein bei Halle zurück und richtete dort ein Kulturzentrum ein, wo sich die Frühromantiker trafen (Tieck, Armin, Brentano, Eichendorff), Goethe hereinschaute, die Töchter Harfe, die Gärtner Horn spielten. Die exklusiven Ansichten über Kunstübung und Musikaufführung, die wir aus seinem Brief von 1776 kennen, waren im Endeffekt doch stärker als die Sympathie für die Ideen der bürgerlichen Demokratie. Sicher kann man diese Widersprüchlichkeit kritisieren, z.B. beim Vergleich mit Johann Adam Hiller, diesem geduldigen, sympathischen Wasserträger der öffentlichen Musikarbeit, aber es ist sinnvoller, diesen Zusammenprall von demokratischen Ideen und musikalischen Qualitätsvorstellungen als einen wichtigen und problemträchtigen Aspekt im Denken dieser Komponisten der ersten Stunde zu verstehen. Viele waren der Ansicht, endlich könne sich mit dem Bürger nun auch die Kunst emanzipieren, die alleine sie hervorbringen konnten: Und da sollten die Menschen sich doch an den fortschrittlichen Werken orientieren, d.h. ihnen auch aufmerksam und ruhig zuhören. Viele Komponisten verstanden sich dabei durchaus als Volkserzieher und hatten die Absicht, die Hörer durch die Art der Musik zu bessern, zu läutern.

Mozart und Haydn, vor allem Beethoven waren da keine Ausnahme. Für sie rangierte in dieser erzieherischen Hinsicht ihre Kunst, deren Fortschreiten und deren Aufnahme beim Publikum wesentlich höher als eine allgemeine musikalische Selbstaktivierung der bürgerlichen Öffentlichkeit. Ist doch auch ganz normal, oder?

Ich werde im folgenden die in dieser Einleitung kurz angeschnittenen Komplexe und Probleme des frühen Konzertlebens in Einzeldarstellungen genauer beleuchten, wobei ich in den ersten sechs Abschnitten die mehr organisatorischen, wirtschaftlichen und sozialen Einzelheiten der Konzertunternehmungen darstelle und diskutiere, während die vier darauf folgenden Abschnitte von der Seite des Publikums aus geschrieben sind: Zusammensetzung, Verhalten, direkte und indirekte Verhaltensmuster, Probleme der weiblichen Teilnehmer am Konzert. Anschließend gebe ich noch Einblicke in zwei spezielle und für die Entstehung des öffentlichen Konzerts und des Konzertlebens wichtige Sonderformen, nämlich das Virtuosenkonzert und die exklusive Musikgesellschaft. An ihnen sind zwei Grundbedingungen des bürgerlichen Kulturbetriebes besonders genau zu beobachten: Konkurrenzwesen und Selbstdisziplinierung.

Vorweg ein Zitat zum Nachdenken (Hiller 1781, S. 123 f)

»Man trete in den Assembleesaal, in dem Augenblicke da das Orchester zu spielen aufhört, und man wird nicht wissen, was man aus der Menge müßiger Menschen machen soll, die unter einander herumgehen, sich bald zu suchen, bald zu fliehen scheinen. Vergebens werden die Verzierungen des Orts und andere Veranstaltungen zu erkennen geben, daß man hier zu einem öffentlichen Vergnügen zusammenkomme: das Ohr, das hier ein verdrüßliches Stillschweigen gewahr wird, widerspricht dem Zeugnisse der Augen; aber sobald das Orchester wieder anfängt, bekömmt alles ein neues Leben. Die Musik ist die Stimme des Vergnügens, und trägt das Gefühl desselben selbst zu Ceremonien über, die an und für sich traurig sind. Ein Leichenbegängniß wird ein sanftrührendes Schauspiel, wenn die Betrübniß durch den Reiz der Musik verschönert wird. Oboen, Clarinetten und Waldhörner geben den Zurüstungen des Krieges die Gestalt eines veranstalteten Festes, und verwandeln die Wuth der Schlacht in eine Art von Lustbarkeit.«

Entstehung und Organisation

Die in Kapitel I (S. 10 ff) zitierten Tagebücher des Herrn von Uffenbach haben bereits einen Einblick in die Möglichkeiten gegeben, die die Bürger des frühen 18. Jahrhunderts hatten, auch außerhalb der geschlossenen Hofkonzerte öffentlich Musik zu hören und zu machen. Was wurde aus diesen frühen Versuchen?

Da gab es die Privatkonzerte in Bürgerhäusern, die man insofern als nur halböffentlich bezeichnen kann, als man nur durch Vermittlung von Bekannten an ihnen teilnehmen konnte. Solche Unternehmungen zogen sich durch das ganze Jahrhundert fort und erweiterten sich manchmal zu regel-

rechten öffentlichen Konzerten. Beispiele dafür werden in vielen der folgenden
Abschnitte genannt.

Das öffentliche Kirchenkonzert verlor im Laufe der bürgerlichen Säkulari-
sierung an Bedeutung und hatte Nachfolge in den als Sonderform des öffentlichen Konzerts eingeführten »Concerts spirituels«, Konzerten mit ausschließlich auf geistliche Musik ausgerichtetem Programm (vgl. Abschnitt über Programme). Die Bindung an die Kirche als Ausgangs- und Aufführungsort ging
weitgehend verloren, so wie es auch auf dem Gebiet der geistlichen Komposition, z. B. der Oratorien war (vgl. S. 482 ff). In einem Fall, dem des erwähnten
Erfurter Konzerts (vgl. S. 83), entstand sogar einmal ein Liebhaber aus einem
geistlichen Konzert (vgl. S. 113 f).

Die von den Collegia musica her bekannte studentische Besetzung und
Initiative verlor sich um die Jahrhundertmitte zugunsten der von Kaufleuten
und anderen Bürgerlichen organisierten Konzerte. Jedoch gab es auch später
noch Fälle studentischer Aktivitäten bei öffentlichen Konzerten:

Altona, im September 1784. (Cramer II/1, S. 177)
»Seit der Mitte des Augusts v. J. ist Sonnabends im öffentl. Hörsaale des akademischen
Gymnasiums, Liebhaberconcert. Es besteht aus einer gut gewählten Gesellschaft, größtentheils studirender und andrer junger Leute, die aus ihren Mitteln einen Director
gewählt haben, dessen unermüdeter Eifer diesem Unternehmen glücklichen Fortgang
verschaft. Die Eltern, deren Freunde und Freunde der Musik besuchen dieses Concert
fleißig, zumal da sich darinn schon mancher Virtuose, und erst vor einiger Zeit der
berühmte copenhagener Hofmusiker Lemme, der verschiedene Jahre seine Kunst in
Italien auf Kosten des Königs zu vervollkomnen gesucht hat, auf der Violin darinn
hören ließ.«

Die Öffnung von Hofkonzerten und elitären geschlossenen Musikgesellschaften, in denen besonders gelehrte Musiker sich zu Privatzirkeln zusammengeschlossen hatten, nahm durch das Jahrhundert zu.

Die Umwandlung der Hofkonzerte in öffentliche oder halböffentliche Veranstaltungen fand in den meisten Fällen erst nach der Jahrhundertmitte statt:
Die Sängerin Mara berichtet aus ihrer Zeit als Primadonna des preußischen
Hofes von ihrer musikalischen Tätigkeit bei den großen Berliner Courtagen
(vgl. S. 124) der Königin um 1770, daß »an einer Seite des Saales ... ein
Geländer angebracht (war) für diejenigen aus der Stadt, welche Lust hatten,
das Concert mit anzuhören«. (Die Königin ehrte übrigens die Sängerin, indem
sie »während meiner Arie die Karten niederlegte; welches dann die anderen
Prinzessinnen natürlicherweise auch thaten«; vgl.: Eine Selbstbiographie der
Sängerin Gertrud Elisabeth Mara, Allg. Mus. Zeitung, 1. 9. 1875, Sp. 547.)
Die Dresdener Hofkapelle, uns schon bekannt durch die Willkürmaßnahmen
ihrer königlichen Befehlshaber, nahm erstmals 1775 öffentliche Konzerte vor
(Schwab, S. 200). An einem vergleichsweise so kleinen Hof wie dem von
Arolsen fand die Öffnung des Hofkonzerts 1777 statt (Rouvel, S. 160 f).

Solche Öffnungen exklusiver Kreise waren aber sekundär oder Folgeerscheinungen bei der Entwicklung des öffentlichen Konzerts. Sie waren Reaktionen auf die Welle von Neugründungen, die vereinzelt kurz nach Jahrhundertbeginn, dann aber zur Jahrhundertmitte hin immer häufiger die musikalische Landschaft und damit die kulturellen Aktionsmöglichkeiten der Bürger grundlegend veränderten. Uffenbach berichtet schon 1712 vom »ordinairen«, also üblichen und regelmäßigen Konzert in Straßburg, allerdings noch in einer Kirche abgehalten. 1713 wird das öffentliche Konzert in Augsburg gegründet, im gleichen Jahr (durch Telemann) das »Wöchentliche grosse Concert im Frauenstein« in Frankfurt (vgl. S. 10, 56).

Ich möchte hier keine chronologische Liste von Konzertgründungen in Deutschland vorlegen (Entwicklungsschritte und Datenlisten bei Schwab, S. 6 ff, 30 ff, 197 ff; Balet, S. 388 f; Engel, S. 242 ff; Gerhard Pinthus, Das Konzertleben in Deutschland. Ein Abriss seiner Entwicklung bis zum Beginn des 15. Jahrhunderts [gemeint ist: 20. Jahrhundert], Straßburg 1932, 2. Aufl. Baden-Baden 1977, S. 63 ff). Statt dessen werde ich an einzelnen Beispielen typische Entstehungs- und Gründungsarten zeigen.

Es ist eine idealisierte Vorstellung, das Gros der Bürger hätte quasi schlagartig in rigoroser Selbstbestimmung musikalische Öffentlichkeit organisiert. Hier wie auf anderen Gebieten findet die Ablösung vom Feudalismus teilweise in enger Zusammenarbeit mit diesem statt, eine Gegnerschaft oder Frontstellung ist nur in wenigen Ausnahmen spürbar.

Die Musikalische Gesellschaft in Weyda 1767 (Hiller II, S. 60 f) hat »auf Veranlassung Sr. Hochwohlgebohrenen Gnaden des Herrn Amthauptmanns ... ein Concert errichtet«. Der adlige »geschickte Tonkünstler« veranlaßt also den exklusiven bürgerlichen Zirkel, sein Können der Allgemeinheit zugänglich zu machen. In Mannheim 1778 bemüht sich der Freiherr von Dalberg um die Errichtung eines Liebhaberkonzerts, und die hohen Hofbeamten der Familie von Stengel gehören zu den treibenden Kräften des Unternehmens (Walter, S. 11, 16). Die Greifswalder Musikliebhaber haben ihr Liebhaberkonzert »dem unlängst verstorbenen akademischen Amthauptmann, Hrn. von Platen, zu verdanken«. (Cramer II/2, 1786, S. 972 f)

Über das Münchner Liebhaberkonzert heißt es: »Die Aufsicht darüber wird von einem Ausschuß des Adels und des Orchesters geführt. Die von dem Bürgerstande haben keine Stimme dabey; ihr Abonnement ist aber gewiß eben so beträchtlich.« (Cramer II/1, S. 175)

In vielen Liebhaberkonzerten ist man wie in Oldenburg 1783 (Cramer II/1, S. 730) auf die Teilnahme der örtlichen Feudalpersonen stolz: »Der durchlauchtigste Prinz Coadjutor [Vertreter des kranken oder zu jungen Herrschers] nimmt Theil an diesem Concert, hat selbst auf eine Anzahl Billets abonnirt, und die durchlauchtigsten Herrschaften und der Hof haben dasselbe mehrmals mit ihrer Gegenwart beehret.« Die Organisatoren waren sich offenbar

sicher, daß solche Meldungen beim Publikum Werbeeffekt hatten, daß der
Besuch fürstlicher Herrschaften als Qualitätsmaßstab galt.

Im Würzburger Liebhaberkonzert 1786 (Cramer II/2, S. 951 ff) hat »Herr
von Kerpen, Domcapitular in Würzburg, die Protection des Concerts« und
spielt auch »im Orchester selbst das Violoncell ..., welches nothwendig diese
Künstler mehr anfeuert«. Und auch das Publikum erhält seine feudalistische
Stimmungsspritze, denn es »trat der Herr Fürst Bischof, von seinem Oberstall-
meister begleitet, in den Saal, welches viel Aufsehen machte, weil, wie ich
nachher erfahren, es das erstmal war, daß er dahin kam«. Später »ging der
Fürst weg; und das Lärmen fing erst richtig an«, d.h., das Publikum hat aus
Ehrfurcht vor der Obrigkeit eine Weile lang stillgehalten.

Es sind ohnehin fast stets eine Anzahl Orchestermusiker im Liebhaberkonzert zugleich auch Mitglieder von Hoforchestern, manchmal bezieht sich
das sogar auf den Dirigenten.

Es gibt noch ein weiteres, viel spektakuläreres Zeichen der Abhängigkeit des
frühbürgerlichen Konzerts vom Feudalismus:

Ein besonderer Anlaß zur Gründung öffentlicher, selbstorganisierter Konzerte ist das Fortfallen von solchen Hofkonzerten, die bislang öffentlich
zugänglich waren. Solche Ereignisse sind aus Mannheim und Kassel belegt,
wobei im ersten Fall der Kurfürst, da er Kurbayern geerbt hatte, nach München umzog und daher seine Hofkapelle in die neue Residenz mitnahm,
während im zweiten Fall offenbar Sparmaßnahmen zur Schließung der Kapelle führten.

Der Bericht bei Werner über den Mannheimer Vorfall (S. 11) lautet so:

Als der kurfürstliche Hof 1778 nach München übersiedelte, mußte ihm mit wenigen
Ausnahmen das Personal der Hofoper und des Hoforchesters dorthin folgen; dadurch
erlitt das bis dahin ganz vom Hofe abhängige Musikleben der verwaisten Residenzstadt
einen überaus schweren Rückschlag. Das Opernhaus im Schloß stand verödet; im
Rittersaale fanden nur noch ausnahmsweise bei gelegentlichen Besuchen Karl Theodors
Konzerte statt, so 1785.

Mannheim suchte sich für das Verlorene einen Ersatz zu schaffen. Am 12. November
1778, wenige Tage nach seiner Rückkehr aus Paris, schreibt Mozart aus Mannheim an
seinen Vater: »Man richtet hier auch eine ›Academie des amateurs‹ auf wie in Paris, wo
Herr Fränzl das Violin dirigiert, und da schreibe ich just an einem Konzert für Klavier
und Violine.«

Freiherr von Dalberg, der am 1. September 1778 die Leitung des neugegründeten
Nationaltheaters erhalten hatte, unternahm in Verbindung mit anderen Kunstfreunden
alsbald Schritte, um durch Zusammenschluß der in Mannheim verbliebenen Musik-
kräfte mit den hiesigen Liebhabern die Pflege des Konzertwesens auf eine neue Grundlage zu stellen. Bereits am 27. Oktober 1778 las man hier die gedruckte »Ankündigung
eines Liebhaber-Konzerts«. Es sei beabsichtigt, hieß es darin, nach dem Beispiel verschiedener anderer Orte ein Liebhaberkonzert in dem Saal des hiesigen Redoutenhauses
(d.h. des neuerbauten Theatergebäudes) zu errichten.

»Akademie«, hier im 2. Absatz verwendet, war ursprünglich die Bezeichnung
für eine auf Musik spezialisierte Gesellschaft (vgl. S. 237ff), wurde dann aber
bald, vor allem im Süden, bedeutungsgleich mit Konzert, ob höfisch (fürstliche
»Akademie oder Kammermusik« in Würzburg 1786, vgl. Cramer II/2, S. 951)
oder bürgerlich-öffentlich, von Liebhabern (amateurs) veranstaltet (vgl. Mozarts Brief S. 97 und Register).

Die Vorfälle in Kassel werden so wiedergegeben, wie sie in zeitlicher Reihenfolge in Cramers »Magazin der Musik« (Bd. II, 2. Hälfte) aus Kassel selbst
berichtet werden.

21. Nov. 1785 Bericht über die Musik zu den Trauerfeierlichkeiten des
Landgrafen (S. 934)

Januar 1786

Auflösung der Kapelle durch den neuen Landgrafen und Abwanderung vieler Musiker
in andere Dienste in Kopenhagen, Rheinsberg, Paris: »Für Cassel scheint die Tonkunst,
die hier so sehr blühete, mit unserm seeligen Fürsten begraben zu seyn ... Wie empfindlich dieser Verlust jedem Freunde der Tonkunst hier seyn müsse, können Sie sich leicht
vorstellen.« (S. 950)

15. April 1786

»Gestern hielt die philarmonische Gesellschaft ihr gewöhnliches Charfreitags-Concert,
worin diesmal wieder das Stabat Mater unsers braven Hrn. Rodewald aufgeführt
wurde. Dieses vortrefliche Stück wird jedesmal mit neuem Vergnügen gehört, und
zumal gestern, da es in dem neuen größern und besser gebaueten Concert-Saal besondere Würkung that. [Aufzählung der fürstlichen Anwesenden] Die beide Singstimmen waren, wie gewöhnlich, durch die Hrn. Morelli und Bertolotti besetzt, deren
Talent bekannt ist, und dem Orchester, welches zwar verschiedene seiner besten Glieder
schon verloren hat, gelang es, diesen Verlust ganz unbemerkbar zu machen. Nur der
Gedanke verbitterte das Vergnügen der Zuhörer: daß dieses Concert wahrscheinlich das
letzte dieser Art für Cassel seyn wird.« (S. 959f)

21. März 1787

»Ohnerachtet der Catastrophe, die die Tonkunst bey uns durch die Abdankung der
Hofcapelle erlitten hat, erhält sie sich doch noch immer auf eine ganz unerwartete Art,
und die Liebhaberey scheint sogar dabei gewonnen zu haben. Die philarmonische
Gesellschaft hat diesen Winter durch, nicht nur ihr gewöhnliches Concert zur allgemeinen Zufriedenheit fortsetzen können; sondern die Anzahl der gesellschaftlichen
Mitglieder hat sich dreyfach vermehrt. Ein großer Trost ist es für die hiesigen Dilettanten, daß unser vortreflicher Geiger, Hr. Braun der jüng., wieder in würkliche Dienste
des Landgrafen genommen worden ist, und wir also darauf rechnen können, wenigstens diesen Virtuosen zu behalten. Er hatte einen Ruf als Concertmeister nach Co-
blenz, hat aber demselben die hiesige Stelle, als Lehrer des Erbprinzen, (der außerordentlich viel Eifer und Genie zur Musik hat,) vorgezogen. Die übrigen Musiker haben
außer der fürst. Pension einen kleinen Gehalt von der musikalischen Gesellschaft, und
sind außer dem größtentheils bey dem Theater [Oper] engagirt, so daß wir doch noch
Hoffnung haben, die meisten zu behalten. Vorzüglich ist es uns um unsern braven Hrn.

Rodewald zu thun, dessen Verlust uns unersetzlich seyn würde. An Sängern fehlte es uns zwar diesen Winter über, indem nur der einzige Hr. Morelli noch, als Pensionär, in Diensten stehet, aber seit langer Zeit mit Urlaub am Meinungischen Hof, und folglich abwesend ist. Mad. Bilau und Mams. Jonasson, vom hiesigen Theater, haben sich einigemal bey uns hören lassen; besondere Verbindlichkeit aber haben wir den beyden Fräulein d'Aubigny, welche größtentheils die Stelle der Sängerinnen mit einem Beifall vertreten haben, der um so mehr ein Beweiß ihres Talents ist, da unser Ohr gewiß an etwas gutes gewöhnt und so leicht nicht zu befriedigen stehet. Auch die Frau Kammerherrin von Jasmund, die sich verschiedentlich auf dem Forte Piano hören ließ, schwingt sich über den gewöhnlichen Schlag der Dilettantinnen so weit herauf, daß sie füglich für eine Virtuosin gelten kann. Die uns übrig gebliebene Solo Spieler von der Hofcapelle sind: die Hrn. Rodewald und Braun, der jüngere auf der Geige; Hr. Michel auf der Flöte; Hr. Michel der jüng. auf dem Fagott, wozu auch Hr. Baumkirch auf der Clarinette; Hr. Hesse auf der Bratsche; Hr. Hesse der jüng. auf der Hoboe, und Hr. Winkis auf dem Violoncell gerechnet werden können. Unter den Dilettanten zeichnet sich ein gewisser Hr. Vagny aus, der Clarinette und Violin meisterhaft spielt. An guten Ripienisten [Tutti-Spieler] ist uns auch eine hinlängliche Anzahl übrig geblieben, und auf diese Art können wir, wie Sie sehen, noch alles vollständig und gut besetzen. Freilich im einzelnen fühlen wir oft einen großen Abfall, wenn wir z.B. an die Hrn. Barth, Palsa, Türschmidt, u. a. m. zurück denken, allein hat man in allen Orchestern solche Virtuosen für diese Instrumente? – Die Musik, welche diesen Winter über aufgeführt wurde, war meist von den besten Meistern; die Symphonien größtentheils von Haydn, oft auch von Pleyel, Ditters, Zimmermann, Rosetti, und dgl. Die Claviersachen von Mozart, Kozeluch, oder Haydn; die Arien von Sacchini, Paesiello, Naumann, Piccini und Gretry. Für den bevorstehenden Charfreitage ist das Stabat mater von Pergolesi bestimmt, welches dieses mal die beiden Fräulein d'Aubigny singen werden. (S. 1274 ff)

Solche Entwicklungen waren keineswegs Ausnahmen. Dennoch war der Regelfall der aus eigener Initiative erfolgte Zusammenschluß bürgerlicher Musikliebhaber zum öffentlichen »Liebhaberkonzert«. Die ideellen Begründungen solcher Ereignisse werden in einem späteren Abschnitt genannt (S. 168 ff). Hier die Hauptformen der Planung und Organisation solcher Konzert-Vereinigungen an einzelnen Beispielen:

Bei den Unternehmungen in kleineren Städten gab es häufig ein aus wenigen Männern bestehendes Direktorium, das unter sich die wichtigsten Aufgaben aufteilte, etwa so wie 1784 in Halle: Kapellmeister Türk hatte alle künstlerischen Aufgaben und Tätigkeiten unter sich. »Mit ihm besorgt der Herr Secretair Weinmann das seit 2 Jahren wieder vereinigte Concert gemeinschaftlich; doch hat letzterer die Direction der Musik dem Hrn. Türk ganz überlassen, und versieht bloß das ökonomische Fach.« (Cramer II/1, S. 699 ff)

Bei den größeren Konzerten gab es dagegen einen stärkeren Aufwand an Organisation, der auch oft in Statuten festgehalten wurde.

Verfolgen wir die Entwicklungsschritte und Organisations-Formen eines der bedeutendsten Liebhaberkonzerte Deutschlands, des Leipziger Großen Konzerts, in den wichtigsten Punkten, ehe weitere Einzelheiten in den nachfolgenden, auf einzelne Merkmale und Faktoren der frühen Konzertorganisation spezialisierten Abschnitten folgen.

Am 11. März 1743 »wurde von 16. Personen so wohl Adel. als Bürgerlichen Standes das Große Concert angeleget, wobey jede Person jährlich zu Erhaltung deßelben 20 rt [Reichsthaler], und zwar vierteljährig 1. Louisd'or erlegen mußte, die Anzahl der Musicirenden waren gleichfals 16. außerlesene Personen ...« (Dörffel, S. 4). Dies ist ein zeitgenössischer Bericht über die Gründung des ersten Leipziger öffentlichen Konzerts, das nicht wie die Collegia musica von Studierenden unter Leitung eines Kantors oder Organisten, sondern »unter Direction der Herren Kaufleute und anderer Personen ... gehalten« wird, wie es in einem anderen Bericht heißt.

In dieser frühen Zeit wird von einem Direktor berichtet (Johann Friedrich Gleditzsch), was nicht unbedingt heißen muß, daß er – nach zeitgenössischem Sprachgebrauch – der Dirigent war. Er kann auch der Vorsitzende der 16 »Personen« gewesen sein, die das Konzert gegründet hatten.

Ernst Ludwig Gerber, ein früher deutscher Musikwissenschaftler, bereitet aus der Zeit von 1765–68, also kurz nach der durch den Siebenjährigen Krieg erfolgten Unterbrechung des Konzerts (1756–62), daß das große Konzert unter Leitung von Johann Adam Hiller »die Würckung der geübtesten Fürstlichen Kapelle« hatte – dieses Urteil im Gegensatz zu dem von Reichardt (s. S. 79f) – und 33 Orchestermitglieder (Dörffel, S. 9ff), wozu noch einige festangestellte Sängerinnen und Sänger sowie bei Bedarf der Thomanerchor kamen. Gerber weiter: »Theils aus diesen Künstlern, theils aus jungen Studirenden, theils aus einigen braven Mitgliedern des Stadtpfeiferchors, welche die Blasinstrumente und nach gelegentlichem Bedarf die Pauken, Trompeten und englischen Hörner zu besetzen hatten, setzte sich das Orchester zusammen.«

Diese gemischte Besetzung war zeitüblich: »Die Musiker sind theils Dilettanti, theils Musiker von Profession, zusammen etwa 20 Personen« (Celle 1783; Cramer I/2, S. 975); »Das Orchester machen, bis auf die Waldhörner und andere Blasinstrumente, wozu man im Nothfall ein Paar Leute der hiesigen, höchst elenden Stadtmusikanten nimmt, bloß Liebhaber aus.« (Greifswald 1786; Cramer II/2, S. 972f)

Es war nicht so, daß nur die ständigen Orchestermitglieder Mitglieder der Konzertvereinigung waren. Vielmehr waren »Mitglieder des Concerts« alle diejenigen, die abonniert hatten, und diese wählten neun der angesehensten Mitglieder ins Direktorium, nach einem genauen Kalkül – jedenfalls läßt das für Leipzig eine Nachricht von 1771 vermuten (Dörffel, S. 10f): drei Gelehrte, drei deutsche Handelsherren, zwei französische und ein italienischer, also wohl nach dem Proporz der verschiedenen nationalen Handelshäuser der Stadt. Jährlich wechselnd, wurden »zween aus ihrem Collegio zu Generaldirektoren« gewählt, von denen immer einer die Kasse führte (vgl. oben Halle).

Nach den Statuten von 1781 (Dörffel, S. 16f) führten »zwölff Mitglieder des Concerts ... das Direktorium« und setzten »nach ihrem gemeinsamen Gutachten« Veränderungen der Organisation durch, während der Kassenführer jährlich einen Rechenschaftsbericht geben mußte. Die Satzung war in einer Versammlung der Direktoren einstimmig beschlossen worden und wurde nun »im Drucke« den »Herren Mitgliedern« vorgelegt. Nach § 5 wurden »Zwo Sopranstimmen, nebst zwölf Chorsängern ... beym Concert gehalten«. Das bedeutet, daß diese Personen vertraglich verpflichtet und bezahlt wurden. Aber auch die anderen professionellen Musiker wurden entlohnt und z. T. vertraglich verpflichtet, wie eine genaue Aufstellung belegt (vgl. S. 100). Es scheint, daß das Orchester des Großen Konzerts sich immer mehr zum Profi-Orchester wandelte, während es zu Zeiten seiner Gründung noch hauptsächlich aus Liebhabern bestanden hatte, d. h. Laien-Mitgliedern, die nach ihren Fähigkeiten mittaten und natürlich auch nicht bezahlt wurden.

In ähnlicher Weise wurden auch die meisten anderen nicht fürstlich protegierten oder gestützten Liebhaberkonzerte organisiert. Es waren meist Vereine im heutigen Sinne mit Vorstand, Vorstandswahlen, Kassenwart und Kassenbericht, Entlastung und vor allem einer Satzung, Mitgliederversammlungen und Beiträgen. Die wirtschaftliche Seite solcher Vereine wird im Abschnitt über Finanzen, diejenige der Satzungen und Regelstrenge im Abschnitt über die exklusiven Musikgesellschaften behandelt.

Mitglieder und Berufe

Nachdem die Organisation öffentlicher Musikdarbietungen von Hof, Kirche, Studenten oder Gastwirten auf die Bürger selbst übergegangen ist, geben viele Konzertberichte der Zeit einen guten Einblick in die berufliche Zusammensetzung dieser kulturell aktiven Bevölkerungsschicht. Adlige sind ohnehin willkommen, da gibt es keine soziale Obergrenze. Aber wo ist die Untergrenze? Spielen Frisör und Handwerksmeister auch mit?

Lesen wir also genau die folgenden, chronologisch geordneten Berichte über Stand und Beruf der Organisatoren und Orchestermitglieder.

1743 hatte »unter Direction der Herren Kaufleute und anderer Personen« das Große Concert in Leipzig begonnen, und es waren »16. Personen so wohl Adel. als Bürgerlichen Standes«, die sich zunächst bei Bergrat Schwabe, dann bei Buchführer Gleditzsch trafen, dem »Directeur und Stiffter« des Großen Konzerts (erst 1744 fand das Konzert dann in dem Gasthaus »Zu den drei Schwanen« statt; alle Daten und Zitate bei Dörffel, S. 4). Der folgende Organisator des Konzerts war der Pelzwarenhändler Zemisch. Noch 1772 heißt er »Concert-Director«. Reichardt berichtet 1776 von einem Kaufmann, »der die Besorgung des Concerts auf sich hat«. (Vgl. S. 78) 1781 (Dörffel, S. 18) waren folgende Berufe im Direktorium vertreten: Geh. Kriegsrat, zwei Kurfürstl. sächs. Kammerräte, Stadthauptmann, Stadtfähnrich, Oberhofgerichts-Assessor, drei Kauf- und Handelsherren und von den drei ohne Beruf Angegebenen waren zwei Doktoren.

1767 Nordhausen, s. Abschnitt Finanzen, S. 103 f.

1770 Hamburg, Konzert des Kaufmanns Duve (Hiller IV, 1770, S. 126)
»Es haben sich auch dabei, außer unsern Herrn [Carl Philipp Emanuel] Bach, dessen Spielen von allen bewundert werden müssen, besonders wenn er seine ganze Stärke auf seinen prächtig klingenden Piano-Forte bemerken ließ, verschiedene Liebhaber und Liebhaberinnen im Spielen und Singen hören lassen, darunter ein Academist [Student] durch ein Violin-Concert besondern Beyfall erwarb.«

1778/79 Mannheimer Liebhaber-Konzert (Walter)
»Violine: Se. Exz. Baron von Venningen, Baron v. Dalberg (der Domherr, Bruder des Intendanten), Baron v. Gemmingen, Herr v. Hetzendorff, Herr Goes und Hofkammerregistrator Heckmann, Konzertmeister Fränzl als Kapellmeister und dessen Sohn Ferdinand Fränzl. Bratsche: Herr Goetz, der Musikstecher und Musikverleger (Johann Michael Götz, der eine ausgedehnte Verlagstätigkeit entwickelte). Horn: Herr Ziwny. Violoncello: Regierungsrat v. Weiler, Hofkammersekretär Heckmann, Hofkammerkanzlist Baumann. Kontrabaß: Sekretär im Medizinalkollegium Weber. Flöte: Baron v. Gaugreben, Kapitän von Penzel (Benzel-Sternau), Abbé von Stengel (Franz Joseph von Stengel, Coadjutor von Freising, Probst von St. Andreas in Köln), Sartori (der Theaterkassier).« (Coadjutor vgl. S. 87 f)

1782 Hadersleben (Cramer I/1, S. 185 ff)
»Rittmeister Bras« richtet wieder ein öffentliches Konzert ein. Und: »Mit Singen beehren unser Concert: die Frau Kammerherrin v. Düring; das Fräulein v. Falsen; der Herr Kammerherr v. Krog, und der Herr Lieutenant v. Daue, der sich vornehmlich als Violinist zeigt. Das Fräulein v. Falsen hat einen ganz artigen Triller, steigt in Kadenzen bis ins dreygestrichene a, hat überhaupt nicht geringe Fertigkeit sowohl im Singen, als im Spielen.«

1783 Berlin Freimaurerkonzert (Cramer I/1, S. 565 f)
Unter den Liebhabern »zeichnen sich vorzüglich die Demoiselle Rähmeln im Gesange und der junge Herr Marpurg (ein hoffnungsvoller Sohn des würdigen Herrn Kriegsrath Marpurg) auf der Violine, welcher daselbst die schwersten Concerte von Giornovichi, Cramern etc. executirt, ingleichen der Herr Geh. Secretär Schüler, wie auch der Kaufmann Herr Blanc, auf der Flöte« aus. (Die mit der Erhebung des Bürgertums in Deutschland stark wachsenden, auf Menschenliebe und gegenseitige Achtung und Hilfe hinzielenden Logen der Freimaurer, zu deren Mitgliedern auch Haydn und Mozart gehörten, hatten ab den 70er Jahren einen nicht unwesentlichen Anteil an der Entwicklung des öffentlichen Konzerts, der hier nicht eigens dargestellt wird.)

1784 Detmold (Cramer II/1, S. 218 f)
»Hier ist den Winter über ein öffentliches gut besetztes und richtig executirendes Concert. Dieses bestehet meistentheils aus Liebhabern, und ich glaube, daß außer Münster kein Ort in Westphalen ist, wo die Music solche Liebhaber hat, wie hier. Unter den Liebhabern zeichnen sich vorzüglich aus, der Hr. Regierungs Referendarius Topp, der die Violin und Bratsche spielt; er hat einen vesten Ton, und kennet sein Instrument sehr gut. Herr Riedemann spielt das Violoncell. Wenn je ein Liebhaber Last und Mühe gezeiget hat, so ist es dieser. Ohngeachtet er erst spät angefangen, dieß Instrument zu wählen, so hat er sich doch durch eigenen Fleiß und vieles Bemühen und anhaltenden Unterricht zu Münster, bey Hr. Rombart, viel Ton und Geschmack erworben. Er executirt Reiches, Schlicks, Triklirs Arbeit mit vielem Beifall. Herr Regierungsadvocat Stertzenbach spielt die Violine mit vieler Fertigkeit und Empfindung; sein Ton ist rein und rund. Unter den Liebhaberinnen verdient die

Demoiselle Hofmann, als eine sehr geschickte und geschmackvolle Clavierspielerin erwehnet und gerühmt zu werden.«

1784 Halle (Cramer II/1, S. 699 f)

Sekretär Weinmann spielt Flöte, »jetzt freylich sehr selten; auch wollen ihm die Passagen, besonders die lang anhaltenden, nicht immer mehr glücken; indessen kann ihm das nicht zum Vorwurf gereichen, da es eine unausbleibliche Folge seines herannahenden Alters ist. Vor 10 und mehr Jahren soll er's mit den größten Virtuosen aufgenommen haben.

Gegenwärtig spielt er gewöhnlich die erste Violine, und macht also gleichsam den Concertmeister; obgleich dieses Instrument ehemals weniger seine Sache gewesen seyn mag. Sein Strich ist kräftig, und da er Music genug hat, das Ganze in Ordnung erhalten zu helfen, macht er seinem Platze Ehre.

Unter den Sängern zeichnet sich ein gewisser junger Mensch, der sich Tüchtler nennt, ausnehmend aus. Er singt, jetzt ungefähr in seinem 17ten Jahre, noch immer mit vielem Glück, die ersten Diskantrollen. Seine Stimme ist hell, und von einem sehr großen Umfang. Der Triller war, wenigstens noch vor einem Jahre, ungemein deutlich und gleich. Den Ausdruck hat er in einem sehr hohen Grad in seiner Gewalt, so daß er mit manchem grau gewordenen Theatersänger zu seinem Vortheile weteifern könnte. Auch an Fertigkeit fehlt es ihm nicht. Es gereicht dem Herrn Director Türk zu großen Ehre, daß er diesen jungen Menschen selbst zugezogen, und ihn in sein Haus aufgenommen hat. Außer diesem singt Herr Wachsmuth, ein hier Studierender, mit allgemeinem Beifall die ersten Baßrollen. Stimme, Anstand, Ausdruck etc. alles ist vortreflich. Auch dieser soll die Verfeinerung seines Vortrags gröstentheils dem Herrn Director zu verdanken haben; denn als er vor 2 Jahren zum ersten male öffentlich auftrat, hatte er noch wenig Einnehmendes. – Seit einiger Zeit ist ein Tenorist, Herr Hohenhorst, hier angekommen, der sehr viel Gutes von sich erwarten läßt. Er sang in Schweizers Alceste Admets Rolle mit vieler Empfindung. Einen vorzüglichen Platz unter den hiesigen Tonkünstlern verdient die Demois. Weinmann, des Herrn Secretairs älteste Tochter. Wie man mir gesagt hat, ist sie eine ehemalige Scholarin des Herrn Musikdirector Türk. Sie spielt die schwersten Flügelconcerte mit ausnehmender Präcision, und – welches bey vielen Frauenzimmern, auch wohl bey reisenden Virtuosen, oft ein Stein des Anstosses ist, – mit der größten Sicherheit im Takte. Obligate Stellen auf der Violine spielte der Herr Director ehemals gemeiniglich selbst; und von seinem Geschmack läßt sichs erwarten, daß er sie mit vieler Grazie vortrug. Seit einiger Zeit studiert ein gewisser Herr Assig hier, der eine bewundernswürdige Fertigkeit auf diesem Instrumente besitzt, und uns oft mit einem Violinconcert unterhält. Er hat einen vollen, scharfen Ton; Sicherheit im Notenlesen; greift auch bey den schwersten Stellen rein; spielt, vorzüglich das Allegro, vortreflich, und zwar mit einer solchen Geschwindigkeit, daß ihm selbst der Neid das Verdienst eines großen Geigers zugestehen muß. Auch Herr Petiskus hat sich verschiedenemale auf diesem Instrumente hören lassen. Dieser bezwingt zwar die Schwierigkeiten des Vorigen nicht; indessen verdient er, seines niedlichen Vortrags wegen, alle Aufmunterung. Herr Besser, ein Hoboist beym hiesigen Regimente, spielt ebenfals die Violine gut. Vorzüglich aber ist die Flöte sein Instrument; und ich muß es gestehen, daß er mich durch seinen angenehmen Ton und ausdrucksvollen Vortrag oft entzücket hat. Auch sein Charakter ist vortreflich, so daß man, nach einer kurzen Bekanntschaft, sehr vor ihn eingenommen werden muß. Herr Heise, ebenfalls ein Hoboist, bläst den ersten Fagott in einer recht guten Manier, und zeigt überhaupt viel Anlage zur Music. Die übrigen Musiker, die ich zum Theil selbst nicht genau genug kenne, muß ich der

Kürze wegen übergehen.« (Daniel Gottlob Türk war lange Zeit Organist, Kantor und Universitäts-Musikdirektor in Halle, wo er auch 1813 starb. Anton Schweizers »Alceste« mit Text von Wieland, 1773 in Weimar uraufgeführt, ist die erste große deutschsprachige Oper.)

1784 Nordhausen (Cramer II/1, S. 360f)
Eine neue Konzertgesellschaft nach der bereits für das Jahr 1767 erwähnten wird u. a. gegründet von Organist Willing, Musicus Meyer und »Justitiorius« Seifart.

1786 Greifswald (Cramer II/2, S. 969f)
Bei Weinhändler und Kaufmann Wilhelmi findet ein Konzert statt, dessen Orchester »aus lauter Liebhabern« besteht: »Solche waren im letzten Winter bey der Violine: Hr. Kaufmann Brunstein; Hr. Candidat Quistorp; Hr. Candidat Fischer, der jüngere; Bey der zweyten Violine: Hr. Kaufmann Biel; Hr. Wilcken, Hr. Rehfeld, beide Studiosi. Bey der Bratsche: Hr. Advocat Brunstein; Hr. Magister Finelius. Beym Flügel: Hr. Director Rehfeld; Hr. Doctor von Aeminga; Hr. Advocat Graue. Beym Violoncell: Hr. Fechtmeister Willich; Hr. Candidat Fischer, der ältere. Beym Contrabaß: Hr. Hube. Bey der Flöte: Hr. Professor Otto; Hr. Registrator Dittmer; Hr. Secretair Rehfeld; Hr. Advocat Odenbrecht, der jüngere.« (Flügel = Cembalo)

1787 Berlin vgl. Abschnitt über Finanzen, S. 106.

1790 Bremen »Privat-Concert« (Bossler III, Sp. 131ff)
»Die Liebhaber spielen selbst im Konzert vor, in Verbindung mit den hiesigen Musicis und Hoboisten. Herr Senator Kulenkamp bläst eine hübsche Flöte; Herr Oelrichs jun. ergözt die Versammlung oft durch sein gefühltes, zartes, ausdruk- und geschmakvolles Violinquartett; Hr. Tenker, ein genievoller junger Kaufmann bläßt die Flöte mit außerordentlicher Kraft und Schnelligkeit. Hr. Meisner, Lehrer am Müllerschen Erziehungsinstitut spielt das Violonzell am besten; Hr. Magister Müller selbst, der ausdruksreichste Sänger, der seine Vollkommenheit in der Deklamation sucht, wodurch er meist alle Zuhörer mit sich fortreißt, hat diesen Winter am meisten gesungen.«

Finanzen und Öffentlichkeit

Zu Beginn des Jahrhunderts gab es vielerlei Arten, Eintrittsgeld oder eintrittsgeldähnliche Beträge bei Konzerten einzuziehen: Uffenbachs Berichte nennen neben kleineren Eintrittssummen auch Stuhlgelder, Verzehrgelder (pauschal) und andere Möglichkeiten (vgl. Kap. I, S. 11ff).

Wichtiger, als all diesen Modifikationen im einzelnen nachzugehen, ist die Beschreibung der Hauptform der Finanzierung der öffentlichen Konzerte, nämlich der durch Subskription, verbunden mit Abonnement bzw. Pränumeration.

Dieses System, das auch im frühbürgerlichen Musikverlagswesen zur Sicherung gegen zu starke finanzielle Risiken angewendet wurde (vgl. S. 248f), bestand in folgendem: Eine Konzertreihe wurde in der Zeitung ausgeschrieben mit der Aufforderung, sich beim Konzertunternehmer, z.B. der Konzertgesellschaft, als Interessent für die ganze Reihe zu melden und einzuschreiben

(Subskription) und wie noch heute für alle Konzerte ein Abonnement abzuschließen, das zum Besuch der Reihe berechtigte und dessen Preis wesentlich
niedriger war als die Summe aller Einzeleintrittspreise (10 bis 20, meist um
18 Konzerte, vgl. S. 126). In den meisten Fällen wurde die Zahlung vor Beginn
der Konzerte erledigt (Pränumeration), damit das Konzertunternehmen auch
genügend finanzielle Mittel für die Ausgaben während des Zyklus hatte bzw. –
wie es 1771 in Leipzig heißt –, »weil dieses das einzige Mittel sei, auf beiden
Theilen gewissen Unbequemlichkeiten auszuweichen.« (Dörffel, S. 11) Die
Abonnements-Quittung war zugleich die Gesamteintrittskarte. Die frühesten
solcher Subskriptionskonzerte, zeitgenössisch meist neben den vielen anderen
Synonyma »Abonnements-Concert« genannt, gab es offenbar 1733 in Lübeck
(Schwab, S. 198), jedoch ist das noch ein Einzelfall. Um 1750 scheint in
Deutschland dieses Verfahren im öffentlichen Konzert allgemein geworden zu
sein.

»Wozu der Ertrag verwendet wird, weiß man noch nicht. Die Aufsicht
darüber wird von einem Ausschuß des Adels und des Orchesters geführt«,
heißt es 1784 für München (Cramer II/1, S. 175). Wozu er dann üblicherweise
gebraucht wurde, wird aus einem Bericht von 1783 vom Oldenburger Liebhaberkonzert deutlich (Cramer 1784, S. 730):

»Zu Bestreitung der Kosten haben sich in jedem der beyden Winter ungefähr fünfzig
Personen abonnirt. Im ersten Winter war der Preis für zwey Entreebillets vier Rthl; er
mußte aber den letzten Winter bis fünf Rthl erhöht werden. Von diesem Gelde werden
die Unkosten für den Saal und Nebenzimmer mit Feurung und Erleuchtung, Probeconcerten, die Hoboisten [gemietete Militärmusiker], die Anschaffung neuer Sinfonien und concertirender Sachen – denn Solos, Concerte, Quartetten u. d. gl. schaft sich
ein jeder Spieler selbst, – die Druckkosten der Singstücke [Textbücher für die Besucher],
u. s. w. bestritten. Ein guter Contreviolon [Kontrabaß] ist für neunzig Rthlr. durch
besondre Subscription angeschafft worden.«

Nun also mußte, nachdem nicht mehr die Gastwirte zum Konzert einluden,
der Saal gemietet werden, ebenso alles andere, was für eine Abendunterhaltung nötig war. Noten und Aushilfsmusiker kosteten auch Geld, und
Extraanschaffungen, deren Kosten über die Möglichkeiten der aus Überschüssen gespeisten Kasse hinausgingen, mußten über einen freiwilligen Subskriptionszuschlag bestritten werden. Eine andere Möglichkeit war ein Sonderkonzert. Aber man kann sich kaum vorstellen, daß ein solches Ziel immer
genug Publikum in einen Saal gelockt hat. Ein Konzert speziell »zum Besten
der Armen« (gleiche Quelle) z.B. brachte 1783 in Oldenburg nur 60 Reichstaler Reingewinn ein (in einer großen Stadt wie Leipzig 1782 283 Taler s.
Dörffel, S. 23; Sondervereine und -veranstaltungen für Musikerwitwen- und
waisen vgl. S. 238 und S. 367f).

Solche Sonderkonzerte, deren Erlös für einzelne Anschaffungen oder Ausstattungen bestimmt war oder zum finanziellen Vorteil von einzelnen Inter-

preten oder Komponisten (»Benefiz«-Konzerte), gab es häufiger (ein Sonder-
fall vgl. S. 206).

Benefiz-Konzerte Mozarts

Mozart an seinen Vater, 3. März 1784
(Briefe III, S. 303 f)
»sie müssen mir verzeihen daß ich wenig schreibe, ich habe aber ohnmöglich
Zeit, da ich die 3 letzten Mittwochs in der fasten von 17:ten dieses angefangen, 3
Concerte im Trattnerischen Saale auf abonnement gebe, wozu ich schon bereits
100 suscripteurs habe, und bis dahin leicht noch 30 bekomme. – der Preis ist auf
alle 3 Concerte 6 fl: – im theater werde vermuthlich dieses Jahr 2 accademien
geben – nun können sie sich leicht vorstellen, daß ich nothwendig Neue Sachen
spielen muß – da muß man also schreiben. – der ganze vormittag ist den
scolaren gewidmet. – und abends hab ich fast alle tage zu spielen. – sie werden
unten die liste von allen accademien, worin ich gewiß spielen muß lesen, – Nun
muß ich ihnen geschwind sagen, wie es hergieng daß ich so in einen augenblik
Privat accademien gebe. – der claviermeister Richter giebt im benannten Saal die
6 Sammstäge Concerte. – die Nobleße souscribirte sich daß sie keine lust hätten
wenn ich nicht darin spiellte.
H: Richter bat mich darum – ich versprach ihm 3mal zu spielen. – und
machte auf 3 Concerten für mich souscription, wozu sich alles abonnirte:
[Liste mit 22 Tagen vom 26. 2. – 3. 4. 1784, 5 Donnerstage beim Fürsten
Gallizin, 5 Montage und 4 Freitage beim Fürsten Esterhazy, 3 Samstage im
Richterschen Konzert, 3 Mittwoche mit Privatakademien, ein Sonntag und ein
Donnerstag mit Theater-Akademien]
hab ich nicht genug zu thun? – ich glaube nicht daß ich auf dies art aus der
übung kommen kann.«

Mozart an seinen Vater, 20. 3.1784
(Briefe III, S. 305 ff)
[Liste von 174 Namen, davon nur ca. 25, die man ihrem Nachnamen nach nicht
für Adlige halten kann; sonst sind nur Prinzen und Prinzessinen, Komtessen und
Herzöge, Grafen und Barone und Namen mit der Vorsilbe »de« vertreten.]
»Hier haben sie die Liste von allen meinen Souscribenten: – Ich habe allein um
30 Abbonenten mehr als Richer und Fischer zusammen. – die Erste Academie am
17:ten dieses ist glücklich abgelauffen – der Saal war gesteckt voll. – und das
Neue Concert so ich gespiellt hat ausserordentlich gefallen. und wo man hin-
kommt hört man diese academie loben. – Morgen hätte meine erste academie im
theater seyn sollen – fürst Louis Lichtenstein giebt aber bey sich opera entführt
mir nicht allein den kern der Noblesse, sondern debauchirt mir auch die Besten
leute aus dem Orchestre. – ich hab sie also durch ein gedrucktes Avertißement
auf den 1:ten april verschieben lassen.«

Mozart an Michael Puchberg, 12. 7. 1789
(Briefe IV, S. 92)
»nur das muß ich Ihnen sagen, daß ich ohngeachtet meiner elenden Laage, mich
doch entschloß bei mir Subscriptions-Academien zu geben, um doch wenigstens

die dermalen so großen und häufigen Ausgaben bestreiten zu können, denn von Ihrer freundschafftlichen Zuwartung war ich ganz überzeugt; aber auch dies gelinget mir nicht; – mein Schicksal ist leider, aber nur in Wien, mir so widrig, daß ich auch nichts verdienen kann, wenn ich will; ich habe 14 Tage eine Liste herumgeschickt, und da steht der einzige Name Swieten!«

Hier eine Liste einiger Subskriptionspreise verschiedener Konzerte – chronologisch geordnet –, die immer für einen Mann und die kostenlos mitzunehmende Dame galten (sog. »Chapeau« = Hut, vgl. S. 186f). Dabei in einigen Fällen zum Vergleich auch Einzelkonzerte-Preise.

Frankfurt 1723

»Zur Erleichterung derer darauffgehenden Spesen und Kosten wird denen Kavaliers und hohen Standes-Personen in dero Generosität frey gestellet, was sie dazu contribuiren; Privatpersonen aber und insgemein hat jedes 15 Kreuzer zu erlegen und zu zahlen.« (G. Pinthus, Das Konzertleben in Deutschland ..., Baden-Baden 1977, S. 65).

Das bedeutet $\frac{1}{6}$ Reichstaler für das Einzelkonzert.

Leipzig 1747
Subskriptionspreis:
3 Dukaten (ca. 9 Reichstaler) für Einheimische,
4 Dukaten (ca. 12 Reichstaler) für Fremde (Dörffel, S. 7)
1743 zahlten übrigens die 16 Gründungsmitglieder (vgl. hier S. 91) pro Jahr je 20 Reichstaler Jahresbeitrag, vierteljährlich 1 Louisd'or (Dörffel, S. 4)

Leipzig 1771 12 Reichstaler, aber für die selten durchgeführte Sommersaison 4 Reichstaler (Dörffel, S. 11) als Abonnement-Preise

Wien 1772 (Wiener Tonkünstler-Sozietät)
Je nach den fünf Sitzklassen in dem eigens für die Sozietät errichteten Konzerthause zwischen 24 Kreuzern (ca. $\frac{1}{4}$ Rt.) und 4 Gulden u. 14 Kreuzer (ca. 3 Rt.) für das Einzelkonzert. Der Besuch der Wiederholungsaufführung war etwas teurer (ca. $\frac{1}{2}$–4 Rt.), vgl. E. Hanslick, Gesch. d. Konzertwesens in Wien, Wien 1869, S. 19

Mannheim 1778 3 Konventionstaler mit »Chapeau« (etwa 4 Rthlr.)

Einzelpreis 18 Batzen, d.h. $\frac{1}{2}$ Rthlr.

Göttingen 1779 1 Louisd'or (= 5 Reichstaler) mit evtl. Nachzahlung

Einzelpreis $\frac{1}{2}$ Taler.

Leipzig 1781 »im Voraus« 10 Rthlr.

für »einheimische Mannspersonen ... nebst ihren Söhnen (so lange dieselben noch im väterlichen Hause wohnen)«. Fremde Reisende zahlen für 1 Konzert 12 Groschen, bei ca. 20 Konzerten 240 Groschen oder 10 Rthlr. (Dörffel, S. 17)

Celle 1783 pro Saison 4 *Rthlr.* (Cramer I/2, S. 975 f)
Berlin 1783 mit »Chapeau« 2 Dukaten, also 6 *Rthlr.*

Einzelpreis 1 Taler, also insg. ca, 20 *Rthlr.* (Cramer I/ 1, S. 565)

Oldenburg 1783 5 *Rthlr.* (s. o.)
Rostock 1784 pro Monat 1 Florin (Gulden), also $^2/_3$ *Rthlr.*, in einer Saison von ca. 6 Monaten 4 *Rthlr.* (Cramer I/1, S. 124)
Halle 1784 vierteljährlich 4 *Rthlr.*
in einer Saison also 8 *Rthlr.*, Familienang. des Subskr. 16 Groschen. Es gilt als klar, daß »bey dieser billigen Einrichtung kein großer Gewinn zu machen ist«. (Cramer II/1, S. 699 f)
Greifswald 1786 pro Winter 1 Speziestaler, was als »mäßiger Belauf« gilt, es sind auch nur 1 $^2/_3$ *Rthlr.* (Cramer II/2, S. 969 f)
Berlin 1787 für dreiköpfige Familien oder »Chapeau« mit 2 Damen pro Monat 2 *Rthlr.*, für Einzelpersonen 1 *Rthlr.*, also für ein Saisonhalbjahr ca. 12 *bzw.* 6 *Rthlr.* (Cramer II/ 2, S. 1386 f)

Forkel nennt in einer Anekdote (S. 203) als offenbar üblichen Einzelpreis einen halben Gulden (= $^1/_3$ *Reichstaler*).

Zum Nachrechnen

Mozart an seinen Vater,
8. Mai 1782 (Briefe III, S. 208 f)
»ein gewisser Martin hat diesen Winter ein Dilettanten Concert errichtet, welches alle freytäge in der Mehlgrube ist aufgeführt worden. – sie wissen wohl daß es hier eine menge Dilettanten giebt, und zwar sehr gute, so wohl frauenzimmer als Manspersonen ... dieser Martin hat nun durch ein Decret von kayser die erlaubnüss erhalten, und zwar mit versicherung seines höchsten Wohlgefallens, 12 Concerte im augarten zu geben. und 4 grosse Nachtmusiken auf den schönsten Plätzen in der Stadt. – das abbonnement für den ganzen Sommer ist 2 Ducaten. Nun können sie sich leicht denken, daß wir genug Suscribenten bekommen werden. – um so mehr, da ich mich darum annehme, und damit asocirt bin. – ich setze den fall daß wir nur 100 abbonenten haben, so hat doch – (wenn auch die unkösten 200 fl: wären, welches aber ohnmöglich seyn kann) doch jeder 300 fl: Profit. – Baron van Suiten und die gräfin Thun nehmen sich sehr darum an. – das Orchester ist von lauter Dilettanten – die fagottisten und die trompetten und Paucken ausgenommen.«
[1 Dukaten = 3 Reichstaler, 1 florin = 1 Gulden = $^2/_3$ Reichstaler]

Glücklicherweise sind auch einige Jahresabrechnungen der frühen Konzertunternehmen erhalten.

Für Mannheim gibt Walter folgende Zusammenfassung (3 Gulden sind soviel wie 2 Reichstaler):

»Die Abonnementseinnahmen des ersten Konzertjahres 1778/79 waren: von der ›Noblesse‹ mit dem Minister von Oberndorff an der Spitze 495 Gulden, von Offizieren und Regimentern 395 Gulden, von adeligen und sonstigen charakterisierten Personen 870 Gulden. Dieser Einnahme von 1720 Gulden standen Ausgaben von 1743 Gulden gegenüber ... An das Orchester wurden 900 Gulden als Gratifikation verteilt, und zwar nach vier verschiedenen Klassen; die Vertreter der ersten Instrumente und die ›Konzertisten‹ bekamen mehr als die übrigen. Ferner steht folgender Posten in der Rechnung: dem jungen Herrn Fränzl einen silbernen Degen mit 22 Gulden und seiner Schwester einige Galanterien, zusammen 62 Gulden 30 Kreuzer für Mitwirkung im Konzert.«

Das Leipziger Große Konzert, das 1778–1781 aus Finanznot aussetzen mußte (Dörffel, S. 11; über diese Zwischenzeit s. hier S. 238), nahm 1781 einen neuen Aufschwung. Nachdem die Stadt Leipzig für 3318 Reichstaler einen Konzertsaal hatte errichten lassen (Dörffel, S. 16; alles weitere S. 194) und eine »Privat-Subscription«, also wohl ein Sonderkonzert, zur Ausmalung und Bestuhlung des Saales 1140 Taler hereingebracht hatte, schließt der Kassenbericht für die Wintersaison 1781/82 folgendermaßen ab (nur Talerangaben von mir aufgeführt):

Einnahmen

Subscription von 217 Mitgliedern	2439 Reichstaler
Nachträgliche Subskription von 3 Mitgliedern	32
Kartenverkauf für Einzelkonzerte	366
Saalmiete von auswärtigen Musikern	20
Das erwähnte Sonderkonzert zur Saalausstattung	1140
	3997

Die Umrechnung der Subskriptionssumme auf die Mitgliederzahl ergibt nicht die oben für 1781 angegebenen 10 Taler Subskriptionspreis, sondern gut 11 Taler. Die Erklärung hierfür bietet § 10 der Satzung von 1781 (Dörffel, S. 17): »Die gedruckten Concertzettel werden für das ganze Jahr mit einem Thaler, acht Groschen bezahlt, und den Tag vor dem Concerte ins Haus gebracht.« Ein zusätzlicher, aber nicht kostenloser Service für die Mitglieder.

Ausgaben

Saalmiete (der Saal gehörte der Stadt)	150 Reichstaler
Für Musikdirektor Hiller (er erhielt 400 Taler jährlich) und die wenigen festangestellten sowie die zu einzelnen Konzerten verpflichteten Sänger(innen)	800
Orchester-Unkosten (bezahlte Instrumentalisten, Instrumente, Reparaturen)	638

Diener und Aufwärter	104
»Wachs Licht, Talch Licht und Brenn Oehl«	164
»Holtz und Spalter Lohn«	35
Sonstiges und Saalausstattung	1920
	3811

Es blieb also ein Gewinn von 186 Talern übrig. Dazu kam dann noch der Jahresbeitrag von 11⅓ Talern des inzwischen nur noch zwölfköpfigen Direktoriums, so daß insgesamt 322 Taler zur weiteren Verfügung standen, wovon nach Kassenschluß noch 88 Taler für zwei 16armige Kronleuchter und 150 Taler zur Abzahlung von Instrumenten ausgegeben wurden, die Direktor Hiller dem Direktorium verkaufte.

In der zweiten Hälfte des Jahrhunderts lag die Spanne zwischen einem billigen und einem teuren Abbonnement also etwa zwischen 4 und 10 Reichstalern, wenn man extreme Fälle ausnimmt wie Greifswald 1786 (1⅓ Taler) und das schon von Johann Sebastian Bach als »sehr theurer Ort« gescholtene Leipzig (1771 12 Taler). In dieser Stadt konnte man bei ca. 220 Abonnenten ein beträchtliches Startkapital ansammeln, also auch große musikalische Unternehmungen ins Auge fassen. In anderen Städten mußte man bescheidener sein, denn man konnte offenbar nicht – wie die Leipziger Zahlen zeigen – mit großen Mehreinnahmen durch Einzelkarten rechnen: In Oldenburg abonnierten im oben genannten Jahr 50 Personen, was 250 Taler Startkapital ergab, in Rostock abonnierten 60 Personen, was 240 Taler ausmachte.

Was nun solche Zahlen für unsere heutigen Preisvorstellungen bedeuten, ist nach Aussage vieler Kenner der alten Währungssysteme nur schwer zu klären. Geldumrechnungen, wie man sie nach Bruford (S. 310 ff) anstellen könnte, führen oft völlig in die Irre, da das Verhältnis der Preise untereinander für unterschiedliche Leistungen oder Waren sich in 200 Jahren völlig verändert hat. Hier einige Zahlen, die den Lesern die Probleme beim Kaufkraftvergleich vor Augen führen können.

Wir haben erfahren, daß die Oldenburger für einen guten Kontrabaß 90 Reichstaler ausgaben. Heute kostet ein solches gutes Instrument – also kein Spitzeninstrument – ca. 12000 DM. War also im Warenbereich Kultur ein Taler soviel wie etwa heute 133 DM? Konnte man im Oldenburger Konzert mit 3325 DM planen (in Leipzig mit 325000 DM), und kostete das Abonnement dort 665 DM? (In der Saison 1980/81 kostete ein Abonnement für die 12 Philharmonischen Konzerte in Bremen zwischen 60 DM und 230 DM. Da es kein »Chapeau« mehr gibt, also auch die Frau genausoviel zu zahlen hat, müßte ein Paar bei sehr guten Plätzen heute auch immerhin knapp 500 DM zahlen, nicht weit entfernt von den 665 DM vor 200 Jahren.)

Aber: Zwei Pfund Kaffee kosteten um die Jahrhundertmitte etwa 1 Reichstaler, aber doch wohl nicht 133 DM nach unserem heutigen Geld! Dann wäre

1747 in Leipzig ein Abonnement (9 Rt.) so viel wert wie 18 Pfund Kaffee. Ein Spinner im Akkord verdiente pro Woche 1 Reichstaler, ein Facharbeiter etwa 5, ein möbliertes Zimmer ohne allzuviel Luxus kostete im Monat 4 Reichstaler (Bruford, S. 312). Falls man das zugrunde legt, wird man Arbeiter und Handwerker sowie nicht sehr reiche Studenten kaum unter die Konzertteilnehmer, zumindest die Abonnenten zählen können.

Bei der Behandlung der Eintrittspreise und Subskriptionsverfahren muß mit einem Irrtum aufgeräumt werden, dem ich lange Zeit – vermutlich mit vielen anderen zusammen – aufgesessen bin. Und zwar mit der Meinung, die neue Freiheit des Bürgertums habe darin bestanden, daß nunmehr statt des blauen Blutes nur mehr ein bestimmter Geldbetrag Zugang zu den kulturellen Freuden gewährte, daß nun nicht mehr Standesprivilegien, sondern der Geld-Gegenwert der individuellen Leistung zählte. Das ist in vielen, den meisten bürgerlichen Neuerungen auch der Fall. Und im Konzert ist es auch das Prinzip, das sich allmählich allgemein durchsetzt, aber erst im 19. Jahrhundert. Im 18. Jahrhundert dagegen gab es in vielen Städten eine ans Abonnieren gebundene Exklusivität des Zugangs zum Konzert, die einen Wunsch des frühen Bürgertums, adelsähnliche Zirkel zu bilden, andeutet. Das ist ohnehin der Fall bei den exklusiven Konzertgesellschaften, die an anderer Stelle besprochen werden und zu deren Konzerten es nie oder selten öffentlichen Zutritt gab, und wenn überhaupt, dann nur unter sehr komplizierten Vorbedingungen. Der Übergang zu der tatsächlich nur vom Geld abhängigen Öffentlichkeit scheint aber auch im öffentlichen Liebhaberkonzert nicht kategorisch, sondern fließend gewesen zu sein.

In Leipzig 1781 (Dörffel, S. 17) heißt es beispielsweise:

»Zu den Concertversammlungen kann von einheimischen Mannspersonen niemand, als nur diejenigen, zugelassen werden, die als Mitglieder ihre Namen unterschrieben und ein Billet auf das ganze Jahr bezahlet haben ... Durchreisende, und in der Messe allhier befindliche Fremde bezahlen für den Eintritt zu jedem Concert zwölf Groschen. Einheimische, oder länger, als drey Monate, sich allhier aufhaltende Mannspersonen aber können nichts anderes, als nach §.6. durch Unterzeichnung auf ein ganzes Jahr den Zutritt erlangen.« (§ 6 ist die hier S. 98 wiedergegebene Bestimmung.)

Man darf also die Definition des Wortes »Concert« von Heinrich Christoph Koch aus dem Jahre 1802 (Musikalisches Lexikon) nicht ganz wörtlich nehmen:

»eine vollstimmige Musik ..., die man für das Publikum veranstaltet, so daß jeder Liebhaber der Kunst mit gleichem Rechte, gegen Erlegung eines bestimmten Einlaß-Geldes, daran Antheil nehmen kann, und die von einer sich dazu besonders vereinigten Gesellschaft Tonkünstler oder Dilettanten aufgeführt wird.«

Denn auch noch um 1800 war es nicht für »jeden Liebhaber« möglich, eine bestimmte Konzertveranstaltung zu besuchen, z.B. wenn er sonst selten an dem Konzert-Wochentag die Möglichkeit zum Besuch hatte oder ihn gerade nur dies eine Programm reizte. Er mußte sich für die ganze Veranstaltungs-reihe verpflichten.

Diese exklusive Maßnahme des Abonnements kann man noch mit finanziellen Erwägungen erklären: Die Konzertgesellschaft mußte vor Saisonbeginn eine feste Garantiesumme haben und wollte sich nicht auf die Zufälligkeit der Einnahmehöhe bei freiem Einzelzutritt verlassen.

Daß es aber noch andere Gründe für solche Exklusivität geben konnte, zeigt ein Bericht aus München von 1784 (Cramer II/1, S. 175) vom dortigen »Liebhaber Concert«:

»Ein Fremder muß sich durch einen abonirten Freund einführen lassen, und bezahlt nichts; auf andere Art kann kein auswärtiger Theil daran nehmen. Angenehmer würde es aber für diese seyn, wenn sie für baare Bezahlung Zutritt haben könnten, da nicht jeder Fremde hier Bekanntschaften hat. Indessen findet die nämliche Einrichtung auch an andern großen Orten statt, obgleich viele Reisende wünschen mögen, daß sie überall abgeschaft würde.«

Solche Klage über nicht eingelöste bürgerliche Freiheitsversprechungen hören wir auch heute noch täglich. Im Bereich des Konzertwesens wurden sie allmählich eingelöst. Nur ist wichtig festzuhalten, daß auch auf dem Felde des Zugangs zu den Kultureinrichtungen das Bürgertum nicht mit einem Schlag die neuen Prinzipien, wie sie uns als typisch freiheitlich-bürgerlich erscheinen, gegen den Feudalismus durchsetzte, sondern daß es in vielen Fällen feudalistische Prinzipien übernahm und sich nur langsam davon löste. Denn in München ging es ja nicht ums Geld – im Gegenteil, der Fremde hätte gerne gezahlt!

Schließlich noch zwei außergewöhnliche Dokumente, einmal ein Bericht über eine Konzertgesellschaft, die für die Konzerte überhaupt kein Eintrittsgeld nahm, dann über eine Konzertorganisation, die es mit dem Geld mehr als genau nahm.

»Mein Herr!
Auch in der kaiserl. freyen Reichsstadt Nordhausen haben einige junge muntere Bürger bloß zu ihrem Vergnügen und auf ihre eigene Kosten ein ziemlich vollständiges Concert errichtet, so alle Woche Mittwochs gehalten wird. Wenn lärmende Paucken eine wesentliche Eigenschafft eines wohl eingerichteten Concerts wären, die man aber an keinem größeren Orte gefunden hat, so würden ihnen nur diese noch fehlen, man will aber rühren, ergötzen, und nicht betäuben: außerdem sind alle Stimmen besetzt, und man führt vollstimmige Sinfonien, Concerte, Cantaten, italiänische Arien, Parthien, Quatros und Solos, wechselweise auf. Die Gesellschaft der Musicorum bestehet gegenwärtig aus 16 Personen, theils Gelehrten, theils Kaufleuten und andern jungen gesitteten Bürgern, worunter der geschickte Herr Musicdirector Einicke, der weit berühmte Herr Organist Schröter, der Aedituus der St. Blasii Kirche, ein Advocat aus der Stadt, die Organisten der St. Petri und St. Jacobi Kirche, drey sehr gute Violinisten, und denn, der Sohn einer dasigen vornehmen obrigkeitlichen Person, die vorzüglichsten

Zierden sind; auch zwey junge Flauttraversisten haben sowohl solo als accompagnirend den Beyfall der Kenner erhalten. Die Gesellschaft die zugleich öfters das Vergnügen gehabt auswärtige Virtuosen in ihrem Concert zu hören, bewundert noch immer den starken Violinisten Herrn Schläger aus der Hannöverischen Kapelle, der sich neuerlich etlichemal bey ihnen hat hören lassen. Da wie schon gedacht diese Gesellschaft sich auf ihre eigene Kosten unterhält, so fehlt es hier nie an den neuesten Musikalien, die man von Leipzig, Braunschweig, Hamburg, Berlin und andern Orten kommen läßt, und von dem großen Vorrathe auswärtige Concerte hat versorgen können, auch nicht an den besten und ausgesuchtesten Instrumenten, und man muß hier rühmen, daß ein ansehnlicher Bürger der Stadt Herr Christian Vopel die Güte gehabt, ein ganz neues vortreffliches Forte piano, dem Concert zum beständigen Gebrauch zu widmen. Das Concert, welches in einem der schönsten Häuser der Stadt, wo man die ganze erste Etage gemiethet hat, gehalten wird, nimmt Abends um 7 Uhr seinen Anfang, und dauert bis um 10 Uhr, man trifft hier immer eine starke und ansehnliche Gesellschaft von Herrn und Damen, sowohl Adeliche, graduirte, als auch honette bürgerliche Personen an, die durch ihren Beyfall die Nachkömmlinge des Orpheus, die jungen Schüler des Lulli ermuntern. Vor die Entree und Musik wird nichts, bloß vor die Erfrischungen aber 4 gr. [4 Groschen = $\frac{1}{6}$ Taler] bezahlt, welches auch selbst die Herren Musici erlegen [bezahlen], die Damen hingegen, die Herren Geistlichen, und die Fremden sind völlig frey, diese Einrichtung glaubt man den guten Sitten schuldig zu seyn. Die Absicht der Herren Musicorum ist allein diese, sich und ihre Mitbürger unschuldig zu vergnügen, und die Sitten zu bessern, denn wer läugnet daß nicht die Musik auf die Sitten großen Einfluß haben sollte? Mein Herr! ich hoffe durch diesen Bericht Ihnen was angenehmes gesagt zu haben; ich schreibe Ihnen nicht als ein Mitglied dieser ruhmwürdigen Gesellschaft, nur als ein fleißiger Zuhörer, als ein Fremder der zuweilen mitspielt, der selbst ein großer Verehrer der Musik ist, den seine Geschäffte öfters nach Nordhausen nöthigen, und erlauben an diesem Vergnügen Antheil zu nehmen. Nehmen Sie es als ein unpartheyisches und ungedungenes Zeugniß an, und finden Sie vor gut, es Dero beliebten Blättern einzuverleiben; so werden Sie dadurch die schönen Absichten erreichen, die Sie haben, den guten Geschmack auszubreiten, Tugend, Geschicklichkeit und Wissenschaft zu ermuntern. Ich habe die Ehre mit vieler Hochachtung zu seyn, Mein Herr Dero etc. B . . . den 19. Novr. 1767.« (Hiller II, S. 163 f)

1767! Auch für diese vergleichsweise frühe Zeit ist das eine Ausnahme, was Freizügigkeit und Selbstorganisation betrifft. Man fühlt sich als unterhaltender Diener seiner Mitbürger, will sich und ihnen eine Freude machen. Und da das der Hauptantrieb ist, wird kein Eintrittsgeld erhoben, nur das Nötigste für die »Erfrischungen« wird verlangt. Da es keinen Geld- und Pränumerationsbetrieb gibt, sind auch Fremde nicht ausgeschlossen. Sie dürfen sogar mitspielen, was an anderen Orten nur auswärtigen Virtuosen erlaubt war. Hier in Nordhausen (bei Erfurt) zeigt sich das frühe Bürgertum auf der Höhe seiner Möglichkeiten, die Freiheit wird optimal genutzt, Nachahmungen feudalistischer Exklusivität sind vermieden. Es klingt alles wie im bürgerlichen Paradies, und es sind auch die richtigen Engel, die dort zusammen sind: »gesittete« Bürger im Verein mit Berufsmusikern gründen die Konzertgesellschaft, und neben anderen Gästen hören »honette bürgerliche Personen« zu bei diesem »unschuldigen« Vergnügen. Das klingt schon fast unangenehm, aber für die frühen Bürger war es absolut notwendig, daß ihre Taten im

Unterschied zu dem, was oft an den Höfen passierte, lupenrein und makellos waren.

Der folgende Bericht, 20 Jahre später aus Berlin, spricht eine ganz andere Sprache: Ein Kammergerichtsrat, ein Kammerrat, ein Geheimrat, ein Rektor, ein Professor, ein Kriegsrat, noch ein Kammergerichtsrat und ein Rittmeister! Man kann diese erlauchte Runde richtig vor sich sehen: Kein Berufsmusiker darunter, aber man gründet mit Hilfe eines Musikers ein Konzert und ist selbst die Mitgliederversammlung. Worum geht es? Das Geld muß stimmen, das ist das A und O! Und wie eng und genau das alles aufgeführt und mit allen Eventualitäten bedacht wird – der arme Bürger, der dieses Konzert besuchen will! Wird er sich durch die Bestimmungen finden?

Hier weht der Geist der exklusiven Musikgesellschaften, denen es seit ihrem Beginn vor allem um Genauigkeit, Statuten und das Geld ging. Nordhausen ist weit entfernt von Berlin, und das Starren auf das Geld hat schon manche Konzertfreude verdorben. So jedenfalls erklärt ein Bremer 3 Jahre später, 1790, den Publikumsmangel im öffentlichen Konzert (Bossler III, Sp. 131 ff): »Ueberdies hat man durch gar zu ängstliches Suchen der Entrée manche Personen beleidigt, indem die Herren Aufseher ihrem Rechnungsführer zu viel Freiheit ließen.«

Im Berliner Bericht werden – wie S. 98 für Leipzig – seltenerweise auch einmal Konzerte im Sommer erwähnt.

»Berlin, den 16ten April, 1787.
Von dem sich jetzt um die Music so verdient machenden Hrn. Buchdrucker J. C. F. Rellstab ist ein neues Concert unternommen worden, dessen nähere Einrichtung und Beschaffenheit aus folgendem uns zugeschicktem Plane erhellt: ›Das Abonnement für Familien, worunter etwa drei Personen verstanden werden, oder Chapeaux mit zwei Damen, ist vom 1sten September an unerläßlich 2 Rthlr. Für diesen Monat April und die 4 Sommerconcerte, welche monatlich einmal gehalten und als ein Monat bezahlt werden, ist das Familien-Abonnement 1 Rthlr. 8 Gr. Das Abonnement für einzelne Personen ist 1 Rthlr. monatlich, und auch also für die 4 Sommerconcerte. Es wird also nicht wöchentlich gehalten, wie die erste Nachricht sagte, da sich große Schwierigkeiten dabey gefunden.

2. Die Abonnenten, die gegenwärtig beym Concert sind, und diesen Monat, nebst den 4 Sommer-Concerten, als einen Monat gerechnet, eintreten, behalten das Abonnement für immer zu 1 Thl. 8 Gr. wenn sie beständig dabei bleiben; gehen sie aber jetzt für den April und die 4 Sommerconcerte ab, so verlieren sie das wohlfeile Abonnement und geben gleich den andern zwei Thaler.

3. Es ist unumgänglich nothwendig, daß jeden Monat pünktlich vorherbezahlt werde und keine Reste bleiben. Es werden daher künftig die Billets nicht mehr monatlich, sondern für immer gegeben und vom Abonnenten so lange behalten als er beym Concert bleibt. Wer abgeht, gibt sein mit seinem Namen versehenes Billet zurück, welches nach einem Monate geschehen kann, ohne daß eine Art von Aufkündigung nöthig ist.

4. Dagegen werden aber alle Monate die Quittungen durch den Concertdiener ins Haus gesandt, welcher bis zum ersten Concert des neuen Monats herum seyn muß.

Alsdenn giebt derselbe mir, um aller Unordnung und Unterschleife zu vermeiden, die Quitungen derjenigen Abonnenten, die abgegangen sind, nebst ihren zurückgegebenen Billets, wie auch, die er nicht getroffen oder die nicht bezahlt haben, zurück. Und alsdann kann man die Quitung nur von mir gegen baare Zahlung abfordern lassen, und nicht mehr beym Concertdiener.

5. Das Abonnement ist durchgängig persönlich, und nur Damen können bey des Abonnenten Abwesenheit auf dessen Billet eingelassen werden. Dieserwegen sind die Billets mit den Namen des Abonnenten bezeichnet. Indessen wird man den Abonnenten, und besonders den Familien-Abonnements, gewiß ohne Mangel an Platz ein Freibillet für einen auswärtigen Fremden nicht abschlagen.

6. Bezahlung bey dem Eingang für Einheimische ist durchgängig aufgehoben. Auswärtige bezahlen a Person 16 Gr. Die Billets müssen aber vorher in der Rellstabschen Musikhandlung abgeholt werden. Bey dem Eingang kann um alle Unordnung und Unterschleife zu vermeiden, nicht einzeln bezahlt, wohl aber abonnirt werden. Die diesen Monat ausgefallenen zwei Concerte werden nachgegeben. Das erste, Mittwoch den 25sten April, das andre im May, welches noch nicht bestimmt werden kann. Diesen Monat wird von großen Musiken noch außer der heutigen Armida, Naumanns Cora und [Carl Philipp Emanuel] Bachs Magnificat aufgeführt, welches letztere noch in keinem hiesigen Concert gegeben worden. Im May, Iphigenie en Tauride, von Gluck.

Alle diese Puncte sind von nachstehenden Mitgliedern gebilligt, geprüft, berichtigt und von ihnen, als Gewährsmännern, für deren Haltung unterschrieben worden: Von den Herren Cammergerichtsrath Ballhorn: Cammerrath Burgfeldt: Geheimerath Caps: Professor Engel: Hofmahler und Rector Frisch: Kriegsrath Graf: Cammergerichtsrath Gosler: Rittmeister von Massow.« (Cramer II/2, S. 1366 ff)

Vielleicht kündigt sich in diesem Dokument der Pingeligkeit schon etwas von der Angst an, die die Konzertunternehmen zum Jahrhundertende immer stärker befiel: Es kamen immer weniger Hörer, die Abonnementszahlen gingen zurück. In Berlin gab es 1805 »nicht Ein regelmäßiges Konzert«, wie die Allgemeine Musikalische Zeitung meldet (Sp. 331). Auch im Süden, selbst im sonst musikliebenden Wien, stand es um die Jahrhundertwende offenbar nicht besser. Eberhard Preußner (S. 48 ff) beschreibt diesen Niedergang ausführlich, versucht auch, die große Krise um 1800, als viele öffentliche Konzerte eingingen, nachdem sie z.T. vor nur einer Handvoll zahlender Hörer gespielt hatten, zu erklären: Die »geldarmen Zeiten« rührten von einem selbstzerstörerischen Konkurrenzkampf her, von den beginnenden revolutionären Kriegswirren, vom endlichen Anwachsen der Selbsttätigkeit der Amateure und damit der Krise bei Orchester-Berufsmusikern und reisenden Virtuosen, die aber nach diesem Einbruch letztlich im 19. Jahrhundert doch wieder als entscheidende Kulturträger ihr Haupt erhoben hätten.

All diese Gründe mögen zutreffende Faktoren bei dem Niedergang sein, vor allem die politisch-kriegerischen Entwicklungen um die Jahrhundertwende. Jedoch ist dabei nicht aus den Augen zu verlieren, daß schon in den 70er, dann vor allem in den 80er Jahren aus Hamburg, Rostock, Celle und anderen norddeutschen Städten die »Abnahme der Liebhaberey zur Musik«, die »sinkende Liebhaberey und erkaltende Wärme für diese göttlichste aller Künste«

beklagt werden: »Vorzeiten bestand es besser ... allein jezt zieht sich jeder zurück.«

Die Untersuchung dieser Erscheinung steht noch aus. Politisch-wirtschaftliche Erscheinungen können keinesfalls allein für den Wandel verantwortlich gemacht werden, da es einschneidende Ereignisse in dieser frühen Zeit nicht gab. Sicherlich haben sie zum Jahrhundertende hin die Entwicklung zum Rückzug ins eigene Haus dramatisch verstärkt und damit den Musikerberuf in eine schwere Krise gestürzt (vgl. zur Entwicklung in Hamburg S. 228f). Andere Ursachen müssen aber den Ausschlag gegeben haben. Möglicherweise wirkt sich hier schon die allmähliche Einrichtung der Konzerte und der Erziehung des Publikums in Richtung auf eine Scheidung von »hoher« und »niederer« Musik aus, wie sie in der Einleitung angedeutet wurde und in den folgenden Abschnitten weiter verfolgt wird:

Als das Konzert den Charakter der bunten, gesellschaftlichen Unterhaltungs- und Bildungsstätte verlor, als es nicht mehr eine festliche Versammlung sein sollte, sondern eine Einrichtung zu konzentrierter Bildung und Verinnerlichung, blieb ein Teil des Publikums, dem der bisherige Charakter der Konzerte besonders zugesagt hatte, aus, ohne daß für die Interessen dieser Hörer schon ein Ersatz vorhanden war, etwa im Sinne der volkstümlichen Konzerte des 19. Jahrhunderts. Daß weniger Interesse an Musik bestanden hätte, daß die Hörer allmählich ein Musik-Überdruß erfaßt hätte, ist sehr unwahrscheinlich. Sie wanderten wohl eher in die zum Jahrhundertende hin sich begründende deutsche Oper und in die Operette ab, in der der Kunstanspruch weit weniger als der Unterhaltungsanspruch berücksichtigt wurde (vgl. S. 485 ff), und sie zogen sich vielleicht bei der rein instrumentalen Kunstübung eher aufs häusliche Musizieren zurück, bis die auf »leichte Kost« spezialisierte Musikunterhaltung öffentlicher Konzerte einsetzte. Die Lektüre der ersten drei Abschnitte über das Publikum könnte solche Vermutungen stützen.

Programm

Die berühmte Primadonna Elisabeth Mara-Schmeling macht in ihrer Selbstbiographie (Allg. Mus. Zeitung, 1. 9. 1875), die sie vermutlich zu Beginn des 19. Jahrhunderts schrieb, eine Bemerkung über die Unterschiede in den Programmfolgen bei Hofkonzert und bürgerlichem Konzert, die schlaglichtartig die beiden unterschiedlichen musikalischen Bewertungssysteme deutlich werden läßt, die im Feudalismus und dann im Bürgerrum herrschten. Mara schreibt über ihre Zeit als Primadonna am preußischen Hof und erwähnt ein Hofkonzert bei der Königin um 1770:

»Es waren 5 Karten-Tische gesetzt, die Königin, Prinzessinnen von Preußen, Heinrich, Ferdinand, Friedrich von Braunschweig, die Herren und Damen standen. Gleich nach

der Ouverture sang ich (weil es nach dem Rang ging) die erste Arie, anjetzt giebt man
das beste zuletzt und ich finde dass man Recht hat.«

Im Feudalismus kommt die ranghöchste Person zuerst bei allen offiziellen
Anlässen: Der König schreitet an der Spitze seines Hofstaates in den Konzertsaal – vielleicht nur von Herolden angeführt –, er klatscht als erster nach der
Musik (vgl. S. 27), und nach der feierlichen Eröffnungsmusik singt die Primadonna [= erste Frau] zuerst. Im Idealfall – so deutet es die Mara für sich an –
kommt dadurch auch das Beste zuerst. Und selbst wenn die Mara nicht so gut
gesungen hätte: Sie wäre als ranghöchste Sängerin zuerst aufgetreten. Die
Hierarchie der Autoritäten rangiert (!) immer vor der der Qualitäten (zur
Rangfolge vgl. S. 61 f). Da das Bürgertum für sich diese Rangfolge abschafft
und eine Ordnung anstrebt, in der nicht der Personenwert, sondern der
Leistungs- und Qualitätswert bestimmen soll, gibt es für die Programmgestaltung nun einen ganz anderen Maßstab, nämlich den des inneren Wertes der
Musik und ihrer Ausführung. Und falls es hierüber eine Übereinkunft gibt,
werden das wertvollste Stück oder der Star nicht an den Beginn, sondern an
den Schluß gestellt. Das Programm erhält nun selbst – wie ein Musikstück –
ästhetisch-erzieherische Qualitäten: Die zwei- bis dreistündige Dauer wird
durch einen am Schluß winkenden Bonbon in Spannung erhalten und zur
Steigerungsfolge gemacht. Dieses Prinzip entwickelt sich aber nur langsam, ist
nicht von Anfang an klar ausgeprägt.

Aus den Frühzeiten des Konzerts sind leider kaum Nachrichten über die
Programmgestaltung vorhanden. Wir kennen einige Berichte von Uffenbach
(S. 10 ff), die eher den Eindruck machen, als habe es in der Frühzeit noch keine
klare Programmplanung gegeben, sondern als sei die Stückfolge mehr durch
die Zahl und Fähigkeit der gerade zur Verfügung stehenden Musiker zustande
gekommen. Es scheint, daß eine Bemühung um Programmgestaltung nur
langsam einsetzte. »Man führet vollstimmige Sinfonien, Concerte, Cantaten,
italiänische Arien, Parthien, Quatros und Solos, wechselweise auf«: Diese
Beschreibung des Nordhauser Konzerts bei Hiller (II, S. 163 f) von 1767 gibt
ein Bild der etwas ungeregelten Programmstruktur der Frühzeit. Erst für die
Zeit ab 1770 ergibt sich bei den größeren Konzerten eine Art Muster für die
Programmabfolge. Dazu gehörte zunächst einmal, daß das Direktorium im
voraus weiß und prüft, was gespielt werden soll und wer auftreten will. Hier
eine entsprechende Nachricht aus Mannheim von 1778 (Walter, S. 11 f):

»Außer den Herren Hofmusicis wird es jedem Dilettanten und Liebhaber der Kunst,
der abonniert ist, freistehen, sowohl in Accompagnement als in Solo oder Konzerten
sich hören zu lassen. Da es aber bei dieser Liebhaber-Gesellschaft wesentlich nötig ist,
daß Ordnung beobachtet wird, so müßte es sich jeder Dilettant gefallen lassen, die zum
Konzert bestimmten Herren Directores einige Tage zuvor zu benachrichtigen, wenn er
sich in einem Solo oder Konzert will hören lassen. Da hauptsächlich auf gute Wahl und

Exekution von Stücken zu sehen ist, so wird sich niemand in den Konzerten können hören lassen, der nicht morgens vorher in der Probe war.«

So kann die Reihenfolge geplant werden, und es gibt zum erstenmal gedruckte Programme. Laut Schwab (Zeittafel) ist das erste davon in einem englischen Konzert 1768 aufgetaucht. Vom Leipziger »Großen Konzert« sind Konzertprogramme von 1772 und 1778 erhalten (Dörffel, S. 12). Und beide lassen ein zweigeteiltes Programm erkennen, in dessen Mitte offenbar die Pause steht: 1772 »Part. I« mit Sinfonie, Arie und Violinkonzert, »Part. II« mit Sinfonie, Arie und Partita (ein mehrsätziges Orchesterstück in Art eines Divertimento), 1778 im 1. Teil Sinfonie, Arie, Cembalokonzert und Vokalduett, im 2. Teil Sinfonie, Arie und wiederum Partita. Ein Ordnungsmuster ist zu erkennen: Es werden nicht einfach »Sinfonien gespielt, Arien gesungen ... und auf verschiedenen Instrumenten Concerte gespielt«, wie Reichardt 1776 (s. S. 79) berichtete. (Von seinem Verriß scheint man in Leipzig nicht sonderlich beeindruckt gewesen zu sein: Das Schlußstück des zweitgenannten Programms ist von Reichardt.)

Ein Hauptunterschied zu unseren heutigen Konzertprogrammen besteht darin, daß »Verschiedenheit des Charakters und Abwechslung der Gattungen der aufzuführenden Tonstücke ... ohne Zweifel ein Haupterforderniß einer solchen Musik (ist)« (Koch 1802, Art. Concert). In der Satzung des Leipziger Gewandhaus-Konzertes von 1781 (Dörffel, S. 16) wird die Programmfolge von 1772 und 1778 zum Gesetz erhoben und damit auch die von Koch verlangte »Abwechslung«: »§ 3. In den gewöhnlichen wöchentlichen Concerten wird vor der Pause eine Symphonie, Arie, ein Concert und abwechselnd ein Duett, oder Instrumental-Quartett; nach der Pause eine Symphonie, Arie, ein Chor und eine Partie gegeben werden.« Wesentlich bei dieser »Verschiedenheit« ist die heute unbekannte »angenehme Abwechslung des Spielens ... und Singens«, wie es über das Konzert des Hamburger Kaufmanns Duve lobend heißt (1770, Hiller IV, S. 126).

Auch im Hamburger Konkurrenzkonzert des Musikalienhändlers Westphal wird »die Abwechselung ... so gut als möglich zu erhalten gesuchet, und gemeiniglich folgende Ordnung dabey beobachtet:

1) Eine grosse Synphonie. 2) Ein Clavier-Concert. 3) Eine Arie, auch wohl ein Chor, Quartett oder Terzett. 3) Ein Flöten-, Violin- oder Fagott-Concert. 4) Eine Arie. 5) Eine concertirende Synphonie. 6) Ein Violoncel-Concert, oder Quintet, oder Quartet. 7) Eine Arie oder wiederholtes Chor. 8) Eine Schluß- Synphonie.« (1782, Cramer I/1, S. 357; Westphals Konzerte gab es seit 1770.)

In zwei weiteren Nachrichten über den Ablauf von öffentlichen Konzerten vom Ende der 1780er Jahre (Bossler II, Sp. 23 und Sp. 375 f) aus Würzburg und Kassel ist neben dieser Mischung der Musikarten auch die Plazierung der Pausen zu beobachten, die in der Hamburger Nachricht nicht deutlich war,

ebenso im Programm des Mannheimer »Concert de Mrs. les Amateurs« vom
15. Mai 1785 (Walter, S. 15 f).

Würzburg

»Unserm Versprechen zufolge, zeigen wir hier die in Würzburg gegebene Konzerten an:
Erstes Konzert den 5ten Dezember 1788. I Theil: Sinfonie von Kozeluch. Arie von
Naumann (Mdme. Marx.) Fagottkonzert von Küchler (Hr. Braun) Terzett von Sales.
(Mdm. Marx, Mslle. Herbst, Hr. Marx.) II Theil Sinfonie von Pleyel. Rundgesang aus
der Operette: Die Dorfdeputirten von Schubauer. Sinfon. von Lachnith. Zweites Kon-
zert, den 12ten Decbr. 88. I Theil: Sinf. von Haydn. Arie von Haydn. (Mslle. Herbst.)
Violinkonzert von Haacke (Hr. Reinstein.) Duett von Bianchi (Mdme. Marx, Mslle.
Herbst.) II Theil: Sinf. von Pleyel. Musik. Apotheose des Ritter Gluk. Sinf. von
Rosetti.«

Kassel

»Es ist in zwei Theile getheilt, und bestehet gewöhnlich aus sechs Stüken: 1) einer
großen Sinfonie, 2) einer Arie, und 3) einem Instrumental-Konzert zum ersten Theil,
nach welchem eine Pause zur Konversazion gemacht wird; der zweite Theil aus 4) noch
einem Konzert, 5) einer großen Scene für eine oder mehrere Singstimmen, und 6) einer
Schluß-Sinfonie. Die Sinfonien sind meist von Haydn, Pleyl, Wranizky, Mozart, und
überhaupt die Instrumentalmusik gröstentheils von deutschen Meistern; die Vokalmusik aber meist von den neuesten italiänischen Komponisten ... doch werden zuweilen auch deutsche und lateinische Oratorien, und französische Scenen aus großen
Opern aufgeführt. So wird z.B. am nächsten Cecilien-Tag das Lob der Tonkunst von
Schuster, auf Weynachten ein lateinisches Oratorium von Stamitz, und am Karfreitag
der sterbende Jesus von Rosetti ausgeführt. Die Chöre werden durch die hiesigen
Seminaristen besetzt.«

Mannheim

Es »machte den Anfang eine Ouvertüre von Gossec, es folgte ein von Frl. Crux
gespieltes Violinkonzert von Stamitz (von welchem ist nicht gesagt), sodann sang
Fräulein Fränzl eine Szene von Benda, Herr Wendling spielte ein Flötenkonzert eigener
Komposition und Herr Goes, der kurfürstliche Schatzmeister oder sein Sohn, sang eine
Arie von Piccini. Den zweiten Teil eröffnete ein von Musikdirektor Fränzl gespieltes
Violinkonzert eigener Komposition. Hierauf sang Madame Wendling eine Arie von
Holzbauer; der jüngere Bruder des Intendanten, Domherr Johann Friedrich von Dal-
berg, der auch als Komponist tätig war, brachte ein Klavierkonzert von Mozart zum
Vortrag, worauf eine ›Symphonie de Mr. Heyden‹ (Joseph Haydn) den Schluß bil-
dete.«

Konzertprogramme Mozarts

Salzburg (Öffentliches Konzert 18. 3. 1780; Eintragung Mozarts in das Tagebuch seiner Schwester; Briefe III, S. 3; hier nur Zusammenfassung)
1. Sinfonie von Mozart
2. Italienische Arie
3. Terzett von Salieri
4. Cellokonzert
5. Arie von Gretri, begl. von Oboe und Harfe
6. Instrumentalstück oder instrumental begleitete Arie von Mozart
7. Opernfinale von Anfossi
8. Gesangsrondeau von Mozart
9. Vermutlich ein großes, von Mozart in Mailand komponiertes Stück.

Wien (Öffentliches Konzert bei Anwesenheit des Kaisers zu Mozarts Gunsten vom 29. 3. 1782 im Burgtheater, Einnahmen vermutlich 1600 Gulden; Briefe III, S. 261 f und VI, S. 137; hier nur Zusammenfassung)
1. Haffner-Sinfonie, Sätze 1–3 (KV 385)
2. Arie aus der Oper Idomeneo
3. Klavierkonzert (KV 415)
4. Separate Gesangsszene (KV 369)
5. Konzertante Sinfonie, also eine Sinfonie mit Solisten (KV 320)
6. Klavierkonzert und angehängte Variationen
7. Scene aus der Oper Lucio Silla
8. Improvisierte Fuge (»weil der Kaiser da war«) und improvisierte Variationen über eine Melodie aus einer Oper von Paesiello, dann als Zugabe nochmals frei erfundene Variationen über eine Melodie aus einer lustigen Oper von Gluck
9. Vokal-Rondeau (KV 416)
10. Satz 4 der Eingangs-Sinfonie

Leipzig (Öffentliches Konzert vom 12. 5. 1789 im Gewandhaussaal; Mozart Dok., S. 300)
»Erster Theil. Sinfonie. Scene ... Concert, auf dem Pianoforte. Sinfonie. Zweyter Theil. Concert, auf dem Pianoforte. Scene ... Fantasie, auf dem Pianoforte. Sinfonie. Alle diese Musikstücke sind von der Composition des Herrn Kapellmeisters Mozarts. Entre-Billets sind in der Rostischen Kunsthandlung, und bey dem Bibliothek-Aufwärter Meyer zu 16 Groschen zu haben.« [16 Groschen = 1 Gulden = ⅔ Taler]

Frankfurt/Main (Öffentliches Konzert Mozarts »zu seinem Vortheil« am 15. 10. 1790 im städtischen Schauspielhaus, Preis für Loge und Parkett

2 ¾ Gulden, für Gallerie ca. ⅓ Gulden; Mozart Dok., S. 329; Zusammenfassung)
Teil 1: Sinfonie, Arie, Klavierkonzert, Arie.
Teil 2: Klavierkonzert, Duett, improvisierte Klavierfantasie, Sinfonie.

Dieser Typus des Programms mit Anfangssinfonie oder -ouvertüre und Schlußsinfonie und einer bunten Vielfalt dazwischen ist der Vorläufer unserer heutigen Konzertprogramme (vgl. für Hadersleben S. 116f). Er kündigt sich schon bei den beiden Leipziger Programmen an und beherrscht dann in den späteren Jahrzehnten des Jahrhunderts die deutschen Konzerte, greift auch z.T. ins Hofkonzert ein, so in einer »Akademie oder Kammermusik« 1786 in Würzburg (Cramer II/2, S. 951f), wo Sinfonie, Arie, Klarinettenkonzert, Vokalrondo und »eine Synfonie von unserm Vater Haydn« aufeinander folgen.

Bei dieser Programmfolge kommen Unterschiede in der Struktur der Mittelstücke wohl hauptsächlich durch die Entscheidung zustande, ob eine Pause stattfinden soll oder nicht. Im Falle einer Pause können alle Möglichkeiten der Vielfalt und Gattungssymmetrie ausgeschöpft werden, wie die angeführten Beispiele zeigen, und es gibt mindestens sechs Nummern. Findet keine Pause statt, können in fünf Nummern sowohl der Bedarf nach instrumentalem Außenrahmen als auch der nach einem beständigen Wechsel zwischen Instrumental- und Vokalmusik erfüllt werden, wie es das letztgenannte Programm aus Würzburg zeigt. Das ist der Idealfall von Programmsymmetrie und dadurch zugleich auch ein Ordnungssystem, das sich von der bunten Vielfalt der früheren Konzerte entfernt hat. Hier ist die von der Mara beschriebene und gelobte Spannungsfolge mit Schlußhöhepunkt schon weitgehend erreicht: »Das beste zuletzt« (Mara), das war in vielen zeitgenössischen Konzerten die Sinfonie von »unserm Vater Haydn« (s. o.).

Erstaunlich ist, daß dieses Programmprinzip schon in der zweiten Hälfte des 18. Jahrhunderts die heute übliche Sonderform hervorbringt, nämlich die Reduktion auf nur drei Stücke. Daß diese Straffung nur den Bedürfnissen der Kenner entspricht, aber gegen die Interessen der Liebhaber steht, betont der Berichterstatter lobend, indem er über das Leben des Erfinders dieses komprimierten Programms schreibt, des Musikdirektors Justin Heinrich Knecht aus Biberach/Schwaben (Bossler III, 1790, Sp. 61f):

»Er hat das Concert in seiner Vaterstadt in eine Einrichtung gebracht, die anderswo Nachahmung verdient, und daher in dieser Lebensbeschreibung gemeldet werden darf. Sein Grundsatz dabei ist, immer wenige und ausgesuchte Stücke zu geben. Daher hat sein Concert jederzeit nur einen Act, der aus einer Eröffnungssinfonie, aus einem Intermezzo, und einer Schlußsinfonie besteht. Den Tag zuvor werden gedrukte Nachrichten ausgegeben, worinn der Preiß des Eintrittsgeldes, der Concertsaal, in welchen die Musik gegeben wird, und die Titulatur der jedesmalen zu erwartenden Musikstüke, angegeben ist. Soviel es sich thun läßt, werden durch diese Einrichtung alle befriedigt, welche ein solches Concert besuchen. Kenner sehen bekanntlich dabei nicht auf die Menge, sondern auf die Güte der Stüke, und darauf, daß sie mit guter Würkung aufgeführt werden. Nichtkenner von beiderlei Geschlecht besuchen ein Concert blos aus bon ton, langer Weile, Begierde zu sehen und gesehen zu werden, und diesen ist die Nothwendigkeit lange zu zuhören und zu schweigen allzu unbehaglich, als daß sie sich derselben nicht auf alle Art zu überheben suchen. Daher löst sich das Schlos ihres Mundes gemeiniglich nach drei angehörten Stükken, und alle übrigen werden verplaudert. Ist also für die Tonkunst, welche sich nicht prostituiren will, dis gerade der rechte Zeitpunct, sich auf ein andermal zu empfehlen? Allerdings, weil die Erfahrung lehrt, daß, wo sie es nicht thut, es nicht an Unhöflichkeiten felt, wodurch man ihr die Thüre weißt.«

Sinfonie – »Intermezzo« – Sinfonie: So ist unser heutiges Konzertprogramm – allerdings nicht in »einem Act«, sondern mit Pause. Und es ist keine sehr laienfreundliche Tradition, aus der es kommt: Kennern reicht ein Programm von drei guten Stücken, Liebhaber hören ohnehin nicht zu und sind nur drei Stücke lang still zu halten. Hier geht es nur um die Kunst! Dieser Programmtyp entwickelt sich allmählich zu einem rein instrumentalen Programm. Nachdem die Rahmenstücke in Form von Sinfonien ohnehin schon instrumental sind, wird im Laufe des 19. Jahrhunderts auch der Mittelteil grundsätzlich instrumental, also das Knechtsche »Intermezzo«. Hier steht dann normalerweise ein Konzert. Vielfalt und »Abwechselung« zwischen Vokal- und Instrumentalmusik sind verschwunden, damit eine Grundform des Konzertprogramms des 18. Jahrhunderts.

Das ist jedoch eine langsame Entwicklung, und noch bis weit ins 19. Jahrhundert hinein findet sich im öffentlichen Konzert der bunte, gemischte Programmtyp, wie er an den mindestens sechsteiligen Beispielen gezeigt wurde.

Die Ausgewogenheit zwischen Instrumental- und Vokalmusik zeigt sich in einigen Fällen darin, daß auch eines der Rahmenstücke ein Vokalstück ist. In den »Concert spirituel« genannten Konzerten Reichardts in Berlin 1783/84 ist dies im Charakter der »Geistlichkeit« dieser Konzerte begründet. Stets macht ein Oratorium oder ein Teil daraus, eine Kantate, ein Psalm, ein Passionsteil, ein Miserere oder ähnliches den Beginn. Dann folgen stets noch vier oder fünf andere Stücke in der bekannten Mischung, z. B. Konzert, Arie, Kammermusikstück, Opernszene, Schlußsinfonie (vollständiges Programmverzeichnis bei Cramer II/1, S. 132 ff). Lediglich die beiden letzten Programme 1784 weichen von dem Muster ab: Da es im 5. Konzert eine ganze Passion gab (Text von Metastasio, Musik von Reichardt), erklingen im abschließenden 6. Konzert »lauter Instrumentalstücke, und Arien . . ., mit denen sich die Virtuosen sammt und sonders zu guter Letzt hören ließen«, also eine Art Schlußensemble wie in der Oper.

Diese »Concerts spirituels« folgen als bürgerliche, außerkirchliche Erbauungsmusiken französischem Vorbild. Zunächst finden sie nur einmal im Jahr innerhalb des Zyklus der Liebhaberkonzerte statt, und zwar in der vorösterlichen Fastenzeit als Nachfolger der früheren kirchlichen Passionsaufführungen. Johann Peter Weimar, langjähriger Leiter des Erfurter Konzertes (vgl. S. 83), berichtet (Bossler 1788, Sp. 188): »Ich gab ehedem hier alle Jahr von 1764 bis 83 ein geistliches Konzert in der Fastenzeit, und war der erste, der solches unternahm. Mit welchen Schwierigkeiten ich anfangs zu kämpfen hatte, ehe ich dieses bewerkstelligen und mein Auditorium dazu stimmen konnte, das ausserhalb der Kirche sich nie zu dergleichen versammlet hatte, gehört nicht hier her. Genug ich ließ mich nichts schreken und sezte es zur Emporbringung eines bessern Gesanges und mehrerer Ausbreitung und Verfeinerung der Musik überhaupt und der hiesigen Ausüber insbesondere unverdrossen, oft mit Schaden, durch, bis es gelang. Dieses Unternehmen gab Anlaß, daß ich alsdann, in Kompagnie des Billiardhalters Herrn Hofmanns, eines unternehmenden und fürtreflichen Mannes, ein öffentliches Konzert auf dem hiesigen Rathskeller etabliren und 13 Jahre fortsezen konnte.«

Vom Oratorium »La passione« von Paesiello, das im Rahmen des üblichen Kasseler Liebhaberkonzerts am Karfreitag 1789 aufgeführt wird (Bossler II, Sp. 190f), heißt es:

»Der Konzertsaal war bei dieser Gelegenheit mit einer schwarzen reich mit Silber gestikten Draperie geziert, und mit einer ungewöhnlichen Menge Kerzen erleuchtet, sämtliche Musiker, und der gröste Theil der Zuhörer waren schwarz gekleidet, welches alles den feierlichen Eindruk der Musik noch erhöhte.«

Solche geistlichen Konzerte, oft auch – pars pro toto – »Oratorium« genannt, lassen viele vokale geistliche Stücke aufeinander folgen (Preußner, S. 69, für Hannover 1790) oder bestehen tatsächlich aus einem Oratorium, wie es lange Jahre bei den »Academien« der Wiener Tonkünstler-Sozietät ab 1772 der Fall ist, allerdings in der Anfangszeit noch von Instrumental-Stücken unterbrochen! (Programme bei E. Hanslick, Gesch. d. Concert-Wesens in Wien, Wien 1869, S. 30ff) Wenn sie aber nicht als Fastenkonzerte, sondern als Zyklen geplant werden, so haben sie entweder eine gemischte Programmfolge wie in Reichardts Konzerten oder auch einen Wechsel von Oratorium und Mischkonzert, wie ihn Forkel 1779 vorschlägt (vgl. S. 140ff).

Interessant ist, daß sich in diesen »Concerts spirituels« nicht nur das sekularisierende Element der bürgerlichen Aufklärung deutlich macht, sondern auch eine konservative ästhetische Wendung gegen das Emporwachsen der Instrumentalmusik: Die wortgebundene Musik geistlicher Prägung, also eine Musik mit klar definiertem, moralischem Inhalt, soll ein Bollwerk gegen das unkontrollierbare Gefühlschaos der neuen Sinfonik bilden (vgl. S. 482). Von Reichardt und Forkel, den beiden wichtigsten Initiatoren geistlicher Konzerte in Deutschland, gibt es programmatische Äußerungen zu diesem Problem (S. 483ff).

Jedoch gibt es – allerdings selten – den Programmtyp mit stärker betonten, auch in den Rahmenteilen auftretenden Vokalwerken auch im normalen Liebhaberkonzert außerhalb der Fastenzeit, so 1768 in Nürnberg mit Anfangssinfonie und Schlußsingspiel (Schwab, S. 62f) oder 1786 in Würzburg (Cramer II/2, S. 951ff), wo auch am Schluß das Vokalstück erscheint. Ein interessanter Bericht!

»Das Conzert nahm also seinen Anfang mit einer neuen Synfonie von Mozart in D, die mir um so willkommener war, weil ich schon lange begierig gewesen, sie zu hören. Hr. Kammermusikus Lehritter, ein Stiefbruder des Abbé Sterkel, führte das Orchester, welches ohngefähr aus fünf bis sechs und vierzig meist jungen Künstlern bestand, mit so viel Feuer und Tüchtigkeit an, daß ich voll Verwunderung da stand. Alles hing so Schlag auf Schlag an einander; Tempo, Execution, Forte, Piano und Crescendo war im äußersten Punct der Vollkommenheit, und ich hätte nichts zu wünschen übrig gehabt, wenn Sie bey mir gewesen wären. Die Synfonie von Mozart selbst, halte ich für ein Meisterstück der Harmonie, und Sie werden mir darinn sicher beypflichten, wenn sie selbe von dem Orchester des Hrn. Lehritter, nicht aber von dem, des Hrn. Schmitt, am Hof aufführen höreten. Ich würde Ihnen gern das ganze Orchester des Liebhaber-concerts beschreiben, wenn ich nicht zu weitläufig werden müßte. Doch muß ich Ihnen noch dieses davon sagen, daß Herr von Kerpen, Domcapitular in Würzburg, die Protection des Concerts ausmacht; und im Orchester selbst das Violoncell mitspielt, welches nothwendig diese Künstler mehr anfeuert. Hr. Hizelberger, den ich am Hof, ohne daß ich viel Rühmens davon machen könnte, die Violin spielen hörte, war hier am Violoncell, und leistete wirklich sehr guten Dienst. Mad. Hizelberger, geborne Renckinn, sang eine Arie von Misliwezeck, nicht nach meinem Geschmack; denn Sie wissen wohl, wie wenig ich das Quinkliren in den hohen transcendentellen Tönen liebe, wovon diese Arie lange Passagen hatte. Madame Hizelberger mag indeß in dieser Art zu singen recht brav seyn; das Publikum war damit zufrieden. Nun folgte eine Concertante von Stamiz für Oboe und Basson [Fagott]; beyde Künstler, Herr Fischer und Hr. Braun gefielen mir sehr wohl, jedoch versprach mir letzterer auf dem Basson mehr, als erstrer auf der Oboe. Das Schwatzen und die Unruhe des Publikums, ohngeachtet der Gegenwart des Fürsten, betäubten mich aber so sehr, daß ich keine wahre Aufmerksamkeit behalten konnte. Nach diesem kam eine Jagdsynfonie von Stamiz, schon alt; die Execution des Orchesters machte mir aber doch viel Vergnügen. Jetzt ging der Fürst weg; und das Lärmen fing erst recht an, so daß ich wirklich mir viel Gewalt anthat, es abzuharren, und dieses nur, um Madame Steffani in einem Quartett von Sarti aus der Oper:»Fra Due Litiganti il terzo Gode« [Wenn zwei sich streiten, freut sich der dritte], das man mit einer deutschen Uebersetzung gab, noch einmal zu hören. Die Musik war schön und launigt; Madame Steffani zeigte darin, daß sie auch im Comischen ihre Figur machen könnte. Obgleich Alles ohne Action des Körpers gesungen ward, so bewies doch ihre Stimme und Miene, wie sehr sie den wahren Ausdruck der Musik fühlte. Da das Stück dem Gaumen des Publikums behagte; so ward es wiederholt, und zum zweitenmal mit ungemeinem Beyfall aufgenommen.«

Ein revolutionärer Vorschlag zum Schluß!

J. J. H. R., »Über Musik; an Flötenliebhaber insonderheit.«

»Zum Beschlusse setze ich ein paar Paradoxen her, die aber sicherlich gut gegründet sind. Man sucht gewöhnlich in den musikalischen Akademien und Concerten alle Wiederholungen sorgfältig zu vermeiden, und wenn ja ein berühmtes Stücke von Händel, oder so einem grossen Namen, noch einmahl verlangt wird, die zweyte Aufführung der ersten nicht zu nahe zu bringen. Das heißt, mit Erlaubniß aller Herren Directoren! seinen Vortheil schlecht verstanden! In einem Auditorio ist unter 50 nicht Einer, der im Stande wäre, ein Stück das erste mahl zu fassen, mithin Gefallen und Unterhaltung daran zu finden; und weil man das nicht fand, so fing man an zu plaudern, oder gar Quadrille zu spielen. Man versuche es, auf mein Wort! wenn man Herz hat, und bringe ins zweyte dritte Concert dieselbigen Sachen hintereinander, und man wird, ich wette, finden, daß mit dem zweyten, drittenmahle die Aufmerksamkeit sehr gestiegen ist, und endlich deutliche Spuhren des Vergnügens auf solchen Gesichtern sitzen, die nie dergleichen gezeigt hatten. Daß ich hier kein Auge auf die Spieler habe, noch von Wiederholungen der Richtigkeit der Execution halber, oder sogenannten Proben, spreche, sieht jeder; gern würde ich diese eben so dringend, und als unumgänglich nöthig zur wahren Execution eines Stücks, empfehlen, wenn solches nicht schon unzählige mal vergebens von andern geschehen wäre.« (Cramer I/1, 1783, S. 731 ff)

Über die Entwicklung historischer Musikprogramme vgl. S. 163 f.

Besetzung des Orchesters

(Für genauere Angaben empfehle ich Georg Schünemann, Geschichte des Dirigierens, 1913; Ottmar Schreiber, Orchester- und Orchesterpraxis in Deutschland zwischen 1780 und 1850, Berlin 1930; sowie den ausgezeichneten Artikel ›Orchester‹ von Heinz Becker in MGG, in dem sehr gute Tabellen zur Besetzungsstärke durch verschiedene Zeiten stehen.)

Im 18. Jahrhundert gab es noch kaum – wie es heute der Fall ist – Orchester mit einer normierten Besetzung und einer Mindestzahl von Spielern, die die Aufführung großer Sinfonien oder das Mitspielen bei Opern und Oratorien grundsätzlich möglich gemacht hätten. Denn es gab erst Ansätze zur Normierung der Gattungen und der Gattungsbesetzungen (vgl. S. 412 ff), so daß man sich auf viele neue Stücke von der Besetzung her neu einrichten mußte.

Die Besetzung der Liebhaberorchester ergab sich aus der Anzahl der Bürger, die bestimmte Instrumente beherrschten und Lust und Zeit zum Mitspielen hatten, sowie aus den finanziellen Möglichkeiten der Konzertunternehmen, zusätzlich noch notwendige Berufsmusiker einzustellen. Daher konnte die Programmgestaltung von Saison zu Saison je nach dem Stand der Musiker wechseln. Da deren Hauptberuf meist nicht die Musik war, war die Fluktuation auf Grund familien- und berufsbedingter Zeitprobleme oder Fortzüge oft groß; und beim Tod oder beim Wegzug der wenigen Professionellen konnte oft auch nicht sehr leicht Ersatz beschafft werden. Für diesen Problembereich zwei Zeugnisse, zunächst vom Konzert in Halle 1784 (Cramer II/1, S. 699 ff), dann aus Hadersleben im dänischen Nordschleswig 1782 (Cramer I/1, S. 185 ff).

»Freylich würde manchmal das Ganze noch mehr Würkung thun, und die Aufführung großer Stücke mit weniger Schwierigkeiten verbunden seyn, wenn nicht bey jedem halben Jahre – wie das, wegen der mitspielenden Studierenden nicht zu vermeiden ist –

neue Mitglieder hinzukämen, die sich erst einspielen müssen, und wenigstens eine Zeitlang die Stelle der Abgegangenen nicht gleich ersetzen. Indessen ist dieses ein Umstand, der sich nicht abändern läßt, weil die Anzahl der eigentlichen Musiker von Profession, zur Besetzung einer vollständigen Music entweder zu klein ist, oder aus andern Ursachen nicht zusammengebracht werden kann.«

»Fast jeden Winter haben wir hier ein öffentliches Concert gehabt. Seit einigen Jahren hat man sich aber mit Privatmusiken zu vergnügen gesucht, bis endlich im vorigen Winter durch die Bemühung des Herrn Rittmeisters Bras wieder ein Concert zu Stande kam, und auch diesen Winter zu Stande gekommen ist. Die Einrichtung des vorigen war ungefähr diese: 1) eine Sinfonie; 2) eine italienische Arie, oder auch manchmal eine deutsche; 3) ein Flügelconcert; 4) ein Violoncell- oder Violinconcert; 5) ein Flötenconcert 6) ein Quatro; 7) ein Trio oder Quintett; 8) eine Sinfonie. Ungeachtet hier, wie in allen hiesigen Städten Mangel an Sängern, besonders an Discantisten und Altisten ist, war doch der Musicdirector Sauppe im Stande 1) Die Freude der Hirten über die Geburt Jesu von Türk; 2) eine Neujahrscantate, von eben diesem; 3) eine Cantate auf des Königs Geburtstag, und endlich 4) [C. P. E.] Bachs Israeliten, aufzuführen. Auch wurde Pergolesis Stabat Mater und Herrn Professor Sporons dänische Parodie von dem Herrn Kammerherrn v. Krog, und dem Herrn Lieutenant v. Daue gesungen. Betrachtet man unser Concert auf der rechten Seite, daß es nemlich mehr aus Liebhabern, als Musikern von Profeßion besteht, so muß man gestehen, daß es nicht unter die schlechtesten gehört. Wenigstens hat der Verfasser dieser Nachricht in grössern Städten Deutschlands schlechteren Concerten beygewohnt. Wir haben diesen Sommer zweeen von unsern Virtuosen verlohren, nehmlich der Flötenist Bock ist gestorben, und der Violoncellist Lorenzen von hier weggereiset, weil er seine Verbesserung fand. Beyde waren auf ihren Instrumenten angenehm, besonders der letzte auf der Baßgeige. Weil nun diese beyden weg sind, hat diesen Winter in der Ordnung eine Aenderung vorgenommen werden müssen. Es werden gemeiniglich aufgeführt: zwey Sinfonien; zwey Flügelconcerte, bisweilen eine Sonate mit vier Händen, oder auch auf 2 Flügeln (diese wollen nicht recht gefallen, und der Verfasser dieser Nachricht muß gestehen, daß dergleichen Sachen auf Clavieren und Fortepiano's sich besser, als auf Flügeln ausnehmen); zwey italienische Arien; ein Violinconcert oder Quintett; ein Trio.« (Flügel = Cembalo, Clavier = Clavichord, Fortepiano = Hammerklavier, also der Urtyp unseres heutigen »Klaviers«)

Eine Möglichkeit hatten die bürgerlichen Musiker, um sich gegen solche Einbrüche, so gut es ging, zu wappnen, eine Möglichkeit, die es im modernen, nur von Hochleistungsspezialisten besetzten Sinfonieorchester nicht mehr gibt: Viele spielten mehrere Instrumente und machten dadurch die Besetzung flexibel. Als Beispiel für viele kann ein Stück aus der Fortsetzung des Haderslebener Berichts gelten. Über eine der Konzertsängerinnen heißt es:

»Daß sie aber auch mit eben so großer Fertigkeit den Flügel spielt, dienet zum Beweis, daß sie nicht nur jeden Concerttag, ein Concert spielt, sondern auch die zwote Person ist, wenn eine Sonate mit 4 Händen. oder auf 2 Flügeln aufgeführt wird.«

Ebenso war es – soweit möglich – das Prinzip im bürgerlichen Laienkonzert, daß die Mitglieder sowohl solistische als auch begleitende Aufgaben übernehmen konnten. Reichardt (S. 79 f) belächelte zwar dieses Prinzip, aber sowohl der Besetzungsvielfalt als auch einer Atmosphäre der Gleichberechti-

gung zwischen den Spielern wird dieses Verfahren sicher gedient haben. Von
Greifswald 1786 wird dergleichen berichtet (Cramer II/2, S. 969 f). Mit ripi-
eno (füllend) werden die Begleit-, mit obligato (notwendig) die Solostimmen
bezeichnet:

> »Freylich sind diese Dilettanten nicht alle von einerley Werth; aber doch durchgängig
> fast brave Ripienisten. Insonderheit führt der Kaufmann, Hr. Brunstein, der außer der
> Violin auch noch den Flügel, die Bratsche, das Violoncell und den Fagott spielt, sein
> Orchester mit ersinnlichster Aufmerksamkeit und Exactitüde an. Auch executiren
> sowohl er, als die Herren: Quistorp, Fischer, Dittmer, Rehfeld, Willich, nebst den
> gesammten Flügelspielern, sehr gut, zugleich obligate Sachen.«

Aus dem Bericht geht an einer anderen Stelle hervor, daß das Orchester gut
zwanzig Mitglieder stark war. Ähnliche Größen hatten auch die anderen
Liebhaberorchester der Zeit, vor allem in den kleinen und mittleren Städten
(in Oldenburg 18–20 im Jahre 1783; Cramer I/1, S. 729) oder in der Frühzeit
(Leipzig 1746 mit ca. 15 Spielern, vgl. Dörffel, S. 6, nach einem zeitgenössischen Aufstellungsplan des Orchesters). Gegen Ende des Jahrhunderts
erhöhte sich aber die Zahl der Mitwirkenden allgemein. Das Würzburger
Liebhaberkonzert 1786 bestand aus »fünf bis sechs und vierzig meist jungen
Künstlern« (Cramer II/2, S. 953), und das Mannheimer Liebhaberorchester
hatte um 1780 36 spielende Mitglieder, darunter 14 erste und zweite Geigen
(Walter 1929, S. 14), was damals als sehr große Besetzung angesehen wurde,
wie der folgende Satz über das öffentliche Konzert 1784 in Halle zeigt
(Cramer II/1, S. 669 ff): »Das Orchester ist ziemlich stark besetzt. Gemeiniglich stehen ihrer sechse bey der ersten Violine; fünfe bey der zweiten, und
so verhältnismäßig weiter.« Es werden etwa 30 Musiker gewesen sein. Das
Leipziger Große Konzert hatte 1765–68 33 Orchestermitglieder, darunter je 8
erste und zweite Geigen, 1771 27 Orchestermitglieder und 5 Sänger(innen)
(Dörffel, S. 9 ff), und das Kasseler Liebhaberkonzert von 1789 (Bossler II, Sp.
374 f)

> »bestehet mit Inbegriff einiger vorzüglicher Dilettanten aus: 12 Violinisten, 4 Brat-
> schisten, 4 Violoncellisten, 2 Kontrabaßisten, 2 Fagottisten, 2 Hoboisten, 2 Flötisten, 2
> Klarinettisten, 4 Waldhornisten, 2 Trompeter und 1 Pauker. [Folgt Namensliste der
> Solospieler darunter pro Instrument] Das Fortepiano ist den Damen ausschliesslich
> vorbehalten. [Folgen die Namen, auch der Sänger und Sängerinnen] Die ersten Stellen
> im Gesang behaupten aber unstreitig die beiden Fräulein d'Aubigny, welche, obgleich
> Dilettantinnen, das Talent würklicher Künstlerinnen besizen, und jedesmal mit neuem
> Beifall gehört werden. Die ältere singt Sopran, die jüngere Contralt . . .«

Mit solchen Orchestergrößen von 40 bis 50 Spielern rechneten Haydn und
Mozart bei ihren späten und rechnete Beethoven bei seinen frühen Sinfonien.
Diese Orchesterstärke wurde auch von den üblichen Hofkapellen nicht übertroffen, und selten, bei besonderen Anlässen wie Feiern oder zu anderen
repräsentativen Anlässen, wurde sie bis zur heutigen Sinfonieorchesterstärke

von gut 100 Spielern oder gar darüber hinaus gesteigert. Außergewöhnliche Großbesetzung stand man traditionell nur Opern und Oratorien zu. Bei einer Ehrung für Philipp Emanuel Bach durch ein Oratorium spielte 1788 ein 86köpfiges Orchester (vgl. S. 361), und beim Londoner Händel-Gedächtnis-Fest 1784 wirkten 251 Orchestermitglieder mit, und der Chor erhöhte die Gesamtzahl auf viele hundert! (Vgl. S. 366)

Sinfonien waren noch nicht die repräsentative Hauptgattung wie heute. Sie entwickelten sich gerade dazu, und in vielen Köpfen rechneten sie noch zur Kammermusik, also solcher Musik, wie sie in der fürstlichen Kammer aufführbar war, Typus Brandenburgische Konzerte. So heißt es 1783, als Mozart die Linzer Sinfonie schrieb, in dem ausgezeichneten, z. T. schon zitierten Aufsatz »Über Musik; an Flötenliebhaber insonderheit« (Cramer I/1, S. 731 ff) von einem anonymen Autor, gerade nachdem er das zu schnelle Durchhasten durchs Konzertprogramm kritisiert hat (vgl. S. 115 f):

»Ein zweiter Umstand ist mir nicht weniger als jene Neomanie in Concerten anstössig gewesen; ob ich gleich wohl einsehe, daß es den Directoren nicht so leicht seyn möchte, ihm abzuhelfen. Man besetzt seine Stimmen zu dreissigen und vierzigen, freuet sich über sein ansehnliches Orchester, und verdirbt sich und dem Saale die Ohren durchs ansehnliche Orchester. Vor nicht gar langer Zeit war ich noch in einem solchen Concerte. Die Spieler waren sehr gut, und bestanden größtentheils aus der Capelle eines grossen Fürsten; der Saal war auch sehr gut, und so groß als vielleicht ein Saal seyn kann; die Stücke die gemacht wurden, auch sehr gut; und doch entstand aus alle dem Guten nichts Gutes. Ich hatte meinen Platz etwa 16 Schritt vom Orchester an der einen Wand, war also dem einen Flügel der spielenden Armee, die ohnedem über mehrerm Terrein als vielleicht nöthig gewesen wäre, zumal in der Breite, sich extendirt hatte, um ein beträchtliches näher als dem rechten Flügel, mußte es daher geschehen lassen, daß jeder Ton von diesem entferntern um ¼ oder ½ Secunde mir später zu Ohren kam als von jenem. Es war eine Doppeltönigkeit und Schwanken, das kaum auszuhalten war. In einer treflichen Symphonie von Ch. Stamitz [Karl] bemerkte ich noch eine andre Unförmlichkeit. Die beyden Oboen, die, natürlich, einfach besetzt waren, hatten kleine Duetten-Solo, unterdeß die andern Stimmen größtentheils pausirten; zum Erbarmen wars, wie die armen Oboen, gleich einem furchtsamen Meischen bey schwerem Donnerwetter, gegen das heftige Getöse der vielen lärmenden Instrumente abstachen. Mit einem Worte, man braucht nur in ein solches Concert zu gehen, um sich zu überzeugen; daß für Kammermusic eine so starke Besetzung nicht ist, und daß Pauken und Trompeten sich besser vor einem Cavallerieregimente schicken, als hinter den Flügel. Zu großen Singstücken in der Kirche habe ich nichts dagegen, wenn allenfalls die Besetzung noch so stark ist; die längern Noten, und weniger geschwinde Bewegung, das hohe Gewölbe des Gebäudes alles dieses trägt dazu bey, daß kein Chaos entstehe. Im Saale aber sollten gewöhnlich 8stimmige Symphonien höchstens nicht mehr als mit 17 Mann besetzt sein; was darüber ist, das ist vom Uebel; und schon diese 17 müssen bescheiden sein, wenn sie nicht noch stärker reducirt seyn wollen. ›Aber für eine so große Gesellschaft, ein so grosses Auditorium ist dergleichen Orchester zu klein! es passet nicht zusammen!‹ Freylich paßt es nicht, aber nicht ist das Orchester zu klein, sondern die Gesellschaft zu groß. Es ist nun einmal die Natur der Sache, daß zu viele Menschen auf einmal zugleich nicht Antheil an dieser Art Vergnügen nehmen können. Warum theilt man sich nicht? Kann man nicht so viel öfter zusammenkommen? Bey

einer guten Einrichtung würde die ganze Masse der Kosten dadurch nicht vermehrt
werden, die Summe des Vergnügens aber für Hörer und Spieler gar sehr.«

Nur 17 Musiker sollen Mozarts Linzer Sinfonie spielen! Unmöglich wäre es
nicht: Je einer an Kontrabaß, Cello und Pauken, je 2 an Oboen, Fagotten,
Hörner, Trompeten, Bratsche, 2. und 1. Geige, das sind 17 Leute. Sicher, statt
fast 20 1. Geigen nur 2 …! Aber die Sinfonie ist eben nicht acht-, sondern
vierzehnstimmig, noch dazu mit Pauken und Trompeten, nicht nach dem
Geschmack des Schreibers!

Das letzte Argument des Autors sollte man nicht einfach mit dem Hinweis
abtun, er sei eben ein bißchen altmodisch, undemokratisch gewesen und es
habe damals eben noch keine Konzertsäle gegeben, die groß genug gewesen
seien, um diese unzuträgliche Nähe zwischen Orchester und Hörer zu vermeiden. Der Autor meint doch, daß »diese Art Vergnügungen«, nämlich der
Umgang mit so differenzierter und spezialisierter Musik wie den Sinfonien,
keine Massenkultur sei; nur kleine Hörerzahlen gewährleisteten ein konzen-
triertes Eingehen auf die Feinheiten dieser »Kammermusik«. Nicht ausgesprochen hat der Autor, daß er diese Art von Musik für Kennermusik hält, an der
ein großer, zusammengewürfelter Hörerhaufen kein angemessenes Vergnügen
haben könne. Ahnt er schon, daß in späterer Zeit, als Komponisten wie
Beethoven die Sinfonien wie selbstverständlich für großes Orchester und
großes Publikum bestimmten, jener bis heute unerträgliche Zustand eintrat,
daß das Publikum in rivalisierende Gruppen von feinsinnigen, die Einzelheiten
analysierenden Kennern und von bewegten, an der Klangoberfläche ver-
harrenden Laien auseinander klaffte? Können sich die großen Hörermassen in
den großen Sälen mit den Sinfonien noch auseinandersetzen, oder werden sie
ihnen nur noch vorgeführt?

   »Wenn lärmende Paucken eine wesentliche Eigenschafft eines wohl eingerichteten Concerts wären, die man aber an keinem größeren Orte gefunden
hat, so würden ihnen [den Orchestermitgliedern] nur diese noch fehlen, man
will aber rühren, ergötzen, und nicht betäuben …«, schreibt ein Korrespondent 1767 über das neu eingerichtete Konzert in Nordhausen (Hiller II,
S. 163). Auch ihn stört die Vorstellung der zu großen Lautstärke im bürgerlichen Konzert. Es soll ein intimes Ereignis sein, eine stille Unterhaltung, kein
lautes Schaugepränge. Wollten die großen Sinfonien der späteren Zeit »betäuben«?

   Die alte Einteilung in die große, prächtige Renommiermusik mit Pauken
und Trompeten und die stille, feine Kammermusik wurde gegen Ende des
Jahrhunderts zerbrochen. Im Konzertsaal fand die laute, prächtige Feier mit
der neuen Instrumentalmusik statt, auch wenn das den Bürgern des alten
Schlages »betäubend«, »lärmend«, »chaotisch«, un-»bescheiden« vorkam –
um den Wortschatz der beiden kritischen Stellungnahmen zu benutzen.

Zeiten und Äußeres

1736 heißt es über die »beyden öffentlichen Musikalischen Concerten, oder Zusammenkünffte, so hier wöchentlich gehalten werden«, nämlich in Leipzig, folgendermaßen (Mizler, Neu eröffente musikalische Bibliothek, I, 36; vgl. Dörffel, S. 3):

»Eines dirigiert der Hochfürstl. Weissenfelsische Capell-Meister und Musik-Direcktor in der Thomas und Nikels-Kirche allhier, Herr Johann Sebastian Bach, und wird ausser der Messe alle Wochen einmahl, auf dem Zimmermannischen Caffe-Hauß in der Cather-Strasse Freytags Abends von 8 biß 10 Uhr, in der Messe aber die Woche zweymahl, Dienstags und Freytags zu eben der Zeit gehalten. Das andere dirigirt Herr Johann Gottlieb Görner, Musik-Direcktor in der Pauliner Kirche, und Organist in der Thomas Kirche. Es wird gleichfals alle Wochen einmahl auf dem Schellhaferischen Saal in der Closter-Gasse, Donnerstags Abends von 8 biß 10 Uhr, in der Messe aber die Woche zweymahl, nemlich Montags und Donnerstags, um eben diese Zeit gehalten.
Die Glieder, so diese Musikalischen Concerten ausmachen, bestehen mehrentheils aus den allhier Herrn Studirenden, und sind immer gute Musici unter ihnen, so daß öffters, wie bekandt, nach der Zeit berühmte Virtuosen aus ihnen erwachsen. Es ist jedem Musico vergönnet, sich in diesen Musikalischen Concerten öffentlich hören zu lassen, und sind auch mehrentheils viele Zuhörer vorhanden, die den Werth eines geschickten Musici zu beurtheilen wissen.«

Es waren die beiden von Telemann 1702 und Fasch 1708 gegründeten Collegia musica. Sie traten in Kaffee- und Gasthäusern auf. Deren Besitzer waren also Leipzigs erste Konzertunternehmer, die natürlich daran interessiert waren, für den großen Besucherstrom der Leipziger Handelsmesse ein entsprechend größeres Musikangebot bereitzustellen, und deshalb die Anzahl der Konzerte verdoppelten. In der Zeit der Messe konnte man also in Leipzig wöchentlich viermal ins Konzert gehen, am Montag, Dienstag, Donnerstag und Freitag. Die Veranstalter sahen darauf, an unterschiedlichen Wochentagen ihre Konzerte abzuhalten und sich nicht gegenseitig das Publikum an gleichen Wochentagen wegzunehmen.

Mit der zunehmenden Einrichtung von wöchentlichen Konzerten in der ersten und vor allem dann der zweiten Jahrhunderthälfte kam es in den größeren Städten zur Kumulation von solchen öffentlichen Musikveranstaltungen.

Nachdem 1743 in Leipzig von Bürgern das »Große Konzert« eingerichtet worden war (»unter Direction der Herren Kaufleute und anderer Personen«, vgl. Dörffel, S. 4), das donnerstags von 5 bis 8 Uhr stattfand, gab es also drei öffentliche Konzerte in der Stadt. Das alte Telemannsche Konzert fand sommers im Garten des Wirtes Enoch Richter statt (mittwochs, 4 bis 6 Uhr), winters in seinem »Coffee-Hause« (freitags, abends 8-10 Uhr). Das alte Fasch-Konzert fand immer am Donnerstag von 8 bis 10 Uhr »im Schellhafferischen Hause auf der Closter Gasse« statt, also am alten Ort; die »Herren Kaufleute« hatten sich also entschieden, diesem Konzert Konkurrenz zu machen, da sie ihr Konzert unmittelbar vor diese Zeit gelegt hatten. Nur ganz Musikhungrige werden um 17 Uhr aus dem »Großen Konzert« in das Gasthaus von Schellhafer gelaufen sein, um zwei Konzerte direkt nacheinander hören zu können (Daten nach »Ietzt lebendes und florirendes Leipzig«, 1746, S. 69; vgl. Dörffel, S. 4).

Im weiteren Verlauf des Jahrhunderts wurde es üblich, daß in den mittleren und größeren Städten zwei bis drei, wenn nicht mehr Konzerte in der Woche stattfanden, z.B. in Lübeck (1783; Dulon, S. 316: 3 »gewöhnliche Liebhaber-Concerte«) und Würzburg (1786; Cramer II/2, S. 951ff: halböffentliche »Akademie oder Kammermusik« bei Hof am Dienstag während des Karnevals, ebenfalls halböffentliches »Privatconcert« eines Musikliebhabers am Mittwoch, »Liebhaberconcert in einem Gasthofe« am Donnerstag, öffentlich). Ein Magdeburger berichtet 1782 stolz (Cramer I/1, S. 173):

»Sie irren sich, wenn Sie glauben, daß in Magdeburg wenig Musicliebhaberey herrsche; ich kann Sie des Gegentheils versichern. Fast alle Tage sind hier noch außer den öffentlichen, die Freytags und Sonnabends gehalten werden, fast alle Tage Concerte. So geben z. E. die beyden Herrn Generale bey ihren Winterassembleen welche, die Freymäurer im Winter, des Montags, desgleichen, u. s. w.«

In Bremen und Berlin gab es Probleme bei der Benennung der vielen Konzerte, und die Berichte darüber lassen auch ahnen, welche Schwierigkeiten es manchmal bei der zeitlichen Abstimmung der verschiedenen Unternehmungen im Wochenablauf gegeben haben wird.

In Bremen gab es nach einem Bericht von 1790 (Bossler III, Sp. 131 ff) vier Konzerte: Das »öffentliche Konzert, welches man jetzt ein Kinderkonzert nennt«, war offenbar das älteste (ein »öffentliches Winter-Concert« gab es schon um 1750; vgl. Klaus Blum, Musikfreunde und Musici. Musikleben in Bremen seit der Aufklärung, Tutzing 1975, S. 20 ff) und fand am Freitag im Börsensaal statt. Alle drei anderen Konzerte waren mehr halböffentlich bzw. ganz privat und geschlossen: Eines, »welches aber nur aus Mannspersonen besteht, ... verdient den Namen eines Privatkonzerts« und fand dienstags statt, eines »unter dem Namen eines Privatkonzerts« existierte seit 5 Jahren und fand mittwochs statt, schließlich noch das »Uebungskonzert« des Erziehungsinstituts von Magister Müller, wo Schüler vor einem der Schule nahestehenden Kreise spielten.

Und warum hieß das öffentliche Konzert Kinderkonzert?

Klaus Blum hat einmal zusammengestellt, was es im Jahre 1791 in Bremen im Laufe der Woche im Winterhalbjahr für kulturelle Abendunterhaltungen gab (a.a.O., S. 44; von mir ergänzt).

Montags	Knigges Gesellschaftstheater
Dienstags	Hesses Liebhaberkonzert auf der Domschule
Mittwochs	Dr. Schuttes Privatkonzert, alternierend mit Dr. Müllers Übungskonzert
Donnerstags	–
Freitags	Öffentliches Winterkonzert im Börsensaal
Samstags	Alternierend Hauskonzerte bei v. Knigge und Dr. Iken und evtl. auch in den Häusern von Frauen, die öffentliche Konzerte 1790 boykottierten (vgl. hier S. 204 f)
Sonntags	Musik in den Gottesdiensten

Vom 22. 3. 1783 gibt es bei Cramer (I/1, S. 565 ff) eine »Nachricht von den öffentlichen Concerten in Berlin«.

»Berlin hat seit einigen Jahren drey öffentliche musicalische Concerte: 1) Freytags, das grosse Liebhaber-Concert im Corsicaschen Haus, unter der Direction des Herrn Ernst Benda und Herrn Bachmann; 2) Mittwochs, das Uebungs-Concert in der Stadt Paris, unter der Direction des Herrn Müller, und 3) Montags, das Freymäurer-Concert, unter der Direction ebengedachten Herrn Müller. Das erstere Concert führt seinen Namen von den Liebhabern der Music, welche sich den Musikern von Profession zugesellt haben, wiewohl in den beyden andern Concerten ebenfalls Musiker und Liebhaber,

sowohl in der Instrumental- als Vokalmusic, untermischt sind ... Alle drei Concerte
haben ihren anerkannten Werth. Diejenigen Concerte, welche von fremden durchreisenden Virtuosen gegeben werden, sind hierunter nicht begriffen; auch das Institut,
welches der Königl. Kapellmeister Herr Reichardt in gegenwärtigem Jahre unter dem
Namen Concert spiritul für die sechs Fastenwochen errichtet hat, und wir in unsern
Blättern nicht mit Stillschweigen übergehen können.« (Reichardts Konzerte fanden
1783 vom 18. 3. bis zum 15. 4. statt, vgl. S. 113, und zwar immer am Dienstag.)

Der Autor des Berichts muß selbst eingestehen, daß die Bezeichnungen der vier
Konzerte nur noch eine Unterscheidungsfunktion in Art von Marken-Namen
hatten, nicht aber einen inhaltlichen Aspekt wiedergaben. An allen Konzerten
spielten offenbar professionelle und Liebhabermusiker gemeinsam. Man kann
lediglich an Hand der Namen vermuten, daß aus der Reihe der öffentlichen
Konzerte, die es seit der Jahrhundertmitte in Berlin gab, das »Grosse Liebhaber-Concert« das älteste war, das 1783 noch existierte. Es war seit 1770 in der
oben angegebenen Form und unter gleicher Leitung aus den Hauskonzerten
des Hofkapellmeisters Johann Friedrich Agricola hervorgegangen (MGG, Art.
Berlin; auch Preußner, S. 32, nennt dies Konzert das älteste öffentliche Konzert in Berlin).
    Während die Fülle der wöchentlichen Konzerte in Städten wie Würzburg
oder Bremen für das große Publikum nicht voll nutzbar war, weil ein Teil der
Veranstaltungen der Allgemeinheit schwer oder gar nicht zugänglich war (vgl.
auch S. 101 f), konnte der Musikfreund in Magdeburg oder in Metropolen wie
Berlin und Leipzig in öffentlichen Konzerten nur so schwelgen.
    Seinen alten Neid gegenüber der kulturellen Fettlebe der Fürsten konnte er
vergessen. In dieser Hinsicht konnte er jetzt wie ein König leben. Und wenn er
seine wöchentlichen Musikerlebnisse im Konzert überdachte, konnte er inzwischen einen Bericht wie den folgenden von Charles Burney (1773 III,
S. 78 f) mit stolzer Gleichgültigkeit lesen:

»Der König residirt sehr selten zu Berlin, ausgenommen in der Carnavalszeit, welche
gemeiniglich in der Mitte des Decembers ihren Anfang nimmt und sich mit den Januar
endigt.
    Wenn Se. Majestät mit dem Hofe nach Berlin kommt: so hat jeder Tag in der Woche,
der Sonnabend, als ein Ruhetag ausgenommen, seine bestimmte Lustbarkeit, nach
folgender Ordnung.
    Sonntags ist großes Concert bey der Königinn. Montags Oper. Dienstags Redoute
oder Masquerade im Opernhause. Mittwochs französische Comödie, auf dem Hof-
theater. Donnerstags Courtag bey der verwittweten Prinzessinn und Freytags wieder
Oper.
    Ausser dieser Zeit hat der König seine gewöhnliche Residenz zu Sanssouci bey
Potsdam, woselbst sich immer eine gesetzte Anzahl von Hofmusik befindet, die sich alle
Monath nach der Reihe ablöset.«
    (Der Courtag war derjenige Tag, an dem dem Fürsten oder hier der Fürstin Aufwar-
tungen gemacht wurden, an dem sie Bittsteller, Ratsuchende, vor allem aber Besucher
und Gäste empfing.)

Wie die schon früher in Kap. I zitierten Konzertberichte vom Anfang des Jahrhunderts deutlich machen, gab es in der Frühzeit des öffentlichen Konzerts noch keine jahreszeitliche Eingrenzung des Konzertbetriebes, noch keine Saison im heutigen Sinne. Die Collegia musica oder die städtischen Konzerte wurden meist von Studenten, Stadtpfeifern, seltener noch mit bürgerlicher Beteiligung betrieben, also von Personen, die durchs ganze Jahr verfügbar waren und auch immer ein Interesse an einem kleinen Nebenverdienst hatten. Die Wirte der Bier- und Kaffeewirtschaften waren das ganze Jahr durch an Musik interessiert, auch im Sommer, wenn die schwitzenden Bürger angenehm unterhalten sein wollten. Als die Bürger Organisation und Musizieren in den öffentlichen Konzerten selbst übernahmen, richteten sie den Zeitraum ihrer öffentlichen Musikpraxis nach ihren Feierabendbedürfnissen. Im Sommer konnte es für sie nicht attraktiv sein, beim Musizieren zu schwitzen. Da stand ihr Sinn mehr nach Gartenfesten und Landpartien. Das gemeinsame Musizieren wurde auf den Winter verlegt. Im Mai 1747 z. B. wurde in Leipzig bekannt gemacht, daß ab jetzt das von Bürgern gegründete »Große Konzert« sommers nur mehr vierzehntägig stattfinde, winters dagegen wöchentlich (Dörffel, S. 7). Sommerkonzerte waren seltener (vgl. S. 98, 105).

Die öffentlichen, von Bürgern getragenen Konzerte, die seit etwa der Jahrhundertmitte eine allgemeine Erscheinung zu werden begannen, hießen Abonnements-Konzert oder Liebhaber-Konzert, meist aber – ihrem Saisoncharakter nach – »Winter-Konzert«.

Diese Konzerte fanden meist an den Arbeitstagen der Woche statt, und falls die ausgewerteten Nachrichten allgemeine Schlüsse zulassen, kann man annehmen, daß es einen Trend zu den mittleren Wochentagen gab. Bei einer Konzertvielfalt in einer Stadt waren dann natürlich so gut wie alle Arbeitstage besetzt, siehe Leipzig und Berlin. Seltener wurde das Wochenende gewählt. Samstags war Konzert in Göttingen (vgl. S. 151); der Sonntag war in Hamburg und sicherlich auch anderswo wegen der »Orthodoxie« als Konzerttag ungeeignet (Cramer I/1, S. 2f, Bericht von 1784), kam gelegentlich aber auch in Frage: »Vorigen Sonntag am 5ten dieses hat das hiesige Winter Concert wiederum seinen Anfang genommen«, heißt es in einem Bericht vom 10. Oktober 1783 aus Celle (Cramer I/2, S. 975).

Dieser Zeitpunkt um die Monatswende September/Oktober war meist der Beginn des Winterkonzerts. In Kassel 1789 fing das »gewöhnliche Winterkonzert« am 6. 10. an (Bossler II, S. 374). Aus Oldenburg 1783 und Göttingen 1780 wird Michaelis als Beginn angegeben, also Ende September, genauer gesagt der 29. (Cramer II/1, S. 729 und Forkel 1779, hier S. 151). Die letzten Konzerte waren dann im folgenden Frühjahr. In Göttingen 1780 wird Ostern als Grenze angegeben (Forkel a.a.O.). In Hamburg fand das letzte Konzert der von Westphal organisierten Reihe am 21. April statt (Cramer I/1, S. 585).

Wieviel Konzerte es in diesem Zeitraum jeweils gab, ist unterschiedlich. Von Michaelis bis etwa zum Monatswechsel März/April sind es sechs Monate, etwa 25 Wochen. Und tatsächlich gab es ab 1771 in Leipzig im Winterhalbjahr 24 Konzerte (Dörffel, S. 10), in Celle 1783 gar 26 Konzerte (Cramer I/2, S. 975). In dieser Zahl mögen allerdings auch einige Sonderkonzerte enthalten sein, die zwischen die regelmäßigen, wöchentlichen Daten fielen. Jedenfalls sind derart viele Konzerte sonst selten gegeben worden. Bei spätem Konzertbeginn Mitte Oktober und früh liegendem Osterfest, ferner unter Abrechnung von Weihnachts-/Neujahrspause und noch einem auf den Konzerttag fallenden Feiertag anderer Art ist man meist auf 18–20 Termine (Mannheim 1778; Walter, S. 12) oder 20 Termine gekommen (Zürich 1755; Schwab, S. 68). Vom Greifswalder Konzert 1786 heißt es sogar: »Es wird den Winter hindurch 15mal ... gehalten.« (Cramer II/2, S. 972)

Die Dauer der Konzerte und die Tageszeit ihres Stattfindens waren am Jahrhundertbeginn noch recht unterschiedlich: Uffenbach (Kap. I, S. 11 ff) berichtet von 1709 und 1712 von Konzerten, die bis 11 Uhr nachts oder mittags von 1 bis 3 Uhr dauerten. In Frankfurt 1723 heißt es: »umb puncto 4 Uhr wird der Anfang gemacht und precise abends um 8 Uhr damit jedesmal geschlossen werden.« (zit. bei G. Pinthus, Das Konzertleben in Deutschland, Baden-Baden 1977, S. 65) Später aber waren Stunde des Beginns und Dauer nicht mehr so unterschiedlich. Schon die Berichte der frühen Bürgerkonzerte aus Leipzig (vgl. S. 121 f) geben die späte Nachmittags- und Abendzeit und eine Dauer von etwa 2 Stunden an. Auch in späterer Zeit, in den 70er und 80er Jahren, ist es ähnlich, nur sind die Konzerte meist etwas länger: 6 bis halb 9, 5 bis 8, 7 bis 10, 5 bis 8, 6 bis 9, 5 bis halb 8 und ähnlich sind die Angaben aus verschiedenen Städten. Längere Dauer oder frühere Termine, etwa von 3 bis 7 oder 4 bis 6 Uhr gibt es nur in den privaten, exklusiven Gesellschaften, und kürzere Dauer von zwei Stunden, oft von 5 bis 7 Uhr wie in der Anfangszeit in Leipzig, wurden seltener und begründen sich offenbar dadurch, daß – wie in Hamburg, wo das Westphalsche Konzert um 6 Uhr begann und »volle 2 Stunden, und meistens etwas mehr« dauerte – das Programm »ohne abzubrechen oder Pause« fortging (Cramer I/1, S. 357 f). In den länger dauernden Konzerten gab es also offenbar eine ausgedehntere Pause, die vordem in der Zeit der Kaffeehaus- oder Kaffeegartenkonzerte nach Leipziger Muster noch nicht nötig war: Man hatte ja schon während der Musik genügend Möglichkeiten gehabt, sich zu entspannen, am Kaffeetisch zu reden, zu trinken und aufs Klo zu gehen. Die Einrichtung von Pausen wurde erst nötig, als im Konzert der stärkeren Konzentration des Publikums ausschließlich auf die Musik Vorschub geleistet werden sollte.

Äußeres

Kleine Liste über Konzertstätten, Saalausstattung sowie das Verhalten der Musiker.

Ausführliche Bemerkungen zu Verhalten und Platzzuweisungen des Publikums erfolgen im Abschnitt S. 140 ff.

Für diesen gesamten Bereich ist eine reiche, gut bebilderte und kommentierte Quelle das Buch von Schwab.

Bis in die Jahrhundertmitte finden viele öffentliche Konzerte in Wirtshaussälen und Kaffeehäusern statt, z. B. in Leipzig (vgl. S. 121 f).

1753	Die Quedlinburger Musikgesellschaft wird gegründet und führt ihre Konzerte bis 1784 (Cramer II/1, S. 728) nacheinander durch in einem gemieteten großen Zimmer, im Saal der Kaufmannsgilde im St. Annen-Hospital, schließlich im eigens dafür errichteten Saal im Ratskeller.
1764	Das Erfurter Konzert findet im Ratskeller statt (vgl. S. 114).
1765	Dittersdorf läßt laut Selbstbiographie (vgl. S. 46) für sein Wardeiner Orchester »lange Pulte und Bänke machen; denn ich führte die Wiener Methode ein, sitzend zu spielen, und rangierte dabei das Orchester dergestalt, daß jeder Spieler gegen die Zuhörer Front machte«.
	Aus Wien scheint auch das gleichartige Auf- und Abstreichen aller Streicher einer Stimme zu kommen, vgl. S. 422.
	Allerdings wandten sich viele Dirigenten im 18. Jahrhundert nicht dem Orchester, sondern den Zuhörern zu in Art des Tambourmajors, in der »Respect«-Haltung des Hofkonzerts. Schwab (S. 52) jedenfalls vermutet, das einer der Gründe dafür Ehrerbietung gegenüber hochgestellten Hörern gewesen sein könnte.
1767	Das Nordhauser Konzert hat die ganze erste Etage eines der schönsten Stadthäuser gemietet (vgl. S. 104).
1772	Die Wiener Tonkünstler-Sozietät wird eröffnet im ersten eigenen und speziell für den Konzertzweck erbauten Haus einer Musikgesellschaft im deutschsprachigen Bereich. Vorbild ist ein übliches Opernhaus (vgl. S. 98).
1775/77	Bau eines Mehrzwecktheaters in Mannheim, wo ab den 80er Jahren auch die Liebhaberkonzerte stattfinden. Es ist eine viereckige Säulenhalle mit einer ganz umlaufenden Galerie, auf der z. T. auch das Orchester spielt (Schwab, S. 66).
1776	Ins Leipziger Große Konzert kommt man durch einen dunklen Wirtshausgang in ein rohes Musikzimmer. Das Orchester spielt auf einem Holzgerüst (vgl. S. 79 f).
1781	Das Gewandhaus wird eigens für das Leipziger Große Konzert errichtet und reich ausgeschmückt (vgl. S. 164 f; Cramer I/1, S. 177 ff und II/1, S. 177 ff; Forkel A II, S. 152 f).
1784	Die Hamburger Virtuosenkonzerte, also Konzerte reisender Solisten, finden im Schauspielhaus statt, vordem fanden die Konzerte, die C. P. E. Bach, dann Ebeling durchführten, in der Handlungsakademie statt, »aber diese sind aufgegeben worden, indem man es nachtheilig für das Institut auslegte, daß es seine Eleves in feiner Gesellschaft und mit guter Music alle Woche ein paar Stunden unterhielt«. (Cramer II/1, S. 345 ff, S. 2 ff)

1786	Das Bamberger Liebhaber-Konzert findet in einem »sehr geräumigen, hübsch meublirten und beleuchteten Saal«, »in einem Gasthofe« statt, wobei das Orchester »einige Stufen erhöht« spielt. (Cramer II/2, S. 951 f)
1788	Einweihung des ovalen Konzertsaales der Gesellschaft Felix Meritis in Amsterdam mit hohem Orchesterpodest an einer Schmalseite (Schwab, S. 74).
1789	Saalausschmückung beim Karfreitagskonzert in Kassel (vgl. S. 114).
1790	Die verschiedenen Bremer Konzerte finden statt in der Domschule, im Börsensaal, im Erziehungsinstitut, in verschiedenen Privathäusern (vgl. S. 123).

Das Publikum

Kenner und Liebhaber

Christoph Martin Wieland, der berühmte Dichter, gab die Selbstbiographie des blinden Flötisten Dulon heraus (1807, S. 315). Dulon reiste in Sachen virtuoses Solokonzert durch die deutschen Lande. Er schreibt, vielmehr: hat Wieland in die Feder diktiert:

> »Ich hörte aber auch zugleich von jedem, daß es zu Rostock wenig
> Liebhaber der Kunst gäbe, daß es noch niemand geglückt wäre, und
> daß man es uns gar nicht anriethe, hier etwas anzufangen; indes-
> sen könnte ich, wenn es mir sonst gefällig wäre, mich heute
> im gewöhnlichen Liebhaber-Concert hören lassen.«

Dazu Wieland in einer Fußnote:

> »Ein etablirtes Liebhaber-Concert, und
> keine Liebhaber der Musik! Ich wünschte,
> daß Herr Dülon uns dieses Räthsel auf-
> gelöst hätte.«

Der kleine Schäker! Oder er war mit der Musikkultur seiner Zeit weniger vertraut als ich armer Tropf heutzutage? Ich hoffe, daß die Leser und Lese-rinnen nach den bisherigen Ausführungen Dulons Bemerkung sehr wohl verstehen, nach den folgenden vielleicht noch etwas besser.

Bei Lektüre der vorangegangenen Abschnitte sind schon hier und da Be-merkungen über Kenner und Liebhaber gefallen. Die aufmerksamen Lesenden werden daraus den Eindruck gewonnen haben, daß es sich dabei lediglich um Unterschiede handelt, die mit Berufsausübung oder zumindest aktivem Musi-zieren zu tun haben. Denn immer wieder gab es Synonymenpaare wie Ton-künstler und Liebhaber, Virtuose und Dilettant, Kenner und Nichtmusiker, Musiker und Amateur usw. (vgl. Sachregister und meinen Aufsatz *Kenner und Liebhaber* im Argument-Sonderband 103 *Kultur zwischen Bürgertum und*

Volk, hg. J. Held, Berlin 1983, S. 66 ff). Wenn das so einfach wäre, hätte man eine Insel der Ideologiefreiheit im Begriffsapparat des 18. Jahrhunderts vor sich und könnte mit dem Gedanken an das moderne Begriffspaar Profi und Laie zufrieden sein. Dann aber wäre unerklärlich, warum im 18. Jahrhundert so zäh um dieses Begriffspaar gerungen wurde, warum immer wieder neue Versuche gemacht wurden, Definitionen und Abgrenzungen zu finden.

Es ging nämlich um mehr als um Unterschiede von Berufstätigkeit bzw. Musizierkompetenz. Es ging um die Einschätzung der Publikumsgruppen, die von Komponisten und Konzertunternehmern (z. B. den Konzertgesellschaften) mit Musik beliefert und von den Musikschriftstellern belehrt und angewiesen wurden. In den Auseinandersetzungen über Kenner und Liebhaber spiegelt sich die Unsicherheit der Produzierenden, Organisierenden und Informierenden gegenüber der neuartigen Tatsache des anonymen Marktes. War bisher das Publikum am Hof oder in der Kirche halbwegs homogen gewesen, da es unter bestimmten Gesichtspunkten selektiert worden war, so hatte jetzt die neue Masse des Publikums nur ein Gemeinsames, nämlich das Interesse an Musik. Aber an welcher? Wie waren die Anteile von Kunst- und Unterhaltungsinteressen? Wer brachte wieviel Vorbildung mit, auf die man eingehen konnte oder gar sollte?

All diese kunst- und marktwirtschaftlichen Fragen stellten sich in der Frühzeit des Konzerts, als die Aufspaltung nach hoch und tief noch nicht erfolgt war wie im 19. Jahrhundert. Sie stellten sich bei jedem Schritt auf den Musikmarkt: Eine frühe Form der Marktforschung, in die sich aber auch die Musikerziehung einmischte.

Die große Mode war, es allen recht machen zu wollen, z. B. Konzerte »für Kenner und Liebhaber« zu organisieren (Berlin 1787 durch Rellstab, vgl. Schwab, S. 201) oder nach dem Vorbilde Carl Philipp Emanuel Bachs (vgl. S. 394 ff) Stücke »für Kenner und Liebhaber« zu schreiben und damit für jeden Anspruch etwas anzubieten. Aber das gelang nur wenigen. Haydn und C. P. E. Bach wurden für ihre Erfolge auf diesem Gebiet gelobt, aber auch ein heute Unbekannterer, der Lied- und Singspielkomponist Johann Rudolf Zumsteeg (1760–1802): »Er löste in seinen letzten Meisterarbeiten die schwere Aufgabe, dem Kenner und musikalischen Kritiker Genüge zu tun und doch auch das Gefühl des Nichtkenners, der als bloßer Freund der Harmonie nur einen ästhetischen Sinn mitbringt, durch den Zauber seiner Kunst zu ergötzen und zu rühren.« (Schlichtegroll, S. 109) Und Mozart schrieb über das Komponieren von Konzerten: »Hie und da – können auch Kenner allein satisfaction erhalten – doch so – daß die Nichtkenner damit zufrieden seyn können, ohne zu wissen warum.« (28. 12. 1782; Mozart B III, S. 245 f)

Es wird wohl deutlich, daß es neben dem Kriterium von Beruf und Musikpraxis ein anderes für die Unterscheidung von Kenner und Liebhaber gab, das wesentlich schwieriger zu bestimmen und zu konkretisieren war, aber für die

Zielgruppenfrage von Musikproduzierenden eminent wichtig war: das der Bildungshöhe, des Kunst- und Unterhaltungsanspruchs. Davon hing die Stilbestimmung und die Programmplanung ab! Und es ging auch um einen Erziehungsanspruch, eine menschliche Wertzumessung.

Forkel macht uns das deutlich (A IV, 1789, S. 36) in einer Rezension über »Stücke allerley Art für Kenner und Liebhaber des Claviers und Gesanges, von C. L. Becker«, Göttingen 1788:

> »Für Liebhaber sind diese Stücke recht gut, für Kenner aber möchten sie wohl nicht befriedigend seyn. Mehrere neuere Componisten haben sich, seit Bach seine Sonaten für Kenner und Liebhaber herausgegeben hat, der ähnlichen Aufschrift: *für Kenner* bedient, ohne vielleicht zu bedenken oder einzusehen, daß Bach etwas damit sagen wollte, was *er* nur leisten konnte, was folglich ein anderer, der den Kennern nicht eben solche ausgesuchte musikalische Seltenheiten liefern kann, eigentlich nicht nachsagen muß.«

Da geht es um guten Geschmack, begründetes Urteil, analytischen Scharfblick: Sie sind Sache der Kenner ebenso wie kontrapunktische Geheimnisse und die Künstlichkeit der Fuge. Zwar war mancher Zeitgenosse, vor allem wenn er auf seiten der weniger kunstverständigen Liebhaber-Massen stand – nach Vater Mozart waren im Publikum »100 ohnwissende gegen 10 wahre Kenner« (Brief an Wolfgang vom 11. 12. 1780) –, eher skeptisch gegenüber solch intellektueller Abgeschlossenheit: »Die Kunst ohne Naturell erlanget nur bei Kennern, als etwas Mühsames, ihren Wert.« (Telemann in Mattheson 1722, S. 360; weiter zu der Ablehnung von zu viel Kunst in Kap. III)

Wie aber im Extremfall die Liebhaber beurteilt wurden, wissen wir schon aus der Lebensbeschreibung über Justin Heinrich Knecht (vgl. S. 112f): Sie interessieren sich angeblich nicht für die erklingende Musik im Konzert. Sie sind »Leute, die nichts von der Musik verstehen« (Quantz 1752, Kap. 16, § 20), ja sogar »Pfuscher« (Burney 1772, S. 50).

In diesem Zusammenhang ist ein Urteil wie das folgende vergleichsweise angemessen und wohlmeinend: »Man ist Liebhaber, wenn man ein lebhaftes Gefühl für die Gegenstände hat, die die Kunst bearbeitet ... (Der Liebhaber) empfindet nur die Würkung der Kunst, indem er ein Wohlgefallen an ihren Werken hat, und nach dem Genuß derselben begierig ist.« (Sulzer 1771, Art. Liebhaber) Das heißt: Er ist gar nicht darauf aus, die Gründe für sein Wohlgefallen zu suchen, also die Kunstwerke daraufhin zu analysieren oder zu diskutieren. Er liebt das Einfache, Klare, Deutliche, ist also Hauptabnehmer der Idealmusik der frühbürgerlichen Massen: des »galanten Stils« (vgl. Kapitel III).

An diesem Punkt, der Weigerung der Liebhaber, ihr Vergnügen zu begründen und die Kunstwerke nach Geschmacksregeln zu beurteilen, setzte das Mißbehagen der aufklärerischen Musikerzieher an. Es fehlte nicht an Versuchen, die Kluft zu überwinden, natürlich immer in Richtung vom Liebhaber zum Kenner, nicht etwa anders herum.

Forkel z. B. legte »einen Plan einer musikalischen Theorie vor, durch welche
... der Liebhaber zu einem wahren und ächten Kenner ausgebildet werden
kann ... Wenn sich also der Musikfreund zu einem Kenner ausbilden will, der
im Stande ist, alle die mannigfaltigen Schönheiten der wahren Kunst zu
genießen, zu schätzen, und nach ihrem Range zu unterscheiden ... so muß er
sich ... mit ihrer Natur, mit ihrem eigenen innern Wesen, und mit den daher
abgeleiteten Grundsätzen und Vorschriften vertraut machen.« (Ueber die
Theorie der Musik, insofern sie Liebhabern und Kennern nothwendig und
nützlich ist, Göttingen 1777, S. 32, 9) Wie Forkel die Liebhaber emporliften
wollte, werden wir noch kennenlernen. Und es ist sicher, daß diese Art der
Ausbildung zu jenem Dünkel führte, der die bei Hiller kritisierten »schlecht
abgerichteten Papagoyen« erzeugte (S. 162f).

Es ist ein ohnmächtiger Versuch – Adornos würdig –, die angeblichen Fehler
und Sünden des »emotionalen Hörens« durch eine Erziehung zum Höheren
wieder gutzumachen, dem Strudel der Massenkultur durch den Sprung auf die
kleine Plattform der Bildung zu entgehen.

Wie anders da ein Praktiker wie Carl Philipp Emanuel Bach, als er in einem
Brief an seinen Freund Forkel, im gleichen Jahr wie Forkels »Theorie der
Musik« geschrieben (15. 10. 1777; Bitter, Wilhelm Friedemann und C. Ph. E.
Bach ... Bd. I, S. 348), die Ausbildung von Liebhabern nicht zu Kennern,
sondern zu bewußt hörenden Liebhabern vorschlug. Da ist kein Dünkel, keine
Überheblichkeit, sondern ein Arbeitsvorschlag, der heute noch gelten kann:

»Nach meiner Meynung NB [nota bene: wohl zu bemerken] um Liebhaber zu bilden, könnten viele Dinge wegbleiben, die mancher Musicus
nicht weiss, auch eben nothwendig nicht wissen darf. Das Vornehmste,
nehml. das analysiren fehlt. Man nehme von aller Art von musicalischen
Arbeiten wahrhafte Meisterstücke; zeige den Liebhabern das Schöne,
das Gewagte, das Neue darin; man zeige zugleich, wenn dieses alles
nicht wäre, wie unbedeutend das Stück sein würde; ferner weise man die
Fehler, die Fallbrücken die vermieden sind, und besonders in wie fern
einer vom Ordinairen abgeht und etwas wagen könne u. s. w.«

Bach wäre sicher der ideale Lehrer für jenen außergewöhnlichen Musikliebhaber von 1979 gewesen, der bei einem Interview nach einem Konzert mit
moderner Klaviermusik sagte:

»Eine kleine Erklärung darüber, wie es dazu gekommen ist, die Entwicklung solcher Art
von Musik, die einen interessiert. Und dann wäre man auch schon eher bereit gewesen,
mal ein bißchen Theorie darüber aufzunehmen. Wenn das Herz dabei ist, dann kommt

der Verstand hinterher und will auch mal wissen, warum ... wenn Dinge heute auf
mich zukommen, die ich nicht sofort aufnehme, die mir nervlich irgendwie – ich mach
das nur mit dem Gefühl – dann denk ich mir, hör sie dir noch einmal an und
irgendwann hast du es dann gepackt ... Musikalisch habe ich ein ziemlich weites
Spektrum, das soll auch nicht aufhören, ich will mich keiner Richtung verschließen.«
(W. Klüppelholz, Salome, Franz Liszt und Rex Gildo. Drei musikalische Biographien ..., Musik und Bildung 11/1980, S. 686 f)

Der alte Quantz hätte sich gefreut. Genau das, was der Interviewte äußert, hat
Quantz von einem guten Liebhaber erwartet (1752, Kap. XVIII, § 3–5):

»Man richtet sich selten nach seiner eigenen Empfindung; welches doch noch das
sicherste wäre: sondern man ist nur gleich begierig zu vernehmen, welcher von denen,
die da singen oder spielen, der stärkste sey; ...
die meisten Zuhörer übereilen sich leicht in der Beurtheilung, und lassen sich durch das,
was sie zum erstenmale hören, gar zu sehr einnehmen. Hätten sie aber die Geduld und
die Gelegenheit einen jeden öfter zu hören: so würde es nicht allezeit einer großen
Einsicht brauchen; sondern man dürfte nur ohne Vorurtheil auf sein eigenes Gefühl
Achtung geben ...«

»Herr P., 35 Jahre alt, Volksschulabschluß, Inhaber einer Firma für Licht-
reklame, verheiratet ... aufgewachsen und lebend in Köln«! An Leute wie Sie
habe ich neben Studierenden und Lehrern gedacht, als ich anfing, dieses Buch
zu schreiben, und wegen Leuten wie Ihnen habe ich so wenig Notenbeispiele
verwendet, denn ich wußte ja, daß Sie sagen würden: »Ich kann auch heute
noch keine Noten, das ist sehr schade.« Aber wenn Sie in der Schule schon
früh Noten gelernt hätten, wäre ihr »Spektrum« vielleicht nicht mehr so groß.
Schade ist es trotzdem. Lernen Sie's beim Erlernen eines Instrumentes. Ich
lerne gerade Saxophon und empfehle das weiter!
    Die Idee und die Praxis der allgemeinen musikalischen Volksbildung kam
schon im 18. Jahrhundert nicht recht voran, entweder weil die Oberkenner
nur daran interessiert waren, eine Liebhaber-Elite zu sich hochzuziehen, zu
Unter-Kennern zu machen, und die anderen in ihrem wissensarmen Ge-
fühlsdusel schmoren zu lassen, oder weil man an einer halbwegs ernsthaften
Bearbeitung des Unterschiedes gar nicht interessiert war. So der gelehrte
Friedrich Rochlitz, Mitgründer der ›Allgemeinen musikalischen Zeitung‹, in
deren 2. Jahrgang 1799:

»Du bist jetzt vollkommen das, was man eine gebildete Liebhaberin nennt ... Und was
willst du nun mehr? Du willst mehr dabei denken ... wilst über die Werke der
Tonkunst nicht nur, wie bisher, nach Deiner Empfindung, nach Deinem Geschmacke,
sondern auch aus den Gründen und Regeln der Wissenschaft entscheiden lernen; du
willst, wie man sich gewöhnlich ausdrückt, Kunst-Kennerin werden.« Da rät Rochlitz
ab: »Der reine Genuß an einem musikalischen Kunstwerk« hört auf, »wenn man über
die Mittel und Wege, wodurch man gerührt wird«, nachdenkt: »Aller Genuß in
unserem Leben ist mehr oder weniger Traum; und man darf nicht wachen um zu
träumen.« (Sp. 178 f)

Blabla! Da taucht es bereits auf, womit sich Generationen von Musiklehrern in Schule und Hochschule herumplagen, dieses dumme Argument, das inzwischen auch schon von den Schülern kommt: Wenn man zu viel denkt, findet man die Musik nicht mehr gut! Damit wird der Liebhaber zum Dummkopf, der Kenner zum Eisberg gestempelt. Die Klassentrennung im Kulturbereich ist komplett. Und sie findet auch im Kopf des Komponisten statt: Man weiß plötzlich nicht mehr, ob man noch einen eigenen Stil hat oder in den rätselhaften Anforderungen des neuen anonymen Marktes aufgeht. Einige Beispiele dazu werde ich im 4. Kapitel darstellen (Konkurrenz und freier Markt).

Die Auseinandersetzung um die Kenner und Liebhaber war im 18. Jahrhundert keineswegs abgeschlossen. Die Komponisten bemühten sich in vielen Fällen noch, für beide Gruppen zu schreiben, und der vermeintlich höhere Wert der Kenner in Sachen Theorie und Wissenschaft hatte noch nicht dazu geführt, daß die Masse der niederen Liebhaber abgemeldet war. Diese Entwicklung vollzog sich erst im 19. Jahrhundert: Es gab eine Sorte von Komponisten und Konzerten für die hohe Kunst, die Kenner und die Ober-Liebhaber, und es gab eine Sorte für die »niedere« Musik, also die sogenannte Unterhaltungsmusik, und das Liebhaber-Fußvolk, das seine Lektion nicht lernen wollte. Und das Wertgefälle zwischen Musikarten und Publikumsgruppen war zementiert.

Noch wurde aber gekämpft! Noch war es nicht so weit!

Sicher, es gab den Hochmut der Kenner und ihre taktische Einstellung zu den Liebhabern:

»Nun kommen oft Leute zu mir, und fast gilt dieses von den mehresten, die ziehen mir immer den Jacobi vor, selten daß einer nach Kant, Mendelssohn, Rousseau oder unter den Dichtern nach Ramler, Klopstock, Uz oder Young greift.

Solch verzärtelte Leute sind nun auch die musikalischen Liebhaber größtenteils. Sie wollen nur immer angenehm gekitzelt oder sanft eingewiegt sein; starke Rührung, Erschütterung und Beschäftigung des Verstandes, das ist ihre Sache nicht ...

Wer hat je von einem Dichter verlangt, daß er in allen Arten der Dichtkunst gleich groß sein soll, oder daß ein Gedicht alle verschiedenen Geschlechte der Dichtkunst in sich begreifen soll? Und wie kann man dieses dann vom Komponisten verlangen?

Vernünftige Kenner tun es nicht, aber die mehresten Liebhaber begehen den Fehler. Sie unterscheiden niemals den Charakter des Stückes, so sie vor sich haben. Das Stück, so sie nun spielen wollen, soll schlechterdings in den Humor, in die Laune passen, in der sie sich just befinden.

Daher gefallen ihnen denn auch die neumodischen, buntscheckigten Sächelchen am besten, wo in einem Stücke bald ein kosakischer Tanz, bald ein englischer, bald ein polnischer, bald wieder ein Husarenmarsch und dann wieder eine Tirade aus einem Kirchenkomponisten ausgeschrieben, um auch Bart und Mantel zu haben.« (Reichardt, Schreiben über die berlinische Musik betreffend, 1775; in: Reichardt, Briefe, die Musik betreffend, Reclam Lpz. 1976, S. 74, 77)

Sicher, es gab den Ärger über das ungebildete, »unverschämte Raisonniren« der Liebhaber (vgl. S. 80), über diese selbstgezogenen Empor-
kömmlinge:

»Die Menschlichkeit erwacht. Der Tugend sanftes Feuer
Erhitzt die leere Brust, und wird die Frucht der Leyer.
...
Nein, weil jetzt (güldne Zeit!) der Pöbel auf den Straßen
Ein edler Ohr besitzt, als Kenner sonst besassen.
Erst drängt er durch die Wach sich toll ins Opernhaus,
urtheilt erbärmlich dann, und strömt in Tadel aus.
Die Wendung war zu alt, die kam zu oftmals wieder,
Hier stieg er allzuhoch, hier fiel er plötzlich nieder;
Der Einfall war dem Ohr zu unerwartet da,
und jener taugte nichts, weil man zuvor ihn sah;
Bald wird das Traurige zum Heulen wüster Thöne,
Bald ist die Sprach des Leids zu ausgekünstelt schöne;
Dem ist das Fröhliche zu scheckernd possenhaft,
Und jenem eben das ein Grablied ohne Kraft;
Das ist zu schwer gesetzt, und das für alle Kehlen;
Und manchem scheint es gar ein Fehler, nie zu fehlen [Fehler zu machen];
Das Wort heißt zu gedehnt, und das nicht gnug geschleift;
Die Loge weint gerührt, wo jene zischt und pfeift.
Wo kömmt die Frechheit her, so unbestimmt zu richten?
Wer lehrt den gröbsten Geist die Fehler sehn und dichten?
Ist nicht, uneins mit sich, ein Thor des andern Feind?
Was? fühlt ein Künstler nur sie all auf sich vereint?
Ist nicht der Grund, weil sie erschlichne Regeln wissen,
Und, auf gut Glück, darnach, vom Stock zum Winckel schliessen?
Er ist's. Nun tadle mich, daß ich die Regeln schmäh,
Und mehr auf das Gefühl, als ihr Geschwätze seh.«
(»Die Regeln in den Wissenschaften zum Vergnügen und besonders der Dicht und
Thonkunst«; Gedicht von Lessing bei Marpurg 1749, S. 143)

»Es ist wohl keine Wissenschaft jedermanns Urtheile so sehr unterworfen, als die
Musik. Es scheint als ob nichts leichter wäre, als dieselbe zu beurtheilen. Nicht nur ein
jeder Musikus, sondern auch ein jeder der sich für einen Liebhaber derselben ausgiebt,
will zugleich für einen Richter dessen, was er höret, angesehen seyn.« (Quantz, S. 275)

»Diß ist die schlechteste Art der Zuhörer, die man nur immer haben kann, welche an
statt sich den Empfindungen zu überlassen, alles erkläret haben wollen. Was kann denn
dieser Satz bedeuten? Was will dieser Lauf, dieser Harfensprung vorstellen? Was für
eine Leidenschaft enthält diese Figur? Was bedeutet dieser Gang? Wer eine gute Musik
nicht fühlen kann, noch will, dem kann es gleich viel seyn, was dieser oder jener Satz
bedeute.« (Caspar Ruetz bei Marpurg 1764/65, S. 296)

Und es gab das dauernde Genörgel über den Wissensmangel bei den
Liebhabern, die Verpflichtung zur Vermehrung des theoretischen Wissens
in Richtung der Kennerhöhen:

»So weit auch bisweilen besondere Veranlassungen die Entwicklung natürlicher Fähigkeiten treiben können, so steigen sie doch nie so hoch, daß sie den wahren Zweck der
schönen Wissenschaften und Künste in ihrem ganzen Umfange erreichen könnten,
wenn nicht besonderes aufmerksames und zweckmäßiges Studium hinzu kömmt. Ohne
dieses zweckmäßige Studium kann die Kunst in ihrer Art nicht anders angesehen
werden, als der natürliche Mensch. Der natürliche Mensch ist ein rohes, ungesittetes
Thier und die natürliche Kunst ein regelloses und unbedeutendes Ding. Künstliche
Music, oder ausgebildete Kunst aber verhält sich gegen die natürliche, wie ein feiner
Geist- und Charactervoller Mann, gegen einen Phantasievollen sich selbst immer un-
gleichen Schwärmer. Dort ist immer Werth; hier aber nur bisweilen.«
(J. N. Forkel, Genauere Bestimmung einiger musicalischer Begriffe; Cramer I/2,
S. 1049 f)

Cramer (II/1 1784, S. 445 ff) bringt eine französische, übersetzte Rezension der Salieri-
Oper »Die Danaiden«. Die Rezension beginnt:
    »Bey der noch immer schwankenden Meynung des Publikums über den Grad des
Werths der Music der Danaiden ... [hier schon Fußnote Cramer S. 446]:
    Publikum! und immer Publikum! und immer Publikum! – Es ist doch ganz erstaun-
lich, wie so ein Franzos in der Capitale [Hauptstadt] von dem Popanz: Beifall oder
Tadel des Publikums abhängt; mit welcher kniebeugenden Bescheidenheit er von den
Entscheidungen eines Parterrs spricht! und kaum eine eigne Meinung darüber zu haben
wagt. Und wenn mans doch beym Lichte besieht, dies Wort Publikum; wenn man
bedenkt, daß es nichts als eine Sammlung von vielen sich oft widersprechenden
Stimmen ist, von denen jede gewogen, nicht gezählt werden muß, daß Cabale, Neid,
Vorurtheil, Gunst, Dummheit so gar, den Entscheidungen desselben präsidiren, daß oft
vortreffliche Werke keine Gnade oder doch weniger Gnade vor seinen Augen finden, als
seichte goldne, vielmehr vergüldete! Mittelmäßigkeit, die ihr Glück macht; so ...
[Punkte von Cramer]
    Ich bin so sehr ... a priori von der Vortrefflichkeit der salierischen Music ...
überzeugt; daß, hätte sie auch diesen Beifall des Parterrs, den sie doch hat, und die
dreyzehnmalige Aufführung nicht vor sich, das Urtheil Eines so einsichtsvollen Recensenten, wie der Verfasser dieser Anzeige gewiß ist, mir völlig genug sein, und das
hartnäckigst versagte Händegeklatsch aufwiegen würde. Als Athalie [Tragödie von
Racine, 1691] zuerst gedruckt ward, das Meisterstück der französischen Bühne jetzt
selbst dem Geständniße jedes Critikers der Nation nach, fiel es fast gänzlich durch. Die
Kälte dagegen war so allgemein und außerordentlich, daß man einen jungen Officier in
einer großen Gesellschaft zwang, eine Scene zur Strafe zu lesen. Nur Boileau tröstete
den Dichter: Le Public en reviendra! [Das Publikum wird darauf zurückkommen!] Und
es ist geschehen, meine ich!
    Es giebt vielleicht unter dem ganzen Volke der französischen Schriftsteller nicht
sechs, die im Stande wären, mit so viel Kenntniß und Geschmack zugleich den dramatischen und musikalischen Theil einer Oper zu beleuchten, als dieser Verfasser; so wie ich
deren unter uns nicht zwey kenne: was wollte denn gegen ihn der Beifall oder Nichtbei-
fall einer Menge junger Musquetaires, Commis, Beaus Esprits [Schöngeister], Abbés
entscheiden, da Die die Krone und der Stab des Parterrs sind. Der Kenner hat in
solchem Falle, selbst bey widrigem Erfolge, das Recht, den Vers des Lucan anzuwenden:
    Vitrix causa Deis placuit, sed victa Catoni!
    Das heißt zu Deutsch:
    Dies Werk mißfällt dem Publico, aber es gefällt mir!«

(Wichtig ist es, im Hinblick auf Cramers Eindeutschung den ursprünglichen Sinn des Lucan-Wortes zu referieren. Es bezieht sich nicht auf den römischen Redner, sondern auf den Tyrannenfeind Cato, der nach seinem Todesort Cato Uticensis genannt wird, 95–46 vor Chr. – Beliebter Opernstoff des 18. Jahrhunderts: »Catone in Utica«. Er verübte dort Selbstmord, als er mit seinem Heer dem des Cäsar unterlag. Der Satz heißt: Die siegreiche Sache hat den Göttern, die besiegte dem Cato gefallen!)

Heute würde man Cramer einen mutigen Individualisten nennen, der nicht mit der Masse geht, sondern sich ein unabhängiges Urteil erhält. War es für solche Haltungen damals schon die Zeit? Hatte Cramer denn schon genügend Erfahrungen mit dem Urteil der Massen? Er sagt es jedenfalls. Cramer, Forkel und Reichardt legten den Grundstein für jene Entfremdung zwischen Komposition und Publikum, die schließlich in der Neuen Musik zum Kollaps dieser Beziehung führte. Hören wir nicht Cramer reden, wenn Schönberg schreibt, die Uraufführung seiner sinfonischen Dichtung »Pelleas und Melisande« 1903 »gefiel sehr – aber das Werk ist trotzdem gut«, oder wenn er später auf Eintrittskarten drucken läßt, eine jede »berechtigt zum ruhigen Zuhören, nicht aber zu lauten Meinungsäußerungen (Applaus oder Zischen)«?

Und Cramer äußert sich auch an anderen Stellen seiner Zeitschrift in ähnlicher Weise, z. B. als er Samuel Friedrich Brede begegnet. Dieser ist kein Profi, hat aber dennoch gewagt, Klavierlieder zu schreiben.

Brede macht nun den Fehler, daß er im Vorwort seiner Lieder den hohen Kunstrichtern klarmacht, daß er im Grunde wenig Ahnung vom kunstvollen Komponieren habe, aber eben nach seinen Fähigkeiten Liebhabermusik geschrieben habe. Das wagte damals noch jemand! (Cramer II/2, 1786, S. 1298 ff)

»Daß meine Melodien richtigen Ausdruck, Declamation und Affekt haben, das alles wage ich so wenig zu behaupten, daß ich vielmehr bey Kennern um gütige Nachsicht bitte. Freilich würde mich das, was Kirnberger vom Liedercomponisten fordert, allein schon für beständig abhalten müssen, meine Lieder bekannt zu machen, denn ich fühle es, wie viel dazu mir fehlt. – Allein ich betrachte mein Publikum aus einem andern Gesichtspunkte. Der größte Theil derselben besteht aus bloßen Liebhabern, die so ein Lied gerne spielen, weil es leicht ist, einen Gesang hat, der sich dem Gedächtnisse gern und bald eindrückt, und sich folglich ohne Schwierigkeiten singen läßt.«

Dazu Cramer:

»Am Ende läuft es darauf hinaus, daß der Kenner, wenn er diese Lieder hört, oder singt, sich so lange einige Stufen herab zu solchen Gesangsliebhabern setzen soll, die nur im Ganzen empfinden können, ob eine Melodie zum Text passe oder nicht, und die, wenn eine Melodie an sich schon ohne Worte reitzend ist, es so genau mit dem Uebrigen nicht nehmen, nicht so viele Kenntnisse besitzen, daß sie selbst einen bessern musikalischen Ausdruck vorschlagen könnten, und deren Urtheil überhaupt nur darinn mehrentheils besteht, daß sie sagen: Diese Melodie ist schön, artig, gefällt mir; jene nicht, ohne sich über das Warum? erklären zu können. Ob Herr B. diesen Zweck hätte haben sollen, ist eine andre Frage, die wir nicht bejahen können. Der Componist soll thun was durch seine Kunst er zu leisten vermag; er soll also eigentlich für den Kenner arbeiten; aber so, daß der Nichtkenner auch nicht leer ausgehe ... Der Componist sollte, wenn er eine Melodie gefunden hat, die man gerne singt, wobey man sich im Singen denkt, das ist, gerade so wie es zum Texte paßt etc es dabei nicht bewenden lassen, sondern dann erst recht anfangen zu arbeiten.«

Das ist wohl deutlich genug:

Der Kenner wird sich auf keinen Fall auf die Ebene des Liebhabers hinabbegeben. Und für den Kenner soll auch komponiert werden. Der Nichtkenner soll sich an der schönen Oberfläche freuen.

Die Möglichkeit, daß Nichtkenner musikalisch publizieren könnten, hat auch an einem anderen Beispiel Ärger unter den Berufskünstlern erzeugt, nämlich als eine sogenannte ›Fantasiermaschine‹ erfunden wurde, die Improvisiertes schriftlich festhalten konnte, so daß Leute, die »kaum die Noten (kennen)«, »so gar Stümper hätten Componisten werden können«, wie Marpurg und Scheibe kritisierten: Die Maschine geriet trotz großer Mühen verschiedener Erfinder in Vergessenheit. (Vgl. mein Aufsatz »Die Fantasiermaschine« in: Archiv für Musikwissenschaft, Jg. XXVII 1970, Heft 3, S. 192 ff; es ist ein bemerkenswertes Kapitel der Instrumentengeschichte.)

Aber es gab auch Gegenmeinungen, und nicht zu knapp, in denen das Urteil der Liebhaber höher eingestuft wurde als das der Kenner:

Es scheint, daß der »kluge Pöbel des neuen Geschmacks« (Mattheson 1744, S. 161), also die an den galanten Stil gebundenen bürgerlichen Liebhaber, innerhalb der deutschen Diskussion hauptsächlich durch literarische Anstöße aus Frankreich eine positive Beurteilung fanden.

In der französischen Ästhetik des frühen 18. Jahrhunderts war es keine Ausnahme, daß das Publikumsurteil über ein bestimmtes Stück als etwas Absolutes angesehen wurde, so bei Dubos (vgl. A. Baeumler, Das Irrationalitätsproblem in der Ästhetik und Logik des 18. Jahrhunderts ..., Halle 1923, 2. Auflage Tübingen 1967, S. 55), später auch in der von Cramer soeben gescholtenen Opernkritik (1784) aus Paris. Und Urteile in dieser Richtung traten im deutschen Schrifttum immer dann auf, wenn französische Musikästhetiker übersetzt oder diskutiert wurden, ob Grandval, Batteux oder andere.

Marpurg 1749, S. 191: »Fortsetzung des Grandvallischen Versuchs über den guten Geschmack.«

»Das Volck, ich verstehe das edle, überlässet sich der Natur. Diese leitet selbiges; es leihet sich untereinander seine Einsicht, einer hilft dem andern zurecht, sein Ausspruch ist der allgemeinen Empfindung gemäß und ungezwungen, dieses Volck nenne ich die Oberrichter. Da sind mehr Ohren und Augen; die Natur redet in ihm laut und deutlich; die Wahrheit bricht aus dem Parterre, wie dort aus der Mitte der Bürger zu Athen, hervor. (Anm. Marpurg: Es wird wenigen unbekannt seyn, daß so lange ein Schauspiel zu Paris nicht den Beyfall des Parterrs erhält, man an der Güte desselben noch beständig zweifelt.) Nach diesem Volke setze ich die Kenner, und zwar setze ich sie vor den Gelehrten, weil ein Kenner nichts anders als gleichsam ein Zusammenfluß des Guten bei den Gelehrten und dem Volcke ist. Den Gelehrten weise ich endlich die letzte Stelle an, weil sie ihre Wissenschaft, wovon sie eingenommen sind, und die Regeln, denen sie sich öfters mit dem blindesten Schülergehorsam überlassen, insgemein den fälschsten Vorurtheilen zu unterwerfen pflegen. Die Halb- und Viertelgelehrten, die ein böser Planet zur Thonkunst verdammet, verdienen nicht, daß man ihrer erwehne.«

Und in einer der vorangegangenen Fortsetzungen (S. 185):

»Man kann in Absicht auf die Musick zweyerley Gattungen vom Volcke erkennen; eines, welches man das gemeine Volck oder den Pöbel nennet, und welches aus allerley schlechten Leuten und Gesinde besteht. Dieses höret mit Vergnügen einem Knittelliede zu, und besucht die Opern nicht. Das andere besteht aus ehrbaren, ansehnlichen und wohlerzogenen Leuten. Dieses geht in die Schauspiele, bringet aber nicht die Kenntniß der Regeln mit sich, und ist in Absicht hierauf Volck zu nennen, und von diesem Volcke rede ich. Doch könnte ich den Beyfall des geringen Volckes auf eine gewisse Weise einigermaßen gelten lassen, nemlich alsdenn, wenn er für nichts anders als eine Folge des Beyfalls unsers andern vornehmen Volckes anzusehen ist. Ich werde aber jederzeit behaupten, daß was durchgehends die Bewunderung desjenigen Volckes hat, welches die Bühne besucht, ohne von Gelehrten bewundert zu werden, dasjenige übertrifft, was den Gelehrten gefällt, ohne das Volck zu rühren. Den schon angegebenen Ursachen kann man noch den so gewöhnlichen Handwercksneid an die Seite stellen. Die Eifersucht beweget die Gelehrten mehr als einmahl, das gute zu tadeln, und das böse zu loben. Die Gelehrten, und besonders die pedantisch Gelehrten haben die gröste Mühe, einander zu gefallen. Einrichtung, Wendung, Ausdruck, alles mißfället ihnen. An der Stelle desjenigen, das man ihnen zeigt, wollen sie allezeit dasjenige finden, was sie daselbst in ähnlichem Vorfall würden gesetzet haben.« (Ganz ähnlich Quantz 1752, Kap. XI, § 7)

Später bei Marpurg (1754/55) findet sich eine Auseinandersetzung zu dieser Frage in Gestalt von einem »Sendschreiben eines Freundes an den anderen über einige Ausdrücke des Herrn Batteux von der Musik«, geschrieben von Musikdirektor Ruetz aus Lübeck, einer »Antwort auf das Sendschreiben« von dem »geschickten Dichter und Correct. Herr Overbeck zu Lübeck«, und schließlich einer »Beantwortung der vorhergehenden Antwort« wiederum von Ruetz, aus denen die folgenden Ausschnitte stammen (S. 288, S. 316, S. 323 f):

»Der Begriff vom Natürlichen in der Musik ist falsch, wenn man das Künstliche gar davon ausschliessen, und keine andere Art zu moduliren zugeben will, als in einer theatralischen Declamation gebräuchlich ist. Selbst die französischen Liebes- und Trinklieder würden hiebey zu kurz kommen, als welche schon ein mehres vom Cantablen in sich enthalten, als eine bloße Declamation. Hätte aber der Herr Batteux nicht diesen Begriff von dem Natürlichen in der Musik gehabt, würde er nicht von erklügelten, ausgekünstelten und gedrechselten Ausdrücken nicht so viel Wesens gemacht haben. Wäre er nicht ein Feind von allem, was künstlich ist, würde er nicht verlanget haben, daß ein Gelehrter und Ungelehrter bey Anhörung einer Musik gleich viel empfinden müsse; sonst läge die Schuld an dem Musikus, weil er nicht die Sprache der Natur aufrichtig redete. Wenigstens kömmt mir diese Natur [die spontane Musikempfindung des Unvorgebildeten], um aufrichtig zu reden, viel unverdächtiger vor, als wenn man das Natur nennen will, was Kenner und Liebhaber der Musik, wie sie anitzo ist, bey der Anhörung derselben empfinden. Wie leicht wird bey diesem Empfinden, ohne einen Leitfaden der Vernunft und der Ueberlegung, ein Fehler des Einschleichens begangen? Wie oft mag derjenige, der von der Kunst voll ist, da die Natur zu empfinden vermeinen, wo er nichts als die Erfüllung gewisser Regeln wahrnimmt, die ihm bey seinen Kunstübungen aus allerhand Ursachen können angenehm geworden seyn? Soll nach Empfindungen geurtheilet werden, so wäre ich geneigt, von den Empfindungen des rohen und ungebaueten Menschen allemal mehr zu machen, als von denen, die mir ein kunstverständiger Meister anrühmet. Die erstern sind unschuldig. Die letzten können gar zu leicht partheyisch seyn ...«

»Moliere hat nicht alle Stücke seiner Magd vorgelesen, sondern nur diejenigen, die er für den Pöbel gemacht hatte. Wenn diese seiner Magd gefielen, so konnte er sich schon die Rechnung machen, daß sie andern gemeinen Leuten von eben der Gattung auch gefallen würden. Und wer weiß, wie es die Venetianischen Operncomponisten machen, wenn sie etwa einen Tanz der Gondelfahrer, oder einen Gesang und Musik der Matrosen auf dem Schauplatz aufführen? ... Daß aber die durch Kunst und Uebung erlangte Fertigkeit in den musikalischen Empfindungen nichts heißen, unnatürlich und verdächtig seyn soll, wird mir schwer, mich zu überreden. Ein Liebhaber und Kenner der Musik wird sich ja nicht so weit selbst betrügen können, daß er vermeynt etwas süsses und angenehmes aus den musikalischen Sätzen zu empfinden, da er doch nichts empfindet. Und worinn könnte er denn den Fehler des Erschleichens begehen, wenn er nichts weiter saget, als daß er empfinde. Selbst ein Fanaticus begehet nicht in so ferne den Fehler des Erschleichens, in so ferne er saget, daß er etwas empfinde; denn diese Veränderungen und Empfindungen gehen wirklich in seiner Seele vor; wo er anders kein Betrüger ist, und die Lügen redet. Sondern darinn erschleicht er etwas, daß er diese Empfindungen und Veränderungen, die in seiner Seele vorgehen, einer göttlichen Offenbarung und Einsprache des Hl. Geistes zuschreibet, da es doch nur Wirkungen seiner eigenen feurigen und erhitzten Einbildungskraft sind. Die Kenner und Liebhaber der Musik brauchen keines Leitfadens der Vernunft und der Ueberlegung, um recht empfinden zu können, so wenig man beym Essen und Trinken des Leitfadens der Vernunft bedarf, um desto besser schmecken zu können. Eine Musik empfinden und schmecken, ist ein ganz ander Ding, als eine Musik beurtheilen. Es kann auch wohl miteinander bestehen, die Natur in der Musik empfinden, und die Beobachtung gewisser Regeln wahrnehmen. Die Regeln der Melodie und Harmonie sind in der Natur selbst begründet, und aus derselben hergenommen. Und wer die Beobachtung der musikalischen Regeln empfindet, der empfindet zugleich das Natürliche in der Musik. Wir nehmen aber das Wort Regeln allhier in dem allgemeinsten Verstande.«

(Diese für die Aufklärungsästhetik typischen Eiertänze zwischen »Natur«, »Vernunft«, »Regeln« und »Empfindung« werden in Kapitel III eingehender dargestellt und kritisiert.)

Und auch in Hillers Übersetzung des Franzosen Chabanon gibt es Stellen, die das Urteil und Empfinden des Liebhabers besonders hervorheben (1781, S. 198):

»Leute, die bey der alten Musik grau geworden sind, können, wie sie sagen, an keiner andern Geschmack finden. Ich glaube es ihnen gern. Die Gewohnheit kann den natürlichsten Geschmack verdrängen, und einen angenommenen an die Stelle setzen: die Verschiedenheit der Urtheile über die Musik gründet sich zum Theil hierauf.«

Auch von deutschen Schreibern gibt es manchmal ähnliche Äußerungen, so in
Cramers Zeitschrift (I/1, S. 734 f) in dem ausgezeichneten anonymen Aufsatz
»Ueber Musik; an Flötenliebhaber insonderheit« (1783; Hervorhebungen
original):

Wie aber hätte der es wohl anzufangen, der von diesem ausnehmenden Vergnügen, so
die Musik verschaffen kann, für sich und seinen Theil die möglichst-grosse Portion
erwerben möchte? Thut er besser Music als Gelehrter, oder als Künstler zu treiben? sie
in ihrer Theorie, und als Wissenschaft zu studiren; oder mit überlegter Unterlassung
dessen ein Instrument zu lernen? Vorausgesetzt, welches ich wohl zu bemerken bitte,
daß der Mann ganz und gar nicht als Berufsgeschäft Music treiben wolle, keine Pflicht
und Amt hierinn erkenne, sondern blos Liebhaber sey, der wahre Unterhaltung und
Freude an Music findet, und solche so viel möglich zu vergrössern, und in Rücksicht
blos auf sich aufs höchste zu treiben sucht, so glaube ich, daß das letzte gerathener sey.
So wie jedes sinnliche oder gemischte Vergnügen also auch Music leidet durch Zergliederung und zu deutliche Kenntnisse; das ist so phychologisch wahr [so!], als irgend
etwas. Edler, höher, daurender kann das gelehrtere, rationellere, abstrackte Vergnügen
seyn; so lebhaft wird es niemals, als das mehr sinnliche; und dieses erfordert nothwendig zu seiner Existenz ein gewisses Dunkel; verträgt zwar wohl **helle**, aber nicht
bestimmte, auseinander gesetzte Begriffe. Mehr als einmal habe ich es wahrgenommen,
daß in einer Akademie derjenige, der mit gelehrtem Blicke Music durchschauen und
zergliedern, Partituren studiren, selbst componiren konnte, ungeachtet ihm weder die
Wahl der Stücke nach deren Ausführung misfiel, dennoch Aufmerksamkeit und Unterhaltung verlor, wenn dem ungelehrten Mitspieler noch zwey Stunden nachher viel zu
früh aufgehört wurde. Auf eine Art aber muß man speciellen Antheil nehmen. Wer
glaubt, blos passive lebhaftes Vergnügen vollauf genießen zu können, irrt sich; Genuß
ist Wirkung; passive Lebhaftigkeit ist Widerspruch.«

Da ist nicht die überhebliche, schon an anderer Stelle zitierte Meinung im
Spiel (S. 132), der Liebhaber solle in der Kunst »träumen« und nicht zu allzu
hohen Gedanken sich aufschwingen wollen, sondern im Gegenteil wird die
Fähigkeit des Liebhabers, ungetrübt und stark zu fühlen und innerlich aktiv zu
sein, der theoretischen Abnutzung der gelehrten Hörer als etwas Positives
entgegengesetzt. Das Argument der größeren Dauer des Hörinteresses auf
seiten der Liebhaber erinnert an Uffenbachs Bemerkung (S. 11), er hätte der
Musik noch »die ganze Nacht« zuhören können.

Dies sind frühe, seltene und später nicht mehr oft zu lesende Ansätze zu
einer demokratischen Musikästhetik.

Eine Zugabe:

Forkels »Ankündigung seines akademischen Winter-Concerts«, Göttingen
1779 (Abdruck folgende Seiten)

Dieser bisher in neuerer Zeit noch nicht veröffentlichte Text erscheint hier im foto-
mechanischen Nachdruck vollständig. Ich lasse ihn unkommentiert. Lediglich die Übersetzung des französischen Boileau-Zitats auf der dritten Textseite erscheint mir not-

wendig (der Name spricht sich Boaló): Ein weiser Leser flieht ein leeres Vergnügen und will seine Unterhaltung zu seinem Nutzen (Vorteil) verwenden, bzw. er will eine Unterhaltung, die ihm nützt.

Alle, die bis hierher gelesen haben, können die wesentlichen Argumente und Vorschläge Forkels auf bereits Gelesenes beziehen und in diesem Text eine zusammenfassende Konkretisierung der bisherigen Ausführungen erkennen. Es gibt allerdings einige kleine Dinge, die noch unbekannt sind und stutzig machen können. Ich denke, daß sie in den folgenden Abschnitten ihren Zusammenhang und ihre Erklärung finden.

Publikumsverhalten

»Hunde werden nicht geduldet«
(»Gesetze« der Frankfurter Konzertgesellschaft 1806; Schwab, S. 68)

In den Statuten der Musikalischen Gesellschaft von 1785 in Heilbronn steht, »absichtsloses Geschwäz« sei verboten: »Inkorrigible Schwäzer werden als Störer ausgeschlossen« (Bossler I, Sp. 134 f).

Und in Reichardts Concerts spitituels 1784 (Cramer II/1, S. 132 f) wurden gedruckte Programme mit Texten ausgegeben unter anderem deshalb – wie der Chronist meint –, weil sonst den Zuhörern von Vokalstücken durch das »Geräusch der Damen und Geplauder der jungen Herren, doch viele Sylben entgehen müssen«.

Daß im Konzert das Publikum ständig redete, wird allgemein berichtet. Reichardts Beschreibung über das Große Konzert in Leipzig war ein Beispiel (vgl. S. 79 f).

Die Kenner hat das stets geärgert, ebenso den beflissenen Teil der Liebhaber.

Wenn sie sich zu einer exklusiven Gesellschaft zusammenschlossen wie in Heilbronn, wurde das Problem durch Ausschluß geregelt.

Wenn sie aber im öffentlichen Konzert zusammensaßen oder zusammenspielten, war die Lösung nicht so einfach. Denn hier gab es Profitinteressen. Man brauchte möglichst viele Liebhaber-Hörer im Konzert. Und gerade die redeten meist so viel. Die Klagen darüber rissen nicht ab.

»Das Schwatzen und die Unruhe des Publikum, ohngeachtet der Gegenwart des Fürsten, betäubten mich aber so sehr, daß ich keine wahre Aufmerksamkeit behalten konnte ... Jetzt ging der Fürst weg; und das Lärmen fing erst recht an, so daß ich wirklich mir viel Gewalt anthat, es abzuharren« (Würzburg 1786; Cramer II/2, S. 955 f).

»Akademien ..., in denen so abscheuliches Lärmen war, daß man weder Sänger noch Orchester hören konnte.« (Würzburg 1789; Bossler II, Sp. 92)

Die Liebhaber waren angeblich nicht konzentrationsfähig:

»Daher löst sich das Schloß ihres Mundes gemeiniglich nach drei angehörten Stücken, und alle übrigen werden verplaudert.« (Bossler III, 1790, Sp. 61)

Johann Nicolaus Forkels,
akademischen Musik-Direktors,

Ankündigung .
seines
akademischen

Winter = Concerts

von

Michaelis 1779 bis Ostern 1780;

Nebst

einer Anzeige seiner damit in Beziehung stehenden

Vorlesungen

über die

Theorie der Musik.

Göttingen,

gedruckt bey Johann Christian Dieterich,

1 7 7 9.

Unter den hiesigen Musikfreunden haben es vielleicht wenige mit Gleichgültigkeit angesehen, daß die akademische Musik seit verschiedenen
Jahren so deutliche Merkmaale ihrer Abnahme, und ihres fast gänzlichen
Verfalls gezeigt hat.   Gewiß die meisten, und hauptsächlich diejenigen,
welche wissen, wie vortheilhaft eine gute Musik zur Erholung und Aufmunterung eines von gelehrten Beschäftigungen ermüdeten Geistes ist,
haben gewünscht, daß eine Einrichtung getroffen werden möchte, wodurch
unsere musikalische Verfassung wenigstens in soweit verbessert würde, als
es nach den hiesigen Umständen, und nach der ersten Anlage und Einrichtung derselben nur möglich ist.

     Es gehört nicht zu meinem Vorhaben, die Ursachen des erwähnten
Verfalls unserer Musik hier zu entwickeln; aber ich wünsche so warm und
herzlich, als der wärmste Musikfreund, daß diese angenehme Kunst hier
eben so blühen, und eben so schöne und reife Früchte tragen möchte, als
man in andern Wissenschaften zu sehen gewohnt ist; — daß sie nach ihrer
Art eben sowohl mit dem Gepräge der Aechtheit gestempelt seyn möchte,
um so viel wie möglich einen gewissen Mangel anderer aufmunternden Ergötzlichkeiten zu ersetzen, und für den Liebhaber das zu seyn, was eine

wah-

4

wahre Erholung seyn muß, wenn sie des Genusses eines denkenden Geistes, welcher mit Wissenschaften genährt ist, würdig
seyn soll. Denn auch ein kluger Hörer muß ein leeres Amüsement
fliehen, und den Genuß seines musikalischen Vergnügens so viel wie möglich, zugleich zu seinem Nutzen zu verwenden suchen; so daß man den Vers
des Boileau:

> Un lecteur sage fuit un vain amusement;
>
> Et veut mettre en profit son divertissement.

eben so gut auf ihn anwenden kann, als ihn der Dichter auf einen Leser
angewendet hat.

Da es mir nun jetzt zur Pflicht geworden ist, mich mit unserer öffentlichen Musik näher zu beschäftigen, als ehedem; so habe ich mich bemüht,
diejenigen Mittel sorgfältig aufzusuchen, welche insbesondere zur Erreichung des angeführten Endzwecks die dienlichsten zu seyn scheinen. Ohne
weitere Vorrede entwickele ich daher den Plan, nach welchem künftig das akademische Winter-Concert eingerichtet seyn soll, und lege den Musikfreunden zugleich, soviel es die hier vorgesetzte Kürze verstattet, die
Gründe vor, warum es nach meinen Begriffen so, und nicht anders eingerichtet seyn darf, wenn es den Wünschen und Forderungen entsprechen
soll, die sie mit Recht an dasselbe machen können.

Wenn also ein Concert der Erreichung vorerwähnter Zwecke wirklich beförderlich seyn soll, so scheint es dabey hauptsächlich auf folgende
drey Punkte anzukommen:

1) **auf die Wahl der Stücke, welche darinn aufgeführt
werden sollen;**

2) **auf die Ausführung selbst;** und, im Fall mancher Zuhörer vielleicht wünscht, in seinem Genuß und Urtheil sicher zu
gehen,

3) **auf eine gewisse Leitung der Urtheile über diese Stücke,** welche eigentlich darinn besteht, daß ihm der wahre Gesichtspunkt angegeben werde, aus welchem die Stücke den Ab-

sich-

ſichten und Zwecken ihrer Verfaſſer gemäß, angeſehen werden ſollen und müſſen.

Ueber dieſe drey verſchiedene Punkte, wird es nöthig ſeyn, einige
nähere Erläuterungen zu geben, theils um Mißverſtändniſſen vorzubauen,
theils aber auch, ſo genau wie möglich zu beſtimmen, in wie weit ihnen
Genüge gethan werden kann und ſoll. Der Liebhaber wird auch daraus zugleich am beſten und ſicherſten urtheilen können, was und wie viel er von
einem nach dieſem Plane eingerichteten Concerte billigerweiſe erwarten darf,
ohne in ſeinen Forderungen die Gränzen der Möglichkeit zu überſchreiten,
auf welche wir hier in vieler Abſicht eingeſchränkt ſind.

Bey der Wahl der Stücke, welche das erſte angegebene Erforderniß eines guten Concerts war, muß hauptſächlich dahin geſehen werden, daß der Zuhörer Intereſſe dabey finde. Der Grad dieſes Intereſſe
beſtimmt den Grad des Vergnügens, welches er in einem Concerte zu erwarten hat. Wie aber ſoll man eine Wahl treffen, die jeden Zuhörer in-
tereſſire, da die Verſchiedenheit derſelben an Empfindung, an Geſchmack,
an Kunſtkenntniſſen u. ſ. w. vielleicht eben ſo groß iſt, als die Anzahl derſelben? — Da vielleicht grade das den einen am meiſten intereſſirt, und
ihm das gröſte Vergnügen macht, was dem andern aufs äußerſte mißfällt,
und ihn alſo auf keine Weiſe intereſſirt?

Dieſe Verſchiedenheit der Urtheile, des Geſchmacks und der Empfindung äußert ſich jedoch hauptſächlich nur bey bloßer Inſtrumental-
muſik, wo die mannichfaltigen Combinationen der Töne einen Hörer fordern, der wenigſtens ſchon ſo viel Kunſtkenntniß und Uebung hat, daß er
ſie behalten, mit einander vergleichen, und dadurch ihre Bedeutung fühlen
kann, welche ſie nach der Abſicht des Componiſten haben ſollen. Bey jeder
Gattung von Vokalmuſik äußert ſie ſich ſchon weniger, und bey großen Vokalwerken, die eine aneinander hängende Handlung in ſich enthalten, am allerwenigſten. Hier dient der Text, oder die Handlung dem
Zuhörer gleichſam als ein Dollmetſcher der muſikaliſchen Combinationen.
Sein Verſtand unterhält ſich mit der Vergleichung des muſikaliſchen und
poetiſchen Ausdrucks, — ſucht das Verhältniß auf, in welchem ſie beyde
gegen einander ſtehen, und ſein Ohr empfindet deswegen nicht minder die

6

musikalischen Wohllaute, die nothwendig mit dem angemessenen und treffenden Ausdruck eines Textes verbunden seyn müssen.   Mit einem Worte:
der Text sagt ihm hier, was die Töne bedeuten und sagen sollen,
da er bey bloßer Instrumentalmusik vielleicht aus Mangel an hinlänglicher
Kunstkenntniß und Uebung, nur bedeutungs und absichtslose Combinationen von Tönen zu hören vermeynt, und also weder Unterhaltung, noch
Vergnügen, noch Interesse dabey finden kann.

Daß dieß sich wirklich so und nicht anders verhalte, ist wohl außer
allem Zweifel.   Dieser Umstand wäre folglich schon ganz allein hinreichend,
die Auswahl von Stücken zu bestimmen, die eine gemischte Versammlung
von Musikfreunden interessiren sollen.   Aber es giebt außerdem noch einen
andern sehr wichtigen Grund, warum man nothwendig, besonders hier,
nach der Beschaffenheit unserer musikalischen Verfassung, diese und keine
andere Wahl treffen darf.   Ich will mich näher erklären:

Wenn bloße Instrumentalmusik ein gemischtes Auditorium hinlänglich unterhalten und interessiren soll, so muß sie wenigstens so beschaffen
seyn, daß sie diejenigen Zuhörer, welche der Bedeutung der in einem Solo oder Concert enthaltenen Combinationen von Tönen nicht zu folgen vermögen, durch alle mögliche äußere Schönheit, z. E. durch den schönsten Ton, den ein Instrument nur geben kann, — durch den
leichtesten, reinsten und zierlichsten Vortrag, u. s. w. schadlos halte, und die Aufmerksamkeit derselben fessele.   Nur unter diesen Umständen kann sie für die erwähnte Classe von Zuhörern allenfalls einiges Interesse bewirken, und unterhaltend werden; grade so wie ein Redner durch
eine schöne Stimme, durch angemessene Gesticulation, und durch einen
bedeutenden und reizenden Vortrag, auch eine Rede unterhaltend machen
wird, deren Inhalt vielleicht die wenigsten seiner Zuhörer verstehen.   Dort
so wie hier muß der Abgang der Einsicht in die innern Schönheiten, durch
eine äußere so ersetzt werden, daß keinem Zuhörer Zeit und Gelegenheit
zu der unangenehmen Bemerkung gelassen werde: er verstehe nicht, was
man sage, oder spiele. — Ob wir nun hier im Stande sind, unsern
Zuhörern die Gelegenheit zu dieser Bemerkung zu benehmen, geziemt mir
nicht, zu entscheiden; nur so viel kann ich sagen, daß außer einigen würdigen

bigen Dilettanten wohl wenige seyn möchten, die es wagen würden, mit einigem Anschein eines guten Erfolgs, einen Versuch zu machen.

Dieß muß folglich unsere **Wahl der Stücke,** welche den meisten Zuhörern interessant werden können, schon näher bestimmen, und wir haben nun noch einen Grund mehr, warum sie nothwendig meistens auf Vokalwerke wird gerichtet seyn müssen. Damit aber der Musikfreund genau wisse, was für Singstücke er eigentlich zu erwarten habe, will ich einige derselben nennen. Die Namen dieser Werke und ihrer Verfasser, werden ihm bald sagen können, daß es die vorzüglichsten Meisterstücke der Kunst sind, womit er nach und nach bekannt gemacht werden soll.

Den ersten Platz nehmen die Vokalwerke von **Händel** ein. Sie sind durchgehends von einer so großen Kraft und Simplicität des Ausdrucks, daß ihnen unmöglich Bewunderung versagt werden kann. Kein einziger absichtsloser Ton scheint in ihnen zu liegen, und ihre Wirkung ist seit ihrer Existenz unter allen Classen von Musikfreunden immer gleich groß und allgemein gewesen. Indessen gehören doch nur folgende sogenannte **Oratorien** desselben hieher:

1) **das Alexanders-Fest,** oder die Gewalt der Musik;

2) **der Meßias;**

3) **der Judas Maccabäus;**

4) **die Crönungs-Chöre;** und

5) **das große** *Te Deum laudamus.*

Diese wenigen **Oratorien** von **Händel,** werden hier deswegen vorzüglich angeführt, weil man sie in Deutschland am meisten kennt, und wenigstens durch den allgemeinen Ruf schon weiß, daß sie Meisterstücke sind. Man hat aber außer diesen angeführten noch eine ziemliche Anzahl anderer von ihm.

Nach **Händel** behaupten die Vokalwerke folgender Meister einen vorzüglichen Platz: die Singstücke von **Graun, Bach, Benda, Hasse,** Jo-

8

Jomelli, Rolle ꝛc. worunter besonders die Graunischen Werke, Bachs Israeliten in der Wüste, und dessen Passion, Jomellis *Requiem*, Hassens *Pellegrini*, und Rollens Tod Abels, dessen Saul, oder die Gewalt der Musik, dessen Abraham auf Moria, und dessen Lazarus, oder die Feyer der Auferstehung, schon allgemeinen Beyfall erhalten haben, und mit Ruhm bekannt sind.

Um aber das Einseitige zu vermeiden, und für das Vergnügen jeder Classe von Musikliebhabern zu sorgen, soll nicht das ganze Concert bloß auf die Aufführung erwähnter Singstücke eingeschränkt seyn; sondern es sollen auch zur Abwechselung Instrumentalstücke von mancherley Gattung aufgeführt werden. Es wird demnach folgende Einrichtung in Rücksicht auf diese nöthige Mannichfaltigkeit die beßte seyn:

> 1) daß ungefehr alle 14 Tage eines von den erwähnten großen Oratorien gegeben werde;
>
> 2) daß das zwischen diese 14 Tage fallende Concert, jedesmal mit kleinern Singstücken, als Cantaten, einzelnen Arien, Duetten, Chören ꝛc. und mit Solo- und Concertstücken für verschiedene Instrumente ausgefüllt werde.

Auch hierinn soll und kann eine Auswahl beobachtet werden, die den Zuhörer befriedigen und interessiren wird.

Die Wahl der Stücke wäre also bestimmt. Beym zweyten Erforderniß eines guten Concerts, welches die Ausführung selbst betraf, wird der Liebhaber, welcher die Beschaffenheit unserer musikalischen Verfassung einigermaaßen kennt, wahrscheinlich mehrere Schwierigkeiten befürchten; viele werden sich vielleicht sogar kaum eine Möglichkeit gedenken können, die bestimmte Wahl der Stücke durch eine angemessene und gute Ausführung zu rechtfertigen. Ich fürchte aus verschiedenen Gründen weit weniger, und bin sogar überzeugt, daß unsere musikalischen Kräfte grade der Ausführung solcher Stücke am allerbeßten gewachsen sind. Dieß fordert eine Erläuterung:

Es

9

Es ift fchon oben gefagt worden, daß bey bloßer **Inftrumental-** **mufit,** wenn fie den Zuhörer befriedigen, und hinlänglich intereffiren foll, ein Vortrag erfordert werde, der in aller Abficht fchön uud reizend fey. Diefen Vortrag nun, darf man nur von einem Virtuofen **erwarten,** deffen Kunft durch vieljähriges Studium eine gewiffe Reife erhalten hat. In der Ausführung von **Singftücken** hingegen, wie die angeführten find, findet man keine von jenen Schwierigkeiten, welche nur der reife Künftler zu überwinden vermöchte; alles ift darinn leicht, fimpel, fließend, und erfor- dert wenig andere Kunftfertigkeit, als eine gewiffe Art von **bedeutenden Vortrag,** deffen jeder nicht gänzlich gefühllofe Ripienift fchon fähig ift, wenn ihm ein kleiner Fingerzeig gegeben wird, wie und auf welche Art er zu erreichen fey. Da wir nun im eigentlichften Verftande nicht einmal fo gar arm find, fondern wirklich einige Dilettanten unter uns haben, de- ren mufikalifche Kenntniffe und Gefchicklichkeiten ungleich weiter reichen, als man fie von Dilettanten erwarten darf, und man ficher darauf rech- nen kann, daß fie durch ihren Beytritt die Aufführung fo vorzüglicher Mufikftücke gerne befördern und begünftigen werden; was für Schwierig- keiten bleiben uns denn noch übrig? Sollten fie fich nicht fämmtlich heben laffen, wenn **gehöriges Einverftändniß** unter alle Glieder des Orche- fters gebracht wird? Und welcher Mufikfreund, der im Stande ift, an der Aufführung folcher Mufikftücke Theil zu nehmen, wird dem allgemei- nen Erwarten und den Wünfchen der Zuhörer fo entgegen handeln, daß er durch irgend etwas die gute Ausnahme derfelben hindern und ftören könn- te? — Wie gefagt, hierinn befürchte ich nichts, um fo weniger, da ich fogar fchon erlebt habe, daß hier einigemale mit vereinigten Kräften un- ferer mufikalifchen Dilettanten, und mit gehöriger Veranftaltung, Mu- fikftücke fo ausgeführt worden find, daß meine Erwartungen und Wünfche beßer befriedigt wurden, als ich fie hernach befriedigt fand, da ich die- fe nemlichen Stücke von einigen nicht ganz fchlechten Capellen aufführen hörte.

Was fich der Liebhaber fonft noch für Schwierigkeiten bey dem Punkte der Ausführung denken möchte, laffe ich hier mit gutem Vorbedacht un- aufgeklärt. Es wird ihm hoffentlich kein Mißvergnügen machen, wenn er am Ende etwas mehr findet, als ich verfprach, und er erwartete.

B   Nun

10   ━━━━━━━━

Nun ist uns noch der dritte Punkt übrig, welcher die Leitung der Urtheile über die aufgeführten Stücke betraf. In besonderer Absicht auf das Concert, ist er nicht wesentlich, sondern gehört nur für solche Musikfreunde, die sich gerne genauere Kenntnisse vom Innern der Kunst erwerben wollen. Da nun diese Kenntnisse ohne Einsichten in verschiedene Theile der musikalischen Theorie nicht erreicht werden können, so habe ich das, was zu dieser Absicht am unentbehrlichsten ist, aus meinem vor zwey Jahren herausgegebenen Programm: „über die Theorie der „Musik, insofern sie Liebhabern und Kennern nothwendig und nützlich „ist;" herausgenommen, und mir einen Plan entworfen, nach welchem musikalische Vorlesungen gehalten werden können. Diese Vorlesungen sollen jedoch mit dem Concerte selbst, insofern in der genauesten Verbindung stehen, daß der Plan der darinn aufgeführten Singstücke nach allen seinen Theilen und Absichten zergliedert, und dem Zuhörer überhaupt gezeigt wird, worinn die Vorzüge und Schönheiten dieser Stücke zu suchen sind. Zu dieser Zergliederung wird ohngefehr wöchentlich eine Stunde hinreichend seyn; die übrigen Stunden sind zur Erklärung verschiedener Theile der eigentlichen musikalischen Theorie bestimmt, ohne deren hinlängliche Kenntniß jene Zergliederung nicht immer begreiflich und deutlich genug seyn möchte.

Was dem obigen noch beyzufügen ist, betrift einige äußere Einrichtungen des Concerts, und die Bedingungen, unter welchen es auf die beschriebene Art gegeben werden kann. Obgleich jedermann leicht sehen wird, daß es mit großen Kosten und Beschwerlichkeiten verbunden seyn müsse, und gewiß viele sich auf keine Weise weigern würden, einen etwas höhern Preiß zu bezahlen, als ehedem gewöhnlich war; so will ich es doch bey dem einmal eingeführten Preiß bewenden lassen, nur mit dem Vorbehalt: daß, im Fall sich am Ende finden sollte, daß die Anzahl von Subscribenten zur Bestreitung der Kosten nicht hinreichend wäre, sich die Interessenten gefallen lassen, etwas, es sey so wenig als es wolle, nachzuzahlen. Die Schwierigkeit, alle Kosten einer so weitläuftigen Sache genau vorher zu übersehen und zu berechnen, macht mir diesen kleinen Rückhalt nothwendig. Damit aber niemand einen Mißbrauch dieses Rückhalts befürchte, so erkläre und versichere ich hiermit, daß ich auf keine andere bere Art Gebrauch davon machen werde, als wenn es wirklich an Mitteln zur Bestreitung der unumgänglich nothwendigen Kosten mangeln sollte. Ich verlange nur Ersatz, nicht Vortheil; und so billig es auch wäre, für Mühe und Arbeit etwas zu rechnen, so thue ich doch vors erste herzlich gerne darauf Verzicht, und will die Zufriedenheit der Interessenten mit dem gewünschten glücklichen Erfolg meines Unternehmens, dafür annehmen.

Musikfreunde also, welche das akademische Concert durch Subscription befördern und unterstützen wollen, bezahlen Einen Louisd'or pränumerirend.

Diejenigen Liebhaber der Musik hingegen, welche nicht zu subscribiren belieben, bezahlen den jedesmaligen Eingang mit einem halben Thaler.

Damen sind frey.

Für jedes Concert wird eine Anzeige gedruckt, von dem, was an jedem Sonnabend aufgeführt werden wird. Zu den Oratorien werden die Texte gedruckt, wofür, nachdem sie stark sind, eine Kleinigkeit besonders bezahlt wird. Der Concertdiener ist dazu angewiesen, den Interessenten die jedesmaligen Anzeigen und Texte einige Tage vor dem Concert ins Hauß zu bringen.

Concert-Tag und Stunde bleibt wie ehedem; nemlich Sonnabends von 5 bis 7. Auch der dazu bestimmte Concilien-Saal wird beybehalten.

Zu seiner Zeit wird den Musikfreunden durch den Concertdiener ein Buch zur Inscription für das Concert präsentiret werden; man kann sich aber auch sowohl in meinem Hauße, als beym Anfang des Concerts vor dem Eingang in den Saal dazu einschreiben.

Liebhaber, welche an meinen musikalischen Vorlesungen Theil nehmen wollen, finden mich jetzt und künftige Michaelisferien hindurch, je den Mittwoch und Sonnabend Vormittags bis 11 Uhr, zur genauern Verabredung der bequemsten Tage und Stunden, bereit. Göttingen, im August 1779.

Noch 1808 (Allg. Mus. Zeitung, Sp. 380; Schwab, S. 56) wird über das »zu zwanglose Betragen« im Konzert geklagt, allerdings im benachbarten Holland, wo es wohl kaum viel zwangloser zuging als in Deutschland:

»Das allgemeine laute Plaudern hörte nicht einen Augenblick auf; es hatten auch sogar verschiedene Herren sich mit ihren Stühlen vor die Sitze der Damen so gesetzt, daß sie dem Orchester den Rücken zukehrten, um sich mit diesen desto bequemer laut unterhalten zu können.«

Daß außer Reden das Essen, Trinken, Rauchen und Kartenspielen lange Zeit im Konzert üblich waren, wissen wir von Uffenbach (vgl. S. 10ff) und aus einem bereits zitierten Erfurter Bericht über die 1760er Jahre (vgl. S. 83). Zelter, Goethes Musikfreund, berichtet vom Berliner Montagskonzert (1774), das Dirigieren sei sicher »im Nebel unzähliger Tabakspfeifen nicht leicht« gewesen (Zelter, Darstellungen seines Lebens, hg. v. J. W. Schottländer, Göttingen 1978, S. 224).

Musikanstalt in Schweinfurt

»Nach einem uns zugesandten gedruckten Avertissement ... gibt sich der Unternehmer des öffentlichen Concerts, Hr. Joh. Christoph Brenner, viel Mühe, um die Beförderung der Kunst und das gesellschaftliche Vergnügen in seiner Stadt. Im Sommer gibt er seinen Gartensaal dazu her, und sorgt sogar dafür, ›daß die auswärtigen Musici das Entreegeld erhalten, daß ein benachbarter Büttner den Trankverlag über sich nehme, daß es an Ruheplätzen und Kanapees nicht fehle und sogar unweit des Gartenhauses eine Eisgrube sey, worin die Getränke aufbewahrt werden können‹. Da ist doch wohl zu wünschen, daß das Schweinfurtische Publikum, dem die Musik von mehreren Seiten so annehmlich gemacht wird, diesen guten Willen des Herrn Brenner dankbarlich erkenne und benutze, und daß nicht, wie noch im Anhang gesagt wird, Kinder, die ohne Begleitung der Eltern und Hofmeister [Hauslehrer] kommen, und allerhand Gesindel, bei den Concerten und Proben durch Schäkern, Herumlaufen und Lachen Störungen machen.« (Berlinische Musikalische Zeitung, hg. v. Joh. Carl Gottlieb Spazier, Berlin 1783, S. 62)

Es ging offenbar im 18. Jahrhundert und teilweise auch noch später im Konzert zu wie heute noch – wenn man entsprechenden Berichten trauen kann – in China: Während der Musik horchte und schaute das Publikum nicht gebannt und schweigend nach vorne zum Podium, sondern es erlebte sich selbst als aktiven Teil der Unterhaltung, nicht nur zuhörend, sondern auch auf alle mögliche Art das schöne abendliche Zusammensein genießend.

Von den Kennern wurde dieses Verhalten stets mit dem Argument gegeißelt, der größere Teil der Zuhörer habe »Nebenabsichten«, komme gar nicht wegen der Musik.

»Nichtkenner von beiderlei Geschlecht besuchen ein Concert blos aus bon ton, langer Weile, Begierde zu sehen und gesehen zu werden, und diesen ist die Nothwendigkeit lange zu zuhören und zu schweigen allzu unbehaglich, als daß sie sich derselben nicht auf alle Art zu überheben suchen.« (Bossler III 1790, Sp. 61)

»Ich versichere Sie, ich bin recht böse über die Ungezogenheit unserer Leute. Es ist wahr, nicht der sechste Theil kommt der Musik zu Gefallen. Die Weibsbilder erscheinen, sich sehen zu lassen; die Mannsbilder, sie zu sehen. Viele auch schämen sich, nicht vom Concerte zu sein, damit sie ja auch unter die schöne Welt gezählt werden.« (Bericht aus Basel 1755; vgl. Schwab S. 56)

Die kennerischen Aufklärer versuchten vieles, um die Musik, nicht das Publikum zum Hauptgegenstand der Konzerte zu machen. Die äußeren Zeichen der Festlichkeit, die frohe Laune, die im frühen Konzert üblich waren, wurden abgebaut, vor allem die häufige Sitte, Bälle in die Konzertzyklen einzuschieben (vgl. S. 83 f) oder auch an das Konzert anzuschließen. Das ging bei den öffentlichen Konzertunternehmen nur allmählich. In ganz seltenen Fällen wurde dergleichen – wie beim Verhindern von störendem Reden – per Statut einfach verboten. Interessant sind die Gründe dafür, die bei Gründung der Nordhäuser Gesellschaft 1776 genannt werden (Cramer II/1, S. 362), denn in ihnen wird deutlich, wie die Kenner unter dem Publikum, hier also die Gesellschaftsgründer, das wünschenswerte Verhältnis von Entspannung und Tagewerk, Freizeit und Arbeit sahen.

»Wenn das Concert geendiget ist, darf kein Ball darauf eröfnet werden. Manchen, der Wohlstands halber bleiben müßte, würden seine Geschäfte dauern, die er folgenden Tages halb schlafend und halb wachend verrichten müßte; manchen die Ausgaben, die bei solchen Gelegenheiten unvermeidlich sind; manchen der Schlaf, den er mit einem Balle, Masquerade, Redoute etc. vertauschte; wieder einen andern, die Süßten Eindrücke, die ihm eine Symphonie, Concert, Trio etc. gemacht, mit denen er gern einschlummern möchte, und die ihm im Traume noch behagen sollten. Und überhaupt hat man so viel, als sich hat thun lassen, alle Ursachen aus dem Wege zu räumen gesucht, die die Vernichtung einer so guten Anstalt, welche den Geschmack an musikalischer Wissenschaft allgemeiner machen und immer mehr erhöhen soll, und der jeder musikliebende Nordhäuser Dauer, und den möglichsten Grad der Vollkommenheit wünschet, einigermaßen veranlassen könnte.«

Die Kenner mußten noch viel Arbeit am großen Publikum leisten, ehe es auf einem Konzertzettel heißen konnte: »Während der Dauer eines Musikstückes bleiben die Thüren geschlossen.« Das war erst hundert Jahre später, 1884, beim Konzert der Meininger Hofkapelle möglich (MGG, Bd. VII, Sp. 1596).

Einstweilen spazierte das Publikum noch herum und unterhielt sich, durch die Musik und miteinander. Und offenbar äußerte es sein Gefallen an der dargebotenen Musik unterschiedlich, teils unordentlich und uneinheitlich, teils laut oder auch zu schwach. Jedenfalls wurde mancherlei über den Beifall geschrieben: Man war auch in dieser Hinsicht mit dem Publikum selten zufrieden.

Zunächst scheint sich das Publikum nicht immer genügend auf das ab-

zustattende Lob konzentriert zu haben, sondern die Musik oft als Unter-
haltungsmittel neben Essen und Rauchen betrachtet zu haben. Das fürstliche
Konzert war ihm dabei ein gutes Beispiel (vgl. S. 25 f). Hiergegen wetterten die
Aufklärer und riefen zum konzentrierten Wechsel von Hören und Beifall-
spenden auf. Friedrich Wilhelm Marpurg gibt eine sarkastische Schilderung
der unaufmerksamen Haltung des Publikums, das auch an anderer Stelle als
»lau« bezeichnet wird (Cramer II/2, S. 880). Hier also Marpurgs Bild (Marpurg 1749, S. 101 ff):

»Die Aufmercksamkeit der Zuhörer ist unstreitig eines der besten Mittel, den edlen
Ehrgeiz geschickter Virtuosen, oder andrer artigen der Musick ergebnen Personen zu
reitzen, und dadurch zugleich den guten Geschmack empor zubringen. Es besteht aber
diese Aufmerksamkeit nicht alleine darinnen, daß man währendes Concerts ein Stillschweigen beobachtet, daß man kein Piquet spielet, und sonder große äußerliche
Zerstreuung zuzuhören scheinet. Es ist nicht genung, die angenehmen Klänge der
gefälligen Musen durch kein Gepolter mit den Füßen, oder durch kein verwirrtes
Plaudern zu unterbrechen. Wir sind der Geschicklichkeit eines Ausführers einen deutli-
chern Beweis unsers Beyfalls schuldig. Die reitzenden Töne, womit er uns entzücket,
verdienen, mit einem Complimente beehrt zu werden [Lobspruch]. Diese Art, den Eifer
der Concertisten zu unterhalten, und die Freunde der Thonkunst aufzumuntern, scheinet noch nicht durchgängig Mode zu seyn. Man pfleget noch hin und wieder alles mit
einer kalten und phlegmatischen Gleichgültigkeit anzuhören. Die junge anmuthige
Phyllis lässet sich, nach einer kleinen Weigerung, erbitten, zu spielen. Man stellt sich
sogleich nach der Kleiderordnung um den Flügel herum [zur Rangordnung vgl. S. 61 f].
Die Fertigkeit ihrer Hände ist bewundernswürdig. Sie machet ihrem Meister Ehre. Nur
ihre höltzernen Zuhörer rühret sie nicht. Sie ziehen sich einer nach dem andern in aller
Stille und Ehrbarkeit auf ihren Stuhl zurücke. Die Doris singet unvergleichlich. Der
Umfang ihrer Stimme, die Zärtlichkeit ihrer Triller, die Reinigkeit ihrer Aussprache,
alles ist an ihr ausnehmenswürdig. Ihr lebloser Zuhörer erkennet es nicht, oder besitzet
nicht so viele Lebensart, daß er es zu erkennen geben kann. Er thut nicht eher den
Mund auf, als bis ihm eine Rolle Kanaster [Tabak] gezeigt wird. Der Geschmack des
Tabacks ist ihm bekannter als der in der Musick. Da wachet er mit einmahl aus seinem
stoischen Schlummer auf. Die andern folgen ihm nach, und ein jeder giebt sein Wort,
nachdem ihre Nase, den Geruch dieses so berühmten Gewächses zu empfinden, im
Stande ist. Bis daher sassen sie insgesamt steif und unbeweglich, so wie eine auf ihrem
Stuhle eingekleidete Weynachtspuppe, woferne nicht etwann ein in den Regeln der
Petitsmaitres noch nicht ausgelernter Pflasterstutzer bey Endung eines Stückes die
feurige Lisette von den Heuschrecken in Ungarn zu unterhalten, anfieng, oder ein
andrer ohngefähr an seiner von einem schmutzigen Wucherer nächst zum drittenmahle
eingelösten Sackuhr spielte, und dadurch der Gesellschaft, sich nach dem Glocken-
schlage zu erkundigen, Gelegenheit gab. Unterdessen wird diese bey Anhörung der
feinsten Thöne mit der ernsthaftesten und einer etwas vornehmen Mine begleitete
Unempfindlichkeit zu einer Regel, und findet sich auch jemand, dem die Pulsader
schläget, und der einigen Ausführern, oder, um keine Eifersucht zu erwecken, dem
sämtlichen Chore der Concertirenden, durch ein öffentliches Compliment seinen Beyfall bezeugen will, so wird er damit an sich halten, wofern er in den Augen der Einfalt
für keinen Lustigmacher aus Franckreich paßiren will.«

Das Publikum blieb aber – falls Marpurgs Bild überhaupt als allgemeinver-
bindlich gelten kann – nicht so lau und uninteressiert, es klatschte immer
heftiger. Und das, obwohl Marpurg doch zum »Compliment« geraten hatte.
Auch Reichardt unterließ es anläßlich seines Berliner Concert spirituel vom
11. 3. 1784 (Cramer II/1, S. 152) nicht, dem Publikum den lobenden Zuruf
anzuempfehlen, und zwar an Stelle des Klatschens. Hier ein Bericht darüber:

»Vor diesem Concerte ward auf der ersten Seite der dazu gehörigen Blätter folgender
Avis au Lecteur [Hinweis für den Leser] angebracht, den man auch wohl anderwärts
den Zuhörern, besonders geistlicher Musiken, sehr zu beherzigen anempfehlen
möchte:
›Viele der feinsten Musikfreunde haben oft die Bemerkung gemacht, daß das laute
Händeklatschen nach einem schönen Stück ihnen den angenehmen Eindruck zerstöre,
den sie so gerne länger erhielten; und dem wahren ausübenden Künstler ist ein bravo
oder bravissimo! an der rechten Stelle gerufen, viel entscheidender und schmeichel-
hafter, als alles laute Klatschen am Ende eines Stücks, das oft bloß durch einen
brillanten Schluß, eine Cadenz, und hundert andre Nebenumstände erzeugt wird. Es ist
also wohl zu wagen, ein feines, geschmackvolles Auditorium darauf aufmerksam zu
machen, ob hier das bravo rufen nicht dem lauten Händeklatschen vorzuziehen sey?‹«

Da sind sie wieder, die Nebenabsichten! Wer sie bevorzugt, scheint auch dem
Klatschen zuzuneigen. Und das galt Reichardt als ordinär, unfein, geschmack-
los. Natürlich wird Reichardt beobachtet haben, daß weit weniger Leute sich
trauen, ein einzelnes Bravo zu rufen, als am Satzschluß in ein lautes, kollekti-
ves Klatschen auszubrechen. Und das wollte er nutzen.
    Nicht nur, daß das Publikum alle nicht direkt auf die Musik bezogenen
Äußerungen unterlassen sollte: Auch seine musikalische Anteilnahme oder
Dankbarkeit sollte möglichst wenig Lautstärke haben.

»Oft haben tausend Bravo's, tausend laute Beyfallszurufungen Madame Mara mitten in
Einem Zuge unterbrochen, welchen die mit zu viel Bewunderung erfüllte Seele der
Zuhörer ihr nicht zu Ende zu bringen erlaubte. Oft fürchtete man, beym Gesang der
Madame Todi, Odem zu holen. Man dachte an kein Klatschen; das Herz, von Ver-
gnügen angeschwollen, schien diejenige auf einen Augenblick zu vergessen, der man es
zu danken hatte.« (Cramer I/2, 1783, S. 847; Bericht aus Paris)

Und die Erziehung zur Körperlosigkeit, zur völligen Vergeistigung beim Aufnehmen der Musik spricht sich schon fast absurd in einem Bericht aus Wien
aus (Cramer I/2, 1783, S. 843), der anfangs einen Hieb gegen das instrumentale Virtuosentum enthält: Es wird durch einen Vergleich mit Gedichten,
deren Großbuchstaben eine lateinische Jahreszahl ergeben, als kaltes Kunst-
stück dargestellt:

»Ein Instrumentalconcert gleicht meistentheils einem Chronodistichon, an dem bloß die
große Mühe zu bewundern ist. Das starke Händeklatschen nach einem Concert ist der
sicherste Beweis, daß nur das Gehör beschäftigt war. Music, die ins Herz dringt, muß
uns vergessen machen, daß wir Hände haben.«

Das Publikum, gebannt und gelähmt, seines Körpers unbewußt: eine Glücks-
vorstellung der Musikerzieher. Es gab noch eine Beifalls-, nein eine Mitfühls-
form, die den Zuruf übertraf und der in der Zeit des Empfindsamkeitskultes
auch ausgiebig gehuldigt wurde: das Weinen. In ihm vermischten sich Anteilnahme und Lautlosigkeit ideal. Man störte nicht, zeigte aber trotzdem eine
Reaktion. (Über den Tränenkult in der Zeit der 60er und 70er Jahre vgl. Balet,
S. 306–318.) Zeitgenössische Berichte kehren das Weinen als besonderes Gü-
temerkmal beim Musikhören heraus, nicht nur bei Komponisten wie Carl
Philipp Emanuel Bach, sondern auch bei hochgestellten Musikliebhabern,
deren Empfindungen durch Anekdoten-Verbreitung besonders beispielhaft
wirkten.

Über ein Hauskonzert des Grafen Kayserlingk heißt es: »In solchem Traume
versunken seufzte und jammerte er oft bei rührenden Stellen so tief in sich,
daß er alle Anwesenden rührte ...« (zit. bei Preußner, S. 42). Oder unter
»Musikalische Neuigkeiten« bei Forkel 1778 (B I, S. 314):

»Das Liebhaber-Concert zu Paris, wurde neulich mit einer Sinfonie von der Composition des Hrn. le Duc angefangen, welche bey der Probe eine besondere Wirkung that.
Mitten im Adagio wurde der bekannte Herr von St. George bey einer sehr zärtlichen
Stelle, durch das Andenken an seinen verstorbenen Freund so heftig gerührt, daß ihm
der Bogen aus der Hand fiel, und Thränen auf die Geige rollten. Dieses rührende
Gefühl wurde so allgemein, daß alle, die mitspielten, ihre Instrumente niederlegten, und
sich ihrer Betrübniß überließen.«

Mit diesem Mittel erzielte Carl Friedrich Zelter ungewöhnliche Erfolge
(a.a.O., S. 255 f, vgl. S. 152): Als er in den 80er Jahren beim Konzert des
preußischen Kronprinzen den Händelschen »Messias« hören durfte, war er so
beeindruckt, »daß meine Freude in lauten, ja in schmerzlichen Äußerungen
ausbrach und Aufmerksamkeit erregte. Man glaubte, mir sei nicht wohl, und
der Kronprinz ließ fragen, was mir fehle«. Nun schämte er sich sehr und
schrieb am Folgetag einer Bekannten der Hofoper einen Brief, »entschuldigte
mein Betragen und meine Entweichung so gut ich konnte, worauf ich denn
vom Kronprinzen selber die Erlaubnis erhielt, allen seinen Sonntagskonzerten
beizuwohnen«.

Das Publikum ist heutzutage nicht mehr so leicht zum Weinen zu bringen,
ist auch trotz Ermahnungen beim Klatschen statt beim Bravorufen geblieben,
das sich nur als Sonderleistung einiger Fanatiker zusätzlich zum Klatschen
erhalten hat. Sie wollen damit eine höhere Kennerschaft demonstrieren, folgen
also mustergültig den Lehren Marpurgs und Reichardts. Das häufig zu beob-
achtende kollektive Trampeln zusätzlich zum Klatschen scheint mir dagegen
eher ein dumpfer, regressiver Protest gegen die sonst erzwungene Körperlosigkeit im Kontakt mit Künstlern und Kunstwerken zu sein. Kinder tun das
im Zorn, Erwachsene beim Militär.

Das Publikum wurde so lange zum Schweigen beim Konzert aufgefordert,

bis die Volkserzieher und Musiker im Umkehrschluß selbst glaubten: »Durch
die gänzliche Stille bemerkt man das Gefallen der Zuhörer an dem schönen
Vortrag« (Hiller 1770, S. 125). Oder, differenzierter:

»Der Beyfall der Kenner, eine fortdauernde Stille und Aufmerksamkeit der Zuhörer
überhaupt – welches das sicherste Kennzeichen ist, daß wir auch den Beyfall der
Liebhaber, der uns ebenfalls nicht ganz gleichgültig seyn darf, erhalten haben – ... dies
sind die Dinge, die jedem Künstler, welcher weiß was Ehre ist, sehr am Herzen liegen.«
(Dulon, S. 156)

»Was mich aber am meisten freuet, ist, der Stille beifall« (Mozart über eine »Zauber-
flöten«-Aufführung; 7. 10. 1791, Briefe IV, S. 157).

Lehrt nicht ein Blick ins heutige Sinfoniekonzert, daß das Schweigen der
Zuhörer auch ganz anderes bedeuten kann als Aufmerksamkeit? Ist es nicht
oft eine ganz unproduktive, eingedrillte Ehrfurchtsgeste wie in der Kirche, eine
erlernte Unfähigkeit, sprachlich auf Musik zu reagieren – wie die notgedrun-
genen Gespräche in der Pause zeigen –, oder einfach Langeweile oder Rat-
losigkeit über bestimmte Stücke oder Spieler, die nicht offen geäußert werden
dürfen?

Das wurde schon recht früh genauso gesehen, allerdings nicht unter kritischen Gesichtspunkten, sondern mit dem Stolz des erfolgreichen Erziehers,
dem es nur auf das sichtbare bzw. hörbare Ergebnis ankommt, nicht auf
Prozesse in und zwischen den Menschen: Hauptsache, es ist still; warum jeder
still ist, ist seine Sache!

»Ey, Herr Amusos, wie beschämt würden Sie seyn, wenn Sie in unsere Concerte kämen,
und sähen, daß es hier eben so ordentlich und stille zugehet als anderwärts! Musica
amat silentium. Wenn sich bisweilen Nebenabsichten mit eindrängen, wer stehet uns
denn dafür, daß alle, die in die Kirche gehen, es aus den rechten Absichten thun? Lassen
Sie uns also immer musiciren! Wir glauben eine müßige Stunde weit besser zugebracht
zu haben, als wenn wir gespielt, gesoffen, verleumdet, gegähnt oder geschlafen hätten.«
(Hiller II 1767, S. 163)

(Nicht unbedingt gleichbedeutend, aber äußerlich parallel ist die Entwicklung
hin zum stillen Einzel-Lesen im 18. Jahrhundert.)

Neben dem Reden wurde auch allmählich das Trinken, Rauchen und
Spielen im Konzert eingeschränkt. Musikdirektor Weimar erwähnt 1784 solche Unsitten als Werbungsnotwendigkeiten der Anfangszeiten der Erfurter
Konzerte in den 60er Jahren für diejenigen, »die keinen sonderlichen Gefallen
an der Music fanden« (vgl. Zitat S. 82 f). Es ging ja damals noch darum, für
die »Aufnahme« der Musik zu werben. Außerdem bestand ein Interesse an
möglichst großen Einnahmen. Man konnte das laute Publikum nicht einfach
ausschließen wie in den Gesellschaften, sondern mußte es zunächst für die
Musik werben, dann allmählich erziehen. 1784 war das in Erfurt offenbar
längst im Hinblick auf die genannten Tätigkeiten und »Nebenabsichten«
erreicht.

Spieler und Publikum wurden mit der Zeit räumlich getrennt. Das erhöhte Podium wurde allgemein üblich. Akustische Verbesserung und eine auch visuelle Ausrichtung der Hörer auf die Musikquelle wurden so besser erreicht. Die Einführung von festen Sitzreihen gegen Jahrhundertende verhinderte das Umhergehen und erschwerte das Miteinandersprechen, und die Installierung einer Konzertpause forderte zur zeitlichen Scheidung von Aufmerksamkeit und Zerstreuung auf (vgl. S. 108 ff).

Hier ein paar Daten zu Maßnahmen, durch die Publikum und Spieler räumlich getrennt wurden:

1676   Thomas Mace in England plant einen »Musick-Room«, wobei es vor allem um eine Abschwächung und Abschirmung der »Common Noises« geht, z. B. durch abgetrennte Hörerräume, die höher liegen als die Orchesterebene (Schwab S. 46).

1725   Das Musikkollegium Zürich vergrößert den Saal für das Publikum, das dann durch Gitter abgetrennt der Musik zuhören kann (Schwab, S. 42).

1770   Berliner Bürger dürfen, durch ein »Geländer« vom Hof abgetrennt, am Hofkonzert teilnehmen (vgl. S. 86).

1776   Im Leipziger Großen Konzert stehen die Hörer auf einer hohen hölzernen »Galerie« an einer Saalseite dem Orchester gegenüber (vgl. S. 82 f).

1781   Im neuen Leipziger Gewandhaus sitzen sich die Hörer in festen, an den Längsseiten des Saales ansteigenden Sitzreihen gegenüber (Schwab, S. 48).

1788   Das Orchester der Amsterdamer Konzertgesellschaft wird vom Publikum durch ein Podest getrennt, damit es – wie Carl Ludwig Junker 1782 an einem anderen Beispiel sagt – den Spielern nicht widerfahren kann, daß ein »Nobilis, der auch etwas krazen und dudlen kann, hart hinter ihm, in sein Blatt sehe, und ihn schenire«. (Schwab, S. 74)

Neben Ermahnungen und Umbauten gab es aber noch andere Möglichkeiten, das Publikum endlich von seinem störenden Geschwätz zu heilen.

Ein seltener Glücksfall war es, wenn eine so furchteinflößende Musik-Autorität im Saal war, daß schon ihr Blick für Ruhe sorgte, so im Falle des Wiener Musik-Papstes und Förderers von Mozart und Haydn, Gottfried van Swieten (in Konzerten, die er arrangierte, wurde auch richtig »Bravo« gerufen).

»Wenn er ein Konzert besuchte, ließen ihn alle die »Halb-Kenner« nicht aus den Augen und bemühten sich, in seinem Gesichtsausdruck seine Meinung über die Musik zu lesen. Wenn bei einem Konzert jemand zu flüstern wagte, pflegte sich seine Exzellenz, die gewöhnlich in der ersten Reihe saß, feierlich zur vollen Größe zu erheben, sich zu dem Missetäter umzudrehen, einen langen strengen Blick auf ihn zu heften und dann langsam seinen Sitz wieder einzunehmen. Es wirkte immer.« (George R. Marek, Ludwig van Beethoven. Das Leben eines Genies, München 1970, S. 123 f; ich möchte auf eine moderne Parallelerfahrung und deren Interpretation in dem von mir herausgegebenen Buch verweisen: Warum wir von Beethoven erschüttert werden, Frankfurt/M. 1978, S. 63 f.)

Solche Autoritätspersonen – wie auch der Leipziger Kaufmann mit dem »Ladenschlüssel«, von dem Reichardt berichtet (vgl. S. 79 f) – hatten also nicht nur die Möglichkeit, durch visuelle oder akustische Signale das Publikum zu bändigen, sondern sie konnten die Unsicheren und Unaufmerksamen auch inhaltlich zur Hördisziplin bringen, nämlich durch deren Bindung an ihr Fachurteil. Ein solches Lauern auf die Meinung der Kompetenten wurde häufig empfohlen.

In Marpurgs Übersetzung von Grandvals Musiktraktat heißt es (Marpurg 1749, S. 194):

»Wenn wir sehen werden, daß unsre Urtheile mit dem Namen des Componisten übereinstimmen, daß sie den Aussprüchen geschickter und unpartheyischer Musickverständigen und Kenner ähnlich sind, und daß diese Urtheile durch das Ansehen des Volckes und der Zeit bevestigt werden: so können wir sagen, daß wir gut urtheilen, und folglich, daß unser Geschmack gut ist.«

Und Quantz doziert (Kap. XVIII, § 7, § 10):

»Der unzeitige Beurtheiler steht immer in Gefahr, gegen andere, die nicht seiner Meynung sind, und vielleicht mehr als er verstehen, seine Unwissenheit zu verrathen; und hat also von seinem Urtheile keinen Nutzen zu gewarten … Ueberhaupt wird die Billigkeit nicht leicht überschritten werden, wenn man, anstatt von einem Musikus, oder von einem Stücke zu sagen: es tauget nichts, nur sagen wollte: es gefällt mir nicht. Das letztere hat ein jeder Macht zu sagen: weil man niemanden zwingen kann, daß ihm eine Sache gefallen müsse. Das erstere aber sollte man billig nur den wirklichen Musikverständigen, welche allenfalls den Grund ihres Urtheils zu beweisen schuldig sind, allein überlassen.«

Das Publikum sollte vorsichtig in seinen Äußerungen sein und seine Urteile nicht unabhängig von denen der Fachleute fällen. Das konnte auf zweierlei Weise erreicht werden, entweder so, daß das Publikum zum selbständigen Umgang mit Fachwissen gewiesen wurde, also daß das Fachwissen der Kenner nur als Hilfsmittel zum eigenen Urteil dienen sollte, oder so, daß die Fachleute das Publikum unvermittelt und zielgerichtet in eine bestimmte Geschmacks- und Urteilsrichtung drängten.

Um zur ersten Alternative beizutragen, verwendeten die aufklärerischen Musik- und Volkserzieher viel Mühe darauf, das Publikum von Vorurteilen und falschen, äußerlichen Begründungen abzubringen und zu einem vernunftbedingten, angeblich sachlichen Urteil zu bringen. Dazu gehörte eine gewisse Unabhängigkeit von dem Glanz von Komponistennamen und der Laune von Wissensträgern. Hier einige Aussagen zu diesem Thema, die erste sogar mit antifeudalistischem Akzent, eine Aufforderung zur Selbständigkeit.

»Es ist endlich nicht zu verwundern, daß einige Zuhörer so gar stumm und unempfindlich sind. Ihre ungewissen Begriffe von dem schönen und verwerflichen in der Musick
setzen sie in eine Unentschlossenheit, ob sie etwas loben oder tadeln sollen. Bey solchen
Umständen haben sie die Vorsicht zu schweigen. Man pfleget doch insgemein denjenigen Leuten, die wenig oder gar nichts reden, einen grossen Verstand zuzutrauen.
Aus dieser Ursache werden auch jene allezeit als tiefsinnige Kenner der Musick gehalten
werden. Fiengen sie an, zu sprechen, so wäre ihr Geheimnis auf einmahl verraten. Man
würde aus ihrer Sprache sogleich abnehmen, daß sie nicht diejenigen sind, wofür man
sie ansiehet. Ihre Blöße würde der Welt aufgedeckt vor Augen liegen. Warum bemühen
sich aber diese Personen nicht, einige Kenntniß von dem Geschmacke in der Musick zu
erlangen. Sie würden ja das Vergnügen haben, daß sie aus eigner Einsicht dem schönen
oder verwerflichen Recht wiederfahren lassen könnten. Brächte man irgend in einer
Gesellschaft eine musicalische Materie aufs Tapet, so könnten sie auch mitreden ... Es
würde ihnen nicht genung seyn, daß etwann ein vornehmer Mann ein gewisses Stück
für schön und sinnreich hält. Sie würden aus eigner Ueberzeugung sprechen, und sobald
dieser vornehme Mann eben dieses schöne Stück, weil es etwann ältert, für schlecht
erkläret, nicht sogleich mit ihm dasselbe zu bewundern aufhören. Man weiß ja, daß
vornehme Leute auch fehlen können. Wie mancher pfleget alsdenn, wenn seine Actien
gestiegen sind, wenn er bey recht guter Laune, und in sich und seine Ducaten vergnügt
ist, alles was er höret, gesetzt, es wäre das einfältigste Gassenlied, für das wunderbahr-
ste Werck, welches Apollo kaum zierlicher entwerfen können, zu halten? Leget diesem
wetterläunischen Manne aber an seinem Sabbate, an diesem Saturnustage, wo er wieder
sich selbst erbittert ist, in diesem melancholischen Augenblicke, das ausgearbeitetste
Meisterstücke vor. Er wird es verdammen. Sein Unheil hat die Genehmhaltung aller
schwachen Köpfe. Sie thun einen gleichen Ausspruch, nicht, daß sie davon würcklich
sollten überführt seyn, nein, weil sie selber zu urtheilen, nicht vermögend sind. Der
und der hat es gesagt. Das ist ihnen genung.« (Marpurg 1749, S. 102)

Ein Musiktest

»In Ansehung der Composition geht es nicht besser. Man will nicht gern für
unwissend angesehen seyn; und doch fühlet man wohl, daß man nicht allezeit
recht zu entscheiden fähig seyn möchte. Deswegen pfleget gemeiniglich die erste
Frage diese zu seyn: von wem das Stück verfertiget sey; um sich mit der
Beurtheilung darnach richten zu können. Ist nun das Stück von einem solchen,
dem man schon im voraus seinen Beyfall gewidmet hat; so wird es sogleich ohne
Bedenken für schön erkläret. Findet sich aber das Gegentheil, oder man hat
vielleicht wider die Person des Verfassers etwas einzuwenden: so taugt auch das
ganze Stück nichts. Wollte sich jemand hiervon handgreiflich überzeugen; so
dürfte er nur zwey Stücke, von gleicher Güte, unter andern Namen, da der eine
im Credit, und der andere im Miscredit steht, ausgeben. Die Unwissenheit vieler
Beurtheiler würde sich gewiß bald entdecken.«

(Ich empfehle allen Lesern diesen Test von Quantz 1752, Kap. XVIII, § 5)

»Auch die Zuhörer, die Liebhaber und die so genannten Kenner der Musik richten insgemein ihren Beyfall nach dem Verfasser eines Stückes. Nachdem ihnen derselbe bekannt oder unbekannt, beliebt oder nicht beliebt ist, oder auch nachdem er ihnen berühmt, oder nicht berühmt zu seyn scheint, darnach urtheilen sie auch, und darnach gefällt oder mißfällt ihnen auch ein musikalisches Stück. Stax wird niemals eine Arie loben, wenn man ihn nicht versichert: sie habe einen Italiener zum Vater.« (Scheibe 1745, S. 546 f, 59. Stück von 1739)

»Hat man nunmehr die innerliche Empfindung mit den Regeln verbunden: so muß man die daraus entspringenden Einsichten anzuwenden, und über die Musick, die man höret, ein gewisses Urtheil zu fällen suchen. Ich habe in der Oper und Concerten wahrgenommen, daß viele Personen gar nicht urtheilen. Einer bemühet sich in des andern Augen zu lesen, was er bey demjenigen, das er höret, gedencken soll. Das Lächeln einer Dame, das Kopfschütteln eines jungen Herrn, Dinge, die öfters aus einem ohngefähren Zufall, und von der Musick entfernten Umständen herrühren, geben bei vielen den Ausschlag zum Beyfall oder zum Tadel. Jenes ist von einem berufnen Meister, man klatschet in die Hände: Dieses ist von einem unbekannten Setzer, man zischet es aus. Ein fälschlich angekündigter Erfolg eines Stückes, ein durch Partisane ausgebreitetes Gerücht, das Wort eines unbesonnenen Kopfes, Eigensinn, Lust und Verdruß, alles dieses beweget öfters zum Lob oder zum Tadel. Elende Anzeigen eines gründlichen Ausspruchs! Will man gründlich urtheilen, so muß man so gleich anfangen, alle diese Schwachheiten auf die Seite zu schaffen. Man muß ein noch nicht eingenommenes, und die Eindrücke der Natur und Vernunft zu empfangen bereites Gemüthe haben, und nicht andere um sein Vergnügen befragen. Man frage sich selbst: hat diese Arie mein Ohr ergetzet? Hat sie mein Hertz gerühret? Ja, die Stimme der innerlichen Empfindung heisset sie gut. Es bleibet nichts übrig, als daß man eine Untersuchung nach den Regeln anstelle, und ihren Ausspruch über seine Begriffe erwarte.« (Marpurg 1749, S. 125 f, »Fortsetzung des Grandvallischen Versuchs über den guten Geschmack«)

»Auch den Dilettanten freut es, wenn er von der Güte eines Stückes, von der besten Wirkung und wahren Eigenschaft eines Instruments zu urtheilen weis, und es nicht auf das Vorurtheil und Ausspruch anderer darf ankommen lassen.«
(J. F. Daube, Der musikalische Dilettant, eine Abhandlung des Generalbasses, Bd. I, Wien 1771, S. 34; zit. Salmen 1969, S. 22)

»Ein jeder, der beurtheilen will, suche dasselbe dabey immer ohne Vorurtheile, ohne Affecten, und hingegen mit Billigkeit zu unternehmen. Man gehe behutsam und übereile sich nicht. Man sehe auf die Sache selbst, und lasse sich nicht durch gewisse Nebendinge, die gar nicht dazu gehören, blenden: z. E. ob einer von dieser oder jener Nation sey; ob er in fremden Ländern gewesen sey oder nicht; ob er sich von einem berühmten Meister einen Scholaren nenne; ob er bey einem großen oder kleinen Herrn, oder bey gar keinem in Diensten stehe; ob er einen musikalischen Charakter, oder keinen habe; ob er Freund oder Feind, alt oder jung sey; usw.« (Quantz 1752, Kap. XVIII, § 7)

Man lächle nur nicht über dieses massive und zum Teil etwas platte Bemühen der Aufklärer um die musikalische Volksbildung! Sicher, es ist nicht leicht, nach den Kategorien der Vernunft, wie sie im Kap. III dargestellt werden, musikalische Eindrücke zu beurteilen und die Urteile dann noch zu begründen. Aber wie wichtig ist doch dieser frühe Ansatz, um jeden Preis Musik nicht in die Sprachlosigkeit des Fühlens ausschließlich absinken zu lassen, sondern auch über sie sprechen und richten zu können wie über einen anderen menschlichen Gebrauchsgegenstand. Ist man heute weiter? Nein, man ist weiter zurück! Denn selbstverständlich richtet sich das öffentliche Urteil von Musikstücken noch eh und je nach Bekanntheit und Unbekanntheit der Namen und nach dem, was die Volkserzieher, die Musikpädagogen an ungeschützten und oft unbegründeten Urteilen dem Publikum vorschreiben.

Und diese Praxis setzte ein, nachdem die frühe Welle der Erziehung zum eigenen Urteil möglicherweise nicht auf die rechte Resonanz gestoßen war bzw. als das Publikum so groß und diffus wurde, daß man nicht mehr an eine individuelle Eigenaufklärung glaubte und nun den Hinweis mit dem großen Zeigefinger für nötig hielt. Das war auf dem Gebiet der Musik um 1780 der Fall.

Es ging nun immer mehr um offizielle, autoritäre Hinweise und Identifikationseinladungen.

Hierher gehört z.B. eine Passage bei Reichardt (1774, S. 122 f) über Carl Philipp Emanuel Bach:

»... ich bemerkte vielmehr, daß die Ursache der überaus seltenen Stärke, die in manchem Ausdruck war, und die viele Leute mehr in Bewunderung setzte, als daß sie es recht fühlten, daß diese bloß darinnen liege, daß Herr Bach vieles weit stärker und lebhafter bey der Arbeit empfunden habe, als die mehresten Menschen im Stande sind, nach zu empfinden. Hiezu gehört gewissermassen, daß man sich in dieselbe Begeisterung zu versetzen suchen muß, in der der Componist sich bey der Arbeit befand; wozu aber nothwendig ist, daß man sich vorher auch als Zuhörer zu einem solchen Stücke zubereite; sich von der Wichtigkeit der Sache, die nun abgehandelt werden soll, überzeuge, gleich dem Componisten, ehe er zu arbeiten anfängt, und daß man sich auch gleich ihm vor aller Zerstreuung während dem Stücke hüte. Denn wenn man nur einen Satz nicht mit derselben Aufmerksamkeit angehört hat, als die übrigen, so kann man schon nicht mehr das Werk als ein ganzes beurtheilen. Ich aber, als Zuhörer, ganz in mich und in dem Stücke versenket, habe es auch, als ganzes betrachtet, schön und vortreflich gefunden.«

Das Publikum kann zwar ohnehin nicht die Höhen der Meister erreichen, aber damit es wenigstens sich annähert, soll es auch das Verhalten nachahmen, das der Komponist beim Schaffen hat: konzentriert, aufmerksam, ohne Ablenkung. Und dazu muß man ganz still sein. Wir haben hier ein sehr frühes Beispiel der »Orientierung am Kunstwerk« (Michael Alt, 1968) und der Aufforderung zur Selbstaufgabe des Zuhörers mit dem Ziel, daß er sich »in dem Stücke versenket«. Der Komponist und sein Werk als Leitbilder des unterordnenden Verhaltens sind eine neuartige Dimension im Umgang mit Musik, und diese ist bis heute bestimmend.

Hiller sprach 1781 in seiner Übersetzung eines französischen Musiktraktats (S. 191 f und S. 197 f) eine Variante dieses Erziehungsprozesses an. Zwei Absätze lauten folgendermaßen:

»In Ansehung der Concertmusik kann ich nichts weiter thun, als die wahren Liebhaber zu bitten, sich nicht vom Geschmacke der neuesten Mode gar einnehmen und hinreissen zu lassen. Laßt uns nicht die Kunst arm und ausgezehrt machen, dadurch, daß wir sie auf ihre neuesten Producte einschränken! Wir wollen uns lieber mitten unter die Schätze versetzen, die das Genie verschiedener Jahrhunderte zusammengebracht hat. Auf diese Weise folgen wir der Kunst in ihrem Fortgange nach, und erhalten eine Geschichte der Musik aus ihren eigenen Denkmälern.«

»Noch ein andrer Umstand hilft das Urtheil des Unwissenden verdächtig machen; und dieser ist, daß sie selten blos nach ihrem Gefühl urtheilen. Diejenigen besonders, die ihre Meynung gern ungebeten sagen, suchen ihr eine Mine zu geben. Sie haben aus dem Munde der Kunstverständigen einige Worte aufgehascht, wissen aber mit der Anwendung derselben sich nicht recht zu helfen. Ich habe solch schlecht abgerichtete Papagoyen gesehen, welche den Reichthum der Harmonie an einer Musik lobten, wenn sie immer nackt und blos auf ein paar Accorden herumkroch. Ich habe andere gehört, die über die schöne Modulation außer sich waren, ehe das Stück noch den Haupton verlassen hatte [die Haupttonart]. Wer keine Bekanntschaft in einer Kunst hat, der kann sich nicht genug hüten, die Sprache derselben zu reden. Er verräth seine große Unwissenheit durch nichts so sehr, als durch den verkehrten Gebrauch der Kunstwörter. Es ist keine Schande, etwas nicht zu wissen; aber wohl, wenn man von dem, was man nicht weiß, in einem entscheidenden Tone spricht.«

Das sind beides Hinweise, die man aufmerksam lesen muß, da sie Bildungsansprüche unterschiedlicher Qualität enthalten. Einmal soll – dies eine Neuentwicklung im bürgerlichen Konzertprogramm – das öffentliche Musizieren zu einem didaktischen Konzept der historischen Musikentwicklung werden, zum andern sollen unwissende Angeber und Blender sich ihrer Inkompetenz bewußt werden und so ihre unqualifizierten Einmischungen in den Dialog der Kenner einstellen. Das Konzert soll in einen Prozeß der Verwissenschaftlichung und hohen Bildung eintreten, bei dem nur noch die Gebildeten mitdiskutieren können.

In dieser Zeit, als die Kenner immer besorgter über die »Modesucht« des Liebhaberpublikums wurden, wurden als Gegenmittel nicht nur die Geistlichen Konzerte eingeführt (vgl. S. 113 f), sondern – damit zusammenhängend – auch die Konzerte, die historische Musik thematisierten. Zunächst war Händel dabei die ausschlaggebende Komponistenfigur, wie ja auch aus den Konzertplänen von Forkel im vorigen Abschnitt hervorgeht. Dann folgten am Jahrhundertende Bach und die alten Italiener, wobei eine treibende Kraft Reichardt war und Zelter mit seiner von Karl Fasch übernommenen Berliner Singakademie (zur Bedeutung des Chorgesanges für diese Entwicklung vgl. S. 482 ff). Die Entwicklung zum historischen Programm ging aber sehr langsam vor sich (ebd.). Und noch 1802 sagte Dulon (S. 69) ganz im Sinne Hillers,

die »Zuhörer« – offenbar sind Liebhaber gemeint – sollten sich bei alten
Werken »doch ja nicht von dem jetzt überall herrschenden und übel verstan-
denen Gemeinspruch abschrecken ... lassen, daß sie bereits zu alt seyen. Für
die Zuhörer sind sie dies allerdings; für die Künstler. selbst aber giebt es weder
alte noch neue, sondern nur gute und schlechte, nützliche und schädliche
Musik.« Die Zuhörer schluckten es anfangs offenbar nicht widerstandslos,
daß in Aufführungen nicht mehr nur die jeweils zeitgenössische Musik erklang
– eine jahrhundertelange Selbstverständlichkeit! –, sondern daß nun zwischen-
durch auch Werke alter Meister erklangen als Musterbeispiele ästhetischer
Güte oder nationaler Größe.

Heute haben die alten Meister im Konzert auf der ganzen Linie gesiegt,
niemand findet das mehr eigentümlich.

Auch Johann Adam Hiller fand diese Publikumserziehung zum Bildungs-
konzert wichtig. Er kommentierte die beiden oben wiedergegebenen Absätze
seiner Übersetzung von 1781 nämlich mit den folgenden Fußnoten:

> »Sehr vernünftig und schön, und werth in jedem Concertsaale an die Wand
> geschrieben zu werden, und das nicht allein in Frankreich, sondern auch in
> Deutschland!«
>
> Und:
>
> »Wieder etwas, was in unsern Musiksälen angeschrieben zu werden verdiente.«

Man stelle sich das Bild vor: Die großen Transparente mit diesen Ermahnungen über dem Orchester! Oder vielleicht als große Sprechblase mit dem Bild
des Barons van Swieten daneben?

Aber was phantasiere ich ironisch daher! Völlig unnötig, weil von der
Realität übertroffen: Hiller *hatte* ja so einen Konzertsaal unter sich, nämlich
den 1781 eingeweihten Gewandhaussaal, und darin *hatte* ja Professor Oeser,
sicher im wesentlichen auch von Hiller angeleitet und beraten, die weisesten
Sprüche und Bildwerke zu Nutz und Frommen des Publikums angemalt (vgl.
die S. 127 angegebenen Cramer-Stellen), eine Art Konzentrat der von mir bis
hierher dargestellten Erziehungs- und Bildungsansprüche.

In der Darstellung der neun Musen war z.B. allegorisch mitgeteilt, daß –
wie der Berichterstatter sagt – »jede wilde Leidenschaft ... durch die Gewalt
der Music bezähmt« wird. Über dem Orchesterpodest stand unübersehbar an
der Orgel: »Res severa est verum Gaudium.« (Die ernsthafte Sache ist das
wahre Vergnügen.) Und auf dem großen Deckengemälde hielt »ein Genius ein
fliegend Blatt, mit der Inschrift: Bach«. Allen im Publikum war dabei klar, daß

der »Heros der deutschen Musik«, Carl Philipp Emanuel, gemeint war. Fünfzig Jahre später, als dessen Ruhm überraschend schnell verblaßt war und die
»Matthäus-Passion« unter Mendelssohn (einem Schüler Zelters!) in Berlin
wiederaufgeführt worden war (1829), mußte für alle im Gewandhaussaal
unbezweifelbar sein, daß der Genius mit dem fliegenden Blatt Johann Sebastian meinte. Ein alter Konzertbesucher, der schon 1781 dabeigewesen war,
konnte es da richtig in den Fugen der Musikgeschichte krachen hören.

Hiller meinte es gut mit seinem Publikum. Er ließ in seinen Konzerten
selbstverständlich die Texte der Singstücke austeilen, was teilweise auch schon
früher geschehen war (vgl. S. 109). Diesem Brauch folgte auch der andere
Meister der Publikumserziehung, Reichardt, in seinen Berliner Concerts spirituels ab 1783 (vgl. S. 113 f), jedoch erweiterte er ihn um eine neue Spielart der
kollektiven Urteilsanleitung, das kommentierte Konzertprogramm. Hier die
Begründung dafür (Cramer II/1, S. 132 f):

»Eine der besten Ideen, bey dem vorjährigen und dießjährigen Concert Spirituel, war
wohl mit die, daß der Herr C. M. [Kapellmeister] einestheils die Worte der zu singenden
Parthien auf einem halben Bogen jedesmal mit abdrucken ließ, und anderntheils ein
kurzes Exposé über den artistischen Werth derselben hinzufügte; das die schwankenden
Urtheile der Liebhaber zu leiten, zu bestimmen, und auf die Gesichtspuncte zu heften,
die dabei festzuhalten wären, abgezielt war. Jene erstere Vorsicht sollte billig bey
keinem einzigen, nur mittelmäßigen Concerte versäumt werden ...
Jene zweite wäre auch wohl zu empfehlen: allein wo findet man die Künstler, die
nicht allein bestimmte Begriffe über die Producte ihrer Kunst haben; sondern auch diese
Begriffe in einer menschlichen Sprache hervorzubringen verstehn, und sich nicht schämen dürfen, als Schriftsteller öffentlich zu erscheinen? Sie sind wahrhaftig überall sehr
dünne gesäet.«

Wie »leitete«, »bestimmte« und »heftete« Reichardt die »schwankenden Urtheile der Liebhaber«?
Beim dritten Konzert am 25. 3. 83 erklang ein »Miserere« des modernen
Italieners Jommelli, das nach Reichardts Programmtext im Unterschied zu
dem Kirchenstück des älteren Italieners Leonardo Leo aus dem ersten Konzert
»frappante und gehäufte Ausweichungen« enthält, die angeblich die Einfachheit der Melodie verunklären. Fazit: »Wenn doch viele unserer Zuhörer die
äussere Schönheit dieser Music mit der größern innern Schönheit der vorigen
Musicen von Leo vergleichen und diese recht beherzigen möchten.« (Wie hatte
doch Herr Daube gesagt? »Es *nicht* auf das Vorurtheil und Ausspruch anderer
ankommen lassen!« Vgl. S. 161.) Wieder die Beschwörung des Verfalls und
die rettende Wendung zum bewährten Alten wie bei Forkel und Hiller!

Im vierten Konzert am 1. April wurde wiederum ein »Miserere« eines
neueren Italieners aufgeführt, von Sarti, und prompt erwähnt Reichardt im
Programm wiederum den Verfall der Musik:

»Und doch ist der Gesang dieses Kirchenstückes noch sehr bescheiden, im Vergleich mit
sehr vielen andern Kirchenmusiken neuerer Italiäner und ihrer blinden Nachahmer in

Deutschland, bey denen man oft in Misereren und Passionsmusiken Rondeaus und Angloisen findet. Es ist dem wahren Kenner und Verehrer ächter Kirchenmusic gewissermaßen angenehm zu sehen, wie so gewaltig schnelle Schritte die edle Kunst zu ihrem Verfall thut: man muß dadurch desto eher bewogen werden, zurückzusehen und zur edlen erhabenen Simplicität zurückzukehren.« (Cramer II/1, S. 133 f)

Die alten aufklärerischen Ideale der Einfachheit und Natürlichkeit, der Melodie und Klarheit (vgl. Kap. III) werden hier gegen die verderblichen Modeeinflüsse der leichten, tanznahen Musik aus dem Süden verteidigt. Die Italiener und ihre angeblich »blinden Nachahmer«, darunter auch Haydn und Mozart, stiegen aber unaufhaltsam in der Gunst des Publikums. Die Nordmänner jedoch setzten unbeugsam das Aufleben der alten Meister in Konzert und Wissenschaft durch.

Nachbemerkung

Fingerzeige, böse Blicke, Konzertprogramme, Vorlesungen, Aufsätze, Rauchverbot und Redeverbot ... Sicher, das sind alles autoritäre Maßnahmen, um eine stille Unterordnung unter die gebotenen Musikstücke, unter das Bild von Komponist und Interpret zu erreichen! Aber:

Das Problem besteht ja nicht einfach darin, daß böse Menschen die armen Liebhaber knechten wollten, sondern daß in der Idee und Praxis des bürgerlichen Konzerts – wenn es überhaupt funktionieren sollte – von vornherein ein autoritärer Keim enthalten war, der nur sehr langsam zur Entfaltung kam.

Zwischen beiden Seiten des Phänomens gibt es einen Zusammenhang, der hauptsächlich mit dem Anwachsen des Publikums, mit der Entwicklung zum Massenkonzert zu tun hat, also mit der Marktstrategie der Kulturindustrie: Wenn kleine Hörerzahlen einem spielenden Ensemble gegenübersitzen, sind die individuelle Äußerung, der Kontakt mit dem Nachbarn, die Möglichkeit der unabhängigen Meinungsbildung leichter gegeben als im Falle eines Riesenpublikums, dessen Mitglieder sich oft den Kopf verrenken müssen, um die Spieler überhaupt zusätzlich zum Hören auch zu sehen. Wenn im großen Saal nun auch geredet, getrunken, diskutiert wird, alles bei erklingender Musik ... hätten Sie, liebe Leserinnen und Leser, das gern? Würden Sie nicht auch mal gern die Musik ungestört ein Weilchen hören? War da die autoritäre Absicht der Volkserzieher, diesen großen, diffusen Haufen »auf Vordermann« zu bringen, nicht verständlich, wenn auch kurzsichtig? Und zwar »auf Vordermann« innerlich und äußerlich.

Bliebe also möglicherweise die Kritik am großdimensionierten Konzert!

Seine Bedingungen und Zwänge verhinderten die Möglichkeit einer Selbstorganisation der Bürger, erhöhten die Möglichkeit autoritärer Lenkung. Es ging alles nicht langsam genug, der Selbstentwicklung wurde nicht genug Zeit gelassen, zu eigenen Werten und Spielräumen zu kommen. Aber diese Dynamik, dieser Geschwindmarsch in die Abhängigkeit ist eine der Grundbedingungen im Kapitalismus. Das Bürgertum hat sich nie Zeit gelassen, den eingeschlagenen Weg in Ruhe zu überdenken, zu revidieren, in gemütlicher Weise auszubauen, sondern es hat sich immer der Eigendynamik der Verwertungsinteressen überlassen. Marx sarkastisch: »Am Anfang war die Tat.«

Ich möchte die Damen und Herren, die – an diesem Punkt angelangt – das Buch etwas überfordert, erschöpft und verwirrt aus der Hand legen, davon in Kenntnis setzen, daß es mir genau so geht wie ihnen: Auch ich bin manchmal von dem Mäander der Zusammenhänge, Anspielungen, Verweise und Widersprüche leicht gebeutelt. Nur: Die Sache ist tatsächlich so kompliziert, und es hat nicht den geringsten Sinn, sich mit Geschichte zu beschäftigen – und dann noch mit so einer Sache wie den Anfängen des Bürgertums in Deutschland – und dabei die Falten der Ungereimtheiten und Gegensätze zu einer Bügelfalte der klaren Entwicklungslinie zu glätten.

Ich stehe nicht an, den Schluß des Abschnittes über Publikumsverhalten mit einer weiteren Falte, fast schon einer Quetschfalte der Widersprüchlichkeit zu krönen, die wiederum einen leichten Schatten auf meine nicht ganz unparteiische Darstellung der Publikumsleiden und -freuden wirft.

1773, als Joseph Haydn schon eine internationale Berühmtheit war und seine Werke auch vom Wiener Publikum, angeführt vom Baron van Swieten, mit stiller Versenkung gehört wurden, konnte das entsetzte norddeutsche Publikum in dem Reisetagebuch des Dr. Burney über dessen Aufenthalt in Wien folgendes lesen (II, S. 243 f):

»Die Lustbarkeiten des gemeinen Volkes an diesem Orte, scheinen für eine gebildete und gesittete Nation kaum zulässig zu seyn. Besonders die sogenannten Stiergefechte und Bärenhätzen, wobey es wilder und unmenschlicher hergeht, als bey unsern ehemaligen Stierhetzen, Hahnen- und Fechterkämpfen in England, denen die Gesetzgebung so menschlicher als einsichtsvoller Weise ein Ende gemacht hat. Bey diesen unmenschlichen Specktakeln finden sich gemeiniglich zwey bis drei tausend Zuschauer ein, worunter sogar verschiedene Damen sind!«

(Ein beigefügter Programmzettel einer solchen Veranstaltung hat 11 Programmpunkte, die alle – mit wechselnder Kombination der Teilnehmer – darin bestehen, daß Stiere oder Bären, je einmal auch ein Tiger und ein Wolf, von Hunden gejagt und zerrissen werden, die z.T. Messer am Körper angebunden haben. Der Schlußhöhepunkt ist, daß ein ausgehungerter Bär einen Stier zerreißt und frißt, »und wenn er nicht ganz damit fertig werden könnte, so stehet ein Wolf bereit, der ihm zu Hülfe kommen soll«.)

Und Vater Mozart schreibt am 25. 8. 1786 an seinen Sohn, er finde diese Bärenhetzen »sehr langweilig«, fügt aber hinzu, das wundere ihn nicht an einem Ort, »wo nichts als Ochsen und *Ochsen* zugegen sind«!

Zweck, Maß und Ziel

Was haben die Initiatoren und Mitglieder der frühbürgerlichen Konzert-organisationen als Ziel ihrer musikalischen Öffentlichkeitsarbeit gesehen? Mattheson schreibt 1739 (Teil II, Kap. 13, § 139) am Beispiel des groß besetzten Instrumentalkonzerts etwas, das sich auf die Genußhaltung des Publikums in der gleichnamigen Institution sehr gut übertragen läßt:

»Die Affecten des starcken Concerts sind mancherley und abwechselnd, wie in den Sonaten, doch nicht so häuffig: Denn die Wollust führet in den Concerten dieser Art das Regiment. Auf die vollständige Besetzung kömmt das meiste an, ja, man treibt sie bis zur Unmässigkeit, so daß es einer reichen Tafel ähnlich siehet, die nicht für den Hunger, sondern zum Staat gedeckt ist.«

Es sind jener »Unsinn« und jenes »Vergnügen«, die Hiller 1781 als Reaktion des Publikums auf die vorangegangenen Einschränkungen verteidigt (vgl. S. 82 f).

Ziel des neuen öffentlichen Konzertes ist, »theils durch diesen unschuldigen Zeitvertreib das von denen Amts-Geschäfften ermüdete Gemüth zu erquicken, theils auch die Music durch ein beständiges Exercitium zu desto mehrerem Wachsthum zu bringen« (Frankfurter »Collegium Musicum« 1718; nach: Telemann D, S. 83).

Einen Vorteil haben dabei »gewiß die meisten, und hauptsächlich diejenigen, welche wissen, wie vortheilhaft eine gute Musik zur Erholung und Aufmunterung eines von gelehrten Beschäftigungen ermüdeten Geistes ist« (Forkel 1779, hier S. 170 f). Es ist eine neue Errungenschaft der bürgerlichen Selbstorganisation, »durch Werke Ihrer [ihrer] eigenen Stiftung ... mit den ernsthaftesten Beschäftigungen der Wissenschaften und der Handlung [des Handels] ... geschmackvolle und geistige Erholung zu verbinden«. Eine klassische Formulierung aus den Statuten des Leipziger Großen Konzerts von 1771 (Dörffel, S. 11)!

Die Absicht dabei »ist allein diese, sich ... unschuldig zu vergnügen, und die Sitten zu bessern, denn wer läugnet, daß nicht die Musik auf die Sitten großen Einfluß haben sollte« (Nordhausen 1767; Hiller II, S. 163 f).

Die Musikalische Gesellschaft in Anklam hat bei ihrer Gründung 1783 (Cramer II/1, S. 202 f) »die mehrere Vervollkommnung in der Music, die

Aufnahme derselben, und die Beförderung und Unterhaltung des Geschmacks auf seiten des Publikums zum Zweck«.

Dem Kapellmeister Türk wird 1784 von seiten der Hörer seines Liebhaber-konzerts für seine finanzielle Genügsamkeit hohes Lob gezollt: »Ihm ist genug, wenn er seinen Zweck, das Vergnügen der Zuhörer zu befördern, und die Music überhaupt in Aufnahme zu bringen, durch dieses Bestreben, nach dem möglichsten Grad der Vollkommenheit, erreicht. Und nun sagen Sie selbst, ob Halle nicht Ursache hat, auf diesen verdienstvollen Mann stolz zu seyn?« (Cramer II/1, S. 699f). Desgleichen in Greifswald 1786 (Cramer II/2, S. 969f) über die Orchestermitglieder des öffentlichen Konzerts: »Und alle miteinander verdienen nicht nur wegen ihrer ausgezeichneten Liebe zur Tonkunst, sondern auch darum, weil sie so uneigennützig für das Vergnügen ihrer Mitbürger sorgen, Achtung und den wärmsten Dank.«

Der eine Zweck ist, die Neuheit konzertmäßig vorgeführter Musik bekannt und beliebt zu machen (»Aufnahme«) – es wird geworben –, der andere, die unterschiedlichen Feierabendbedürfnisse der Bürger nach »Vergnügen« zu befriedigen, entweder moralisch (unschuldig, bessernd, übend, aufmunternd, belehrend) oder sinnlich entspannend (Unsinn, heißhungriger Genuß, Wollust, Unmäßigkeit).

Ein besonderer Anteil dieses »Vergnügens« ist der Umstand, daß man sich diese schöne Feierabendtätigkeit selbst verschafft und dabei nicht von einer gestattenden oder verbietenden, d.h. grundsätzlich einschränkenden Obrigkeit abhängig ist. Die Selbstorganisation ist der Boden und ein Teil des öffentlichen musikalischen Genusses.

Ein Bericht wie der folgende von 1786 (Cramer II/2, S. 969f) aus Greifs-wald vermittelt einen guten Eindruck von diesem Zusammengehören von Musikliebe und Selbstorganisation. Auch die Bezeichnung des öffentlichen Ereignisses, zu dem die eigene Aktivität geführt hat, als »Feyerlichkeit«, spiegelt das Hochgefühl wider, das die Beteiligten im Bewußtsein der erfolgrei-chen Selbstbestimmung hatten.

»Der vorgestrige Tag zeichnete sich bey uns durch eine Art von musikalischer Feyerlich-keit aus, die in Ihrem Magazin vielleicht Erwehnung verdient. Schon lange hatte unser Publikum sich gewünscht, sowohl den geschickten stralsundschen Stadtmusikus, Hrn. Kahlow, auf der Violin, als die ihm durch öffentliche Blätter vortheilhaft bekannte Frau Secretairin Thomas von Stralsund und deren Tochter singen zu hören. Allein mancher-ley Zufälle hinderten das bisher. Endlich ward zwischen unsern und den Stralsunder Musikliebhabern eine Zusammenkunft verglichen. Madame und Mademoiselle Tho-mas nebst Hrn. Kahlow gönnten uns am 9ten dieses ihren Besuch, und so hatten wir Tages darauf ein Concert. Das Orchester bestand aus lauter Liebhabern, die Sie bald näher kennen lernen werden.«

Die Bürger sind stolz auf sich: Das sollte auch allgemein bekannt werden, vielleicht sogar zur Nachahmung anregen!

Das Hochgefühl breitet sich allmählich in ganz Deutschland aus und er-
reicht am Jahrhundertende auch die entlegensten Gebiete im Süden. 1790,
also 50 Jahre nach den Anfängen in den großen nord- und mitteldeutschen
Städten, hat es auch Hohenlohe erreicht, jenes schöne Land nördlich des
Schwarzwaldes, in dem einst Götz von Berlichingen hauste (Jagsthausen!). In
Berlin arbeitet Zelter bereits daran, Johann Sebastian Bach aus der Versenkung zu holen. Der Autor, wohl Carl Ludwig Junker, jedenfalls ist »Von dem
Zustand der Musik im Hohenlohischen« völlig begeistert (Bossler 1790, Sp.
148, S. 174ff), und er ist der einzige mir bekannte Schreiber, der sich im 18.
Jahrhundert die Mühe gemacht hat, all die Vorzüge aufzuzählen, die sich ideel
und materiell durch die Gründung öffentlicher Konzerte für das Bürgertum
ergeben. Und dabei macht er eine der bei Musikern ganz seltenen antifeudalistischen Äußerungen, nimmt ihr aber sogleich wieder die Spitze, indem
er auf das allbekannte bürgerliche Argument zurückgreift, Kunst – hier Musik
– versöhne die Klassen: Alle Menschen werden Brüder! Es handelt also nicht
der Mensch, sondern die Kunst, oder mit zwei Formulierungen bei Marpurg:
Sie läßt die, »so sich damit beschäftigen, einander wenig den Unterschied
mehr merken . . ., der sonst unter ihnen ist. Der Graf, der nur mitspielen kann,
lässet sich gefallen, daß sein Privatconcert von seinem Dorfcantor dirigiret
wird«; »meistens können sie [die Vornehmen] nur sehr wenigen erlauben, mit
ihnen an einem Tische zu essen. Wer ihnen aber ein Solo, ein Concert
accompagnirt, den können sie, ohne Bedenken ihrer Person, so nahe kommen
lassen, als die Tonkünstler von Profeßion einander bey dergleichen Gelegenheit selbst kommen« (1756, S. 183; 1760, S. 8; beides »Vermischte Gedanken«). Nun aber zu dem angekündigten Bericht aus Hohenlohe von 1790:

»Wenn man weiß, wie es etwa vor 40–50 Jahren im Hohenlohischen in Absicht
der Kunst aussah, und sich jetzt darinnen umsieht; wenn man den Zustand der
Musik in vorigen Zeiten mit dem jezigen vergleicht, so muß man sich billig
wundern über die Fortschritte, die die Tonkunst auch in diesem Lande gemacht
hat und vorteilhafte Begriffe bekommen von der Aufklärung, die auch in diesem
gewissermaßen abgeschnittenen Fürstenthum immer stärker vorwärts zu rüken
beginnt . . . Seit einigen Jahren fangen in einem Theil von Hohenlohe, nemlich in
Oehringen, Langenburg und Kirchberg auch die öffentlichen Konzerte an. Eine
Erscheinung, die ehedem eben so auffallend gewesen seyn würde, als sie ohnmöglich war. Es ist aber auch leicht zu begreifen, welchen Dank sich die
Tonkunst selbst dadurch müsse erworben haben.
     Denn solche öffentliche Konzerte wie vortheilhaft und lobenswürdig sind sie
aus verschiedenen Gesichtspunkten. Sie haben ihre ökonomisch gute Seite; sie
bringen fremdes Geld ins Ort, befördern den Umlauf desselben, nähren den
Luxus, der im ganzen gut ist, und sezen ab den Debit so mancher Lebensmittel.
Sie haben ihre gute moralische Seite; sie verbinden die verschiedenen Stände des
Lebens genauer mit einander, machen Menschen den Menschen nothwendiger

und desto gleicher, und stimmen besonders den unseeligen Adelsstolz tiefer
herab. [Später heißt es dazu: ›In Langenburg mischen sich selbst die Prinzen mit
in dies Konzert; und vergessen da, wie billig und natürlich, daß sie Prinzen sind.
Dieser Umstand ist so ehrenvoll für sie, daß ich ihn nicht verschweigen konnte.‹]
Sie befestigen das Band des gesellschaftlichen Umgangs, der gegenseitigen Liebe
und Freundschaft; sie lehren uns immer mehr Geschmak finden, an den edlen,
erhabenen Freuden des Lebens; sie geben unserm Charakter eine gewisse Geschwindigkeit, unserm Herzen eine gewisse Offenheit; sie stärken die Triebe des
allgemeinen Wohlwollens – und kurz, wenn es auch weiter nichts wäre, sie
versüssen uns immer, durch frohen Genuß, einen Nachmittag unsers Leben.«

Man denke nun nicht, daß diese Aktivitäten uneingeschränkten Beifall fanden.
Daß ein großer Teil der öffentlichen Musikübung nun von den Betroffenen
selbst organisiert und inhaltlich bestimmt wurde, war manchem, der die
Volkserziehung im Auge hatte, ein Greuel. Vor allem die vom genußsüchtigen
Publikum begeistert angenommene Neuigkeit des anonymen Marktes mit
seinen Sensationen, Modeartikeln und Konkurrenzspielereien ließ die auf
Qualität und Ordnung Sinnenden an Verfall denken. Johann Nikolaus Forkel
war ein solcher Volkserzieher. Man kann es an der Art sehen, wie er in seinen
selbst organisierten Konzerten 1779 das Publikum zu lenken und in die
»richtige« Richtung zu dirigieren versuchte (vgl. S. 142 ff). Flankierend dazu
gibt er in einer »Genaueren Bestimmung einiger musicalischer Begriffe« (Cramer I/2) 1783 seine Meinung über den Musikbetrieb der Vergangenheit und
der Gegenwart ab (S. 1065 ff). Es ist ein musterhafter Aufklärungstext un-
emanzipierter Sorte: Das Konzert als staatliche Bildungsanstalt (zu diesen
Hoffnungen auch S. 343 ff) !

»Konzert:
    ... eine Versammlung musicirender Personen, die sich mit einander vereinigen, eine
große und vollstimmige Music aufzuführen. Wenn eine solche Versammlung öffentliche
Anstalt ist, und unter Aufsicht und Schutz der Obrigkeit steht, so heißt sie auch
bisweilen Collegium musicum, oder musicalische Academie; dergleichen man in Italien,
Frankreich, und hin und wieder in Deutschland findet. Sie sind alsdann in ihrer Art
eben so anzusehen, wie Academien und Societäten der Wissenschaften.
    In den Zeiten, wo die gottesdienstliche Music noch in ihrem vollen Glanze stand,
und das Theater in Rücksicht auf die dahin gehörige Music noch nicht ausgeartet war,
konnten auch Kirche und Bühne mit Recht für solche Academien angesehen werden.
Der größte Theil der Einwohner einer Stadt wurde durch sie mit den schätzbarsten
Werken der Kunst bekannt gemacht, und nicht nur zu theilnehmenden Empfindungen
an irgend einer geistlichen oder moralischen Handlung angefeuert; sondern auch zur
Kenntniß wahrer Kunstschönheiten und des richtigen Geschmacks geleitet. Bey dem
unläugbaren Verfall der Kirchen- und Theater-Music aber, sind nun Concerte das noch
einzig übriggebliebene Mittel, wodurch sowol Geschmack verbreitet, als auch überhaupt der höhere Endzweck der Music noch bisweilen erreicht werden kann. Desto
wichtiger müssen sie uns demnach seyn, und desto genauer muß man bestimmen, was

sie eigentlich seyn sollen, und was sie durch Vernachläßigung des wahren Begriffs, den man sich von ihnen zu machen hat, geworden sind.

Academien und Societäten, die Künsten und Wissenschaften zur Aufnahme errichtet werden, haben nur das Wichtigste aus jedem Fache zum Augenmerk. Kleinigkeiten, deren Einfluß nicht weiter, als etwa auf unsern Zeitvertreib und auf unser Vergnügen reicht, gehören nicht dahin, und sind für öffentliche Anstalten zu geringfügig. Eben diese Beschaffenheit müssen auch öffentliche Concerte haben, wenn sie ihren Endzweck vollkommen erreichen sollen. Es kömmt also hier nur darauf an, daß genau entschieden werde, welche Gattungen von Music die wichtigsten sind, wodurch die Kunst am leichtesten und sichersten ihre volle Kraft zeigen, und der Geschmack an ächten Kunstschönheiten verbreitet werden könne. Es versteht sich sodann von selbst, daß diese Gattung bey der Veranstaltung eines öffentlichen Concerts das Hauptaugenmerk seyn müsse. Erfahrung und mancherley Gründe beweisen, daß die Vocalmusic diese Gattung sey ... es folgt daher von selbst, daß solchen Stücken, die als die vorzüglichsten anzusehen sind, und worunter hauptsächlich Oratorien geistlichen und moralischen Inhalts gehören, der erste und vornehmste Platz in unsern Concerten gebühre. Nur bey einer solchen Einrichtung sind unsere Concerte wahre musicalische Academien, und ihre Vorstellungen müssen sodann eben so angesehen werden, wie die Vorlesungen einer gelehrten Societät.

So begreiflich es auch ist, daß ohne eine solche Einrichtung, die Anwendung der Kunst leicht ausarte, und dadurch von ihrem wahren Werth und nützlichen Einfluß auf das sittliche Gefühl der Menschen ungemein verliere; so hat man doch bisher nicht selten eine ganz entgegengesetzte Einrichtung gewählt. Da unsere musicalischen Versammlungen nur selten, und an wenigen Orten durch obrigkeitliche Aufsicht den Charakter öffentlicher Veranstaltungen erhalten konnten; und dergleichen Versammlungen gleichwol für Musicfreunde gewissermaßen Bedürfniß waren; so musten nothwendig nach und nach Concerte von minder guter Einrichtung untergeschoben werden. Dies sind solche Concerte, deren Ziel etwas näher, und daher auch mit geringern Kosten, Bemühungen und Kenntnissen zu erreichen ist. Sie theilen sich in verschiedene Classen, werden aber hauptsächlich entweder zur Uebung, oder zum bloßen Zeitvertreib und zum Vergnügen gehalten. Hierbey will sich jeder Zuhörer und Theilnehmende nach seinem eigenen besonderen Geschmack ergötzen, ohne Eindrücke höherer Art zu verlangen und zu erwarten. Dies kann ihren Werth und Einfluß auf Verbreitung und Aufnahme ächter Kunst hinlänglich bestimmen.

In eine besondere Classe sind solche Concerte zu rechnen, die blos zum Gelderwerbe gegeben werden. Gewöhnlich geschieht dieses von reisenden Musikern. Hier ist der Künstler wie ein Kaufmann zu betrachten, der solche Waaren zeigt, wonach am meisten gefragt wird. Mode und Geschmack seiner Zuhörer dienen ihm zur Richtschnur. Hieraus läßt sich auf den Werth solcher Concerte mit ziemlicher Sicherheit schließen ... [Fortsetzung des Absatzes vgl. S. 223].

Diese verschiedenen Classen von Concerten, behalten übrigens insofern immer einen gewissen Werth, daß die Geschicklichkeiten in der Instrumentalmusic durch sie befördert werden. Den eigentlichen und höchsten Zweck der Kunst erreichen sie nie. Dieser kann, wie schon gesagt, unmöglich so wenig eine Privatsache seyn, als auch der Willkühr eines jeden überlassen bleiben, sondern nur durch obrigkeitliche Veranstaltungen erhalten werden. Daher ist auch begreiflich, daß bey solchen Concerten, die wirklich obrigkeitliche Veranstaltungen sind, mit der äußersten Strenge und Gewissenhaftigkeit nur das höchste Ziel zum Augenmerk genommen, also nur den schätzbarsten und wichtigsten Kunstwerken, nicht aber allen und jeden Kleinigkeiten Platz dabei verstattet werden könne.«

Ach, wie war es doch vordem mit Obrigkeiten so bequem! Leider gibt es nun die geschmackliche und kulturelle Einschränkung durch eine Obrigkeit nicht mehr. Faszination und Chaos des freien Marktes beginnen zu herrschen (»Privatsache«, »Willkühr eines jeden«). »Zum bloßen Zeitvertreib und zum Vergnügen!« So kennzeichnet Forkel den Zweck der neuen öffentlichen Konzerte. Das ist ihm zu wenig.

Forkels Meinung ist genau diejenige, die wir schon von Johann Friedrich Reichardt kennen (vgl. S. 79 ff): Selbst bestimmen sollen nur die Regierung und die Fachleute! Der normale Bürger ist für eine völlige Selbstbestimmung weder reif noch klug genug! Er soll angeleitet werden. Mit diesem Gedanken im Kopf gestalten auch beide ihre selbst organisierten Konzerte in Göttingen und Berlin, und bezeichnenderweise sind sie beide die Pioniere des schriftlichen Konzertprogramms heutiger Art, also einer wertenden Beschreibung der zu hörenden Stücke. Da es keine Obrigkeit mehr gibt für diesen Zweck, machen sie sich selbst zur Musikobrigkeit,

Es gibt noch ein weiterführendes Argument, mit dem das neuartige bürgerliche Musik-»Vergnügen« angegriffen wird: Eine andere Sorte von Volkserziehern fürchtet, die selbstorganisierte Musikbegeisterung könne volkswirtschaftlichen Schaden anrichten, von den Alltagspflichten ablenken, alles ins unkontrollierte, lustbetonte Chaos stürzen. Kennen Sie Herrn Englert aus Würzburg? Falls nicht, so schlagen Sie Cramers »Magazin der Musik« von 1786 auf, also den 2. Halbband vom 2. Teil, und lesen Sie auf Seite 952:

»Den Mittwoch führte mein Freund mich in ein Privatconcert zu Hrn. Englert, einen jungen Mann, dessen einzige Leidenschaft die Musik ist, worauf er auch sehr viel verwendet. Er hat ein ganz eingerichtetes Orchester von mehreren Violinen, Bratschen, Violoncellen, Flöten, einem Contrabaß und einem Fortepiano. Die meisten Instrumente sind von dem dasigen Hofgeigenmacher Zacharias Fischer, nach einer vorgeblichen neuen Erfindung verfertigt. Als neue Instrumente betrachtet, sind sie wirklich von vielem Werth; ich zweifle aber nicht, sie werden einmal so gut als die von Steiner, Straduarius und andern unserer jetzigen berühmten Meister gesucht werden; nur der blasse Firniß oder Lack gefällt mir nicht daran. Hr. Englert besitzt ferner alle Musikalien, die im Stich herauskommen. Ich traf eine kleine Gesellschaft da an, die aus lauter Musikliebhabern bestand, welche alle bey verschiedenen Singstücken von Sarti, Desaides u. a., mitspielten.«

Drei Jahre später schon kommt die einzig richtige Antwort auf Englerts sündige Taten!

»Ueber die Pflicht seine Neigung zur Musik einzuschränken. Eine moralische Abhandlung, vorgelesen im freundschaftlichen Zirkel einiger Dilletanten« (Bossler 1789, Sp. 65 ff, 77 ff).
»Musik soll vor dem Hauptzwek unserer eigentlichen Bestimmung nie den Vorrang haben, nie die Hauptbeschäftigung unsers Lebens, nein, sie soll uns nur das sein, wozu sie uns eigentlich gegeben ist, nemlich – Erholung ... Macht man

Musik zum Hauptobjekt seiner Thätigkeit: so muß nothwendig ein edler Theil derjenigen Zeit zu Grunde gehen, die wir unserm eigentlichen Beruf schuldig sind. Urtheilen Sie selbst, ob man diese mit den Grundsäzen einer gesunden Moral vereinbaren könne, und ob nicht ein solcher Liebhaber der Kunst im Grund in eben dieselbe Klasse von Menschen gehöre, welche einen Theil der schönsten Zeit ihres Lebens auf weichen Polstern verträumen? Sezen sie noch den Fall, daß ein solcher leidenschaftlicher Dilletant, Vater einer liebenswürdigen Familie ist! Wie viel Zeit wird ihm noch für die Ausbildung seiner Kinder übrig bleiben, wenn er seiner Lieblingsneigung uneingeschränkt nachgiebt, und bei jedem Konzert und Schauspiel der erste Mann auf dem Platz und im Parterre ist? . . .

Wer nur den Umfang seines eigentlichen Wirkungskreises, das Maas der Kräften und der Zeit kennet, das derselbe erfordert, der wird seine Neigung zur Musik mit demselben leicht in ein solches Verhältnis sezen können, daß beedes ohne Nachtheil des einen oder des andern mit einander vereinbart werden kann.

Kennen sie, meine Herrn! nicht selbst aus der Geschichte unserer Zeit ein Beispiel, das uns und allen Dilettanten der Welt, den wirklichen und künftigen Generationen ein nachahmenswürdiges Muster hierinn gab? Soll ich ihn nennen den Mann, der auch nur blosser Dilettante war, wie wir es sind, und der nicht nur Ausüber; sondern auch Tonsezer war: Soll ich ihn nennen den Mann, der uns durch sein Beispiel zeigte, wie sich ernste Weisheit mit der sanften Muse der Harmonie, Geschäften des Kabinets mit dem Studium der musikalischen Theorie, Völkerregierung mit Schauspielliebhaberei, und Schlachtgetümmel mit Flötengesang vereinbaren lasse? – – Geist des verewigten Friedrichs! des Einzigen!! des Unerreichbaren!! dein Name ists, der mich ehrfurchtsvoll schweigen heißt.«

Um das Maß seiner volkserzieherischen Bemühungen voll zu machen, erfindet der Autor auch noch zwei abschreckende Beispielfälle. In einem davon wird ein Erast genannter, talentvoller Jüngling geschildert, der zu Höchstem berufen scheint und vom Vater zum Staatsmann bestimmt wird. Er wird erfolgreicher Jurist, aber: Seine ganze Liebe ist die Musik! Um Zeit für sie zu haben, läßt er seine Berufsfreiheit hinter sich und wird an einem Fürstenhof Offizier, fällt dabei dem Fürsten als Musiker auf und wird auch als solcher in den Hofdienst eingestellt. Doch er bemerkt überraschenderweise erst jetzt den »Hofzwang« und bittet um seine Entlassung.

»Sein Geist war nun durch eine dreijährige Unthätigkeit, und durch ununterbrochenen Genuß sinnlicher Vergnügungen zu ernsthaften Geschäften stumpf geworden, der größte Theil seines Vermögens aufgezehrt, und sein Vater tod. Seine freiere Lebensart als Soldat sezte ihn auch in die traurige Nothwendigkeit, daß er vor der Zeit Ehemann und Vater wurde. Nun verbarg sich die Sonne des Glüks hinter dike Wolken, und die Erinnerung an die Vergangenheit und die Vorstellung dessen, was er jezt sein könnte, wenn er das Ziel seiner Bestimmung nie aus dem Gesichtspunkt verlohren hätte, machten ihm diese veränderte Lage nur noch fühlbarer, und entlokten in Stunden der Einsamkeit seinem Auge manche Thräne; seinem Herzen manchen Seufzer. Kunst, sagt man zwar, geht nicht betteln: aber Erast hatte noch lange mit einem gewissen bei ihm sehr tief eingewurzelten Point d'honneur zu kämpfen, ehe er sich entschliessen konnte, den einzigen Weg, der ihm noch übrigblieb, einzuschlagen, und mit seiner musikalischen Kenntnis und Geschiklichkeit, als mit einer Brodwissenschaft zu wuchern. Erast, der talentvolle Mann war nun für den Staat verloren, und sein Liebling, das Violonzell, verschaffte ihm und seiner schon zahlreichen Familie nur ein kümmerliches Einkommen von 400 Gulden.

Ich überlasse es, meine Herrn, ihrem eigenen Nachdenken, zu untersuchen, was diese Schilderung beweisen soll und beweisen kann, und eile, ihre Aufmerksamkeit auf einen andern Erfahrungssaz zu lenken, der uns die Nothwendigkeit, seine Neigung zur Musik einzuschränken, noch von einer andern Seite einleuchtend machen wird.

Verschwendung streitet eben so gegen alle moralische Grundsäze, als die niedrige Leidenschaft des Geizes. Die Mutter dieses Bastarts ist – Luxus, oft gepaart mit unersättlichem Ehrgeiz. Und wie oft schon gab nicht eine ungemäsigte Neigung zur Musik die Veranlassung dazu. War nicht sie es, die schon manchmal den Ab- und Zufluß der Staatskassen aus dem Gleichgewicht hob und Fürsten zu Bettlern machte? Die richtige Folge, die man aus solchen Erfahrungen herzuleiten berechtiget ist, ist die Pflicht, die Neigung zur Musik in solche Grenzen zurük zu weisen, daß sie das wahre Verhältnis mit unsern Glüksumständen niemals überschreitet.«

Man stelle sie sich einmal nebeneinander vor: Friedrich den Einzigen und . . . Englert! Der war eben nicht einzig, sondern es gab offenbar einige Englerts, und das machte den mahnenden Autor so sehr besorgt! Das »unschuldige Vergnügen« der meisten Musikliebhaber, die ihre kleine Freude zur »Erholung« hatten, nicht mehr, das war in Ordnung. Aber Englert! Der dachte gar nicht mehr an Beruf, Familie, Staat, nur noch an sich und die Musik, »seine einzige Leidenschaft«. Ihm mußte ein Beispiel entgegengehalten werden: Friedrich, wie er im Staatsdienst aufgeht und abends in schöner Beschränkung noch ein bißchen auf der Flöte spielt. Das ist das Ideal! An diesem Beispiel wird eine Widersprüchlichkeit der Aufklärungsbewegung deutlich, die noch häufiger beschrieben wird: Zunächst betrieben die Aufklärer die Selbstorganisation und -bildung der bürgerlichen Bevölkerung, und sie taten das mit klugen Reden und vernünftigen Ermahnungen und Anweisungen. Die Bevölkerung folgte diesen Aufrufen bereitwillig, da sie ohnehin schon eine Weile in diese Richtung arbeitete. Und plötzlich sahen die Aufklärer, daß die Bevölkerung sich selbst organisierte, aber ohne die aufklärerischen Wertmaßstäbe übernommen zu haben. Nun klagten sie über den Verfall der Werte und der Sitten. Und das wurde noch schlimmer, als es zu extremeren bürgerlichen Geschmacksströmungen kam wie dem Sturm und Drang oder der Empfindsamkeit. Da sahen die Aufklärer ihre ganzen Vernunftwerte fortgespült: Die Geister, die ich rief, werd ich nun nicht los!

Die um Musik bemühten Aufklärer standen da nicht allein mit ihren Sorgen im 18. Jahrhundert.

»So begann *gleichzeitig* mit der *Propaganda für* das Lesen im späten 18. Jahrhundert die *Warnung vor den schädlichen* Folgen des Lesens, der ›Lesesucht‹ (so ein weitverbreiteter Terminus im 18. und 19. Jahrhundert) – und gerade diese Gleichzeitigkeit

illustriert den inneren *Widerspruch* der Volksbildungsbewegung ... Die Aufklärer des
18. Jahrhunderts warnten ihre bürgerlichen Leser vor der ›Empfindelei‹ (Campe), der
›empfindsamen Lektüre‹, dem ›Romanelesen‹, wo das Nachdenken der Individuen über
sich selbst, die eigenen Wünsche, Bedürfnisse und Träume zugleich mit dem Ausweichen vor dem ›praktischen Leben‹ im Mittelpunkt standen. Ihre Nachfahren warnten
das ›niedere Volk‹ vor den phantastischen, exotischen, erotischen, kruden und sentimentalen Inhalten und Formen des damals entstehenden populären Unterhaltungs-
schrifttums – wo die Alltagswirklichkeit nicht abgebildet wurde, sondern eine exzessive
Phantasie Triumphe feierte.

In seiner Schrift ›Von den Erfordernissen einer guten Erziehung‹ (1785) geißelt J. H.
Campe die ›Seelenepidemie‹ der ›Lesewuth‹ als ›Hinderniß einer zufriedenen Ehe und
einer glücklichen Kinderzucht‹. Unter anderem vermerkt er voller Tadel: ›Man liest ...
auch solche Schriften, welche recht eigentlich darauf abzwecken, den Verstand zu
verwirren, die Einbildungskraft zu beflecken, die Empfindungen zu überspannen, die
Grundsätze einer aufgeklärten Gottesfurcht und mit ihnen die der Tugend und Recht-
schaffenheit wankend zu machen, das Gewissen einzuschläfern, den Geist durch süßliche Empfindeleien zu entmannen, Unzufriedenheit über Welt, Menschen und Vorsehung einzuflößen, die *Phantasie* zu schwärmerischen Luftreisen in das Reich der
Träume und Schimären zu beflügeln und die Menschen sowol zu den Geschäften als
auch zum Genuß des Lebens immer unfähiger zu machen.‹«

(Dieter Richter u. Johannes Merkel, Märchen, Phantasie und soziales Lernen, Berlin
1974, S. 23 f; vgl. auch Hauser, S. 550 ff; z. T. ging von den vielen Lesegesellschaften
auch die Gründung öffentlicher Liebhaberkonzerte aus wie in Stuttgart 1786, vgl.
Schwab, S. 201; zentral O. Dann, Hg., Lesegesellschaften und bürgerliche Emanzipation, München 1981.)

Justizkommissar Hahn hielt 1783 bei der Eröffnung der Musikalischen Gesellschaft in Anklam/Pommern eine Rede »Von dem vortheilhaften Einfluß der
Tonkunst auf das Herz des Zuhörers« (Cramer II/1, S. 202 ff). Es klingt, als
hätte Herr Hahn den Aufsatz »Über die Pflicht seine Neigung zur Musik
einzuschränken« geschrieben. Zeugnisse des klassischen Altertums im Rük-
ken, beweist er die hohe sittliche Wirkung der Musik, vor allem ihre Aus-
gleichs- und Kräftigungsfunktion für die tägliche Arbeit. Da fallen Sätze wie:

»Jeder Mensch hat schon hierin eine wichtige Pflicht gegen sich selbst zu erfüllen, daß
er seinem ermüdeten Geiste gewisse Zerstreuungen verschafft, die den erschlafften
Nerven die gehörige Spannung wiedergeben können.« Und: »Glückliches Land! dessen
Monarch selbst den Werth dieser bildenden Kunst schäzt, der auf ihre zunehmende
Blüte in seinem Staat mit dem Auge des Weisen, des Kenners, des Wohlgefallens
herabsieht.«

Daß das abendliche Konzert nur zur Reproduktion der Arbeitskraft dienen
kann und sonst kaum Eigenwert hat, wird hier so deutlich betont wie nirgends
sonst. Dabei ist wiederum Friedrich II. das Vorbild! Sicher hätte dieser, der
Liebhaber guter, alter, gezähmter Kunst (vgl. S. 389 f), die folgende Passage
der Rede gelobt:

»Es kommt, wofern die Muse ihre angeborne Gewalt behaupten soll, mit auf das
natürliche Gefühl des Zuhörers an. Gefühl ist ein edles Kleinod der Seele, – – – ist der
funkelndste Stein in der Krone des Weisen! – – – Man nenne doch nicht alles Gefühl

Tändelei – – – romantische Ueberspannung! Aber man hüte sich auch vor der Krankheit, die sich oft den Namen der Empfindsamkeit anmaßt, sie heißt: Empfindelei! Empfindelei ist ein gewisser abgeschmackter Theaterzug, wo wir uns bey Kleinigkeiten mehr denken, als sie werth sind. Ich halte jeden Menschen, der reines, wahres und natürliches Gefühl im Busen trägt, der im guten Sinn empfindsam ist, zu jeder großen und edlen That aufgelegt; den Unempfindsamen für den elendsten, bedaurenswürdigsten; den Empfindler aber für einen Thoren. Das wahre, unerborgte, das natürlich Gefühl des Schönen und Erhabenen macht uns also die Gewalt der Music allein fühlbar. Sollt es auch in der Brust noch nicht völlig entwickelt seyn, so wird die Music es nach und nach ausbilden und lebhafter machen.«

Der eine sagt: Nur nicht zu viel! Der andere: Immer mit Maß!
Und was sagt Englert dazu? Gibt das nicht doch einmal Streit?
Die Antwort folgt S. 178–179.
Diese Leute wie Hahn und die anderen argumentierten so wie Eltern, die ihren Kindern ständig in den Ohren liegen, sie sollen bloß aufpassen, daß sie sich kein Bein brechen.
Es war gar nicht so, daß man überall die überschäumende Musiklust oder Hörwut nur mit Mühe eindämmen konnte. Es war im Gegenteil oft recht mühsam, gegen die »Alltagsgeschäfte« soweit anzukommen, daß man überhaupt ein bißchen »unschuldiges Vergnügen« finden konnte. Über die Handelsstädte Bremen und Hamburg gibt es da entsprechende Äußerungen, und in anderen Städten, deren Einwohner nicht durch die himmlischen Heerscharen ernährt wurden, wird es auch nicht so viel anders gewesen sein.
Den Mangel an »öffentlichen Lustbarkeiten« in Bremen um 1750 erklärt der Zeitgenosse Heineken so:
»Der emsige Geschäftsmann jedes Standes betrachtete auch die Abendstunden noch zu sehr als Teile des Arbeitstages, um sie zu jenen Vergnügungen häufig opfern zu können. Die müssig gehende Classe aber zählte zu wenige Mitglieder, als daß solche angenehmen Unterhaltungen von ihr allein ihr Bestehen hätten finden sollen« (Klaus Blum, Musikfreunde und Musici. Musikleben in Bremen seit der Aufklärung, Tutzing 1975, S. 20). Und auch 1790 heißt es: »Denn hier in Bremen, wo wie in fast allen Reichsstädten eine ökonomische vortheilhaftere Kunst, nemlich der Handel, den Scepter führt und führen muß, erheben sich die schönen Künste verhältnismäßig, nach dem Ueberfluß, den jene verschaft.« Um dann gleich noch einen Diener vor Justizcommissar Hahn anzufügen: »Wehe aber auch dem Lande, wo sich der Fürst oder das Volk mehr um Musik, Mahlerei, Schauspiel etc. bekümmert, als um Fabriken, Akerbau und Handel« (Bossler III 1790, Sp. 131). Da muß wohl wieder der böse Franzmann gemeint sein, der wegen dieser Fehler seine Revolution beschert gekriegt hat!
Aus Hamburg heißt es in einer Warnung an reisende Virtuosen (vgl. S. 229 f): Es gebe »Liebhaber der Music genug, aber gerade eben nicht unter dem reichen Theile der Einwohner. Kaufleute haben mehr zu thun, als brod-

lose Künste zu erwärmen … Drey, vier Tage sind Posttage, wo kein Kaufmann, Commis oder Handlungsbedienter jemals Zeit hat an Concerte zu
denken.« (Cramer II/1, 1784, S, 2 f)

Wo sollte denn bei solchen Zuständen die Musik den Staat gefährden? Die
Aufklärer waren keine Realisten. Und die Konzertunternehmer hatten oft
allen Grund, für die »Aufnahme« der Musik zu werben.

Ein Zusammenprall

An der Ecke der Heinrich-Duckmeuser-Straße und der Lose-Blatt-Allee
stehen Muster-Dilettant Friedrich Einzig, Chaos-Dilettant Englert und
Justizcommissar Hahn (Jacke leicht ausgebeult).

ENGLERT: Was ist eigentlich mit euch los? Warum soll ich nicht so viel
    Musik machen, wie ich will?

FRIEDRICH: Er spielt nicht zu viel, sondern zu lang. Und das mißfällt
    meinem königlichen Dilettantentum! Ich höchstselbst kann auch
    nicht den ganzen Tag flöten. Erstens würde sonst Preußen durch-
    hängen, und zweitens ist mein Ansatz nach zwei Stunden im könig-
    lichen Eimer!

HAHN: Schon viele Eimer voll davon haben wir aus dem Palast ge-
    schafft.

FRIEDRICH: Brav, Hahn, brav! Es braucht sonst niemand was davon zu
    wissen.

ENGLERT: Ich mache auf jeden Fall den ganzen Tag Musik! Außerdem
    gehört Würzburg nicht zu Preußen, zum Glück!

FRIEDRICH: Das kann sich noch ändern! Meine Landeskinder jedenfalls
    üben alle höchstens eine Stunde am Tag und widmen sich dann
    Staat und Familie.

ENGLERT: Ich bin ohne Familie, wenn's beliebt.

FRIEDRICH: Und wo nimmt Er das Geld für die leibliche Versorgung her,
    hä?

ENGLERT: Erbschaft, Stundengeben, Notenabschreiben, Schwarzfahren!

HAHN: Juristisch gesehen ein Schmarotzer, eine Frostbeule der Gesell-
    schaft.

FRIEDRICH: Ein Eiterpickel auf der seidigen Haut unseres Fortschritts!
    Hahn!

HAHN: Zu Befehl, Majestät!

FRIEDRICH: Ausdrücken!

HAHN: Sofort, Majestät!

ENGLERT: Auuuh! Arrrgh!

FRIEDRICH und HAHN gehen ab und singen:

Auf den Straßen, da fließt der Eiter,
der Verkehr geht nicht mehr weiter.
In der Gosse liegen Knaben,
die sich an dem ... (Gesang verliert sich.)
ENGLERT (am Boden): Ist das nun die musikalische Ausdrückung?
(Ein kleiner Kalauer, den Englert hier benutzt, ein frühes Synonym für
»musikalischen Ausdruck«. Aber auf jeden Fall: Englert macht weiter
den ganzen Tag Musik. Ob das wohl gutgeht? Wird Würzburg preu-
ßisch?)

Frauen

Ein doppeltes Motto

»Wie viele sind, die nicht gestrafet noch bemerket werden. Weiter, von der
Schamhafftigkeit auch eine Probe:

Ich bin zwar ehrlich, fromm und keusch;
Doch hungert mich nach Jungfern-Fleisch etc.

Ist das nicht ein sehr züchtiger, von einem geistlichen Herrn componirter
Gesang in der berühmten Oper Adelheid? davon gar die lustigen Arien, wegen
dergleichen Meriten mehr, im Druck, und solcher unverschämten Dinge gantz
voll sind. Man recommendirt sie jedermann in den täglichen Gazetten noch
dazu, daß sie mögen gekauft werden. Ist das nicht erbaulich? ... Wer sich zu
diesem Korn-Brandtwein einmahl gewehnet, dem schmecket hernach weder
der beste Tockayer, noch das schönste Wildpret: er verliehret allen Appetit.
Und das nenne ich den verdorbenen Geschmack.« (Mattheson 1728, S. 175)

»Wir leben, sagt er, in dem Jahrhundert des feinen Geschmaks; diesen
Vorzug aber verdanken wir lediglich dem liebenswürdigen Geschlecht. Es
ist die Schöpferinn aller unserer Vergnügungen, und selbst der glänzend-
ste Wohlstand – was ist er, wenn er nicht mit Grazien gepaart ist«
(Übersetzung aus dem Calendrier musical universel, Paris 1788, bei Bossler I, Sp. 89 f).

60 Jahre liegen dazwischen.

Einleitung

Friedrich von Hagedorn, der 1708 bis 1754 lebte, schrieb ein Gedicht, betitelt »Die Alte«, das Mozart im Jahre 1787 (mit der Gesangsanweisung »ein bißchen durch die Nase«) in Musik setzte. In den letzten beiden der vier Strophen heißt es:

Zu meiner Zeit, zu meiner Zeit ward Pflicht und Ordnung nicht entweiht.
Der Mann ward, wie es sich gebühret, von einer lieben Frau regieret,
trotz seiner stolzen Männlichkeit. O gute Zeit, o gute Zeit!
Die Fromme herrschte nur gelinder, uns blieb der Hut und ihm die Kinder.
Das war die Mode weit und breit. O gute Zeit, o gute Zeit!

Zu meiner Zeit, zu meiner Zeit war noch in Ehen Einigkeit.
Jetzt darf der Mann uns fast gebieten, uns widersprechen und uns hüten,
wo man mit Freunden sich erfreut. O schlimme Zeit, o schlimme Zeit!
Mit dieser Neuerung im Lande, mit diesem Fluch im Ehestande
hat ein Komet uns längst bedräut. O schlimme Zeit, o schlimme Zeit!

Hatten die beiden Männer, Hagedorn und Mozart, nur ein distanziertes, ironisches Interesse an der Meinung der »Alten«? Oder legten sie ihr eine Meinung in den Mund, die sie selbst ganz oder teilweise realistisch fanden? Hatten die Frauen denn wirklich weniger Einfluß und Macht gegenüber den Männern bekommen? Gerade die bürgerliche Emanzipation hätte doch auch den Frauen Befreiung bringen müssen? Denn sie waren doch genau wie die bürgerlichen Männer vom Feudalismus betroffen, also ebenso an Verselbstän-digung und Selbstbestimmung interessiert.

Zunächst ist es wichtig festzustellen, daß die »Alte« vom alltäglichen Leben berichtet, nicht von solchen Höhepunkten wie Kunst und Musik. Hier sind die Bedingungen und Ausdrucksformen der Geschlechterunterschiede und -kämpfe womöglich ganz andere als im alltäglichen, musikfernen Umgang. Eine Prüfung des zeitgenössischen Schrifttums zur Rolle der Frau in der bürgerlichen Musikemanzipation soll dieses Problem klären helfen, dann auch die Frage, ob die Meinung der »Alten« sich auch auf den Kultursektor übertragen läßt (zum »Hut« vgl. S. 206).

In den Saal ist »sogar predigern und frauenzimmern ja allen menschen erlaubt hinein zu gehen«, berichtet der Herr von Uffenbach 1714 erstaunt aus dem Berner Collegium musicum. Er hebt hervor, daß es »solche Libertät hier hat«. In dem Saal gibt es ein »zugeschlossenes apartement der musicanten welches meistentheils deßwegen so verdeckt gemacht ist damit auch die frauenzimmer der statt so liebhaber und meister der music sind dahin gehen können, und sich mit exerciren, so schier alle tag geschieht.« Und in Lyon 1715 im Konzert der Kaufleute erwähnt er besonders »zwei wohlgekleidete frauenzimmer so beyde auf der violdagamba sehr accurat und wohl accompa-

gnirten« (Preußner, S. 22; E. Preußner, Die mus. Reisen des Herrn von Uffenbach, Kassel 1949, S. 112).

Zu dieser Zeit war es nicht selbstverständlich, daß im Konzert Frauen im
Publikum oder gar auf dem Podium mit Musik umgingen. Auch die frühen
bildlichen Darstellungen von bürgerlichen Konzerten zeigen oft Männergesell-
schaften, z. B. im Falle des Zürcher Collegium musicum 1713 (Schwab,
S. 42 f).

Hätte es nicht nahegelegen, daß auch auf diesem Gebiet wie auf so vielen
anderen die Elemente der höfischen Kultur nachgeahmt wurden? Dort
herrschte doch schon immer bei Hofoper und -konzert eine selbstverständliche
Geschlechtermischung.

1767 aber noch (Hiller II, S. 163) schlägt sich ein Nordhäuser Konzertliebhaber mit dem Argument herum: »Ja! aber das ist ja allerhand Gesellschaft
durch einander; es sind sogar Frauenzimmer dabei.« Und was hat der Musikliebhaber darauf zu antworten? (Wir kennen die Antwort schon aus anderem
Zusammenhang.) »Ey, Herr Amusos, wie beschämt würden Sie seyn, wenn Sie
in unsere Concerte kämen, und sähen, daß es hier eben so ordentlich und stille
zugehet wie anderwärts! Musica amat silentium. [Die Musik liebt die Stille.]
Wenn sich bisweilen Nebenabsichten mit eindrängen, wer steht uns denn
dafür, daß alle, die in die Kirche gehen, es aus dem rechten Absichten thun?«

Das wäre im Feudalismus allerdings unmöglich gewesen: Ein Konzert mit
einem Gottesdienst positiv zu vergleichen. Diesen sittenstrengen, puritani-
schen Umgang mit der Musik in der Öffentlichkeit hatte das Bürgertum, das
männliche Bürgertum, selbst aufgebracht. Die Emanzipation ist zugleich eine
Selbstunterdrückung. In die Lust ist die Strafe eingearbeitet. Daß da die
Frauen nur stören können, indem sie in den musikbegeisterten Männern
»Nebenabsichten« anregen könnten, ist selbstverständlich. Der Nordhäuser
Dilettant duldet die Frauen im Konzert, aber er duldet sie nur dann, wenn sie
nicht »Ordnung« und »Stille« durch ihre Anwesenheit bedrohen.

Die Berner Musikerinnen durften nur »bedeckt« im »verschlossenen apartement« erscheinen. Diese männliche Angst, die Frauen könnten allein durch
ihre körperliche Anwesenheit alles in Frage stellen, durch ihre sinnliche Gegenwart ein Chaos auslösen, vom männlich bestimmten Hauptgegenstand der
Versammlung auf einen anderen, ungeordneten, unüberblickbaren ablenken,
führt manchmal zu gerade absurden, perversen Abwehrvorstellungen.

Instrumente

Ein Rezensent lobt eine Geigerin. »Ihr Anstand beym Spielen ist ungezwungen, doch etwas nachlässig; überhaupt ist mir während ihrem Spielen der
Gedanke gekommen: Es würde gut, wenigstens weit besser passen, wenn die

Damen die Violin spielen, als Amazonen gekleidet wären. Die langen Manschetten, Bänder und Schleppen, dann der bloße Arm, und die Geige am Hals
beleidigen mich bey diesem Instrument immer etwas, und würden es vermutlich nicht mehr thun, wenn die Künstlerin als ein reizender Halbmann im
Hütgen vorm Pult stünde.« (Cramer I/2, 1783, S. 843 f)

Die Frau soll wohl eine Funktion im Konzert erfüllen, nämlich nicht als
Solistin, sondern als Solist. Sie soll funktionieren. Aber sie soll dennoch nicht
körperlich anwesend sein. Sie soll sich als Körper den Hauptpersonen der
Konzerte angleichen, den Männern, mit Hut. Ihr Geigenspiel ist wohlgelitten,
ihr Körper, d.h. ihre leibhaftige Anwesenheit, soll verschwinden.

Statt der Frau in ihren Frauenkleidern sähe man lieber »das nemliche
Frauenzimmer, nun im Amazonenhabit, also in einer Kleidung spielen, in
welcher sie sich dem Manne, mehr annähert, und jenes Gefühl des Unschicklichen wird um vieles geschwächt, und die Erscheinung des weiblichen Virtuosen, lange nicht mehr so auffallend seyn« (Junker 1784, S. 94). Bereits 30
Jahre früher wurde Junkers Wunsch erfüllt: Die Sängerin Mara war als
»Kleine Virtuosin« auf der Geige »in einem Amazonen-Habit gekleidet, weil
man fand, daß dieser Anzug am besten zur Violine passe« (Selbstbiographie;
Erstveröff. Allg. Mus. Zeitung 1875, Nr. 32, Sp. 500).

Im 18. Jahrhundert waren Frauen als Klavier-, Harfen- und Glasharmonika-
spielerinnen wohlgelitten (vgl. Annemarie Krille, Beiträge zur Geschichte der
Musikerziehung und Musikübung der deutschen Frau von 1750 bis 1820,
Berlin 1838, S. 121), galten als geradezu prädestiniert zum Gesang (Krille,
S. 85 ff und S. 100). Selten wurden sie aber als Geigerinnen, kaum als Flöti-
stinnen, nie aber als Organistinnen oder gar Cellistinnen anerkannt. Diese
Selektion hat verschiedene Gründe. Der stärkste liegt wohl darin, daß der
Frauenkörper beim öffentlichen Musizieren im Konzert nicht zu stark gezeigt
oder bewegt werden durfte. Beim Gesang bzw. am Klavier und den anderen
Harfen- und Klavierinstrumenten ist er fast unbewegt, fast ganz statuarisch.
Bei den anderen Instrumenten dagegen – etwa auch den Blechblasinstrumen-
ten – würde er auf eine Art entblößt oder bewegt, die den zuschauenden
Männern angeblich unsittlich erscheint.

Es gab wohl einige wenige gelobte Flötistinnen und Geigerinnen (vgl.
S. 207 f sowie Krille, S. 134), aber in der Regel galt: »Violine oder Orgel zu
spielen, verträgt sich nicht mit den Grazien des weiblichen Geschlechts. Die
Virtuosin [die Berufsmusikerin] thut als solche auf schöne Weiblichkeit Verzicht; aber was man an Virtuosinnen, die aus dem Kreise ihres Geschlechts
heraustreten, nicht anstößig findet, kann man mit Recht an jedem andern
Frauenzimmer, das nur zu ihrem Vergnügen und um sich ästhetisch (also
zugleich ihrer weiblichen Bestimmung gemäß) auszubilden, Violine spielen
lernen wollte, anstößig und unzweckmäßig finden ... Die Bewegungen mit
dem Arm, die Violinspieler machen müssen, und die Gesichter, die sie ziehen,

werden der Weiblichkeit unfehlbar Eintrag thun.« (K. H. Heydenreich, Der
Privaterzieher in Familien wie er seyn soll, Leipzig 1800, S. 426 f, zit. bei
Krille, S. 129 f) Wichtig an diesen Ausführungen ist eine Nebenbegründung,
die auch noch bei der Besprechung öffentlicher Gesangsauftritte von Frauen
auftauchen wird (S. 202 ff): Die bürgerliche Frau macht einen Fehler, wenn sie
sich bei ihren Bemühungen um eine aktive nichtberufliche Teilnahme am
Konzertwesen an ihren professionellen Geschlechtsgenossinnen, vor allem den
Berufssängerinnen der Hofopern orientieren will. Denn diese stehen bereits
außerhalb der bürgerlichen sittlichen Anforderungen an eine Frau, sind im
Sinne des Bürgertums gar keine »Frauenzimmer«. Sie haben sich durch ihre
Berufswahl bereits um die Möglichkeit gebracht, im System des bürgerlichen
Lebens Gegenstand oder gar Maßstab sittlicher Normierungen zu sein.

Ein unerwartet ausführliches Dokument zur Frage der instrumentalen
Schicklichkeit musizierender Frauen ist die Abhandlung »Vom Kostüm des
Frauenzimmer Spielens« (Junker 1784; Zitate aus der Rezension bei Frh. v.
Eschstruth, Musicalische Bibliothek, 1784, S. 81 f). Dabei bedeutet das Wort
Kostüm weniger das Kleidungsstück als die gute Art, sich zu kleiden oder zu
benehmen, allgemein den Brauch oder die Sitte (frz.: coutume). Hier ein
Auszug (S. 85–99):

»Wir behaupten von gewissen Instrumenten, sie wären keine Instrumente für Frauenzimmer: wenn wir eine Sirmen, eine Bayer die Violin spielen sehen, so ist es uns
auffallend; wir wünschten, daß gewisse Instrumente nur von Männern gespielt würden,
als zum Beyspiel, das Horn, das Violoncell, der Contrabaß, der Fagott, die Trompete
… Freylich die Tonkunst selbst, verliert allemahl dabei. Denn sollte das zweyte
Geschlecht, überhaupt, zu allen Instrumenten nicht eben die Anlage haben, wie wir?
und wenn dem so ist, verlieren wir da nicht, unendlich viel gute Spieler? – alle die
nämlich, die sich aus gewissen Gründen entschließen, gewisse Instrumente nicht zu
lernen; und sie doch lernen würden, wenn jene Gründe nicht wären … Eine sichere
Quelle glaube ich, in dem Gefühl des Unschicklichen zu finden; und in der Absicht
finde ich gewisse Instrumente gegen das Costüm.«

Nun werden drei Grundtatsachen genannt, die eine solche Unschicklichkeit
begründen; dazu je ein Beispiel aus Junkers Aufsatz:

»In dem ersten Fall also, wenn zwischen dem Mechanismus des Instruments, oder der
Art der Behandlung die es erfordert, und zwischen der eigenen Kleidertracht des
zweyten Geschlechts, kein Verhältniß ist, – wird das Spiel komisch.«

»Es kommt uns also lächerlich für, wenn wir ein Frauenzimmer in Poschen, noch schlimmer, allenfalls im Reifrok,
am großen Violin erblicken [Kontrabaß]; lächerlich, wenn
wir sie, in großen, hin und her fliegenden Manschetten die
Violin – lächerlich, wenn wir sie, in hoher Fontange, das
Horn, blasen sehen.« (Eine Fontange war eine große Haube
aus einem mehrfach übereinander getürmten Drahtgeflecht,
das mit gefälteten Bändern umflochten, mit Schleifen um-

wunden und mit Spitze und Flor geziert war; vgl. Krille,
S. 129.)

»Im zweyten, wenn die Intonation des Instruments, dem eigenen leisen Ton, und der
Stimmung dieses Geschlechts nicht entspricht, – unwahrscheinlich – unnatürlich.«

> »... wenn die Natur des Instruments, mit dem anerkannten
> Charakter der weiblichen Schwäche, nicht in Verbindung
> steht ... Zum Beyspiel: Trompete, Pauken – sind sie nicht
> eigentlich Kriegsinstrumente? können sie also nicht sehr na-
> türlich beym Gefühl ihres Schalls, die Nebenidee desselben
> erwecken? und wenn sie das können, muß die Seele dann
> nicht die Unschiklichkeit fühlen, die zwischen der Natur des
> Instruments, und der Spielenden herrscht? – und muß das
> Resultat dieser Empfindung, nicht das Bekenntniß heißen?
> ›dies ist kein Frauenzimmer Instrument.‹ ... Wie aber, wenn
> es nun keine Instrumente wären, die in der Seele eine so
> bestimmte Nebenidee erweckten ... – als zum Beyspiel das
> Horn? So möchte es freylich spizfindig scheinen, wenn wir
> schon vom bloßen Ton, dieses Waldhorns behaupteten, daß
> es sich nicht gut in Beziehung, auf die feinere weichlichere
> Stimmung, des zweyten Geschlechts denken lasse; aber der
> Psycholog möchte doch hier Gelegenheit finden, zu feinern
> Bemerkungen in der Seelenlehre.« (Freud lebte 100 Jahre
> später.)

»Im dritten Fall, wenn die körperlich Lage, die der mechanische Bau des Instruments
nothwendig erfordert, nicht für gewissen unsittlichen Nebenideen, zuverläßig verwah-
ren kann, wird das Spiel, unanständig ... Wieder nur ein Fall, der auf das zweyte
Geschlecht paßt.«

> »Ich denke verständlich zu werden, wenn ich den Fall, durch
> ein Beyspiel erläutre, ob ich gleich den Leser hinzudenken
> lassen müssen [so!]. Ein Frauenzimmer spielt das Violoncell.
> Sie kann hiebey zwey Uebelstände nicht vermeiden. Das
> Ueberhangen des Oberleibs, wenn sie hoch (nahe am Steg)
> spielt, und also das Pressen der Brust; und dann eine solche
> Lage der Füße, die für tausende Bilder erwecken, die sie nicht
> erwecken sollten;
>   sed sapienti sat.«
>   (Aber dem Wissenden genügt bzw.
>   reicht das, nämlich als Andeutung:
>   Er weiß, worum es geht.)

Junker schließt mit einer Ermahnung:

»So beherzige denn, schönerer Theil der Schöpfung, dieß Wort, zur rechten Zeit
gesprochen! Unterschreibe diese unsere Bemerkung; ziehe bey allem, was du thust, bey
allem wozu sich dein Herz entschließt, deine Natur, dein eigenes Kostüm, die Geseze,
woran sich dein eigener Wohlstand bindet, die Art deiner Bestimmung zu rathe!
[Wohlstand bedeutet Wohlergehen.] Vermeide auch in Kleinigkeiten alles wodurch du

verlieren kannst; und siehe: – hier sind Laute, Mantor [Mandora, eine kleine Art
Laute], Clavier! – Aber vor allem suche unser Herz zu erquicken, durch den Gesang,
den dir der Himmel, nur dir, eigentlich gab; und der dir die reichste Schadloshaltung
seyn kann, für alles, wozu er dich, deiner Natur nach, nicht bestimmt haben sollte.«

Der Rationalismus der Aufklärung wird zur Rationalisierung.

1845 konstatiert ein Rezensent, »daß das Violoncell in Damenhand nur eine
unschöne Erscheinung bieten könne« (Schwab, S. 160 f), eine Meisterleistung
verdrängender Formulierung! Erst im 20. Jahrhundert wurde das Cello als
Fraueninstrument gesellschaftsfähig. (Weitere Informationen und geschlechts-
spezifische Gedanken zur Frage von Cello und anderen Tabuinstrumenten bei
Meri Franco-Lao, Hexen-Musik, München 1979.)

Man kann in diesen aggressiven Ängsten der Männer vor den Frauen-
körpern das allgemeine Prinzip erkennen, wie es z. B. 1810 in Dr. Albrechts
»Allgemeinem Hülfsbuch fürs männliche Geschlecht« formuliert ist: »Die
neuen Kleidertrachten sind auch keine kleine Versuchung für die Erstlinge, die
in die Welt der Leidenschaften treten, und als Knaben verschont blieben. Ein
bloßer Arm, ein bloßer Busen, ein einzelnes Röckchen, ein vielleicht noch
leichtfertigerer Anzug, was kann das einem jungen raschen Manne anders als
Begierden einflößen, und wer vermag denn solchen Lockungen zu wider-
stehen. Wirklich sollte über die leichtfertige Kleidung die Polizei wachen, und
solche, zum Besten des Staats, gänzlich verbieten, denn den Verführungen
würde dadurch Einhalt gethan und die Moralität verbessert.« (Veröff. in
Rochus Herz, Heimlichkeiten der Männer, München 1977, S. 16 f)

Bei vielen öffentlichen Angelegenheiten hatten es daher die Frauen schwer,
zugelassen zu werden. Noch 1808 gibt es anläßlich der Gründung der Frankfurter Museumsgesellschaft »Eilf Gutachten über die Frage, ob den Frauenzimmern der Eintritt ins Museum zu gestatten sey« (Schwab, S. 74, Fußn. 3).

Diese Bewertung der Frau als ein für die offizielle Öffentlichkeit unge-
eignetes Wesen ist ein weiterer Grund für den Ausschluß der Frauen vom
Erlernen und Ausüben der genannten Instrumente: »Dadurch, daß man Wei-
bern erlaubt hat, sich in größeren Gesellschaftszirkeln die Hauptpersonen zu
machen, erhielt ihr Charakter die falsche Richtung.« (H. Stephani, System der
öffentlichen Erziehung, Erlangen 1815, S, 153; zit. Krille, S. 130) Oder, etwas
direkter auf Musik bezogen, aber verschleiert in der Formulierung: »... alle
Arten von Violininstrumenten; die aber nie so ganz gewöhnlich unter Frauenzimmern werden möchten, weil sie nicht gut allein gebraucht werden können,
und zu größeren Musikgesellschaften nicht immer Gelegenheit ist.« (J. D.
Hensel, System der weiblichen Erziehung, besonders für den mittlern und
höheren Stand, Halle 1787, S. 20; zit. Krille, S. 123)

Der Weg auf die Bühne war für die bürgerlichen Frauen ein langsamer,
mühseliger Prozeß. Er wird noch zu Sprache kommen. Ihre passive Teilnahme
am öffentlichen Konzert wurde aber schon in der ersten Jahrhunderthälfte

selbstverständlich, vor allem dann, wenn die Veranstaltungen nicht die Exklusivität von Männerbünden in Art der Musikgesellschaften und Collegia musica hatten, sondern aus der musikalischen Unterhaltung und Belehrung zu Hause, im Kaffeehaus oder im Biergarten hervorgingen.

Publikum

Johann Nikolaus Forkel schreibt in der »Ankündigung seines akademischen Winter-Concerts« (Göttingen 1778, S. 11):

»Musikfreunde also, welche das akademische Concert durch Subscription befördern und unterstützen wollen, bezahlen Einen Louisd'or pränumerierend. Diejenigen Liebhaber der Musik hingegen, welche nicht zu subscriben belieben, bezahlen den jedesmaligen Eingang mit einem halben Thaler.«

Der Musikliebhaber wird nun begonnen haben zu rechnen, so wie ich in der Abteilung über Finanzen das auch schon getan habe: Wieviel ist also zu sparen, wenn man subskribiert? Der Besuch von wieviel Einzelkonzerten ist gleich teuer wie die Verpflichtung auf die ganze Reihe? usw. Und dann wird er erleichtert, aber auch voller Gewohnheit, am Schluß des Forkelschen Abschnitts gelesen haben:

> »Damen sind frey.«

Was in dem Satz alles drinsteckt!

Forkel setzt ihn auffällig und selbstverständlich an den Schluß. (Johann Mattheson, 1728, S. 339, eröffnet einen Beweisgang mit den Worten: »Wir wollen also vernehmen, was andre Leute, und zwar recht brave Leute, dazu sagen. Die Matrone, (verzeiht mir, daß ich ein Frauenzimmer an die Spitze stelle; bey dem aber mehr Glaubwürdigkeit zu finden ist, als bey vielen Manns-Personen wenn sie ...)«)

Die Frau ist das Anhängsel, Rechnen und Verstand sind Männersache. Die Frau ist im Verstande des Konzertunternehmers so etwas wie eine Belohnung, ein Gratisgeschenk. Allein kann sie nicht ins Konzert, sondern nur als Mitgenommene. Und auch dann ist sie nicht vollwertig: Ihre Anwesenheit drückt sich nicht in Geld aus, aber sie schmückt den Saal. Die beiden Männer, der Liebhaber der Musik und der Konzertunternehmer, lächeln sich heimlich und dankbar zu. Das ist »höflich«, also vom Hof übernommen. Das bürgerliche Männertum übernimmt das erniedrigende Zuvorkommen vom Hofleben: Die Frau darf sich nicht selbst bewegen, wird grundsätzlich umsorgt und einge-

laden. Das Äquivalent der höfischen Gesellschaft aber, Darstellung von Sinnlichkeit und Körperlichkeit, sollte den Frauen nun entzogen werden.

Das Ziel der männlichen Ordnungslehre gegenüber der Frau in der bürgerlichen Öffentlichkeit ist, wenn man die bisherigen Beispiele betrachtet: Entsinnlichung, Zurückdrängung und repressive Höflichkeit. Wir brauchen aber
über Herrn Forkel und seine »Damen«-Rücksicht nicht zu lachen.

Warum in die Vergangenheit schweifen? Eine Bekannte erzählt, 1983 in
Portugal, im Land der Revolution, sei es ihr nicht gelungen, anders in ein
Folklore-Konzert zu gelangen denn als Gratis-Gefährtin eines zahlenden Man-
nes, trotz Protest!

Aber warum in die Ferne schweifen? Ist es nicht immer noch üblich, daß es
als besonders galant und höflich gilt, wenn der Mann die Frau zum Konzert,
zum Essen usw. einlädt, während der umgekehrte Fall selten ist und dann auch
als etwas gewolltes oder überemanzipiert gilt?

Ein ähnlicher Doppelsinn, wie ihn Marx in der neuen »Freiheit« der Pro-
letarier feststellte – frei von Leibeigenschaft und freie Verkäufer ihrer Arbeitskraft –, liegt auch in Forkels Bemerkung:

»Damen sind frey« – frei von Eintrittsgeld und frei von Selbstbestimmung.
Diese »Chapeau« genannte Selbstverständlichkeit jener Zeit ist schon mehrfach angesprochen worden und in Konzertbeschreibungen bzw. -ankündi-
gungen aufgetaucht (vgl. S. 98 ff). Hier noch zwei weitere Beispiele:

»Jedes Mitglied kann zwei Frauenzimmer unentgeltlich einführen.« (Nordhäuser Gesellschaft, Cramer II/1, S. 364)

»§ 6. Zu den Concertversammlungen kann von einheimischen Mannpersonen niemand, als nur diejenigen zugelassen werden, die als Mitglieder ihre Namen unterschrieben, und ein Billet auf das ganze Jahr bezahlet haben, nebst ihren Söhnen (so
lange dieselben noch im väterlichen Hause sind) und Hofmeistern, als welche, in sofern
ihre Principale oder Eleven zu den unterzeichneten Mitgliedern gehören, freyen Eintritt
haben. In Ansehung der Damen aber wird es die Gesellschaft sich zur Ehre rechnen,
wenn sie derselben Ihre Gegenwart gönnen wollen.«

§ 10. Programme werden vor dem Konzert ins Haus gebracht gegen Geld. »Die Damen
und Fremden wird man damit auf dem Concertsaale versehen.« (Aus den Statuten des
»Leipziger Concerts« von 1781, vgl. Dörffel, S. 17)

Diese Behandlung der Frauen endete selbstverständlich nicht, wenn sie sich an
der Seite ihres zahlenden Ehemannes oder Kavaliers in den Konzertsaal bege-
ben hatten und dort neben ihm standen oder – gegen Ende des Jahrhunderts –
saßen.

Johann Friedrich Reichardts Beschreibung des Leipziger »Großen Konzerts« (1776, S. 167 f) sei hier nochmals zitiert: »Zwar steht dafür ein Kaufmann, der die Besorgung des Concerts auf sich hat, zur Wache, und klopft,
wenn jemand gar zu laut spricht, mit einem großen Ladenschlüssel ans
Clavecin, welches er zugleich verstimmt, indem er jenen das Stillschweigen

anbefiehlt, die es dennoch nicht halten. Dieses heldenmüthige Betragen schränkt er aber nur auf die Mannsleute ein, für die Frauenzimmer hat er die in Paris erlernte Höflichkeit, sich zu ihnen zu gesellen, und den Discours zu vermehren.«

Höflichkeit! Für die Frauen ist die Aufmerksamkeit auf die Musik ohnehin nicht wichtig, da sie die Bildung nicht so nötig brauchen wie die Männer. Offenbar haben alle anwesenden, zurechtgewiesenen Männer diesen Unterschied der Behandlung der Geschlechter bemerkt und akzeptiert. Der Bedrohung, die sie in den Frauen sehen, begegnen sie mit Verachtung in Form besonderer Aufmerksamkeit und Höflichkeit.

Notenveröffentlichungen

Um die Jahrhundertmitte beginnt ein kleiner, aber zunehmender Teil der Notenveröffentlichungen, im Titel und teilweise auch in der Aufmachung sich an die weiblichen Musikinteressierten im Bürgertum zu wenden.

Das gilt vor allem für Liederveröffentlichungen, entsprechend der bereits referierten Meinung, vor allem der Gesang sei es, der dem weiblichen Geschlecht arteigen sei und seine empfohlene bzw. naturbestimmte Zurückhaltung ziere.

Das geht von »Wiegenliederchen für deutsche Ammen« (E. W. Wolf, Riga 1775) und »Wiegenlieder für gute deutsche Mütter« (Reichardt, Leipzig o. J.) über »Gesänge für das schöne Geschlecht« (Reichardt, Berlin 1775) und »Gesänge mit Clavierbegleitung für Frauenzimmer« (Joh. Christian Gottfr. Graeser, Leipzig 1785; Kritik bei Cramer II, S. 869, 1786) bis zu dem anonymen Titel einer periodischen Sammlung »Rosen auf den Weg gestreut meiner Minna« (Speier 1791; all diese Gesangsveröffentlichungen zitiert und besprochen bei Krille, S. 186ff).

Aber auch das empfohlene Hauptinstrument der Frauen, das Klavier, wurde mit speziellen Ausgaben bedacht, an denen sich das, was die komponierenden Männer für typisch frauengerecht hielten, besser ablesen läßt als bei den Liedveröffentlichungen.

Christoph Nichelmann, Sei brevi Sonate da Cembalo all'uso di chi ama il
     Cembalo massime delle Dame, op.2 (Nürnberg vor 1760); also: Sechs
     kurze Cembalosonaten zum Gebrauch dessen, der das Cembalo liebt, vor
     allem der Damen.
Johann Tischer, Das vergnügte Ohr und der erquickte Geist in 6 Galanterie-
     Parthien zur Clavier-Übung für das Frauenzimmer in einer leichten und
     applicablen Composition (Nürnberg ohne Jahr, hierzu Krille, S. 203).

Sammlung neuer Clavierstücke mit Gesang für das deutsche Frauenzimmer
1783, Kassel (Besprechung bei Cramer I, S. 918).

Gemüths- und Ohrenergötzende Clavierübung in sechs leichten nach heutigem
Gout gesetzten Galanterie-Parthien, meistens für Frauenzimmer compo-
niert (besprochen Cramer I/2, S. 918, 1370).

Carl Philipp Emanuel Bach, Six sonates pour le clavecin à l'usage des dames,
Amsterdam 1770.

Scherzhafte Launen beym Clavier. Ein Neujahrsgeschenk für Deutschlands
Schönen (Ankündigung bei Cramer I, S. 1370f, 1783). Dort steht, es
seien Stücke, »die sich sowol durch feinen Geschmack in Rücksicht auf
Composition, als durch niedliches Taschenformat, eleganten Druck und
Notenstich vor andern ähnlichen Sammlungen unterscheiden, und die
Silhouette einer großen allgemein geliebten deutschen Clavierspielerin auf
dem niedlichen Titelküpferchen enthalten wird. Der Preis von dieser
Sammlung soll nicht mehr als 58 Kr. kosten, und dennoch so beschaffen
seyn, daß sie's gewiß würdig ist, neben jedem unsrer Modeallmanachs auf
dem Puztische unsrer Damen zu liegen.«

Johann Friedrich Wilhelm Wenkel, Clavierstücke für Frauenzimmer, 1767
oder 1768 (Kritik bei Hiller II, S. 390f). Hiller zeigt sich auch hier wieder
als ein sehr nüchterner und unparteiischer Beobachter, denn er verbindet
die Kritik der Musik mit dem Anspruch des Titels: »Es ist ein Kunstgriff,
den wir noch nicht recht haben einsehen können, wenn verschiedene
Verfasser von ihren Werkchen auf dem Titel sagten, sie wären für Frauenzimmer geschrieben. Es ist viel Schlechtes unter diesem Titel verkauft
worden, und die Frauenzimmer werden diesen Herren Verfassern doch
nicht einräumen wollen, daß das, was für sie geschrieben wird, nur
schlecht seyn dürfe. Warum hat nun Herr Wenkel seine Clavierstücke für
Frauenzimmer componirt? Vielleicht weil er sie leicht fand; weil sie aus
Kleinigkeiten, aus Menuetten, Polonaisen, Liedern u. d. g. bestanden: Ach,
es gibt Mannspersonen genug, die an weiter nichts als solchen Tände-
leyen Geschmack finden. Aber wie siehet es um die Leichtigkeit aus?
Frauenzimmer, die aus b und es moll spielen, werden gewiß auch mehr
vertragen können, als Menuetten und Polonaisen: wollte der Componist
seine Absicht nicht verfehlen, so konnte er diese Tonarten weglassen.
Eben so hätte er die weiten Sprünge, die für beyde Hände vorkommen,
vermeiden sollen, anderer Unbequemlichkeiten zu geschweigen.«

Daß er den »Kunstgriff« des Titelzusatzes »noch nicht recht habe einsehen
können«, ist eine vornehme Lüge Hillers, da er doch gleich die Beobachtung
anfügt, wie »viel Schlechtes unter diesem Titel verkauft worden« sei. Es ist ein
Werbemittel, um eine Marktlücke zu schließen. Und wie auch sonst bei

derartigen Verkaufsmanövern ist das Produkt nicht immer genau auf die
Bedürfnisse der speziell Angesprochenen eingerichtet.

Indem Hiller die Inkonsequenzen Wenkels aufzeigt, gibt er zu erkennen, was
möglicherweise als speziell auf Frauen gezielte Kompositionsmethode in Ver-
lagskreisen und bei Komponisten aufgefaßt worden ist: Kleinigkeiten, d.h.
kurze Stückchen; leichte Spielbarkeit, d.h. auch einfache Tonarten, und nicht
zu große Sprünge für die kleine Frauenhand, überhaupt Bequemlichkeit der
Spieltechnik.
    Das alles sind Merkmale, die sonst für anfangende Kinder gelten. Man läßt
die Frauen zwar zu, behandelt sie aber nicht wie Erwachsene, nimmt sie nicht
für voll bzw. nimmt sie selten für voll.
    Noch einige Belege dazu:
    Johann Friedrich Reichardt setzt sich im zweiten Teil seiner »Briefe eines
aufmerksamen Reisenden die Musik betreffend« (1776, S. 21f) mit dem
Argument auseinander, es sei zwar schön und gut, dem ausgezeichneten
Klavierstil C. P. E. Bachs nachzueifern, jedoch könne man damit im Ausland,
wo dieser Stil wenig bekannt sei, nicht Erfolg haben. Reichardt rät zu einer
Tarnung, einem Trick: »Nun so schreibet immer einige von der Art, und
unterscheidet sie nur durch einen Namen, nennt sie z.B. fürs Frauenzimmer
(per le Donne, per le Dame). Unsre Schönen machen ja in allen Stücken gerne
ausländische Moden mit, wird ihnen also auch dieses nicht mißfallen ...« (Er
empfiehlt den Trick, den Hiller analysierte.)
    Und Christian Friedrich Daniel Schubart in seiner »Deutschen Chronik auf
das Jahr 1774« liefert gleich eine dreifache Bestätigung der Schlüsse, die ich
im Hinblick auf angeblich frauenspezifische Musikstilistik aus den Bemerkungen Hillers zog.

Über Klaviertrios von Vanhal (S. 424): »Leicht, fließend und voll Grazie ist
    sein Satz; also den Liebhabern und vorzüglich den Damen bestens zu
    empfehlen.«
Über »Amynts Klage« von Benda (S. 381): »Der ganze Satz ist meisterhaft,
    und unsern singenden und spielenden Schönen sehr zu empfehlen. Aber
    ich habe schier vergessen, daß ihre zarten Fingerchen nicht gern in
    schwerfälligen Molltönen wühlen, und die Gebürge As und Es bestei-
    gen.«
Über Klaviertrios von Fr. Hellmuth (S. 232): »Sein Geschmack ist modisch,
    hell und leicht. Dem schönen Geschlechte und andern bloßen Dilettanten
    sind sie immer zu empfehlen.«

Die Frauen können wenig. Also sollen sie auch nur ganz leichte Sachen
spielen, so daß man dann wiederum sagen kann:

»Unsern Damen wollte ich, wenn ich mehr galant wäre, gerne viel rühmliches hier in der Music nachsagen; allein ich besorge, man möchte mich über der Unwahrheit ertappen. Lieber gerade heraus: sie versteigen sich größtentheils selten über Klimperey und musikalische Kleinigkeiten. Im Gesange wills vollends gar nichts sagen.« (Georg Peter Weimar, Von dem Zustand der Musik in Erfurt; Cramer 1784, S. 408)

Das erinnert mich an den unvergeßlichen Satz von Helmut Moog aus dem Buch »Das Musikerleben des vorschulpflichtigen Kindes« (Mainz 1968, S. 100): »Ein Blick in Kinderliederbücher zeigt, daß unsere Kinderlieder die Einfachheit der kindlichen Eigengesänge widerspiegeln.«
Das ist geradezu der doppelte Rittberger der Logik!

Musikunterricht

Die bereits erwähnte Arbeit von Annemarie Krille »Beiträge zur Musikerziehung und Musikübung der deutschen Frau von 1750 bis 1820« (Berlin 1938) breitet sehr viel Informationen über die weibliche Musikerziehung im frühen Bürgertum aus. Einen kleinen Teil davon, anders als bei Krille geordnet und bewertet, stelle ich hier vor – ihre Herkunft aus jener seltenen Frauenforschungsarbeit nur durch die Seitenzahl und ein vorgestelltes K deutlich gemacht –, ehe ich noch einige eigene Beobachtungen anschließe.
Deutliche Hinweise auf die Notwendigkeit einer Frauenerziehung, die einen größeren Umfang als bisher haben und von weiterer Ausbreitung als in den vergangenen Jahrhunderten sein sollen, stammen zunächst aus Frankreich und wirken von dort aus vorbildhaft auch auf Deutschland. Es sind vor allen Fénélon und Rousseau, die sich dieses Themas in ihren allgemeinen Erziehungsschriften annehmen (K 10 f, 13 f).
Dabei ist es bemerkenswert, wie innerhalb dieses Neuansatzes die Frauen als geradezu prädestiniert für den Umgang mit Musik und vor allem mit dem Gesang angesehen werden. Forkel meint gar (K 92): »Unter allen schönen Künsten ist vielleicht die Tonkunst die einzige, die das schöne Geschlecht *ganz* versteht; denn sie ist die einzige, die mit diesem Geschlecht in der nächsten Verbindung steht, ich mag nun Rücksicht nehmen auf ihre Sinnlichkeit selbst oder auf ihr eigenthümliches Vermögen, so gerade ans Herz zu wirken.« Gefühl und Irrationalität sollen das Bindeglied zwischen Musik und Weiblichkeit sein. Außerdem scheinen die meisten Ratgeber des 18. Jahrhunderts davon überzeugt zu sein, daß es innerhalb der Musikübung vor allem der Gesang sei, der »Das wohlerzogene Frauenzimmer« ziere (Titel einer Erziehungsschrift, Rostock 1767, S. 40; K 86), weil »die Vocalmusik ... in ihrer Vollkommenheit, von einer weit vortrefflichem Natur ist – als diejenige, die nur bloß instrumental ist; indem das Verdienst der letztern stets nach dem Maße bestimmt wird, wie sie der erstern nahe kömmt.« Zwar ist diese

Hierarchisierung der Musikarten allgemeiner Bestandteil der musikalischen
Nachahmungs- und Naturauffassung im 18. Jahrhundert, jedoch scheint ihre
Anwendung in der Frauenerziehung auch den Nebensinn zu erfüllen, die
Beschränkung des weiblichen Geschlechts auf seine Körperlichkeit und das
Fernhalten von komplizierteren Musikgeräten zu betreiben. Eine weitere,
typisch rationalistische Untermauerung findet diese Tendenz in dem Argument: »Finden sich unter den Personen vom andern Geschlechte nicht oft die
besten Stimmen, die noch dazu keinem Wechsel [Stimmbruch], wie bey dem
männlichen Geschlechte unterworfen sind? und wird sich der Lehrer des
Gesanges nicht ein besonderes Verdienst um seine Mitbürger erwerben, wenn
er bey ihren hoffnungsvollen Töchtern ein Talent ausbildet, welches ihnen das
Glück, künftig einmal liebenswürdige Gattinnen und gute Mütter zu seyn,
unendlich versüßen wird?« (Allg. Mus. Zeitung II, 1798, S. 187; K 37; ein
sehr wichtiger Hinweis darauf, daß die Beschränkung der Frau auf die hohe,
schwache, leidende Stimme, die Festlegung des Mannes auf den Initiations-
umbruch zur tiefen, starken Stimme keine Naturgegebenheiten, sondern Ergebnisse eines männerbestimmten Inkulturationsprozesses sein könnten, bei
Meri Franco-Lao, Hexen-Musik, München 1979, S. 48.)

In solchen Argumenten wird der restriktive Charakter der Festlegung auf
die Vokalmusik offenbar. Die Musik ist spezifische Frauensache, soll aber
nicht Kopf und Hand beschäftigen, d. h. bleibt gefühlvolle Nebensache. Sie ist,
»als Liebhaberey betrachtet, mehr eine Sache für Frauenzimmer, als für
Mannspersonen«, wie der Bruder der Titelfigur »Hildegard von Hohenthal«
(1794) in Wilhelm Heinses Roman sagt (Sämtliche Werke, hg. v. C. Schüddekopf, Bd. V, Leipzig 1903, S. 124). Und auch schon in den Schriften der
Vorkämpfer Fénélon und Rousseau ist der Appell zur Frauenerziehung von
vornherein unter die Vorzeichen der Minderwertigkeit der Frau gestellt: »Ihr
Körper sowohl als auch ihr Geist sind weniger stark und weniger kräftig als
die der Männer. Zum Ersatz dafür hat ihnen die Natur den Fleiß, den Sinn für
Ordnung und Sparsamkeit zugeteilt, damit sie im Hause in ruhiger Weise
walten«, betont ersterer (E. v. Sallwürk, Fénélon und die Literatur der weiblichen Bildung in Frankreich ..., Langensalza 1886, S. 78 ff; K 11), und für
Rousseau sind Zerfahrenheit, Leichtfertigkeit und Unbeständigkeit die besonders zu bekämpfenden Naturanlagen der Frau, die ihre Hauptaufgabe
gefährden würden: »La Femme est faite spécialement pour plaire à l'homme«
(K 14, 21): Die Frau ist speziell dazu gemacht, dem Mann zu gefallen. Der
Niederschlag dieser Lehren auf die Musikübung ist direkt und selbstverständlich:

»Es ist nötig, daß sie die Kunst zu Rathe ziehe ... den Gesang wohl-
klingender zu machen ... Auch an dem weiblichen Geiste will der männliche
seine Lust haben« (Iris. Vierteljahresschrift für Frauenzimmer in 8 Bänden,
Dez. 1774, Bd. I, 3. Stück, S. 8; K 21), denn alle Kunstfertigkeit und Bildung

der Frau dient wohl auch »zu ihrer eigenen Beglückung«, aber vor allem auch »zum Vergnügen ihres gebildeten Gatten, zu einer vernünftigen Behandlung jüngerer Kinder beiderley Geschlechts ...« (J. H. Campe, Väterlicher Rath für meine Tochter, Braunschweig 1789, S. 125; K 21).

»Sind es etwa schimmernde Talente, sind es vorzügliche Geschicklichkeiten in schönen Künsten, welche den Werth und das Verdienst der Gattin in den Augen ihres vernünftigen Gemahls und nach dem Urtheile aller derer bestimmen, welche wahren Menschenwerth von zufälligen Zierrathen und Verbrämungen zu unterscheiden wissen? O wahrlich nein! ... Unter hundert preiswürdigen Tonkünstlerinnen ... mögte wol kaum Eine gefunden werden, die zugleich alle Pflichten einer vernünftigen und guten Gattin, einer auf alles aufmerksam und selbstthätigen Hausfrau und einer sorgfältigen Mutter – ich will nicht sagen, wirklich erfüllt, sondern zu erfüllen nur verstehet ... Ausgezeichnete Geschicklichkeit in schönen Künsten erwirbt sich keiner, der nicht mit Hintansetzung anderer Geschäfte ihnen einen beträchtlichen Theil seiner Zeit und seiner Aufmerksamkeit widmet. Man kann aber schon aus diesem Grunde mit großer Wahrscheinlichkeit voraussetzen, daß eine Frau, die in Dingen dieser Art vorzügliche Fertigkeiten besitzt, in Ansehung mancher andern Vorbereitung zu ihrem wesentlichen Berufe mehr oder weniger vernachlässigt worden sey.« (Gleiche Quelle, S. 38 f; K 93 f)

Der sich aus diesen Zitaten für die Frauen ergebende Widerspruch, daß sie nämlich einerseits hauptamtlich an den Haushalt und die Kindererziehung gefesselt sind, andererseits aber dem »gebildeten« Gatten auch eine geistvolle und verständnisvolle Unterhalterin und Gesprächspartnerin sein sollten, ist in seiner ganzen Unlösbarkeit in dem Aufsatz von Barbara Duden »Das schöne Eigentum. Zur Herausbildung des bürgerlichen Frauenbildes vom 18. zum 19. Jahrhundert« (Kursbuch 47, Berlin 1977) an historischem Material dargestellt. Der Aufsatz vermittelt ein Bild der Hoffnungslosigkeit: Die Männer kommen voran, gehen in die Welt, ins Geschäft hinaus, bilden sich, produzieren, emanzipieren sich; die Frauen aber kommen nicht weiter, bleiben noch nicht einmal auf dem gleichen Stand, sondern fallen zurück, denn ihnen wird nun nicht mehr einfach die Haushaltsarbeit zugemessen, sondern es kommt neu und uneinlösbar die Anforderung auf sie zu, geistig mit den Männern mitzuhalten. Woher sollen sie Zeit und Unabhängigkeit nehmen? Campe hat in den beiden Zitaten genau beschrieben, warum es unmöglich ist, daß die Frauen den Bildungsansprüchen ihrer Gatten genügen können. Ihr neuer Beitrag in der Ehe ist das Gefühl des Ungenügens und ein schlechtes Gewissen. Ein Zentralzitat bei Barbara Duden ist die Äußerung des Braunschweiger Hofrats Pockels (Versuch einer Charakteristik des weiblichen Geschlechts, Hannover 1797 ff, Bd. II, S. 233; Duden, S. 133):

»Aber Gott bewahre uns vor einer Gehülfin ohne alle Bildung. Es ist für einen gebildeten Mann keine größere Strafe und Pein auf Gottes Erdboden, als – mit Ehren zu melden – ein Klotz zum Weibe. Und wenn die Frau noch so wohlschmeckend kocht, und noch so fleißig spinnt, und sie hat kein Gefühl für Wahres, Großes und Schönes, und sie kann mit uns nicht darüber sympathisieren ... und wir können über nichts als küchliches und spinnrockiges mit ihr reden; so ist sie den ganzen Tag für uns nichts mehr, als eine – Wanduhr, die wir bisweilen schlagen, und singen hören, und diese Vorstellung macht uns sogar ihres nächtlichen Nießbrauchs bald überdrüssig.«

»Die Alte« in Mozarts Lied (S. 180) war es, die diese Entwicklung beklagte. Selbst das Singen, die allgemein empfohlene Kunstinsel der Frauen, erwähnt Pockels mit Widerwillen, offenbar weil es kunstlos, ohne gebildeten Hintergrund geschieht, mechanisch wie bei einer Wanduhr.

Die repressive Doppelanforderung von seiten der Männer ging teilweise sogar so weit, daß neben der Forderung einer gesanglichen Weiterbildung und Spezialisierung düstere Prophezeiungen über die Folgen übermäßiger Gesangspflege standen: Jedes Hinausgehen über den einfachen Liedgesang bei den normalen Bürgerfrauen und -mädchen werde nicht nur deren Sitten und Bescheidenheit gefährden, sondern mit Sicherheit auch »Blutsturz« und Tod als »schreckliche Folgen« des »melodischen Zaubers« und des »süßen Wohlgefallens« zeitigen (Zitate aus K. F. Uden, Über die Erziehung der Töchter des Mittelstandes, Stendal 1783, S. 22, 220 ff; K 87).

Dennoch war es aber der Gesang, der den Frauen die Möglichkeit bot, aus dem engen Zirkel des häuslichen Musizierens herauszukommen und auch ohne sittliche und konkurrenzbedingte Komplikationen aktiv am öffentlichen Musikleben teilzunehmen: nämlich im Chor. In dieser neu aufblühenden bürgerlichen Musiziergemeinschaft gab es weit eher Ansätze für eine produktive und den Männern angeglichene Musikaktivität als auf den Gebieten des privaten oder öffentlichen Instrumentenspiels oder Sologesanges (zur Entwicklung des Chorwesens selbst s. Kap. IV, S. 482 ff). Nicht nur gemischte Chöre in Form von Singvereinen und dann auch Liedertafeln wurden nach englischem und französischem Vorbild gegen Ende des Jahrhunderts gegründet (Karl Friedrich Zelter, später Nägeli, waren wichtige Initiatoren), sondern auch öffentliche Chorsingschulen wie die 1771 in Leipzig durch Johann Adam Hiller gegründete. Hier wurden die beiden Geschlechter unterschiedslos unterwiesen. (1806 wurde dann in Erlangen sogar ein »Singinstitut für junge Frauenzimmer« gegründet.) »Durch die Teilnahme der Frauen am Chorgesang ist der gewaltige Aufschwung des Chorlebens im 19. Jahrhundert erst möglich geworden. Die Händel-Renaissance, die Aufführungen der Haydnschen Oratorien, die Wiederbelebung Bachs und der gesamten altklassischen Chormusik haben erst die Singchöre und Singakademien durchführen können, seitdem die Frauen an der Chormusik praktisch teilnahmen.« (K 92; weitere Hinweise über frühe Auftritte von Amateurinnen in Oper und Konzert – allerdings weniger in Deutschland – bei Sophie Drinker, Die Frau in der Musik; Zürich 1955, Kap. X: »Die Amateurin«)

»Nach einem mißlungenen Versuch einer in Maynz zu errichtenden Singschule
vom Herrn Kapellmeister Vogler in Mannheim, hat es vielmehr Herrn Ritter von
Esser gelungen, eine dergleichen auf Gutheißung des dortigen ersten Ministers,
Herrn Grafen von Sickingen Excell. aufzurichten. ›Junge Mädchen von schöner
Stimme haben sich zu melden, und können sich der schleunigsten Bedienung
versichert halten unentgeltlich.‹ Dies hat gewiß entweder ein Spötter, oder ein
Erzignorant geschrieben: denn das letzte soll entweder eine sinnreiche Zweydeu-
tigkeit seyn, oder der Schreiber dieser Stelle ist so dumm gewesen, daß er nicht
gefühlt hat, wie anstößig diese Art sich auszudrücken sey, und wie sehr sie
nothwendigerweise die Aufnahme einer Singschule hindern müsse.«
Bericht eines Korrespondenten an Forkel in dessen Musikalischem Almanach für
Deutschland auf das Jahr 1783, S. 138; bedienen hatte damals einen sexuellen
Nebensinn, Aufnahme bedeutet so viel wie günstige Aufnahme.

Die Einschränkungen durch die Haushaltsverpflichtungen machten sich für
die Frauen vor allem dann bemerkbar, wenn sie sich entschlossen, das Ge-
sangsghetto zu verlassen und eines der wenigen erlaubten Instrumente zu
erlernen, also vor allem das Klavier. Nicht nur wurde ihnen hier meist von
vornherein klargemacht, daß sie durch die Verpflichtung zu anderen Tätigkeiten wohl nicht weit kommen würden, sondern oft begegnete ihnen der ins
Haus kommende Lehrer mit jener repressiven Höflichkeit, die schon an
anderen Beispielen aufgezeigt wurde und darauf hinauslief, daß viele Frauen
als Schülerinnen gar nicht ernst genommen wurden, d. h., daß ihre Übeergeb-
nisse nicht so wie bei Männern kritisiert und im Hinblick auf einen Spielfort-
schritt offen diskutiert wurden.

Wie Agricola sich schon daran ärgerte (1757, S. 3, Fußnote c), daß manche
Musiklehrer es gleichgültig fanden, »ob eine Dame nach dem Tact singe oder
nicht«, so findet auch der Klavierpädagoge Daniel Gottlob Türk (1789,
S. 23):

»Alle unanständigen Mienen, Verzuckungen, Grimassen, wie sie den Namen haben
mögen, desgleichen das Stampfen mit den Füßen, die Abtheilung des Taktes durch eine
Bewegung des ganzen Körpers, das Schütteln und Nicken mit dem Kopfe, das Schnau-
ben bey dem Triller oder bey einer schweren Passage, dgl. muß man dem Lernenden,
ohne Rücksicht des Standes und Geschlechtes, gleich anfangs nicht zulassen. Hier ist
Artigkeit und Nachsicht gegen ein Frauenzimmer sehr tadelhaft« – wurde aber offenbar
oft geübt.

Eine solche Haltung – sie wird uns noch auf dem Feld der Komposition
begegnen (S. 218) – ist allerdings nur dann löblich, wenn die offene Kritik
nicht nach einem sog. absoluten, d. h. hier männlichen Maßstab gebildet ist,
sondern in sich die besonderen Voraussetzungen und praktischen Einschränkungen der Übemöglichkeiten und der freien zeitlichen Verfügbarkeit der
Frauen reflektiert.

Eine Kritik wie die folgende tut dies aber nicht. Carl Friedrich Cramer kritisiert Klaviermusik von dem Weimarer Hofkapellmeister Ernst Wilhelm Wolf, die dieser der Kapellmeisterin Westenholz in Mecklenburg-Ludwigslust gewidmet hatte (Cramer I/2 1783, S. 1258) – so etwas gab es also in Ausnahmefällen schon! –, und schreibt gegen Ende eine allgemeine Betrachtung nieder, die mit ungewollter, aber dadurch desto entlarvenderer Doppeldeutigkeit beginnt:

»Auch hat er sie einer Virtuosinn gewidmet, die in diesem Stücke seine eigensinnigsten Forderungen zu erfüllen im Stande ist. Selten kann man dieses von dem weiblichen Geschlechte rühmen. Ihre Finger, so viel Uebung und Fertigkeit sie auch haben mögen, besitzen gewöhnlicherweise die Nerven und die Kraft nicht, die zu der prallen, characteristischen Darstellung ausgezeichneter Claviergedanken nothwendig ist, sie schlüpfen fast immer zu schnell über die Tasten weg, als glühten sie [›andere spielen zu kurtz‹; als wenn die Tasten glühend wären‹; diese Formulierung stammt von Carl Philipp Emanuel Bach, I, 1753, Kap. III, § 6, und ist dort ohne Geschlechtsspezifizierung verwendet]; und ihre Sprache ermangelt des nöthigen Lichts und Schattens. Allein die Frau Capellmeisterin Westenhohen (ich habe sie selbst zu hören verwichnen Sommer das Vergnügen gehabt), macht hiervon eine Ausnahme.«

Ganz ähnlich 1783 aus Halle (Cramer II/1, S. 704):

»Demois. Weinmann ... spielt die schwersten Flügelconcerte mit ausnehmender Präcision, und welches bey vielen Frauenzimmern ... oft ein Stein des Anstosses ist, mit der größten Sicherheit im Takte.«

Und Friedrich Wilhelm Marpurg benutzt in den frühen Nummern seines »Critischen Musicus an der Spree« (1749) immer wieder etwas dümmliche, höchstwahrscheinlich fingierte Briefe von adligen Fräuleins und auch anderen Frauen, die den weisen Rat des Herausgebers motivieren. In Nr. 9 beklagt ein »gnädiges Fräulein« den schlechten Klavierunterricht ihres »Herrn Lämmerschwanz«, der für ihren Kopf den Generalbaß zu kompliziert erklärt und den man mit seinen vielen Ziffern-»Zeichen für einen Geisterbanner halten, und mit seiner musicalischen Hauspostille, woraus er mir so vieles vorpredigt, in der bevorstehenden Walpurgsnacht wider die Brockbergischen Hexen eine Probe machen« könnte. Dagegen:

»Der Herr Springfuß scheint noch ein Meister für Frauenzimmer zu seyn. Er hat eine meiner Freundinnen in sechs Wochen so weit gebracht, daß sie einen Generalbaß ohne Ziefern spielen kann ... Haben Sie die Güte, mein Herr, mir unpartheyisch Ihre Meinung zu sagen, ob ich nicht wohl thun würde, meiner alten Muhme, die, ich weiß nicht, warum von dem guten Herrn Lämmerschwanze so sehr eingenommen ist, den Herrn Springfuß zu meinem zukünftigen Lehrmeister vorzuschlagen.«

Marpurg willfahrt diesem Wunsche sehr höflich und unter vielen theoretischen Erläuterungen.

Es könnten Cramer und Marpurg und ihresgleichen hinter der im folgenden gemeldeten Erfindung stecken (Forkel B III, 1779, S. 340):

»Petersburg. Vom Januar 1778. Hier sieht man jetzt ein künstlich verfertigtes Frauenzimmer mit frisiertem Haare vor einem kleinen Clavier sitzen, und darauf ganz artig 3 Menuetten, 4 Trio, 2 Polonoisen und 1 Marsch spielen. Sie spielt mit Geschwindigkeit und Accuratesse, und jedesmal, wenn sie anfängt und aufhört, macht sie den Zuschauern eine Verneigung, und grüßt sie sehr artig, und auf eine sehr angenehme Art. Man muß sehr nahe zu dieser künstlichen Maschine hingehen, um sich zu versichern, daß sie keine lebendige Person ist.«

Der Rezensent, der auf S. 181 f sich den Kopf zerbrach, wie die Geigerin im Konzert spielen könne, ohne körperlich wirklich als Frau erkennbar zu sein – »der bloße Arm, und die Geige am Hals« –, machte den Vorschlag, die Musikerin durch Kostümierung als Amazone zum »Halbmann« zu machen. Die Petersburger Erfindung hätte seine Probleme besser gelöst: Sie sah wirklich aus wie eine Frau, aber man wußte genau, daß es keine war. Die bedroht niemand mehr, sondern ist »artig« und von »angenehmer Art«, spielt auch die frauenspezifischen »Kleinigkeiten«, wie Hiller sagte.

Wenn man die beiden vorangegangenen Teile über vokale und instrumentale Lernmöglichkeiten von Frauen liest, entsteht der Eindruck eines hoffnungslosen Unterliegens der Frau im Emanzipationsprozeß des 18. Jahrhunderts, zumindest einer von uneinlösbaren Anforderungen geprägten Situation. Dieser Eindruck entspricht zwar auch großenteils den Tatsachen, kann aber nicht deutlich machen, wie die Bedürfnisse, Gedanken und Arbeitsweisen der Frauen beschaffen waren, die dazu führten, daß es trotz dieser übermäßigen Hemmnisse dennoch ein Weiterkommen gab, wenn auch langsam. Dieser Aspekt ist so schwer in den Griff zu bekommen, weil so gut wie alles – sagen wir ruhig: alles, was im 18. Jahrhundert über Musik geschrieben wurde, von Männern stammt, also den hemmenden Aspekt vermittelt: Unser Bild von der hoffnungslosen Situation der Frau im 18. Jahrhundert als Kulturträgerin ist also auch dadurch zustande gekommen, daß die Frauen ihre Emanzipationsbemühungen mit sehr vielen Mitteln äußerten, fast nie aber mit dem Mittel des gedruckten Wortes. Das schriftliche Öffentlichkeitsmonopol der Männer zu durchbrechen, war damals noch nicht ihr vordringliches Ziel. Zwar ist aus der Arbeit der neueren Frauenbewegung auch für diesen Zeitraum einiges an frühen Beispielen von spezifischem Frauenbewußtsein zu Tage gefördert und veröffentlicht worden, jedoch nicht im Hinblick auf Musik. Es bedürfte also noch genauerer Untersuchungen, um eventuell einen frühen Strang von musikalischen Frauenschriften zu fassen. Daß dies keineswegs hoffnungslos zu sein braucht, legt die Existenz einer Abhandlung der 1787 geborenen Nina d'Aubigny von Engelbrunner nahe, 1803 erschienen (Leipzig), aber von solcher Sicherheit und Gedankenschärfe gekennzeichnet, daß das Vorhandensein von

Vorgängerschriften aus dem 18. Jahrhundert sehr wahrscheinlich ist: »Briefe an Natalie über den Gesang als Beförderungsmittel der häuslichen Glückseligkeit und des geselligen Vergnügens« (teilweise mitgeteilt bei K 74–84).

Nina d'Aubigny benennt deutlich die Mangelsituation der weiblichen Musiktätigkeit und fordert eine allgemeine weibliche Musikerziehung. Zwar ist auch für sie noch eine der Zielvorstellungen solcher Unterweisung, »wie sie durch das einfache mit Ausdruck gesungene Lied die sorgenvolle Falte von der Stirn des Gatten wegzaubert, wie seine Liebe durch diese stille Wohlthat verdoppelt, und fester an sie gekettet wird«, aber sie bemüht sich andererseits, die traditionellen Männerargumente gegen weiblichen Musikunterricht zu widerlegen und damit den Weg zu einer unverstellten Diskussion über eine allgemeine Musikunterweisung für alle Frauen zu ebnen. Darunter zählen die alten Warnungen vor der Gefahr von Blutsturz und Brustkrankheit beim Frauengesang und vor den Gefährdungen der Tugenden und des Charakters bei häuslichen oder öffentlichen Auftritten (»Wollten Sie indessen alle Messerfabriken aus der Welt verbannen, weil man sich durch dieses Werkzeug verwunden kann, so müßten wir ja alle Tage das Kind mit dem Bade ausschütten, und das Gute mit dem Übel vertilgen.«), ferner die Kritik an den mangelnden Lernfortschritten der Frauen im Musikunterricht – sie führt ihn auf die verbreitete Qualitätslosigkeit der Lehrer zurück –, vor allem aber das Argument, der Haushalt hindere die Frau an der Beschäftigung mit einer solchen Nebensache wie der Musik. Hier findet sie erstaunliche Gegenargumente:

»Manche Menschen betrachten die Musik als einen bloßen Zeitvertreib, ihre Erlernung ist mir aber viel zu wichtig, um sie, die herrschen kann, als eine dienende Sklavin zu gebrauchen ... Je mehr eines jungen Frauenzimmers Anlagen auf alle mögliche Weise gebildet werden, je vielfältiger ihre Geistes- und Körpergewandtheit entwickelt ist, je mehr sie Kenntnisse, Fähigkeiten, Geschicklichkeiten und Talente sich zu erwerben wußte: desto sicherer ist sie des Besitzes eines seltenen Glücks, weil diese Art von Glück von keinem Stande und keiner Lage abhängig wird, und eben so, für jeden Stand, und in jede Lage paßt.«

Und:

> »Ich will, daß das Mädchen, wie das Weib, den Talismann nicht mehr verschleudern solle, der ihnen von der Natur zugedacht war, um mit Wohllaut über die Gemüther zu herrschen.«

Publizistik

Die Funktion, die Frauenbriefe im »Critischen Musicus an der Spree« (1749) bei Marpurg einnehmen, wurde schon besprochen. Noch eine Probe (S. 10 f):

»Ich meines Orts versichere, daß ich nicht nur die Musik sehr hoch halte, sondern mich in selbiger mit gar heftiger Begierde unterweisen lasse. Es ist wahr, daß ich mich dazu eben keines Castraten bediene, weil ich von dergleichen Leuten gar keine Freundin bin. Es thut es aber unser Küster, ein gar kostbarer Mann ... Wenn ich auch keine Zuneigung zur Musick hätte, so wäre dieser Mann im Stande, mir eine zu machen. Er ist gar bescheiden, und weiß, für einen Mann aus bürgerlichem Geblüte, gar wohl mit Leuten umzugehen ... Er bezeichnet alle Noten mit Buchstaben, um meinem Kopfe keine unnöthige Mühe zu machen, wiewohl ich schon itzo anfange, die erste und andere Linie auf dem C Schlüssel ziemlich zu kennen ... Dieser kurtze Abriß meiner musicalischen Bemühungen kann sie zur Gnüge überführen, mein Herr Criticus, daß die Sinnen unsers Frauenzimmers nicht so gar unempfindlich sind ...« (Anfang und Schluß des Briefes vgl. S. 213 f, 196)

Wenn der Brief fingiert ist, was ich vermute, so sind die Worte fein und bewußt gewählt, um dem Leser ein genüßliches Lächeln über körperliche und geistige Bedürfnisse und Fähigkeiten der Schreiberin zu entlocken.

Echt ist dagegen möglicherweise der Leserbrief einer jungen Bremerin vom September 1786 (Cramer II, S. 984 ff), die kritisiert, daß in dem »Magazin der Musik« niemals etwas über Bremen steht, obwohl sogar das kleinere Oldenburg Erwähnung fand.

»Dies ärgert nicht allein mich, sondern auch mein Vater, welcher sagt, ich weiß das Musik-Magazin wird hier viel gelesen und unser Bremen wird nur als ein Dorf betrachtet, ich will es in Zukunft nicht länger mehr halten ... Meine Mutter wollte dagegen einwenden, wer alhie sich damit abgeben könte, so sagte mein Vetter, dieses müßte der Musik Director verstehen, weil er täglich damit umgeht. O antwortete meine Mutter der Mann hat dazu keine Zeit ... I sagte mein Vater so müßte er solches einen andern auftragen ...« Es wird ein Familiendisput zu diesem Thema protokolliert, und die Schreiberin zieht daraus den Schluß: »Alles dieses kränckte mich gewaltig und ich dachte gleich meine Zuflucht zu ihnen zu nehmen und Sie zu bitten doch zu machen, daß Sie von Bremen auch Nachricht bekämen um solche mit eindrucken zu lassen, oder wollen Sie auch diesen Brief bekand machen, alsdan mögte sich vielleicht jemand melden. Ich wil es gerne bezahlen, so bald ichs nur weiß was dieses kostet ...«

Ein solcher Brief in den damaligen Musikzeitschriften ist völlig außerhalb der Regel: Die direkte Schilderung von Alltagsreden und Alltagssprache; die Tatsache, daß eine Frau die praktische Lösung anbietet; eine Musikdiskussion aus einer normalen Familie!

Der Brief wirkt wie ein Beispiel zu der Nummer 19 der »Vermischten Gedanken« (2. Folge, Marpurg 1762, S. 300), »Eingeschickt«, die lautet:

»In den Briefen der Frauenzimmer, bemerket man Freyheit des Witzes, Zärtlichkeit des Geschmacks, Natürlichkeit der Empfindungen und Gedanken, Unge-
zwungenheit in den Ausdrücken, und Schönheit in der Schreibart. Sollte es wohl
möglich seyn, musikalische Stücke zu verfertigen, welche gleichfalls alle diese
vortreflichen Eigenschaften hätten?«

Diese Frage, ob es nicht Kompositionen oder überhaupt Musik mit
spezifisch weiblichen Eigenschaften geben könne, setzt voraus, daß man
in den üblichen Kompositionen typisch männliche Züge nachweisen
kann. Der Herausgeber Marpurg jedenfalls bleibt sich treu, übersieht die
angesprochene Frage und fügt in einer Fußnote lediglich dazu: »Vid.
[siehe] die musikalische Werke des unsterblichen Graun.« Der anonyme
Autor (die Autorin wohl kaum) hat schon sehr früh und wohl auch ohne
die Absicht der Höflichkeit oder Schmeichelei einen grundsätzlichen
Unterschied zwischen männlicher und weiblicher Ausdrucksweise her-
ausgestellt und auch eine klare Wertung für die weibliche vorgenommen,
ja sie als Richtschnur für eine zukünftige, bessere Kompositionsweise
angesprochen.

Seine Charakterisierung des weiblichen Briefstils finden wir in dem Brief der
jungen Bremerin wieder, und wir könnten uns freuen bei dem Gedanken, daß
der Herausgeber Cramer so ein fortschrittlicher Mensch und Mann war, daß
er diesen ungewöhnlichen, offenen Brief in seine sonst ganz anderen Blätter
aufnahm, daß hier doch einmal die Möglichkeit bestanden hat, daß eine Frau
sich unzensiert öffentlich äußern konnte, ihr Mut sich gelohnt hat. Diese
Freude vergeht aber sofort, wenn man die Fußnote Cramers zu dem Brief liest,
die ich hier ganz wiedergebe:

»Diesen naiven Brief einer Wahren Musik Freundinn lasse ich auf Verlangen recht gern
hier mit abdrucken. Ich hoffe, er wird zur Erbauung eines Musik Lustigen Publikums
gereichen, so wie er zu dem meinigen gereicht hat. Manchmal haben die drollichsten
Mittel die sichersten Wirkungen. Ein gewisser Abbé von weniger Bedeutung wollte
seinem Neffen unter der Administration des Cardinals Richelieu gern auch zu einer
offenen Präbende verhelfen [eine kirchliche Pfründe]. Allein es war für ihn keine
Möglichkeit, durch die Wachen der Schweizer, die immer ihre Ohren in den Händen
haben, bis zum Cardinal zu dringen. Indessen nahm er sein Tempo wahr. Er paßte dem
Cardinal auf, der in einem Zirkel der Großen im Garten von Versailles spatzieren ging.
Er und sein Neffe standen eben an dem großen Bassin einer Fontaine. Plötzlich kömmt
dem Abbé ein genievoller Einfall. Er stößt seinen Neffen in das Wasser hinein. Der
Cardinal, alle Andern, die den seltsamen Anblick sehen, eilen herbey; man fischt den
Neffen wieder heraus. Der Abbé, mit völligster Contenance, faßt ihn beym Arm, und
so, triefend, und Wasser aussprudelnd, führt er ihn vor den Cardinal: ›Ihro Eminenz!
ich wollte Ihnen gern meinen Neveu präsentiren. Ich wußte kein ander Mittel an Sie zu
kommen, und Ihnen den jungen Menschen zur Präbende von ... zu empfehlen. Sie

werden seiner in diesem Aufzuge nicht vergessen.‹ – Der Cardinal lachte, und der
Neveu ward wirklich befördert.
Eben so erhalte ich vielleicht durch den Abdruck dieses Briefes aus Bremen und andern
Oertern Deutschlands, so mir Nachrichten fürs Magazin fehlen, brauchbare Aufsätze,
wie der Neveu die Präbande.«

Der Brief wurde nur abgedruckt, weil er so unmöglich war in Cramers
Verständnis von Leserbriefen. Er war eine Art Aufreißer für ihn, ein Mittel,
durch etwas sonst Unmögliches, durch etwas Verrücktes Aufmerksamkeit zu
erregen, ein Werbetrick. Wie der Wassersturz des Neffen.

Man kann sich richtig vorstellen, wie die Leser und mit ihnen Cramer sich
»musiklustig« den Bauch hielten über dieses »drollichtste Mittel« einer Frau,
an dem neuartigen öffentlichen Gespräch über Musik teilzunehmen. Aber
noch etwas anderes, diesmal nicht Geschlechtsspezifisches ist wesentlich bei
der Analyse der Fußnote: Sie dokumentiert in einer ganz unerhört direkten
Weise die Anonymität, die auf dem neuen bürgerlichen Markt herrscht. Das
Publikum ist dem Schriftsteller – auch dem Künstler genau so unerreichbar,
ferngerückt und unbekannt wie im Feudalismus der Souverain. Der Fürst ist
zwar namentlich bekannt, aber durch die Exklusivität des Hofes unerreichbar.
Das Publikum ist namenlos und durch diese Anonymität unerreichbar. In
beiden Fällen muß derjenige, der direkt heran will, etwas Außergewöhnliches
tun, einen »genievollen Einfall« haben: Wassersturz oder Frauenbrief, etwas,
das sogar die Unerreichbaren aufmerksam macht. Der Schriftsteller Cramer
gibt durch die Wahl der Anekdote zu erkennen, wie wenig sich teilweise für
die geistig Produzierenden gewandelt hat, seitdem das Bürgertum den Feudalismus ablöst. Die Adressaten sind unerreichbar, die Produkte müssen ihnen
listig aufgedrängt werden. Und wieder – wie beim Eintrittspreis – wird die
Frau als Werbemittel verwendet.

Auf dem Podium

Da die Frauen – wie bereits dargestellt wurde – allmählich auch in den
Konzertsaal vordrangen und sich sogar in eigens so benannten »Frauen-
zimmer-Konzerten« unterhalten konnten (Winthertur 1758, vgl. Schwab,
S. 199), wurde auch der Blick auf das Podium zu einer stärkeren Herausforderung. Daß im 18. Jahrhundert für die Frauen im öffentlichen Konzert nur
Klavier, Harfe, Glasharmonika oder Gesang in Frage kamen, selten aber ein
Instrument, bei dem sich Arme und Beine bewegen, ist ein bereits beschriebe-
ner Umstand, der nur denjenigen betroffen machen kann, der noch nie die
körperfesselnden Funktionen der Haute Couture bedacht hat.

Aber selbst in diesen Grenzen war es auch nicht immer einfach, neben die
Männer hinzutreten. Zu neu war dieser Sprung in die Öffentlichkeit, und zu

kritisch war oft der Blick des Publikums, zumal wenn die auftretende Frau ihr Stück nicht nur sang oder spielte, sondern auch noch selbst komponiert hatte. Vor allem haftete noch lange Zeit am öffentlichen Auftreten von Frauen im Konzert der Makel des Unmoralischen und Unstandesgemäßen, der aus der angeblichen Leichtfertigkeit der Primadonnen und Schauspielerinnen von der höfischen oder wandernden Bühne hergeleitet wurde. »Niemand, der etwas Welterfahrung gesammelt hat, wird läugnen, daß die Moralität unter den Priestern und Priesterinnen der Thalia eben nicht ihren Wohnsitz aufgeschlagen hat«, schreibt Dulon (S. 278). Und daher erschien es vielen unanständig, daß die »herzlichen ungezwungenen Mädchen« von ehedem »zu der kleinsten Arie sich anschicken, sich in die Stellung einer Operistin zu setzen, mit Theater Coquetterie umherzublicken, nicht sowohl vergnügen als glänzen zu wollen und weiter an dem Inhalt keinen Anteil nehmen«, so daß der Gesang allmählich aufhöre, »ein natürlicher Ausdruck der Freude zu seyn« (Iris. Vierteljahrsschrift für Frauenzimmer, Bd. 5, 1776, 2. Stück, S. 129; vgl. Krille, S. 93). Auch Friedrich der Große bemängelte dieses Auftreten »comme les filles de théatre« (Lettres sur l'éducation, Berlin 1770; Krille, S. 93), und Joh. Hensel (System der weiblichen Erziehung, Halle 1787, II. 5; Krille, S. 93) erhebt den Zeigefinger:

»Nur muß eine Frau sich hüten, in den Fehler zu fallen, der leider, besonders in der größern Welt, so häufig ist, daß sie ihre Geschicklichkeit und Talente, z.B. Musik ... nur dann zeigt, wenn Gelegenheit ist, vor Freunden bewundert zu werden.«

Und nicht zu vergessen: Eine ganz besonders hinderliche Rolle spielte in diesem Zusammenhang die Kirche, denn sie hatte ja, gestützt auf das biblische Aktionsverbot für Frauen in der Kirche, von Anbeginn jedes Musizieren von Frauen im Gotteshaus unterbunden (vgl. Bachs Schwierigkeiten damit, S. 65), worauf sich Kastratenwesen und Knabengesang für die höheren Gesangspartien etabliert hatten. Durchs ganze 18. Jahrhundert wurde ein zähes Ringen darum geführt, daß Frauen in den Kirchen wieder Sopran- und Altpartien singen durften. Diese Brandmarkung der Frau als nicht musikfähig übertrug sich natürlich noch lange von der Kirche in den Konzertsaal.

Johann Mattheson schreibt 1739 (Teil III, Kap. 26, § 19) über eine angeblich so liberale Stadt wie Hamburg:

»Ich weiß, was mirs für Mühe und Verdruß gekostet hat, die Sängerinnen in der hiesigen Dom Kirche einzuführen. Anfangs wurde verlangt, ich sollte sie bey Leibe so stellen, daß sie kein Mensch zu sehen kriegte; zuletzt aber konte man sie nie genug hören und sehen. Ich weiß die Zeit, da alle Prediger auf die Perüken schalten; nun ist keiner, der sie nicht trägt, oder billiget. So verändern sich die Meinungen. Doch auf unsern andern Stadt-Chören will es sich hier noch nicht mit dem weiblichen Geschlechte thun lassen.«

Die Furcht vor der leiblichen Erscheinung der Frauen kennen wir schon aus dem Konzertsaal. Der Zusammenhang ist unschwer zu erkennen. Solche

Vorgänge werden nicht wenig zu der Abwendung von der Kirche und der Suche nach anderen Religionsformen im Bürgertum beigetragen haben.

Ist es angesichts dieser massiven Front des Abratens und Warnens verwunderlich, daß Frauen sich oft nicht trauten, das Podium zu erklimmen?

Die Männer registrierten dieses Zögern häufig mit Bedauern, waren aber selten in der Lage, zuzugestehen, daß auch sie selbst am Entstehen des Zögerns beteiligt waren.

Wenn sie sich Gedanken über die Gründe für dieses Phänomen machten, trat häufig jene bequeme Verschiebung ein, die wir auch aus heutigen Diskussionen über vergleichbare Probleme kennen: Die Frauen sind selber schuld. Im folgenden einige Beispiele.

1784 sucht jemand herauszufinden, warum in Anklam/Pommern so wenig Frauen im öffentlichen Konzert auftreten (Cramer II/1, S. 202 f). Sie haben entweder »zu wenig natürliche Anlage« oder »zu viel Schüchternheit« oder »ich möchte das dritte ungern sagen – zu viel Vorurtheil«, nämlich vor der Unschicklichkeit.

Und im gleichen Jahr veröffentlicht Forkel (A III, S. 224 f) folgende »Anekdote«:

»In einer ziemlich großen deutschen Stadt wagte es im Jahre 1781, trotz der lächerlichen Vorurtheile, welche noch damals in den Köpfen so vieler Leute herrschten, ein junges Frauenzimmer in einem öffentlichen Concerte eine Arie zu singen. Man war lange genug vorher von diesem Wagestückchen benachrichtiget, und nicht allein die Kaffeeschwestern, sondern andere, sich auf keiner niedrigen Stuffe der Aufklärung wähnenden Männlein und Weiblein untersuchten, ehe der Concerttag kam, mit Erstaunen, wie es möglich sey, daß sich die Mamsell Wilhelmine so dem Gerede böser Leute Preiß geben könne. Keine ihrer Bekanntinnen besuchte sie unterdessen, und wenn sie in einem gesellschaftlichen Zirkel erschien, so sprachen die Witzigsten darinn von Operistinnen, und von Leuten, die ihren Stand vergessen. So kam der Tag der großen Erwartung heran. Wer nur gehen konnte, und einen halben Gulden hatte, gieng ins Concert, um sich mit eigenen Augen und Ohren von der Möglichkeit der Erscheinung zu überzeugen. Jedermann hörte auf die Sinfonie, womit das Concert eröffnet wurde, nur halb; denn der größte Teil der Aufmercksamkeit war auf die arme Wilhelmine gerichtet, welche neben zwoen ihrer Freundinnen saß, und sich nicht erklären konnte, warum diese heute so vorzüglich wenig gesprächig seyn möchten. Die Sinfonie war geendigt. Der Direktor des Concerts theilte unter die Mitspielenden die Stimmen zu der erwarteten Arie aus. Man guckte. Er kam zu Wilhelminen. Sie folgte ihm mit einer edlen Dreistigkeit an den Flügel. Ists möglich! Entsetzlich! das ist zu arg! flüsterte man sich zu. Alle rümpften die Nasen. Manche Gesichter wurden bis zu Carricatur verzogen. Eines darunter, der anmaßlichen Prima Donna zuständig [hier gemeint im Sinne der tonangebenden Frau der Gesellschaft], zeichnete sich vorzüglich aus. Diese theure Frau konnte sich unmöglich enthalten, einen Funken der brennenden Sorge für den guten

Namen ihres Hauses, in welchem auch in der That noch nie ein Glied sich durch irgend eine schöne Kunst verunehrt hatte, blicken zu lassen. Sie rief also, nachdem schon das Vorspiel zu der Arie seinen Anfang genommen hatte, ihren in geraumer Entfernung vor ihr sitzenden Töchtern, von denen sie aus der Kirche her wohl wissen mochte, daß sie auch singen könnten, mit ziemlich lauter Stimme zu: Mädgens, daß ihr euch ja nicht untersteht, mitzusingen. Wilhelmine hörte dieß, lächelte, begann ihren Gesang, und vollendete ihn auf eine Weise, welche selbst die gerümpften Nasen in eine andere Lage brachte. Vorbesagte Mädgens sangen aber wirklich nicht mit; denn Mama wollte es ja nicht haben, und – die Arie wich von jener: Nun ruhen alle Wälder etc. in etwas ab.«

Es scheint, daß die auftrittswilligen Frauen sich nicht nur gegen die männliche Konkurrenz und den Argwohn der Unschicklichkeit durchzusetzen hatten, sondern auch gegen den Neid und die Mißgunst der Geschlechtsgenossinnen. Ob dieser letzte Punkt aber wahrscheinlicher oder unwahrscheinlicher ist, möge man erst nach der Lektüre des folgenden Berichts aus Bremen vom März 1790 beurteilen (Bossler III, 1790, Sp. 132 f).

»Das hiesige öffentliche Konzert hat freilich durch die Entstehung mehrerer Privatkonzerten gelitten, wiewohl auch durch einige Nebenursachen: denn ehemals nahmen Liebhaber daran Antheil [als Musiker!]; weil aber auch ein Frauenzimmer sang, daß man gern nicht aufkommen lassen wollte, und eine Dame von altem Adel, die ihre singende Tochter nicht mit einer halbadelichen in Kollision bringen wollte, zuerst Lerm blies: so zogen sich hernach auch die bürgerlichen zurük. Man gab wohl einen moralischen Grund an; allein es ist die Frage, ob nicht im Winkel der weiblichen Herzen so ein anderer schwarzer Schalk, der Neid, sich verstekt hat? Denn jenes Frauenzimmer übertraf alle an Höhe, Stärke, Gewandtheit, und silbernen Ton der Kehle. Den Männern schien diese Kabale Mangel weiblicher Aufklärung zu sein, die man in Berlin nicht finden würde. Weil nun alle Liebhaber fehlen, und keine öffentliche Sängerinnen gehalten werden können; so mangelt aller Gesang.«

Auch hier behindern sich die Frauen angeblich wieder gegenseitig durch Neid. Und die Berichterstatter sind Männer.

Gehen wir noch einmal die Tatsachen, wie sie im letzten Bericht erscheinen, durch: Die bürgerliche Sängerin ist die beste am Ort. Bezahlte Berufssängerinnen kann sich die Konzertunternehmung nicht leisten. Die Sängerin kann aber nicht auftreten, als die Altadlige das verhindert, offenbar mit dem Argument, wenn überhaupt, habe ihre Tochter Vorrang. Daraufhin boykottieren die gesamten bürgerlichen Frauen als Sängerinnen das Konzert. Und auch die Altadels-Tochter scheint nicht einzuspringen: Nicht als Notnagel! Der »moralische Grund« der bürgerlichen Sängerinnen heißt offenbar: Wenn der Adel das bürgerliche Konzert zensiert und kontrolliert, haben wir dort nichts verloren, es ist unsere Organisation, auch wenn der Unternehmer es mit der Altadligen nicht verderben will. Die Beharrlichkeit, mit der auf den gegenseitigen Neid der Frauen im Kampf ums Podium hingewiesen wird, ist angesichts der Konkurrenzorgien vieler konzertierender Männer und vor allem der

Komponisten und reisenden Virtuosen bemerkenswert. Ist denn der sogenannte Neid, das heißt die Oberherrschaft der Konkurrenz, nicht die eigentliche Triebfeder der neuen männlichen Marktwirtschaft? Die Zwielichtigkeit
des Bildes vom weiblichen »Neid« wurde aber teilweise schon damals gesehen:

> »Man sagt von manchen Frauenzimmern, sich zu unterwerfen, sey durchaus ihre Sache
> nicht; sie wollten ihren Willen haben, oder sie bekämen ihre Zufälle; sie würden krank,
> die lieben eigensinnigen Weiberchen, wenn man nicht thäte, was sie haben wollen. –
> Dieses auf die Musik appliciret [angewendet], sind nur bloß die Sängerinnen so, wenn
> sie nicht die erste Rolle bekommen? Oder nehmen nicht auch oft gar starkbärtige
> Musiker zu den Zufällen ihre Zuflucht, wenn man nicht überall thut, was sie haben
> wollen?« (Vermischte Gedanken, Marpurg 1760, S. 6; »Zufälle« hier im Sinne von
> Anfälle oder Zustände)

Aber angenommen, es habe im Verlauf der Bremer Konzertauseinandersetzun-
gen ein guter Teil Neid mitgespielt, so muß er für den Vorgang als Begründung
nicht unbedingt bestimmend gewesen sein. Dies zeigt der Bremer Berichterstatter zwei Spalten weiter, als er aus einer anderen Richtung wieder auf die
Auftrittsverweigerung der Bremer Frauen kommt. Nun ist nicht mehr von
Standesunterschieden oder Neid die Rede, sondern vom Geschlechterkampf,
in dem der Berichterstatter deutlich seine Parteilichkeit zeigt:

> »Hr. Magister Müller selbst, der ausdrucksreichste Sänger, der seine Vollkommenheit in
> der Deklamation sucht, wodurch er meist alle Zuhörer mit sich fortreißt, hat diesen
> Winter am meisten gesungen, weil sich die Liebhaberinnen unter dem Vorwand, daß die
> Versammlung zu groß werde, mit ihrem wetteifernden fast überhäuften Gesang ent-
> zogen haben. Daher sind diesen Winter, aus Mangel des weiblichen Gesangs einigemal
> Duodramata, welche Hr. Magister M. deklamirt hat, gegeben worden. Wenn so viel
> Harmonie in den Herzen der Liebhaber dieses Konzerts (zur Schande der Musik muß
> ich dies hinzufügen) wäre, als wirklich jetzt in ihr Zusammenspiel kömmt: so könnte
> diese Gesellschaft mit den Jahren eine wahre musikalische Akademie werden. Man
> fängt dabei an eine musikalische Bibliothek und bessere Instrumente für das Konzert
> anzuschaffen. Wirklich hat die Direktion die gute Aussicht endlich auf einen grünen
> Zweig zu kommen. Der freie Regierungsgeist der Frauenzimmer aber, der jezt allent-
> halben überhand nimmt, empört sich auch hier, und hemmt den männlichen Plan. Alle
> singende Frauenzimmer, die nicht nach Gesezen, sondern nach Willkühr handeln
> wollen, haben sich daher verabredet, nicht mehr zu singen und Klaviersachen zu
> spielen, um durch Kaprise und Unnachgiebigkeit ihren Werth fühlen zu machen.
> Schlimm! daß sie gerade dadurch bei dem unparisischen Manne verlieren. Wenigstens
> sind hier in Bremen noch die Männer nicht alle so galant, um das Weib für seinen
> Gözen zu halten. Die meisten hiesigen Weiber haben indeß den bescheidenen altdeut-
> schen weiblichen Sinn noch, wodurch sie bei dem Mann sich am geltensten zu machen
> vermögen.«

Da wird gedroht: In Bremen kriegen solche Frauen keinen Mann, hier zieht
das nicht! Nur angepaßte Frauen werden genommen! Wer da kuscht, ist ein
parisischer Galanter (wie der Leipziger Kaufmann mit dem Ladenschlüssel,
der die schwatzenden Frauen nicht in ihre Grenzen wies; S. 80); das Ausland

hat auch auf diesem Gebiet die gute deutsche Art bedroht, wonach die Frau bescheiden und unterwürfig sein soll.

In der Kritik an der neuartigen männlichen Anbetung der Frau als eines »Götzen« mag aber jene repressive Höflichkeit gemeint sein, die hier schon mehrmals als neues Mittel der Unterdrückung und Entmündigung genannt wurde und von der ja auch »die Alte« in Mozarts Lied sprach: Der Mann darf die Frau jetzt »hüten«, während früher die Frau »den Hut« hatte (Str. 2 und 1, vgl. S. 180). Diese scheinheilige, nur äußerliche Buckelei ist vielleicht wirklich neu.

Die Bremer Frauen jedenfalls ließen es nicht beim Boykott bewenden, wie der Berichterstatter noch – in Klammern! – anfügen muß: Sie machten eine Alternativ-Aktion, die der Schreiber mit unverhohlenem Widerwillen darstellt:

> »Die Familien dieser Frauenzimmer haben also ein neues Konzert errichtet, welches des Sonnabends umwechselnd in ihren Häusern gehalten wird. Man nennt es seiner Entstehung wegen, nach Art der Niederländer, das Insurgentenkonzert. Schade ist es freilich, daß dieses weibliche Bündnis den sanften Gesang dem allgemeinen Genuß entzieht. Aber so wie beim babylonischen Thurme die Familien auseinander liefen, weil sie keine Subordination erkennen wollten, und daraus die Erfindung der mehreren Sprachen und Künste entstand: so quillt aus dieser bremischen Verwirrung immer Gutes für die Musik. Diese Konzerte suchen sich nun beide zu erhalten, um an Glanz und musikalischer Vervollkommnung einander zu übertreffen. So weise regiert der musikalische Genius auch in der Disharmonie.«

Eine sehr bürgerliche Hochlobung der Leistungssteigerung durch Konkurrenz! Im übrigen wird die Beurteilung der Frauenaktion schon etwas hektisch, indem sie mit der Hure »Babylon« verglichen wird, die dem göttlichen »Gesetz« (der Männer) nicht folgen will.

Ein Musikerinnen-Streik! Inzwischen sind schon vier Gründe dafür genannt worden, daß »Gesetze« und der »männliche Plan« durch »freien Regierungsgeist«, »Caprise«, »Willkür« und »Unnachgiebigkeit« behindert werden:

Protest gegen die Bevormundung durch den Adel; Neid untereinander; Übersetzung des öffentlichen Konzerts mit Musikern; den eigenen Wert durch Entziehen fühlbar machen.

Höchstens der erste Grund kann einleuchten.

Belustigend, aber für den männlichen Leser (und Schreiber) wohl auch voller Identifikationsmöglichkeiten ist der nach aller Bemühung um eine objektive Darstellung erfolgende Ausbruch des Berichterstatters gegen die weibliche Herrschsucht und Unvernunft.

Allerdings gab es eine einzige Situation, in der das Auftreten von Liebhaber-Musikerinnen auf der Bühne im 18. Jahrhundert völlig problemlos war: wenn sie noch Kinder waren, und zwar Wunderkinder.

Da war das Widersprüchliche am Auftreten von Frauen in idealer Weise verschwunden: Sie konnten sich zeigen und bewegen, wie sie wollten, ohne daß es unsittlich wirkte – es waren ja noch keine Frauen; sie brachten das männliche Urteil nicht in die Zwickmühle zwischen Höflichkeit und Ehrlichkeit – es waren ja Wunderkinder; sie brachten die Männer trotzdem nicht in Konkurrenzängste – die notwendige spätere Heirat würde dem kleinen Vogel schon die Schwingen beschneiden.

Wie die kleine Nannerl Mozart mit ihrem genialischen Hosenmatz an der Seite bei solchen Auftritten agierte, kann man in einem späteren Abschnitt nachlesen (vgl. S. 234).

Statt dessen hier zwei andere zeittypische Meldungen.

1770 trat in Hamburg das zwölfeinhalbjährige Wunderkind Maria Everwahn, uneigennützig von dem Italiener Finazzi gefördert, zum erstenmal und mit viel Erfolg als Sängerin und Pianistin auf die Bühne, zeigte dabei auch »keine Furchtsamkeit, sondern vielmehr alle anständige Dreistigkeit und Muth« (Hiller IV, S. 124 f). Es war ein Benefiz-Konzert, dessen Erlös nur der besseren Ausbildung des Kindes zugute kommen sollte. Und das Publikum strömte in Scharen herbei.

Weniger günstige Ausbildungsvoraussetzungen, aber offenbar ein ähnliches Talent hatte eine kleine Flötistin in Magdeburg, über die es 1783 (Cramer I/2, S. 177) heißt:

»Endlich muß ich Ihnen auch noch sagen, daß hier eine achtjährige Tochter des Staatstrompeters Becker, vom Königl. Leib-Cüraßier-Regiment zu Schönebeck, ihr Flötenconcert ganz artig spielt, und die schnellsten Passagen rein und deutlich heraus bringt. Ihr Vater hat ihr Anweisung darin gegeben; was würde sie nicht für eine gute Flötenspielerin werden, wenn sie von einem geschickten Manne, dessen Hauptinstrument sie wäre, noch fernere Unterweisung darin bekäme. Im September ließ sich dieses Kind im Sieverschen Concert, auf dem Kloster der lieben Frauen, in Gegenwart des Durchlauchtigen Herzogs Ferdinand, vor einem zahlreichen Auditorio mit vielen Beyfall hören.«

Was ist aus den beiden geworden?

Die Schwierigkeiten für die erwachsenen Frauen verschärften sich noch, wenn sie sich entschlossen, den Umgang mit Musik nicht nur als Amateurinnen zu betreiben, sondern professionell. Denn daß eine Frau die Konzerttätigkeit zu ihrem Beruf machte, also sozusagen Ernst machte, stellte das Bekenntnis zur Emanzipation im frühen Bürgertum auf eine harte Probe.

In sein »Verzeichnis der vorzüglichsten in Deutschland lebenden Künstler auf verschiedenen musikalischen Instrumenten« nahm Johann Nikolaus Forkel (A III, 1784, S. 141–152) 197 Männer auf und nur eine einzige Frau: »Paradis (Maria Theresia) in Wien« (S. 151), und zwar als Klavierspielerin.

Diese blinde Virtuosin, die 1759 bis 1824 lebte, hatte gerade 1783 mit ihrer Mutter eine Europatournee angetreten, übrigens auch als Sängerin und Kom-

ponistin, Das Cramersche »Magazin der Musik«, Bd. II, verfolgt diese Reise
mit großem Interesse (S. 38, 174), macht eine Huldigungskantate auf sie
bekannt (S. 850), ebenso die Lebensgeschichte der erfolgreichen Blinden
(S. 778 ff), schließlich auch (S. 1316 ff) 12 Lieder von ihr, die 1786 in Leipzig
erschienen. Jedoch geschieht die Kritik dieser Lieder wiederum mit einer
Haltung repressiver Höflichkeit, die die Vermutung nahelegt, daß ein Teil des
Erfolges der Frau von Paradis darauf zurückzuführen ist, daß das Publikum in
ihr die unangreifbare Schwäche und Behinderung als weibliches Edelcharak-
teristikum voll Rührung genoß.

(Ähnliches spielt womöglich auch bei dem legendären Erfolg der blinden
Glasharmonikaspielerin Marianne Kirchgessner, 1769–1808, eine Rolle, für
die offenbar neben anderen auch Mozart Stücke schrieb; ihr Manager und
enger Freund war Heinrich Philipp Bossler, der Speierer Musikhändler; Monographie der Virtuosin von Hermann Ullrich, Tutzing 1971.)

Eine Probe hiervon:

»Die Melodien sind Ergüsse feiner Empfindungen, die, wenn das Herz davon voll ist,
regellos dahinströmen, und der verschiedenen Mängel ungeachtet, welche die Kritik
(wenn sie hier etwas zu sagen haben *dürfte)* darin rügen möchte, in viele gute Herzen
leichten Eingang finden. Besonders haben sie Reiz fürs Ohr; einen solchen Reiz, den die
Natur nur dem schönen Geschlecht ihn zu empfinden und empfinden zu lassen,
geschenkt hat; und dem man gern es verzeiht, wenn er bisweilen auf Kosten der
Wahrheit seine Herrschaft zu weit ausdehnt ... [Wir] achten nicht darauf, ob hier oder
dort ein Wort falsch declamirt sey ... lachen der Thoren, die von Dilettanten eine
Schulzische oder Bachische Kenntniß des reinen Satzes fodern, diese ganz unbedingt
von jedem fodern, und wenn sie fehlt, schreien, daß das Ende der wahren Musik nahe
sey; und überlassen uns ganz dem Vergnügen, welches die innere, jene äußerlichen
Fehler weit überwiegende Herzensgüte dieser Melodien uns beym Singen gewährt.«

Wie wurde dagegen der arme Brede bei Cramer heruntergeputzt! (vgl. S. 136 f)

Nach diesem wohlwollenden Vorspann folgt dann ein langer Vergleich von
textgleichen Vertonungen der Fr. v. Paradis und von Johann Abraham Peter
Schulz, auch wenn man dieses nach den anfänglichen Beteuerungen des Rezensenten nicht glauben sollte. Und: Schulz macht alles besser! (der ver-
söhnliche Schluß vgl. S. 218)

Noch betrüblicher erscheint die Kritik an den 25 Liedern (Weimar 1786)
der berühmten Corona Schröter (1751–1802), die als Sängerin neben der
Schmehling-Mara lange Zeit die Hauptattraktion des Leipziger Musikpu-
blikums war und zur fast gleichen Zeit wie Maria Theresia v. Paradis, nämlich
1772, eine Europa-Konzertreise machte. Auch hier (Cramer II, S. 1045 ff) ist
wieder »eine gewisse Nachsicht« angesprochen und das »Recht ..., das mit
Stillschweigen übergehen zu dürfen, was wir nicht mit Überzeugung loben
können«, ehe eine recht deutliche Abfuhr für Satztechnik und Deklamation
der Lieder erfolgt. Dies aber ist um so bitterer, als Frau Schröter in der

Ankündigung der Lieder von 1785 (Cramer II, S. 692 f) diese Nachsicht selbst schon erhofft hatte:

»Unserm Geschlecht ist ein eignes Gefühl von Schicklichkeit und Sittlichkeit eingeprägt, das uns nicht erlaubt, allein, und ohne Begleitung öffentlich zu erscheinen; wie kann ich daher anders als mit Schüchternheit diese meine musikalischen Arbeiten dem Publikum übergeben, da ich für dieselben keinen Beschützer und Vorsprecher habe? Denn der schmeichelhafte Ausspruch und die Aufmunterung einiger Personen, denen ich sie bekannt gemacht, – so unbezweifelte Ansprüche auch denenselben auf das Richteramt im Reiche der Künste zustehet, – kann leicht aus Nachsicht partheyisch seyn: doch der Arbeit eines Frauenzimmers wird ja in den Augen anderer Kenner gleiche Nachsicht zu Theil werden.«

Die Bremerinnen kämpften anders für ihre Emanzipation. Die beiden verschiedenen Linien konkurrieren heute noch.

Es waren wirklich nur wenige Frauen, die sich ein uneingeschränktes Lob für ihre musikalischen Arbeiten von den männlichen Kollegen einhandelten, ohne Nachsicht. So die Wiener Sängerin, Pianistin und Komponistin Marianne von Martinez (1744–1812), die von Charles Burney überschwenglich gelobt und verehrt wurde (Burney II, S. 227 ff, 254 f) und sogar in die exclusive Bologneser Accademia de filarmonici aufgenommen wurde (1773). Sie gründete auch eine eigene Singschule für Frauen und blieb unverheiratet. Eine genauere Untersuchung müßte (im Vergleich zu zeitgenössischen Männerkompositionen) klären, ob die Werke von ihr lediglich Bemühungen waren, den zeitüblichen Stil zu beherrschen, oder ob in ihnen etwas zu finden ist, das einen anderen, möglicherweise spezifisch weiblichen Charakter ausprägt und die Vision des Anonymus erfüllt, der die ganz besonderen Eigenschaften von Frauenbriefen auf die Komposition zu übertragen wünschte (vgl. S. 199 f; Krilles Werkbeschreibungen, S. 141 ff, genügen dazu nicht).

Anders verhielt es sich – auf den ersten Blick – mit der Möglichkeit der Frauen, als Berufssängerinnen an die Öffentlichkeit zu treten. Denn hier gab es ja bereits eine lange Tradition der Opernbühne, auf der die Primadonnen an Ruhm und Selbstbewußtsein den Sängern, auch den Kastraten, häufig das Wasser reichten. Diese Frauen hatten oft keinerlei Schwierigkeiten, auch auf der Konzertbühne, sich gegen männliche Konkurrenz durchzusetzen, auch mit unmusikalischen Mitteln (vgl. Uffenbachs Londoner Episode, Kap. I, S. 12), oder wie ihre männlichen Kollegen ganz offen und ungeniert miteinander in Streit um die Herrschaft auf der Bühne zu treten, wie man unter vielen Beispielen auch von den unter Händel singenden Primadonnen Cuzzoni und Bordoni weiß.

Jedoch waren diese Berufssängerinnen fast ausschließlich Italienerinnen. Die Profitsucht in Sachen Oper in Europa war derart groß, daß oft nicht genug dieser Spitzensängerinnen herangezüchtet werden konnten. Es kam vor, daß vielversprechende Sängerinnen aus dem Kloster geraubt wurden, um für die

Bühne trainiert zu werden. So jedenfalls wird von einem Raub durch englische Interessenten aus einem italienischen Kloster berichtet (Mattheson 1728, S. 65).

Deutsche Sängerinnen solcher Berühmtheit und Durchsatzkraft kamen, nachdem sich eine kurze Blüte vor allem in der frühen Hamburger Oper gezeigt hatte (Krille, S. 97), nur sehr langsam und zögernd gegen die italienische Konkurrenz und ihr Gesangsmonopol auf. Mozart war es, der diesen Zustand beklagte (vgl. Brief S. 262f). Corona Schröter und Gertrud Elisabeth Schmehling-Mara in ihrer Spitzenstellung unter Europas Sängerinnen waren Ausnahmen im Deutschland der zweiten Jahrhunderthälfte. Die Mara war die erste, die sich an einer italienischen Hofopernbühne als Deutsche mit Titelrollen durchsetzte (über sie auch S. 22). Und ihr Selbstbewußtsein ging so weit, daß sie in ihren Gesangskadenzen die Gesangs- und Kompositionsweise ihrer männlichen Kollegen parodiert haben soll (Krille, S. 103; weiteres zu den Primadonnen, zum Kastratenwesen und Besetzungsfragen, z.B. bei Gluck, bei Meri Franco-Lao, Hexen-Musik, München 1979, Kap.»Die Beziehung der Frau zum Gesang. Die entmannte Sängerin«, und bei Sophie Drinker, Die Frau in der Musik, Zürich 1955, Kap.»Die prima donna und die Berufsmusikerin«; in beiden Kapiteln aber wenig zu den Verhältnissen in Deutschland; ebenso Margarete Högg, Die Gesangskunst der Faustina Hasse und das Sängerinnenwesen ihrer Zeit in Deutschland, Dissertation Berlin 1931, Druck Königsbrück/Sachsen).

Beim häufigen Zögern von Bürgerinnen, öffentlich aufzutreten, und bei dem Mangel an guten Berufssängerinnen war es häufig schwierig, für den Konzertbetrieb weibliche Gesangskräfte fest anzustellen. Dies galt vor allem für die öffentlichen Liebhaberkonzerte, deren Organisatoren nicht immer so viel zahlen konnten wie die Höfe. Es gab dabei häufig Konkurrenzkämpfe unter den Konzertunternehmen der gleichen Stadt oder verschiedener Städte. Eine taktische Variante zeigte dabei der Thomaskantor Johann Gottfried Schicht, der ab 1785 das ehemalige Große, jetzt Gewandhaus-Konzert in Leipzig leitete. Gleich im ersten Jahr wurde von der Konzertdirektion die beliebte Italienerin Costanza Valdesturla für 500 Taler jährlich angestellt. Der Chronist Alfred Dörffel (Geschichte der Gewandhausconcerte zu Leipzig, 1884) berichtet die weiteren Vorgänge mit den klassischen Worten (S. 25):

»Man fand auch hier großes Wohlgefallen an ihr; Schicht zumal wurde so von ihr eingenommen, daß er sie im Jahr 1786 zum Weibe nahm und so ihren Besitz für Leipzig fortan sicherte.«

Die einzige Chance, feste Anstellungen zu bekommen, scheinen im 18. Jahrhundert nur Frauen gehabt zu haben, die als Sängerinnen arbeiteten. Daß es eine angestellte Klavierspielerin gegeben hätte, ist mir bisher für das Deutschland jener Zeit noch nicht begegnet, und über die Nachricht einer Kapellmeisterin Westenholz in Ludwigslust/Mecklenburg war ich aufs höchste über-

rascht (vgl. S. 196, 218). Bevor sich der Beruf der Musikerzieherin im
19. Jahrhundert ausbildete, scheint vor allem das reisende Virtuosentum eine
Möglichkeit für Musikerinnen gewesen zu sein, mit anderen musikalischen
Tätigkeiten als dem Singen Geld zu verdienen. Die Konzertreisen der Frau von
Paradis und der Marianne Kirchgessner wurden schon erwähnt, und Berichte
von reisenden Musikerinnen aus Hamburg werden im entsprechenden Abschnitt einen kurzen Einblick in diese bereits für Frauen zugängliche Berufs-
sparte geben.

Es ist zu hoffen, daß sich einmal jemand die Mühe macht, Licht in die Welt
dieser frühen Berufsmusikerinnen zu bringen. Denn bis jetzt sind auch bei den
Frauen – wie bei den Männern – nur die großen Namen bekannt, d. h. nur ein
winziger und wenig repräsentativer Ausschnitt aus den sozialen Zusammenhängen. (Nachtrag 2000: Die Hoffnung hat sich erfüllt, vgl. Freia Hoffmann,
Instrument und Körper. Die musizierende Frau in der bürgerlichen Kultur,
Frankfurt/Main und Leipzig 1991.)

Hausarbeit

Neben all diesen Gründen gab es aber noch einen viel gewichtigeren, der den
Frauen die gleichberechtigte Teilnahme an der öffentlichen Musiktätigkeit
erschwerte. Der musikkundige Freiherr von Eschstruth spricht ihn zu Beginn
seiner Kritik der »Sammlung neuer Clavierstücke mit Gesang für das deutsche
Frauenzimmer 1783« an (Cramer I/2, 1783, S. 918):

»Da das schöne Geschlecht unter uns anderer Geschäfte halber von allen öffentlichen
Aemtern, also im Zweifel auch von Deutschlands kritischen Richtstülen dispensirt ist,
so wird es mir erlaubt seyn, in ihrem Namen über diese Stücke meine Meinung zu
sagen.«

Die Aufgabenverteilung erscheint also völlig unproblematisch, naturgegeben.
Sie betrifft neben der Teilnahme an der Schriftstellerei auch das Musikmachen
selbst:

»Personen, besonders männlichen Geschlechts, die das Klavier lernen wollen, sollten
sich freylich mit solchen Arbeiten, wodurch die Finger steif werden, gar nicht abgeben:
da das indeß nicht bey allen Musiklernenden zu vermeiden ist, so muß man ihnen
wenigstens vorher sagen, daß sie in diesem Falle keine sehr fertigen Spieler werden
können. Wer aber die Musik, und besonders das Klavierspielen, zu seiner Hauptbeschäftigung machen will, der muß dergleichen Arbeiten schlechterdings unterlassen,
weil es nicht möglich ist, sich mit steifen Fingern die nöthige Fertigkeit zu erwerben.«
(Türk 1789, Einleitung, § 23)

Mit welcher Behutsamkeit da das Wort »Frauenzimmer« vermieden worden
ist! Und wie konsequent war Herr Türk, wenn er vermutlich all seinen
Schülerinnen in der ersten Unterrichtsstunde sagte: »Mamsell Meyer, es tut
mir zwar leid, aber dennoch muß ich Ihnen sagen, daß ...«

Es war sicher deprimierend für viele Frauen, gleich von Anbeginn auf das Mittelmaß beschränkt zu werden, obwohl doch im »Frauenzimmer-Lexikon« von 1715 steht, es sei »eine Kunst und Wissenschaft, allerhand Arien, Cantaten und Lieder auff eine künstliche und schmeichelhafte Manier ... in ein darein spielendes Instrument abzusingen, auf welche Kunst das Frauenzimmer sich meistenteils zu legen pflegt«. Das war nicht nur Beschreibung, sondern vor allem Forderung, die der Autor für die Bürgerliche von guter Sitte aufstellte. Und 1781 stellte der Kupferstecher Daniel Chodowiecki in seiner Bildfolge »Occupations des Dames« (»Beschäftigungen der Damen«) folgende Themen dar (hier in Übersetzung) : 1. Besuche, 2. Haushalt, 3. Schneiderei, 4. Sticken, 5. Schreiben (wohl Briefe!), 6. Lektüre, 7. Zeichnen, 8. Promenieren, 9. Gesang, 10. Musik (wohl Klavierspiel).

Es waren mit Sicherheit sehr begüterte Haushalte, wo das die Hauptaufgaben der Frau waren und eine Reihe von Dienstmädchen das Thema »Haushalt« übernahmen. Für die Frauen aus normalen Häusern waren solche Aufzählungen und Aufgabenbeschreibungen ein beständiger Antrieb und Hinweis darauf, was man als »gebildete« Dame alles tun sollte. Und wenn sie sich dann für allerhand Geld zu »10. Musik« entschlossen hatte und Herr Türk gleich zu Beginn sagte: »Madame Meyer, es tut mir zwar leid ...«, konnte sie schon an ihrem Status als Frau irre werden.

»Daß die geschickteste Tänzerinn, die erste Virtuosin, die beste Sängerinn und die belesenste, fertigste Künstlerinn eine schlechte Gattinn, eine schlechte Hausfrau und eine schlechte Mutter« sei, schreiben Basedow und Campe wie ein Naturgesetz nieder (Pädagogische Unterhandlungen, Dessau 1777, 12. Stück, S. 10/84; vgl. Krille, S. 94 f): »Das ist nun einmal die Natur und zugleich die gefährliche Seite jener schimmernden Eigenschaften, daß sie der so wesentlichen Tugend der Häuslichkeit im Wege stehen.«

Deshalb auch widerspricht es der weiblichen »Würde«, wenn in der Frauenerziehung die künstlerischen Anlagen ausgewertet werden und damit der Rahmen der Hausfrau und Mutter überschritten wird: Die Töchter soll man »nicht so bald anhalten, daß sie singen und auf Instrumenten spielen lernen«, denn es sei eine »fast allgemeine Erfahrung ..., daß das Lernen der Musik sie ganz außerordentlich zerstreuet und ihnen einen Ekel und Abscheu vor allen anderen Beschäftigungen beybringet, die dennoch weit wichtiger sind, und mehr für dieses Alter gehören.« (Schriften von Ch. D. Voß, Versuch über die Erziehung für den Staat, Lpz. 1799, S. 427, und von Carl Rollin, Anweisung, wie man die freyen Künste lehren und lernen soll, Lpz. 1760, S. 96; vgl. Krille, S. 16 f u. 19) Höchstens also ist die Musik »ein treffliches Hülfsmittel ..., geschäftsleere Stunden auszufüllen« (D. H. A. Niemeyer, Grundsätze der Erziehung ..., Halle 1805, S. 187; Krille, S. 18). Oder: »Die Musik und das Mahlen sind ebenfalls artige Übungen für ein Frauenzimmer vom Stande, welche ich also gar nicht verwerfe; daß ich sie hier aber nicht anführe, ist die

Ursache, weil ich sie mehr für einen Zeitvertreib als für eine Arbeit halte.
Leute aber, die zum Müßiggang geneigt sind, bin ich nichts willens vom
Zeitvertreib fürzuschwatzen, sondern vielmehr, sie zur Arbeit aufzumuntern«,
schreibt ein Anonymus 1753 in einer »Abhandlung von der Notwendigkeit
des Studirens, in sonderheit des Frauenzimmers« (S. 207; Krille, S. 18).

Wie selten ist eine so kluge Gegenmeinung wie die folgende (Für deutsche
Mädchen, Dresden 1781, S. 366; Krille, S. 96): »Der Einwurf einiger un-
musikalischer Moralisten, als ob diese Beschäftigung ein junges Frauenzimmer
allzu weit von ihrer Bestimmung entfernte, das ist, allzu oft von ihren häuslichen Geschäften abhielte, fällt von selbst weg. Ein junges Mädchen, das in
diesem Stücke zu weit geht, wird es auch in anderm thun. Und dann wäre
immer ein Schade geringer als der andere.«

Die Probleme, die sich für die Frauen aus der Doppelbelastung von Haus-
arbeit und männlichem Bildungsanspruch ergaben, vor allem wenn die Männer den normalen Hausfrauen die Damen der privilegierten Bürgerfamilien
oder gar der Adelshäuser als Muster vorhielten, spiegelt ein Briefwechsel
zwischen Friedrich Wilhelm Marpurg (1749, S. 5f) und einer antwortenden
Briefschreiberin (S. 10 ff). Zunächst Marpurg:

»In Ansehung unsers schönen Geschlechts aber haben die zum Schertz geneigten
Pariserinnen durchaus Unrecht, daß sie glauben, man wiese dasselbe zu weiter nichts
an, als wie es eine Küchenschürtze um den Leib binden, und wie man etwann eine
Kraftsuppe kochen müsse. Die häuslichen Angelegenheiten verhindern dasselbe im
geringsten nicht, einen Geschmack an der Musick zu finden, und die Mütter sehen die
gründliche Erlernung derselben als einen wesentlichen Theil einer anständigen Erziehung an. Es bilde sich eine Cazamajor, eine Popliniere, eine Tribolet, eine Boucon, und
andere, auf ihre Fertigkeit den Flügel zu spielen, ja auf ihre Einsichten in die Composition, so viel ein, wie sie wollen. Vielleicht könnten wir ihnen Schülerinnen von gleicher
Stärcke zeigen, wenn ich die Vollmacht hätte, unterschiedne namhaft zu machen, deren
zierliche Hände die Gewohnheit haben, von Kennern mit Beyfall und Bewunderung
gehört zu werden. Unsere Meister bemühen sich ja um die Wette, unsern lehrbegierigen
Damen die Ausübung der Musick leichter zu machen, und wer sich übrigens anjetzo
beschweren wollte, daß man ihm gewisse Handgriffe aus thörichter Eifersucht ver-
schwiege: der würde von der täglichen Erfahrung widerleget werden ...«

In dieser Argumentation kommt für die musikliebenden deutschen Frauen
noch erschwerend hinzu, daß ihnen die adligen Damen einer in musikalischen
Bildungsfragen schon viel erfahreneren Nation vorgehalten werden, angeblich
als falsche Vorbilder, aber dennoch als Maßstab. Eine Leserin antwortet dann
auch in der folgenden Nummer:

»Hochzuehrender Herr Criticus, die Art, womit Sie unser Frauenzimmer, gegen die
spöttischen Vorwürfe der Ausländerinnen, in ihrem ersten Bogen verfochten, scheinet
mir ziemlich zweydeutig zu seyn. Ich rathe ihnen, sich bey der ersten Gelegenheit
deswegen bey uns zu entschuldigen; woferne wir nicht ihre Blätter, unsere Haare damit
aufzuwickeln, gebrauchen sollen ... [Es wird durch die auf S. 199 teilweise wiedergegebene Passage bewiesen], daß die Sinnen unsers Frauenzimmers nicht so gar unemp-

findlich sind, und daß dasselbe sich nicht allezeit auf der Rauchkammer mit Speck und Schincken beschäftiget. Wir sind eben so gut, als ihre bräunlichten Ausländerinnen, im Stande, mit unsern Händen ein Instrument zu beleben, oder den Tact zu schlagen. Sie vertheidigen ihr männliches Geschlecht gar eifrig, und wohl. Sie sprechen nichts als von den Virtuosen, die der Hut bedeckt. Auf ihr Gewissen, halten sie sich nicht noch mehr verbunden, die Ehre der deutschen Hauben zu retten? Ich bin in der Hofnung, daß sie ihren Fehler mit ehesten bey uns gut machen werden …«

Die Briefschreiberin schreibt in einem Ton, mit dem sonst die Bürger ihre Unabhängigkeit vom Feudalismus beteuerten. Aber wieviel länger haben die Frauen zu kämpfen, um ihre Unabhängigkeit von den Männern zu erreichen, als die Bürgermänner, die immerhin mehr als ein Jahrhundert benötigten, um den Feudalismus niederzukämpfen!

So gut wie alle Verbesserungen, Erleichterungen und Fortschritte vermochten sie nur auf dem Umweg über die Männer zu erreichen. Sie erschienen ständig in der Rolle der Empfangenden. Erst eine genauere Untersuchung müßte ergeben, inwieweit einzelne oder viele Frauen schon im deutschen 18. Jahrhundert selbständige musikalische Aktivitäten, unabhängig von Männervorbild und -anleitung, unternahmen.

Bis dahin bleiben Meldungen wie die folgenden typisch:

»Wien. Eine interessante Neuigkeit von daher ist, daß der Kaiserl. Königliche Kapellmeister Hr. Gaßmann daselbst eine Wittwencasse für innländische Tonkünstler errichtet hat, nach welcher die hinterlassene Wittwe jährlich 400 Gulden Pension ziehen kann. Eine Einrichtung, die ihrem Stifter ungemein viel Ehre macht, und einen Beweis von dessen gutem und menschenfreundlichen Herzen geben kann.« (Forkel B III, 1779, S. 340)

Tatsächlich eine großartige Neuerung gegenüber dem früheren Zustand – Anna Magdalena Bach starb 1760 als »Almosen-Frau« –, aber die Wortwahl dieser Nachricht ist bemerkenswert: Die Kasse ist für die »Tonkünstler« eingerichtet worden.

Oder:

Ein Leserbriefschreiber beschwert sich 1766 (Hiller I, S. 124) darüber, daß eine Gothaer Opernaufführung so beckmesserisch kritisiert worden sei und den Eindruck nicht wiedergebe. Vor allem habe sich der Rezensent zu viel und umständlich mit den Unwahrscheinlichkeiten der Handlung abgegeben:

»Ein Frauenzimmer durchbricht die Mauer eines Gefängnisses um sich mit ihrem Geliebten heimlich zu unterreden, ist dieses etwas unwahrscheinliches? Wie viel Frauenzimmer haben, um mit ihren Geliebten allein zu seyn, mehr gethan als Mauern durchbrochen, und wer mag doch dem Herrn Recensenten gesagt haben daß die Mauer dick und feste war? Konnte sie nicht an eben dem Orte zerfallen und locker gewesen seyn, und mußte Silalba diese Arbeit deswegen mit bloßen Händen verrichtet haben, weil sie kein Brecheisen mit auf das Theater bringt? Ich finde hier eben keine so beleidigende Unwahrscheinlichkeit, es müßte denn seyn, daß mich die gütige Natur mit einer sehr gefälligen Einbildungskraft begabt hätte.«

Daß die Frau es tatsächlich selbst geschafft haben könnte wie ein Mann, kommt selbst dem Verteidiger dieser Szene nicht in den Sinn. Wie Florian Gaßmann den Frauen zur Witwenkasse verhilft, so hier der Zufall einer morschen Mauer der Silalba zum Geliebten. Alleine schaffen sie's nicht!

Singen und Gebären

auf zweierlei Art in Zusammenhang gebracht
oder:
Was so alles auf Herrn Cramers Schreibtisch landete! (I/2 1783, S. 1385 f; II/2 1786, S. 970)

1. Der Bassist Salomo Bendler wurde in Danzig vermutlich um 1730 »durch eine ganz besondere Begebenheit dermaßen beliebt und bekannt, daß man viele Jahre von ihm, als einem besondern Manne in allen Gesellschaften redete.« Er spielte nämlich eines Sonntags nach der Predigt auf der voll registrierten Orgel »und ließ seine donnernde Stimme zugleich hören, welche sowol in der Tiefe, als in der Höhe das große Orgelwerk zum Erstaunen aller Anwesenden übertönte. Mittlerweile entstand in der Kirche unter den weiblichen Zuhörern ein großer Lerm. Viele Frauen entfernten sich schnell, und viele machten mit ihren nach damaliger Mode tragenden Regentüchern (jetzo Saloppen) und Schürzen gleichsam einen bedeckten Schirm oder Wand um eine vornehme Rathsfrau, welche hochschwanger war. Etwas Ungewöhnliches wider Vermuthen zu hören, hatte die vielleicht in tiefe Andacht versenkte Frau sehr erschreckt, und dadurch ihr ganzes Nerven-System, besonders die Gebährmutter nebst dem Kinde und die innern Geburtstheile im Unterleibe in eine heftige Bewegung gesetzt, die folglich auf die Gefäße, worinnen Blut und andere Flüßigkeiten ihren Umlauf fortsetzen, eine ungewöhnliche Wirkung hatten. Die Neugier sahe von allen Chören herab, und niemand wußte, was man in diesen geschäftigen verdeckten Kreise mit der Rathsfrau vornehme. Unterdessen entschlüpfte der kleine muntre Gefangene dem mütterlichen Kerker, 3 Wochen ehender als er Erlaubnis hatte.« Die Frau wurde nach Hause gebracht wie auch ihr Kind, der Mann wurde durch den freudigen Schreck von seinem Podagra [Fußgicht] geheilt, Bendler erhielt von ihm beim Kindtaufenschmaus 30 Dukaten, »weil ihn die Natur zu einer so glücklichen Hebamme gemacht, die ohne Handanlegen seine Frau so geschwind entbunden hätte«. Es wäre wichtig zu wissen, »ob aus diesem Knaben ein großer Musicliebhaber und Tonkünstler worden wäre, weil ihn die Music schon im Mutterleibe so heftig gerührt. Inzwischen wurde Bendler hierdurch in Danzig desto berühmter, und jedermann bemühte sich, ihn sowol in der Oper als auch im Concerte singen zu hören, wo man ihn öfters in Gesellschaften einladete und mit Geschenken seine Kunst belohnte.«

2. Über die Greifswalder Frau Sekretärin Thomas:
»Sie hat eine veste, gleiche, äußerst reine und angenehme Bruststimme, einen vortreflichen Triller, einen sehr guten Vortrag, und bringt die schwersten Passagen mit größter Präcision und Leichtigkeit heraus. Personen, die sie ehedem hörten, versichern, daß sie nicht nur nichts verlohren, sondern vielmehr, abseiten

der Kunst, gewonnen habe, unerachtet sie in dem Alter von noch nicht dreyßig Jahren bereits Mutter von 6 Kindern ist, und ihre häusliche Lage ihr eben nicht viel Uebung erlaubt.«

HIMMEL UND HÖLLE

Als nun einige Verächter der freyen Künste gehöret, daß der Pfaltz-Graf, seiner Music halben, gelobet wurde, und anders nichts hatten, das sie tadeln könten, gaben sie vor, diese Kunst mache die Leute weich und *weibisch* auch würde ihr nicht leicht einer ergeben seyn der zugleich Herz- und **Mannhafft** dabey wäre. (Mattheson 1725, S. 207)

In den alten Eichenwäldern stand einst die Größe ... schrecklich warst du, deutsches Vaterland. Auslandsliebe, *Weiberweichlichkeit,* freches Knien vor den Modegötzen unsrer Zeit hat dich, armes Vaterland, entweiht. (Schubart, Der sterbende Patriot, vgl. S. 271)

Ihr aber, die ihr das Theater für keine Schule der Tugend und Sitten haltet, sondern nur einen Platz des Vergnügens daraus machen wollt, können euch Leßings und Weißens und Crügers Lustspiele nicht auch äussert vergnügen, indem sie euch belehren? Oder wollt ihr durchaus nicht gebessert seyn? Ist euch *weichlichen Milchmännern* auch noch jener Witz zu stark? (Reichardt 1774, S. 149)

Ueberzeugt von dem ausgebreiteten Nutzen derselben [Lesegesellschaften] erweiterten sich nach und nach diese Institute, verbreiteten sich auch auf niedrige Volksklassen und *selbst das schöne Geschlecht* schloß sich an die Reihe des andern an und weilet nun eben so gerne bei den holden Musen, als bey der Toilette. (Bossler III 1790, Plan und Einladung zur teutschen Filamonischen Gesellschaft)

Da die Philosophie unter dem Zwang der Scholastik seufzete, und in Pedanterey ausgeartet war, sah man die Tonwissenschaft und andere schöne Künste gleichfalls unter einem Wust von scholastisch und pedantisch-steifen Regeln begraben; da sie anfieng, sich von diesen drückenden Zwang loszureissen und reiner, stärker und **männlicher** zu werden, nahmen die übrigen Künste an ihrer Seite einen gleichen Schwung; und endlich, da sie von ihrer **männlichen** Schönheit, ihrer Stärke und ihrem Scharfsinn, zu *leeren, schwachen* und meistens blos amüsanten Witzeleien überging, – was würde da aus unserer Tonkunst? (Forkel B I 1778, Vorrede S. IVf)

Keine unter allen Wissenschaften hat das Unglük, so sehr verkannt zu werden, als die Tonwissenschaft. Unter Hunderten, die sich in ihr Gebiet wagen, die Jahr aus, Jahr ein für die Kirche, für die Schaubühne und für die Kammer componiren, die mit allerlei parfumirten Produktionen bald in der musikalischen *Damenwel*t auftreten, bald aber kek und kühn mit dem Fähnlein in der Hand ihre Kameraden auf die Zinne des Sonnentempels der Göttinn Harmonia führen, und sie Luftsprünge machen zu lassen – unter hundert Musikern sind vielleicht nur wenige, die nicht in dem falschen Wahn stehen, als ob die Tonkunst blos ein Werk der Einbildungskraft wäre, welcher man, wenn sie zu kreisen [gebären] beginnt, nur mit seinem bischen natürlichen Gefühl zu

Hülfe kommen müsse, um das Kind hübsch nett und säuberlich in die grosse Welt schiken zu können. (Bossler I 1788, Vorrede; vgl. dagegen die Anekdote über die Geburtshilfe des Bassisten Bendler, S. 215)

Und was das Gesuchte anbelangt, so wird solches freylich in den mehrsten unserer neuesten Werke nicht angetroffen; da ist nichts, was nicht leicht zu finden war. Aber eben darum erscheint unsern Tagen so höchst selten ein wahrhaft großes Kunstwerk von Geist und Kraft, das, wie [C. P. E.] Bachs Heilig, die Kunst auf ihrem Throne zeigt, das **mannbare** Eindrücke zurückläßt, und höhere Endzwecke erfüllt, als blos durch die sogenannten einfachen Töne der Natur, die jedes *junge Fräulein* nachseufzen kann, den Herzen der *Weichlinge* eine angenehme Bewegung zu verursachen. Wir treiben lieber auf der Oberfläche herum, und fischen Schaum statt Perlen. (Allg. deutsche Bibliothek, hg. v. Fr. Nicolai, Bd. 64, 1. Stück, Berlin 1785, S. 83 f, über Lieder von Naumann)

Nur scheint es uns, daß der Herr Verf. zu sehr dem Modegeschmack unseres Zeitalters opfere: anstatt in seiner eigenen großen Seele sich Ideale zu schaffen und sie mit **männlicher** Kraft darzustellen, sind es, wenn man so sagen darf, bloße Kopien aus dem gemeinen Leben niedlich aufgeputzt, wie ein *Mädchen*, das durch Blumen und Bänder zu gefallen sucht. Daher wird man auch zwischen den Werken des Herrn K. und [C. P. E.] Bachs nie eine Vergleichung anstellen können und dieser wird auch bei der wenigeren Volltönigkeit, die in den seinigen herrscht, in den Augen des Kenners immer einen vorzüglicheren Werth haben. (Bossler II 1789, Sp. 297, über Klaviersonaten von Leopold Kozeluch)

Doch muß, bey aller Galanterie, ein heutiger Capellmeister etwas lesen können, es sey auch so wenig als es wolle: nicht eben um des Geschmacks willen, sondern aus unumgänglicher Noth. Schlechte Buchstaben hinzukratzen, oder unrichtiges Buchstabiren im Schreiben zu gebrauchen, das hat gar nichts auf sich. Man sagt doch im Spruchwort: Gelehrte mahlen übel. Es macht einen diese Schreibart bey manchem *Frauenzimmer*, absonderlich bey Sängerinnen, um desto beliebter: Weil gleich und gleich sich gerne gesellen. (Mattheson 1744, S. 127)

[Abzulehnen ist die Meinung,] daß die theatralische Musik unserer Zeit so weichlich und *weibisch* geworden, indem sie die Gemüther mehr verdirbt, als reiniget oder verbessert; wie die alte Musik gethan hat. (Mattheson 1744, S. 10)

Ich sehe also wohl nicht, daß jemand deswegen zu tadeln sey, wenn er gleich seiner Zuhörer Gemüther, durch Vorstellung und nachdrükliche Besinnung der Eitelkeit und Nichtigkeit dieses Lebens, gänzlich *erweichte* und rechtschaffen niederschlüge; dafern er sie hernach nur eben so rechtschaffen wieder aufzurichten und zu **ermannen** wüßte. Was soll dann das schimpfliche Beywort *weibisch*? Es wird ja dadurch die schönste Hälfte des menschlichen Geschlechts verächtlich gemacht; und zwar zu einer Zeit, da solche vortrefliche Weiber in der Welt den Scepter führen. (Mattheson 1744, S. 15 f; zur Behauptung der beginnenden Frauenherrschaft vgl. die Bremer Konzertnachricht S. 205 f)

Die Vollstimmigkeit ist ja von Natur und bekanntermaßen vielmehr ein kräftiges Mittel zur Vorstellung der Majestät, des Erhabnen, der Ernsthaftigkeit, des reichen, **männlichen**, starken Wesens, der edlen Regungen und Gemüthsbewegungen. (Mattheson 1744, S. 11)

Von guten vernünftigen Meistern in der Setzkunst ... kann ... kein *weibisches* Wesen ... herrühren (außer) ... von einigen verwehnten, lüsternen Singspielern, welche, durch ihre stets erzwungene, angenommene Mattigkeit in Führung der Stimme, und durch die gar zu oft am unrechten Orte angebrachte, ohnmächtige und eckelhafte Zärtlichkeit vermeynter Zierrathen, auch den allerlehrreichsten und **männlichsten** Vorträgen die gehörige Stärke muthwillig benehmen. (Mattheson 1744, S. 12)

Was hergegen die Geschwindigkeit der Klänge betrift, so erwecken dieselben, natürlicher Weise, Hurtigkeit, Eifer, Begierde und Herzhaftigkeit; nicht *weibisches*, weichliches, wollüstiges und zärtliches: denn das muß alles fein appetitlich und langsam zugehen. (Mattheson 1744, S. 22)

Auf der andern Seite thut das Fr. v. P. [Paradis] zuviel, und benimmt durch ein Zwischenspiel von zwei Takten, durch eine zwei Takt lange Dehnung einer Silbe, wobey das Clavier eine melodische Schnirkeley, wie man sie in Operettenarien gewöhnt ist, macht, und durch ein zu langes Nachspiel von vier Takten, der Freudigkeit zu viel von ihrer **Männlichkeit**. Aber sündigte sie darin? Recensent möchte es wenigstens nicht behaupten, da er zudem eben gewahr wird, daß er unvermerkt in dem letzten Worte der vorigen Periode [= Satz] das Fräulein Paradis, und jedes *Frauenzimmer*, welches so dieses Lied componirt, entschuldiget, und gegen alle Einwürfe gesichert hat. Natürlicherweise singt ja das schöne Geschlecht, da ihre Empfindungsorgane weit reizbarer sind, ein und dasselbe Lied anders als das **männliche**, und ist schon geneigter, eine Nebenidee weiter auszubilden, einen äusserlichen Ausdruck der Empfindung länger anhalten zu lassen, als **wir**. Ein munteres, von leichten Schlummer früh erwachtes *Mädchen*, das den schönen Morgen, mit Erwartung des schönern, kommen sieht, geräth dabei wohl leicht in eine merkliche, öfter wiederkehrende Tanzbewegung, da der Jüngling und **Mann** hingegen ... nur eine geringe freudige Bewegung mit dem Körper macht, und diese nicht so oft wiederholen wird. (Gld. in Cramer II/2, 1786, S. 1321 f)

Allein die Frau Capellmeisterin Westenholzen ... verbindet mit alle dem feinen Gefühl des Ausdrucks, das der *weiblichen* Execution eigen ist, die **männlichste**, festeste Sicherheit. (Cramer in Cramer I/2, 1783, S. 1258 f)

Auch hat er sie einer Virtuosinn gewidmet, die in diesem Stücke seine eigensinnigsten Forderungen zu erfüllen im Stande ist. Selten kann man dieses von dem *weiblichen* Geschlechte rühmen. (Cramer in Cramer I/2, 1783, S. 1258)

Mademois. Bayer, eine etliche und 20jährige Tochter eines Kaiserl. Hof Trompeters, streicht die Geige mit so viel Stärke, Leichtigkeit, Geschwindigkeit und **Männlichkeit** des Tons, daß der König von Preussen sie gewürdiget hat, ihr Spiel mit der Flöte zu begleiten. (Cramer I/2, 1783, S. 843)

Wäre es nicht dem **männlichen** Geschlechte eine Schande, daß es ihm ein *Frauenzimmer*, an Großmuth und wahrer christlicher Tugend, zuvor thun sollte? (Mattheson 1728, S. 95)

Und noch eine Zugabe
»Außer den Verschiedenheiten der besondern Gegenstände, auf welche unsre Triebe gerichtet sind, giebt es noch einen allgemeinen Unterschied, der die Triebe überhaupt in zwei Klassen abtheilt. Ihr Zweck ist entweder unsre **Thätigkeit** oder unsre *Empfänglichkeit* zu äußern, **zu bestimmen** oder *bestimmt zu werden* ...
Wird nun zwischen beyden ein bestimmtes fortdauerndes Verhältnis wahrgenommen, so gehört dies zu den Merkmalen des Charakters. Daher das **männliche** und das *weibliche* Ideal, und die unendlich mannigfaltigen Abstufungen zwischen beiden ...
Daß es für den äußersten Grad der **Männlichkeit** und *Weiblichkeit* in einer Reihe von Tönen einen ebenso allgemein verständlichen Ausdruck giebt, als für Freude und Schmerz, bedarf wol keines Beweises. Auch dem ungeübtesten Ohr, das den Klang der **Posaune** und der *Flöte*, den **Marsch** und die *ländliche Tanzmusik*, den **Kirchenhymnus** und das *Adagio* des einzelnen Sängers oder Instrumentisten gegeneinander hört, braucht man diese Unterschiede nicht zu erklären.« (Christian Gottfried Körner, Über Charakterdarstellung in der Musik, Erstausg. in den »Horen«, Jg. 1795, 5. Stück, S. 97 ff; Neuausgabe: Wolfgang Seifert, Chr. G. Körner. Ein Musikästhetiker der deutschen Klassik, in: Forschungsbeiträge z. Musikwiss., hg. v. G. Bosse-Verlag, Bd. IX, Regensburg 1960, S. 147 ff, die zit. Stelle S. 156)

Arbeitsvorschläge und Fundsachen

Die beiden großen Opern Mozarts, »Le Nozze di Figaro« (»Die Hochzeit des Figaro«) von 1786 und »Don Giovanni« von 1787, bieten ein gutes Bild der damals im Bürgertum verbreiteten Auffassungen von Klassenkämpfen und Geschlechterauseinandersetzungen. Beide Opern haben ein vergleichbares Repertoire an Personenkonstellationen und Problemfeldern: Verführer und Verführte/Betrogene, Bedrohte und Retter/Rächer.
Es geht im Grunde in beiden Opern darum, daß der männliche Adel die Frauen sexuell ausbeuten will und durch unterschiedliche Arten der Frauenrettung bzw. der Adligenbestrafung daran gehindert wird (vgl. S. 493 ff).

Sonata

Ernst Wilh. Wolf
(1735-1792)

Das entzweyte Ehepaar gemeiner Leute

Gut zu gebrauchen sind dabei das Buch von Wolfgang Ruf, Die Rezeption von Mozarts ›Le Nozze di Figaro‹ bei den Zeitgenossen, Wiesbaden 1977 (Beih. z. Archiv f. Musikwiss., hg. v. H. H. Eggebrecht, Bd. 16) und eine zusätzliche Betrachtung von Mozart-Liedern über Liebe.

Die Tatsache, daß die sinfonische Musik seit dem späten 18. Jahrhundert bis
zum frühen 20. Jahrhundert zwei Themen in fast jedem Satz aufeinander-
folgen läßt, das erste, »männliche« sowie das weiche, zweite, »weibliche«,
und daß das »weibliche« Thema dem »männlichen« grundsätzlich tonartlich
untergeordnet ist, meist auch in der Art der Bearbeitung im Satzmittelteil
(Durchführung), hat offenbar den Charakter einer musikalischen Spiegelung

des allgemeingesellschaftlichen Bewußtseins über die Rollen von Mann und
Frau. Es wäre wichtig, das Zustandekommen und die Herrschaft dieses sogenannten »Themendualismus« zu untersuchen, vor allem auch die Gründe für
sein Enden. Eine Zusammenstellung solcher Themenpaare, ihres »Schicksals«
im Satzzusammenhang und eine Untersuchung der Wanderung solcher Melo-
dietypen durch die Werke verschiedener Komponisten könnten wichtige Einblicke in das männliche Musik-Bild von den Geschlechtern bieten.

Ein weiterführendes Arbeitsthema könnte auch die Untersuchung beset-
zungsgleicher Stücke von männlichen und weiblichen Komponierenden sein,
z. B. an Hand einiger textgleicher Klavierlieder des 18. Jahrhunderts oder der
d-Moll-Klaviertrios von Felix und Fanny Mendelssohn, Robert und Clara
Schumann.

Es gibt auch einige Musikstücke, in denen Männer ihre Sicht von der
Auseinandersetzung der beiden Geschlechter vertont haben, so angeblich
Beethovens Klaviersonate op. 14/1 (Ende des 18. Jahrhunderts komponiert)
oder das auf den beiden vorhergehenden Seiten wiedergegebene Klavierstück
von Ernst Wilhelm Wolf, der in der zweiten Jahrhunderthälfte Kapellmeister
in Weimar war, sehr zum Unmut von Goethe.

Mozart berichtet 1781 über ein vornehmes Fräulein, Sie »ist ein Scheusal! – spielt
aber zum entzücken ... sie hat mir ihren Plan (als ein Geheimnüss) entdeckt, der
ist noch 2 oder 3 Jahr rechtschaffen zu studiren, und dann nach Paris zu gehen
und Metier davon zu machen. – denn sie sagt, ich bin nicht schön; o contraire
hässlich. einen kanzley Helden mit 3 oder 400 gulden mag ich nicht heurathen,
und keinen andern bekomme ich nicht; mithin bleib ich lieber so, und will von
meinem talent leben. und da hat sie recht; sie bat mich also ihr beyzustehen, um
ihren Plan ausführen zu können. – aber sie möchte es niemand vorher sagen.«
Welches Instrument spielte das Fräulein Josepha von Auernhammer? Klavier.
Und machte sie ihren Plan wahr? Nein. Fünf Jahre später heiratete sie den
Magistratsrat Bessenig. (Mozart Briefe III, S. 135)

Virtuosenkonzert

Daß fremde Musiker von Stadt zu Stadt reisen und sich bei Hofe oder in
einem Bürgerhause hören ließen, ist eine Erscheinung, die es schon zu Beginn
des Jahrhunderts und früher gibt (vgl. Kap. I, S. 68).

Nach dem Aufkommen der öffentlichen Konzerte bekam die Tätigkeit der
fremden Musiker, der reisenden Virtuosen, eine neue Funktion: Sie wurde für
viele Musiker ein Hauptberuf und für die öffentlichen Konzerte Attraktion
und Werbemittel. Es war ein sehr harter Beruf, bei dem sich das neuartige

Konkurrenzwesen so stark bemerkbar machte wie vielleicht in keinem anderen Musikberuf der Zeit.

Forkel schreibt 1783 über diesen Berufszweig folgendes:

»In eine besondere Classe sind solche Concerte zu rechnen, die blos zum Gelderwerbe gegeben werden. Gewöhnlich geschieht dieses von reisenden Musikern. Hier ist der Künstler wie ein Kaufmann zu betrachten, der solche Waaren zeigt, wonach am meisten gefragt wird. Mode und Geschmack seiner Zuhörer dienen ihm als Richtschnur, Hieraus läßt sich auf den Werth solcher Concerte mit ziemlicher Sicherheit schließen. Ehedem, da diese Concerte nur von wirklich geschickten Musikern gegeben wurden, waren sie ein bequemes Mittel, die Musicfreunde mit dem verschiedenen Geschmack und Vortrag aus mehreren Gegenden bekannt zu machen; jetzt aber, da sich jeder Stümper, und sogar Kinder ihrer als Mittel bedienen, ihre kleinen Künste an den Mann zu bringen, und in der halben Welt gleichsam damit hausiren zu gehen, ist ihnen auch dieser Werth benommen. Wenn auch noch bisweilen hierinn eine Ausnahme statt findet, so sind diese Concerte doch im Ganzen zu sehr verunedelt, und in den meisten Fällen viel zu unerheblich, als daß sie zur Aufnahme der Kunst, und zur Leitung des Geschmacks etwas wesentliches beytragen könnten.« (vgl. Zitatangabe S. 171)

Das Publikum scheint oft anderer Meinung gewesen zu sein. Und die Schwierigkeiten des Berufes sieht Forkel ebensowenig, da es ihm um die Kunsthöhe allein geht. Dennoch nennt Forkel, wenn auch negativ gewendet, einige Grundbedingungen der Arbeit der reisenden Virtuosen, die an einigen Beispielen gezeigt werden sollen.

Zunächst einige zeitgenössische Berichte aus Oldenburg 1783/84 (Cramer II/1, S. 732 ff) und Hamburg 1782 (Cramer II/1, S. 1 f, 345 f) über städtische Konzerte reisender Virtuosen. Wichtig ist zu wissen, daß die hier genannten Konzerte neben den wöchentlichen Liebhaberkonzerten stattfanden. Über die Möglichkeit der Integration beider Konzertarten wird dann noch geredet.

»Nachrichten von gegebenen Concerten in Hamburg.
Den 24 Januar gaben die Herrn Gebrüder Johann, Wilhelm und Joseph Steinmüller, aus der Esterhasischen Capelle, hier im Schauspielhaus ein öffentlich Concert. Das gute Vorurtheil, so man von diesen Virtuosen hatte, da sie einen Haydn zum Capellmeister besitzen, ward nicht getäuscht; sie ließen sich wirklich als wahre Virtuosen, als richtige Kenner der Music und des Gesanges, und ihres Instruments hören. Selten, sehr selten, wird sich eine Gelegenheit finden, 3 so geschickte Männer auf diesem Instrumente zugleich zu hören, die sich so gut kennen, so gut eingespielt haben. Sie bliesen von Rosetti ein Doppelconcert und von Hoffmeister eines auf 3 Hörnern: hiernächst verschiedene ausgesuchte und geschmackvolle Duette und Terzette mit aller möglichen Richtigkeit und Vollkommenheit. Ihre Adagios haben etwas sehr vorzügliches und einnehmendes, wozu das 2te und 3te Horn mit der durchdringenden Tiefe und Reinheit und Kraft, ein großes beyträgt.
Denn 28 Februar gaben die 3 Gebrüder Herren Steinmüller ihr letztes Concert im Schauspielhause, und liessen sich mit Doppelconcerten Duetten und Trio's auf 3 Waldhörnern mit vielem Beyfall hören. Den 4ten März gab auch Herr Püdon sein letztes Concert auf Subscription im Crameramthause, und erwarb sich den Beyfall der Kenner und Musicfreunde. Beyde sind bereits wieder auf Reisen gegangen.«

Oldenburg

Von fremden Tonkünstlern haben sich hier vornämlich hören lassen:

1) Im ersten Winter:

1. Herr Herr, ein junger Waldhornist aus Gotha, im gewöhnlichen Concertsaal mit Solo und Concerten. Sein Ton ist gut.

2. Madam D'Orcetti. Sie hatte ein Concert bey Hofe und gab zwey in der Stadt. Sie sang italiänische Arien; im letzten Concert aber Gerstenbergs und Reichardts Ariadne auf Naxos. Im musikalischen Magazine ist sie gelobt und getadelt worden. Sie gehört doch mit zu den bessern Sängerinnen, deren Stimme, Vortrag, und Festigkeit im Tact nicht zu verachten sind! Hier gefiel sie ungemein.

3. Herr Pannenberg jun. aus Hannover, ehemals Hoboist, gab zwey Concerte in der Stadt und blies Solo's und Concerte auf der Hoboe, mit mittelmäßigem Beyfall.

4. Die Herrn Gebrüder Boeck aus Wien, Waldhornisten, gaben ein Concert bey Hofe und eins in der Stadt. Sie waren sehr eingespielt und bliesen Doppelconcerte, Duetten, französische Arien und kleine Handstücke. Das Echo ahmten sie durch den Dämpftrichter sehr gut nach, und weit besser, als ich es sonst gehört habe. Ihre musikalischen Verdienste sind bekannt und haben bereits ihr verdientes Lob im Magazin erhalten.

5. Der funfzehnjährige blinde Flötenspieler Herr Dülon aus Stendal, mit seinem Vater, der auch eine gute Flöte bläst, hatte ein Concert bey Hofe und zwey in der Stadt. Der Vater hatte ihn zuerst selbst unterrichtet. Aber Kirnberger hatte ihn Vortrag und Composition gelehrt. Er hatte die Quantische Spielart, und spielte Quanzische, Kirnbergersche und Andrer Meister, auch eigene Compositionen, die er seinem Vater dictirte. Sein Vortrag war deutlich, sein Ton rein, voll und stark. Schwierigkeiten überwand er leicht; sein Gedächtniß muß ausserordentlich seyn, da er eine so grosse Menge schwerer Concerte, Doppelconcerte, Duetten, Solo's u. s. w., alles nach dem Gehör spielt, und nie fehlt.

2) Im zweyten Winter:

1. Herr Roschlaub, Cammermusikus des Grafen zu Burg-Steinfurt, gab ein Concert in der Stadt, und blies das Waldhorn, auf welchem er, zumal im Adagio, mit guter Wirkung den Echodämpfer anbrachte; spielte auch Violine.

2. Die Herren Gebrüder Thurner aus Wien, Flötenspieler. Sie gaben ein Concert bey Hofe und eins in der Stadt, spielten Doppelconcerte, Solo's u. d. gl., und waren sehr eingeblasen. Der Aelteste vornähmlich ist Meister auf seinem Instrument, das er äusserst sanft, rund und deutlich, geschmackvoll im Adagio, und fertig im Allegro spielt.

3. Herr Hammer aus Wien, eigentlich aus Oettingen im Rieß, ein braver Violoncellist, spielt auch eine saubere Violine. Er hatte ein Concert bey Hofe und zwey in der Stadt, außer verschiedenen Privatconcerten. Er hat den Bogen in seiner Gewalt, zieht einen schönen festen Ton aus seinem Instrumente, und weiß Schwierigkeiten zu überwinden; sein Vortrag und Ausdruck ist gut, und er spielt, was so vielen angeblichen Virtuosen fehlt, dabey sehr gut vom Blatte. Er ist itzt zu Ludwigslust von Sr. itztregierenden Herzogl. Durchl. zu Mecklenburg als Cammervirtuos mit einem ansehnlichen Gehalt engagirt.

»Nachrichten von den Concerten in Hamburg.

Den 9ten und 16ten October gab Hr. Lolli im Schauspielhause ein öffentliches Concert, und den 18ten desselben ließ er sich bereden, zwischen den Acten einige Solos zu spielen, darunter besonders ein rußisches war. Herr Lolli Spiel und Talente auf der Violin sind zu sehr, zu allgemein bekannt, als daß man zu seinem Lobe noch ein mehreres hinzuzufügen brauchte.

Den 23sten und 30sten desselben gaben eben daselbst Concert die Herrn Gebrüder Thurner aus Wien, wahre Virtuosen auf der Flöte. Selten wird man ein besseres Spiel darauf hören, als es hier von beyden, vornehmlich in den doppelten Concerten, geschahe, wo eine solche Genauigkeit, Fertigkeit und Nettigkeit, ein so sanfter und runder Ton vernommen ward, daß er ihnen die allgemeine Bewunderung und Wohlgefallen erwarb. Weil aber hier selten Flötenspieler ein gutes Concert zu Stande bringen, so gieng es auch jetzt so, welches von den wenigen anwesenden Musikliebhabern sehr bedauert ward. Sie mußten also Hamburg, ohne einigen Verdienst und Erwerb, verlassen; hoffentlich sind sie an andern Orten glücklicher, wie sie es auch sehr verdienen. Den 6ten November gab Herr Bohlender aus Berlin im Schauspielhause ein öffentliches Concert, und ließ sich auf dem Violoncell hören. Weil er aber ganz unbekannt und ohne Empfehlungen hiehergekommen war, so erfuhr er den 6ten das nachtheilige Begegniß, daß er dies Concert auf seine Kosten halten mußte, aus Mangel an hinreichenden Zuhörern. Dies möchte mehreren andern in ähnlichen Fällen zur lebhaften Warnung dienen.

Den 27sten Novemb. und den 4ten December gab Signora Regina Strinasacchi im Schauspielhause öffentliche Concerte. Diese schon vorhero bekannte und berühmte große Virtuosinn auf der Violine hatte sich bereits an so vielen auswärtigen Orten einen so guten Ruf erworben, daß sie hier mit Verlangen erwartet wurde. Ihr Spiel übertraf alle Erwartungen, und ihr erstes Concert, von ihrer eigenen Arbeit, war so vortreflich gesetzt, mit so vielem Geschmack und Richtigkeit, Nettigkeit und Nachdruck vorgetragen, daß ein jeder von wahren Gefühl des Gefallens hingerissen wurde. Besonders erwarb sie sich in Concerten von Giarnowick, Pleyel und einem vortreflichen Solo von Haydn, durch ihr zartes und ausdrucksvolles Spiel viel Lob. Sie reiste von hier über Ludwigslust und Berlin nach Dresden ab, wo sie wie man sagt, sich mit dem vortreflichen Violoncellisten Tricklir verheiraten, und mit ihm wieder Frankreich und Italien besuchen wird.

Den 11ten und 23sten Decemb. gab Mademois. Brandes eben alda auch ein öffentlich Concert, und ließ sich im Singen und aufs Clavier mit Beifall hören. Da ihrer schon oft beym Schauspiel mit Ruhm erwehnt worden, so dürfen wir selbiges nur wiederholen.«

In den drei Berichten fällt auf, daß viele Bläser unterwegs waren. Die Gebrüder Thurner machten offenbar gerade eine ausgedehntere Tournee durch Norddeutschland, auch sie Bläser. Häufig gingen die reisenden Virtuosen so vor, daß sie zunächst im örtlichen Liebhaberkonzert spielten, um so das Publikum auf sich aufmerksam zu machen und öffentliche Anerkennung zu erlangen. Mit diesem Vorteil im Rücken wagten sie dann ein eigenes Konzert auf ihr eigenes Risiko. So auch in Mannheim 1789, wo der Solist allerdings noch weitergehende Absichten verfolgte (Bossler II, Sp. 92):

»Vor 6 bis 8 Wochen kam Signore Dorelli Tenorist, der Hofnung hat an der hiesigen Kapelle und Oper angestellt zu werden, hieher, und ließ sich im Liebhaberkonzert und dann in einem eigenen zu seinem Vortheil in mehreren Arien hören. Der Beifall war nach seinen Verdiensten, obwohlen vielleicht nicht nach seinem Wunsche.«

Diese Technik, sich über einen Auftritt im Liebhaberkonzert bekannt zu machen, spricht auch ein Bericht über die Nordhäuser Musikgesellschaft von 1782 an (Cramer II/1, S. 360f), allerdings sehr herablassend und verschlüsselt:

»Überhaupt ist jedem durchreisenden Musiker, der schon bekannt ist, oder Empfehlungen bey sich hat, erlaubt, sich entweder gegen eine Vergeltung, oder bloß zum Vergnügen hören zu lassen.«

Der berühmte blinde Flötist Dulon erzählt in seinen Lebenserinnerungen (Dulon, S. 394 f) von den Schwierigkeiten, die sich manchmal beim kaum geprobten Zusammenspiel der Liebhaberorchester und der reisenden Virtuosen ergaben, so in Prenzlau, wo in der Konzertprobe der Konzertmeister die Schlußachtel des Themas im Sechzehnteltempo spielte,

»in der Folge diesem Zeitmaße getreu [blieb], und ... also das Tutti noch einmal so geschwind, als er es angefangen hatte [endigte]. Ich hätte ihm zwar einen Wink geben können, daß er aus dem rechten Gleise gekommen sey; allein es war mir darum zu thun, eine Probe seiner Fertigkeit zu hören; denn das Tutti enthielt in der Folge mehrere Takte, die aus eingestrichenen Triolen bestanden [Achteltriolen]; indessen brachte er sie doch, obgleich weit über prestissimo, noch ziemlich gut heraus; doch konnte man, wie leicht zu erachten, die Anstrengung wahrnehmen, die es ihn kostete, und in der That, es klang possirlich genug.«

Ein etwas hochfahrender Zynismus: Der stets in Konkurrenz lebende Einzelkämpfer schien die behäbige Stabilität der Liebhabermusiker nicht immer sehr freundlich zu betrachten.

Und es war auch nicht sehr einfach, als reisender Virtuose bei der Ankunft in einer Stadt Fuß zu fassen und Erfolg zu haben.

Selten war sein Glück so groß, daß schon jemand im Ort auf die Ankunft vorbereitet war und von sich aus Pläne machte, so wie in dem Örtchen Schöningen, wo Dulon und sein Vater ursprünglich auf einer ihrer Reisen gar nicht anhalten wollten (S. 414):

»Hier hatte bereits ein wackerer Mann, dessen Namen ich leider nicht erfahren habe, Kunde von meinem Aufenthalt in Helmstädt bekommen, und unsern dortigen Freund schriftlich ersucht, uns doch zu bereden, Schöningen nicht vorbeyzugehn, wofern es nicht ganz ausserhalb unsers Plan läge; der Ort sey zwar klein, und unsre Kunst könne hier nicht nach Verdienst belohnt werden; allein er wisse aus Erfahrung, das ächte Künstler auch ein kleines Publikum nicht verschmähen, so bald man sie versichern könne, daß es aus wahren Kunstfreunden bestehe, was hier wirklich der Fall sey.«

Dulon fuhr hin, der erwähnte Mann organisierte alles, nur beantragte er keine Erlaubnis beim »Präsidenten« des Ortes, denn er erachtete die Musik mit Dulon als »Privat-Gesellschaft«, nicht aber als einer Erlaubnis bedürftige »öffentlichen Sache«, »da es weder ein vollständiges Concert, noch dem Publikum durch gedruckte Zettel, sondern nur durch ein schriftliches Zirkular bekannt gemacht worden war«. Der Präsident sah das anders und ließ während des Konzerts Dulons Gepäck beschlagnahmen, gab es allerdings später nach einem Gespräch wieder zurück. Dulon schließt an diesen Vorfall Gedanken an, die wie im Falle der Lübecker Köstenbrüder (S. 392 ff) eine neuartige Handelsfreiheit der Musiker-Unternehmer gegenüber rückständigen feudalen Maßnahmen und Verordnungen fordern, denn man wollte ja »wie ein Kaufmann . . . Waaren zeigen« (Forkel, s. o.).

Auf die alte Stellung der Musik als freie Kunst (im System der mittelalterlichen artes liberales) anspielend, schreibt Dulon (S. 416 f):

> »So hatte ich nun auch die Erfahrung gemacht, daß die Musik, wenigstens noch nicht aller Orten, das ist, wofür sie gehalten wird, und was sie billigermaßen allenthalben seyn sollte, nämlich eine freye Kunst, in so fern man dieses Wort in seiner höchsten und wesentlichsten Bedeutung nimmt. Freylich ist noch Niemand von irgend einer Obrigkeit untersagt worden sie zu erlernen; und von dieser Seite betrachtet, ist sie allerdings frey; aber eine Freyheit, die sich nicht auf die Ausübung erstreckt, ist im Grunde so viel als keine.«

Das ist das Argument der bürgerlichen Gewerbefreiheit, die die Zunft- und Gewerbeschranken fortdrängt.

Kümmerte sich nicht jemand von selbst um die anreisenden Künstler, so war es wichtig, schon im voraus Kontakte zu entsprechenden Personen in der Zielstadt zu haben oder sofort nach der Ankunft welche anzuknüpfen.

Man konnte zwar wie Dulon bei seiner Ankunft in Pyrmont so »glücklich« sein, »die hohe Protection des Fürsten von Waldeck zu erhalten, welcher nicht nur mündlich versprach, das Concert mit seiner Gegenwart zu beehren, sondern sich auch dazu unterzeichnete, wodurch er es den sämtlichen Brunnengästen gleichsam zur Pflicht machte, seinem Beispiel zu folgen« (Dulon, S. 396 f; also auch solche Einzelkonzerte liefen oft auf Subskriptionsbasis).

Klüger war es natürlich, selbst vorzusorgen. Auch für diese Technik zwei Beispiele von Dulon aus Lübeck 1783 (S. 316 ff) und Bremen 1784 (S. 347 ff):

> »Hier lernte ich am Abend des folgenden Tages in einem der gewöhnlichen Liebhaber-Concerte, deren es damals wöchentlich drey gab, den Anführer derselben persönlich kennen. Dieser Mann ist mir viel zu wichtig, als daß ich ihn meinen Lesern nicht namhaft machen sollte. Er hieß Bülow, und war einer der vorzüglichsten Orchestergeiger und Concertisten, die mir jemals vorgekommen sind . . . Fast aller Orten giebt es, wo nicht mehrere, doch wenigstens Einen im Publikum, welcher von Kunsteifer, oder Menschenliebe, oder nicht selten von beyden zugleich angetrieben wird, sich fremder Künstler anzunehmen, wofür sie in der That nicht denkbar genug seyn können. Denn ohne dies würden sie auch selbst da, wo allgemeine Liebhaberey für die Musik herrscht, schwerlich zu ihrem Zweck gelangen, zumal wenn sie den Ort zum ersten Male betreten, oder wenn ihnen nicht wenigstens ihr Ruf vorausgegangen ist. In Lübeck fanden wir, ich weiß nicht mehr ob durch Empfehlung, oder durch bloßen Zufall, einen Mann, der von ächtpatriotischem Eifer für die Kunst beseelt, sich mit Leib und Seele für uns verwendete . . .«

> »Wir reisten also am zweyten Merz Abends von Stade ab, fuhren die ganze Nacht und den folgenden Tag hindurch, und kamen, als es schon längst wieder finster geworden war, in Bremen an. Hier machten wir bald die Bekanntschaft der beyden Hauptpersonen unter den hiesigen Tonkünstlern, nämlich des Musikdirektors Horst und des Concert-Meisters Frese; auch lernten wir noch einen Mann kennen, der, obschon nicht Musiker von Profession, doch gleichsam das Orakel der Bremer Musik-Liebhaber war.

Wenn reisende Künstler das Glück hatten sich in seine Gunst zu setzen, so waren sie geborgen; denn er nahm alsdann die ganze Sache über sich, so daß sie sich um nichts weiter zu bekümmern brauchten. Wer ihn aber zum Feinde hatte, der konnte sicher darauf rechnen, daß in Bremen nichts weiter für ihn zu machen war; denn, wie gesagt, was er wollte, mußte geschehen ... Dieser Mann ist also merkwürdig genug, um ihn meinen Lesern zu nennen; er heißt Martins, und hat übrigens den Ruf eines ausserordentlich geschickten Mannes in seiner Profession, oder in seiner Kunst, wenn man will, denn er ist ein Uhrenmacher. Was nun mein erstes Concert anbelangt, so konnte ich dasselbe erst am drey und zwanzigsten geben; denn den neunten und sechszehnten hatten schon andre reisende Tonkünstler in Beschlag genommen, welche eher in Bremen angelangt waren als ich. Nun gab es zwar zur Zeit nur Ein wöchentliches Liebhaber-Concert, und ausserdem keine Winterlustbarkeit; es wären also in der Zwischenzeit noch Tage genug für mich offen gewesen, welches man meinem Vater auch zu verstehen gab; dieser aber hielt es für unedel, das Publikum eher von meinem Concert zu benachrichtigen, als bis jene, denen der Billigkeit gemäß die frühere Erscheinung ein näheres Recht gab, ihr Geschäft vollendet hatten, indem er glaubte, daß eine solche Zwischenankündigung ihnen auf jeden Fall Schaden zufügen würde. Ueberhaupt muß ich es meinem Vater zum Ruhme nachsagen, daß er viel zu rechtschaffen dachte, um sich irgend eine niedere Kabale zu erlauben.«

Gegen Ende des letzten Textes spricht Dulon ein weiteres Problem bei der Ankunft in der Stadt an, das sein Vater, Dulons Manager, offenbar mit zeitunüblicher Vornehmheit behandelte: Wenn man bekannt war und einen Helfer gefunden hatte, mußte man auch noch einen Termin finden. Das war angesichts der oft mit Konzerten vollgestopften Wochen (vgl. S. 121 ff) nicht so einfach. Dulon zieht auch zu diesem Thema eine Summe seiner Erfahrungen (S. 397 f):

>Wenn ein reisender Künstler wähnt, daß es ihm an Orten, wo gewisse Umstände eine grosse Menge auswärtiger Fremden herbeyziehen, wie dies bey Brunnenkuren, Messen, Kaiserkrönungen, Friedensfesten und andern dergleichen Feyerlichkeiten geschieht, nie fehlen könne, so irret er sich gewaltig. Denn je größer der Zusammenfluß von Menschen in solchen Orten ist, um desto häufiger sind auch die Lustbarkeiten und Zerstreuungen daselbst. Da wechseln Concerte, Schauspiele und Redouten beständig miteinander ab. Ein unübersehbares Heer von reisenden Tonkünstlern, Mechanikern, Taschenspielern, Bereutern, Luftspringern und Gauklern aller Art, ist ununterbrochen beschäftigt, die Menge theils zu edeln Genüssen einzuladen, theils zu belustigen, theils zu betrügen, je nachdem es die Beschaffenheit ihrer Kunst und die Stufe, worauf sie in derselben stehen, mit sich bringt. Hier ist also ein Unterstützer, und zwar ein solcher, der das Vollbringen eben so in Händen als das Wollen im Herzen hat, ungleich nothwendiger als anderwärts.«

Aber auch an Orten ohne besondere Attraktionen und Feierlichkeiten gab es große Schwierigkeiten, in der Gedrängtheit der kulturellen Ereignisse oder auch in der kulturellen Armut einen guten Termin und ein ausreichendes Publikum zu finden. Hierzu gibt es ein Schriftstück aus Hamburg (10. 2. 1784; Cramer II/1, S. 2 ff), das wohl zu den wichtigsten Dokumenten zur städtischen Kultur und zur musikalischen Berufsgeschichte im ausgehenden 18. Jahrhundert gehört und nochmals ein Licht auf die Gründe des allgemeinen Niedergangs des öffentlichen Konzerts in Deutschland wirft, zumal in einer Stadt, deren große Musikbegeisterung Telemann in einem Brief an Uffenbach 1723 mit den Bemerkungen charakterisierte, daß »auch die ersten Männer der Stadt ... sich den öffentlichen Concerts nicht entziehen« und »der nervus rerum«, nämlich das Geld, »hier bey den Liebhabern nicht fest angewachsen ist« (Telemann B, S. 213).

»Darf ich Sie, mein Herr, ersuchen, Folgendes in Ihrem beliebten Magazin aufzunehmen? Es ist, wie ich hoffe, sehr gemeinnützig, und geht die Musikos, wo nicht die Musik, sehr nahe an. Seit vielen Jahren ist ein so starker Zudrang von Virtuosen nach Hamburg; es werden so viele in den hiesigen Zeitungen angepriesen, so viele Concerte angekündigt, man lieset so viel von der Musicliebhaberey hieselbst, daß es kein Wunder wäre, wenn ganze Capellen und Opern den Wanderstab ergriffen und hieher zögen, um ein solches Publicum von Musicfreunden, zumal ein so reiches, so luxuriöses, zu unterhalten. Alle Virtuosen, die hieher kommen, denken, man wird sie mit offenen Armen aufnehmen, gleich Concerte und was noch besser ist, Geld und Geschenke für sie bereit haben, und sie mit Beyfall und Belohnung überhäuft von hier reisen lassen. So lassen es die posaunenden Zeitungsartikel erwarten, und von allem dem ist gerade das Gegentheil! Musicgönner giebts hier keinen einzigen; Beschützer der schönen Künste keinen einzigen; Liebhaber der Music genug, aber gerade eben nicht unter dem reichen Theile der Einwohner. Kaufleute haben mehr zu thun, als brodlose Künste zu erwärmen. Gelehrte leben meistens selbst von der Ehre ihrer Kunst. Damen singen und spielen zum Theil ganz artig (einige sehr gut) aber bis zur Beschützerinn erhebt sich keine, und wenige würdens können, wenn sie wollten. Es sind einige Concerte hier, aber nicht öffentliche, nicht von solcher Bedeutung, wie in Berlin, Leipzig oder zu Wien; auch erhalten sie sich mühsam durch Subscription, die nie so hoch steigt, daß nur mittelmäßige Sängerinnen oder Sänger dabey gehalten werden können. Die besten und frequentesten Concerte hatte ehemals der große Bach [C. P. E., damals schon 70jährig], und nach ihm Hr. M. Ebeling in der Handlungsacademie, aber diese sind aufgegeben worden, indem man es nachtheilig für das Institut auslegte, daß es seine Eleves in feiner Gesellschaft und mit guter Music alle Wochen ein paar Stunden unterhielt. Bach giebt sich zur Ruhe, und führt längst keine Musiken mehr im Concertsaale auf. Dazu kommt, daß im Sommer alles was beau monde heißt, auf den Gärten lebt, im Winter aber der Clubs, Assemblées, Lotteries, Piqueniques, Bälle und Schmausereyen so viele und festgesetzte sind, daß ein Concert nur mit unsäglicher Mühe einige freye Stunden ausfindig macht, wo es sich einschleichen kann. Am Sonntage dürfen keine seyn; das ist wider die Orthodoxie. Drey, vier Tage sind Posttage, wo kein Kaufmann, Commis oder Handlungsbedienter jemals Zeit hat an Concerte zu denken. Die übrigen Tage sind Comödien; also bleibt nur der Sonnabendabend, wo alles sich von großen Schmausen, Spielverlusten und Geschäften erholt, und zu neuen vorbereitet. Was ist da großes für die arme Music zu hoffen? Gewöhnlich wird das Comödienhaus zum Concert eines Virtuosen gewählt, wo es kalt, oder der Concertsaal, wo die Entrée theuer ist. Durch beydes leidet der gute Virtuose sehr. Die Kosten sind übertrieben hoch, von der Erlaubniß an, bis zum Lichtausputzen. So viel Ankündigungen, Anschlagszettel, Lohnbedienten, und dann das Comödienhaus oder der Saal, Erleuchtung, und endlich – die liebe Music! Dazu müssen die Rathsmusici bezahlt werden [als Begleiter], die aber einen Vocarium [Ersatzmann] nach Belieben senden dürfen, der oft elend genug spielt und dem Virtuosen das Leben sauer genug macht, wenn er Ehre im Leib hat und an gute Music gewohnt ist. Zehnmal gegen einmal mislingen die Concerte und der

Künstler, der nach Brodt zu gehen glaubte, hats zwar manchem für den Tag gegeben, aber selbst nichts als einen leeren Beutel davon getragen. ›Aber das Posaunen in den Zeitungen!‹ O du guter Virtuos, merkest du nicht, daß das lauter Nothgetöne ist, um Liebhaber herbeyzublasen? Frage nur so viele brave Leute, die sich kaum aus der reichen Stadt wieder losmachen konnten, wo sie Liebhaber die Menge, aber der Belohner allzuwenig fanden. Sie kommen, addreßirt an einige so genannte Kenner und Dilettantis, auch oft, unadressirt. Nun sollen Bach oder die Concertentrepreneurs vor dem Riß stehen [sie sollen die Finanzplanung machen]. Jene lassen den Künstler spielen in ihren Concerten, (denn man will doch wissen, wer der Wundermann ist) da schallts bravo! bravo! nun gehn Zettel herum, und wird geworben: engagirt! engagirt! schallts denn. Der Virtuos überrechnet: 100000 Einwohner, reich, wohlhabend, den Belustigungen und dem Luxus ergeben – da muß dochs Haus voll werden! wagts, und spielt – meistentheils den leeren Bänken. Man siehts als einen Allmosen an, wenn man ein Billet nimmt, spricht wohl von Betteley, Überlaufen u.s.w. und der Mann ist übel dran, dem sich nun ein solcher Virtuos aufhängt, daß er ihn empfehlen, anpreisen, forthelfen soll. So viele habe ich darüber klagen hören, und noch lauter sind die Klagen der armen betrogenen Virtuosen, deren oft ein halbes Dutzend und mehr zu gleicher Zeit (oftmals von dem nemlichen Instrumente) hier zusammenstoßen und übel zurückprallen. Das muß ich doch aber zur Entschuldigung der Hamburger sagen, daß mancher Stümper, mancher Undankbare, ja mancher Betrüger sie getäuscht hat, wie zum Beyspiel die Geschichte des unechten Vanhall beweiset; dergleichen macht doch scheu; und wenn nun auch Lolli, Schick, oder eine Mara kommt, so fliegt darum doch nicht gleich alles zu, man will erst hören, wie es ausfällt, »sie werden mehr Concerte geben«, und dafür muß der Virtuos für einige 50 bis 100 Marck netto Gewinn, vier, sechs, acht Wochen hier liegen, das Seinige verzehren, und hat die Reise gethan, um – – Hamburg zu sehen!

Ich berufe mich auf die Zeugnisse derer, die seit acht und mehr Jahren hieher kommen, sich hören zu lassen, ob das alles nicht wörtlich wahr sey, und bitte Sie, mein Herr, aus Liebe zu manchem braven, nicht reichen gutartigen Tonkünstler, zu seiner Warnung dieß in Ihrem Journal bekannt zu machen. Ich fürchte keinen Widerspruch, wenigstens wird keiner seinen Namen zu der Widerlegung hinzuzusetzen wagen. Denn wer wollte eine stattkundige Thatsache leugnen? Ich halte es für Pflicht, so gut ich Hamburg bin, so viel vergnügte Stunden ich da genieße, wenn mich meine Geschäfte alle Jahre dahin rufen, dies bekannt zu machen, weil mancher Tonkünstler dadurch in große Verlegenheit, ja Noth geräth, daß er sich einbildet, dieses Paradies der Kaufleute, sey auch das Paradies der Virtuosen; da doch selbst große, vom ersten Range, nie bereichert aus Hamburg gingen, wenn sie nicht bereichert hinkamen. Ich habe die Ehre zu seyn etc. J. G. B. aus B.

[Fußnote Cramer]

Als ein Antidotum [Gegengift] gegen den Schaden, den die Rubrik in meinem Magazine: Nachricht von den Concerten in Hamburg, vielleicht stiften könnte, eile ich sogleich beyfolgenden eben erhaltenen Brief mit anzuschließen: Aus hinlänglicher, genauer Kenntniß Hamburgs kann ichs mit versichern helfen, daß das sich wirklich alles so buchstäblich verhält; wie es hier verzeichnet steht. – Dieß wäre also die Sache wie sie ist; eine andere Frage wäre, ob sie auch so seyn sollte? Es giebt allerdings noch edlere und nothwendigere Anwendung der menschlichen Freygebigkeit, als die Unterstützung der schönen Künste und Wissenschaften, und so sehr ich diese liebe, so kann ich doch auch ganz die Gründe goutiren, um derentwillen zum Exempel Rousseau das Theater aus Genf verbannt wissen wollte. Ich zweifle unterdessen sehr, daß man in Hamburg aus solchen platonischen Eifer für die Mannheit der Republik, eine der edelsten dieser Künste, jetzt so stiefmütterlich behandelt; und es muß, besonders wenn man mit dem, was jetzt geschieht, die Zeit vergleicht, wo Hamburg der Sitz der einzigen deutschen Oper war, und selbst einem Händel sich entwickeln Gelegenheit gab, wenn man damit vergleicht, was so viel kleinere, ärmere Städte, wo man auch wohl zuweilen durch windige, sogenannte Virtuosen getäuscht worden ist, für die edlern Vergnügungen thun, allerdings ein solches Beyspiel üble Besorgnisse für das künftige Schicksal und die Aufnahme derselben in Deutschland erwecken. Denn am Ende reichen doch jene kleinern Städte nicht hin eine Kunst mit Brodt zu versehen, die in so großen vergeblich darnach sucht.«

Gut und gut

Zur Erinnerung: In dem Bericht von 1782 aus Hamburg (S. 224) hieß es, daß »hier selten Flötenspieler ein gutes Concert zu Stande bringen«. Im Interesse des Virtuosen bedeutete »gut« nicht ästhetisch hochstehend, sondern gut besucht, lukrativ, volles Haus! Für Forkel dagegen sind gerade die Konzerte neuerer Art, z. B. von reisenden Musikern, »von minder guter Einrichtung« (S. 171 f): In ihnen wird der »Geschmack an ächten Kunstschönheiten« nicht »verbreitet«.

Und damit nicht genug: Es gab noch eine weitere Schwierigkeit, mit der die reisenden Künstler sich auseinandersetzen mußten, wenn sie in eine fremde Stadt kamen, nämlich die, gleich an den richtigen Orten aufzutreten und nicht durch Privatauftritte bei den falschen Leuten ihr Image zu verderben.

Die Sängerin Mara z. B. (Eine Selbstbiographie der Sängerin Gertrud Elisabeth Mara, Allg. Mus. Zeitung 15. 9. 1875, Sp. 579 f) sang 1781 bei ihrer Ankunft in Bern zunächst im Privathaus des Stadtkommandanten, auf heftiges Bitten der versammelten Gäste. Es dauerte aber noch 8 bis 10 Tage, ehe ein öffentliches Konzert in der Stadt zustande kam. Und siehe da, der Stadtkommandant hatte offenbar von dem Gesang der Mara bei ihm zu Hause keinen sehr günstigen Eindruck gehabt und diese Meinung in der Stadt ausgestreut. Denn sein Adjutant kam während des Konzertes zu ihr und sagte: »Anjetzt hat man gehört, dass Sie die Mara sind, man zweifelte beym Commandanten daran und meinte, Sie wären entweder nicht die Mara, oder Sie hätten nicht singen wollen.« Das war »eine Erfahrung, die mir immer zur Warnung gedient hat«, gefolgt von einer »Lehre, welcher ich stets treu geblieben bin, nehmlich: niemals irgendwo zu singen, ehe ich bey Hofe gesungen, oder ein öffentliches Concert gegeben hatte. Dem Urtheil des Publicums unterwerfe ich mich mit Vertrauen, aber nicht der Meinung kleiner, öfters unwissender Privatgesellschaften.«

Helfer, Gönner, Termine, Publikum, gutes Renommee! Das alles hatte der reisende Virtuose zu bedenken und in Gang zu bringen, vor allem aber »Mode und Geschmack seiner Zuhörer« mußte er im Auge haben und danach die »Waaren« aussuchen, die »am meisten gefragt« waren (s. o. S. 222 f).

Als Dulon z. B. nach Greifswald kam – wo man seinen Namen schon kannte und schätzte –, erfuhr er (S. 301 f),

»daß man in Greifswalde die alte Musik über alles schätzte. Graun, Hasse, die Bachs, die Bendas, Quantz und mehrere dieser Art waren dort gänge und gebe; hingegen Symphonien von Vanhall oder sonst etwas, worin das letzte Stück einem Rondo nur ähnlich sahe, fand man ungenießbar. Dies war nun (wie man im Spruchwort sagt) Wasser auf meine Mühle; denn damals glaubte ich noch mit fester Zuversicht an eine allgemeine Wiederherstellung des alten Schlendrians, ärgerte mich, so oft ich mich genöthigt sah öffentlich hinzutreten und etwas Neues zu produziren [vorzuspielen]; und wenn ich ein Stück zu hören bekam, das nur ein wenig frey gedacht war, so seufzte ich allemal tief, und fühlte ordentlich Mitleid darüber, daß der Geschmack so sehr verdorben sey, um an solchen Windbeuteleyen, wie ich es nannte, Gefallen zu finden. Ja ich muß sogar zu meiner Schande gestehen, daß selbst unter Heydn's Meisterwerke manches war, worauf ich dieses bemitleidenswürdige Mitleid [so!] erstreckte.«

1807, als der erst 38jährige Dulon seine Lebenserinnerungen aufzeichnen ließ, bedauerte er seinen kindlichen Konservativismus der 80er Jahre. Damals schätzte er die »alte Musik«, also die der 50er Jahre, 1802 nennt er sie den »alten Schlendrian«. 1780 nannte er die neue Musik »verdorben«, »Windbeuteleyen« (zum Widerstand gegen die Einführung des Rondos in die Instrumentalmusik vgl. S. 394 f), 1802 findet er dieses Urteil »bemitleidenswürdig«, eine »Schande«. »Der herrschende Geschmack« hatte die alte Musik in den 80er Jahren »schon längst für Contrebande erklärt«, schreibt er an einer anderen Stelle (S. 427 f; das Wort bedeutet Schmuggelware).

»Dieser hätte doch eigentlich meine Richtschnur seyn müssen, und nicht die Anhänglichkeit an die Alten. Was würde man z. B. wohl heut zu Tage davon urtheilen, wenn ein reisender Klavierspieler seine Zuhörer mit Concerten, Sonaten, oder wohl gar mit Fugen von Bach [diesmal J. S.] oder Kirnberger zu traktiren gedächte? Gesetzt auch, daß er sie noch so meisterhaft vortrüge, so würden zwar die Kenner sein Spiel bewundern, aber auch diese würden ihn für einen Sonderling halten.«

Nur deshalb konnte sich Dulon in den 80er Jahren als »Sonderling« verhalten, weil er ein Wunderkind war – und noch blind dazu. Das und sein hervorragendes Flötenspiel trieben offenbar das Publikum ins Konzert, und der altmodische Stil der Kompositionen wurde übersehen. Kein anderer reisender Virtuose hätte sich solche geschmacklichen Extravaganzen leisten können: Er mußte nach der Mode gehen und das Neueste spielen. Ebenso untypisch für das Bewußtsein und die Arbeitsnotwendigkeiten der reisenden Virtuosen ist Dulons idealistische Äußerung (S. 156):

»Ich wenigstens habe auf meinen Reisen viele Concerte gegeben, welche, so beträchtlich sie auch ausfielen, mir dennoch sehr gleichgültig waren. Hingegen gab ich auch wieder manches, dessen ich mich noch immer mit dem lebhaftesten Vergnügen erinnere, obschon wenig dabey in den Beutel fiel.«

Den in Hamburg Schlange stehenden Virtuosen ist vermutlich der »Beutel« wichtiger gewesen als andere stimmungsfördernde Umstände.

Sicherlich hat der treuherzige Vater von Dulon die Blindheit und die Jugend seines Sohnes nicht mit strategischer Kaltblütigkeit als unschlagbare Sensation im Konkurrenzkampf eingesetzt. Aber dennoch konnte er damit rechnen, daß diese Qualitäten seines Sohnes die musikalischen nicht unwesentlich bei der Füllung der Konzertsäle unterstützten.

Andere reisende Virtuosen aber versuchten gezielt, außergewöhnliche Fähigkeiten und Besonderheiten im Konkurrenzkampf einzusetzen. (Dazu gehörte auch die Vorführung neuer Instrumente, vgl. S. 415 f.) Sie brachten etwas Varietéhaftes ins öffentliche Konzert. Sie wahrten ihre musikalische Chance als Sensationskünstler und Vorführer von Seltenheiten, die man in der städtischen Kultur sonst nicht zu hören bekam. Dazu gehörte auch die neuartige Qualität des instrumentalen Zauberns, der staunenswerten Geschicklichkeit, der unsäglichen Geschwindigkeit, also alles Fähigkeiten, die den reisenden Künstlern als hervorragende Marken- und Wettbewerbskennzeichen dienten und nach dem Bedeutungswechsel des Wortes Virtuose (vgl. S. 42 f) nun allmählich Virtuosität zu heißen begannen. In dieser Hinsicht hatten die Virtuosen etwas vom Schausteller und Zauberkünstler auf dem Jahrmarkt, wie auch Dulons Aufzählung der verschiedenen, sich gegenseitig bedrängenden Publikumsunterhalter an einem Orte zeigt (S. 228). Die Virtuosen, die mit dieser »Waare« operierten, hatten gewiß nicht die Musik als hohe Kunst im Auge, und deshalb verdammte Forkel in seiner anfangs zitierten Beurteilung auch die ganze Konzertsorte. Er wollte in seinen Konzerten gerade das Gegenteil von dem erreichen, was nach einem Bericht aus Hamburg (1782; Cramer I/1, S. 153) mit dem Publikum geschah:

»Den 9ten und 16ten November gaben die beyden großen Virtuosen Schick und Tricklir im grossen Schauspielhause ein öffentliches Concert; ersterer auf der Violine und der zweyte auf dem Violoncell. Beyde spieleten so meisterhaft, daß ein allgemeiner Beyfall Ihnen nicht versagt werden konnte; sogar der unmusicalische Zuhörer bewunderte, und erstaunte über das so kunstvolle innigst rührende Spiel beyder Virtuosen.«

Virtuosität blieb ein Zankapfel in der Beurteilung des öffentlichen Musizierens, vor allem dann im 19. Jahrhundert, als die Virtuosenkonzerte bis hin zu Liszt und Paganini der hohen sinfonischen Kunst immer mehr Konkurrenz machten. (Dazu die Arbeit von Isabella Amster, Das Virtuosenkonzert in der ersten Hälfte des 19. Jahrhunderts, Diss. Berlin 1931; zur allg. Entwicklung des Virtuosenkonzerts auch Schwab, S. 50.) Sie behielten den Makel des Niedrigen, und der Vorwurf der »Virtuosität um der Virtuosität willen« wurde üblich. Die Klagen beginnen früh. 1789 (Bossler II, Sp. 49) wird »der

Misbrauch der Konzerten« beklagt, »der immer allgemeiner und herrschender zu werden beginnt«:

»Künsteleien, über denen der Spieler Finger, Tasten oder Bogen zu zerbrechen scheint, und Schnörkeleien, die nur Ekel erregen, machen den Inhalt unserer meisten Konzerten aus. Es ist aber äußerst ungereimt, wenn so manche Komponisten meinen, Konzerte müssten blos solche Schwierigkeiten enthalten, die fast unnachahmlich seien, und um einen gefälligen Gesang, um richtige Imitationen, um Licht und Schatten, um natürliche und richtige Modulationen, um das Metrum und andere nothwendige Eigenschaften eines guten Konzerts brauchten sie sich wenig oder gar nicht zu bekümmern.«

Woraus man sieht, welche Kriterien die Kenner hatten, um eine Komposition gut zu nennen.

Eine besondere Attraktion im Virtuosenkonzert waren nach Forkel neben solchen »Stümpern« »sogar Kinder«, die man vorführte, sich »ihrer als Mittel (zu) bedienen, ihre kleinen Künste an den Mann zu bringen, und in der halben Welt gleichsam damit hausiren zu gehen«. Der Vorwurf der Ausbeutung ist deutlich herauszuhören.

Aber: kleine Künste? Lesen wir einige Berichte (vgl. auch diejenigen S. 206 f):

Ordentliche Wöchentliche Franckfurter
Frag- und Anzeigungs-Nachrichten,
16. 8. und 30. 8. 1763
»Den Liebhabern der Music sowohl als allen denjenigen, die an ausserordentlichen Dingen einiges Vergnügen finden, wird hiemit bekannt gemacht, daß nächstkommenden Donnerstag den 18ten August in dem Scharfischen Saale auf dem Liebfrauenberg Abends um 6 Uhr ein Concert wird aufgeführet werden, wobey man 2. Kinder, nemlich ein Mädgen von 12. und einen Knaben von 7. Jahren Concerten Trios und Sonaten, dann den Knaben das nemliche auch auf der Violin mit unglaublicher Fertigkeit wegspielen hören wird. Wenn nun dieses von so jungen Kindern und in solcher Stärke, da der Knab von Clavier gänzlich Meister ist, etwas unerhörtes und unglaubliches ist; so daß dieser beyder Kinder Geschicklichkeit nicht nur dem Churfürstl. Sächsischen, Churbayrischen, und Churpfälzischen Hof in Verwunderung gesetzet, sondern auch den Kayserl. Königl. Allerhöchsten Majestät bey einem 4. Monatlichen Aufenthalt in Wien zu einem sonderheitlichen Unterhalt und der Gegenstand einer allgemeinen Verwunderung waren: Als hoffet man um so mehr auch dem allhiesigen Publico einiges Vergnügen zu verschaffen, da man denjenigen noch zu erwarten hat, der mit Wahrheit zu sagen im Stande ist, daß er dieses von Kindern solchen Alters seyn gesehen oder gehöret hat. Weiters dient zur Nachricht, daß dies nur das einzige Concert wird, indem sie dann gleich ihre Reise nach Frankreich und Engelland fortsetzen, die Person zahlet einen kleinen Thaler.«

»Die allgemeine Bewunderung, welche die noch niemals in solchem Grade weder gesehene noch gehörte Geschicklichkeit der 2. Kinder des Hochfürstl. Saltzburgischen Capellmeisters Herrn Leopold Mozart, in den Gemüthern aller Zuhörer erwecket, hat die bereits dreymalige Wiederholung des nur für einmahl angesetzten Concertes nach sich gezogen. Ja, diese allmeine Bewunderung und das Anverlangen verschiedener grosser Kenner und Liebhaber ist die Ursach, daß heute Dienstags den 30. Aug. in dem Scharfischen Saale auf dem Liebfrauenberg Abends um 6. Uhr, aber gantz gewiß das letzte Concert seyn wird; wobei das Mägdlein, welches im zwölften, und der Knab, der im 7ten Jahre ist, nicht nur Concerten auf dem Claveßin oder Flügel, und zwar ersteres die schwersten Stücke der grösten Meister spielen wird: sondern der Knab wird auch ein Concert auf der Violin spielen, bey Synfonien mit dem Clavier accompagniren, das Manual oder die Tastatur des Clavier mit einem Tuche gänzlich verdecken, und auf dem Tuche so gut spielen als ob er die Claviatur vor den Augen hätte; er wird ferner in der Entfernung alle Töne, die man oder einzeln oder in Accorden auf dem Clavier, oder auf allen nur erdencklichen Instrumenten, Glocken, Gläsern und Uhren etc. anzugeben im Stande ist, genauest benennen. Letztlich wird er nicht nur auf dem Flügel, sondern auch auf einer Orgel (so lange man zuhören will, und aus allen auch den schweresten Tönen, die man ihm benennen kan) vom Kopfe phantasiren, um zu zeigen, daß er auch die Art, die Orgel zu spielen verstehet, die von der Art, den Flügel zu spielen ganz unterschieden ist. Die Person zahlt einen kleinen Thaler. Man kann Billets im goldenen Löwen haben.« (Mozart, Dokumente seines Lebens, S. 25 f)

Hamburg 1782
»Den 11ten und 22sten Januar, der junge Dülon auf der Flöte. Von ihm ist noch dieses zu erzählen: Er war vor einigen Tagen bey unserm Herrn Kapellmeister Bach, der, um dessen Talente auf die Probe zu setzen, folgenden Versuch mit ihm machte. Er spielte ihm auf dem Fortepiano ein Thema vor. Es war aus A dur, nicht kurz und nicht leicht. Der junge Künstler ergriff seine Flöte, und spielte das Thema sogleich mit der größten Richtigkeit nach, machte einen 2ten Theil dazu, variirte selbigen auf eine geschmackvolle Art, dictirte darauf sogleich einem Notenschreiber die Noten des Themas hinter einander fort, ohne den geringsten Anstand, und ohne die Flöte ferner zu gebrauchen, gab dabey Tonart, die Verschiedenheit der 4tel, 8tel etc. die verschiedenen Octaven; die Pausen; die Bezeichnung der zu stossenden und schleifenden Noten etc. mit größter Genauigkeit an, dictirte den zweyten Theil dazu, und hierauf auch den Baß. Als das Stück so nachgeschrieben war, befand sich auch kein einziger Fehler in selbigem. Musicverständige werden wissen, was dieß sagen will. Bach selbst erstaunte über das Genie des Jünglings, und Schreiber dieses, der gegenwärtig war, theilte sein Erstaunen mit ihm. Es ist natürlich, daß die ausserordentlich starke Erinnerungskraft des jungen Menschen dadurch noch mehr gestärkt wird, daß die sichtbaren Gegenstände seine Aufmerksamkeit nicht zerstreuen; aber es ist zugleich wahr, daß selbiger von der Natur ein Genie zur Music erhalten hat, dergleichen vielleicht bey wenig andern Sterblichen anzutreffen ist.« (Cramer I/1, S. 357 f)

Die beiden Berichte zeigen die Wunderkinder in der Funktion von dressierten Bären, allerdings mit einem deutlichen Unterschied der Kunsthöhe. Die kleinen Mozarts müssen fast ausschließlich mit ihrem naiven Talent hausieren gehen, wobei die Vorführung von Zauberstücken und musikalisch Erlerntem sich abwechseln. (Goethe saß im Publikum.) Dulon, ein Jahr älter als die kleine Nannerl Mozart in Frankfurt, wird dagegen auf seine Fähigkeiten als junger fertiger Künstler geprüft, wobei seine Blindheit – ob er es will oder nicht – den Effekt seines Auftretens noch vergrößert.

Bei beiden Berichten fallen zwei Punkte auf:

Einmal wird an den Kindern nicht etwas typisch Kindliches bewundert, sondern der fertige Erwachsene im Kindesalter. Die Zeiten, in denen an den Kindern etwas spezifisch Kindliches, von den Erwachsenen Unterschiedenes bewundert wurde, waren noch lange nicht da. Erst zu Beginn des 20. Jahrhunderts gab es Ansätze dazu. Im 18. Jahrhundert sah man im Kind vor allem etwas Unvollständiges, einen unvollkommenen Erwachsenen, war also tief befriedigt, wenn dieses Hemmnis der jungen Jahre durch entsprechende verfrühte Erwachsenenleistungen aufgehoben wurde. Erziehung bedeutete noch: etwas nachholen! Nicht: etwas Neues entwickeln! Daher die Faszination der Wunderkinder.

Das zweite Moment ist der Unterhaltungswert der Kinder, ihre Funktion als Sensation wie die Frau mit den zwei Köpfen. Daher auch die Kontrollen, die Prüfungen, die öffentlich bekanntgemacht wurden wie an der Schaubude auf dem Jahrmarkt, beim Zauberkünstler: »Kommen Sie mal rauf und sehen Sie selbst genau nach, ob das stimmt, was ich gesagt habe!«

Einen wesentlichen Anteil an Reise- und Auftrittstätigkeit der fahrenden Künstler hatten die meist italienisch geführten Opern- und deutschen Operettentruppen (vgl. S. 497 ff), die zusammen mit den reisenden Theatertruppen (Caroline Neuber!) sowie den reisenden Gaukler- und Seiltänzerbanden den städtischen Bühnen Konkurrenz machten. Der heutige Zirkus ist das einzige Überbleibsel davon, wenn man von der kulturellen »Versorgung« der Provinz durch die stehenden städtischen Bühnen absieht.

Die Operntruppen erstreckten ihre Reisen entsprechend der Weltgeltung der italienischen Oper über ganz Europa. Wie in der Hofoper waren aber meist nur die Sänger und Sängerinnen Italiener, die Orchestermitglieder seltener. Hier ein Korrespondentenbericht bei Mattheson (1728, S. 346):

»Breslau, den 1. Oct. 1725. Eine Bande von italienischen Virtuosen hat sich hier niedergelassen, und in dem so genannten Ballhause ein kleines Opern-Theatrum erbauet, welches, wegen Enge des Platzes zwar eingeschränckt, aber durch Geschicklichkeit des Maschinen-Meisters und Maklers, Sigre. Bernardo Canal, eines Venetianers, artig eingerichtet ist. Der Director der ganzen Bande, die aus zwölff Personen bestehet, heisset Sigre. Antonio Maria Peruzzi. Der Capellmeister, so zugleich den Clavicymbel spielet, ist ein Teutscher, Nahmens: Daniel Theophilus Treu, nennet sich aber auf Italiänisch: Daniele Teoffilo Fedele, und ist Lutherischen Glaubens. Dieser hat die Opera Astarto gesetzt, so seit vierzehn Tagen aufgeführt worden, und von sonderbarer Annehmlichkeit ist. [Es folgt die Aufzählung von vier weiblichen und drei männlichen italienischen Gesangskräften.] Die Täntze macht Sigr. Gaetano Orlandi, und das Orchester bestehet ohngefehr aus 18. biß 20. Personen, darunter Sr. Madonis, ein Italiener; die andern sind alle hiesige.«

Treu – Fedele blieb offenbar in Breslau, wie der Bericht über die Aufführungen der stehenden Oper der Stadt (»unsre Opera«) aus den nächsten Jahren bezeugt (gleiche Stelle).

Während sich die Operntruppen an die Erfolge und das Renommee der italienischen Hofoper anhängten und dadurch quasi den Hof in die Stadt brachten – viele der Sänger waren auch beurlaubte Hofsänger und strichen diese Herkunft auf den Ankündigungen tüchtig heraus –, arbeiteten die Singspieltruppen ohne solche Prestige-Werbung. Dafür aber hatten sie etwas absolut Neues zu bieten, denn das deutsche Singspiel war ein Kind der reisenden Truppen. Ihr Werbemittel war die Tatsache, daß es nun endlich deutsche musikalische Bühnenkunst selbständiger Machart gab, und zwar auf volkstümliche Weise (S. 498 ff.), nicht als Imitation ausländischer Hochkunst wie die frühe deutsche Oper.

Konzertgesellschaften, Privat- und Übungskonzerte

Gesellschaften und Akademien (im alten Wortsinn) gab es in ganz Europa schon seit langer Zeit. Musikgelehrte versammelten sich in ihnen zu wissenschaftlichen Studien, Gedankenaustausch und einem gewissen Ausmaß an praktischer Musikbetätigung. An öffentliches Auftreten oder gar regelmäßige öffentliche Konzerte war dabei nicht gedacht. Uffenbach berichtet (S. 11) über den Besuch solch eines Ausfluges in die praktische Musik, den eine englische Gesellschaft zu Beginn des 18. Jahrhunderts machte. Auch noch die Leipziger Korrespondierende Sozietät der musikalischen Wissenschaften (1738–1754) hatte keinerlei aufführungspraktische Ziele. Diese Gesellschaft, der auch J. S. Bach beitrat – das Gemälde zu seinem Eintritt zeigt ihn mit einem Rätselkanon in der Hand! –, legte ihre Arbeit laut Gründungsstatut ganz auf die Erforschung der philosophischen, historischen, mathematisch-akustischen und rhetorisch-poetischen Problemkreise der Musik fest. Die neue Satzung von 1745 fordert den »Ausbau der Systematik der musikalischen Wissenschaft«. Kein Wunder, daß Leopold Mozart bei der Aufnahmeprüfung durchfiel! (MGG, Art. Mizler und Gesellschaften; auch Koch 1802; Scheibe plante 1739 eine ähnliche Institution; 1745, S. 576 ff.) Solche Gesellschaften sollten »von demjenigen Punkte der Vollkommenheit, worauf die Kunst schon steht, ausgehen, anstatt daß (sie) für minder wichtige musikalische Versammlungen und Einrichtungen Ziel seyn (dürfen); oder mit anderen Worten, diese machen sich mit schon entdeckten und bewohnten Ländern bekannt, jene hingegen gehen, nachdem sie die bewohnten Länder schon vollkommen kennen, auf die Entdeckung neuer noch unbekannter Länder aus« (Forkel A I, 1782, S. 173 ff; s. a. sein Bedauern über eine schlechte Entwicklung der Gesellschaften; hier S. 171 f).

Gegen Anfang des Jahrhunderts begann eine neue Art von musikalischen Gesellschaften zu existieren, deren exklusiver Charakter sich nun aber mehr mit dem Ziel der praktischen Musikpflege verband. Der theoretisch-kritische Einschlag sollte aber zunächst noch erhalten bleiben.

Mattheson (Das beschützte Orchestre, Hamburg 1717, S. 141) drückt das so aus:

»Und endlich gibt bey besondern Concerten die nahe Critique allen Sachen ein merck-
liches Abzeichen, welches weder Kirche noch Theatrum haben kan. Z. E. wenn ein
Stück gemusicirt worden, nimmt ein jeder im Collegio Musico die Freyheit, entweder
die Partitur (wenn eine da ist) oder die Stimmen nach einander durchzusehen und sein
Theil darüber, wo nicht zu sagen, doch zu denken, wodurch denn die Behutsamkeit der
Componisten starck zu thun bekommt.«

Diese neuartigen Gesellschaften, später auch Übungskonzerte oder »Privatgesellschaften« (Cramer I, S. 1077, im Gegensatz zu »Concerten«) genannt,
schwankten ihrem Wesen nach zwischen streng abgeschlossenen Männer-
klubs, die für sich musizierten und nur selten öffentlich auftraten, manchmal
nur einmal jährlich (Salmen 1969, S. 80), und offeneren Musiziervereinig-
ungen, die öffentliche Konzerte gründlich vorbereiteten und z. T. auch Publikum zu den Proben zuließen.

Ich gebe im folgenden einen Überblick über einige solcher deutschen Gesellschaften mit ihren Satzungsbestimmungen, dies jedoch nur in Andeutungen,
um dann zwei von der Gründungszeit und der Zweckbestimmung her extrem
unterschiedliche Gesellschaften näher zu dokumentieren.

»Musikliebende Freunde« Quedlinburg, 1753 gegründet
> Angaben zu den Spielstätten vgl. S. 127. Die Satzungsparagraphen sind »in
> einer so barbarischen Sprache abgefaßt ..., daß sie mehr ein Denkmaal des
> vorigen, als des gegenwärtigen Jahrhunderts zu seyn scheinen. Nicht der
> Werth und die Bestimmung der Gesetze, sondern eine anhaltende Neigung
> zur Music hat die Gesellschaft bis jetzt erhalten« (Cramer 1784, S. 728).
> Offenbar öffentliche Konzerte finden jeden Samstag von 4–6 Uhr statt.

»Tonkünstler-Societät der freyen Tonkunst vor Witwen und Waisen«
Wien, 1771 gegründet von Hofkapellmeister Florian Gaßmann (vgl. S. 98, 127)
> Die Gesellschaft war in erster Linie eine Art Pensions- oder Sozialversiche-
> rungsverein, wobei die dafür notwendigen Summen durch Beiträge, Konzert-
> erlöse usw. beigetrieben wurden. Es herrschte ein sehr strenges Aufnah-
> mereglement, das es einem zunftmäßig als Spielmann Organisierten unmög-
> lich, einem Auswärtigen (wie z. B. Haydn, der in Ungarn arbeitete) schwer
> machte, einzutreten: § 1 der Statuten besagte nämlich, »jeder, der der freyen
> Thonkunst zugethan ist, und allhier in Wien sich befindet«, könne beitreten.
> Dafür war der Einfluß in der Stadt auch groß, und es gelang, den Kaiser von
> einer geplanten Auflösung der Hofkapelle abzubringen. Das Beitrittsgeld
> betrug 150 Gulden, der Jahresbeitrag 12 Gulden. Präses (Präsident oder
> Protector) war bis weit ins 19. Jahrhundert immer ein Adliger. Der enge
> Kastengeist der Gesellschaft ging so weit, daß sie eine Begräbnisfeier für
> Gluck 1787 ablehnte, »indem Gluck nie etwas für die Societät gethan, nicht
> einmal Mitglied gewesen ist«, und daß Mozart nicht aufgenommen wurde,
> weil er seinen zur Aufnahme notwendigen Taufschein nicht finden konnte.
> (Alle Angaben nach E. Hanslick, Gesch. d. Concert-Wesens in Wien, Wien
> 1869, S. 6ff)

»Musikübende Gesellschaft« Leipzig, 1778 gegründet von J. A. Hiller
Sie wurde in der durch Finanznot verursachten Konzertpause des Großen
Konzerts gegründet »hauptsächlich« zum »Studium der Musik«, sah aber
schon voraus, »daß ihre gesellschaftlichen Übungen das interessanteste Concert für die Musikliebhaber in Leipzig werden könnten« (Pro Memoria von
1779). Diese Konzerte begannen dann auch 1779, bis das Große Konzert
1781 als Gewandhaus-Konzert wiedererstand. Eine solche Entwicklung von
der privaten Übung zur öffentlichen Aufführung ist für viele Gesellschaften
typisch, mithin eine weitere Spielart der Entstehung des öffentlichen Konzerts. (Angaben nach Dörffel, S. 13 ff)

»Musikalische Societät« Güstrow, 1781 gegründet
Erstes öffentliches Konzert im Rathaussaal. Das fünfköpfige Direktorium hat
trotz großer Finanzschwierigkeiten ein zwanzigköpfiges Orchester zusammengebracht. Das Ziel ist wohl von Anfang an, öffentliche Konzerte durch-
zuführen. Offenbar fühlen die Mitglieder sich als etwas Besseres innerhalb
des musikalischen Spektrums der Stadt, so daß dieses »Vorurtheil ... sie so
oft abhält, auch andern öffentlichen Concerten beyzuwohnen«. Dieser Son-
derstatus der Gesellschaft, dieser Hang zum Besonderen, zeigt sich auch
darin, daß anläßlich des Baues eines Orchesterpodiums im eigenen Konzertsaal am 4. 3.1783 ein Denkmal auf Philipp Emanuel Bach enthüllt wird, der
noch recht munter in Hamburg lebt (ähnliche Denkmalaktionen vgl.
S. 361 f). (Cramer I/1, S. 556 ff)

Musikalische Gesellschaft Nordhausen, 1783 gegründet
Dies ist ein recht exklusiver Zirkel. Es spielen Mitglieder sowie »eine Auswahl von Stadtmusicanten und andern practischen Musikfreunden«. Den
Chor bilden Töchter der Mitglieder und Sänger des Kirchenchores. Jedes
Vierteljahr wird Beitrag gezahlt, u.a. »zur Belohnung der Spielenden«, also
der Nichtmitglieder darunter, »die nach dem Maaße der Geschicklichkeit
ungleich ist«. Im gleichen Turnus werden zwei neue Direktoren gewählt,
einer fürs Künstlerische, einer fürs Finanzielle, und nach jeder Direktions-
periode ist Rechenschaftsbericht und Vorlage der Mitgliederliste.
   Konzert ist montags von 6 bis 9 Uhr. »Fällt ein Festtag ein, so ists den
folgenden Donnerstag.« Der Beitrag ist sommers und winters gleich, obgleich
im Winter mehr Konzerte sind. Sonst aber »blieben die Einnahmen im
Sommer denen im Winter nicht gleich, welches einen baldigen Untergang
bewirken könnte«.
   Wer eintritt, unterschreibt die Satzung. Bevor er aber eintreten kann,
müssen die Mitglieder ihn durch eine geheime Abstimmung mittels weißer
und schwarzer Kugeln mehrheitlich bestätigen (»Ballotiren«). Will er nach
einem Austritt einmal wieder eintreten, muß er für jedes Vierteljahr seiner
Nichtmitgliedschaft einen Ersatzbetrag leisten. »Die Besorgnis, es möchten
schon erfahrne Zudringlichkeiten einiger Personen, die keineswegs die Music, wohl aber andre dem Zweck einer solchen Zusammenkunft entgegen
laufende Absichten zur Beiwohnung bewogen haben, eine so gute Anstalt
vernichten, hat es nothwendig gemacht, eine Genauigkeit in der Auswahl
solcher Personen, die diesem Concert beiwohnen können, zu beobachten.
Und so wenig es einem zu verargen ist, diesen oder jenen von seiner häuslichen Gesellschaft auszuschließen; so wenig kann es beleidigend seyn, je-

manden den Eintritt in eine solche Zusammenkunft zu versagen. Fremden
angesehenen Personen ists jederzeit erlaubt, gegen ein gewisses Eintrittsgeld
sie zu besuchen. Jedoch bei Aufführung eines neuen sich auszeichnenden
Stückes erlauben sich entweder die Mitglieder der Gesellschaft untereinander,
daß jeder ein oder mehrere einheimische angesehene und für eine solche
Zusammenkunft passende Personen gegen einen gewissen Geldbeitrag mitbringen kann; oder den Directoren geschieht der Auftrag, eine Anzahl Personen zur Anhörung desselben einladen zu lassen.«
    Und selbstverständlich:
    »Jedes Mitglied kann zwei Frauenzimmer unentgeldlich einführen.«
Frauen also nicht gleich Personen! (Cramer II/1, S. 360 ff)

Musikalische Gesellschaft Heilbronn, 1785 gegründet
    Eine »Gesellschaft dasiger Tonkünstler, welche alle 8 Tage eine musikalische
Zusammenkunft hält«. Absicht ist neben der Angleichung und Verbesserung
der Vortragsart, der Ausbildung von Anfängern und dem Studium theo-
retischer Themen, sich untereinander »mehr zu nähern, ihre [d. Mitglieder]
Gemüther harmonirender zu machen, Neid, Haß und Stolz zu entwurzeln,
und dagegen Verträglichkeit, Uebereinstimmung und eine allgemeine auf-
richtige Freundschaft unter ihnen zu stiften«.
    Ob die »Gesetze« diesem Ziel Vorschub leisten, mögen die Leser beur-
teilen:
    Bei den Treffen samstags von 5–8 Uhr in einem der Häuser der Mitglieder
sind Essen, Trinken, Rauchen, Mitbringen von Gästen – außer fremden
Musikern – und »absichtsloses Geschwäz« verboten. Wer dagegen verstößt,
muß eine Strafe zahlen. »Incorrigible Schwätzer werden als Störer ausgeschlossen.«
    Die Mitgliederzahl ist auf zwanzig begrenzt. Berufsmusiker werden immer
aufgenommen, andere nur bei ⅔-Mehrheit der Stimmen. Wer austritt, wird
nie mehr aufgenommen. Am Sonntag vor Ostern ist Kassenprüfung. In der
zweiten der drei Sitzungsstunden wird »eine nüzliche musikalische Frage«
diskutiert, die in der Vorwoche aufgeworfen wurde. Pflichtlektüre ist Bosslers
Musikalische Real-Zeitung. Bei den Treffen müssen zusätzlich zu den größer
besetzten Stücken drei Solostücke erklingen, gespielt »allemal« von »drei
Mitgliedern, nach einer festgesezten Ordnung, und mit einem selbstgewählten Stükke, es heiße wie es wolle ... wobei aber vor und nach dem Vortrag
desselben jedem Gliede der Gesellschaft erlaubt ist, das, was die Konzertisten
oder Akkompagnisten zu beobachten oder zu verbessern haben, auf eine
gründliche aber auch wohlanständige und bescheidene Art zu erklären, und
andern mit seinen aus Erfahrung erlangten Einsichten zu dienen.« (Bossler
1788, Sp. 126 ff, 134 ff)

»Harmonie« Hamburg, 1789 gegründet
    Ab 1794 gibt die Gesellschaft jährlich sechs Konzerte. Ihre Ziele sind laut
Satzung gesellige Unterhaltung, Kenntniserweiterung und gegenseitiges Vertrauen. Das Versammlungshaus, in das Mitglieder auch »eingeführte
Fremde« mitnehmen können, enthält Speise-, Spiel-, Musik- und Lesezimmer
sowie eine Bibliothek. »Die Vorsteher bestimmen die Konzerttage und den
Preis des Abendtisches am selben. (Sonst eine Mark.) Die ganze Anordnung
und Direktion des Konzertes übertragen sie zweyen Musikkundigen Mitglie-

dern.« Nur wenn die Mitglieder nicht ausreichen (nach Fähigkeiten), dürfen fremde Musiker hinzugezogen werden. Wenn auswärtige »Musikliebhaber und Virtuosen« unentgeldlich das Orchester verstärken, werden sie zum Abendessen eingeladen. »Das Recht, eine Dame ins Konzert zu führen, soll unter allen Mitgliedern, nach Ordnung der Anciennität [des Beitrittsalters], umgehen. Fünfzig Mitglieder haben es an jedem Konzerttag.« Das war übrigens bereits § 166 (vgl. G. Pinthus, Das Konzertleben in Deutschland ..., Baden-Baden 1977, S. 110).

(Sogenanntes) *Liebhaberkonzert Bremen* (Bossler 1790, Sp. 131 ff)
Das schon S. 123 erwähnte Konzert besteht »nur aus Mannspersonen ... Es wird niemand aufgenommen oder zugelassen, wer nicht ein Instrument spielen kann. Wirklich üben sich darin mehrere junge Männer mit einem schon viele Jahre anhaltenden Enthusiasmus, mit einer Ordnung und Regelmäßigkeit, nach bestimmten Gesezen, die gewiß selten bei einem Konzerte sind.«

In der Einleitung zu diesem Kapitel habe ich betont, daß es die Funktion der Konzertgesellschaften war, die Prinzipien von Ordnung, Autorität und ernster Kunstbeflissenheit in die Entwicklung des Konzerts einzubringen und damit der Buntheit, Vielfalt und Unordentlichkeit vieler öffentlicher Konzerte ein Gegengewicht entgegenzusetzen, das entscheidenden Einfluß auf die »kennerische« Orientierung der späteren Konzertgeschichte an Ordnung und »hoher« Kunst gehabt hat. Ich hoffe, daß die knappen Bilder der hier vorgestellten Gesellschaften diese meine Ansicht gestützt haben.

Diese meist vergessene Quelle unserer heutigen Konzertpraxis erscheint mir äußerst wichtig. Deshalb will ich eine der frühesten und beispielgebenden dieser deutschen Musikgesellschaften ausführlicher darstellen.

»Musikübende Gesellschaft« Berlin, 1749 gegründet
»Zu Reinsberg, wo Herr Janitsch im Jahre 1740 das Unglück gehabt, in dem dasigen großen Brande das Seinige zu verliehren, stiftete er eine musikalische Akademie, welche nachhero, da, nach Absterben des Höchstseel. Königs, die Kammermusik seiner itztregierenden Königl. Majestät nach Berlin folgte [Friedrich II. ist gemeint], hieselbst fortgesetzt ward, und annoch alle Freytage, die Opernzeit ausgenommen, von verschiedenen Königlichen, Prinzlichen, Markgräflichen Kammer- und andern geschickten Privatmusicis und Liebhabern, mit großem Beyfall, in seiner Behausung fortgesetzt wird.« (Marpurg 1754, S. 155 im »Lebenslauff« von Johann Gottlieb Janitsch, der schon in der Kronprinzenzeit Friedrichs in Rheinsberg zu dessen Kapelle gehörte.)

Das fünfte Stück von Marpurgs »Historisch-Kritischen Beyträgen zur Aufnahme der Tonkunst« (1755) beginnt mit einem 31seitigen Entwurf einer ausführlichen Nachricht von der Musikübenden Gesellschaft zu Berlin. Dieses Dokument ist ein so niederschmetterndes Beispiel spießbürgerlicher, vereinsmeierlicher Selbstfesselung, Prinzipienreiterei, Berührungsangst und musikfeindlicher Abschließungszwänge, daß es als giftiges Samenkorn im Felde unseres Musiklebens gar nicht genug beachtet werden kann.

Zunächst erfahren wir, daß der Bericht der »geschickten Feder« des Vereinssekretärs entflossen ist, nämlich des »Herrn Geheimen Registrators Wolf«.

Die Anordnung der Abschnitte folgt dem kleinen griechischen Alphabet, das ich nicht beherrsche und deshalb ins lateinische Alphabet übertrage.

a. »Einleitung«
Ein überschwengliches Lob für den König und die Blüte der Musik seit seinem Regierungsantritt, wodurch Liebhaber sowohl viel gute Musik hören als auch bei den Hofmusikern Unterricht erhalten können. Neben den anwachsenden Hauskonzerten gibt es »auch seit einiger Zeit verschiedene ordentliche Gesellschaften ..., welche lediglich in Absicht auf die Beförderung der Tonkunst dergleichen wöchentlich alhier anstellen, und dadurch ebenfals zur Aufnahme dieser angenehmen Wissenschaft das Ihrige beyzutragen bemühet sind.«
Die älteste ist die »Akademie« von Janitsch als »Königlichem Kammermusikus«. Sie findet jeden Freitag statt. Die zweitälteste ist die »Assemblee« des Königlichen Kammermusikus Schale. Sie findet montags statt. Dann folgt das »Concert« des Hofkomponisten und ebenfalls Königlichen Kammermusikus Agricola. Es findet immer am Samstag statt und bietet sowohl Vokal- als Instrumentalmusik. Die jüngste Einrichtung ist offenbar die »Musikübende Gesellschaft« selbst, die 1749 gegründet wurde.

b. »Von Errichtung der Musikübenden Gesellschaft.«
Vor der Gründung gab es einen privaten Musikkreis beim Organisten Sack, der immer das Geld für die Treffen vorschoß. *Allein* die Überlegung, wie man das erforderliche Geld für die Treffen (also wohl Noten, Licht, Essen, Trinken) auf gerechte Weise auf die Teilnehmer umlegen kann, wurde »als ein Mittel angesehen, hieraus eine ordentliche Gesellschaft zu Stande bringen zu können«. Ein anderer Beweggrund zur Gründung wird nicht genannt. Außer dem Autor Wolf werden als Urheber dieser Idee genannt »der Königl. Ober-Rechen-Kammer-Sekretär, Herr Einbeck«, der »Protector ..., Herr Cochius, ingleichen, der Königliche Kammermusikus Herr Riedt, und der Geheime Sekretär, Herr Bingert«.

c. »Von den Gesetzen der Gesellschaft.«
»Gleichwie aber keine Gesellschaft ohne gute Ordnung bestehen kan; also wurde auch beschlossen, solche vermittelst einiger dazu schicklichen Regeln und Gesetze hiebey einzuführen und zu unterhalten.« (Es wird nichts gemacht, was man selbst entwickelt oder sich neu einfallen läßt, sondern alles wird so gemacht, wie man's eben machen muß, selbst wenn man sich Mühe geben muß, den üblichen Rahmen auch mit Inhalt zu füllen.)

Wolf arbeitete einen Vorschlag aus, der mit den anderen fünf Gründern diskutiert und am Stiftungstag, dem 1. 9. 49, »einmüthig genehmiget worden«. Die »eigenhändige Nahmensunterschrift« dieser sechs Gründer war dabei wesentlich wie auch die der Liebhaber, die wenig später nach einer Satzungsänderung »ausserordentliche oder Ehrenmitglieder« wurden. Im Oktober 1750 wurde durch Mitgliederzahl und erste Erfahrungen eine nochmalige, gründliche Satzungsänderung nötig, die dann mit dem schönen Namen »Hauptreglement« unter dem seltsamerweise angenommenen Datum des 18. 9. 1749 wiederum verabschiedet und von allen unterschrieben wurde.
Dieses »Reglement für die Musikübende Gesellschaft« folgt nun in ganzer Länge mit 20 Paragraphen und einem angehängten »Formular der schriftlichen Einwilligung über die Aufnahme eines neuen Mitgliedes bey der Gesellschaft«, in dem die »Endes unterschriebenen« bestätigen, daß sie mit der Aufnahme eines Neuen einverstanden sind, zumal dieser »auch erkläret habe, den im Gesellschafts-Reglement enthaltenen Puncten ein Gnüge zu leisten«.

Hier nun in Zusammenfassung der Inhalt der »Puncte«:

§ 1 Es dürfen nur acht ordentliche und zwölf Ehrenmitglieder in der Gesellschaft sein. Nur »ganz besondere Ursachen« können eine Erhöhung dieser Zahl ermöglichen.

§ 2 Über die Neuaufnahme eines Mitgliedes wird allgemein unter den Mitgliedern diskutiert und abgestimmt.

§ 3 Erste Voraussetzung zur Aufnahme ist die Anerkennung der Satzung, dann erst folgen die Bedingung, daß die Beitrittswilligen »entweder gute Musikverständige, oder aber doch gute Kenner, Liebhaber und Verehrer derselben sind«, und die Bedingung, »daß sie eine billige und verträgliche Gemüthsbeschaffenheit haben, und von aller eiteln Eigenliebe, Tadelsucht, und andern dergleichen Eigenschaften befreyet sind, welche zu Uneinigkeiten in der Gesellschaft Anlaß und Gelegenheit geben können«.

§ 4 Jedes Jahr wird aus den ordentlichen Mitgliedern ein Direktor, ein Sekretär und ein Kassierer gewählt, die sich bei den Zusammenkünften vertreten lassen können.

§ 5 Der Direktor hat bei Abstimmungen drei Stimmen, hat die absolute Autorität, hält auf die Befolgung der Satzung, überwacht die Programmfolge der Zusammenkünfte und achtet darauf, »daß in allen Fällen, wo ein oder anderes Mitglied wider die gemeinschaftlichen Anordnungen gehandelt, selbiges zu Erlegung der, zum Besten der Gesellschafts-Casse ausgesetzten Strafen angehalten werde.«

§ 6 Der Sekretär muß die Sitzungen protokollieren, den Schriftverkehr führen, die Noten und andere Schriftstücke verwalten und über alles ein sorgfältiges Inventarverzeichnis anlegen.

§ 7 Der Kassierer macht das Übliche, mit Rechenschaftsbericht in jedem Jahr.

§ 8 Beitrittsbeitrag sind 16 Groschen, ansonsten zahlt jedes Mitglied pro Woche 3 Groschen. Sonderkosten der Gesellschaft werden gleichmäßig auf alle 20 Mitglieder umgelegt. Bei einem Austritt muß der Austrittswillige sofort diesen Schritt schriftlich melden, damit ihm kein Beitrag mehr abverlangt wird. Allerdings hat er danach auch keinerlei »Anspruch an die Gesellschaft«, was deren u.a. auch aus seinen ehemaligen Beiträgen angeschaffte Gerätschaften, Noten usw. betrifft.

§ 9 Eine Sammlung moderner Noten soll bestehen und aus der Kasse bezahlt werden.

§ 10 »Zu den ordinairen musicalischen Zusammenkünften und Concerten ist der Sonnabend Nachmittag in jeder Woche ausgesetzt, und versamlen sich die Mitglieder im Sommer praecise um 6. und im Winter um 5 Uhr in der Sackischen Wohnung, und bleiben 3 Stunden zusammen, bis etwa von der Gesellschaft, befundenen Umständen nach, gut gefunden wird, daß die Zeit geändert und der Ort anderwärts verlegt werde.«

§ 11 Wenn Ehrenmitglieder fehlen, müssen sie den Wochenbeitrag weiterzahlen. Wenn die »ordentlichen Mitglieder, welche zu Besetzung der Musik erfordert werden«, beruflich oder wegen Krankheit bzw. häuslichen Verrichtungen verhindert sind, so ist das genehmigt. Wenn ein ordentliches Mitglied mehr als eine halbe Stunde zu spät kommt, muß es 2 Groschen, wenn es ohne triftigen Grund gar nicht kommt, 4 Groschen, wenn es dabei »betroffen« wird, wie es wegen eines »unwahren Vorwandes« gar nicht kommt, den doppelten Satz (8 Groschen) »Strafe zur Casse erlegen«.

§ 12 Wenn jemand zum Spielen sein Instrument nicht in Schuß hat, muß er sich auf eine Strafe gefaßt machen, deren Höhe »von der Gesellschaft dem Befinden nach« festgesetzt wird.

§ 13 Holz, Licht, Cembalo und alles andere für das gemeinsame Musizieren Erforderliche wird aus der Gesellschaftskasse bezahlt.

§ 14 Wer von den ordentlichen Mitgliedern beim nächsten »Concerttage«, also dem nächsten Samstagstreffen, etwas Bestimmtes spielen will, muß er das in ein eigens dafür ausliegendes Buch eintragen. Der Direktor bestimmt dann aus den Eintragungen die Programmfolge und auch die Zusammensetzung der für jeden Programmpunkt notwendigen Spieler, die nicht immer alle spielen sollen, sondern immer in einer Auswahl, die den Stücken besetzungsmäßig entspricht, »indem es bey der Musik mehr auf das Accurate und Angenehme als auf das zur unrechten Zeit und Ort angebrachte Starke ankömt«.

§ 15 Musiker, die nicht Mitglieder sind und dennoch etwas vorspielen wollen, müssen sich vorher über die Gesellschaft informieren lassen und sich mit ihren Spielwünschen in das Buch eintragen, damit sie in die Programmfolge aufgenommen werden und damit »solcher gestalt aller Unordnung vorgebeuget werden möge«.

§ 16 Gestimmt wird nur einmal am Beginn, »einmal und acurat«! Dann sollen sich alle »sowohl vor, als zwischen der Musik alles weitern unangenehmen Präludirens, auf das genaueste enthalten; insbesondere aber, muß während der Musik, jedes, sowohl Ehren- als ordentliche Mitglied alles laute Reden und das mindeste Geräusch bey Vermeidung einer willkührlichen Geldstrafe auf das sorgfältigste vermeiden«.

§ 17 »Damit der alzugrosse Zulauf von Zuhörern verhindert werden möge«, müssen alle Interessierten vorher um Erlaubnis fragen. Allerdings kann jedes Mitglied »einen, oder zum allerhöchsten zwey gute Freund als Zuhörer mit einführen, für deren stilles und der Musik anständiges Betragen sie aber stehen müssen. Solte aber jemand über dies, noch mehr Bekannte einführen wollen, so muß die ganze Gesellschaft vorhero Erlaubniß dazu geben.«

§ 18 Spielen, Rauchen, Essen usw. sind verboten, »da alle ordinairen Gesellschaftsversammlungen keinen andern Endzweck, als einzig und allein die Musik und derselben Uebung haben müssen«.

§ 19 Jedes Vierteljahr ist ein exklusives Mitgliedertreffen, dessen Datum der Direktor ansetzt. Die Anträge können mündlich oder in Form einer kurzen schriftlichen Vorankündigung eingebracht werden. Ziel ist »zu berathschlagen und abzumachen, was zur Beförderung und Aufnahme der Gesellschaft dienlich und nützlich seyn könnte«.

§ 20 Alle Mitglieder müssen dieses »Reglement« eigenhändig unterzeichnen, um damit ihre Bereitschaft zu zeigen, es aufs genaueste einzuhalten »und sich in allen Stücken als eifrige Verehrer und Liebhaber der edlen Tonkunst bezeigen« zu wollen.

d. »Von den sämtlichen Mitgliedern, woraus die Gesellschaft gegenwärtig hestehet.«
Von den z. Z. neun Ehrenmitgliedern hat einer keine Berufsangabe, einer ist Bankier und Kaufmann, einer Kammergerichtsadvokat, alle anderen sechs aber sind höhere Militärs, im Gegensatz zu den drei anderen alle adelig. Von den sechs ordentlichen Mitgliedern sind zwei Königliche Kammermusiker, einer ist Organist, die anderen drei Sekretäre und Registratoren bei Königlichen Finanz-Ämtern und beim evangelischen Kirchen-Direktorium.

e. »Von den abgegangenen Mitgliedern.«
Das waren unter den Ehrenmitgliedern ein Leutnant, der wegen seiner Aufenthaltspflicht beim fernen Regiment austreten mußte, und der Hoftanzmeister Giraud, der

starb. Unter den ordentlichen Mitgliedern waren es der erwähnte Prorector Cochius, ein Königlicher Geheimsekretär und ein Pfarramtskandidat.

f. »Von dem Director, Sekretär und Rendanten der Gesellschaft.«
Direktor war zuerst Cochius, dann Kammermusiker Riedt, Sekretär und Kassierer waren von Anbeginn Wolf und Reinbeck.

g. »Von ihren wöchentlichen Versammlungen.« Ähnlich wie § 10.

h. »Von der Musik und den Personen, die solche dabey aufführen.«
Es wird nur die allerneueste Musik aufgeführt, wozu auch vier Mitglieder eigene kompositorische Arbeiten beisteuern (Riedt für die Flöte, Seiffarth für Oboe und Geige, Sack fürs Klavier, Wolf für die Geige). Nach Maßgabe des Direktors wird meist zu Beginn eine Ouverture gespielt, danach erklingen sieben, höchstens acht Stücke. Zu den Mitgliedern treten als Solisten öfters noch andere Königliche Kammermusiker, einige Male auch auswärtige »berühmte Tonkünstler«, als Solisten oder Orchesterspieler »verschiedene vornehme und hohe Standes-Personen beyderley Geschlechts ... wie auch andere Liebhaber der Musik«. Von solchen Nichtmitgliedern, die zeitweilig mitspielen, werden 23 aufgezählt, allerdings auch »andere mehr, welche diesen Concerten fast beständig mit beywohnen«. (Wenn man zu den 15 Mitgliedern, vgl. Punkt d, diese »anderen« und vielleicht noch zwei bis drei der zusätzlichen Liebhaber, Adligen oder Kammermusiker zählt, so kann man mit einer Zahl von 20 bis 25 Musikern an jedem Samstag rechnen.)

i. »Von Einlassung der Zuhörer bey den Versammlungen.«
(Etwas über die Gespräche und Urteile der Hörer über die Stücke und das Spiel? So könnte man erwarten. Aber mitnichten!)
Die Zahl der Besucher ist trotz Reglement immer größer geworden, »dadurch aber nicht allein der Raum in dem Musikzimmer zugleich desto enger geworden, sondern auch zuweilen sich nicht wenige Personen darunter gefunden haben, welche der Gesellschaft durch ihre Unbescheidenheit und unanständiges Betragen während der Musik höchst überlästig gewesen sind«. Daher der Beschluß vom 24. 11. 53. Für jedes Treffen wird eine bestimmte Zahl von »Billets« bereitgehalten. Diese Karten werden über die Mitglieder ausgegeben und müssen »an den ausserhalb des Musikzimmers dazu bestellten Gesellschaftsaufwärter vorhero vorgezeigt und wieder abgeliefert werden. Wobey denn auch von jedem Zuhörer ausdrücklich verlanget wird, daß sie sich während dem Concert beständig stille halten, und insonderheit den Spielern in keinem Stück hinderlich fallen sollen.«

»Von jährlicher Feyrung des Stiftungstages der Gesellschaft.«
Zwischen den bisher ununterbrochen fortgesetzten Wochentreffen der Gesellschaft wird die »Gewohnheit beobachtet, alljährlich das Andenken ihrer Stiftung auf eine feyerliche Art, mit Aufführung eines grossen Concerts, ausserordentlich zu begehen«.

Niemals würde ich bestreiten, daß Musikgesellschaften wie die neun hier vorgestellten auf bestimmten Gebieten wie denen der Musikwissenschaft, der Musikerpensionen, der Musikkritik einer gewissen notwendigen Orchesterdisziplin und auch – falls sie öffentlich spielten – der Bereicherung des städtischen Musiklebens gewirkt haben. Einige hatten ja offenbar auch eine

starke Nähe zu dem unterhaltsamen gesellschaftlichen Leben der Liebhaberkonzerte.

Aber wichtiger ist es, zu erkennen, wie anders und wieviel gefährlicher diese
Facette der bürgerlichen Selbstorganisation war als alle anderen bisher und im
folgenden dargestellten. Hier kann man von einer Unabhängigkeit vom Feudalismus nur dann sprechen, wenn man als Gegenpol ein Lotterleben nennt, wie
es teilweise in Dresden herrschte. Nein: Viele der genannten Statuten sind
getreue Abbilder der neuartigen Zucht, Ordnung und autoritären Disziplin
Preußens unter Friedrich II. Hier wie in so vielen anderen Fällen entwickeln
die Bürger keine selbständigen Kulturformen, sondern verwandeln sich feudalistische an, um sich selber einmal preußisch-königlich zu fühlen: Hier wird
Musik »exerziert«, wird bei Regelverstößen gestraft. Wie anders demgegenüber die folgende Gesellschaftsgründung!

»Plan und Einladung zur teutschen Filarmonischen Gesellschaft« vom 10. 7.
1790, veröffentlicht von Bossler 1790 in der »Musikalischen Real-Zeitung«
(nach Sp. 208).

Die »Freunde und Verehrer der Tonkunst«, »alle biedern Freunde der
Musik«, deren zahlenmäßiges Verhältnis zu den »Liebhabern gelehrter Wissenschaften« Bossler bemerkenswerterweise »vielleicht wie 1–20« schätzt,
werden zur Teilnahme an dieser »öffentlichen und allgemeinen Gesellschaft
von Liebhabern der Tonwissenschaft und Tonkunst« aufgefordert, einem
»Institut«, zu dem noch nie »ein Freund der Musik eine solche Idee gewagt,
oder wenn er sie gehabt hat, sie laut sagte, sie ausführte, oder doch öffentliche
Vorschläge und Anstalten machte, sie zur Würklichkeit zu bringen«, weshalb
»die Bemühungen so mancher verdienstvollen Musikgelehrten um Erweiterung und Emporbringung des gesunden Geschmaks in der Musik, so oft bald
wieder scheiterten« und »warum bei manchen Liebhabern die Neigung zur
Musik nach und nach wie eine Lampe wieder erlosch«. Der Hauptzweck
dieser Anfang 1791 zu gründenden Gesellschaft ist, »I.) Alle Schriften, die zur
spekulativen Musik mittelbar oder unmittelbar gehören, einheimische und
fremde Produktionen, Werke von mehreren Bänden, so wie Broschüren von
einzelnen Bögen; und II.) alle Werke der praktischen Musik, sie mögen in ein
Fach gehören, in welches sie wollen, sie mögen in Teutschland oder Italien,
Frankreich oder England herauskommen, selbst ältere Werke, die sehr kostbar
sind und sich selten gemacht haben, auch Kirchenmusik, als Messen, Oratorien, Motetten, Cantaten u. d. gl. in allgemeinen Umlauf zu bringen.«

Die Realzeitung wird umbenannt in »Musikalische Korrespondenz der
teutschen filarmonischen Gesellschaft« und in dieser Form ein immer wieder
aktualisiertes Verzeichnis der in der zentralen Bibliothek vorrätigen Musikalien und Schriften enthalten, die die Mitglieder ohne Aufpreis auf ihre
Jahresbeiträge (20 Gulden rheinisch bzw. 12 Reichstaler, 6 Groschen säch-

sisch, gleich 2 neue Louisd'or) für einen Monat entleihen dürfen (Abschriften machen ist verboten, Exzerpte erlaubt) und sie dann unbeschädigt zurücksenden müssen. Sie dürfen sie aber auch zu 20 % Ermäßigung kaufen bei einer Zahlungsfrist von einem halben Jahr. Die Mitglieder, deren Namen »ohne alle Rücksicht auf Rang, blos nach dem früheren oder späteren Eintritt« in der Zeitung veröffentlicht werden, sollen auch möglichst viele Beiträge und Nachrichten für die Zeitung, das Organ der Gesellschaft, einsenden.

Das ist einmal ein praktischer, im Sinne der bürgerlichen Demokratie fortschrittlicher Plan! Und er ist auch nicht einfach blind-aktionistisch, sondern gesellschaftlich durchdacht (s. den auf S. 342 wiedergegebenen Anfang des Textes).

Bossler tat genau das, woran es im 18. Jahrhundert so sehr gefehlt hat und was die Aufklärer zugleich ermunterten und verhinderten: Er betrieb die Selbstorganisation des Bürgertums, und zwar nicht auf der Ebene von Gesellschaften, Institutionen, großen Geistern und Kunstheroen, sondern auf der Ebene des einzelnen Bürgers selbst. Er gab den Menschen Material, Arbeitsmittel in die Hand, und mit diesen Mitteln konnten die Bürger aktiv werden, lernen. Daß Bossler mit seiner Aktion nur kurzen Erfolg hatte, lag nicht daran, daß seine Idee schlecht war (vgl. S. 251; ein ähnlicher Versuch des Berliners Rellstab wird bei Cramer erwähnt, Bd. II/1, S. 117 ff).

Bossler förderte die Hausmusik, einen eminent wichtigen Zweig der musikalischen bürgerlichen Emanzipation, der in diesem Buch aus Platzgründen leider nicht dargestellt werden kann (eine gute Gesamtdarstellung bei Schwab 1969). Sie ist keineswegs zu verwechseln mit den rigiden Musikgesellschaften, sondern sie umspannt sowohl die im Kapitel schon häufig erwähnten halböffentlichen Hauskonzerte wie auch den privaten kleinen Zirkel von Musikfreunden bis hin zum »einsamen Liebhaber« (Cramer 1783, S. 413) mit Musizierarten, die auch auf die Komposition produktiv gewirkt haben: Ein Großteil der bedeutenden Klaviermusik (vierhändig!) und Liedkunst, aber auch Bearbeitungstechniken großbesetzter Werke wie Klavierauszug und Ensemble-Bearbeitung von Opern und Sinfonien (Soloinstrument, Streichquartett, Bläsergruppe) haben hier einen ihrer Ausgangspunkte. Es gab noch keine Schallplatte:

»Zu mehrerer Bequemlichkeit verschiedener Musicliebhaber, die nicht gewohnt sind, aus der Partitur zu spielen, wird der Partitur auf jeder Seite ein Clavierauszug beygefügt. Unter diesem Clavierauszug steht durchgehends der Text ...« (Ankündigung von C. P. E. Bachs Chorwerk »Klopstocks Morgengesang am Schöpfungstage«; Cramer 1783, S. 1116)

Ob Bossler allerdings auf Dauer mit seinem Plan viel Erfolg gehabt hätte, ist zweifelhaft, denn die profitarme Form des Leihverkehrs widersprach den Interessen der vielen neuen Musikverlage, die die gleichen Gegenstände wie Bossler verbreiten wollten, aber durch Verkauf. Hätte er gegen deren Werbung

und Modestrategie ankommen können? Auch heute noch führen ja die Leih-
bibliotheken ein Mauerblümchendasein (Gedanken dazu auch bei Hortschansky in Salmen 1971).

Schrifttum, Publikationswesen, Lehrbücher

Dem Bedürfnis des bürgerlichen Publikums nach praktisch- und theoretisch-
musikalischer Bildung, die nur vom Zahlungsvermögen, nicht aber von Adels-
zugehörigkeit oder exklusiven Wahl- und Aufnahmezeremoniellen abhing,
kam ein anderes Bedürfnis des Bürgertums entgegen, nämlich das nach staats-
unabhängiger, privatwirtschaftlicher Expansion, hier in Gestalt der aufblühenden und sich gewaltig vermehrenden Druck- und Verlagshäuser Das Parade-
beispiel für die Verlagsentwicklung ist das Leipziger Druck- und Verlagshaus
Breitkopf & Härtel.

Anfang des Jahrhunderts übernimmt ein Mitglied der Familie Breitkopf ein
altes Druckhaus und spezialisiert sich auf Musik, fungiert dabei auch als
Verlag. Telemann, später Philipp Emanuel Bach, also die Könige der Musikproduktion, sind seine Autoren. Mitte des Jahrhunderts wird bei Breitkopf der
Typen-Notendruck so verfeinert, daß die Massenproduktion erleichtert wird.
Umfangreiche Verlagskataloge zeugen in der zweiten Jahrhunderthälfte von
dem Ausstoß des Hauses (im Faksimile hrsg. v. Barry S. Brook, New York
1966, bei Dover). Am Jahrhundertende, als der Geschäftspartner Härtel ein-
steigt, zeigt der Verlag wiederum sein Genie (ein bürgerliches Wort für hohe
Begabung, deshalb auch hier passend): Der Steindruck, die Lithographie, wird
für den Musikdruck nutzbar gemacht und erhöht wiederum die Produktivität;
mit der Allgemeinen Musikalischen Zeitung (ab 1798) bringt der Verlag zum
erstenmal eine deutsche Musikzeitschrift heraus, die nicht nur wenige Jahre (s.
u.), sondern länger als ein Jahrhundert Bestand hat; der Verlag wittert früh
den Verkaufswert von (damals nur sogenannten) Gesamtausgaben, beginnt
1798, sieben Jahre nach Mozarts Tod, mit dessen Sammelausgabe.

Verlage wie Breitkopf & Härtel, Artaria, Cappi (beide Wien), André (Offen-
bach), Schott (Mainz), Simrock (Bonn) belieferten das Publikum mit den
unterschiedlichsten Grundlagen für die Selbstunterhaltung und Selbstbeleh-
rung, vor allem in Form von Noten, Lehrbüchern und Zeitschriften. Die
letzten beiden, eher für die Gebildeteren bestimmten Artikel hatten selbstverständlich wesentlich niedrigere Auflagezahlen als der erstgenannte.

Vor allem der Notenverkauf erfolgte zu großen Teilen über das System der
Pränumeration: Agenten des Verlages oder des Komponisten (falls er zugleich
Verleger seiner Werke war) zogen nach einer öffentlichen Ankündigung des

Werkes (mit Pränumerationsaufforderung und Agentenliste) in den größeren Städten Optionen auf den Kauf und dabei auch zugleich die ermäßigte Kaufsumme ein. (Telemann nennt diese Kunden auch »Vorausbezahlende«; B S. 233.) Auch Musikalien- und Buchhandlungen konnten als Agenten fungieren. Manchmal konnten Agentenlisten in Zeitschriften zwei enggedruckte Seiten füllen (Cramer II/1, S. 274; für Chöre von J. A. P. Schulz). Bei Subskription wurde der weniger ermäßigte Preis nach Erhalt der Ware gezahlt, ein Abonnement galt für eine ganze Reihe.

Eine Pränumerandenzahl von 2000 war schon außergewöhnlich (Georg Benda für einen Band Klaviersonaten; vgl. Schlichtegroll, S. 22) und nur berühmten Komponisten zuzutrauen. Die Komponisten und Verlage mußten meistens sehr vorsichtig taktieren, denn auf dem neuartigen anonymen Markt waren die Bedürfnisse der Abnehmer nicht mehr so klar zu kalkulieren wie in der Hofgesellschaft. »Um fürs erste zu erfahren, ob das Publikum mit meinem Geschmack und mit meiner Manier zufrieden seyn, und ich auf die Bekanntmachung meiner Composition noch weiter denken kann«, schrieb 1783 ein unbekannterer Komponist, Musikdirektor Blum aus Magdeburg, Pränumeration und Subskription auf Klaviersonaten aus als Test für das unbekannte Publikumsverhalten (Cramer I/1, S. 134). Mozart mußte 1788 die Veröffentlichung eines Werkes um ein Jahr verschieben, da »die Anzahl der Herren Subscribenten noch sehr geringe« ist, wie er in der Zeitung bekanntgab (Briefe VI, S. 369). Wie die Komponisten sich in dieser Zwickmühle zwischen ihren stilistischen Vorlieben und dem Verkaufserfolg verhielten, wird in Kapitel IV an einem Beispiel von Carl Philipp Emanuel Bach ausführlicher dargestellt (S. 394 ff).

Wichtig ist es, in diesem Zusammenhang darauf hinzuweisen, daß die Tätigkeit des Agenten (»Collecteur«) häufig als Nebenerwerbsquelle für Musiker hochwillkommen war, sich in einigen Fällen sogar zu einem Hauptberuf als Musikalienhändler mit Auslieferungslager erweiterte. Die Agenten verdienten dadurch, daß sie entweder auf eine bestimmte Anzahl verkaufter Exemplare Freiexemplare erhielten oder einen Teil des eingenommenen Geldes einbehalten konnten. Kein Wunder, daß ein Teil der öffentlichen Werbung für die angebotenen Druckwerke von ihnen selbst ausging! Der musikalische Zwischenhandel begann sich durch dieses Verkaufssystem überhaupt erst zu bilden. (Ausführliche Informationen zu dieser Entwicklung bei Hortschansky in Salmen 1971)

Auf gleiche Art wurden auch die Musikzeitschriften vertrieben. Die wirtschaftlichen Schwierigkeiten dabei waren oft aber erheblich größer, da die Auflage kleiner, der Preis höher war. Typisch ist folgender Text von Carl Friedrich Cramer, der selbst Agent war, in seiner eigenen Zeitschrift (I/1 1783, S. 303 f) über Reichardts Musikalisches Kunstmagazin:

»Herr Capellmeister Reichardt kündigt an daß nunmehro, da der 1ste Band seines Kunstmagazins geschlossen ist, er, so herzlich lieb ihm auch diese Arbeit selbst sey, sich dennoch gezwungen sähe mit der Herausgabe des zweyten Bandes innezuhalten: weil die bisherigen Pränumeranten bey weitem nicht die Kosten des ersten Bandes bezahlten. Er erwartet daher fürs erste, daß sich die Besitzer des ersten Bandes erklären, ob sie auch den zweyten Band haben wollen, und ob sich dann mehrere Kunstfreunde für dieses Werk intereßiren werden. Der erste Band (aus vier Stücken bestehend) kostet itzt in allen Buchhandlungen und Musikhandlungen Deutschlands 4 Thaler: wer aber zugleich auf den zweyten Band einen holl. Dukaten unterzeichnet, kann ihn von dem Verf. noch für einen holl. Dukaten haben. Für den zweyten Band nimmt der Herr C. auf jeden Fall nur Subscription an, um die Freyheit zu behalten, ihn nach Beschaffenheit der Umstände herauszugeben, wenn er will. So bald sich 500 Subscribenten gemeldet haben, wird in dem hamburger Correspondenten die Zeit der Erscheinung des ersten Stücks (aus 10 Bogen bestehend) genau bestimmt werden. Bey der Ablieferung des ersten Stücks wird dann die baare Pränumeration für den zweyten Band in einem holländ. Dukaten erwartet, wofür dann noch 3 Stücke, jedes zu 10 Bogen, nachgeliefert werden.«

Diese im Oktober 1782 verfaßte Nachricht nutzte ebenfalls wieder die Subskription, um die Bedürfnislage auf dem anonymen Markt und damit die Möglichkeit einer verlustfreien Realisation des Projektes zu erkunden. Bei Auslieferung des subskribierten ersten Teils mußte für den ganzen Band pränumeriert werden, d.h., der Kunde mußte die Abnahme des ganzen Bandes durch sofortige Zahlung garantieren. Ein Jahr später schrieb Reichardt dann den 2. Band doch auf Pränumeration aus (Cramer I/2, S. 915). Offenbar war der Test gutgegangen, und Reichardt vereinfachte das Verfahren. Der Zwischenhandel durfte 20 % des eingenommenen Geldes behalten. Der Band erschien dann allerdings erst 1791. Es war der letzte.

Bis die Allgemeine Musikalische Zeitung 1798 erschien (s. o.), wurde zwar der zeitliche Abstand von Gründung zu Gründung einer der bedeutenderen Musikzeitschriften durch das 18. Jahrhundert immer enger, d.h., die Notwendigkeit der Information durch Zeitschriften wurde immer dringender. Aber keine von ihnen überstand fünf Jahrgänge, wie man an der Literaturliste am Beginn des 1. Kapitels erkennen kann.

In solchen Zeitschriften war neben Ankündigungen von Notendrucken und der Kritik erschienener Noten- und Buchveröffentlichungen eine Vielfalt von Nachrichten enthalten: Aufsätze über Musiktheorie und über Ästhetik (oft Übersetzungen aus dem Französischen), Konzertnachrichten (auch international), Briefwechsel, Todesnachrichten, Lebensbeschreibungen, Anfragen, Umfragen und Suchmeldungen, Beschreibungen berühmter Kapellen und neuer Instrumente, schließlich auch die oft schon als Ideologietransportmittel charakterisierten Musikeranekdoten. Cramer, dessen Prinzip »Abwechslung und Mannigfaltigkeit, aber nicht erschöpfende Vollständigkeit« war, integrierte ab dem zweiten Band des Magazins der Musik (1784/86) sogar noch Artikel eines »musikalischen Wörterbuches«, wollte also den Kauf der nach Zahl und

Umfang zunehmenden Musiklexika überflüssig machen, und er gab zusätzlich noch im normalen Notenformat »Proben ganzer Stücke aus recensirten Werken, und anderweitiger Musikstücke« unter dem Namen »Flora« heraus (Vorbericht zu Bd. 2, S. VIII f und XIV; Bossler folgte ihm darin mit seinen Anthologien zur Real-Zeitung nach).

Neben den finanziellen Schwierigkeiten könnte auch die Art der Kritik in den frühen Musikzeitschriften zu deren Kurzlebigkeit beigetragen haben. Denn im Unterschied zu heute war man damals in vielen Fällen noch offen, undiplomatisch: Man stritt sich und machte sich auch Feinde. Marpurg formuliert beispielhaft, auch für unsere heutige lahme Musikkritik:

»Wenn sich nur allezeit wenig Personen in das Feld der Kritik gewaget, wenn solches bald von ihnen wiederum verlassen worden ist: so ist die Ursache davon leicht zu begreifen. Ein Kunstrichter muß so gut tadeln als sich tadeln lassen können. Hiezu gehört in der That eine ausgehärtete Stirne, eine Verwegenheit, die sich auf nichts als einen edlen Eifer für die Wahrheit fussen kann.« (Vorbericht, S. IX des 1. Bandes der Historisch-kritischen Beyträge zur Aufnahme der Musik, Berlin 1754)

Beispiele für diese Haltung kommen in diesem Buch allenthalben, auf verschiedenste Themen verteilt, vor, von dem Pionier der deutschen Musikkritik, dem streitbaren und wortgewaltigen Johann Mattheson, bis zu so konservativen Männern wie Forkel und so praktischen, jedoch auch schon recht vorsichtigen wie Bossler. In seiner Musikalischen »Korrespondenz der teutschen Filarmonischen Gesellschaft« (1790; vgl. hier S. 246) ist auch das »Ideal einer Gesellschaft musikalischer Kritiker« (Sp. 180 ff, 187 ff, 197) enthalten, ein kühner, allerdings auch etwas überspannter Plan, »die modernen Produkten in schönen Künsten und Wissenschaften, welche Sensation im Publikum machen, oder zu machen verdienen, kritisch zu beleuchten«, und zwar besser als bisher. Musikgelehrte sollen »für jeden Komponisten, und für jeden philosophischen Musikdilettanten« eine systematische und vergleichende Sammlung von Tonformeln aus der neueren Musik anlegen und deren satztechnische und psychische Auswirkungen untersuchen. Dieser interessante Vorschlag einer Frühform von Arnold Scherings »Symbolkunde«, einer Untersuchung der Bedeutungs- und Gebrauchsgeschichte der Tonformeln im Sinne der heutigen kunstgeschichtlichen Ikonografie, hat leider einen allzu parteiischen Einschlag: Denn es soll dem Hörer nicht nur das Gute, aber schwer Verständliche erklärt werden, sondern die modernen »profanen Stümper (deren Zahl heißt: Legion«), nämlich die Komponisten der chaotisch anmutenden und in der Gefühlsfolge nicht einwandfrei deutbaren Sinfoniemusik, sollen auf den rechten, alten Weg geführt werden. Die Aufklärer gaben nicht auf (weiter hierzu vgl. S. 339 ff und S. 368 ff).

Abt Bossler, der eine so reiche musikalische Tätigkeit entfaltete, neben dieser Kritikergesellschaft auch die schon genannte Filarmonische Gesellschaft anregte, absolute Pressefreiheit forderte, billigen Bücherverkauf, Buchverleih

und die Bildung von Lesezirkeln im Sinne der neuen Lesegesellschaften betrieb, konnte seine Pläne nur kurz verfolgen, offenbar wegen des Einmarsches
der französischen Revolutionstruppen 1792 in die erste deutsche Republik in
der Pfalz, zu der auch Bosslers Arbeitsstützpunkt Speier gehörte. Er wanderte
nach Darmstadt aus, gehörte vielleicht auch zu jenem vielbeschriebenen und
-belachten Zug von Bürgern aus pfälzischen Städten, die 1792 an den übrigen
Stadtbewohnern vorbei mit Sack und Pack vor der französischen Armee
flohen.

Das dritte große Feld, das die Musikverlage beackerten, war das der Lehrbücher zur Musikpraxis. Ziel war »Der sich selbst lehrende Musikus« (Titel
einer Schrift von Ph. Eisel; Cramer II/1, S. 395). In der Mitte des Jahrhunderts,
also auf dem Höhepunkt der Aufklärung, beim Durchbruch des öffentlichen
Konzertwesens, erschienen in kurzer Zeitfolge Lehrschriften für alle wichtigen
Instrumente und für Gesang von den ersten Künstlern dieser Disziplinen:

1752   Versuch einer Anweisung die Flöte traversiere zu spielen von Johann
        Joachim Quantz
1753   Versuch über die wahre Art das Clavier zu spielen (1. Teil) von Carl
        Philipp Emanuel Bach (1789 erschien die Klavierschule von Daniel
        Gottlob Türk)
1756   Versuch einer gründlichen Violinschule von Leopold Mozart
1757   Anleitung zur Singkunst von Johann Friedrich Agricola (nach der
        italienischen Gesangsschule des Pier Francesco Tosi von 1723)

Es folgten in der zweiten Jahrhunderthälfte Anweisungen zum Orgelspielen,
Trompeteblasen, zur Musiktheorie und sogar

1782 ff Versuch einer Anleitung zur Composition von Heinrich Christoph
        Koch, 3 Bände.

Einer der Gründe für das Entstehen dieser vielen Schriften zum Selbstunterricht war der noch bestehende Mangel an guten Privatmusiklehrern: »Mir that
es oft leid, wenn ich fand, daß die Lehrlinge so schlecht unterwiesen waren«,
schreibt Leopold Mozart im Vorbericht, und er betont, daß er »diese Violinschule nicht nur zum Nutzen der Schüler, und zum Behufe der Lehrmeister
geschrieben habe: sondern daß ich sehr wünsche alle diejenigen zu bekehren,
die durch ihre schlechte Unterweisung ihre Lehrlinge unglücklich machen«.
»Die vortrefflichsten Meister in der Ausübung, denen man etwas Gutes ab-
hören könnte, sind noch nicht in so großer Anzahl zu finden, als man sich
vielleicht einbilden dürfte«, schreibt Emanuel Bach (Vorrede) und fährt etwas
weiter mit einem Mozart ähnlichen, schließlich sehr werbeträchtigen Absatz
fort:

»Bey allem diesen habe ich hauptsächlich meine Absicht zugleich auf diejenigen Lehrer
gerichtet, welche ihre Schüler bishero nicht nach den wahren Grundsätzen der Kunst
angeführt haben. Liebhaber, die durch falsche Vorschriften verhudelt worden, können

sich von selbsten nach meinen Lehrsätzen zurechte helffen, wenn sie schon viel Musick sonsten gespielt haben; Anfänger aber werden, vermittelst derselben, mit besondrer Leichtigkeit in kurtzer Zeit dahin kommen, wo sie kaum geglaubt hätten.« (Diese Vorrede enthält hervorragende Sätze gegen schlechte Lehrer.)

Gitarrespielen in 30 Stunden!

Bach plante sein Buch für »diejenigen, deren Hauptwerk die Musik ist [also Kenner], und alle Liebhaber, welche gründlich unterrichtet sein wollen«. (Artikel vom 11.1.1773 im »Hamburger unpartheyischen Korrespondenten«, zit. nach C. H. Bitter, C. Ph. E. und W. Fr. Bach und deren Brüder, Bd. 1, Berlin 1868, S. 108 f)

Instrumentalschulen gab es schon lange, schon seit dem Anfang des 16. Jahrhunderts, als die Instrumentalmusik selbständig wurde (vgl. S. 4). Damals aber waren nur einige nüchterne Daten, Hinweise, Ratschläge und Spielstücke aufgenommen. Nun aber wendet sich eine Instrumental- oder auch Gesangsschule an einen »vernünftigen« Schüler, der im Selbstunterricht auch möglichst viele Hinweise begründet haben will und der auf der Ebene eines Bildungsgesprächs behandelt werden will. Da werden neben dem rein Technischen auch allgemein ästhetische Fragen, Lebensweisheiten (vor allem bei Quantz, vgl. S. 35), Auftrittstips und musikalische Urteile mitgeteilt.

Hören wir, wie vornehm und vorsichtig Herr Quantz zu seinem Leser bzw. seiner Leserin spricht. Ist da die »Hetzpeitsche« als Lehrmittel des Lehrers zu spüren (vgl. S. 43 f)?

»Die Zeit, wie lange ein Anfänger täglich zu spielen nöthig hat, ist eigentlich nicht zu bestimmen. Einer begreift eine Sache leichter, als ein anderer. Es muß sich also hierinne ein jeder nach seiner Fähigkeit, und nach seinem Naturelle richten. Doch ist zu glauben, daß man auch hierinne entweder zu viel, oder zu wenig thun könne. Wollte einer, um bald zu seinem Zwecke zu gelangen, den ganzen Tag spielen: so könnte es nicht nur seiner Gesundheit nachtheilig seyn; sondern er würde auch vor der Zeit, sowohl die Nerven als die Sinne abnutzen. Wollte er es aber bey einer Stunde des Tages bewenden lassen: so möchte der Nutzen sehr spät folgen. Ich halte dafür, daß es weder zu viel, noch zu wenig, wenn ein Anfänger zwo Stunden Vormittags, und eben so viele Nachmittags, zu seiner Uebung aussetzte: aber auch unter währender Uebung, immer ein wenig ausruhete. Wer es aber endlich dahin gebracht hat, daß er alle vorkommende Passagien, ohne Mühe, reinlich und deutlich heraus bringen kann: für den ist zu seinen besondern Uebungen eine Stunde des Tages hinlänglich; um den Ansatz, die Zunge, und die Finger in gehöriger Ordnung zu erhalten. Denn durch das überflüßige Spielen, zumal wenn man schon gewisse Jahre erreichet hat, entkräftet man den Leib; man nutzet die Sinne ab; und verliehret die Lust und Begierde eine Sache mit rechtem Eifer auszuführen.« (X. Hauptstück, § 23)

Hut ab vor Herrn Quantz für die diplomatische Vermittlung! Aber vier Stunden täglich für die Anfänger, ist das nicht doch die Hetzpeitsche? Welchen Beruf soll der bürgerliche Dilettant denn haben, um das erreichen zu können? Verliert er nicht bei solchen Anforderungen schon zu Beginn seines Musikerdaseins »Lust und Begierde«? Heute jedenfalls heißt es doch eher umge-

kehrt: Am Anfang recht wenig spielen, dann allmählich steigern bis zu mehreren Stunden am Tag. An dieser Stelle müßte eine Leserumfrage einsetzen:
Wieviel üben sie täglich? Ich jedenfalls schaffe in meinem Beruf im Durchschnitt höchstens je eine halbe Stunde Flöte und Saxophon.

Und Philipp Emanuel Bach, der zusätzlich zu seiner Schule auch »Probe-
stücke« genannte Klavierübungen in aufsteigendem Schwierigkeitsgrad herausgegeben hat, meinte es auch ziemlich ernst mit den Anfängern, aber auf
eine andere Art. Er greift in den Unterricht zwischen Schüler und Lehrer ein.
Was soll der Klavierlehrer dem Schüler antworten, der, nachdem er unentwegt
einfache Spielstücke fingern mußte, dem Lehrer die folgende Stelle aus § 24
der Einleitung vorlegt?

»Es ist schädlich, die Scholaren mit zu vielen leichten Sachen aufzuhalten; sie bleiben
hierdurch immer auf der Stelle, einige wenige ... können zum Anfange hinlänglich
seyn. Es ist also besser, daß ein geschickter Lehrmeister seine Schüler nach und nach an
schwerere Sachen gewöhnt. Es beruht alles auf der Art zu unterweisen und auf vorhero
gelegten guten Gründen, hierdurch empfindet der Schüler nicht mehr, daß er an
schwerere Stücke gebracht worden ist. Mein seliger Vater hat in dieser Art glückliche
Proben abgelegt. Bey ihm musten seine Scholaren gleich an seine nicht gar leichten
Stücke gehen. Solchergestalt darf sich auch niemand vor meinen Probestücken fürchten.«

Dieser Abschnitt dürfte auch heute noch für Erregung im Instrumental-Musik-
unterricht sorgen. Und dann noch mit dem alten Bach im Rücken, der
offenbar die richtigen Grundlagen legte und dann das Tempo anzog. Da wird
der in die Enge getriebene Lehrer vielleicht sagen, damals wie heute: *Mir* wäre
es sehr lieb, wenn wir schneller vorankämen, aber wenn *Sie* so wenig üben ...!
Es müssen ja nicht gerade vier Stunden sein, wie Quantz es will, aber doch
wenigstens eineinhalb!

ICH – DU – ER – SIE – ES – WIR – IHR – SIE

Übrigens könnte diese von mir erfundene Antwort des Lehrers tatsächlich genau so schon um 1740/50 formuliert worden sein. Gerade um
diese Zeit nämlich begann man, die im Feudalismus üblichen Anredefor-
men abzuändern bzw. deren Bedeutung abzuwandeln. Das »Er«, vordem u. a. herablassend von oben nach unten verwendet, hielt sich unter
Bürgerlichen noch einige Zeit. Dulon (1807, S. 388 ff) war erfreut, daß
in den 1780er Jahren ein Fürst gegenüber ihm nicht »das stolze Er ...
gebrauchte«, »womit damals der größte Theil der deutschen Fürsten
noch immer jeden Geringern zu traktiren pflegte«, also so wie es Friedrich der Große tat (vgl. hier S. 40), zu Dulons Entrüstung sogar gegenüber seinen Generälen und dem Dichter Gellert.

Auch das »Ihr«, früher häufig benutzt von einer hochgestellten Person zur anderen, schwand langsam, auch als Anrede noch oben (»Ihro Gnaden«).

Jedoch das »Sie« im Plural, das als *Höflichkeitsform* von unten nach oben verwendet worden war (vgl. Bach-Brief S. 72 f), *bürgerte* sich ein (vgl. S. 66 f), nicht etwa das »Du«, welches lediglich Zeichen einer sehr engen Zusammengehörigkeit blieb oder eines plötzlichen Umschlags zu Verachtung und Grobheit (»du Schwein!« brüllt ein Autofahrer den anderen an).

Die Bürger behandelten sich äußerlich gegenseitig so, wie sie es den Fürsten gegenüber getan hatten. Jeder andere wurde als Höherer angesprochen, nicht als Gleicher, also: höflich, also: unwahr. Das gemeinsame »Du« setzt offenbar mehr Klassenbewußtsein und Gemeinsamkeiten voraus, als sie das Bürgertum hatte.

Kapitel III

Die Volkserzieher:
Bitte deutlich komponieren und deutsch fühlen!

Bürgertum

Am Beginn seiner Monographie über »Die musikalischen Reisen des Herrn von Uffenbach« (Kassel und Basel 1949) schreibt Eberhard Preußner:

»Die Geschichte des musikalischen Laientums ist bisher noch nicht geschrieben worden ... (Sie) hat bisher *einen* großen Einschnitt in der Geschichte der Musik hervorgerufen, nämlich den Durchbruch vom Stände- und Klassenwesen zum eigentlichen Reich jenes Liebhabertums, das sich aus allen Ständen zusammensetzte und nun von sich aus das eigentliche Reich der Kunst aufrichten half. Diese Laienrevolution vollzog sich im 18. Jahrhundert. Sie war bereits beendet, als Haydn seine ›Schöpfung‹ schrieb.« (S. 10) Das war 1797/98.

Aus allen Ständen zusammengesetzt!

Die Bauern und die Tagelöhner, die Weber und die Manufakturarbeiter, die Schäfer und die Seeleute: Wie sie doch so gern und häufig die »Zauberflöte« hörten!

Und die Könige und Kurfürsten, die Hofmarschälle und Äbte, die Kapläne und Offiziere? Wohl öffneten sie allmählich die Hofkonzerte (S. 86), gründeten in einigen Fällen öffentliche Konzerte (S. 87) oder spielten und hörten mit den Bürgerlichen (S. 92 ff). Aber dennoch kann man sie nicht als treibende Kräfte wie die Bürger sehen. Nein, den »Durchbruch« bahnten diese Stände nicht, und kulturell profitierte von beiden genannten Gruppen höchstens die obere, nie aber die untere von diesem »Durchbruch«.

Ihn erreichten nur die Bürgerlichen, und zwar sowohl die Hörer und Spieler als die Komponisten, mit gleichem Anteil.

Da »halfen« die Hörerliebhaber nicht etwa den Kunstheroen beim Errichten »des Reiches der Kunst«. Oft war es gerade umgekehrt: Die Komponisten halfen den Bürgern, ihre selbständig errichteten Konzerte mit Musik zu füllen. Sicher mußten die Hörer häufig den stilistischen Neuerungen nachlaufen. Aber wie häufig auch gaben die bürgerlichen Neueinrichtungen und Grün-

dungen erst Anreiz und Anlaß für die Komponisten, sich Gedanken über
angemessene Stücke für diese neue Öffentlichkeit zu machen!

Aber wer waren diese Leute, die man einfach »Bürger« oder »Bürgerliche«
nennt? Gab es die vorher noch nicht?

Das Bürgertum entwickelte sich in den Städten. Kaufleute, Handwerker und
Beamte, auch andere Kopfarbeiter waren seine Herkunftsberufe und wurden
seine bestimmenden Elemente. Der Feudalismus prägte seine Entstehungsbedingungen. Die Internationalisierung des Handels und die Konzentration
der entscheidenden Aktivitäten auf immer mehr anwachsende Städte und
Höfe ließen die Geldverleiher und Handelsherren an Bedeutung gewinnen, vor
allem in diesem Zeitalter der Verschuldung der Höfe durch Luxus, Bestechung
und Eroberungskriege. Die merkantilistischen Einfuhrbeschränkungen einerseits und die zentralistische Straffung und Durchrationalisierung der Regie-
rungsgewalt andererseits förderten eine auf Effektivität ausgerichtete, meist
staatlich unterstützte heimische Industrie, in der die Handelsherren und Geld-
besitzer sowie zunehmend auch Handwerksmeister, die den absterbenden
Zünften entwuchsen, ihr Kapital »arbeiten« ließen. Dies geschah im verlags-
mäßig organisierten Gewerbe, vor allem aber nun in den neuartigen, schon
fabrikartigen staatlichen Manufakturen, die für die Existenz der National-
staaten immer wichtiger wurden. Luxusgüter, Uniformstoffe und anderes Tuch
wurden dort unter staatlicher Aufsicht hergestellt von der Vorhut des Indus-
trieproletariats, das durch die zwangsweise eingeführte Schulpflicht auf diese
Aufgaben vorbereitet und mittels Dorfrazzien, Säuberung von Armenvierteln
und Aufbau von Zuchthäusern (Einschränkung der Todes- und sonstigen
Körperstrafen!) an ihren Arbeitsplatz getrieben wurde. Wie die Zahl der
neuen Unternehmer und Verwalter expandierte auch das Heer der Beamten,
Lehrer, Inspektoren, Ärzte und Juristen, die für die Durchorganisierung des
Staates, die Hortung und Disziplinierung der übrigen Bevölkerung unerläßlich
waren. Zahlenmäßig an ihrer Seite standen die nichtadligen Offiziere der
immer wieder aufgestockten Heere (Genauere Zusammenfassung dieser Ent-
wicklung bei Mattenklott II, S, 23–31, Bruford S. 99, 128, 190, 247 ff und in
Teil IV von Band 1 der Wirtschaftsgeschichte Deutschlands von Hans Mottek,
Berlin 1971).

Diese neue Klasse der Staatserhaltung entwickelte sich allmählich, ungleich-
zeitig in ihren Elementen und auch unterschiedlich schnell in verschiedenen
Staaten. Sie entstand am widersprüchlichsten und langsamsten in den deutschen Ländern, wo das Bürgertum durchs ganze Jahrhundert und länger das
politische Äquivalent seiner ökonomischen und kulturellen Emanzipation
nicht erreichte, im Gegensatz zu den Verhältnissen in anderen Staaten. Aber es
gab dennoch einen sich allmählich konzentrierenden Formierungsprozeß, der
mit der Zeit spezifisch deutsche Züge annahm und auch spezifisch deutsche
Werthaltungen, Vorlieben, Ziele und Techniken ausprägte.

Die Emanzipation des bürgerlichen Publikums in Deutschland hatte stets Doppelcharakter. Sie vereinigte im gleichen Prozeß das Überwinden und das Kopieren des Feudalismus, die Übernahme ausländischer Vorbilder und die Distanzierung von ihnen.

Die Emanzipierung des deutschen Bürgertums richtete sich gegen Druck und Einengung durch alle feudalistischen Kräfte, sowohl durch diejenigen der eigenen Landesfürsten als auch diejenigen des Auslandes, vor allem Frankreichs und Italiens, die den deutschen Potentaten als sklavisch befolgte Muster galten: Die Entwicklung von Klassenbewußtsein und nationalem Selbstbewußtsein waren Teile des gleichen Prozesses.

Andererseits fand die Ablösung aus den politischen und kulturellen Fesseln teilweise in einer Übernahme wesentlicher Teile der landesfürstlichen und fremdstaatlichen Vorbilder statt. Die Ablehnung vermochte sich – wenn überhaupt – nur aus der Anlehnung zu entwickeln: Der Bürger setzte sich die Krone auf.

Diesen Zusammenhang will ich nun in Kapitel III in zwei aufeinander aufbauenden Teildarstellungen weiter verfolgen.

1. Nationale Musikziele, wie sie sich aus dem widersprüchlichen Verhältnis zu Landesfürsten und ausländischen Vorbildern ergeben.

2. Neue musikalische Tendenzen, die sich dabei entwickeln und populär werden.

Nationale Musikziele

Burney und seine Kritiker

In den Jahren 1772 und 1773 unternahm der Engländer Dr. Charles Burney eine ausgedehnte Reise durch Europa und verfaßte darüber das »Tagebuch einer musikalischen Reise«. Es erschien sofort in deutscher Übersetzung, denn ein wesentlicher Teil handelte von den Eindrücken in Deutschland und Österreich. Derartige Reisetagebücher wurden nach 1750 immer häufiger und bildeten einen Grundstock für die kunstgeschichtliche, politische und geographische Selbstunterrichtung und -unterhaltung der neuen Bürger. Daneben führten sie ihnen auch die Tatsache vor Augen, daß es jetzt nicht mehr nur die adligen jungen Herren waren, die ihre Bildungsreisen durch die Metropolen Europas machten, sondern daß es jetzt ihresgleichen waren, Bürger, die zu ähnlichen Ehren und Möglichkeiten aufgerückt waren, zusätzlich auch noch alle Welt davon unterrichteten und damit die eigene Aufwertung allen sichtbar machten.

Burneys Reiseinteresse galt der Musik, und er bemühte sich, überall, wo er hinkam, Kontakt zu berühmten Musikern, Komponisten und Konzertveranstaltungen zu bekommen.

Wenn er schreibt (1773 II, S. 11), »daß nicht Natur sondern Cultur es macht, daß die Deutschen so allgemein Musik verstehen« und – so zitiert er einen Gewährsmann – »daß, wenn es angebohrnes Genie gebe, Deutschland gewiß nicht der Sitz desselben sey; ob man gleich zugeben müsse, daß geduldiger Fleiß und Application darin zu Hause gehören« (Application ist die praktische Übung), und wenn er weiter schreibt, man könne »überhaupt von Deutschland sagen, daß die musikalischen Tugenden seiner Eingebornen in Geduld und Gründlichkeit und ihre Fehler in Weitschweifigkeit und Pedanterie bestehen ... und die Deutschen besitzen allein das Vermögen, selbst durch Arbeit Vergnügen zu erwecken« (ebenda, S. 279 f), so hat er damit gewiß bei den deutschen Lesern eher Unwillen als Beifall geweckt. Selbst der Übersetzer macht seinem Mißmut in Fußnoten Luft, die er damit verteidigt, »daß ich ein herzlicher Liebhaber der Musik, und ein Deutscher bin, und daß ein gewisser Grad von Partheylichkeit fürs Vaterland – wenigstens verzeihlich ist« (1773 II, Vorrede).

An Burney werden getadelt »Kaltblütige Überlegung« und leichtfertige Verallgemeinerung. Burney neigt tatsächlich zu ihr, aber vielleicht hat er manchmal auch ins Schwarze getroffen wie in der folgenden etwas giftigen Darstellung (1773 I, S. 69 f):

»Ich bin nicht für umglimpfliche Anmerkungen über ganze Nationen; gleichwohl kömmt einem zuweilen ein einzelner Charakter vor, der einen an dasjenige wieder erinnert, was man über ganze Völker hat sagen hören ... In der Folge habe ich mit verschiedenen zu thun gehabt, die man wegen ihrer Langsamkeit in Begriffen und Handlungen wahre Deutsche nennen könnte. Wenn ich des Morgens einem Gelehrten, einem Bibliothekar oder einem Musikus den Zweck meiner Reise so deutlich, als möglich, erklärt, und den allgemeinen Plan meines künftigen Werks gezeiget hatte, so wars gewöhnlich, daß eben derselbe Mann des Abends sagt: ›die Geschichte der Musik, denke ich, sind Sie willens zu schreiben – hm – ja – die Geschichte der Musik – hm – gut! und worin meinen Sie, daß ich Ihnen behülflich seyn kann?‹ Hier war ich denn genöthigt, in einem mühseligen Da capo meine Historie noch einmal zu erzählen, und um Beystand zu ersuchen.«

Solche und ähnliche Passagen, auch die Behauptung aus einer späteren Schrift, Händel habe J. S. Bach übertroffen, dazu gar noch an der Orgel, brachten die deutschen Musiker in Rage. Es seien Schriften, »an denen aber Deutschland wohl nichts gewonnen hat, da der Engländer mit Extrapost durch alle Örter gähnend durchreiste«, befindet Petri verächtlich (1767, S. 104), und Reichardt nennt den Autor einen »englischen Schwätzer« und beklagt »seine künftigen Geschichtchen ..., die uns armen Deutschen schon mit doppelten Schlägen drohen« (1774, S. 13 f; vgl. auch 1784 Cramers Wut über eine englische Schmähung C. P. E. Bachs, S. 585). Er widmet Burneys Buch sogar einen

ganzen Brief (1774, S. 64), in dem er den Engländer als »schlechten musikalischen Beobachter« bezeichnet, seine Unkenntnis, Schlampigkeit und sein
»flüchtiges Sehen« moniert und mit einem Gedicht von Gleim schließt:

> »Uns reich zu machen, viel der Pfunde zu verzehren,
> um derentwillen wir nicht eben Britten wären,
> kommt er geflogen, wie ein Pfeil;
> Reist rüstig unter uns, hört alles, was zu hören
> auf allen Straßen ist, hört Meister, lispelt Lehren,
> denkt, schreibt, tadelt, lobt, und alles in der Eil.«

Diese Erregung der deutschen Leser, von der Joseph Martin Kraus (1777,
S. 12) ironisch meint, man könne »Herrn D. Burnei« nicht »verzeihn, daß er
den geweihten Boden, der so grosser Leute Asche deckt, ohne heiligen Schauer
betrat«, ist nicht nur die übliche Abwehr ungerecht Beurteilter. Sie sitzt tiefer,
hat mehr Geschichte im Hintergrund. Die deutsche Hysterie von der Überfremdung, der Umschlingung, Beleidigung, Erstickung und Abschnürung
durch das feindliche Ausland, diese Haltung, die mit so verhängnisvollen
Folgen das deutsche 19. und 20. Jahrhundert bestimmt hat, ist schon zumindest seit Beginn des 18. Jahrhunderts mächtig wirksam, wahrscheinlich
seit dem Schock des Dreißigjährigen Krieges. Neid und Haß den italienischen
Musikern in deutschen Diensten gegenüber, wie sie im ersten Kapitel an
historischen Begebenheiten und Anekdoten dargestellt wurden, sind Beweise
dieser frühen deutschen kollektiven Minderwert- und Haßgefühle, dieses
Schwankens zwischen Verehrung und Aggression. Weitere Äußerungen deutscher Musiker und Journalisten des 18. Jahrhunderts sollen das Entstehen und
Art dieser Haltungen verständlich machen.

Eigene Schwäche = Fremde Stärke

Deutschland ist zum Beginn des Jahrhunderts ein musikalisches Entwicklungs-
land. Die Anerkennung der ausländischen Überlegenheit geht Hand in Hand
mit der Verzagtheit über die deutschen Zustände und über die betrüblichen
Ergebnisse eines Vergleichs mit dem Ausland.

Das geht von der Feststellung, daß ohne Qualitätseinbuße in allen anderen
Ländern die öffentliche Musikerziehung ohne die »Sclaverey und Prügel-
Probe, als in dem Kunstpfeiffer-Reiche« Deutschland auskomme (Mattheson
1739, S. 104, §32), bis zu dem Eingeständnis, daß bei den älteren Deutschen
»sowohl ihr Geschmack, als ihre Melodien, länger als bey ihren Nachbarn,
ziemlich platt, trocken, mager, und einfältig gewesen« seien, »ihre Composition ... harmonisch und vollstimmig, aber nicht melodisch und reizend ...,
mehr künstlich, als begreiflich und gefällig« (Quantz 1752, Kap. 18,
§§78/79).

»Die Beschaffenheit ihrer Stücke ... ist gewiß oftmals so matt und mager, und von
allem Feuer so weit entfernet, daß man sich nicht wenig wundern muß, wie es
gekommen, daß unsere ehrlichen Alten einen so schlechten Witz in ihren musikalischen
Arbeiten gezeiget haben.« (Scheibe 1745, S. 649; mit »Witz« ist hier, entsprechend
»wit« im Englischen, eine Art von Klugheit oder geistiger Helle gemeint, wie sie noch
im Wort Mutterwitz lebendig ist.)

Vor allem die Gesangskomposition habe große Mängel in der Deklamation
gehabt, und »obgleich einige wenige Deutsche, durch Nachahmung des italiänischen Geschmackes, diesen Fehler ... abgelegt haben: so ist er doch, auch
zu itziger Zeit, noch nicht gänzlich ausgerottet« (Quantz 1752, Kap. 18, §80).
Überhaupt: »Es ist wahr, daß die Italiener den Gesang zu erst ins Feine
gebracht haben.« (Scheibe 1745, S. 112) Die erste größere Gesangsschule in
Deutschland ist denn auch die 1757 von Johann Friedrich Agricola herausgegebene Übersetzung und Bearbeitung der 1723 erschienenen »Opinioni de'
cantori antichi e moderni« von Pier Francesco Tosi mit dem neuen Titel
»Anleitung zur Singkunst«. Auf S. 212 heißt es dort: »Die vortheilhaften
Zeiten für die Musik würden schon gar aus seyn, wenn die Schwäne nicht
ihren Aufenthalt noch auf einigen wenigen Schaubühnen von Italien ...
genommen hätten« (auch London wird als Dependence der italienischen Oper
gerühmt).

Und wenn jemand mit kritischer Absicht behaupten wolle, »man zwinge das Gehör,
einer fremden Nation zu Gefallen« hauptsächlich z. B. den italienischen Stil aufzunehmen, so sei das »als mit einem durstigen wandersmann / der einen schönen Spring-
Brunnen auf einem Berge sähe und doch / aus Eigen-Sinn / oder Faulheit / sagen wollte:
Ich mag / der klaren Quelle zu Gefallen / nicht hinaufsteigen; sondern will lieber unten /
aus der stinkenden Pfütze / sauffen. Denn das ist eine ausgemachte Sache: In Italien sind
die wahrhafften fontes [Quellen] und ungezweifelte hohe Schulen aller Music / und was
wir Teutsche von den Welschen gutes lernen / geschiehet nicht einer fremden / sondern
unsrer eignen Nation / uns selbst / zu Gefallen.« (Mattheson 1722/23, S. 67)

Die Überlegenheit und Bevorzugung des italienischen Gesangswesens in
Deutschland wurden nicht nur voller Bewunderung, sondern auch voller Neid
und Haß beobachtet. »Wir Deutschen sind immer noch so unglücklich, daß
wir keine Singspiele und Opern in unserer Muttersprache haben«, klagt
Johann Adam Hiller 1767 (S. 253). Und obwohl er selbst und Dittersdorf mit
ihren Operetten »Die Jagd« (1770) und »Doktor und Apotheker« (1786) das
allmähliche Anwachsen des deutschen Singspiels anführten und obwohl zu
dieser Zeit die ersten Opern mit deutschem Originaltext entstanden (»Alceste«
von Anton Schweitzer 1773, »Günther von Schwarzburg« von Ignaz Holzbauer 1776), klagte doch noch 1785 Mozart in einem Brief aus Wien (Mozart
B III, S. 393):

»Nachrichten, die Zukünftige teutsche Singbühne betrefend kann ich ihnen noch dermalen keine geben, da es dermalen noch, das bauen in dem dazu bestimmten kärntnerthortheater ausgenommen, sehr stille hergehet. – sie soll mit anfangs october eröfnet werden. ich, meines theils, verspreche ihr nicht viel glück. – nach den bereits gemachten anstalten sucht man in der that mehr die bereits vieleicht nur auf einige zeit gefallene teutsche Oper, gänzlich zu Stürzen – als ihr wieder empor zu helfen – und sie zu erhalten. – Meine Schwägerin Lange nur allein darf zum teutschen Singspiele. – die Cavallieri, Adamberger, die Teuber, lauter teutsche, worauf teutschland Stolz seyn darf, müssen beym welschen theater bleiben – müssen gegen ihre eigene landsleute kämpfen! – – – die teutschen Sänger und Sängerinnen dermalen sind leicht zu zählen! – und sollte es auch wirklich so gute als die benannten, Ja auch noch bessere geben, daran ich doch sehr zweifle, so scheint mir die hiesige theater direction zu oeconomisch und zu wenig patriotisch zu denken um mit schwerem geld fremde kommen zu lassen, die sie hier im orte besser – wenigstens gleich gut – und umsonst hat; – denn die welsche trup braucht ihrer nicht – was die anzahl betrift; sie kann für sich alleine Spielen. – die Idee dermalen ist, sich bey der Teutschen oper mit acteurs und actricen zu behelfen, die nur zur Noth Singen; – zum grössten unglück sind die directeurs des theaters so wohl als des orchesters beybehalten worden, welche sowohl durch ihre unwissenheit als unthätigkeit das meiste dazu beygetragen haben, ihr eigenes Werk fallen zu machen, wäre nur ein einziger Patriot mit am brette – es sollte ein anders gesicht bekommen! – doch da würde vieleicht das so schön aufkeimende National-theater zur blüthe gedeihen, und das wäre Ja ein ewiger Schandfleck für teutschland, wenn wir teutsche einmal mit Ernst anfiengen teutsch zu denken – teutsch zu handeln – teutsch zu reden, und gar teutsch – zu Singen!!! Nemmen sie mir nicht übel mein bester Hr. geh. Rath, wenn ich in meinem Eifer vieleicht zu weit gegangen bin! – gänzlich überzeugt mit einem teutschen Manne zu reden, liess ich meiner zunge freyen lauf, welches dermalen leider so selten geschehen darf, daß man sich nach solch einer herzens-Ergiessung keklich einen Rausch trinken dörfte, ohne gefahr zu laufen seine gesundheit zu verderben.«

»Alles, was nur in der Musick schön seyn kann, muß denn nach Ihren Gedancken, mein Herr, nach dem allerneuesten Italiänischen Gusto betitelt seyn«, schimpft Friedrich Wilhelm Marpurg 1749 (S. 37). »Treflicher Ruhm für die Deutschen. Man hat wohl ehemahls geglaubt, als ob wir zu nichts anders geschaffen wären, als fremde Moden nachzuäffen, als fremde Sachen zu bewundern. Es muß doch aber wohl diese Nachahmung, diese Bewunderung wegfallen, wenn die Ursache dazu aufhöret. Mich befremdet nur, mein Herr Olibrio, wie Sie gar nicht von den Deutschen verlangen, daß sie auch ihren Namen durch eine italiänische Endigung verändern, oder gar einen welschen Namen annehmen sollen.«

Dennoch war es oft so! »Ist er von Abkunft ein Deutscher, und seine Frau Mutter hätte etwa die Ehre gehabt, mit ihm auf der Reise in irgend einem welschen Dörflein, unweit Rom, niederzukommen, so muß er sich alsobald einen Römer schreiben, des deutschen Namens müssig gehen, und denselben, er heisse nun Schneider, Schmidt, Fischer,

Fleischer, etc. sorgfältig ins toscanische übersetzen, oder wenigstens eine italiänische Endigung daran heften. Sonst schmeckt er uns nicht.«

So spottet Mattheson (1744, S. 165).

Und ein Unbekannter beklagt sich (Hiller 1766/67, S. 252):

»Es kommt vielen absurd, lächerlich und als eine wahre Beschimpfung für uns Teutsche vor, daß alle Sachen, die neu heraus kommen (ausgenommen wo etwan einmal ein ehrlicher Cantor sein Talentchen spielen läßt) mit italienischen Titteln und Zuschrifften prangen, da doch die Herrn Autores ehrliche Teutsche, und viele darunter sind, die keine drey Worte von der Sprache verstehen. Man weiß wohl, daß, wer auf einen Capellmeister los studiren will, auch die italienische Sprache gründlich erlernen müsse, weil solches an großen Höfen erfordert wird, und von solchen Männern, die desfalls das Ihre gethan, ist hier die Rede gar nicht, sondern von solchen Tropfen, die sich Tittel so wohl als Dedicationen durch anderen müssen machen lassen, und damit geschickten und Verdienst vollen Meistern nur nachäffen. Man wünschet demnach, daß sie ihr Gedanken, die man sich nicht anders als patriotisch vorstellt, einmal über diese Einfalt, die in der That den gaukelhaften Dünkel verräth, welcher vielen Tonkünstlern von den Gelehrten anderer Wissenschaften zugemessen wird, äussern möchten, in der Versicherung, daß solches in verschiedenem Betracht nicht ohne Nutzen seyn möchte.« (»äußern« heißt hier aus- oder fortlassen)

»Sollte man wohl glauben, daß wir Deutschen die uns von Natur mitgetheilten Kräfte selbst am wenigsten kennen? Daß wir durch diese tadelhafte Unachtsamkeit unsere Reichthümer verschwenden, bloß die Thorheiten undankbarer Ausländer zu belohnen, und daß wir durch unzählige eingerissene lächerliche Vorurtheile dahin gebracht werden, unsere Vorzüge und angebohrnen Eigenschaften nichts zu achten, und bey nahe gänzlich zu verwerfen . . .?« (Scheibe S. 151; 1. 10. 1737)

Die italienische Reise

Aus der Überflutung der deutschen Städte und Höfe durch ausländische Musik und Musiker ergab sich in Deutschland eine wachsende Kritik vor allem an den Italienern, die sich im Eifer des Gefechts bald auch auf deren Musik erstreckte.

»Was aber gab zu dem Vorurtheile für die welsche Musick Gelegenheit? die Erfindung der Oper. Man ahmte diese Art von Schauspielen in fremden Ländern nach. Italien, welches mit Sängern und Sängerinnen überschwemmt war, machte sich die Gelegenheit zu Nutze, sich seines Ueberflusses zu entschütten. Es ward seiner vielen Kählen überdrüssig. Es waren unstreitig nicht allezeit die grösten Virtuosen, die ihr Vaterland zu verlassen, genöthiget wurden, um in einem fremden empor zukommen. Ein Land, worinnen der Sohn vom Vater die Gewohnheit ererbet, Dinge, die nach der Fremde schmecken, ob sie gleich öfters von dem allerschlechtesten Wehrt sind, einheimischen Kostbarkeiten von ungleich grösserm Wehrt vorzuziehen, dieses Land nahm sie auf. Junge Herren, die Italien ehemals gesehen, und daselbst einen Scheu vor dem deutschen Namen bekommen hatten, fiengen zu gleicher Zeit an, ihre eigene Sprache zu hassen, nachdem sie sich bereits vorhero ihrer Abkunft geschämet hatten. Es war kein Wunder, daß die schmeichelnd stolzen Italiäner die so wieder sich selbst eingenommenen aufrichtigen Deutschen völlig gewonnen. Nebst so vielen Sängern und Sängerinnen langeten alle Tage etliche Caravanen von Spielern auf allerhand Instrumenten bey uns an. Die Deutschen wichen, oder musten dem Hochmuth dieser Leute weichen.« (Marpurg 1749, Anmerckungen über den Geschmack der Italiäner, S. 348 f)

»Aristoteles sagt: was uns von fremden Oertern herkomt, scheint wundernswürdig zu seyn, und was wundernswürdig ist, gefällt und ergötzt auch. Es ist doch dieses nicht etwan die Ursache, daß man auf die jetzigen so schlechten italienischen Musikalien in Paris so erpicht ist? vielleicht ist es eine Wirkung der Modesucht; von einigen Deutschen aber läßt sich versichern, daß sie blos deswegen die welschen Stücke allen andern vorziehen, weil selbige weit herkommen, viel Fracht kosten, und nicht auf lange sondern breite Bogen geschrieben sind.« (Marpurg 1756, S. 220: Vermischte Gedanken, §61)

»Das von den Schönheiten der italienischen Musik gefaßte Vorurtheil hat so gar viele deutsche Componisten und Musikanten mit verführet. Aber was sollten sie anders thun? Der Geschmack war bey solchen Leuten, die doch keinen Begriff vom guten Geschmacke hatten; und die etwa einmal in Italien gewesen waren, woselbst sie ein trödelndes Gesänge, eine leichtsinnige Stellung einer wollüstigen Sängerinn, ein heiseres Gekreische eines Unvermögenden [Kastrat!], eine verwirrt gesetzte und noch abgeschmackter abgesungene, mit weiten Sprüngen und wunderlichen Kräuseln durchflochtene Arie, oder etwa ein wüstes Geräusche verschiedener Instrumenten eingenommen hatte, in welchen doch weder Harmonie, noch Melodie zu finden war.« (Scheibe 1745, S. 6)

»Ob das Reisen, und vor allem die Besuchung Italiens, hiebey erfordert werde, wie ihrer viel der Meinung sind, kan ich schwerlich schlechthin bejahen: nicht nur deswegen, weil offtmahls Gänse in Welschland hineinfliegen, und Gänse wieder heraus kommen; sondern weil diese verreisete Gänse sich auch gerne mit vielen thörichten Schwanen- und Pfauen-Federn, ich will sagen, mit grossen, geborgten Schwachheiten und mit unsäglichem Hochmuth zu bestecken und zu schmücken pflegen.« (Mattheson 1739, Teil II, Kap. 2, §62)

»Sehen wir nicht oft einen solchen Helden, den das gute Glück gleich einem irrenden Ritter einmal nach Welschland geführet, und der daselbst, seinem Vorgeben nach, bey einem großen Geiger, als etwa bey einem Tartini, vier oder fünf Monat gelernet hat, bey seiner Zurückkunft in sein Vaterland mit so viel Unwissenheit, als Stolz auftreten?« (Scheibe 1745, Vorrede, gegenüber S. c)

»Die andern meinen / diese wären virtuosi, welche in Italien gewesen. Aber diese ihre Meinung ist mehr auslachens werth / als daß sie solle beantwortet werden ... Gibt auch die Erfahrung / daß ihrer viele / die Italien mit keinem Fuß betretten / nicht alleine diese / so Italien frequentirt haben / sondern zuweilen die gebohrne Italiäner selbsten / übertretten.« (Johann Beer, Musicalische Discourse, Nürnberg 1719, S. 175)

»Die italienische Reise, von welcher die Deutschen so sehr eingenommen sind, dörfte nun bald ganz und gar unnöthig seyn; weil wir in unserm eigenen Vaterlande, vornehmlich aber in Berlin und Dreßden, die größten Künstler in allen Arten der musikalischen Ausübung antreffen.« (Scheibe 1745, S. 36)

Wenn den Italienern auch durchs ganze Jahrhundert eine gewisse Führung belassen wurde, was das Singen anbetrifft, »welches sich auch sogar gewissermaßen bis auf ihre Gondelführer ausbreitet«, so betrachtete man es doch zunehmend als »Schade, daß seit einiger Zeit, die meisten ihrer Instrumentisten allzuweit von dem Geschmacke des Singens abgegangen sind; wodurch sie nicht nur viele, die ihnen nachzuahmen suchen, verführen, sondern auch so gar manchen Sänger verleiten, die gute Singart zu verlassen.« Erinnert man sich an manche Stellen aus Kantatenarien Bachs, so wird man dieser Kritik von Quantz (1752, Kap. XVIII, §64) auch eigene Hörerfahrung zugrunde legen können. Es sei eben kein »treflicher Ruhm für die Deutschen« mehr, wenn ihre Stücke »nach dem allerneuesten Italiänischen Gusto betitelt seyn« sollten, denn das »heisset nichts anders, als in einem Geschmack, worinnen nichts als Unordnung herrschet, wo die elendeste Harmonie den gemeinsten und leichtsinnigsten Gesang begleitet, wo ein Schnitzer dem andern Platz machet« (Marpurg 1749, S. 37).

Ist in dieser und den vorangegangenen Meinungen über die Italiener nicht schon ein Großteil von dem enthalten, was heute die Italiener-Verachtung eines Teils der deutschen Bevölkerung ausmacht? Verkörpern diese Italiener nicht in allem das Gegenteil von dem, was der Deutsche für gut und natürlich, bodenständig hält? Klingen die folgenden Beurteilungen, 1749 im Zentrum der öffentlichen deutschen Meinung dieser Zeit gedruckt, im preußischen Berlin, nicht wie eine Vorstudie zu Wagners Pamphlet »Das Judentum in der Musik«?

»Sie wollen nur durch halsbrecherische Luftsprünge in Erstaunen setzen«, warten mit »abentheuerlichen Erdichtungen« und einer »ausschweiffenden Einbildungskraft auf« (Marpurg 1749, S. 348).

> »Daß überhaupt ein Italiener in allen seinen Handlungen übertrieben und ausschweiffend ist, wird niemand läugnen. Wenn er liebt, so liebt er phantastisch; wenn er haßt, so haßt er viehisch. Nur in der Musik sollte er natürlich und vernünftig seyn?« (Marpurg 1749, S. 374 f)

Auf welche unglaubliche Weise dieser nationalistische Wahn die Realitäten verbog und ideologisch für seine Zwecke verwandelte, zeigte bereits die Gegenüberstellung (S. 22 f) der Nachricht über den Unfall des Geigers Veracini in Dresden von 1722 und der Anekdote von 1784 über den gleichen Vorfall, in der nun aber ein »unverschämter« Veracini wegen seiner erfolglosen Deutschenfeindlichkeit einen »thörichten Fall« tat und seinen »tollen Schedel« verletzte.

So wichtig es ist, diesen in der üblichen Musikgeschichtsschreibung übergangenen Schub frühen Musik- Chauvinismus' ausführlich zu dokumentieren, so notwendig ist es, ihm die stilgeschichtlichen Realitäten entgegenzusetzen. Die gesamte deutsche Musikentwicklung des 18. Jahrhunderts ist bestimmt von einem ständigen begierigen Aufsaugen italienischer Stilelemente durch die deutschen Komponisten und das deutsche Publikum. So betroffen Mozart z. B. davon war, daß die deutschen Sänger und die deutschsprachige Oper sich so schwer gegen den italienischen Primat durchzusetzen vermochten, so undenkbar ist das Zustandekommen seines spezifischen Stils ohne den starken Einfluß italienischer Musik, die er vor allem durch seine Aufenthalte in Italien näher kennenlernte. Die Musiker waren zerrissen zwischen Anerkennung der musikalischen und Ablehnung der beruflichen Vorherrschaft der Italiener.

Ehe in einem späteren Kapitel die stilistischen Verbindungen verdeutlicht werden, soll hier schon ein Bericht über die Italienreise (1765) des Gothaer Kapellmeisters Georg Benda eine andere Möglichkeit der Auseinandersetzung eines Deutschen mit der italienischen Musik beleuchten (Schlichtegroll, S. 16).

»Diese Reise gab seinem musikalischen Geschmack Umfang und Vielseitigkeit und benahm ihm zeitherige Vorurteile. Als er in Italien die erste Oper von Galuppi hörte, ward er, der an die fleißig gearbeitete Berlinische Musik gewöhnt war, so unwillig über das leere Tongeklingel, wie er es nannte, daß er nach dem ersten Akte hinauslief. Sein Freund, der Musikdirektor Rust aus Dessau, der mit ihm war, hatte indess nicht nur die Oper mit Vergnügen bis zu Ende angehört, sondern er ging auch die beiden folgenden Tage wieder hinein; Benda hatte zu Hause einen langweiligen Abend gehabt und begleitete ihn also am dritten Tage, doch mit dem Vorsatze, bald wieder hinauszugehen. Aber er blieb nicht nur bis an's Ende, sondern ging auch zur vierten und zu allen folgenden Vorstellungen wieder hin und gestand am Ende seinem Freunde, ihm sei über den Effekt wahrer Theatermusik in der klaren durchsichtigen Manier der Italiener ein neues Licht aufgegangen. – Emsig suchte er nun alles auf, was er zum Vorteile der Kunst nutzen und erwerben konnte. Begeistert von der grossen Musik, die er in dem Vaterlande derselben hörte, schrieb er in Rom ein Kirchenstück, welches er zur Feier des Geburtstages seines Fürsten nach Gotha schickte; dies Stück, welches nicht gedruckt worden ist, gehört unter seine vorzüglichsten Werke im Kirchenstil.«

à la française

Erstaunlich, wie die Nationalcharaktere im deutschen Kopf schon festgelegt waren! So auch im Hinblick auf die Franzosen:

Wenn auch Marpurg seinen zuletzt zitierten Tiraden gegen die Italiener den Satz folgen läßt: »Man kann leicht sehen, wie gegenseits das Unheil von den Franzosen ausfallen würde, wenn man sie auf diese Art beurtheilen wollte«, so enthält die tatsächlich mildere deutsche Kritik an ihnen doch schon bemerkenswerte Charakteristiken. Carl Philipp Emanuel Bach scheint sich nicht ohne Grund gleich zu Beginn seiner Klavierschule (1753, Einleitung §4) gegen

»ein übles Vorurtheil wider die frantzösischen Clavier-Sachen« zu wenden, da
doch – dies offenbar gegen die Italiener gesagt – »diese Nation durch eine
zusammenhängende und propre Spiel-Art sich besonders von andern unterschieden hat«. Diesen Hinweis aufs Ordentliche verstärkt Quantz (1752, Kap.
XVIII, §65) durch die Bemerkung, die Franzosen seien in der Musik »zu
beständig, und zu sklavisch. Sie binden sich allzusehr an gewisse Charaktere,
welche zwar zum Tanze und zu Trinkliedern, aber nicht zu ernsthaftern
Stücken vortheilhaft sind: weswegen auch das Neue bey ihnen öfters alt zu
seyn scheint.« So verkehrt sich die Bewunderung für das Methodische und
Logische in den theoretischen Schriften und Instrumentalschulen der Franzosen bei der Beurteilung ihrer Musik ins Gegenteil.

Wenn die italienische Musik viele Deutsche durch Zügellosigkeit, Wirrnis
und Ausschweifung, d.h. durch den Mangel der vermeintlich typisch deutschen Gründlichkeit und Ordnung anwiderte und abstieß, so fühlten sie sich
beim Hören französischer Musik häufig von einer gewissen Glätte, Flachheit
und oberflächlichen Systematik, d.h. vom Fehlen der deutschen Seelentiefe
und »Kernhaftigkeit« kalt gelassen. Von einem Memminger Komponisten, der
lange in Frankreich war, wird gesagt: »Im Umgange ist er der heiterste und
angenehmste Mann, der deutsche Solidität mit französischer guter Laune
glüklich zu vereinbaren weiß.« (Bossler 1790, Sp. 203)

Und diese Beurteilung des französischen Nationalcharakters als eigentümlich glatt und allgemein, irgendwie nicht eindringend, un-»faustisch«, wie man
später gesagt hätte, geht sogar bis in die Kritik an den für die deutsche
Rezeption so hochbedeutenden französischen theoretischen Schriften, z.B. der
des Charles Batteux von 1746, die in ihrer ersten deutschen Übersetzung
heißt: »Einschränkung der schönen Künste auf einen einzigen Grundsatz«
(1759). Schon vor dieser Übersetzung führten die Lübecker Ruetz und Overbeck einen schon S. 138f erwähnten Briefwechsel (Marpurg 1754/55,
S. 273ff, speziell S. 313, 288, 277) über diese Schrift und kritisierten Batteuxs
Hauptsatz, alle Kunst sei zu erklären und zu begründen als »Nachahmung der
Natur«, so daß die »Natürlichkeit« der Musik in der Nachbildung einer
musikalisierten, aller Künstlichkeit fernen Deklamation bestehe: »Herr Batteux hat freylich nicht durchgehends ohne Unförmlichkeit geschrieben«, heißt
es, denn – siehe die polemische Erwähnung von Tanz- und Trinkliedern bei
Quantz – »Selbst die französischen Liebes- und Trinklieder würden hiebey zu
kurz kommen, als welche schon ein mehres vom Cantablen in sich enthalten,
als eine bloße Declamation«:

»Wer nur allezeit von dem Allgemeinen zum Besondern herabsteiget, ohne die besondern Dinge vorhero recht erkant zu haben, und durch neue Zusätze und willkührliche
Einschränkung auf besondere Begriffe und engere Sätze geräth, gehet nicht eben gar zu
sicher, sondern läuft Gefahr, leere Fächer in die Ordnungen der Dinge einzuschieben,
und mit der unleugbaren Erfahrung in einen Widerspruch zu gerathen. Eben dieses

kann einem widerfahren, der von allgemeinen Grundsätzen der schönen Künste auf alle besondere schließet, ohne von allen eine besondere Erkentniß und Erfahrung zu haben.«

Auch hier wieder der Vorwurf der etwas glatten, erlebnisarmen Systematik! Und Goethe über den allgemeinen Mangel beim Zusammentragen fremder Kulturelemente in Deutschland:

»Der leichte Franzos, der noch weit ärger stoppelt, hat wenigstens eine Art von Witz, seine Beute zu Einem Ganzen zu fügen, er baut jetzt aus griechischen Säulen und deutschen Gewölbern seiner Magdalene einen Wundertempel«, die Kirche ›Madeleine‹, gebaut 1763–1842 (»Von deutscher Baukunst«, 1773).

Aus »Zwanzig Componisten eine Skizze von Carl Ludwig Junker«, Bern 1776, Artikel »E. Bach«, also Philipp Emanuel Bach, S. 7, 10 f, 12:

»... der Franzmann, der vor, noch nicht gar hundert Jahren allen Deutschen, Esprit absprechen durfte, und jetzt vortreflich, französischen Esprit, (es ist aber der Geist der Kleinigkeiten) mit deutscher Solidité zu verdicken weiß ...

– und so ist Bachens Satz: so, daß er nicht die geringste anderweitige Mischung annehmen kann, – so, daß er unter allen Musiken, am meisten gegen die Französischen absticht, wie er nothwendig, nach der Theorie schon, abstechen muß. Nothwendig, daß Bach in dem Maaß, und aus dem Grunde, dem Franzmann unausstehlich ist, wie Schakespear.« (Dieser Satz bezieht sich auf Junkers Versuch einer Definition des Spezifischen deutscher Musik, zit. S. 277.)

»Aber hat man gesagt Bachens Stücke sind zu lang – schwehr, tiefsinnig, und weit hergesucht! ... – tiefsinnig? – desto besser! Gegenmittel für die lose Speise des Galliers!« (»leer und unkräftig« nennt Forkel diese Speise, vgl. hier S. 276.)

Gegen Ende des Jahrhunderts kam allerdings etwas Sorge auf: Die Franzosen brachen aus dem System aus, fielen scheinbar ins andere Extrem!

»Patriotismus«

Mozart schrieb in seinem Brief von 1785 (vgl. S. 263) von dem Mangel an einem »Patrioten«, der die deutsche Sprache vertrete.

Tatsächlich fühlten sich die Patrioten in Deutschland ziemlich einsam, waren in ihren vaterländischen Bemühungen zunächst noch sehr erfolglos und gehemmt. Um so eifernder daher oft ihre Bekenntnisse.

Charles Burney erkannte auf seiner Reise durch Deutschland mit Erstaunen (1773/I, S. 80,149), daß Christian Friedrich Daniel Schubart sowohl

»der erste wahre grosse Flügelspieler (war), den ich bisher in Deutschland angetroffen hatte, wie auch der erste, welcher dafür zu halten schien, daß der Zweck meiner Reise, gewissermaassen eine Nationalangelegenheit wäre. Ich reisete nicht, wie ein Musikus gemeiniglich zu reisen pflegt, um Geld zu verdienen, sondern es zu v e r z e h r e n , musikalische Talente und Verdienste aufzusuchen, wo ich solche nur finden konnte, um solche meinen Landsleuten bekannt zu machen.«

»Ists Deutschland wert, daß man noch Patriotismus für es habe?« (Kraus 1777, S. 2)
    »Was die Ursache davon ist, daß ich Ihnen noch nichts von dem hiesigen deutschen Theater gesagt habe? – Patriotisme: Denn gerne sagte ich Ihnen: ›Unser Theater ist jetzt vollkommen; König Friedrich hat jetzt sein Vorurtheil wider die Deutschen abgeleget; er sieht ein, daß er aus seinen Kindern ein Volk machen kann, welches alle seine Nachbarn übertreffen ... muß ...‹« (Reichardt 1774, S. 139, aus Berlin)

Gerade das letzte Zitat kennzeichnet wieder den Doppelcharakter, den der »Patriotismus« der deutschen Bürger im 18. Jahrhundert hatte, so wie alle ihre Bestrebungen. War er einerseits Teil und Vorläufer des für die Zukunft so bestimmenden Chauvinismus, so war er auf der anderen Seite zutiefst antifeudalistisch (vgl. Vorwort, S. 259): Denn Zersplitterung und Überfremdung Deutschlands waren ja in erster Linie ein Werk und eine Begleiterscheinung der Vielfürstenherrschaft. So war für viele im Wort »deutsch« Widerstand gegen Ausland und deutsche Fürsten eins.

»Ich glaube so viel im Stande zu seyn daß ich jedem Hofe Ehre machen werde. – will mich Teutschland, mein geliebtes vatterland, worauf ich / wie sie wissen / Stolz bin, nicht aufnehmen, so muß im gottes Nammen frankreich oder England wieder um einen geschickten Teutschen Mehr reich werden; – und das zur schande der teutschen Nation. – sie wissen wohl daß fast in allen künsten immer die Teutschen diejenigen waren, welche Excellirten – wo fanden sie aber ihr glück, wo ihren Ruhm? – in teutschland wohl gewis nicht! – selbst gluck – hat ihn Teutschland zu diesem grossen Mann gemacht? – leider nicht! – Gräfin thun, – graf Zitschy, Baron van suiten – selbst der fürst kaunitz ist deswegen mit dem kayser sehr unzufrieden, daß er nicht mehr die leute von Talent schätzt – und sie aus seinem gebiete lässt. – letzterer sagte Jüngsthin zum Erzherzog Maximilian als die rede von mir war, daß solche leute nur alle 100 Jahre auf die welt kämmen, und solche leute müsse man nicht aus teutschland treiben – besonders wenn man so glücklich ist, sie wirklich in der Residenz Stadt zu besitzen.« (Mozart aus Wien an seinen Vater am 17. August 1782, nach Mozart Briefe III)
    »Ich nahme den wärmsten antheil an dem gerechten Applaus, so man Ihnen gab. Fahren Sie fort liebster Pathe diesen ächten Styl stets zu beobachten, damit Sie die Ausländer neuerdings überzeugen, was der Teutsche vermag.« (Joseph Haydn am 11. 1. 1794 an Joseph Weigl über eine Erstaufführung einer Oper Weigls am Wiener Burgtheater; Haydn Nr. 204)
    »was mich aber am meisten aufricht, und guts Muths erhält, ist der gedancke, daß sie, liebster Papa, und meine liebe Schwester, sich gut befinden – daß ich ein Ehrlicher Teutscher bin, – und daß ich, wenn ich schon allzeit nicht reden darf – doch wenigstens dencken darf was ich will.« (Mozart am 19. 5. 1778 aus Paris (!) an seinen Vater; Mozart Briefe II, Nr. 451) Die Gedanken sind frei!

Christian Friedrich Daniel Schubart

DER STERBENDE PATRIOT
1788

Totengräber, schaufle mir ein Grab.
Immer tiefer
sinkt mein liebes Vaterland hinab.
Totengräber, schaufle mir ein Grab.

In den alten Eichenwäldern stand
einst die Größe,
schüttelte ein Wetter in der Hand.
Schrecklich warst du, deutsches Vaterland.

Aber nun – wie schrumpft die Riesin ein!
Buben lichten
unsrer alten Größe Schattenhain;
und das graue Heldenland wird klein.

Auslandsliebe, Weiberweichlichkeit,
freches Knien
vor dem Modegötzen unsrer Zeit
hat dich, armes Vaterland, entweiht.

Vaterland, das mir mein Leben gab,
sieh mich weinen;
Dann, wie tief, wie tief sinkst du hinab!! –
Totengräber, schaufle mir ein Grab.

Was bedeutete »Patriotismus« überhaupt im Laufe des 18. Jahrhunderts?

Bei Mattheson im »Musicalischen Patrioten« von 1728 gibt es noch keine allgemein-deutsche Bedeutung des Begriffs. Zwar: »Die teutsche Wahrheit gebührend zu sagen, ist patriotisch.« Aber: Mattheson, Bewohner des Stadtstaates Hamburg, kann »als ein aufrichtiger Patriot« Auskünfte über Mitglieder der Hamburger Oper besonders kompetent geben (S. 201, S. 143). Der »christlich-patriotische Musicus« soll »1. GOTT, 2. dem Vaterlande, 3. der Wahrheit, und 4. seiner Profession, auch nach der Weise eines Sitten-Lehrers, dienen« (S. 337). Ein Patriot, der »des Landes Wohlfahrt und die rechten patriotischen Angelegenheiten eines Staats« und »dem Vaterlande, oder überhaupt der Welt, nach seinem besten Vermögen, dienen will«, muß seine Umgebung genau beobachten, auch »den Zustand der Regierung, und was in der Policey [Politik] vorfällt«, und theologisch, dramatisch, theatralisch, physikalisch und moralisch dabei beurteilen und auch kritisieren (Vorbericht). Welches das Vaterland des Patrioten aber genau ist, sein eigenes Heimatländchen oder schon Ideal-Gesamt-Zukunfts-Deutschland, ist nicht festgelegt. Mozart nennt »Teutschland« sein »vatterland«, aber auch Salzburg (Briefe III, S. 220 f, 176).

Diese Besinnung auf Gesamt-Deutschland als – auch musikalisches – Ziel des »Patrioten« beginnt sich aber zu dieser Zeit um 1730 immer stärker abzuzeichnen und wird im Schrifttum immer deutlicher. Wie ein Zurechtrücken der Unklarheiten bei Mattheson wirkt eine Stelle aus der Autobiographie des in der zweiten Jahrhunderthälfte tätigen Flötisten Dulon (Dulon 1807, S. 232 f):

»Mit einem Wort, ich möchte dem Mann nicht mein Vertrauen schenken, der mit stumpfer Gleichgültigkeit an seine Heimath zurückdenkt, der für Gefühle dieser Art keinen Sinn hat, dem die Liebe zur Vaterstadt (welche, da sich doch das Wichtigste der ersten Jugendeindrücke, Sprache, Religion, Sitten und Gebräuche, nicht bloß auf eine Stadt erstreckt) mit der Liebe zum Vaterlande eins ist, ein leeres Vorurtheil, eine bloße Schimäre zu seyn dünkt. Dies ist sie wahrlich nicht, sondern ein heiliges Gefühl, welche der große Urheber der Natur nicht ohne die weiseste Absicht in uns legte. Er wollte uns nämlich dadurch zur Thätigkeit, die der Hauptzweck unsers Daseyns ist, um desto mehr anfeuern. Schade nur, daß die liebe Menschheit, wie in allem übrigen so auch hier, noch nicht die gehörige Fähigkeit erlangt hat, das Wahre vom Falschen, den Kern von der Schale genau zu unterscheiden und abzusondern ... Aechte Vaterlandsliebe besteht, meiner Meynung nach, mehr darin, daß man frühzeitig seinen Geist mit Kenntnissen mancher Art zu bereichern und sein Herz zu veredeln sucht, damit man dereinst fähig sey, entweder als Staatsmann, oder Gelehrter, als Kaufmann, Bürger, Bauer, oder Künstler, dem Vaterlande zu nützen. Denn in keinem dieser Stände fehlt es an Gelegenheit, verjährte Gebräuche, welche für die dermalige Verfassung nicht mehr taugen und also Mißbräuche geworden sind, abzuschaffen, und etwas Besseres, etwas Zweckmäßigeres an deren Stelle zu setzen, durch neue Ent-

> deckungen auf die Vervollkommnung des Vaterlandes wohlthätig zu wirken etc.
> Rechter Patriotismus, sage ich, besteht mehr darin, für das Vaterland thätig zu
> leben, als sich für dasselbe todschlagen zu lassen ...« (Noch vor den »Befrei-
> ungskriegen« geschrieben, als es Lust und Pflicht wurde, sich fürs Vaterland
> »todschlagen« zu lassen. Auch die übrigen Gedanken Dulons sind echte Aufklä-
> rung.)

Patriotismus wurde im 18. Jahrhundert in Deutschland als eine positive
Haltung entdeckt, ohne daß schon die spätere Fixierung auf einen Staat erfolgt
wäre, dem man zu dienen hätte und für den man sich bedingungslos zu opfern
hätte. Patriotismus nahm zunächst die Zielrichtung, erst einmal ein nationales
Selbstwertgefühl zu entwickeln, sich als Bewohner einer bestimmten Nation
positiv zu empfinden. Patriotismus war noch nicht offizielle Pflicht wie später,
er wurde erst langsam dazu. Er war eine neuartige Tugend neben anderen. Der
Libretto-Dichter Metastasio z.B. galt als »Lehrer der Tugend, der Treue, des
Gehorsams, der Vaterlandsliebe, der Pflichten jeden Standes« (J. A. Hiller,
»Über Metastasio und seine Werke«, Leipzig 1786; zit. H. Chr. Wolff,
S. 116).
Manchmal scheint der Begriff aber auch gebraucht worden zu sein, um
bestimmte für die Ausbildung der deutschen Nation und eines spezifisch
deutschen Selbstgefühls wichtige Tugenden an einem Menschen hervorzu-
heben und zu loben, so wenn Dulon (S. 318) von einem selbstlosen, fleißigen
Organisator in Lübeck schreibt, dieser sei »von ächtpatriotischem Eifer für die
Kunst beseelt«, oder gar wenn die umfangreichen Instrumentenanschaffungen
der Erfurter Musikgesellschaft 1784 (Cramer II/1, S. 408) gelobt werden,
»woraus man den Nationaleifer siehet, den sie für die Music haben«.

»Haben die Deutschen einen Nationalcharakter in ihrer Music, und worinn besteht er?«
(Cramer 1783, S. 348)

Johann Adolf Scheibe schreibt (1745, S. 148), »daß der Deutsche gleichsam
zur Nachahmung, und zu einem unermüdeten Fleiße gebohren ist. Diese
beyden Eigenschaften sind es insonderheit, denen wir die Ausbesserung der
italienischen und französischen Musikarten zu danken haben, und daß wir
vornehmlich der ersten eine so ansehnliche Gestalt gegeben haben, als kein
Italiener selbst noch jemals vermögend gewesen. Und wer weiß nicht, daß die
so genannte italienische Musik, so wie wir sie itzo in den Werken unsern
größten deutschen Componisten erblicken, selbst deutscher Abkunft ist; und
daß sie also niemals das Ansehen würde erlanget haben, in welchem sie sich

itzo befindet.« Eine Zwecklüge, die jeder historischen Grundlage entbehrt!
Weiter Scheibe:

»Ja, wir haben endlich auch in der Musik den guten Geschmack gefunden, den uns
Italien noch niemals in seiner völligen Schönheit gezeiget hat. Hasse und Graun, die
auch von den Italienern bewundert werden, beweisen durch ihre erfindungsreichen,
natürlichen und rührenden Werke, wie schön es ist, den guten Geschmack zu besitzen
und auszuüben. Die Herstellung des guten Geschmacks in der Musik, ist also ein Werk
des deutschen Witzes gewesen; und keine andere Nation wird sich dieses wahren
Vorzuges rühmen können.«

»Wenn vom deutschen Styl gesagt wird, daß er ernsthaft, arbeitsam, künstlich, ausgearbeitet, und nachdrücklich sey: so ist gewiß, da diese Eigenschaften nicht bey allen
musikalischen Stücken durchaus nothwendig sind, daß der deutsche Styl sehr schlecht
wäre, wenn er alle Arten der Empfindungen also behandeln würde.« (»Vermischte
Gedanken« Nr. 23, Marpurg 1797/58, S. 538)

Im Gegenteil! Aus dieser Beschränkung erhebt er sich, greift um sich und
findet mit dem »guten Geschmack« die führende Position der Musikna-
tionen:

»Wenn man aus verschiedener Völker ihrem Geschmacke in der Musik, mit gehöriger
Beurtheilung, das Beste zu wählen weis: so fließt daraus ein vermischter Geschmack,
welchen man, ohne die Gränzen der Bescheidenheit zu überschreiten, nunmehr sehr
wohl: den deutschen Geschmack nennen könnte: nicht allein, weil die Deutschen zuerst
darauf gefallen sind; sondern auch, weil er schon seit vielen Jahren, an unterschiedenen
Orten Deutschlands, eingeführet worden ist, und auch blühet, auch weder in Italien,
noch in Frankreich, noch in andern Ländern, misfällt ... Wofern die deutsche Nation
von diesem Geschmacke nicht wieder abgeht ... wenn ferner die Italiäner und Franzosen den Deutschen in der Vermischung des Geschmackes so nachahmen wollten, wie
die Deutschen ihnen im Geschmacke nachgeahmet haben ...; so könnte mit der Zeit
ein allgemeiner guter Geschmack in der Musik eingeführet werden ... In einem Geschmacke, welcher so wie der itzige deutsche, aus einer Vermischung des Geschmackes
verschiedener Völker besteht, findet eine jede Nation etwas dem ihrigen ähnliches;
welches ihr also niemals misfallen kann ... Denn eine Musik, welche nicht in einem
einzelnen Lande, oder in einer einzelnen Provinz, oder nur von dieser oder jener Nation
allein, sondern von vielen Völkern angenommen und für gut erkannt wird, ja, aus den
angeführten Ursachen, nicht anders als für gut erkannt werden kann, muß, wenn sie
sich anders auf die Vernunft und eine gesunde Empfindung gründet, außer allem Streite,
die beste seyn.« (Quantz, 1752, Schluß des Werkes)

Bei Scheibe und Quantz ist bereits der Mythos von der Weltherrschaft der
deutschen Musik angelegt, wie er seit der »Wiener Klassik« durchs ganze 19.
Jahrhundert bis heute fortwirkt. Daß eine Sammlung »Lieder der Deutschen
mit Melodien« (1768) »den Deutschen und ihrem guten Geschmacke in der
Musik Ehre mache«, ist schon 1769 eine Selbstverständlichkeit (Hiller
1768/69, S. 252). Die deutsche Geschmacksführung zählt bereits zum allgemeinen Gedankengut, wird gegen das Jahrhundertende oft für selbstverständlich gehalten:

»Das gründliche Studium der Kunst geht in Italien immer mehr verloren; und es scheint den Deutschen aufgehoben zu seyn, den Italiänern, von denen sie das Schöne der Kunst lernten, itzt wieder Muster im Kunststudio zu werden.« (J. Fr. Reichardt in Cramer 1784/86, S. 148)

Die Besinnung auf die Qualitäten der eigenen Nation setzt in musikalischer Hinsicht überall da an, wo man eine angeblich spezifisch deutsche Tiefsinnigkeit und Gründlichkeit spürt, die von den ausländischen Produkten absticht. Man beginnt, die Stärken der deutschen Musik zu erkennen, und zwar sowohl in den mehr handwerklich-technischen Bereichen wie auch in einzelnen musikalischen Gattungen, schließlich auch allgemein stilistisch.

»Deutschland, dem wahren Vaterlande der Claviere« (Cramer 1783, S. 1246 f), kann nicht so leicht ein Ausländer im Spiel auf den Tasteninstrumenten standhalten. Und was den Bau von Orgeln und Klavierinstrumenten betrifft, »so getraue ich mich doch zu behaupten, daß die Deutschen hierinne die Ausländer weit übertreffen« (Schubart in Bossler 1789, Sp. 196), dies um so mehr, wenn auf solchen Instrumenten sakrale Musik gespielt wird, etwa »Choräle; höchstes Werk deutscher Kunst« (Reichardt 1782, S. 51).

Und so war denn auch die Kirchenmusik eine der Hauptquellen deutscher Eigenart und deutschen Stolzes.

»Die deutsche Musik hat das meiste von den Ausländern entlehnet, und sie unterscheidet sich nur durch eine fleißige Arbeit, regelmäßige Ausführung der Sätze und durch die Tiefsinnigkeit, die sie in der Harmonie anwendet. Sie scheint also sehr gründlich zu seyn; allein, sie fällt auch dadurch sehr leicht ins Schwülstige. Dasjenige aber, was am meisten der deutschen Musik eigen ist, sind die Kirchenstücke, die bey dem Gottesdienste der Protestanten gebräuchlich sind. Es ist wahr, die Erfindung und Auszierung derselben ist gewisser maßen so wohl von den Italienern als Franzosen genommen; allein die Gedanken, die Ausarbeitung, und der dazu angewandte Fleiß unterscheiden sie sehr stark. Sie sind also von ausnehmendem Nachdrucke. Sie rühren und erbauen, und sind also denjenigen Endzwecken gemäß, weswegen sie gebrauchet werden. In einigen Arten von Clavierstücken unterscheidet sich die deutsche Musikart von den übrigen sehr merklich. Wir finden bey den Ausländern weder eine so vollkommene Einrichtung noch Auszierung, noch Ausarbeitung dieser Stücke, als bey den Deutschen; wie sie denn dieses Instrument von allen Nationen mit der größten Stärke, und nach der wahren Natur desselben auszuüben wissen. Die beyden großen Männer unter den Deutschen, Herr Bach und Herr Händel bezeugen solches auf das nachdrücklichste.« (Scheibe 1745, S. 147 f; später S. 637 f rühmt er das »Italienische Konzert« von Bach als Muster dieser Gattung der Klavierkonzerte ohne Begleitung.)

Johann Sebastian Bach wird willkommenes Werkzeug patriotischen Stolzes und Selbstbewußtseins. Wieder ist es eine Anekdote, mit der Bach auf den ideologischen Schild gehoben wird. Und wieder ist der Dresdner Hof dabei im Spiel so wie bei dem Lügenmärchen um den Geiger Veracini (vgl. S. 22). Während diese Mär sich aber erst in der zweiten Jahrhunderthälfte herausbildete, heißt es schon 1739 in einer Schrift von Johann Abraham Birnbaum

(Bach II, S. 348), die Johann Sebastian Bach gegen Johann Adolf Scheibe verteidigt:

»Wie, wenn ich ihm aber einen nennete, der zu seiner Zeit für den größten Meister auf der Orgel und dem Clavier in ganz Frankreich gehalten wurde, wider welchen der Herr Hofcompositeur vor nicht eben gar zu langer Zeit die Ehre der Deutschen und seine eigene völlig behauptet hat. Es war solches Mons. Marchand, welcher bey seiner Anwesenheit in Dreßden, und da sich der Herr Hofcompositeur ebenfalls daselbst befand, auf Veranlassen und Befehl einiger Großen des dasigen Hofs, von dem letztern zum Versuch und Gegeneinanderhaltung beyderseitiger Stärke auf dem Clavier, durch ein höfliches Schreiben aufgefordert wurde [ein Schreiben vom Hof!], sich auch an-heischig machte, verlangtermaßen zu erscheinen. Die Stunde, da zwey große Virtuosen eins mit einander wagen sollten, erschien. Der Herr Hofcompositeur benebst denen-jenigen, so bei diesem musikalischen Wettstreit Richter seyn sollten, erwarteten den Gegenpart ängstlich, doch vergebens. Man brachte endlich in Erfahrung, daß selbiger bey früher Tageszeit mit der geschwinden Post aus Dreßden verschwunden war. Sonder Zweifel mogte der sonst so geschickte Franzose seine Kräfte zu schwach befunden haben, die gewaltigen Angriffe seines erfahrnen und tapfern Gegners auszuhalten. Er würde ausserdem nicht gesucht haben, durch eine so schnelle Flucht sich in Sicherheit zu setzen. So sahe es vor einigen Jahren aus. Ob aber nach der Zeit in Frankreich einer aufgestanden sey, welcher dem Herrn Hofcompositeur im Clavier- und Orgelspielen die Spitze biethen könne, ist von meinem Gegner annoch zu erweisen.«

Obwohl die 1754 von Bachs Sohn Carl Philipp Emanuel und dem Schüler Joh. Friedrich Agricola anläßlich Bachs Tod verfaßte Lebensbeschreibung Johann Sebastians (der sogenannte Nekrolog) eine Anerkennung der Werke Mar-chands durch Bach bescheinigt und das soeben kolportierte Wettspiel zwi-schen den beiden weit sachlicher als Scheibe berichtet (Bach III, S. 83), wurde die Geschichte weiter kolportiert und mächtig ausgewalzt, ausgeschmückt und mit neuen Details versehen. Marchand hörte z. B. Bach üben und verschwand daraufhin mit eingezogenem Schwanz. Johann Nikolaus Forkel in seiner Bachbiographie von 1802 greift die Geschichte dann auch dankbar als ein Indiz für seine These auf, Bachs Musik als schärfste musikalische Waffe aller Nationen sei Pflicht-Übungsgerät aller national denkenden Deutschen (Neu-ausgabe 1968, S. 24 f): Marchands musikalische Gedanken, »leer und unkräf-tig«, hätten der »Allgewalt des jungen rüstigen Deutschen« weichen müssen.

Und obwohl fast die gesamte ernst zu nehmende Bachforschung seit dem späteren 19. Jahrhundert die Echtheit der Geschichte anzweifelte oder ab-lehnte, ist sie fester Bestandteil auch neuerer deutscher Musiklehrbücher für die Schulen geblieben: Die Errungenschaften des 18. Jahrhunderts sind unver-ändert unsere Grundlagen geblieben!

Mochten die Auseinandersetzungen und Einflüsse der deutschen und der ausländischen Musik in der Realität der Musik und der Musiker noch so anders aussehen; die breite Öffentlichkeit, vorbereitet und beliefert von den Ideologen des frühen Musikjournalismus, verzerrte die Tatsachen und spitzte sie auf kämpferische, polare Gegensätze der Nationen zu. Die Absicht, aus den vielen zersplitterten Ländern eine Nation zu bilden, wurde dabei nicht direkt geäußert, sondern durch ein emotionales Drängen zu einem allgemeinen Bewußtsein aufgeblasen. Und daß dieses Bewußtsein auch allgemein als aktive Tätigkeit der Unterhaltung und bürgerlichen Halbbildung genährt und weitergetragen werden konnte, ist Aufgabe der neuen Form des Bildungsklatsches mit hämischer, selbsterhöhender Tendenz: der Anekdote. (Mehr dazu bei Freia Hoffmann, »Gewaltig viele Noten, lieber Mozart! – Über die gesellschaftliche Funktion von Musikeranekdoten«, in: P. Schleuning [Hg.], »Warum wir von Beethoven erschüttert werden ... u. andere Aufsätze über Musik«, Frankfurt 1978; »Anekdoten und Reflexions« sind von Burney gesuchte Informationen; vgl. Bd. II 1773, S. 181.)

Auch andere Mitglieder der Familie Bach waren Symbolfiguren der deutschen Stärke und Eigentümlichkeit, vor allem Carl Philipp Emanuel Bach, zunächst Hofcembalist bei Friedrich II., dann Hamburger Musikdirektor als Nachfolger Telemanns. Die Bedeutung und Berühmtheit, die man heute seinem Vater Johann Sebastian zumißt, auch wenn die Zeitgenossen dies nicht immer taten, wurde Philipp Emanuel im 18. Jahrhundert uneingeschränkt zugesprochen. Er war für viele der »Heros der deutschen Musik« (S. 364), das lebendige Denkmal aller deutschen musikalischen Tugenden, vor allem da er nicht ausländischen Stilen nachlief, nein: »Dank sey es dem Genius unserer Zeit, Emanuel ist, – zuverläßig ist er – Original ... Geist, der für den Deutschen, auf deutschen Grund und Boden, die Pfade der Originalität eröfnet und gebahnt hat.« (»Zwanzig Componisten eine Skizze von Carl Ludwig Junker«, Bern 1776, S. 9 ff, auch das Folgende) Und nun folgen einige Charakterisierungen von Bachs Stil, die als symptomatisch für gute deutsche Musik gelten sollen.

»Wie müßte deutsches originelles Produkt seyn? Körnicht, gründlich, also auch gedacht, und durchgedacht, mit dem stätigen Gepräg eines Systems; schön, insoferne Schönheit nicht der letzte Zweck seyn muß, – also untergeordnet schön, aber denn auch zweckmäßig schön, ohne merkliche Neigung gegen die beyden Extremen, – oft mit einer kleinen Mischung von Phlegma, aber nicht merklich herfürstechend – und so ist Bachens Satz.« (Fortsetzung zit. S. 269) »Wahr ists, wenn Bach, der Vater der Theorien, weniger immer währendes Theoriengefühl hätte, geschmeidiger würde denn oft seyn Gesang seyn; – aber korrekt ist er – korrekt, daß er die feinste Zergliederung bis ins Detail aushalten kann, – auch wenn zergliedern kritische Probe seyn sollte. Seine kühnsten Züge sowol in der Melodie als Modulation sind niemals gegen die Regeln, sondern beständig gelehrt. Nicht unwissende Schwärmerey ist sein Flug, sondern Ergiessung eines kultivierten Genies – mit Erfindung, Reichhaltigkeit, Geschmack, Gelehrsamkeit, Ideal, gestempelt; und dadurch zum Probierstein des Geschmacks gemacht.«

Ja, später schreibt der gleiche Autor sogar, daß Emanuel Bach »deutsch« setze und spiele und daß »der Unterscheidungscharakter seiner Composition und Spielart ... Drang, harmonische Fülle, Deutschheft der Melodie, Sonnenflammen der Empfindung« sei (Musicalischer Almanach auf das Jahr 1782, S. 2).

Diesen Definitionsversuch des Deutschen in der Musik möchte ich – ehe im vierten Kapitel dazu mehr Material über Emanuel Bach folgt – schon hier mit einem Notenbeispiel begleiten, in dem die von Junker beschriebene »Deutschheit« auch für uns heute noch in erstaunlicher Weise präsent ist: C. Ph. E. Bach, Fantasie C-Dur, Teil 4, aus »Clavier-Sonaten und Freye Fantasien nebst einigen Rondos für Forte-Piano«, Nr. 6 der Sammlungen »Für Kenner und Liebhaber«, 1787.

Wie an den Dokumentationen über Johann Sebastian und Carl Philipp Emanuel Bach zu sehen war, erwuchs das musikalische Selbstwertgefühl der Deutschen zunächst auf dem Gebiet der Instrumentalmusik, vor allem der Klaviermusik. Sie war das eigentliche Zentrum der deutschen Größe und blieb es auch. Jedoch trat, spätestens seit den Leistungen der Mannheimer Hofkapelle in der Jahrhundertmitte – ihre in ganz Europa berühmte Musik hatte auch den Beinamen »Melodia germanica«! –, auch die Orchesterkomposition und -spieltechnik als Prestigeobjekt deutscher Musik hinzu. Folgende Anekdote von 1788 (Bossler, Sp. 88) gibt ein Bild davon:

>»Anekdote. Als der Herzog von Würtenberg im Jahre 1767 eine Reise nach Venedig machte, nahm er auch in seinem Gefolge den Kern seines damaligen Orchesters mit sich. – Eine Musik aus Schwaben nach Italien – – welcher groser, kühner Gedanke! Aber der Herzog kannte seine Leute, unter denen, im Vorbeigehen gesagt, mehrere deutsche und eigene Landskinder waren, und durfte im Voraus sich schmeicheln, daß sein Orchester unter Anführung eines Jomelli jedem andern in Italien die Spitze bieten werde. Wirklich war dem so. ›Questa musica no se mai sta sentita a Venezia‹, rief der Italiener ganz entzückt aus, ›ed de questa sorte di Musica se senti sempre in Germania‹ sagte der Herzog.« (Solche Musik ist noch nie in Venedig gehört worden, rief der Italiener ganz entzückt aus. Und solche Musik hört man ständig in Deutschland, sagte der Herzog, der, falls er es je sagte, ein unglaublicher Maulheld war.)

Aber auch die Gesangsmusik holte als Mittel zur Selbstbehauptung auf. Burney schrieb zwar schon, »daß, nächst der italiänischen die deutsche Singart am wenigsten fehlerhaft und gemein ist, vor allen andern Völkern in Europa« (Burney 1773, 1, S. 85). Aber Schriftsteller wie Scheibe und Hiller stellten die deutsche Gesangskunst bereits gleichberechtigt neben die der »Welschen«, und 1790 konnte man dann folgende, eher der Phantasie als den Realitäten entstammende Meldung lesen (Bossler, Sp. 8):

»Etwas zum Ruhme deutscher Musik und Musiker. Man sagt Ditter von Dittersdorff würde in Preussische Dienste treten und im Berliner Opernhause nähestens sein großes Oratorium Hiob mit 200 Musikern aufführen. Es gereicht ihm und durch ihn allen Deutschen zur Ehre, daß selbst Italiäner deutsche Worte unter seine deutsche Musik sezen; ja seine Opern werden in ganz Italien mit eben dem reissenden Beifalle aufgeführt wie in Deutschland.«

Kosmopolitismus?

Was für ein Außenseiter ist der unbekannte Autor der »Vermischten Gedanken«, deren einundneunzigster heißt (Marpurg 1757, S. 41):

»Ein wahrer Musikliebhaber muß den Deutschen, den Franzosen und den Italiäner, nicht als einen Deutschen, Franzosen oder Italiäner, sondern als einen Tonkünstler ansehen. Er braucht nicht zu fragen, ob ein musikalisches Stück diß oder jenseits der Alpen geschrieben ist. Er muß nicht festsetzen, daß die Deutschen nur zu arbeitsamen Sachen, die Franzosen nur zu Trinkliedern, und die Italiäner, nur zu Opernarien geschickt sind. Gleich wie die Gelehrsamkeit und der Witz eines Landes nicht nach dessen Polushöhe abzumessen ist: also ist auch ein grosser musikalischer Geist weder ein Bachianer, noch Hendelianer, und hat weder H. noch G. allein geschworen. (Die Abkürzungen könnten für die Opernkomponisten Hasse und Graun stehen.)

Auch wenn Balet (S. 174) – auf Zitate von Wieland und Lessing gestützt – den Eindruck erweckt, die antipatriotische Richtung auf ein Weltbürgertum hin, auf den Kosmopoliten als Idealfigur des Bürgertums, sei stark und bestimmend gewesen – dies ist an zahlreichen Beispielen aus der literarischen Kritik der Zeit zu verfolgen, etwa im Jahrgang 1772 der »Frankfurter gelehrten Anzeigen« (Neuausgabe Leipzig 1971, Reclam, vor allem Nachwort, S. 443) –, so kann man innerhalb der Musikwelt der damaligen Zeit doch nur wenige Spuren davon bemerken.

Zwar läßt Carl Ludwig Junker seinen »Musicalischen Almanach auf das Jahr 1783« in dem Phantasieort Kosmopolis erscheinen, und wohl schreibt Gluck 1773: »Ich habe eine allen Nationen gleich ansprechende Musik vor Augen, um den lächerlichen Unterschied der Nationalmusiken aufzuheben« (orig. französisch, bei Balet, S. 178 f; auch die Bemerkung Chabanons von

1785, Glucks Musik sei »la langue universelle de notre continent«). Und die
Ideologie von der Musik als Sprache aller Menschen (»alle Menschen werden
Brüder«) findet hier und da schon eine Dimensionierung, die sogar über die
Grenzen Europas hinausgeht:

>»Ey was! die Sprachen, die Dialekte sind so verschieden, daß man öfters einen Bauer
vom benachbarten Dorfe nicht versteht, und die Musik ist für den ganzen Erdboden
eine und dieselbe! Der Begriff des Schönen ist nicht bey allen Völkern einerley, und
doch ist es der Gesang! Der Hurone singt wie bey uns der Ackermann hinter dem
Pfluge! Was der eine vorsingt, versteht sogleich der andere, und singt es nach!« (Hiller
1781, S. 117; Fußnote Hillers)

Aber beim Überblicken des Musikschrifttums der Zeit tauchen solche Haltungen und Meinungen nur vereinzelt auf. Die generelle Linie ist die, erst einmal
danach zu suchen, wie denn die Nationalmusik überhaupt auszusehen habe,
was sie von anderen unterscheiden solle und ob ihre Helden auch genügend
gewürdigt werden. 1785 druckt Cramer im »Magazin der Musik« (II/1,
S. 717) den Leserbrief eines Kassler Bürgers ab, der aus einem vorangegangenen Zeitschriftartikel über das Kassler Musikleben den herablassen-
den Satz zitiert: »Gluck kennt man noch, sagt Recensent«, und der dann
aufgebracht fortfährt:

>»Nein, Gluck wird hier von Kennern äußerst hoch geschätzt, und wir sind stolz auf
diesen, so wie auf jeden andern unserer großen Landesleute. Von welchem Bach redet
denn Recensent? Wir schätzen sie alle. Soll es z.B. der Londoner seyn? Der wird wegen
seines schönen Gesanges, besonders in Vocalmusik, geliebt. Soll es der Hamburger
seyn? der wird wegen seiner tiefen Kenntnis der Harmonie, – besonders im ersten [soll
wohl heißen: ernsten] Kirchenstil – sehr bewundert. Viele andere große Deutsche,
besonders Haydn, sind Lieblinge unsers musikalischen Publikums, und selten wird in
den Concerten etwas anders als deutsche oder italiänische Music aufgeführt.« So, jetzt
hat er sich vor der Nation gerechtfertigt und zugleich seine Bildung bewiesen!

Schärfer noch ein Gedicht eines patriotischen Musikers, Christian Friedrich
Daniel Schubart, von 1774 aus seiner »Deutschen Chronik«:

DER PATRIOT UND DER WELTBÜRGER

»Wie lieb ich dich, mein Vaterland, wo ich den ersten Odem zog
und frische Lüfte zog; Wie lieb ich dich, wie lieb ich dich«,
so sprach ein deutscher Biedermann, und Tränen flossen vom Gesicht.
(Oft weint ich in der Mitternacht auch solche Tränen; Gott, du weißt's!)
Ihn hört ein Weltmann, kalt wie Schnee, nahm Schnupftabak und lächelte:
»Was Vaterland? – Haha, ha, ha! Mir ist, weil ich weit klüger bin,
die ganze Welt mein Vaterland. – Wo für mich Brot und Ehre ist,
da ist mein Vaterland!« –
Der Deutsche sprach biedermännisch, keck und kalt:

»So schlägst du mit geballter Faust die eigene Mutter, die dich tränkte,
ins Angesicht? – Undankbarer! Hat jene Dirne dich gesäugt,
der du die geilen Lippen küssest? –
Fleuch hin zur Krippe, draus du frißt,
und nenne sie dein Vaterland!«

Patriot *und* Weltbürger konnte also niemand sein? Offenbar aber doch:

»Mein Herr, Unser Graun ist hin! Der Schmuck der deutschen Musen ... Der Mann,
der sich mit nichts als unserm Herzen unterhielt ... ein Muster in der heiligen Musik,
unnachahmlich auf der Bühne: der liebenswürdigste Mann, der rechtschaffenste Weltbürger, der Patriot – unser Graun ist dahin! –«
(F. U. Zachariä auf den Tod Carl Heinrich Grauns 1759 in Marpurgs »Kritischen
Briefen über die Tonkunst«, Bd. I, 1760, zit. bei Burney 1773 II, S. 170)

Der Widerspruch war offenbar nicht allgemein geklärt! Vielleicht erleichterte
die Tatsache, daß der Patriotismus sich mehr auf einen Traum als auf eine
Tatsache, nämlich ein real existierendes Vaterland in Staatsform, bezog, manchem das Kunststück, zugleich Kosmopolit *und* Patriot zu sein: Dazu konnte
er auf Reales zurückgreifen, die bestehende Welt, ihre Völker und Staaten!

Vor der Wiedervereinigung sagte man: Da die Teilung Deutschlands meinen
Patriotismus hemmt, bin ich für den Europagedanken!

Es »wäre eine schöne Sache«, schreibt Dulon (1802, S. 268 f), »wenn
Schauspieler, die doch wenigstens auf dem Theater, im eigentlichen
Wortverstande wie ein Buch reden, da alles, was sie sagen, aus einem
solchen kömmt, endlich einmal anfangen wollten sich einer reinen Sprache zu befleißigen: denn fränkisch, schwäbisch, baierisch, östreichisch,
ober- und niedersächsisch, kurz alle möglichen Mundarten unserer Sprache bekömmt man noch immer zu hören deutsch aber höchst selten. Die
deutsche Sprache der meisten Theater-Prinzen und Prinzessinnen läßt
sich sehr gut mit dem deutschen Gemeingeist des größten Theils unserer
Nation vergleichen; denn beide haben dies miteinander gemein, daß sie
noch gar nicht existieren.«

Erst nach 1871, unter dem Eindruck der Reichsgründung, vollendete
Duden seine Arbeiten zur Einheitsorthographie.

Die Musik aber vermochte schon weit früher die deutsche Einheit in
sich zu zeigen. Schon im 18. Jahrhundert wurde sie zum Sinnbild der
zukünftigen deutschen Nation und ihrer Weltherrschaft: Der »deutsche
Geschmack« übertraf alles.

Johann Friedrich Reichardt über Georg Bendas Melodram »Ariadne auf Naxos«:

»Eine so echt genialische Musik war in den Mauern unserer deutschen Schauspielhäuser noch nicht erschollen. Ganz Deutschland weiß auch, welche allgemeine, im deutschen Publikum bis dahin unerhörte Wirkung sie von Wien bis Hamburg, von Berlin bis Mannheim und auf allen großen und kleinen Theatern hervorbrachte.« (Reichardts »Musikalischer Almanach« 1796, zit. Schlichtegroll, S. 20)

… von der Maas bis an die Memel, von der Etsch bis an den Belt …

Eine Zugabe:
Die Schlacht ums Nadelöhr

> Entwurf einer Szene für ein didaktisches Drama mit
> dem Untertitel: Die Entwickelung der deutschen
> Kunstmusik, zu Scenen geordnet und gesäubert.

Scene XII: Im Eichendom, mitten im zerrissenen Herzen Deutschlands. Dämmerung, ferner trauter Glockenklang, Bratenduft, einige Hammerhiebe hörbar. Der Kuckuck schweigt. 2 große Tafeln: Willkommen im Göttinger Hain! Toiletten am Bach!

Es treten auf:

Johann Adolf, mit Scheibe und Schwert
Johann Adam, Entdecker des Pfefferminz
Friedrich Gottlieb, Klopstock und Schlapphut steht ihm gut
Friedrich Wilhelm, von Marpurg angeritten
Ein Unbekannter mit Maske
Carl Ludwig, ein Junker
Jacob Adlung
Justus, der Möser und Verweser
Johann Nikolaus, mit Forke und Flegel
Johann Friedrich, genannt Reichardt
Heinrich Philipp Carl, Bossler von allen
Horstig, ein Knappe
B. S.
Wolferl
Volk

Sie bilden einen Halbkreis und stützen die aufstützbaren Geräte auf. Das Volk ist dicht hinter sie geschart und wendet dem jeweils Sprechenden die Antlitze zu, Schwerhörige halten die Hand hinters Ohr, Blinde recken die Hälse in die entsprechenden Richtungen, Stumme lauschen mit offenem Mund, Taube

stehen links abseits, Übelriechende rechts abseits, im Vordergrund tanzen
bezopfte Kinder einen Ringelreihen, jedoch nur zwischen den Reden der
Mannen: Während der Reden halten sie gespannt inne und wenden die
Köpfchen. Ein Knappe hält einen Mantel vor eine besonders starke Eiche, an
der gerade ein Schäferhund seine Notdurft verrichtet. Bierhumpen liegen
umher oder werden von den Frauen bereitgehalten. Der Wald webt, jetzt
schon, aber grünt er auch?

Heinrich Philipp Carl (aus düsterem Brüten auffahrend, in die Kronen blik-
kend):

> *Man hat schon oft* (aufbrüllend) *theils laut,* (beiseite) *theils im stillen
> darüber geseufzet* (er seufzt) *und* (er blickt in die Runde und wird lauter)
> *mancher patriotische Freund der Tonkunst war offenherzig und frei
> genug,* (in den Boden weisend) *auf die Nachtheile aufmerksam zu ma-
> chen, die* (er hebt den Finger) *für die gute Sache der Harmonie noth-
> wendig daraus entstehen müssen,* (herumfahrend, laut) *und bereits daraus
> entstanden sind,*

Alle Mannen (betroffen):

> Sind!

Heinrich Philipp Carl:

> *und zugleich* (ballt die Faust) *männliche,* (hebt die Hand ans Haupt) *reif-
> durchdachte und* (hält die Hände senkrecht nebeneinander) *dem Bedürf-
> nis der Sache angemessene Vorschläge zu geben, um noch in Zeiten dem
> verderbten Geschmack Einhalt zu thun, und* (die Mannen ziehen die
> Waffen) *die Bemühungen solcher musikalischen Groß- und Kleinmänner
> zu vereiteln* (wegwerfende Geste), *die die Eichenhayne unserer Väter
> rumpf und stumpf ausrotten* (alle, auch das Volk, blicken auf in die
> Baumkronen und bedecken zugleich ihr Haupt), *und statt derselben nur
> bunte wohlriechende Blümlein pflanzen wollen* (alle halten die Nase zu),
> *die im Sonnenstrahl der Kritik ihre düftende Kelche sinken lassen.* (Boss-
> ler 1788, Vorrede)

Das Volk (murmelnd):

> Rumpf und Stumpf, Rumpf und Stumpf!

Die Mannen:

> Heil unserm Bossler!

Der Junker Carl Ludwig (erregt, fragend):

> *Aber der Deutsche, sagt man ist nichts als Nachahmer – (unser Nachbahr
> überm Rhein, und der halbdeutsche Britte sagen es,) – ist fast stets im
> Mittelpunkt, um den sich fremde Nationen im Kreise drehen,* (er greift
> wie schwindelnd an sein Haupt, die Mannen schwanken leicht, eine Frau
> sinkt um) *und nimmt, je nach dem er aus seinem Mittelpunkt gedreht,
> einer Nation näher kommt, mehr ihre Mischung an, – nimmt oft von allen
> was an, je nachdem er fester in seinem Punkte bleiben kann, – mehr oder
> weniger.*

Jacob Adlung zu Horstig (beiseite):
Wieso mehr oder weniger? Versteht Ihr das?
Horstig:
Ziemlich gewunden ausgedrückt. Ich versteh's nicht! Aber es geht sicher um den bösen Franzmann, soviel ist gewiß!
Junker (fährt fort):
Hat ihm die Natur keine eigene Stimmung gegeben, sondern es andern Nationen überlassen, seine Saiten aufzuziehen, herunter zu lassen, abzusprengen, und ihn zu einer uncharakteristischen – Creatur zu machen? (Junker, Zwanzig Componisten, Bern 1776, S. 8f)
Johann Adolf (die Stirn in düsteren Falten, schwer auf die Scheibe gestützt):
Unsere eigenen Kräfte sind uns viel zu geringe gewesen. Wir haben die Ausländer berufen, um uns durch ihre unnatürlichen Verdrehungen (er tritt mit dem linken Fuß über den rechten und zieht eine Schulter hoch) *und durch eine rasende Einbildungskraft zugleich mit zu verwirren* ... (er greift an die Stirn, um sich zu konzentrieren)
Jacob Adlung zu Horstig (beiseite):
Worum geht's, Horstig?
Horstig (ebenso):
Weiß nicht! Johann Adolf hat eine so rasende Einbildungskraft, daß ich ihm kaum folgen kann.
Johann Adolf (fortfahrend):
Alles dieses verhindert uns auch nicht, zu sagen: daß die Italiener meistentheils an dem Verfalle Schuld haben, in welchen die Musik bey gelehrten und vernünftigen Leuten gerathen ist.
B. S.:
Im Weltkrieg haben sie uns auch alles vermasselt, die Schlappschwänze! (fährt plötzlich erschrocken zusammen und blickt sich verstört um) Wirklich, eine rasende Einbildungskraft, geradezu teuflisch, haben die uns hinterlassen!
Johann Adolf (fortfahrend):
und woraus man sie kaum mit der größten Mühe wird wieder ziehen können. (Scheibe 1745, S. 4)
Volk (durcheinander):
Verdammte Makkaronis! Dreckige Itakker! Und so was wird hier bei uns geduldet!
Heinrich Philipp Carl (heftig nickend, sich vordrängend):
Mir sind ausser Berlin nur wenige Höfe bekannt, da man sich *gleichsam zum Gesez machte, bei der Besezung solcher Stellen auf Männer von ächtem Schrot und Korn Rücksicht zu nehmen!* (Bossler 1788, Vorrede)
Volk (in Gruppen sich zunickend):
Und unsereiner muß stempeln gehen!

Jacob Adlung zu Horstig:
  Der meint die Vorarbeiter-Stellen, oder?
Horstig:
  Nein, Hofkapell-Meister-Stellen, natürlich!
Der Unbekannte (die Hände ringend, dann aber immer finsterer, dräuender, stockender, endlich schimpfend und hustend):
  Wir sind und bleiben undeutsch, und werden nie etwas anders, als die ewigen Affen fremder Nationen, ein ewiger Vorwurf der Ausländer, ein ewiger Gegenstand ihres Spottes. (Cramer 1786, S. 1059)
Friedrich Wilhelm:
  Wenn das noch lange so weitergeht, passiert was! Dann explodiert hier was! Dann wollen wir sie dreschen! Immer feste druff! Jaha! (wild auflachend)
  (Der Knappe reicht dem Schäferhund Papier hinter den Mantel.)
  Das Vorurtheil ist doch allmählich bey uns verschwunden, als ob die schöne Musick nur in Welschland zu Hause sey. Die Ehrfurcht gegen die erlauchten Namen in ini und elli verliert sich, und die ehemals mit den schamhaften Mittelstimmen beschäftigten Deutschen haben sich bis zum ersten Platz in dem Orchestre der Fürsten erhoben.
Die Mannen (laut heraus):
  Jawoll! Recht so! Wir sind wieder wer! Diese Fremden schnürten uns ja schon fast die Kehle zu! Weiter so!
Das Volk (sich gegenseitig in die Seite stoßend, hämisch kichernd):
  elli! ini! oni! aldi! erdi! acci! itti! icci!
Friedrich Wilhelm (fortfahrend und auffahrend):
  Man giebt den Prahlereyen der Ausländer nicht weiter Gehör! (Marpurg 1749, S. 1)
Alle:
  Niemals wieder! Kein Wort wird mehr geglaubt!
Wolferl:
  Scharlatan wie alle Welschen! (Mozart Briefe III, S. 272)
Friedrich Wilhelm (den Finger hebend und sich in der Runde umschauend):
  Es werden ja allen hier *die häuffigen Singespiele des vortreflichen Kaysers, die schon zum Ausgange des vorigen Jahrhunderts die Ehre der Deutschen gegen die Welschen gerettet, nicht unbekandt seyn.* (ebenda, S. 36; gemeint ist Reinhard Keiser)
Johann Adolf:
  Aber sicher! Genau!
Johann Nikolaus:
  Wie meine Westentasche! Alles im Zettelkasten!
Johann Adam:
  Zwar nicht so gut wie meine, aber sicher wichtig!

Jacob Adlung zu Horstig (leise):

> Kennt Ihr vielleicht irgendeinen deutschen Kaiser, der Singespiele machte?
> Ich kann mich nicht erinnern, je davon gehört zu haben!

Horstig (zweifelnd):

> Vielleicht der große Kaiser Maximilian?

Jacob Adlung:

> Da wüßt ich nur von Reiterspielen!

Horstig (nickend):

> Auch ich! Aber still, der Bossler tritt vor!

Heinrich Philipp Carl (mit einem gewaltigen Schritt einen Eichenstumpf streifend; die ob seines Schmerzgeheuls Herbeieilenden würdig abweisend; nun desto markiger):

> Ein *überzeugender Beweis ... was der Deutsche kann, wenn er will; wie er, wenn die Riesenkraft seines Genius einmal in ihm erwacht, festen Trittes auf der Bahn des Ruhmes neben dem stolzen Ausländer einhergeht* (er und die Mannen fangen unwillkürlich an, stampfend am Ort zu schreiten) *und auf dem Kampfplatz der Ehre ihm den Sieg streitig macht.* (Bossler 1789, Sp. 200, über Haydns »Stabat mater« im Vergleich zu Pergolesi)

Johann Adolf (sich in die Brust werfend und die Scheibe im Jubel hochwerfend):

> *Wir haben endlich, wie an mehr als an einem Orte bemerket worden, anitzo unter den Deutschen solche Männer* (er prüft sein Beinkleid), *daß auch die geringsten derselben es mit den besten der Welschen allemahl aufnehmen können! Und wer weiß nicht, daß es bereits unsere Nation so weit gebracht hat* (er macht eine Pause und kostet umherblickend die allgemeine Spannung aus), *daß ihre Erfindungen von den Welschen selbst häufig nachgeahmet, noch häufiger aber ab- und ausgeschrieben werden?* (Scheibe 1745, Vorrede, S. c2)

Das Volk (wie erlöst):

> Endlich! Das wurde aber auch Zeit! Jetzt sollen die Itakker sehen, wo sie bleiben! Hurra! Hurra! Das Gesocks soll zurück über die Alpen!

Wolferl:

> *Welscher Hasenfuss!* (Briefe III, S. 78)

Friedrich Wilhelm (ernst und unerbittlich, mit flatterndem Mantel):

> *Ich halte dafür, daß, so sehr die Eigenliebe die Welschen bishero verblendet hat sie nunmehr den Söhnen unsers Vaterlandes Recht wiederfahren lassen müssen.* (Marpurg, 1749, S. 2 f)

Ein Volksgenosse mit Mütze:

> Isses wirklich so ernst?

Friedrich Wilhelm (beteuernd und beifallheischend in die Runde blickend):

> *Die geringsten Bänckgensänger, welche Italien, so wie die Murmelthiere,*

hecket, blasen sich ja wie angefeuchtete Erdschwämme auf! (er nimmt einen gewaltigen Atemzug, daß ihm vorne zwei Knöpfe abplatzen) *Und kommen wir gar auf würckliche Virtuosen, wie unleidlich ist ihr Stolz nicht ihren eigenen Freunden?* (Marpurg 1749, S. 30)

Der Volksgenosse mit der Mütze:

Ja, wenn's so ist!

Andere:

Eben, drum!

Johann Friedrich (mit der Brille deutend):

Da hilft nur eins, was einer unserer guten Fürsten machte: *Er hat das französische und italienische Theater abgeschafft, und sie in ihr Vaterland geschickt mit der Ermahnung, sie sollten lieber streben, ihrem Vaterlande zu gefallen, so wie sein Volk auch da für sorgen wolle. Und wann ihr zu viel fürs Vaterland wären, so würde es demselben gewiß an Feldarbeitern fehlen. Sollten sie also nicht alle das Glück haben können, in Rom für den Pabst zu singen,* so *könnten sie doch ihren Landleuten dadurch gefälliger und nützlicher werden, daß sie die Gegend um Rom herum ein wenig fruchtbarer an Bäumen, Gras und Kräutern und Vieh und Menschen machten.* (Reichard 1774, S. 142 f, als Hoffnung auf eine entsprechende Tat eines Fürsten formuliert)

Einzelne (aufjauchzend):

Genau! Der weiß, wo's lang geht! So muß es gemacht werden!

Das Volk:

Hahahahaha!

Johann Nikolaus:

Hähähähähä!

Heinrich Philipp Carl:

Harharharhar!

Johann Adolf:

Ganz richtig, Straflager! Die sollen tüchtig körperlich arbeiten! Dann vergeht ihr Stolz!

Eine Gruppe (rufend):

Juden raus! (Schenkelklopfen).

Eine Gruppe (singend):

Die Juden ziehn umher.
sie ziehn durchs Rote Meer,
das Meer schlägt zu,
die Welt bat Ruh!

(mündl. überl. aus der SA)

Justus, der Möser (tritt vor, würdig, mit einer Handbewegung Ruhe gebietend):

Unsere deutschen Meister *können zwar noch in der Wahl der Früchte,*

welche sie zu bauen versucht, gefehlt, und das gewählte nicht zur höch-
sten Vollkommenheit gebracht haben. Aber ihr Zweck ist die Veredlung
einheimischer Produkte, und dieser verdient den dankbarsten Beifall der
Nation, so wie er ihn auch wirklich erhielt, ehe diese in ihrem herzlichen
Genusse von den alten verwöhnten Liebhabern der auswärtigen Schön-
heiten gestöret und durch den Ton der Herren und Damen, die eine
Pariser Pastete dem besten Stücke Rindfleisch vorziehen, stutzig gemacht
wurden! (Justus Möser, zit. bei Reichardt 1782, S. 47 f)
(Der Bratenduft verstärkt sich, der Schäferhund springt schnüffelnd hin-
ter dem Mantel hervor.)
Friedrich Gottlieb (aufheulend und zu Boden sinkend):
Selbst Händel gaben wir! (Klopstock, zit. bei Cramer 1784, S. 174)
(Die Mannen springen ihm bei, suchen ihn zu trösten und aufzurichten,
alle schauen besorgt, dann allmählich um so zorniger und entschlos-
sener.)
Einzelner (tröstend):
Beckenbauer ist auch wiedergekommen.
Johann Nikolaus (zustimmend, streicht Fr. Gottlieb übers Haar):
Der da hat ganz recht: Der Franz hat's den Amis auch gezeigt. *Man will*
den grossen Mann dem Vatertande entziehen, aber der Deutsche über-
windet und giebt blos zu, daß er zuweilen die eifersüchtigen Nachbarn
durch seine Gegenwart und durch seine neuern Werke entzücke und
belehre. Diese 40-Meter-Pässe schaffte keiner bei »Cosmos-New York«.
(Über Gluck; S. 64 der hier S. 469 genannten Quelle)
Einzelner:
Wenn ich noch an die Weltmeisterschaft damals in München denke . . .
Friedrich Riedel (über Tonband aus der Kulisse):
Die Deutschen haben gesiegt, wie sie zu siegen gewohnt sind. (Über
Gluck; S. 57 der gleichen Quelle)
Einzelne (murmelnd, auf den knienden Friedrich Gottlieb blickend):
Na ja . . . '45 war's nicht ganz so . . . Müßte man mal durchgehen, die
einzelnen Kriege: also 70/71 schon . . . Aber '18 . . . In Spanien '36 auch
nicht übel . . . Und der Dreißigjährige Kr . . . Na, jetzt geht's aber los,
was?
Heinrich Philipp Carl (bedenklich auf den Zusammengesunkenen deutend):
Er weiß . . ., daß eine Composition, wenn sie nur dem Ohr schmeichelt,
ihr Glück oft besser macht, als eine solche, in welcher der Geist eines
Händels oder Bachs lebt und webt und die nach den gesunden Regeln der
Kunst und des Geschmacks gearbeitet ist. (Bossler 1788, Vorrede; der
gute Musiker ist gemeint.)
Das Volk (singend):
Gott erhalte Carl, den Bossler!

(Ein Druide tritt auf und sammelt Heilkräuter, alle treten ehrfurchtsvoll zur Seite.)

Johann Adolf (fest, bestärkend):

Ein so großer Meister der Musik, als Herr Bach ist, ... mit dem wir den Ausländern sicher trotzen können, mußte es auch seyn, uns ... ein solches Stück zu liefern? welches den Nacheifer aller unserer großen Componisten verdienet, von den Ausländern aber nur vergebens wird nachgeahmet werden. (Scheibe 1745, S. 638; gemeint ist das Italienische Konzert von J. S. Bach.)

Chor:

Deutsche Wertarbeit, made in Germany!

Horstig zu Jacob Adlung (leise):

Soll ich auch was sagen?

Jacob Adlung:

Wißt Ihr denn was?

Horstig:

So in der Art der Vorredner, denk ich!

Jacob Adlung:

Nun denn! Beginnet, ich halte beide Daumen!

Horstig (laut, bleich):

*Wie hätte sich also dieser Mann je mit den schmeichelhaften Süssigkeiten der neuen, besonders der italienischen und französischen Mu*sik *völlig aussöhnen, wie hätte er seine altdeutsche Kernhaftigkeit* (er knackt mit den Fingern, seine Schuhe knarren) *mit der lieblichen Schale der Ausländer vertauschen können?* (zit. bei Schlichtegroll, S. 9, über Joh. Christoph Friedr. Bach)

(Beifall, Zurufe, Jacob Adlung klopft ihm bewundernd und voller Neid die Schulter.)

Johann Adam (sucht gerade mit dem Druiden Pfefferminzen, über die Schulter):

Wir Deutschen haben immer die Ohren von italiänischen Coloraturen so voll, daß ein guter deutscher Gesang selten die gehoffte Wirkung bey uns thun kann. (Hiller 1766, S. 218)

Das Volk (singend):

Gott erhalte Johann Adam!

B. S. (tritt zögernd vor):

Der Liederkomponisten ... hat Deutschland noch immer im Vergleich gegen die Franzosen nur wenige ... Doch Bach und Schütz! – Zwei solche Namen trösten den deutschen Patrioten! (in: Cramer 1783, S, 913)

(Zwei heruntergekommene Gestalten aus dem Volk pfeifen den Anfang der »Internationale«, werden aber schnell hinausgedrängt; Rufe: »Das gehört nicht hierher! Wohl wahnsinnig geworden!«)

Jacob Adlung zu Horstig (beiseite):
    Soll ich auch mal?
Horstig (herablassend):
    Nur zu, Gevatter, es ist leichter als er denkt!
Jacob Adlung (sich ein Herz fassend):
    Ich glaubte auch nicht zu viel zu sagen, wenn ich zum Ruhme unserer
    teutschen Componisten behaupten wollte, daß sie in allen Arten der
    Composition es den Ausländern zuvor gethan, und die Schreibarten aufs
    Höchste gebracht hätten. (Adlung 1758, Vorrede)
    (Mäßiger Beifall, unruhiges Reden)
Jacob Adlung (irritiert, unsicher):
    War's nicht so gut?
Horstig:
    Gut schon, aber nicht sehr neu! Und so umständlich!
Jacob Adlung (sich verbittert abwendend):
    Wenn's wahr ist, reicht es nicht! Neu und geschniegelt muß es auch sein
    wie bei den Großen, Bosslern und den anderen! Ist's da für unsereinen
    anders als unter der Herrschaft der Welschen? Ich rede fortan nicht mehr
    oder nur noch so, wie's der große Haufen mag, basta!
Horstig (beschwichtigend):
    Seid doch nicht so mißmutig, wenn's einmal nicht gelingt! Schaut das
    Frauenzimmer dort, die versteht's ganz anders!
Eine Frau (vortretend, je zwei Humpen in den Fäusten):

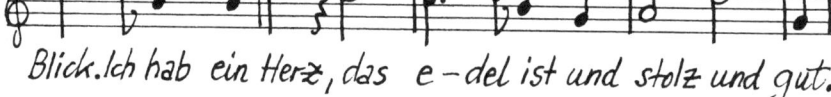

2. *Ich bin ein deutsches Mädchen! Zorn blickt mein blaues Aug auf den, es*
    haßt mein Herz den, der sein Vaterland verkennt.
3. *Ich bin ein deutsches Mädchen! Erköre mir kein ander Land zum Vater-*
    land, wär mir auch frei die ganze Wahl.
4. *Ich bin ein deutsches Mädchen! Mein hohes Auge blickt auch Spott, blickt*
    Spott auf den, der Säumens macht bei dieser Wahl.
5. *Du bist kein deutscher Jüngling! Bist dieses lauen Säumens wert, des*
    Vaterlands nicht wert, wenn du's nicht liebst wie ich!

6. *Du bist kein deutscher Jüngling! Mein ganzes Herz verachtet dich, der's*
   Vaterland verkennt, dich Fremdling und dich Tor!
7. *Ich bin ein deutsches Mädchen! Mein gutes, edles, stolzes Herz schlägt laut*
   empor beim süßen Namen: Vaterland!
8. *So schlägt mir's einst beim Namen des Jünglings nur, der stolz wie ich auf*
   Vaterland, gut, edel ist, und Deutscher ist!

Einzelne aus dem Volk:

Dunnerlittchen! Die Frauensperson, alle Achtung! So mag ich die Weiber
leiden! Hast du heute abend schon was vor?

Friedrich Gottlieb (zufrieden um sich blickend, den Klopstock schwingend):

Tja, was? Ist doch nicht übel! Und wer hat das wohl gemacht? Na, ratet
doch mal!

Einzelne aus dem Volk:

Goethe! Schiller! Claudius! Jenny von Westphalen! Gleim! Shakespeare!
Klopstock!

Friedrich Gottlieb (dazwischenfahrend):

Na endlich! Sicher, von mir ist's! Mein »Vaterlandslied« ist's von 1771,
für die Weiber, d. h. speziell (er zwinkert den Umstehenden zu) für Jo-
hanna Elisabeth von Winthem. Die will ich 1791 zur zweiten Frau
nehmen – ahem! – ich meine natürlich, wenn ich mich neu verheirate!

Johann Nikolaus (den Kopf vorreckend):

Und die Musik? Von wem ist die? Vater Bach oder sein göttlicher Sohn?

Friedrich Gottlieb (belehrend, den Klopstock erhebend):

Nichts da, lieber Gevatter! Nichts da! Meister Gluck hat sie ersonnen,
1790. Aber auch Philipp Emanuel und Neefe haben ihre Noten zu meinen
Worten gesetzt! Ist halt einfach zu gut, das Zeug! Das wollen alle in
Musik setzen.

Johann Nikolaus (Forke und Flegel vorweisend, beleidigt und halsstarrig):

Die Werke, die uns Joh. Seb. Bach hinterlassen hat, sind ein unschätzbares
National-Erbgut, dem kein anderes Volk *etwas ähnliches entgegen setzen*
kann. (1802, s. u.)

(Lauter Jubel, Hurra-Rufe, aus den Kulissen wird das Walhall-Motiv
eingespielt, der Horizont beginnt zu erglühen, und es erscheinen nacheinander die Götterburg, das Völkerschlacht-Denkmal, der Kölner Dom, das
Hermannsdenkmal und das Holsten-Tor; alle blicken mit blitzenden Augen ins Firmament und recken sich ordentlich.)

Johann Friedrich (begeistert rufend):

Johann Sebastian Bach, größter Harmoniker aller Zeiten und Völker!
(Reichardt, 1782, S. 51)

Eine Gruppe:

Der Gröhaz!!

Jacob Adlung (verstimmt):

Und was hab ich anderes gesagt?

Horstig (drängend):

Merkt Ihr nicht, daß jetzt keine Zeit ist für den einzelnen? Jetzt hilft das
Volk zusammen, es gibt nur noch eine Stimme!

Das Volk (singend):

Deutschland, Deutschland über alles!

Johann Nikolaus (fortfahrend):

*Und dieser Mann – der größte musikalische Dichter und der größte
musikalische Declamator, den es je gegeben hat, und den es wahrscheinlich je geben wird – war ein Deutscher.* (1802, s. u.)

Alle (fff):

Ein Deutscher! (Die Glocken schallen lauter, der Bratenduft wird durch
Donnerhall und Wogenprall übertönt, der Kuckuck fällt ein, der Wechsel
der Denkmäler am Horizont ist jetzt schnell wie eine Lichtorgel, in der
Kulisse taucht ein Herr im Barett auf, zuckt aber schnell wieder zurück,
als er in seinen Zeitplan sieht.)

Johann Nikolaus (jetzt mit Sack und Rute):

Sey stolz auf ihn, Vaterland; sey auf ihn stolz, aber, sey auch seiner werth!
(würdevoll ins Glied zurücktretend)
(J. N. Forkel, Über Johann Sebastian Bachs Leben, Kunst und Kunstwerke. Für patriotische Verehrer echter musikalischer Kunst, Leipzig
1802, Vorrede und Schluß)

Der Unbekannte (zufrieden):

Bin ich! Meine Plattensammlung sollte der Nikolaus sehen!
(Eine weihevolle Stimmung liegt über der Scene, es dämmert. Plötzlich
geht es wie ein Ruck durch die Massen, sie ordnen sich wie selbstverständlich zu Kolonnen und marschieren im Gleichschritt nach links
ab. Man hört Einzelstimmen: »Ganz schön schwer, die Matthäus-Passion
im Tornister!« »Der Franzmann wird es fühlen, daß ich Bachs wert bin!«
»Wo sind denn plötzlich die Frauen hingekommen?« »Heil Bach!« »Heil
Hiller!« Die Reden werden übertönt durch den Gesang der »Wacht am
Rhein«, die allmählich mit den Tritten in den Kulissen verhallt. Stille.)

Beethoven (von rechts aus der Kulisse, entrüstet, zweifelnd):

Alle Deutschen werden Brüder? Damit habe ich nichts zu tun!

Wagner (schleift von rechts eine Frau an den Haaren über die Bühne, zwin-
kernd):

Wer ein holdes Weib errungen, stimm' in unsern Jubel ein! (ab)

Mozart (poltert als Steindenkmal herein; verwundert):

Ich denke, hier ist jetzt Deutschland! Kein Mensch da? Hallo! (er lauscht)
Dann nicht! (er poltert ab)

Der alte Bach (blickt kurz aus der Kulisse, wütend):

Ich kehre mich durchaus nicht daran, es koste was es wolle! (vgl. S. 71)

(Münzen fallen vom Schnürboden und schlagen klimpernd auf die Bret-
ter, der alte Bach erschrocken ab, Walhall leuchtet kurz noch einmal auf,
dann erlischt das Licht, und der Vorhang fällt langsam. Stille. König
Ludwig in seiner einsamen Loge ist eingeschlafen, fährt plötzlich auf, tut
einen exaltierten Sprung hinunter auf das Trampolin im Parkett und
schreit: »Sofort die Walhalla aufbauen, auf der Zugspitz'n, schickt's
euch!«)

Neue musikalische Tendenzen

SO DARF ES NICHT MEHR SEIN! oder:
Aus dem dunklen Vergangenen leuchtet die Zukunft hervor!

Harmoniebetonung und harmonische Kompliziertheit

Man blicke einmal um sich!

»Da, da, werden die Leute gewahr, die mit schwartzer Galle geplaget, ungesellig, und so
beschaffen sind, daß niemand mit ihnen umgehen kan: Krause, runtzlichte Stirnen, auf
welchen dicke Nebel liegen, und die mit einem immerwährenden Trauer-Schleier be-
hangen sind; milzsüchtige Menschen-Feinde; aus eigner Wahl unglücklich; thörichte
Schlacht-Opfer willig schlafloser Nächte; Märtyrer eines zum vergnügten Leben un-
dienlichen Entwurffs; die in einem verworrenen Grillen-Klumpen grau geworden, und
mit den Huld-Göttinnen auf ewig über dem Fusse gespannet sind ... Da gibt es frostige
und schwerfällige Bücherschreiber, schwache Wiederschalle des Alterthums, die zwar
unter einem unordentlichen Hauffen zweiffelhafter Begriffe ihr Grab finden; aber des
wahren Geschmacks beraubt leben, dahero auch der Zärtlichkeit des Verstandes, des
Feuers im Geiste und der Scharfsinnigkeit in den schönen Künsten gantz unfähig sind
... Es wäre der Mühe werth, daß man sie einst aus ihren Trauer-Hütten heraus risse ...
Da stecken sie dann alsobald bis über die Ohren im griechischen und lateinischen
Staube, als in ihrem wahren Elemente, gleich den traurigen Nacht-Vögeln, die weit vom
Sonnen-Glantz und von der Gemeinschafft mit anderm Geflügel versteckt sind. Das
sind dann wol schöne und nützliche Glieder einer Republick! die werden dem Vaterlande zu ihren Zeiten herrliche Dienste leisten ... Ach! wie würde die menschliche
Gesellschaft schlecht bestellet seyn, wenn alle Leute in der Welt dergleichen Gelehrte
wären? Ist ein solches leben wol was anders, als eine Art von Nichts? Laßt uns aber
diese finstern Gewölbe verlassen, darin wir uns nur gar zu lange aufgehalten haben;
laßt uns hergegen in die lustigen Vorhöfe, in die grünen Sommer-Lauben hineingehen,
dahin uns die reitzende Stimme der Harmonie rufet.«

Der vernünftige Johann Mattheson, der diese Zuschrift eines Unbekannten
abdruckt (1739, S. 29 f), nickt mit dem Kopf:

»Solche Gedancken sind der Music wahrlich viel rühmlicher, als wenn man noch bey
heutiger aufgeklärten Welt den Fall der Mauern zu Jericho, als eine Wirckung des
Posaunen-Schalles angeben will.«

Ja, was können denn derartige verstaubte Trauerklöße für Musik schreiben?
Jedenfalls keine einfachen, klaren und natürlichen Melodien! Was statt dessen?

Johann Sebastian Bach scheint für manche Zeitgenossen solch ein »trauriger
Nacht-Vogel« gewesen zu sein, wie man noch an Äußerungen Scheibes sehen
wird. Ich will mich bemühen, für einige Arten der kritisierten musikalischen
»Grillen-Klumpen« auch Beispiele aus Bachs Werken zu benennen.

Metastasio, der berühmteste Librettist des Jahrhunderts, »schien der Meinung zu sein, daß die Musik aus dem vorigen Jahrhunderte, überhaupt
betrachtet, zu voller Fugen [Imitationen und Kanons], mit zu vielen Stimmen
und Künstlereyen überhäuft gewesen, daß sie jemand anders, als der Artist
hätte empfinden oder verstehen können. Alle die besondern Bewegungen der
verschiedenen Stimmen in den Partituren; ihre Verkehrungen und Brechungen,
sagt er, wären unnatürlich, versteckten und entstellten die Melodie und richteten nichts an, als Unordnung.« (Burney 1773, I, S. 223)

Da ist schon alles zusammengefaßt: Die zu große Künstlichkeit entfernt die
Kunst von der Natur – ihr soll sie doch stets untergeordnet sein –, und das
zeigt sich in vielen kompositorischen Einzelheiten.

Harmoniebetonung und harmonische Komplizierung, Überinstrumentierung

»Wir sehen, daß man in dieser Schreibart eine Menge Accorde auf einander setzet, ohne
daß eine singende Verbindung ihnen das Leben gibt. Diese Accorde gehen so hölzern
einher, und weil sie fast keine nöthige Freyheiten, Figuren und dergleichen bey sich
haben, so ist ihr trockner und magerer Zusammenhang überaus unangenehm und
verdrießlich.« (Scheibe 1745, S. 136 f)

»Die Dissonanzen, die dazu bestimmt sind, daß sie die natürlichen Accorde erheben
sollen, die, so zu sagen, den Schatten bey den Consonanzen machen, und die man
ehemals nicht anders als mit der größten Sparsamkeit gebrauchte, verschwendet man
dergestalt, daß sie heutiges Tages den Grund unserer ganzen Musik ausmachen, und
pflegen öfters die Accorde, wenn sie das Ohr erschröcken, über die Seltsamkeit ihrer
Vereinigung unter einander zu erschröcken.« (Marpurg 1749, S. 330)

»Die Sucht nach harten, schwankenden und gezwungenen Modulationen, welche itzt
über ganz Deutschland herrscht, macht das Extemporespielen so unnatürlich, daß das
Ohr beständig betrogen und gefoltert wird, es kann niemals errathen, was folgen wird,
und keine Dissonanz wird aufgelöset, als durch eine andre. Ein wenig von dieser stark
gewürzten Brühe, mit Behutsamkeit angebracht, thut grosse und wundernswürdige
Wirkung, aber beständig nach fremder, weit entfernter Harmonie zu suchen, das heißt
einem hungrigen Menschen nichts als Schneemus statt guten nahrhaften Speisen vorsetzen.« (Burney 1773, I, S. 85)

»Jede Harmonie, womit sich eine fließende und natürliche Melodie verbinden läßt, ist gut und nach der Regel; eine andere, die dergleichen nicht zuläßt, verdient nicht, daß man sich mit ihr abgiebt ... sie fliehe die gebahnten Wege, und dränge sich durch Sträuche und Dornen: aber nie wird man diese selbstgewählten Wege für die natürlichen Wege der Harmonie halten; es sind freywillige Verirrungen, und gelehrte Schwärmereyen. Die Harmonie ist der Melodie unterworfen; sie muß also nichts unternehmen, was diese nicht gut findet.« (Hiller 1781, S. 227 f)

»Wir haben alle Achtung für die Harmonie, insofern sie die Rührung unterstützt, und den Gang der Empfindung sichert. Allein, es ist thörigt, wenn man uns statt gefühlvoller Melodien, algebraische Auflösungen der Accorde giebt. Die Harmonie ist in der Musik, was die Logik in der Rede. Der Mutterwitz bedarf der künstlichen Vernunftregel gar nicht, oder doch nur selten; sein Gefühl leitet ihn, und es leitet ihn richtig. Nur ein verwahrloseter Kopf hingegen wagt es, uns Vernunftschlüsse aus Barokko und Barbara vorzulegen, wo wir den Ideengang eines denkenden Mannes zu erwarten hoffen.« (Cramer II/2, 1786, 905; zu »Barokko und Barbara« s. hier S. 321 f)

Nicht alle Äußerungen lassen sich auf einen Nenner bringen. So stammt z. B. die letzte mit ihrer Abkehr von der Vernunfthoheit schon aus der Zeit nach dem Umbrechen zum Irrationalismus, das in einem späteren Abschnitt behandelt wird (vgl. S. 369 ff). Jedoch kann man, wenn man die Jahreszahlen überblickt, erkennen, daß der Kampf gegen die Verdunklung der Melodie und gegen zu schwierige Harmonik nicht etwa durch die Anfangsbemühungen der Mattheson-Ära entschieden, sondern das ganze Jahrhundert über weitergeführt wurde, übrigens auch das folgende Jahrhundert noch. Es war ein Dauerkampf gegen die Fluten der Akkordmächte, teilweise vom Publikum mitgetragen, bemerkenswerterweise aber nicht immer von den großen Komponisten.

Beispiel: Mozart

Was man nicht erwarten würde: Mozart, den man heute doch für den Götterliebling der schönen Melodie hält, wurde kritisiert, gerade weil er durch zu viel Harmonie die Melodien verdunkele, und das nicht nur einmal. Wie hat man ihn uns bis heute zum problemlosen, klaren Melodienlieferanten ideologisiert!

»In seinen Theaterstücken hat er den einzigen Fehler, daß er, wie sich die Sänger sehr oft beklagt haben, dieselben mit seinem vollen Accompagnement übertäubt«, sagt der Kaiser Joseph II. zu dem zweifelnden Dittersdorf (vgl. dessen »Lebensbeschreibung«, S. 212; hier S. 46; ähnlich auch über zu viel Bläsereinsatz Cramer II/1, 1784, S. 455). Mozarts Musik, im Falle des »Don Giovanni« als »zwar groß und harmonisch, aber mehr schwer und kunstvoll, als gefällig und populär« gekennzeichnet (1789, vgl. Mozart D, S. 294), wird am Beispiel der »Entführung aus dem Serail« mit allem musikalischen und sozialen Kritikmaterial beschossen, das uns bisher schon begegnete. Autor ist

der später zum Anstands-Apostel umgedeutete Revolutionär Freiherr von
Knigge (»Dramaturgische Blätter«, Hannover 1788, vgl. Mozart D, S. 287 f):

»sodann ist der Tonsetzer zu geschwätzig mit den Blas-Instrumenten gewesen. Statt daß
diese nur den stärkern Nachdruck, da so es nöthig ist, der Melodie geben, und die
ganze Harmonie unterstützen sollten; so verdunkeln sie oft jene, und verwirren diese,
unterdrücken den schönen einfachen Gesang, und stöhren den Sänger im Vortrage. Dies
fiel mir vorzüglich in der Arie auf, welche Konstanze singt. – Ein Fehler, in welchen die
besten italienischen Tonsetzer nie verfallen, der jetzt aber um so allgemeiner bey uns
wird, je mehr wir ehemals die Einwürkung der Blas-Instrumente vernachlässigten.
Nicht weniger verdunkelt das zu große Kunstgewebe in manchen Stellen den fliessen-
den Gesang. Der Kenner fühlt den Wert dieser Stellen; aber für den populairen Vortrag
taugt das nichts. Der nemliche Fall ist mit den häufigen Ausweichungen und den
vielfachen enharmonischen Gängen, die, so schön sie am Clavier klingen, im Orchester
keine Würkung thun, theils weil sie nie rein genug vorgetragen werden, weder vom
Sänger noch von den Spielern, theils weil die Auflösungen zu schnell mit den Miß-
klängen abwechseln, so daß nur ein geübtes Ohr den Gang der Harmonie verfolgen
kann. Diese Ungemächlichkeit hat besonders in den häufig hier vorkommenden Arien
aus Moll-Tönen Statt, die der vielfachen chromatischen Sätze wegen, von dem Sänger
schwer vorzutragen, von dem Zuhörer schwer zu fassen sind, und überhaupt etwas
Beunruhigendes haben ... Aus manchen der vorerwähnten Ursachen bleibt z.B. die
Hälfte der Schönheiten des ganz vortrefliche gearbeiteten Quartetts am Ende des
zweiten Aufzugs ohngefühlt. Dies Quartett ist ein wahres Meisterstück für den Kenner;
aber wie Wenige werden den Werth der darin angebrachten Kunst fühlen!«

Der Herr von Knigge geht auf den Unterschied der Kenner und Liebhaber im
Publikum ein und verlangt, daß die Kompositionen, die für die Öffentlichkeit
hergestellt werden, »populär« sein sollen, das bedeutet: für Liebhaber unmittelbar nachvollziehbar. Knigge verlangt eine Musik als Populärwissen-
schaft, nicht als Spezialistenkunst. Diese belegt er mit dem Beiwort »dunkel«,
wie es die Kritiker seit der Mattheson-Generation gegenüber der alten Schreib-
weise tun.

Eine andere Begründung: »Sollte man nicht allen Componisten mit Rechte anrathen
dürfen, sich so viel als möglich der Leichtigkeit, besonders in Ansehung der begleitenden Instrumente zu befleissen? Auch bey den allerbesten Orchestern wird die
Ausführung dadurch gewinnen: denn wenn sie auch wirklich im Stande sind, die
vorgeschriebenen Schwierigkeiten heraus zu bringen, so ist doch nicht allemal auf die
völlige Sicherheit zu rechnen; gesetzt aber, man könnte sich auch hierin auf sie verlassen, so wirket das Aengstliche, die Mühe, die sie sich damit geben müssen, auf eine
unangenehme Art auf den Zuhörer. Dieser fühlt – vorausgesetzt, daß er ein feiner
Zuhörer ist – die ganze Angst der Spielenden, oft ohne es sich bewußt zu seyn; er wird
es erst gewahr, wenn die Schwierigkeit überwunden ist, indem er alsdann erst eine
gewisse Beruhigung empfindet. Ich gebe zu, daß dieses an einem Instrumentalisten, der
sich vor uns hören läßt, und der besonders den Endzweck hat, *Verwunderung bey uns
zu erregen*, daß es bey diesem ein Verdienst ist, und *in diesem Falle* mag es vielleicht mit
einer jeden Oberstimme so beschaffen seyn; aber wenn es begleitende Stimmen sind, die
dadurch dem Gefühl, so uns die Hauptstimme erregen soll, hinderlich werden, dann ist
keine Ausrede für den Componisten; dann fällt alle Schuld auf ihn; und das aller-

gelindeste, was man von ihm sagen kann, ist dieses: es *fehlt dem Manne an Erfahrung.*« (Reichardt *1774*, Brief II, S. 37 ff)

Knigge kritisiert dreierlei »unpopulaire« Momente an der Musik der »Entführung aus dem Serail«:

1. Zu viele Instrumente, vor allem Bläser, behindern Singen und Hören der Melodie. Die von Knigge gemeinte Konstanze-Arie ist wohl Nr. 11 des Singspiels: »Martern aller Arten mögen auf mich warten, ich verlache Qual und Pein.« (Notenbeispiele nach dem Klavierauszug)

2. Auch das zu große »Kunstgewebe« stört den fließenden Gesang. Als Beispiel könnte dienen die Nr. 16, das am Ende der Kritik erwähnte Quartett (Musikbeispiel S. 298). Neben der Verknüpfung unterschiedlicher psychischer Situationen in den Melodieführungen der vier Gesangsstimmen, die teilweise mit beträchtlicher kontrapunktischer Kunst geschrieben sind, gibt es in der zweiten Hälfte viele vierstimmige Imitationen, die Herrn Knigge gerade bei Texten wie »Es lebe die Liebe, nur sie sei uns teuer« nicht eingeleuchtet haben werden.

3. Die Harmonik ist zu schwierig wegen ihrer Chromatik und Enharmonik, des zu raschen Übergangs von Dissonanz zu Dissonanz. Als eine der Moll-Arien, die Knigge vor allen nennt, könnte Nr. 10 gelten, »Traurigkeit ward mir zum Lose« mit dem vorangehenden Rezitativ. Hier zwei Ausschnitte (S. 299):

Da gibt es genug chromatische Gänge und schnelle Dissonanzwechsel wie in Klavier- und Kammermusik oder auch in Sinfonien. Aber gerade das erscheint Knigge für ein Gesangsstück ungeeignet, da die Melodie unterzugehen droht.

Bemerkenswert ist, daß Knigge als Gegenbild, als positives Muster, die italienische Oper nennt. Die Düsterkeit, das Dunkle und Verworrene scheinen also in der deutschen Musik speziell sich breit zu machen, ihr – negatives – Merkmal zu werden. Dieses Grübeln, dieser Tiefsinn kündigen sich hier als Elemente der deutschen Musik bereits an, um dann bei Beethoven besonders heftig zunächst kritisiert, später dann hochgeschätzt zu werden.

Knigge, der Beschützer der Konzertliebhaber, hält die Konsequenz gegenüber Mozart aber nicht durch. Am Ende der Kritik gibt er doch noch zu

erkennen, daß er ein Kenner ist und im Grunde – für sich – auch von dieser Warte aus urteilt: »Aber o! mögten alle Tonsetzer im Stande seyn, solche Fehler zu begehn!«

Das breite Publikum und seine Berücksichtigung haben sich störend zwischen Komponisten und Kenner geschoben.

Untersuchen wir genauer das dritte musikalische Element, das Knigge als störend für den natürlichen Gesang nennt:

»Das zu große Kunstgewebe«: Keine Kanons und Fugen mehr!

Der Widerspruch, in dem sich – wie bereits mehrfach gesagt – die rationalistischen Schriftsteller befanden, als ihr Kampf für die breite Verständlichkeit von Musik unvermutet in die Modesucht des Publikums mündete, wird im folgenden Zitat von Scheibe (1745, S. 7, 1. Stück, vom 5. 3. 1737) mit großer Klarheit benannt:

»Die Zeiten sind nicht eben allzulange verflossen, da man in einem andern Vorurtheile steckte. Man wollte nämlich lauter Harmonien machen. Die Melodie war nichts. Man wollte in der Kirche, bey Hofe, und so gar auch auf der Schaubühne mit Gewalt künstlich seyn. Man sah und hörte nichts, als Canonen, Contrapunkte, Zirkelgesänge und dergleichen; die Sache mochte es mit sich bringen, oder nicht. Wider diese Ausschweifungen wurde mit großer Heftigkeit gestritten ... Die Bemühungen hatten zuletzt die Frucht, daß man anfing, die musikalischen Canonen und Contrapunkte mit vernünftigern Augen anzusehen, und dem Gehöre mehr als sonst zu schmeicheln. Es würde auch dieses alles sehr gut gewesen seyn, wenn es nur nicht Gelegenheit gegeben hätte, die Unwissenheit derer, den Italienern blindlings nachahmenden, seichten Componisten zu verstärken.« (Hier meint er nicht die guten Italiener im Sinne Knigges, wie z. B. Pergolesi, sondern die Erfinder des leichten »komischen« Geschmacks, vgl. S. 427 ff.)

Dazu ist vielleicht für diejenigen, die nicht zu den musikalisch Spezialisierten gehören, eine kleine Vorerklärung nötig.

Es ist vermutlich inzwischen klargeworden, daß die bürgerlichen Reformer am liebsten gehabt hätten, daß die »populaire« Musik in einer klaren Tren-

nung zwischen Melodie als Hauptsache und Begleitung als Stütze der Melodie
hätte ablaufen sollen. Das »Kunstgewebe« dagegen besteht im wesentlichen
darin, daß dieses Gegenüber von Melodieoberstimme und stützenden Harmo-
nieunterstimmen aufgehoben ist zugunsten einer Funktionsintegration aller
Stimmen. Dafür gibt es viele Möglichkeiten. Eine ist z. B. die, daß vier Menschen zugleich vier verschiedene Lieder oder Melodien singen und dabei auch
noch einen akzeptablen Klang erzeugen (ein sogenanntes Quodlibet) oder daß
eine Fuge gespielt wird, also ein Musikstück, bei der die Stimmen nacheinander mit dem gleichen Thema einsetzen und dann im weiteren Verlauf immer
abwechselnd das Thema oder Teile daraus zitieren, während die übrigen
Stimmen jeweils selbständige Gegenmelodien entwickeln. All das bezeichnet
man in der Komposition als kontrapunktische Arbeit (Punkt contra Punkt,
also Note/Melodie gegen Note/Melodie), in der die Stimmen tendenziell
gleichberechtigt sind. Idealtyp und Kristallisationspunkt solcher Arbeit ist der
Kanon, in dem die Stimmen mit einer zeitlichen Versetzung die gleiche Melodie gegeneinander führen. Schon diese kurze Beschreibung wird verständlich
machen, daß das Publikum in seiner Freizeit, also dem Hauptzeitraum seiner
Musikbeschäftigung, eher die einfache, klar aufgeteilte Melodie-Begleitungs-
Trennung zum Gegenstand seines Interesses machte.

Die Komponisten aber wollten auch oft gern einmal die Herausforderungen
der kontrapunktischen Arbeit ernst nehmen. Dagegen setzte seit Jahrhundertbeginn ein ständiges Trommelfeuer kritischer, publikums- und vernunftorien-
tierter Argumente ein. Auch manche Komponisten, soweit sie die Unterhaltung des Publikums und die Auseinandersetzung mit dem anonymen Markt
als ihre Hauptaufgabe erkannten, äußerten sich in dieser Richtung. Dabei
spielte immer eine starke Aversion gegen alle theoretischen, womöglich sogar
mathematischen Gedanken über Musik hinein. Die Stunde, in der die alte »ars
musica«, die mittelalterliche, neben der Mathematik stehende »Kunst Musik«,
als wesentlich theoretische Disziplin von einem hauptsächlich aufs Machen
und Hören konzentrierten Musikverständnis abgelöst wurde, war gekommen.
Und damit erwachte auch die heute noch so verbreitete Auffassung, jede
theoretische Auseinandersetzung über Musik, jeder kritische Gedanke sei der
Musik »äußerlich«, ja sei zerstörerisch für sie, Musik sei eine Sache der Praxis,
des – wenn auch kontrollierten – Gefühls. Musiktheorie sei etwas Exotisches,
mehr für die grauen Mäuse.

Das äußerte und äußert sich oft nicht nur in der Aversion gegen die
Theorien, sondern gegen Regeln überhaupt.

Johann Beer (»Musicalische Discurse«, Nürnberg 1719, S. 96/100) beleuchtet den Unterschied der beiden Musikanschauungen:

»Man spürte ferner an denen theoreticis keinen geringen Mangel der ca-
prizzien [Einfälle] / denn wenn sie solten eine aria, ein solo, ein duet und
dergleichen componiren / wolte es weder da noch dorten fliessen / stiessen sich

die stimmen immer wieder einander / wie die Böcke / und hiesse nichts.« Aber: »Wann ein Satz nicht wol klinget / so weiß zwar der practicus, daß er nicht klinge, aber er weiß nicht warum? Und wird lange Zeit zu deren Verbesserung brauchen / welches der theoreticus im Augenblick zu thun vermag.« Toi, toi, toi!

Der Theoretiker unter den Komponisten, der auch gerne die Fugen- oder Kanonkomposition bearbeitete, wurde in der Folgezeit nicht einmal so glimpflich wie bei Beer behandelt, sondern als der Antityp, der Fortschrittsfeind.

Und was sollte er auch antworten, wenn ihm gesagt wurde:
»Die Regeln, die er dießfalls zu beobachten hat, sind vielmehr schon lange vor ihm von der Natur und Vernunft selbst erfunden worden. Also sind sie auch bereits festgesetzt, und von allen guten Dichtern überhaupt angenommen worden. Und eben diese Bewandniß hat es auch mit den Regeln, die in der Musik die Harmonie betreffen, und die ferner auf einen gewissen geometrischen Verhalt der Melodie zielen. Man hat darzu nicht erst nöthig, die Mathematik um Rath zu fragen, oder die Geometrie ausdrücklich zu erlernen: aus eben dem Grunde, aus welchem sie der Dichter entrathen kann, aus eben demselben können wir sie auch in der musikalischen Setzkunst missen.« (Scheibe 1745, S. 661, 72. Stück)

Jeder Mann
hat ein süßes Geheimnis

»Die Gelegenheit / so die Canones zum embellissement [Verschönerung] einer Melodie geben / ist wahrhafftig unfruchtbar. Alle diese Mittel riechen gar zu sehr nach dem Zwange ... Die Natur und gesunde Vernunft können solchen Zwang nicht gutheissen. Wenn einer auch nur an den Labyrinth gedenket / wird das Gemüth verdrieslich und angst. Niemand / als der darinnsteckt / verlangt nach dem Faden Ariadnes. Zum exercitio, zur curiosité, zur Schärffung und Wetzung des harmonischen ingenii, zur Probe / zum Beweis seiner Geschicklichkeit / kann man die canonischen Künste wohl mit nehmen / und beyläufig treiben; aber es muß kein Handwerk / kein Gipfel / keine Quelle / kein Fundament / keine norma melodiae etc. daraus gemacht werden. Die meisten Zuhörer sind in der Music unwissende Leute / respectu artis [in Hinblick auf die Wissenschaft]. Welch eine herrliche That habe ich nun verrichtet / wenn ich vor ihren Ohren ein Kunst-Stück so zu verdecken und zu verstecken weiß / daß sie es gar nicht merken? Welch Wunder! Eben / als wenn jener Bauer einen gebratenen Canarien-Vogel / der 6. Taler gekostet hat / unwissend / im Saur-Kraut verschlucket / und nachdem ers erfahren / lieber dafür ein Stück vom Schweine-Braten gefressen hätte / wie uns solches der seelige Kuhnau / im musicalisch. Quaksalber / p. 238. erzehlet / und dadurch eine Vergleichung künstlicher / doch unnützer Music / mit einem uneßbaren Leckerbißlein anstellet.« (Mattheson 1722, S. 346f; Labyrinthe waren als Attraktion in den feudalistischen Gartenanlagen beliebt!)

Wie hätte sich Johannes Brahms, der Verehrer der altdeutschen Musik, gefühlt und verhalten, wenn er Matthesons Argumente gekannt hätte, bevor er den Brief seiner guten Bekannten Elisabeth von Herzogenberg

vom 8. 9. 1885 über seine 4. Sinfonie las! (J. Brahms im Briefwechsel
mit Heinrich und Elisabeth von Herzogenberg, hg. v. M. Kahlbeck,
2 Bde., ²Berlin 1908, Bd. II, S. 80 ff) Es geht dabei um zwei Stellen des
1. Satzes (T. 19 ff, T. 219 ff), wo die Geigen zu sehr auffälligen Melodien
der Holzbläser das erste Hauptthema des Satzes fast unerkennbar in
zerrissenen Figuren zitieren, wie eine nebensächliche Begleitfigur:

»Und so viel steckt darin, daß man gleichsam wie ein Entdecker und Natur-
forscher frohlockt, wenn man Ihnen auf alle Schliche Ihrer Schöpfung kommt!
   Aber da ist auch der Punkt, wo ein gewisser Zweifel anhakt, den mir selber
ganz klarzumachen mir so schwer wird, geschweige denn, daß ich was Ver-
nünftiges darüber vorzubringen wüßte. Es ist mir, als wenn eben diese Schöpfung
zu sehr auf das Auge des Mikroskopikers berechnet wäre, als wenn nicht für
jeden einfachen Liebhaber die Schönheiten alle offen da lägen, und als wäre es
eine kleine Welt für die Klugen und Wissenden, an der das Volk, das im Dunkeln
wandelt, nur einen schwachen Anteil haben könnte. Ich habe eine Menge Stellen
erst mit den Augen entdeckt und mir gestehen müssen, daß ich sie nur mit den
Ohren meines Verstandes, nicht mit den sinnlichen und gemütlichen aufgefaßt
hätte, wenn mir die Augen nicht zu Hilfe gekommen wären. Schieben Sie das auf
die abstrakte Art meiner Bekanntschaft mit dem Stück, das natürlich gehört sein
will [sie spielte es auf dem Klavier aus der Partitur], um seine ganze Kraft zu
offenbaren – etwas bleibt vielleicht wahr daran, wenn nicht, so bin ich selig,
mich getäuscht zu haben. – Mich will dünken, daß, wenn es in der Gesamtwir-
kung dennoch einfach und unmittelbar erscheint, es dies gleichsam nur auf
Kosten der darüber ausgebreiteten Schlinggewächse geistreicher Detailkombina-
tionen erreichen kann, über die man hinwegsehen muß, um den Kern voll und
ganz zu schmecken und zu genießen. Man ist förmlich wie auf der Jagd nach
einem Brocken dieses und jenes Themas, ja, wo es auch einmal nicht steckt,
wittert man es und wird unruhig. Man möchte einmal die Hände falten, die
Augen schließen und dumm sein dürfen, an dem Herzen des Künstlers ruhen,
und nicht so rastlos von ihm in die Weite getrieben werden. Man fühlt wohl, wie
man wächst in seiner Hand, und daß nur er so scharf blickt und uns geistig so
erregen kann; aber da wir ihn auf anderen Wanderungen schon kennengelernt,
wo er gewaltig und sänftigend auf uns wirkte, so träumen wir davon und
möchten wieder ebenso an seiner Seite schreiten.«

Der Zeitraum zwischen 1722 und 1885 scheint auf Null zusammenzu-
schrumpfen! Das Problem ist in den 163 Jahren nicht weiter gekommen!
Die bürgerliche Gesellschaft hat die Fragen von Produktionsweise und
Bedarf nicht lösen können! Auch die Formulierungen sind so verblüf-
fend ähnlich! Und Schönberg, ja selbst Eisler liebten auch noch solche
Versteckspiele! (Vgl. meinen Aufsatz über ein Bach-Zitat in Eisler/
Brechts »Mutter« in dem S. 276 genannten Buch des Verlages Roter
Stern)

Kanons sind Augen-Musik. Die Aufklärer und das bürgerliche Publikum wollten aber alles sogleich hören, ohne Geheimnisse:

»Ich bin den abentheuerlichen Augenmusiken eben so feind, als allen andern Grillen-fängereyen; denn keines von beyden wird den Verstand befriedigen, und dem Gehöre schmeicheln.« (Scheibe 1745, S. 90) »So scheinen es solchen in praejudiciis [Vorur-teilen] steckenden Leuthen lauter Böhmische Dörfer zu seyn, wenn man heut zu Tage saget, daß zu einer touchanten [rührenden] Ohren-Music vielmehr subtile und ge-schickte Regeln, nebst einer langwierigen Praxi, gehören, als zu einer Hertz drückenden Augen-Music, welche auf dem unschuldigen Papier, nach allen venerablen Contrapuncten der Herren Cantors in den allerkleinsten Städtlein, durchmartirisiret worden. Ich habe mich von Jugend auf selbst unter der Zahl der Contrapuncts-Händler befunden: und also rede ich alles aus vielfältiger Erfahrung. Und wir Teutschen allein seynd solche Narren, daß wir, in vielen abgeschmackten Dingen, lieber bey dem alten Schlendrian bleiben, und lächerlicher weise mehr die Augen auf dem Papier, als die Ohren, zum objecto der Music machen wollen.« (Brief von Johann David Heimchen vom 7. 12. 1717, Mattheson 1725, S. 213)

Wohl kann es in Einzelfällen sein (Quantz 1752, Einleitung, §16), daß eine kanonische Führung »auch bey vielen galanten Nachahmungen und Verkeh-rungen der Stimmen trefliche Dienste thut« (vgl. Telemanns kanonische Trio-sonaten, S. 60), aber im Grundsatz gilt, wie Telemann – anläßlich einer Komponistenbefragung Matthesons über den Nutzen der Kanons (1722, S. 358ff) – betont, »daß die Canones den rechten Zweck der Musik nicht erlangen mögen: also können sie auch nicht das Haupt-Fundament derselben seyn«, denn »die Kunst ohne Naturell / erlanget nur bey Kennern / als etwas mühsames / ihren Werth; das Naturell aber / ohne Kunst / kann einer Menge Menschen / öfters auch Kennern gefallen: woraus sich der Vorzug dieses vor jener erweiset.« Und diese soziale Begründung verknüpft er noch mit einer kompositionsästhetischen über die Kanons: »Denn / weil bey ihnen immer eine Note der anderen Gefangene ist / so können sie sich in der Harmonie / modulation und Melodie nicht nach Willen regen / noch also gegen das Gehör recht gefällig bezogen. Derowegen muß nothwendig ein besserer Weg vor-handen seyn / der uns zu mehrer Vollkommenheit in der Kunst führet.« Als ein Übungsmittel unter anderen für Anfänger der Komposition läßt Telemann die Kanons aber gelten.

Daß der Kanon wegen seiner bindenden »Regeln« als »Dictator« bezeichnet wird, der der »delectirenden Varietät gänzlich im Wege« stehe, ist eine Formu-lierung, die deutlich genug die Parallelität gesellschaftlicher und ästhetischer Wert- und Zielvorstellungen des jungen Bürgertums wiedergibt. (Mattheson 1722, S. 341; mehr zu dergleichen Abwendungen von traditionellen Stimm-führungsregeln, vor allem derjenigen des Verbots parallelgeführter Quinten in meinem Aufsatz »Verzierungsforschung und Aufführungspraxis« im Basler Jahrbuch für historische Musikpraxis III, 1979; dort ist wiederum Telemann der Wortführer der Regelbefreiung.)

Beispiel: Johann Sebastian Bach

Daß der doppelte Kontrapunkt nur für »sehr wenige« »auserlesene Zuhörer« ist, »die eine tüchtige Kundschafft melodischer Künste, einen reinen Geschmack an dauerhaffter Arbeit, und ein sonst wol eingerichtetes Gehirn haben« (Mattheson 1739, S. 415), daß »gemeiniglich ... solche Setzer, aus Mangel guter Melodie, auf vollstimmige Sachen, auf künstliche Contrapuncte und auf allerhand Fugen-Arbeit« kommen (dort S. 105), daß überhaupt alle solche »Canonen, Zirkelgesänge, und endlich doppelt vierfach-krebsgängige verkehrte Contrapuncte, und noch allerhand solche musikalische Thorheiten mehr, die nichts anders, als Früchte eines niedergeschlagenen Fleißes, einer faulen Mühe und eines pedantischen Geistes sind«, »nunmehro mit Recht verworfen worden« sind (Scheibe 1745, S. 97 f), all das sind Urteile, die Johann Sebastian Bach im einzelnen oder dem Sinn nach kannte. Aber er war ein Starrkopf! Denn gerade alle diese Künstlichkeiten schrieb er mit zunehmendem Alter immer häufiger nieder, geradezu exzessiv in der »Kunst der Fuge« und im »Musicalischen Opfer«. Sie sind wie eine Kampfansage an den siegenden »vernünftigen« Zeitgeschmack. Mit welchem Widerwillen müssen Friedrich II., Widmungsträger des »Opfers«, und seine Musiker, darunter Bachs Sohn Carl Philipp Emanuel, die Zirkelkanons und Krebskanons betrachtet haben, die der alte Bach ihnen verehrt hatte. Ein Affront?

Auf der folgenden Seite steht ein Rätselkanon aus dem »Musicalischen Opfer«, in dem das angeblich von Friedrich II. Bach zur kontrapunktischen Verarbeitung aufgegebene Thema von zwei Stimmen begleitet wird, die aus einer Stimme herausgelesen werden müssen: Sie bilden einen Kanon, in dem die zweite Stimme (ab dem Zeichen) der ersten in umgekehrter Bewegung folgt, wie die umgedrehten drei Bs nach dem zweiten C-Schlüssel andeuten sollen. (Es ist ein Bratschenschlüssel, heute noch gebräuchlich, während der vordere C-Schlüssel, ein Diskantschlüssel, heute nicht mehr gebräuchlich ist.)

»Wißt ihr, was es für eine köstliche Sache um einen Räthsel- und Zirkelkanon, um einen dichten, synkopirten aber gebundenen, punktirten, doppeltverkehrten Kontrapunkt ist? Seyd ihr Ignoranten: so klagts Gott.« (Kraus 1777, S. 16; sehr sarkastisch)

»Ja, man frage selbst einen Bach, der doch alle musikalischen Kunststücke in seiner völligen Gewalt hat, und dessen verwundernswerte Arbeiten man nicht ohne Erstaunen hören und betrachten kann, ob er bey der Erlangung dieser großen Erfahrung und ausnehmenden Fertigkeit nur einmal an das mathematische Verhältnis der Töne gedacht, und ob er bey der Verfertigung so vieler musikalischen Meisterstücke die Mathematik nur einmal um Rath gefragt hat?« (Scheibe 1745, S. 653, 71. Stück; sicherlich hätte die Befragung ergeben, daß Bach mit »ja« geantwortet hätte.)

»Ein gelehrtes Chaos« nennt Bachs Schüler Kittel 1803 die freien Orgel- und Klavierstücke seines Lehrers, ein Urteil, das alle Chaoten freudig begrüßen werden (Fr. Blume, Gesch. d. evang. Kirchenmusik, Kassel u. Basel 1965, S. 222). Schon Mozart sah das ähnlich positiv (S. 454). Aber auch die normaa 2 Per motum contrarium

Realisation — Ausführung

len Fugen, das tägliche Brot Bachs und vieler anderer, gerieten unter den Beschuß der »vernünftigen« Kritik, und damit auch ein Herzstück der Kirchenmusik.

»Wir bewundern oft die Kunst eines Fugensetzers, dessen Contrasubject [das meist durch die ganze Fuge feststehende Gegenmotiv zum Fugenthema] ungezwungen zu dem

Thema stimmt. Allein er hat jenes schon fest gesetzt, als er dieses suchte, und dieses
wird also das Unnatürliche seyn, wie es auch ist. Er hätte die Worte mit einem ganz
andern Gesange versehen, wenn er deren Verstande und Nachdruck gefolget wäre. Wie
schwer ist es also, in Singstücken, Fugen zu machen; weil man dabey so leicht den
rhetorischen Sinn der Worte aus den Augen setzen kann. Vielleicht mehr als ein
Componist setzet auf gewisse Worte deswegen Fugen, weil er sich nicht getrauet, Fehler
zu vermeiden, die er selbst bey einem andern Gesange, in Absicht auf den Affect, den
Nachdruck, der Einschnitte etc. nicht übersehen würde, und er hoffet, daß die Zwang-
regeln der Fugen ihn gegen die deshalbigen Vorwürfe in Sicherheit setzen werden z. E.
wenn er den Spruch: Wir sehen ein ander Gesetz in unsern Gliedern, als da widerstrebet
dem Gesetze in unserm Gemüthe, componiren solte, so hätte er einer großen Feinigkeit
der Empfindung nöthig, um in seiner Phantasey sich den Streit des Geistes mit dem
Fleische vorstellig zu machen … Er muß den Streit characterisiren, der sein Klagen
verursachet. Er muß die Lust bemerken, die sein Fleisch an den Wollüsten hat, und die
Bestreitung mahlen, wodurch der Geist jene unterdrückt. Welches Feuer der Einbildungskraft wird dazu erfordert … Die meisten Componisten werden daher lieber
eine Fuge auf gedachten Spruch setzen, und dieselbe recht kunstmäßig, und wo es hoch
komt, sinnreich mit zween sich widerstreitenden Subjecten ausführen, im Vertrauen,
daß sie alsdenn allen Kunstrichtern, die etwa am Aus- und Nachdruck der Worte und
deren Sinnes etwas tadeln sollten, so fort den Mund damit stopfen können, daß die
Regeln der Fugen es nicht anders, als wie sie es gemacht, zugelassen, und daß sonst die
Fuge nicht so schön geworden wäre.« (Marpurg 1756, S. 212 f; eine klassische Kritik
der »Sachzwang«-Argumentation)

Daß in den Fugen des »Newton der Tonkunst«, des Bach-Schülers Kirnberger,
was den »Gesang« in ihnen anlangt, »wenig oder gar nichts davon vorhanden
ist«, versteht sich von selbst: »diese sind aber auch nur ausdrücklich für die
Kunst geeignet.« (Dulon, S. 104; er meint: als Leckerbissen für Kenner, als
Kabinettstücke)

»Fuge! O – du Diamant des harmonischen Verstandes – du Quelle der
Empfindungen – dein ist die Macht, den Kenner himmelan zu entzücken, und dem Liebhaber die Augen angelweit aufzusperren oder gar
einzuschläfern! …
  Da ist gewiß kein Menschenverstand darinn! Ich aber behaupte, daß
nothwendigerweise keiner darinn seyn kann. Warum? Darum!« (Kraus
1777, S. 18, 21)

Die Partita, Suite oder Ouverture genannten Instrumentalstücke enthalten
geöhnlich in der Mitte des Anfangssatzes eine Fuge. Diese Sätze, französische
Ouverture genannt (wie auch das ganze Stück), verschwanden zusammen mit
der Gattung Suite um die Jahrhundertmitte. Auch die italienischen Ouverturen
hatten dieses Schicksal. Mattheson (1744, S. 162): »Bey der welschen Ouverture aber meide man alle Fugen … und sogenannte Subjecten [Imitations-

themen]. Wer wollte sich auch heutigen Tages um seine Freyheit bringen und subject machen? Alte Grillen sinds, von denen der itzige Gebrauch je länger je mehr abgehen muß. Das laßt euch einmal für allemal gesagt sein!«

So etwas beeindruckte Bach nicht im geringsten. Nicht nur in Ouvertüren, sondern auch überall in anderen Sätzen fand er Gelegenheit, wenn nicht zu Fugen, so doch zu kleinen Kanons oder Imitationen!

Zum Beispiel der 2. Satz des ersten Brandenburgischen Konzerts (vielleicht 1713 komponiert)! Zwar ist der Beginn recht klar in Melodie und Begleitung aufgeteilt, aber T. 9 ff beginnen wüste Dissonanzen (a gegen as) zwischen Oberstimmen und Baß, auch spielen Solo-Oboe und -Violine eine krause Melodie im Kanon! (Musikbeispiel S. 308)

Wie eine Kritik gerade an diesem Satz klingt es, wenn Scheibe (1745, S. 598) über die Sinfonien der ältesten Komponisten schreibt – die Frühfassung des ersten Brandenburgischen Konzertes hieß »Sinfonia« ! –:

»Da sonst [früher] die Componisten bemühet waren, in diesen Stücken ihre harmonischen Kunstgriffe zu zeigen: so mußten sie auch darauf denken, allerhand harmonische Kunstwerke darinnen anzubringen. Und so waren denn ihre Symphonien mit Contrapuncten, Fugen, Canonen und andern künstlichen Nachahmungen durchflochten. Die Instrumente flochten sich in einander, und lösten sich durch allerhand Bindungen unter sich ab. Wie war es also möglich, eine freye und deutliche Melodie anzubringen?«

Es war tatsächlich kaum möglich, wie der Bachsche Satz beweist. Denn: »Eine allzugroße Kunst führet uns allemal von dem Natürlichen und Deutlichen aufs Dunkle.« (Scheibe 1745, S. 132)

Man mußte damals schon sehr weitblickend oder sehr antiaufklärerisch oder bedingungslos bachtreu sein, um wie der Bach-Schüler Johann Friedrich Agricola 1754 schreiben zu können:

»Hat jemals ein Tonkünstler die verstecktesten Geheimnisse der Harmonie in die künstlichste Ausübung gebracht; so war es gewiß unser Bach. Keiner hat bey diesen sonst trocken scheinenden Kunststücken so viele Erfindungsvolle und fremde Gedanken angebracht, wie eben er.« (Nekrolog auf Bach von 1754 v. C. P. E. Bach und J. Fr. Agricola in Mizlers Mus. Bibliothek Bd. IV; vgl. Bach-Jahrbuch XVII, 1920, S. 23)

»Na und?« hätte der anonyme Autor der »Vermischten Gedanken« gefragt und mit den Schultern gezuckt (Marpurg 1756, S. 202), denn für ihn stand fest, »daß diejenigen Componisten eines allgemeinem Beyfalls gewiß sind, die schon in den Gesang der Hauptstimmen große Vollkommenheiten legen, als diejenigen, in deren Stücken sich solche Vollkommenheiten unter alle Stimmen vertheilt finden«. Genau darum hat sich Bach aber zeitlebens bemüht!

Virtuosität und Schwierigkeit: Instrumental

»Seit einigen Jahren hat man angefangen Sonaten füs Clavier mit gutem Beifall
zu setzen: bisher haben sie noch die rechte Gestalt nicht, und wollen mehr
gerühret werden, als rühren, d. i. sie zielen mehr auf die Bewegung der Finger,
als der Herzen. Doch ist die Verwunderung über eine ungewöhnliche Fertigkeit auch eine Art der Gemüths-Bewegung, die nicht selten den Neid gebieret;
ob man gleich saget, ihre eigene Mutter sey die Unwissenheit. Die Frantzosen
werden nun auch in diesem Sonaten-Handel, so wie in ihren neuern Cantaten,
zu lauter Italienern; es läufft aber meist auf ein Flickwerck, auf lauter zusam-
mengestoppelte Cläusulgen hinaus [Kläuselchen, also kleine Spielfiguren], und
ist nicht natürlich.« (Mattheson 1739, Teil II, Kap. 13, §138)

»Es ist unstreitig ein Vorurtheil, als wenn die Stärcke eines Clavieristen in
der blossen Geschwindigkeit bestände. Man kan die fertigsten Finger, einfache
und doppelte Triller haben, die Applicatur verstehen [Fingersatz], vom Blatte
treffen, es mögen so viele Schlüssel im Lauffe des Stückes vorkommen als sie
wollen, alles ohne viele Mühe aus dem Stegereif transponiren [in einer anderen
Tonart spielen, als die Noten sie angeben], Decimen, ja Duodecimen greiffen
[von c bis e oder gar g der nächsten Oktave z. B.], Läufer und Kreutzsprünge
von allerley Arten machen können, und was dergleichen mehr ist; und man
kan bey dem allen doch nicht ein deutlicher, ein gefälliger, ein rührender
Clavieriste seyn. Die Erfahrung lehret es mehr als zu oft, wie die Treffer und
geschwinden Spieler von Profeßion nichts weniger als diese Eigenschaften
besitzen, wie sie zwar durch die Finger das Gesicht in Verwunderung setzen
[Augenmusik! vgl. S. 301 f], der empfindlichen Seele eines Zuhörers aber gar
nichts zu thun geben. Sie überraschen das Ohr, ohne es zu vergnügen, und
betäuben den Verstand, ohne ihm genung zu thun.« (C. P. E. Bach 1753,
S. 115)

»Ich möchte wohl wissen, ob ein Travers- oder Violinsolo [die alten Querflöten hießen
Traversflöten], wo brav Läuffe und Sprünge vorkommen, und wo es immer biß an den
Steg herauf geht, nicht besser seyn, und dem Virtuosen mehr Ehre bringen müsse, als
eines, worinnen eine noch so schöne Melodie ist, und selbige so gespielet wird, daß man
fast schwöhret, es habe sie ein Sänger gesungen. So schreibt mir mein vorgedachter
Correspondent, daß man dasigen Orts rede. Aber ich möchte wol wissen, wer uns die
Sänger zum Muster gegeben hat. Eine Violine, eine Querflöte ist keine Kehle, und wann
man gleich sagt, es gefalle mehr, wann man so spielet, als wenn es gesungen wäre, und
große Schwürigkeiten richteten doch nichts mehr aus, als daß man den Spieler deßwegen bewundert; so wollte ich doch wenigstens den Sängern die Ehre nicht anthun, und
sie nur zu Mustern vorstellen. Ein Violinspieler ist ja was anders, als ein Sänger, und
wenn er nur rein greifft, und die schwehre Passagen gut heraus bringt, so werden ihn
die Leute schon loben, mögen sie doch gerührt seyn oder nicht.«

Wer das Buch von vorne durchgelesen hat, wird vielleicht erkennen, von wem
dieses Zitat stammt. Nur einer der Schriftsteller hatte die durchgehende

Eigenschafft, Verzeihung: Eigenschaft, seine wahre Meinung durch besonders
deutliche, sarkastische Formulierungen des Gegenteils darzustellen: Friedrich
Wilhelm Marpurg (1749, S. 244 f), der mit dieser kritischen Ironie, die heute
so selten geworden ist, auf Schreiber der Romantik oder Kraus oder Tuchol-
ksy vorausweist.

> »So angenehm es den Zuhörern im Konzertsaale, eine Lieblingsstimme vor andern
> ausgezeichnet zu vernehmen: so mißfällig muß jedem gefühlvollen Herzen der heutige
> Misbrauch der Konzerten sein, der immer allgemeiner und herrschender zu werden
> beginnt. Künstleien, über denen der Spieler Finger, Tasten oder Bogen zu zerbrechen
> scheint, und Schnörkeleien, die nur Ekel erregen, machen den Inhalt unserer meisten
> Konzerten aus. Es ist aber äusserst ungereimt, wenn so manche Komponisten meinen,
> Konzerten müßten blos solche Schwierigkeiten enthalten, die fast unnachahmlich seien,
> und um einen gefälligen Gesang, um richtige Imitationen, um Licht und Schatten, um
> natürliche und richtige Modulationen, um das Metrum und andere nothwendige
> Eigenschaften eines guten Konzerts brauchten sich wenig oder gar nicht zu beküm-
> mern.
>   Gegenwärtiges Klavierkonzert, von Hrn. Musikdirektor Denninger in Oehringen hat
> einen ganz andern Zwek. Keine Seiltänzereien, keine Kreuzsprünge, keine Hakbrett-
> ähnliche Klimpereien erschweren das Lesen vom Blatte. Die Solosätze sind entweder
> singend, oder das Schmeichelnde wechselt mit brillanten, melodischen und harmoni-
> schen Passagen ab.« (Bossler 1789, Sp. 49)

Unentwegt betätigen sich die Musikschriftsteller als Sittenwächter und Rein-
heitsapostel. Man kann aus ihrem Dauereifer schließen, welcher Beliebtheit
sich im breiten Publikum die »Kreuzsprünge« erfreuten und wie der »Neid«
und die »Bewunderung«, diese psychischen Motoren der Konkurrenz, das
öffentliche Konzert zur Sensation machten. Das Gejammer der Kritiker dauert
ohne Unterbrechung bis heute fort, und die Bemühungen, statt des aussichts-
losen Kampfes gegen die Schmutzfluten die Situation zu beschreiben, zu
analysieren, die Gründe für den Zustand des Musiklebens herauszuarbeiten,
ist heute genau so schwach wie zu Zeiten des Rates Bosslers. (Mein Versuch,
sein Zitat im Zusammenhang mit der Arbeit der reisenden Virtuosen zu sehen,
vgl. S. 233 f) Die ständigen Visionen vom Untergang des Guten und Wahren in
der Musik bereichern sich beim folgenden Gedanken von Quantz (1752, Kap.
18, §75) durch eine politische Komponente:

> »In der Instrumentalmusik möchten die Franzosen ... entweder bleiben wie sie
> vor langen Zeiten gewesen sind; oder es steht zu befürchten, daß sie, wegen des
> Mangels guter Muster, wenn sie ja was neues einführen wollen, aus der allzu-
> grossen Modestie, endlich in eine desto größere Frechheit verfallen, und den
> ihnen immer noch eigen gewesenen netten und deutlichen Vortrag, in eine bizarre
> und dunkele Art zu spielen, verwandeln möchten. Bey einer neuen und fremden
> Sache, wendet man mehrentheils nicht Zeit genug zur Untersuchung derselben
> an; sondern man fällt gemeiniglich von einem äußersten Ende aufs andere;

absonderlich wenn es auf die Wahl junger Leute ankömmt, welche durch alles, was nur neu ist, verblendet werden können.«

Jawohl, Herr Lehrer! Wir Deutschen tun so etwas nicht! Das klingt ja wie das deutsche Lamento über die Französische Revolution.

»Wie in Frankreich die alles beherrschende und alles auflösende Vernunft ihre zerstörenden Wirkungen nach außen hin gewandt und das gesamte Leben der Nation zum furchtbaren Schauspiel für die Mitwelt und Nachwelt ergriffen hat; so nahm in Deutschland, dem Charakter der Nation gemäß, bei der äußern Gebundenheit der edelsten Kräfte, die absolute Vernunft ihre Richtung ganz nach innen, statt der bürgerlichen Revolutionen, in metaphysischem Kampfe Systeme erzeugend und wieder zerstörend.« (Friedrich Schlegel, Geschichte der alten und neuen Literatur, 1810; zit. Kritische Ausgabe, hg. v. Ernst Behler u. a., Bd. VI, 1961, S. 411f)

Keine Befreiung, aber dafür den »Faust«! War die »edelste Kraft«, Goethe, in »äußerer Gebundenheit«? Er konnte doch nach Italien fliehen, wenn es ihm paßte. Und die jahrzehntelangen Bauernaufstände in Sachsen und Schlesien gegen Ende des Jahrhunderts, gehören die nicht auch zum »Charakter der Nation«? Kant war und blieb übrigens Sympathisant der Französischen Revolution.

Beispiel: Johann Sebastian Bach

Wenn wir an Bach denken und in seiner Musik nach Fällen großer instrumentaler Schwierigkeit und technischer Anforderungen suchen, so könnten wir etwa auf das »Italienische Konzert« kommen. Wegen dessen technischen Niveaus, auch wegen seines modischen Titels könnten wir erwarten, daß ein deutscher Vernunft-Held wie Scheibe es in Grund und Boden verdammen würde. Tatsächlich, er hat es ausführlich erwähnt in seinem »Critischen Musicus«, im 69. Stück: Aber er hat es gelobt!

»Vornehmlich aber ist unter den durch öffentlichen Druck bekannten Musikwerken ein Clavierconcert befindlich, welches den berühmten Bach in Leipzig zum Verfasser hat, und aus der großen Tonart, F, geht [das heißt, aus F-Dur]. Da dieses Stück auf die beste Art eingerichtet ist: so glaube ich, daß es ohne Zweifel allen großen Componisten, und erfahrnen Clavierspielern so wohl, als den Liebhabern des Claviers und der Musik, bekannt sein wird. Wer wird aber auch nicht so fort zugestehen, daß dieses Clavierconcert als ein vollkommnes Muster eines wohleingerichteten einstimmigen Concerts anzusehen ist? ... Ein so großer Meister der Musik, als Herr Bach ist, der sich insonderheit des Claviers fast ganz allein bemächtiget hat, und mit dem wir den Ausländern ganz sicher trotzen können, mußte es auch seyn, uns in dieser Setzart ein solches Stück zu liefern, welches den Nacheifer aller unserer großen Componisten verdienet, von den Ausländern aber nur vergebens wird nachgeahmet werden.« (1745, S. 637f; geschrieben 1739)

Das »Italienische Konzert«, 1735 im Druck erschienen, mag Scheibes Lob wohl unter anderem deshalb erhalten haben, weil es tatsächlich in der Klavierliteratur das Pionierwerk eines Konzerts ohne Orchesterbegleitung ist, hiermit also wieder einmal das Hervorragen der Deutschen gegenüber den Franzosen und Italienern nachzuweisen war.

Nach diesem 2. Teil der von Bach sogenannten »Clavier-Übung« erschienen im 4. Teil 1742 die »Goldberg-Variationen«. Sie enthalten wirklich alles, was von den zeitgenössischen Kritikern verabscheut wurde: Jede dritte der 30 Veränderungen hat in den beiden Oberstimmen einen Kanon, wobei sich von mal zu mal das Imitationsintervall vergrößert (Prim bis hin zur None); die spieltechnische Schwierigkeit geht zum Teil ins Immense für die damalige Zeit (vor allem ab Nr. 20), und auch die monierten »Kreuzsprünge«, also Händeübergreifen, kommen häufig vor (Nr. 5, 14, 20); alle diese Züge hatte das »Italienische Konzert« nicht. Es erscheint dagegen ausgeglichen und geordnet, melodisch und ohne Kunststücke, und es hat auch nicht die etwas grüblerischen, melancholischen und oft schon leicht verschrobenen Momente vieler Spätwerke Bachs, so auch der Variationen, in deren Nr. 25 (hier S. 313 die 1. Hälfte wiedergegeben) das rhythmische und harmonische Dunkel noch mit einer derart krausen und chromatischen Melodie garniert ist, daß man sie und auch das gesamte Werk getrost als extremes Gegenbeispiel zur neuen rationalistischen Musikästhetik bezeichnen kann. Scheibe hat sich nicht dazu geäußert.

Virtuosität und Schwierigkeit: Vokal

»Eine italiänische Oper ist, eigentlich zu reden, nichts anders als ein Concert; und ein Concert von drey Stunden ist zu lang für diejenigen, die die Sprache nicht verstehen.« Aber nicht nur die »Thorheit ... eine Oper in einer fremden Sprache zu unterhalten«, erweckt den Eindruck des langatmigen Instrumentalkonzerts, sondern weil – im Verhältnis zur Natur – »die Italiäner ... kühne Verächter derselben (sind), oder, nach ihrer Art zureden, sie ..., wenn es den Göttern gefällt, Verbesserer derselben seyn (wollen).« Offenbar im Hinblick auf Caravaggio und andere Maler Italiens fährt Marpurg (1749, S. 361, 342) fort:

»Man wird sich selten irren, wenn man das für ein italiänisches Gemählde ausgiebt, welches den stärcksten Schatten, und das höchste Licht hat. Beydes ist bey ihnen nicht, wie wir es in der Natur finden, sondern wie sie es im dunckeln durch eine beliebige Erleuchtung erzwingen lässt [das sogenannte Kellerlicht bei Caravaggio!]. Es ist wahr, sie rühren das Gesicht dadurch viel heftiger, viel lebhafter. Allein das Vergnügen darüber vermindert sich nach und nach. Man empfindet endlich, daß es nicht die durch anhaltende Betrachtungen sich immer verschönernde Natur, sondern der stolze Eigensinn eines Meisters sey, der sich unter ihren simplen Vorschriften entweder nicht zu

(Der Fingersatz ist nicht von Bach, sondern vom modernen Herausgeber.)

Variatio 25
a 2 Clav.

biegen weiß, oder sich darunter zu biegen schämet.« (Nochmals: Uffenbachs Bemerkungen über Vivaldi, S. 11!)

Und so machen es auch die »Meister« der Oper: Es ist ein »Mißbrauch«, »daß sie in den Arien ... zu viele Passagien anbringen ... und weder einen Unterschied der Worte, noch der Sänger machen; sondern nur mehrentheils der hergebrachten Gewohnheit, ohne Beurtheilung, nachgehen ..., so daß man glaubet, eine Arie ohne Passagien sey nicht schön, oder ein Sänger singe nicht gut, oder tauge gar nichts, wenn er nicht auch gleich, wie ein Instrumentist, viele schwere Passagien zu machen wisse: ohne zu bedenken, ob der Text Passagien erlaube oder nicht.« (Quantz 1752, Kap. 18, §69)

»Ja, da es gewiß ist, daß die neuern Italiäner gar ofte auszuschweifen, und sich von den Vorschriften der Natur zu entfernen pflegen,« ist es auch kein Wunder, daß sie »das wahre verlassen, daß sie ihrer Einbildung zuviele Freyheit erlauben, daß sie sich gar zu oft vergessen, und ein dunckles Nichts schreiben« (Marpurg 1749, S. 2), jene »jämmerlichen Gerippen welscher Flickwerke und ihrer Rhapsodien« mit ihrer »eingewurzelte(n) Ungereimtheit der Noten, der an sich wohlklingenden Noten; wenn man sie gegen die Worte hält, die sich darunter zwingen lassen müssen: eine Ungereimtheit, die in der That so groß ist, daß unmöglich ein vernünftiger Mensch durch dergleichen Virtuosengesänge, es sey denn durch den bloßen Schall, gerühret, oder gar zur Empfindung, ja, nicht einmal zum Nachdenken der in den Versen enthaltenen Meynung und Leidenschaft, beweget werden kann: indem man vielmehr zum öftern, bey dem größesten Ach und Wehe, wieder seinen Willen, mit aller Freundlichkeit lächeln; bey muntren und frischen Vorträgen aber schier seufzen und weinen mögte, wo einer sich nicht eydlich verpflichtet und ein Gelübde thut, ganz gleichgültig zu seyn, es werde auch gesungen, was da wolle.« (Mattheson 1744, S. 96)

»Die Singstimmen machen ein fremdes Geschrey; man höret sie nur kreischen, die Worte aber sind, theils wegen der krausen Harmonie, theils auch, weil die Silben wider die Natur verworfen und ausgedehnet werden, fast ganz und gar unvernehmlich.« (Scheibe 1745, S. 132, 14. Stück) Und: »Man machet sich ein Vergnügen, die Gränzen der Stimme zu überschreiten, und da, wo die ausgedehntesten fehlerhaft sind, in die äusserste Höhe oder Tiefe zu gehen, so wie es etwann verwegene machen, die den rechten Weg verlassen, um auf dem Rande der gähesten Oerter herumzuwandeln. Man lässet diese Stimmen die seltsamsten und entferntesten Töne, Passagen und den Violinen allein gehörige Gänge ausführen.« »Man betrachte die überflüssigen Zierrathen, als ein Ueberbleibsel des Gothischen Geschmacks ... und schaffe die ungeheuren Sprünge ab, bey deren Anhörung sich mancher einbilden mögte, als ob er sich in einer cabrolirenden Seiltänzerbude befände ... und benehme einem unmusicalischen Sänger die Gelegenheit, seine falsche Cadentzen so oft anzubringen [verzierte Ruhepunkte], und den Sinn der Worte durch seinen ungleichen meckernden Triller alle Augenblicke zu unterbrechen! Man suche endlich vor allen Dingen, die wahre Art und Eigenschaft der deutschen Sprache zu treffen: ich bin versichert, daß die Vorurtheile wider die Unfüglichkeit derselben von sich selbst wegfallen werden.« (Marpurg 1749, S. 329 und S. 4) Es ist eine »Pest ..., die ganz Italien angesteckt hat, den simplen Adel schöner Melodie, in solchen kleinen Strudeln zu ersäufen« (Cramer 1783, S. 1079), und Mozart über einen koloraturliebenden Sänger: Er ist »auf den Alten Schlendrian versessen ... er liebt die geschnittenen Nudeln zu sehr – und sieht nicht auf die Expreßion.« (Briefe III, S. 72)

Den Instrumenten wird also insgesamt mehr Virtuosität zugestanden als der Stimme. Und die Grenzen dieser musikalischen Äußerungsweisen sollen auch eingehalten werden: »Die unordentliche und ungleiche Schreibart wirft alles so durcheinander, daß man keineswegs die Natur der Sachen, der Worte ... verstehen und unterscheiden kann ... Man vermischet ferner die besondern Eigenschaften gewisser Stücke ...« (Scheibe 1745, S. 134f) Dies gilt nicht nur bei instrumentaler Behandlung der Singstimme, sondern auch, »wenn der ... Opernstyl gemisbrauchet, und in Stücke eingemischet wird, wohin er nicht gehöret, so daß, wie in Welschland bereits geschieht, die Kirchen- und die Instrumentalmusiken nach demselben eingerichtet werden, und alles nach Opernarien schmecken muß.« (Quantz 1752, Einleitung S, 15)

Beispiel: Textbehandlung

Die wort- und naturfeindliche Art der Gesangskomposition, die nach den Worten der Kritiker von Italien ausging, vor allem von der italienischen Oper, machte zunächst in ganz Europa Schule, auch in Deutschland. Ein wesentliches Moment, in dem sich die Fehlerhaftigkeit dieser Opernarien kristallisierte, war der Umgang mit dem Text:

»Keine Nation ist in Widerholung einzelner Wörter freygebiger, als die Italienische ... Wir Deutschen sind ihrem Beyspiele bereits soweit gefolget, daß wir fast unsern eigenen Charakter darüber verlohren haben ... Wir Deutschen können diese Künste eben so gut, ja fast noch besser ... So gar die Worte: Ins Grab, müssen uns manchmal zu einer Belustigung dienen: denn man hat wohl eher den Sänger vier bis fünfmal sich ins Grab singen lassen ... In den Silbendehnungen sind wir den Italiener ebenso glücklich gefolget, als sie uns vorangegangen sind. Wir nehmen uns so gar die Freyheit, solche Sylben auszudehnen, und weit hergesuchte Coloraturen darauf zu setzen, die doch weder eine Handlung, noch eine Gemüthsbewegung, oder Leidenschaft enthalten. Wir finden Läufer auf den Sylben: kann, hat, mag, denn, ein etc. und endlich hören wir dergleichen Kräuseln auch auf solchen Nennwörtern, die nur Personen, Thiere, oder Gebäude anzeigen, als etwa: Stadt, Haus, Sterne, Adler, Vogel, Taube, Herr, Dame etc. Man trägt auch kein Bedenken, die Wörter, Grab, oder Tod, auf eine unnatürliche Weise auszudehnen, und durch klägliche Bindungen recht erbärmlich zu machen.«

Herrn Scheibe (1745, S. 92f) werden da manche Stellen aus den Werken seines Lehrers Bach recht unerfreulich vorgekommen sein, so die Koloraturen auf die Wörter »Regenbogen« und »Schlange« (Johannes-Passion, Nr. 32, Arie »Erwäge«, Mittelteil, vgl. Bsp. S. 377; Matthäus-Passion, Arie Nr. 12, »Blute nur, du liebes Herz«, Mittelteil), dies vor allem auch deshalb, weil der Opern- und Konzertstil von Bach ziemlich kompromißlos in die Kirchenmusik übernommen wurde. Mattheson (1725, S. 24ff, 36ff) hat in »Des fragenden Componisten Erstes Verhör über eine gewisse Passion« einige sehr beißende Beispiele über Dehnungen und Wiederholungen im Passionstext gegeben, die Bach sich offenbar nicht zu Herzen genommen hat: »daß ich Macht ha-------be /

dich zu kreu------zigen«, »die Freystatt, die Frey----statt, die Freystatt, die Frey--------statt aller Frommen« oder gar »Was ich geschrieben habe, ---Was ich geschrieben habe, ---das habe ich geschrieben, ---das habe ich geschrieben. Was ich geschrieben habe---, was ich geschrieben habe---, was ich geschrieben habe---, das habe ich geschrieben---, das habe ich geschrieben.«

Hierzu meint Mattheson: »Behüte Gott vor solchen häufigen Wiederholungen! der erste Satz ist fünffmal, der andre viermal wiederholet. Wer die Leute mit Unmuth von sich weiset / wie hier Pilatus / der wird so nicht reden. Etwan einmal oder zweymal mag er seinen Ausspruch wiederholen; mehr nicht.« (S. 40)

So einleuchtend diese Begründung wegen ihres Bezuges zur natürlichen Sprechsituation ist, so wenig ist es eine andere (S. 36 f):

»Man denket wohl ungefehr auf diesen Schlag / wenn man eine wichtige Sache aufschreibet / oder zu Papier bringt. Aber kein Mensch lieset also; viel weniger wird einer das gelesene so erzehlen. Ich erinnere mich zwar / daß der Schulmeister es also zu machen pflegte / wenn er uns etwas in die Feder dictirte: und bey der gleichen Umständen verfahre ich selbst auf gleiche Weise. Da es denn deswegen in solcher Form geschehen muß / damit ein jeder Schüler die Worte deutlich hören / und einer / der langsam schreibt / auch mit fortkommen möge. Aber hier ist dieser Umtand nicht / und also gar nicht natürlich / so viele Unterbrechungen / Absätze und Widerholungen zu machen.«

Hier zeigt sich die oft recht platte Phantasielosigkeit der rationalistischen Musiktheoretiker. Wie ist es denn, wenn jemand in der Gemeinde »langsam denkt«? Werden ihm die Wiederholungen nicht nützen? Und wie wäre es, wenn der Gesangstext tatsächlich so ohne Wiederholungen durchliefe, wie man »lieset«? Niemand könnte sich so schnell auf das gleichzeitige Aufnehmen von Musik- und Textablauf konzentrieren. Die Vokalmusik braucht, um musikalisch halbwegs selbständige Formen bilden zu können, den Text auch als Lautmaterial, nicht nur als Sinnmaterial. Textteile müssen also wie Akkordverbindungen oder Melodien wiederholbar sein. So jedenfalls behandelten Komponisten wie Bach ihre Texte, und sie werden dabei sowohl musikalisch-architektonische also auch verdeutlichend-inhaltliche Gründe für die Textwiederholungen gehabt haben. (Das war Mattheson, wenn er nicht polemisierte, nur zu klar, wie seine ausführliche, hochdifferenzierte und sehr lesenswerte Anweisung fürs Textwiederholen in der »Critica Musica«, Teil II, 1725, S. 345–380, zeigt, mit sieben Hauptregeln nach der Rhetorik, vielen Nebenregeln, Erläuterungen und Beispielen, die den angehenden Komponisten ob ihres rationalistischen Überschwanges ungeheuer eingeschüchtert haben müssen.)

Allerdings gab es Übertreibungen, in denen der Text nur noch als beliebiges Material für Gesangs-Virtuosität wirkte. »Diese unvernünftige Sylbendehnung und Wiederholung der Wörter, (denn von der vernünftigen spreche ich nicht) ist vielen Opernfeinden beständig ein Stein des Anstosses mit gewesen.« (Marpurg 1749, S. 60)

Benedetto Marcello hat, wahrscheinlich 1721, in seiner Satire auf die zeitgenössische Oper, »Il Teatro alla moda«, eine auf die Wortwiederholungen und -dehnungen in der Oper gemünzte Stelle geschrieben (übersetzt bei Mattheson 1725, S. 49), die offenbar als Vorlage für Scheibes anfängliches Zitat gedient hat. Es ist die Stelle, wo er

»per ironiam diese Regel stellet: ›Es soll der galante Komponist wohl acht haben / wenn entweder nomina propria, oder appellativa [Eigennamen oder Bezeichnungswörter], als: Vater / Reich / Liebste / Herrschafft / Sandbanck / Schönheit / Athem / Herz etc. oder auch: nein / ohne / schon / und andre adverbia, vorkommen / daß er bey Leibe ja auf selbigen sehr lange Coloraturen mache. Z. E. Vaaaa‒‒‒‒Rei ei ei ei‒‒‒‒Lie ie ie ie‒‒‒‒Herrschaaaa‒‒‒‒Aaaa‒‒‒‒Saaaa‒‒‒‒Schöööö‒‒‒‒Heeee‒‒‒‒Nei ei ei ei‒‒‒‒schooo‒‒‒etc. Und zwar soll es darum also gemacht werden / damit er sich je länger je mehr von dem stylo antiquo [alter Stil, also der gute alte Brauch] entferne / als welcher niemals den geringsten Lauff bey dergleichen nominibus und adverbiis; sondern nur auf solche Wörter / die eine Leidenschafft oder Bewegung bedeuten / angebracht hat: z. E. Plage / Schmerz / Gesang / fliegen / fallen / usw.‹« (Früher gab es also nur Koloraturen an dafür geeigneten Textstellen.)

Nicht nur Scheibe hat sich an dieser Stelle orientiert, sondern auch Mattheson selbst hat eine ausführliche eigene scharfsinnige Duplik dazu verfaßt (1744, S. 148–153, auch S. 68), aber den Vogel schießt wohl Joseph Martin Kraus ab (1777, S. 72 ff), wenn er die bereits einmal erwähnte Oper »Alceste« von Wieland mit der Musik von Anton Schweitzer (1773) aufs Korn nimmt und dabei den genauen Wortverlauf einer Arie des Herkules protokolliert. Die ganze Stelle soll ihrer Einmaligkeit wegen in Originalgestalt erscheinen (vgl. S. 318).

Neben anderen Relikten aus der italienischen und italienisch beeinflußten Oper war es auch diese Art der Textbehandlung, die der Opernreformator Gluck im Interesse der Deutlichkeit und Hervorhebung der dramatischen Handlung abschaffte, allerdings gegen erheblichen und langandauernden Widerstand der Freunde und Produzenten der italienischen Oper (vgl. S. 488 ff).

Zum drittenmal: Johann Sebastian Bach

Johann Adolf Scheibe, Schüler von J. S. Bach, schrieb im 6. Stück seines »Critischen Musikus« vom 14. 5. 1737 über seinen Lehrer, allerdings ohne Namensnennung:

»Dieser große Mann würde die Bewunderung ganzer Nationen seyn, wenn er mehr Annehmlichkeit hätte, und wenn er nicht seinen Stücken, durch ein schwülstiges und verworrenes Wesen, das Natürliche entzöge, und ihre Schönheit durch allzu große Kunst verdunkelte. Weil er nach seinen Fingern urtheilet, so sind seine Stücke überaus schwer zu spielen; denn er verlangt, die Sänger und Instrumentalisten sollen durch ihre Kehle und Instrumente eben das machen, was er auf dem Claviere spielen kann. Dieses aber ist unmöglich. Alle Manieren, alle kleinen Auszierungen, und alles, was man unter

Herkules macht jetzt sein Projekt. Er will helfen. Admet glaubts nicht: Was willst, was kannst du thun? Die Antwort des Herkules ist folgende im Tempo eines Marsches:

„Freund — Freund — Freund zweifle
„nicht — Freund zweifle nicht! Was
„Herkules verspricht, was Herkules ver=
„spricht, das wird er halten, das wird
„er halten; was Herkules verspricht,
„was Herkules verspricht, das wird er

„hal —————

————————————— —ten,
„Freund, was Herkules verspricht, das
„wird er halten. Freund, zweifle nicht,
„Freund zweifle nicht, zweifle nicht?
„Was Herkules verspricht, das wird er
„hal————ten. (Ein kleines Spielwerk
„von 7 Ctakten.) Freund — Freund —
„Freund zweifle nicht, Freund zweifle
„nicht! was Herkules verspricht, was
„Herkules verspricht, das wird er

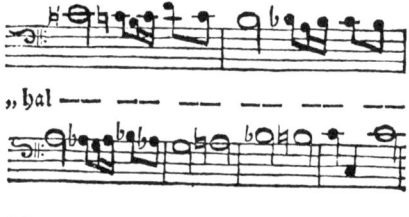

————————————————— —ten,

„was Herkules verspricht, was Her=
„kules verspricht, das wird er

„hal —————

————————————————— —ten.
„Zweifle nicht, zweifle nicht, Freund
„zweifle nicht, was Herkules verspricht,
„das wird er hal———ten, Freund
„zweifle nicht, Freund zweifle nicht,
„Freund zweifle nicht, was Herkules
„verspricht, was Herkules verspricht,
„das wird er halten, das wird er halten,
„das wird er halten, was Herkules ver=
„spricht, das wird er hal———ten.
(Ein Spielwerk von 10 Ctakten.) „Ruf
„deinen Mut zurück! ruf deinen Mut
„zurück! die Götter walten, die Götter
„walten, ihr Beifall ist der Tugend Sold,
„sie sind den Frommen hold, und wer=
„den dein Geschick bald umgestalten.

(Ein Spielwerk von 5 Ctakten.) „Freund —
„Freund — Freund zweifle nicht, Freund
„zweifle nicht, was Herkules verspricht,
„das wird er hal———ten, Freund
„zweifle nicht, Freund zweifle nicht,
„Freund zweifle nicht, was Herkules
„verspricht, was Herkules verspricht, das
„wird er halten, das wird er halten, das
„wird er halten, was Herkules ver=
„spricht, das wird er hal———ten."

Das heißt musikalische Beredsamkeit!

der Methode zu spielen versteht [die über die Notenbefolgung hinausgehende Aufführungspraxis, also z.B. Verzierungen], drücket er mit eigentlichen Noten aus, und das entzieht seinen Stücken nicht nur die Schönheit der Harmonie, sondern es machet auch den Gesang [im Sinne von der reinen Melodie] durchaus unvernehmlich. Kurz: er ist in der Musik dasjenige, was ehemals der Herr von Lohenstein in der Poesie war. Die Schwülstigkeit hat beyde von dem Natürlichen auf das Künstliche, und von dem Erhabenen aufs Dunkele geführt; und man bewundert an beyden die beschwerliche Arbeit und eine ausnehmende Mühe, die doch vergebens angewandt ist, weil sie wider die Vernunft streitet.«

(Auch später noch gilt Lohenstein als Antityp natürlicher Dichtung, so in einem Brief des Lübeckers Overbeck an Caspar Ruetz; vgl. Marpurg 1754/55, S. 314.)

Den Magister Birnbaum, der seit 1721 an der Universität Leipzig Dozent für Rhetorik war und 1748 in Leipzig starb, erregte dieser Passus sehr. Er machte »Unpartheyische Anmerkungen«, Scheibe daraufhin eine »Beantwortung der unpartheyischen Anmerkungen«, Birnbaum wieder eine »Vertheidigung seiner unpartheyischen Anmerkungen gegen des critischen Musikus Beantwortung derselben«, und schließlich mischte sich auch noch der Magister Lorenz Mizler ein, Gründer der Leipziger »Societät der Musicalischen Wissenschaften« (1738), deren Mitglied Bach wurde (vgl. S. 237). Etwa 200 Druckseiten wurden gefüllt, deren Inhalt ich hier nicht im einzelnen wiedergeben will (Abdruck in Scheibe 1745 und Bach II, genaue Dokumentation und Interpretation in meinem S. 303 genannten Aufsatz).

Bach ist ein Komponist, »der seines fertigen Spielens und künstlichen Setzens ungeachtet, weder mir, noch einem andern, so leicht ein Muster zu singbaren Sachen abgeben wird.« (Mattheson, Große Generalbaßschule, 1731, S. 444; zit. Bach II, S. 221)

Matthesons Kritik, zunächst hier nur allgemein auf Bachs Melodiebildung bezogen, erstreckt sich an anderer Stelle auch direkt auf Bachs Vokalmusik, wobei sie aber weniger – wie bei Scheibe – die Auszierungen und schwierigen Figuren darin aufgreift, sondern die Logik der Textbehandlung.

Vor allem einige Bemerkungen Matthesons aus dem zweiten Teil seiner »Critica musica« (1725, S. 36) erscheinen geradezu wie Repliken auf Bachs Johannes-Passion von 1724, auch wenn die Musikforschung z. T meint, Händels Johannes-Passion sei dabei gemeint.

Im »zweiten Verhör« »des fragenden Componisten ... über eine gewisse Passion« heißt die 34. Frage:

»Wenn ich gleichwol die Worte: Bedenke doch – – – mit einer Pause begleite / und hernach wiederhole / wird solches auch zu tadeln seyn?«

Der Meister antwortet:

»An und für sich erwecket die Pause ein Nachsinnen; aber zuvor muß doch gleichwol gesagt werden / worauf man denken und sinnen soll. Derowegen bringe den Sensum [Sinn] erst einmal zum Stande: hernach invertire /wiederhole und brich ab / so viel du willst / und so viel ohne Zwang geschehen kann.« Was tut Bach in Nr. 32?

Die 36. Frage lautet:

»Daß er gekreu . . . . ziget würde. Ist dieses gut in dem Recitativ des
Evangelisten / durch klägliche und dissonirende intervalla?« Also so, wie Bach
es tatsächlich tut (Nr. 47):

Der Meister Mattheson dazu:

»Nein. Es ist abgeschmackt und von eben der Art / als das in der V. Frage beantwortete
Geisseln. [Diese Frage, ob im erzählenden Rezitativ das Wort in Melismen bildlich
dargestellt werden dürfe, verneinte Mattheson kategorisch. Bach tut es exzessiv, gerade
aufs Wort »geisseln«.] Denn ob mans einem gleich in der Fuge zu gute halten kann / ein
hitziges melisma auf das kreuzigen anzubringen; so gehet doch solches bey dem
erzehlenden Evangelisten / und zwar mit solcher wehmüthigen Art / keinesweges an.
Der stylus narrativus muß von dem repräsentativo [der erzählende vom darstellenden]
unterschieden seyn.«

Noch ein interessanter Zusatz:

Birnbaum ist entrüstet, daß Scheibe Bach einen »Musikant« nennt, was ihn
erniedrige, da er doch ein »Virtuos« heißen müsse seiner instrumentalen und
kompositorischen Fähigkeiten halber. Scheibe sei es wohl nicht klar, »daß unter
Musikanten und Bierfiedlern fast kein Unterschied ist«. Scheibe streitet alle
Gehässigkeit bei dieser Betitelung ab und schreibt sogar:
»Inzwischen glaube ich, der Herr Capellmeister Bach werde viel zu vernünftig
seyn, sich über einen Titel zu beschweren, der gewiß alle andern musikalischen
Ehrentitel übertrifft. Den Titel: Musikant, so rühmlich zu führen, und zu behaupten, als wir an dem Herrn Hofcompositeur sehen, ist kein gemeines Exem-
pel.« (Scheibe 1745, S. 841, 872; für Birnbaum dann auch noch S. 954)

Man vergleiche Scheibes eigene Abwertung der »Musikanten«, wie sie
Kap. I, S. 44ff zitiert ist. Mizler (Scheibe 1745, S, 1033 f) nennt so etwas
eine »schmutzige Arbeit«.

Fünfzig Jahre später hatte sich auf dem musikalischen Sektor nicht alles von
den Forderungen der Aufklärer durchgesetzt, wohl aber ihr Streben nach
simplem Gesang. Denn die Bedürfnisse des großen Publikums gingen genau in

die Richtung der melodischen Einfachheit, Klarheit und Durchsichtigkeit. Johann Sebastian Bach war kein Streitobjekt mehr, er war schon Geschichte, nur noch einzelnen Spezialisten bekannt. Aber gerade die fingen in den achtziger Jahren an, jenseits der alten Streitereien aus dem »Critischen Musikus« dem Stil Bachs als einem historischen Vorbild wieder Geschmack abzugewinnen, ja sogar die einst kritisierten Techniken Bachs sich wieder anzueignen und dadurch in den Stil der »klassischen« Sinfonik jenes Spektrum historischer Weite einzubringen, das dieser Musik den Stempel des Allumfassenden, Absoluten und Endgültigen aufgeprägt hat. Ohne die Vermittlungsfunktion des Barons van Swieten und die historischen Stilinteressen Mozarts, ohne die langjährigen Experimente und Studien Haydns ist die auch in die Geschichte ausgreifende Tonsprache der sinfonischen Musik wie in Beethovens Sinfonien kaum denkbar. Fast in jeder finden sich Ausblicke in die alte Welt der »künstlichen« Kontrapunktik, nun aber nicht als technisches Mittel einer bestimmten Gattung zu verstehen, sondern als Abzeichen einer bestimmten psychischen oder ethischen Haltung (Ernst, Mühsal, Kampf, Arbeit, Ehrfurcht u. ä., vgl. Mozart-Analyse S. 459 ff).

»ich gehe alle Sonntage um 12 uhr zum Baron van Suiten – und da wird nichts gespielt als Händl und Bach. – ich mach mir eben eine Collection von den Bachischen fugen. –« (Mozart an seinen Vater, 10. 4. 1782, Bach III, S. 352)
    »und nun war es für den stillen Beobachter eine Freude zu sehen, wie eifrig sich Mozart setzte, die Stimmen um sich herum, in beide Hände, auf die Kniee, auf die nächsten Stühle vertheilte, und, alles andere vergessend, nicht eher aufstand, bis er alles, was von Sebastian Bach da war, durchgesehen hatte. Er erbat sich eine Kopie, hielt diese sehr hoch, und – wenn ich nicht sehr irre, kann dem Kenner der Bachschen Kompositionen und des Mozartschen Requiem ... besonders etwa der großen Fuge Christe eleison – das Studium, die Werthschätzung, und die volle Auffassung des Geistes jenes alten Kontrapunktisten bey Mozarts zu allem fähigen Geiste, nicht entgehen.« (J. Fr. Rochlitz, All. Mus. Zeitung 1798, über Mozarts Besuch an der Leipziger Thomasschule 1789; zit. Bach III, S. 558 f)

Alles barock und gotisch!

Künstliche, unnatürliche Harmonik wird von »Vernunftsschlüssen aus Barokko und Barbara« beherrscht (S. 295), krause, unmelodische Ziergesänge sind »Ueberbleibsel des Gothischen Geschmacks« (S. 314), gemacht von »barbarischen Gothen« (S. 341). Wir sind noch weit entfernt von den Zeiten des 19. Jahrhunderts, als die Begriffe Barock und Gotik zu kunstgeschichtlichen Epochenbezeichnungen ohne Wertungscharakter wurden. Bis gegen Ende des 18. Jahrhunderts erfüllten sie die Aufgabe, alles Vernunft- und Aufklärungsfeindliche aus vorangegangenen Zeiten zu benennen. Schon im 16. Jahrhundert während der Renaissance wurden sie in diesem Sinne benutzt, ebenfalls in einer Zeit, als man meinte, durch genaue Naturstudien sich über Kunst und philosophische Syllogismen der vorangegangenen Epoche (Mittelalter) erhoben zu haben (G. R. Hocke, Matierismus in der Literatur, Hamburg 1959, S. 143 ff). Ob das Wort »barocco« von der portugiesischen Bezeichnung einer unregelmäßigen Muscheloberfläche herstammt, scheint nicht ganz geklärt zu sein. »Barbara« und »Gothisch« beziehen sich auf die alten, unzivilisierten Volksstämme. Auch diese Wörter wurden schon im 16. Jahrhundert im kunstgeschichtlich-pejorativen Sinne benutzt (bei Vasari).

Johann Adolf Scheibe (1745, S. 755, Fußn. 3):

»Wir haben noch itzt in der Musik solche gothische Ausarbeitungen. Die Gothen in der Tonkunst haben sich noch nicht verlohren, ob schon die Vernunft und die Natur die Stücke unserer besten Meister beleben. Wir sehen solche Tonkünstler, die sich eine Ehre daraus machen, unverständlich und unnatürlich zu setzen. Sie häufen die Figuren. Sie machen ungewöhnliche Auszierungen. Sie werden dabei so künstlich, daß sie sich selbst nicht verstehen. Folglich entfernen sie sich beständig von der Natur und von den Absichten ihrer Stücke. Sind dieses nicht wahre Gothen in der Tonkunst?«

Etwas allgemeiner verwendete Sulzer (2. Aufl., 1792) das Wort (Art. »Gothisch«), u.a. als Synonym zu barbarisch: »Man bedienet sich dieses Beywortes in den schönen Künsten vielfältig, um dadurch einen barbarischen Geschmack anzudeuten.« Es sei dadurch »entstanden, daß die Gothen, die sich in Italien niedergelassen, die Werke der alten Baukunst auf eine ungeschickte Art nachgeahmt haben«. Überhaupt sei auch jeder aufgestiegene, neureiche Mensch ohne Bildung, der schlecht »die feinere Welt nachahmet«, »gothisch«, auch alles »aus Mangel des Nachdenkens über das, was man zu machen hat«, Entstandene. Und im Zusatz zur 2. Auflage: »Jede Unschicklichkeit, ist, und heißt, jetzt gothisch.« Wie im frühen Wortgebrauch von »barock« sind die Maler vor dem 15. Jahrhundert für Sulzer wegen ihrer mangelhaften Naturbeobachtung »gotisch«, da sie »nach bloßem Gutdünken Figuren gezeichnet haben«.

Die erste Auflage von Sulzers Theorie der schönen Künste (Teil 1) erschien 1771. In den 70er Jahren begann aber der Umschwung zum »Sturm und Drang« und zur Geniezeit, durch den wesentliche Prinzipien der Aufklärung ins Wanken gerieten. Das 4. Kapitel wird darüber berichten.

Justus Möser (Harlekin oder Vertheidigung des Groteske-Komischen, Neue verbesserte Auflage, Bremen 1777, S. 53) schrieb bereits: »Der Geschmack des schiefen, oder der sogenannten gout baroque, ist gewiß sonderbar schön, gehört aber nicht in Tempel und andre dauerhafte Werke, welche die Ewigkeit erreichen sollen.«

Goethe erkannte aber gerade am Beispiel eines solchen dauerhaften Tempels, nämlich des Straßburger Münsters, die Schönheit dieses Geschmacks an (Von deutscher Baukunst, 1773), indem er sich gegen den »allgemeinen Gesang« der »deutschen Kunstgelehrten« wendete: »Ganz von Zierath erdrückt!« »Erweis uns, daß die Goten schon wirklich so gebaut haben«, forderte Goethe offenbar Sulzer auf und ließ seine Bewunderung für den Baustil des Münsters in dem Satz münden: »Das ist deutsche Baukunst, da der Italiener sich keiner eignen rühmen darf, viel weniger der Franzos.«

Nur der von Sachkenntnis ungeschärfte Blick erlaubte dieses chauvinistische Machtwort. Übrigens: Reichardt war begeistert von dieser Schrift Goethes, und er hat sie ausgiebig zitiert und kommentiert (1782, S. 196 f). Wenn nun Reichardt schreibt, es sei ihm u.a. bei einem ganz bestimmten deutschen Komponisten, dessen wahrer Ruhm lange verkannt worden sei, »sehr oft so gegangen, wie's Göthen mit dem Münster zu Straßburg gieng«, so möchte ich den geneigten Lesern hier zum Abschluß des Kapitels die Preisfrage stellen: Welchen Komponisten meinte Reichardt damit? 10 Sekunden Zeit zum Überlegen!

Von den drei Wörtern barock, gotisch und barbarisch hat nur das letzte seine negative Bedeutung behalten. Aber: Wie steht es mit dem Vornamen Barbara? (2. Preisfrage)

SO SOLL ES SEIN!

Natürliche Melodie

> »Was sind die Farben? Staub. Die besten Worte? Winde. Nur bleibt in Ewigkeit die schöne Melodie.« (Mattheson 1722, S. 95)

Die »Natur« und die Überwindung der »Unnatur« sind die Inhaltskerne des neuen »galanten« Geschmacks in der Musik, wie er – von Frankreich angeregt – seit dem zweiten und dritten Jahrzehnt des Jahrhunderts in Deutschland mächtig um sich greift und allbeherrschend wird. Es ist die Zeit der sog. Aufklärung: Die neuartige Einfachheit und Klarheit soll ihre Begründung nicht einfach aus den Quellen irgendeiner »Natur« erhalten, sondern muß in allen Einzelheiten vernunftmäßig hergeleitet und bestimmt sein. Solche Begründungen enthalten oft soziale Momente, die den neuen Stil bzw. Geschmack nicht einfach als »ästhetische« Neuerung erscheinen lassen, sondern eine bürgerliche, antifeudalistische Richtung als bewegende Kraft des neuen Stils erkennbar machen: Die Musik soll so werden, daß sie allen Bürgern, nicht nur Spezialisten, verständlich ist.

»Eine blosse / bewegliche / von einer schönen Stimme gesungene / Melodie / wozu nur etwan ein ganz simples accompagnement kömt / hat mehr Kraft über die Herzen / als alle gekünstelte Harmonien. Das finden die heutigen / klügsten Italiäner gar wohl / welche selten mit mehr / als dreyen Stimmen / arbeiten / deren zwo / nur der dritten wegen / da sind. Die Gemüther können nicht afficiret werden / wenn sie ein Ding nicht begreiffen. Nun hat ja der beste Musicus zu thun / einem Concert von vier Stimmen (geschweige mehren) in allen dessen Drehungen und Wendungen so genau zu folgen / daß ihm nichts entwische / und muß er es wohl ein paar mahl anhören / ehe er alles in Obacht nehmen kann.«

Dieser Gedanke Matthesons (1722, S. 345) macht mich doch sehr betroffen, wenn ich den unbedachten, um eine öffentliche Aufklärung unbekümmerten Umgang von Medien und Konzertdirektionen mit Kunstmusik seit dem 19. Jahrhundert verfolge. (Auch der anonyme Flötenliebhaber dachte so, vgl. S. 118 ff.)

Mattheson fügt die Fußnote hinzu: »Rosenmüller schreibt / in dem Vorbericht seines allerersten / gedruckten musikalischen Werks / von Paduanen etc. man könne das erste mal nicht so eigentlich an einem Stücke hören / was daran sey. Es sind 78. Jahr / wie er diese Wahrheit / gegen die Musicos / behauptete.« Nach diesem Nebengedanken fährt Mattheson fort:
»Was will denn ein unerfahrner nicht für Verwirrung daraus schöpfen? Wie will er bey der Menge Stimmen / die immer gegen und durch einander arbeiten / gerühret werden? ... Man lasse sich rathen. Insonderheit die Jugend / welche durch die vorgege-bene Fundamente / Quellen / Gipfel / Regeln etc. etc. verleitet und verdorben wird. [Hier sind vor allem Lehrbücher und -sätze gemeint.] Man lasse sich sagen / und gebe die meisten harmonis. Künsteleyen lieber ganz Preis; lege sein Naturell hingegen auf blosse / saubere Melodien drücke die Worte / und NB. ihren Verstand / samt den darinn steckenden Affect, (doch ohne Affectation) recht herzlich aus; lasse solche von afficirten subjectis vortragen [von Leuten, die davon angetan sind] / die / was sie singen / auch empfinden; verweise die Fugen [Kanons und Imitationen] / grössesten Theils / zur Instrumental-Music / accompagnire seine cantiones mäßig ungezwungen / modest etc. Was gilts? Es wird bey aufmerksamen Leuten / hiedurch eine ganz andere Wirkung erfolgen / als von 1000. Canonibus nicht zu hoffen stehet; und wenn jeder Zuhörer auch vier Ohren hätte.«

Mattheson rühmt sich 1740 (Grundlage einer musikalischen Ehrenpforte, Vorbericht, zit. nach Bücken, S. 61), er habe als erster »auf eine einzelne, saubere Melodie als auf das schönste und natürlichste in der Welt gedrungen«, denn:

»Das Gehör empfindet ... oft größere Lust an einer einzigen, wohlgeordneten Stimme, die eine saubere Melodie in aller natürlicher Freiheit führt, als an vierundzwanzig, bei denen dieselbe, um sich allen mitzuteilen, dermaßen zerrissen ist, daß man nicht weiß, was es heißen soll. Die bloße Melodie bewegt in ihrer edlen Einfalt, Klarheit und Deutlichkeit die Herzen solchergestalt, daß sie oft alle harmonische Künste übertrifft.«
Und Scheibe (1745, S. 583 u. 594) fordert 1739 für die »Oden oder Lieder«:
»Ein natürlicher Gesang von einer mäßigen Höhe und Tiefe ist ... in allen Gattungen der Odenmelodien zu verlangen. Eine Odenmelodie muß frey, fließend, rein und überhaupt natürlich seyn, damit sie so gleich und ohne sonderliche Mühe auch von einem, der in der Musik unerfahren ist, kann nachgesungen werden. Wie wenig dieses insgemein beobachtet wird, ist bekannt; denn die wenigsten Componisten sehen darauf,

daß die Ode leicht zu singen ist; sie halten es vielmehr für eine Schönheit, wenn sie ihre musikalische Geschicklichkeit in einer vielfachen Veränderung der Töne und der Tonarten können blicken lassen.«

»Musicus« und »Componist« machen einen Fehler, wenn sie Gesangsmelodien so komponieren, daß der »unerfahrne« oder »einer, der in der Musik unerfahren ist«, nicht sogleich die Musik verstehen bzw. singen kann. Das hat für die Musikproduktion und für die gesellschaftliche Organisierung der Musik einschneidende Folgen. Komposition und Musikdarbietungen haben sich jetzt nicht mehr nach Stilkonventionen oder den Vorlieben und Musikeinrichtungen bestimmter Fürsten, Stadträte oder Kirchenleitungen zu richten, sondern nach den Forderungen einer breiten Schicht unvorgebildeter Laien. Platt gesagt: »Natur« hat jede(r) in sich, also können auch alle »Natürliches« verstehen.

Diese Forderungen erstreckten sich auf das gesamte Gebiet der Musik, mit besonderer Vehemenz aber auf den Bereich der Komposition einfacher Lieder, zu deren Ausführung es nicht langwieriger und anstrengender Instrumentalübungen bedurfte. Die Ästhetik war hier der Ausdruck der bürgerlichen Feierabendbedürfnisse.

Die Produktion von einfachen Gesellschaftsliedern oder vor allem Sololiedern bzw. »Oden« nahm seit Jahrhundertbeginn stark zu und wurde in bunten Sammlungen, oft untermischt mit einfachen Klavierstücken, auf den Markt geworfen.

Einer der Haupttheoretiker der musikalischen Aufklärung, Friedrich Wilhelm Marpurg, war es, der ins vierte Stück (1755) des 1. Bandes seiner »Historisch-Kritischen Beyträge zur Aufnahme der Musik« als Abschlußbonbon, aber auch beispielhaftes Muster folgendes »Scherzlied vom Herrn Utz, componirt vom Herrn Capellmeister Graun« aufnahm.

1. Der Frühling wird nun bald ent-wei-chen, die Sonne färbt sein Angesicht. Der sicht. Er schmachtet unter wel-ken Sträuchen, und findet sei-nen Zephir nicht.

2. Er hinterläßt uns, da er fliehet, den Ausbund seiner Lieblichkeit. Die Rose, die im Purpur blühet, verherrlicht seine letzte Zeit.
3. Du Rose, sollst mein Haupt umkränzen, dich lieben Venus und ihr Sohn. Kaum seh ich dich im Busche glänzen, so wallt mein Blut, so brenn ich schon.
4. Ich fühl ein jugendlich Verlangen, ein blühend Mädchen hier zu sehn, um dessen rosenvollen Wangen die jungen Weste süßer wehn.

Das Lied ist gewiß nicht das großartigste, aber eben ein typisches Beispiel der »Berliner Liederschule«. Die untere Stimme ist die Klavierbaßstimme, zu der man mit der rechten Hand Akkorde greifen muß, die hier nicht wie sonst in der Generalbaß-Praxis mit Ziffern angegeben sind. Man kann sich hier in vielen Fällen mit Hauptdreiklängen über dem Baßton des ersten Achtels helfen, natürlich nicht am Beginn des zweiten Teils, wo man drei Takte lang den Verminderten über d greifen muß.

Zephir ist ein milder Wind, der Sohn der Venus ist Amor, in der Schlußzeile sind keine Kleidungsstücke gemeint, sondern die Westwinde.

Man sieht bzw. hört hier die einfache, natürliche Melodie in Idealgestalt, ebenso die immer wieder beschworene Unterordnung der Begleitharmonie unter die Hauptmelodie, schließlich die Einfachheit der Form und die völlige Abhängigkeit harmonischer Einfälle vom Textgeschehen (bei »schmachten« kommt der Verminderte!).

»Hauptabsicht der Musik« ist, daß »man in der Melodie natürlich« sei (Petri 1767, S. 105) und daß überhaupt »die Melodie ..., uneingeschränkt in der Musik (herrscht)« (Hiller 1781, S. 224), den »Vorzug ... vor der Harmonie« hat – diese ist nur »eine Hülfswissenschaft, wodurch erstere desto ausdrückender muß gemacht werden«: Die Melodie ist »die Hauptsache bey der Musik« (Cramer II/2, 1786, S. 809). Das betrifft nicht nur die Vokalmusik, sondern genau so die Instrumentalmusik, ist ein allgemeines Prinzip: »Die Definition, die ich vom Schönen gebe«, so übersetzt Hiller (1781, S. 193) eine französische Musikschrift, »ist: eine simple, natürliche, neue und auffallende Melodie. Jeder Componist, der solche Melodien erfindet, ist das Genie seiner Kunst.« Das bedeutet in der Instrumentalmusik, »daß man keine Gelegenheit verabsäumen müsse, geschickte Sänger besonders zu hören; man lernet dadurch singend dencken, und wird man wohl thun, daß man sich hernach selbst einen Gedancken vorsinget, um den rechten Vortrag desselben zu treffen«. Dies gilt auch für das Klavier, denn der Schreiber der Anweisung ist Carl Philipp Emanuel Bach (1753, S. 121 f). Er fährt fort mit einem Rat, der Telemanns Beschreibung des theorielosen, »natürlichen« Lernens (S. 55 f) an die Seite zu stellen ist:

»Dieses wird allezeit von grösserm Nutzen seyn, als solches aus weitläuftigen Büchern und Discursen zu hohlen, worinn man von nichts anderm als von Natur, Geschmack, Gesang, Melodie, höret, ungeachtet ihre Urheber öfters nicht im Stande sind, zwey Noten zu setzen, welche natürlich, schmackhaft, singend und melodisch sind, da sie

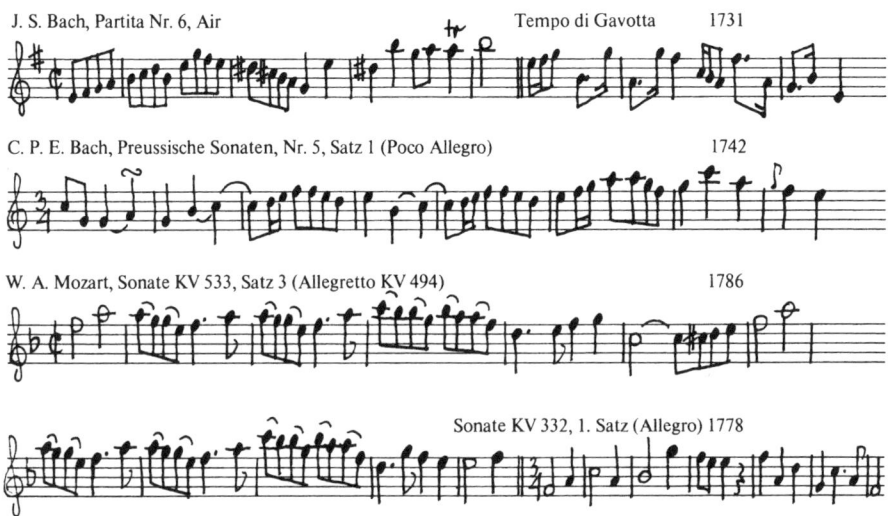

doch gleichwohl alle diese Gaben und Vorzüge nach ihrer Willkür bald diesem bald jenem, jedoch meistens mit einer unglücklichen Wahl, austheilen.«

Selbstverständlich hätte Carl Philipp Emanuel niemals seinen Vater Johann Sebastian, sein zeitlebens hochverehrtes Vorbild, in die Reihe jener ungeschickten »Urheber« gestellt. Aber ich werde dennoch, damit den Lesern klar wird, was er meint, zwei nichtsingende Themen Johann Sebastian Bachs einem singenden Thema seines Sohnes gegenüberstellen. Der Versuch, beide zu singen, wird mehr Klarheit über den Zusammenhang verschaffen als noch mehr Worte. Seit der Jahrhundertmitte häufen sich solche Gesangsthemen in der Instrumentalmusik, und man spricht im Falle vieler Melodieformen aus den ersten Sätzen von Konzerten, Sonaten oder Sinfonien Mozarts, Haydns und ihrer Zeitgenossen vom singenden Allegro. Deshalb noch zwei entsprechende Themen von Mozart.

Bei allen Beispielen handelt es sich um Klaviermusik, und zwar um Oberstimmen an Satzanfängen.

Das neue Ideal des einfachen, klaren und natürlichen Gesangs hatte – wie gesagt – auch eine praktische Seite: Auch der Ungeübte konnte sich praktisch beteiligen. Ihm war deshalb die neuartige Natureuphorie besonders einleuchtend. Selbstverständlich wurde häufig der Naturgedanke zum Modegag und kaschierte Oberflächlichkeit und instrumentale Faulheit. Deshalb auch mahnt C. P. E. Bach:

»Doch halte man nicht dafür, als ob ich hiemit diejenigen trägen und steifen Hände rechtfertigen will, die einen aus Gefälligkeit einschläfern, die unter dem Vorwande des sangbaren das Instrument nicht zu beleben wissen, und durch den verdrießlichen

Vortrag ihrer gähnenden Einfälle noch weit mehrere Vorwürfe, als die geschwinden
Spieler verdienen.« (1753, S. 116)

Nachahmung der Natur

> »Wahre Musiker! edle mit Genie, mit Feuer begabte Componisten!
> Erkennet die Wahrheit! Haltet euch an die Natur, an den Ausdruck
> derselben ... (sonst könnt ihr nicht) die Herzen der Zuhörer rühren und
> entzücken.« (J. A. Scheibe, Ueber die musicalische Composition, Leipzig
> 1773, S. XVIII; zit. R. Dammann, Der Musikbegriff im deutschen
> Barock, Köln 1967, S. 483)

Sicher ist es kein Zufall, daß die Charakterisierung Matthesons von 1740 (vgl.
S. 324), eine gute Melodie sei von »edler Einfalt«, auch 1767 bei Gluck (vgl.
S. 490) und 1789 bei Bossler auftaucht (Sp. 7): »eine edle Einfalt in der
Melodie, durch welche jede Ueberladung mit Verzierungen, jede gewagte
Passage, jede Dunkelheit im Saz und Vortrag vermieden wird«.

Edle Einfalt und stille Größe! Mit diesen Worten versucht Winckelmann um
die Jahrhundertmitte, die Überlegenheit der altgriechischen Baukunst gegenüber dem verkünstelten Gepränge der zeitgenössischen Palast- und Kirchenar-
chitektur zu benennen. Das ist selbstverständlich – mit Blick auf die griechi-
sche Demokratie – auch ein politisches Bekenntnis gegen den Feudalismus:
Winckelmann war leidenschaftlicher Feind vor allem Friedrichs II. von Preußen und seines Unterdrückungssystems (Balet, S. 418 ff).

In den 40er Jahren beginnen sich Äußerungen gegen das Fehlen der Natürlichkeit in dem architektonischen Schnörkelwesen der zeitgenössischen Baukunst und auch anderer Künste zu häufen. Als natürlich gilt dagegen die
Bauart der Antike (Krubsacius und Penther, vgl. Balet, S. 412 ff). Die Gra-
bungen in Herculaneum und Pompeji fangen an. Das anakreontische »Dich-
terkränzlein« um Gleim (seit 1738) beginnt reimlos zu dichten, da der Reim
als zwanghafte Fessel erscheint. 1747 kommen die ins Deutsche übersetzten
reimlosen Oden des Horaz heraus, 1749 das Prosagedicht »Der Frühling« von
Ewald von Kleist. Schauspieler beginnen, ihre Bewegungen nach der menschlichen Natur zu richten, im Drama soll man »nichts als den natürlichsten,
ordentlichen Verlauf« bemerken (Lessing), im neuen Entwicklungsroman –
Darstellung der menschlichen Entwicklung wie im Lebensablauf – »nur wahres Leben ..., eine Reihe natürlicher Verwandlungen und Entwicklungen«
(Wieland; Balet, S. 463, 466 f). 1750 entsteht der erste englische Garten in
Deutschland, also ein Landschaftsgarten ohne eine den französischen Gärten

eigene Geometrisierung und Zustutzung der Gewächse. 1754 schreibt der
französische Architekt Cochin angesichts des griechischen Tempels in Pae-
stum: Die heutigen Architektur-Schnörkel »müssen sich schlängeln, wie es den
Herren gefällt« (Balet, S. 417).

All dies sind Befreiungsakte, die den Anspruch haben, der »Natur« zu
folgen. Das Prinzip der Naturnachahmung, aus der alles Gute kommen soll,
ist in Deutschland – wie so vieles – in Anlehnung an französische Ideen
aufgestellt worden.

»Herr Batteux [sprich: battöh], sage ich, hat diese Entdeckung längst zuvor gemacht.
Und wenn er auch nicht der erste sollte gewesen seyn, so gebe ich ihm doch diesen
Ruhm sehr gerne; weil man ihm wegen seines vortreflichen Werkes: Einschränkung der
freyen Künste auf einen einzigen Grundsatz, nie zu viel Ehre anthun kann. Ich gestehe
es gern, daß ich sehr beherzt bin, seine Meynung zu vertheidigen, wenn ich mich auf
seinen Beystand verlassen kann; und ich stehe nicht einen Augenblick bey mir an, die
Nachahmung der Natur, mit ihm, für den Grundsatz aller schönen Künste zu halten.«
(J. H. Hüller, Abhandlung von der Nachahmung der Natur in der Musik; Marpurg
1754, S. 518)
    »Die Musik kann keinen einzigen Ton machen, der nicht schon in der Natur von
Anbeginn der Welt lieget, sondern sie richtet sie nur ein. Die Musik steiget niemals über
die Gränzen der Natur hinaus, sie mag declamiren oder künstlich singen; wenn nur die
Sätze den Leidenschaften gemäß sind ... Sie ist nicht alleine eine Nachahmerin der
Natur, sondern die Natur selbst; indem es so wohl in der Natur gegründet ist, durch
singende und harmonische Töne zu reden, als durch Worte, rednerischen Vortrag und
Gebärden. Sie macht uns eben das Empfinden; und tausend andere Empfindungen,
deren ein musikalisches Herze fähig ist, und die kein Redner, noch Poet durch seine
Worte und bewegliche Declamation erwecken kann, sind ihr Eigenthum. In diesen
lezten ist die Musik keine Copie der Natur, sondern das Original selbsten. Sie ist eine
allgemeine Sprache der Natur ...« (Caspar Ruetz, Sendschreiben eines Freundes an den
andern über einige Ausdrücke des Herrn Batteux von der Musik; Marpurg 1754,
S. 292)

Dieser zentralistische Gedanke beherrscht die ganze Folgezeit, immer wieder
modifiziert und angefochten (Überblick bei R. Schäfke, Geschichte der Musikästhetik in Umrissen, 1934). Er ist allgegenwärtig, aber voller Widersprüchlichkeit. Denn einmal liegt darin die individualistische Forderung, »daß ein
ieder in seinen eigenen Busen greiffe, und fühle, wie ihm ums Hertz sey; ob er
sich wol unterstehen könne, was neues aus seinem Gehirn zu ersinnen ...?«
(Mattheson 1739, Teil II, Kap. 2, § 49; ähnlich auch bei Marpurg 1754, S.
287), andererseits die eher rationalistische nach einer kontrollierbaren, logisch
ableitbaren Abbildlichkeit der Kunstprodukte und auch der Rezeptionsgefühle
des Publikums im Hinblick auf die alles auslösende und bestimmende Basis
der Natur. Dieser Widerspruch zwischen Einzel- und Gesamtinteresse ist die
Grundlage bürgerlicher Ideologie und zeigt sich auch in der Schwierigkeit zu
bestimmen, was »Natur« ist und ob denn die Natur als geregeltes, klar
angeordnetes und überschaubares System betrachtet werden kann, auch für
die Kunstproduktion.

»Alles, was natürlich und ordentlich seyn soll, muß sich auf Regeln gründen. Die Natur geht in allen ihren Wirkungen ordentlich, weil sie selbst die beste Ordnung ist. Keine Ordnung aber kann erhalten werden, wenn man nicht denen Regeln folget, die, um sie zu erlangen, aus der Natur selbst entstanden sind.« (Scheibe 1745, S. 571, 62. Stück von 1739)

Ein Vierzeiler, Ausschnitt eines langen Gedichtes über »Die Regeln in den Wissenschaften zum Vergnügen und besonders der Dicht und Thonkunst« (von »G. E. L.«, also Lessing; Marpurg 1749, S. 142):

>
> »Ist das, was uns gefällt, denn lauter starcker Wein,
> den man erst wässern muß, wenn er soll heilsam seyn?
> O nein! denn gleich entfernt vom Geitz und vom Verschwenden,
> floß, was du gabst, Natur, aus sparsam klugen Händen.«

Und wie soll der Künstler nun aus der angeblichen Naturordnung praktisch die Nachahmung herausziehen? Zunächst ein Vorschlag des berühmten Batteux in der Übersetzung von C. W. Ramler bei Marpurg 1760, S. 36:

»Der Verfasser sagt weiter, die Natur verwahre in ihren Vorrathshäusern alle Züge, woraus man die schönsten Nachahmungen machen könne. Allein für den Musikus scheint keine solche Natur vorhanden zu seyn. Bloß seine Erfahrung in musikalischen Ausdrücken vertritt derselben Stelle. In diesen verwahrten Ausdrücken muß er studiren, wie in den Zeichnungen eines Mahlers. Hat er als Künstler alles genau beobachtet, so erkennt er diese Züge, er nimmt sie aus dem Haufen heraus, bringt sie zusammen. Er macht im Geiste ein Ganzes daraus, denkt sich dieses sehr lebhaft, erfüllt seine ganze Seele damit. Nun entzündet sich sein Feuer beym Anblicke dieses Gegenstandes, nun vergißt er sich selber, nun geht seine Seele ganz in die Dinge über, die er erschaffen will.«

Der Künstler vollzieht also nach genauer Beobachtung der Natur einen Übertragungs- und Auswahlvorgang.

Dies formuliert Batteux noch genauer und erwähnt dabei die Musik (wieder in der Übersetzung des Ramler, bei Marpurg 1760, S. 26):

»Worinn besteht denn also die Verrichtung der Künste? Darinn, daß sie die Züge, die in der Natur liegen, übertragen, und in solchen Gegenständen darstellen, denen diese Züge nicht eigenthümlich zugehören. So zeigt uns der Meißel des Bildhauers einen Helden in einem Marmorklotze; der Mahler läßt vermittelst seiner Farben, alle sichtbaren Gegenstände aus einer Leinewand hervorgehen; der Musikus läßt durch künstliche Töne die Freude lachen und die Liebe seufzen; und der Poet erfüllt durch seine Erfindungen, und durch den Wohlklang seiner Verse unsern Kopf mit erdichteten Bildern, und unser Herz mit gemachten Erfindungen, die oft angenehmer sind als die wirklichen. Aus diesem allen schließet der Verfasser, daß die Künste, in dem, was eigentlich das Künstliche an ihnen ausmacht, nichts als Nachahmungen sind, nichts als

Ähnlichkeiten, die nicht die Natur selbst sind, aber sie doch zu seyn scheinen; und daß also nicht die Wahrheit, sondern die Wahrscheinlichkeit den Stoff zu den schönen Künsten hergiebt.«

Seit dieser Zeit also gibt es die bekannten Diskussionen über die »Wahrscheinlichkeit« bestimmter Kunstmittel: »So hätte das doch in Wahrheit niemals ablaufen können! Das schafft man doch in Wirklichkeit nie! usw.« Ist eher gemeint, was möglich wäre oder was man schon einmal erlebt hat oder was in der Vorstellung logisch sein könnte?

Einige Sätze aus jener Zeit zeigen uns, wie damals schon die unterschiedlichsten Arten der Interpretationsbemühung diese »Wahrscheinlichkeit« genauer zu bestimmen suchen.

Kurz und bündig Mattheson (1744, 72 f):

»Solches beweiset gnugsam, ... daß eine Nachahmung nur so viele Aehnlichkeit mit dem Urbilde aufweisen darf, als zu dessen augenblicklicher Erkennung genug ist. Sie ist alsdenn zureichend gegründet.«

Hört man aber Mattheson nach einer so allgemeinen Äußerung noch zwei weitere Male zu (1744, gleiche Stelle und S. 83 f), so bekommt man den Eindruck, daß sich mit dem Prinzip der Naturnachahmung im Grunde alles begründen läßt, eben weil so selten geklärt wird, was denn nun Natur als Nachahmungsgegenstand ist und ob sie tatsächlich so ordentlich und logisch aufgebaut ist.

»Unsre große und kleine Perüken, ja selbst die greulichen Haarbeutel mit ihren unmäßgen Bändern, sind keinem anstößig; sie werden vielmehr für artig gehalten; ob sie gleich das natürliche, auf dem Haupte gewachsene Haar, mit sehr vielen Zusätzen, weit übertreffen. Unter allen Nachahmungen ist wohl kaum eine zu finden, die größerer Ausschweifung unterworfen ist, als dergleichen Kopfschmuck; und doch dabei genug Aehnlichkeit aufweiset. Der entsetzlichen Reifröcke nicht zu gedenken, die sich von dem natürlichen Zweck aller Kleidung weit und breit entfernen.« (Zur Haartracht und ihren Wandlungen ausführlicher Bruford, S. 210)

Hier ahmt die Perücke das natürliche Haar nach, wenn auch ausschweifend. Das genügt als Begründung ihrer allgemeinen Anerkennung. Da wäre auch der moderne Bowler-Hut anerkennenswert gewesen, insofern er die Kopfform nachahmt – wenn auch etwas ausschweifend.

»Ist es einem Mahler erlaubt, alle Schönheiten aus verschiedenen Gesichtern zusammenzunehmen, um dadurch ein einziges zu wege zu bringen, das noch vollkommener sey, als es die Natur sonst bey einander zu zeigen gewohnt ist: warum denn sollte es auch nicht vergönnet seyn, mit Versen und Melodien, wenn sie gleich nicht ursprünglich dahin gehörten, die Schauspiele zu zieren, und ihnen dadurch mehr Vollkommenheit beyzulegen, als die täglich natürliche Handlungen der Menschen sonst haben?«

Hier wird die Oper als Kunstform verteidigt, und zwar mit dem Argument, Nachahmung müsse nicht am Alltäglichen kleben, sondern könne viele beobachtete Einzelheiten zu einem Neuen zusammenfügen – ähnlich wie es Batteux sagte. Es ist kaum zu sehen, wo es dann eine Grenze der Naturnachahmung selbst in den skurrilsten Gebilden geben soll.

Und es gibt dann auch die noch heute bekannte Primitiv-Verwendung des Wortes Wahrscheinlichkeit als Maßstab für die Qualität einer erfundenen Handlung, so bei einem Leserbriefschreiber, der sich über die mangelnde Einsicht eines Rezensenten der Oper »Xindo riconosciuto« erregt, dabei aber, auf die Wahrscheinlichkeitsmanie des Rezensenten eingehend, diese noch übertrifft (Hiller I 1766, S. 125):

»Der Sieger, welcher statt die Feinde zu verfolgen sich hinlegt und schläft, will dem Herrn Recensenten gar nicht in den Kopf. Die ganze Begebenheit fällt ja vor, ehe wir den Helden auf dem Schauplatze erblicken, er hatte also Zeit genung zu siegen und zu verfolgen. Hat dieses der Dichter in dem Vorbericht nicht deutlich ausgedrückt: so versteht sich so etwas am Rande. Wie leicht wäre es Herrn Gallerti gewesen, zu sagen, er schlug die Armee, verfolgte die Ueberwundenen 3. Tage und 3. Nächte, oder wenn dieses dem Hrn Recensenten noch nicht lang genug ist, 14. Tage und 14. Nächte, er verirrte sich im Rückweg und für Müdigkeit überfiel ihn der Schlaf. Nichts natürlicher als dieses. Gesetzt aber, alles dieses wäre nicht: so ist Xindo gewiß der erste Held nicht, der zur unrechten Zeit einschläft, und von seinen Feinden überrumpelt wird.«

Es gibt also ein bemerkenswertes Spektrum des Verständnisses von dem, was Naturnachahmung und Wahrscheinlichkeit zu sein hat.

Daß Komponisten und Publikum das hochgehaltene Dogma von der Naturnachahmung manchmal nicht recht begreifen oder lasch befolgen, kann nicht verwundern. Daß aber unter den Theoretikern, die sich so heftig mit diesem beherrschenden Gegenstand auseinandersetzen und aus ihm immer neue Begründungen und Bewertungsmaßstäbe der Kunstproduktion ziehen, teilweise Meinungen auftreten, die dem Prinzip der Naturnachahmung praktisch zuwiderlaufen, ist erstaunlich, z. B. bei Caspar Ruetz (Marpurg 1754, S. 300 f) in der Auseinandersetzung mit Batteux: Es geht endlich einmal um die Frage, was denn eigentlich die »Natur« im Sinne der Nachahmungslehre sei.

»An einem andern Orte schreibt er: ›Es giebt keinen einzigen Laut der Kunst, der nicht in der Natur sein Muster haben solte, nach welchem er [der Musiker] sich zu richten hat, und der nicht, gleich einem Buchstaben oder einer Silbe in der Rede, wenigstens der Anfang eines Ausdrucks ist.‹ Hier kommt es auf den Begriff des Wortes Natur an. Heißt Natur hier so viel nur als die Art der natürlichen Aussprache eines Affects, so stehet diese Meinung dem Reichthum der Musik entgegen, als welche weit mehr Töne und Zusammenfügungen in sich enthält, als alle Arten der Modulation der Stimme, womit eine Leidenschaft immer in einer ordentlichen Rede mag ausgesprochen werden. Die das von der Musik verlangen, die sind ungebetene Vormünder derselben, welche ihren Reichthum im Kasten verschlossen, und nichts weiter von dem Schatze ihrer Töne gebraucht wissen wollen, als was sie etwa selber am gemeinen Leben und auf der Catheder gebrauchen. Nimmt man hier aber die Natur für den ganzen Inbegriff klingender Körper, so sind ohne Zweifel viele Muster von Tönen in der Welt vorhanden, davon aber die wenigsten der Musik zur Nachahmung dienen können. Der Musicus hätte also auch vieles zu reisen, wenn er allen Schall der in der Welt befindlichen klingenden Körper lernen wollte. Und wenn er dann endlich alle Theile der Welt durchgewandert wäre, würde er Zeit, Unkosten und alles Ungemach der Reise bedauern, wenn er sich betrogen gefunden, indem er alle die schönsten Töne theils in der menschlichen Stimme, theils in den musikalischen Werkzeugen schon gehabt hat.«

Das hätte Mauricio Kagel lesen sollen!

Hier wird mit Batteux gründlich abgerechnet. Jedoch ist es eine Einzelmeinung, die man sich aber für spätere Erörterungen merken sollte: Sie lehnt die Nachahmungsthese im Grunde in Bausch und Bogen ab und behauptet, alles Hörens- und Komponierenswerte stecke im Grunde in der Musik schon drin, die man selbst erzeugen könne, ganz ohne Naturanschauung und System. Vielleicht etwas prosaisch und unphilosophisch, aber praktisch und die individuelle Aktivität hervorhebend.

Gehen wir vom Allgemeinen aufs Spezielle über. Was kann oder soll der Musiker in der Natur für Nachahmungsgegenstände erkennen, und wie soll praktisch-musikalisch die Nachahmung bewerkstelligt werden?

Da gibt es einmal die innermenschlichen Gegenstände, nämlich die »Leidenschaften«, wie Ruetz sagt, auch Empfindungen, vor allem aber Affekte genannt. Die Idee der Affektnachahmung wird von der Überzeugung geleitet, »die Seele sei eine unveränderliche Komplexion, die jederzeit auf dieselben Reize in gleicher Weise und wie auf Befehl reagiere, so daß also der Komponist nur die nötige Geschicklichkeit in der Zusammensetzung der Tonelemente zu besitzen brauche, um diesen oder jenen Affekt« – also Freude, Trauer, Zorn, Schmerz usw. – »unweigerlich beim Hörer hervorzurufen. Daher die Unterschätzung der Phantasietätigkeit des Künstlers, die Mißachtung des gefühlsmäßigen Teils der Tonkunst«, wie Arnold Schering 1907 in der »Zeitschrift der Internationalen Musikwissenschaftlichen Gesellschaft« schreibt (Bd. VIII, S. 270: Er nennt die Voraussetzung für diese Sichtweise des Gefühlslebens »irrig«). Tatsächlich ist die Affektenlehre ein typisches Kind des Feudalismus – allerdings von der Antike hergeleitet. Der Mensch ist beherrschbar, man muß nur die richtige Technik haben. Ein einheitliches System regelt die kollektiven Hörgefühle, schaltet sie an und ab. Über die Techniken dieser Affektauslösung werden Systeme erdacht und Methoden erwogen. Takt, Tonart, Instrumentenwahl, Tonfolge, Rhythmus werden genau auf den berechneten Affekt hin ausgetüftelt, damit der »Affekt erweckt« werden kann. Der Künstler kann sich so »der Gemüther seiner Zuhörer … bemeistern«, um »viele Affeckten kurtz hinter einander zu erregen und zu stillen« (C. P. E. Bach 1753, Kap. III, §13, §15). In jedem Fall muß der Affekttypus immer sogleich deutlich erkennbar sein und die Hörer richtig einstellen. Marpurg (Kritische Briefe über die Tonkunst, Berlin 1759, Nr. 99, S. 274 ff) gibt gar 27 Haupt- und Nebenaffekte an, von Traurigkeit bis Schadenfreude, z. T. mit Kompositionsanweisungen. Hauptsache: Systematik und Beherrschbarkeit! Aber: Eine kritische Beurteilung der Affektenlehre und Affektnachahmung ist, selbst wenn sie sich auf

einen solchen Kenner der Musikgeschichte wie Schering stützen kann, etwas
kurzsichtig. Denn ohne Zweifel gibt es in der Hörtradition unserer klassischen
Musik gewisse konstante Zusammenhänge zwischen Kompositionsstruktur
und Hörreaktionen. Diese Tatsache ist zwar vielen etwas unangenehm, weil
sie beim Hören der großen Kunstwerke sich als freie Gefühlsproduzenten
sehen möchten anstatt als Reaktionsautomaten, die wie die Pawlowschen
Hunde auf bestimmte Intervall-, Rhythmus- oder Klangfarbenstrukturen an-
sprechen. Aber: Hat uns nicht J. S. Bach, der große Meister der Affekterre-
gung, Stücke hinterlassen, bei denen all unsere Zweifel an der Auslösbarkeit
menschlicher Gefühle durch bestimmte Musikstrukturen zusammenbrechen?
Wer würde wohl beim Beginn der Matthäus-Passion fröhlich mit den Füßen
wippen oder erregt mit den Augenbrauen zucken? Wird nicht der Großteil von
uns in jene prächtige Trauer eingestimmt, die Bach seinem e-Moll-Vorspiel mit
auf den Weg gab?

Neben den innermenschlichen Nachahmungsgegenständen, den Affekten,
gibt es noch andere, die entweder vom Menschen selbst geäußert werden
(Sprache, Gesang) oder außerhalb von ihm liegen. Hierüber gibt es eine solche
Fülle von Meinungen und Bedeutungsabstufungen, daß es falsch wäre, das
Bild einer einheitlichen Lehrmeinung oder Kompositionsanweisung zu zeich-
nen.
Die Schriftsteller versuchen häufig, das komplizierte Problem der Nachah-
mung der Natur innerhalb der Musik durch vergleichende Hinweise auf die

Malerei zu verdeutlichen. Zwar ist es einem Maler »unverzeihlich, wenn er im Vordergrund zweyerley Gewächse zugleich blühend zeichnet, die doch nie zu gleicher Zeit blühen, oder wenn er vor einer grönländischen Hütte einen schönen Weinstock voller Trauben der Hütte zur Zierde anbringen wollte. Welch gräulicher Kontrast, wenn Troja mit Kanonen beschossen wird, oder wenn Bethlehem mit schönen Glokkenthürmen und Uhrzeigern geschildert ist!« (Petri 1767, Ende der Vorrede)

Aber genaue Naturbeobachtung ist nicht alles. Einfacher Naturalismus ist nicht das Ziel:

»Es wird an Rembrandt van Rhyn billig getadelt, daß er bei seinen Pinselwerken weder die Richtigkeit des Risses, noch den Geschmack des Alterthums in Acht genommen, und daß sein Zweck nicht weiter gegangen, als auf die genaueste Copey der lebenden Natur, welche, seiner Meinung nach, in nichts anders bestehen könnte, als in den erschaffenen Dingen, und zwar nur so, wie sie sich den Augen zeigten. Das war irrig. Man bemerkt in seinen Stücken ... nur bloß dasjenige platte und steife Wesen, welches er der Stellung natürlicher Dinge und seinem Gesichte, nicht seinem Geiste zu danken hatte. Es war nicht einmal eine ausgesuchte oder wohlgewehlte Natur; wiewohl er dieselbe, so wie er sie denn auch angetroffen, recht wunderbarer Weise nachgezeichnet, und gleichsam, so zu reden, von Wort zu Wort abgeschrieben, sich auch eben dadurch seinen ganzen Ruhm erworben hat, der viel grösser gewesen seyn würde, wenn er sich nicht so sehr an das natürliche gebunden, und mehr Freyheit gebraucht hätte. Die Kenner der Mahlerey nennen solche Freyheit poetische Dichtungen.« (Mattheson 1744, S. 89)

Also nicht etwa beliebige Kopie, sondern eine bestimmte Art der Auswahl, dabei »sinnreiche Erfindungen und angebrachte Zierlichkeiten«, wie Mattheson ergänzend schreibt. »Das Schönste, was jedesmahl zur Sache dienet, heraus wehlen, und dasselbe auf eine der Absicht gemässe Art zusammen setzen«, »vollkommene und würdige Sachen nachahmen (nicht das Gnorren eines Hundes, das Geknarre der Räder)« (Marpurg 1754, S. 315, 1756, S. 208). Haydn ärgert sich noch 1801 (vgl. Haydn, S. 389): »diese ganze stelle als eine Imitazion eines frosches ist nicht aus meiner Feder geflossen; es wurde mir aufgedrungen diesen französischen Quark niederzuschreiben.« Die Stelle bezieht sich auf das nachgeahmte Quaken in Nr. 76 der »Jahreszeiten« und die verbreiteten »charakteristischen« Tierimitationen französischer Klaviermusik (vgl. auch S. 470 f).

Die direkte, naive Art, mit der noch in den Kantaten Bachs und seiner Zeitgenossen die Naturgegenstände und -Bewegungen nachgezeichnet werden – Hahnenschreie, Treppensteigen, Laufen, Berglinien, Donner, Regen, Zittern –, steht in Parallele zur französischen Praxis, aber auch zur italienischen (Vivaldis »Vier Jahreszeiten«). Die Lösung der deutschen Musik vom ausländischen Vorbild vollzieht sich auch auf diesem Gebiet, denn allmählich gilt es für die Musik von einiger Kunsthöhe in Deutschland als verpönt, solche »Malerei« zu enthalten. Mattheson (1739, S. 201) erfindet als abschreckendes

Beispiel eine malende Koloraturenhäufung auf den Text »Das zitternde Glänzen der sprudlenden Wellen« (vgl. Händels »Deutsche Arie« dieses Textes!) und nennt so etwas »leere Klang-Spiele, die fast auf eine unleidliche Art abgeschmackt sind«.

So etwas würde »manchem verdorbenen Geschmack, als etwas vortreffliches vorkommen, da es doch nicht nur was über- und unmäßiges ist, sondern auch ... sehr wiederlich klinget, und, mit einem Wort, recht gezwungen herauskömmt: indem sich dergleichen Neben-Dinge besser für Instrumente, als für Singe-Stimmen schicke, anerwogen [da ohnehin, insofern] das zittern, gläntzen, sprudeln hier nur epitheta oder Beiwörter, nicht aber solche Ausdrücke sind, darauf der Verstand des Vortrages beruhet. Daher sie denn auch solcher Achtung nie würdig geschätzet werden sollten.«

Genau so macht es aber Bach (Johannes-Passion, Arie »Erwäge«): »Bogen« und »Wogen« sind zum Vergleich bzw. als Nebenbild herangezogen, sind nicht Teile des Hauptgedankens, der besagt: Bei Christi Passion soll man daran denken, daß Gott schon einmal Gnade hat walten lassen, als er die Sündflut beendete mit einem Regenbogen.

Gerüchteküche?

Es graust mich, wenn ich bei Burney (1773 II, S. 217) über den 1764 gestorbenen Mattheson lese:

> »Dieser gute Mann war mehr mit Pedanterie und wunderlichen Einfällen begabt, als mit wahrem Genie. In einer von seinen Singekompositionen für die Kirche, wo im Text das Wort Regenbogen vorkam, gab er sich unendliche Mühe, daß die Noten in seiner Partitur, die Gestalt eines Bogens bekamen. Dies mag ein Pröbchen seyn, von seinem Geschmack und Urtheil, in Ansehung dessen, was man schicklicher Weise in der Musik ausdrücken und nachahmen kann.«

Dies steht in Burneys Bericht über eine Führung, die Carl Philipp Emanuel Bach mit ihm am 13. Oktober 1772 durch Hamburgs Kirchen machte. Bach war ja Kirchenmusik-Chef der Stadt und wußte von allem und jedem etwas. Die Geschichte von Mattheson hat er dem Engländer wohl beim Umherschlendern erzählt. Sicher hat er dabei geschmunzelt und angeschlossen: So was machen wir heute nicht mehr. Aus der Matthäus-Passion seines Vaters kannte er bestimmt immer noch jede Note.

Burney bemerkt, daß J. S. Bach und andere Größen von »ihren Zeitgenossen für das Panier der Vollkommenheit gehalten wurden, nur nicht von ihren Söhnen.« (S. 214)

Philipp Emanuel zeigte dem Besucher auch noch beide Bände des »Wohltemperirten Claviers« seines Vaters (S. 215).

Deutsche Komponisten wie der Abt Vogler, die am Jahrhundertende solche
»charakteristische« Musik machten (vgl. S. 480ff), gerieten innerhalb der
deutschen Werthierarchie etwas ins Abseits; Beethoven setzte zu seiner Pasto-
ral-Sinfonie denn auch eine Bemerkung, die ihn über jeden Verdacht der
primitiven Nachahmung erheben sollte: »Mehr Ausdruck der Empfindung als
Malerei.« Sowohl die Affekte als auch die äußeren Naturgegenstände sollten
nur mehr in einer allgemeineren, idealisierten Form nachgeahmt werden. Die
direkte Art der Nachahmung, also auch alles Realistische, galt immer mehr als
etwas Abstoßendes, Niedriges. Die musikalischen »Maler« waren nichts als
Vasallen der musikalisch platten Franzosen. In Deutschland wurde Höheres
angestrebt, Ideales, angenehm Überformtes.

Carl Ludwig Junker:

»Jede Leidenschaft, die aus unangenehmen, wiedrigen, die Ruhe störenden Empfindungen zusammen gesezt ist, ist in der Tonkunst nicht auszudrücken ... jede Empfindung, durch Tonkunst erregt, soll angenehm seyn. Menschenfeindliche Leidenschaften, sind unmusikalisch; denn Leidenschaft fängt erst an, menschenfeindlich zu
werden, wenn das pathetische Gefühl, die Begehrungs-Kräfte des Menschen, bestimmt
hat, wenn aus dem Gefühl, Gesinnung geworden ist. Gesinnung gehört in Absicht
dessen, dem sie vorstellig gemacht werden soll, für den Verstand, aber Tonkunst
arbeitet nur für's Herz.« (Betrachtungen über Mahlerey, Ton- und Bildhauerkunst,
Basel 1778, S. 69)

Mozart (B III, S. 162; 1781):

»denn, ein Mensch der sich in einem so heftigen Zorn befindet, überschreitet alle
Ordnung, Maas und Ziel, er kennt sich nicht – so muß sich auch die Musick nicht mehr
kennen – weil aber die Leidenschaften, heftig oder nicht, niemal bis zum Eckel
ausgedrücket seyn müssen, und die Musick, auch in der schaudervollsten Lage, das Ohr
niemalen beleydigen, sondern doch dabey vergnügen muß, folglich allezeit Musick
bleiben Muß, so habe ich keinen fremden ton zum f. zum ton der aria, sondern einen
befreundten dazu, aber nicht den Nächsten, D minor, sondern den weitern, A minor,
gewählt.« (Über Osmins Arie »Beim Barte des Propheten« aus der »Entführung aus
dem Serail«)

Und der schon zitierte Hüller:

»So wird die Musik zwar die Wuth eines Rasenden nachahmen, aber nicht mit Unsinn:
Sie wird ihn allemal vernünftig und ein wenig regelmäßig rasen lassen. Denn ohne diese
Vorsichtigkeit würden wir es ihrer Nachahmung wenig Dank wissen, wenn sie mehr
Entsetzen als Vergnügen bey uns erweckete.« (Marpurg 1754, S. 522)

Die gehütete, angenehme Ruhe der frühen Bürger war aber dann mit der
Französischen Revolution zu Ende. »Großheit und Schauerhöhe rührte mich
immer stärker als bloße ruhige Schönheit«, sagte 1791 Schubart (Quelle vgl.
S. 415, darin S. 276). Und zwei andere von der Revolution stark beeinflußte
Musiker brachen mit dem Prinzip der »edlen Einfalt und stillen Größe« und
gaben der Natur die Unordnung zurück: Beethoven »raste« und »beleidigte

das Ohr«, Berlioz »malte« auf eine »unleidliche Art«. Die Aufklärung war
endgültig zu Ende, ein Bürgertraum vom geordneten Paradies.

Diese Welt muß unser sein!

Nehmt doch endlich Vernunft an!

»Was gut und gesund ist zu essen, wird auch gut
schmecken;[+] aber alles, was gut schmecket, ist
darum nicht gut und gesund zu essen.[++] ... Der
Geschmack untersuchet und urtheilet zwar; aber
endliche Schlüsse kann er nimmer machen.« (Mattheson 1744, S. 123; Fußnoten: »[+] Z. E. junge Hüh-
ner, alte Hechte etc. [++] Z. E. Gewürz, Zuckerwerk
etc.«)

Auf vielen Gebieten hatten die Aufklärer sichtbare Erfolge: Schulwesen, Familie, Malerei, Organisation ... Aber bei der Musik wollte es nie vollständig
klappen mit der Vernunft, mit der Kontrollierbarkeit. Die Aufklärer kämpften
ständig gegen das Ungeheuer Massenpublikum, gegen seine Genußsucht. Die
Musik erzeugte als einzige Kunst in Deutschland eine nationale Volksbewe-
gung, vielleicht die einzige, die dem frühen deutschen Bürgertum möglich war.
Und dagegen war die Macht der Aufklärer zu gering.
    Wie z. B. sollte ihnen zufolge ein Kunstwerk entstehen?

»So reich demnach die natürlichen Gaben eines Componisten seyn mögen; so überflüssig [im Überfluß] ihm auch seine Erfindungsadern daher quillen ... muß er doch
meistens nicht nur bekannte und gemeine, sondern wohl ganz matte und leere Dinge
hervorbringen, ja, bisweilen gar in ein gezwungenes, ekelhaftes, ungesalzenes Künste-
leywesen verfallen; wenn er nicht den wahren Begriff von seinem Unterwurf hat
[seinem Subjekt oder Gegenstand], und die rechten Umstände des Grundes, worauf er
sein Klanggebäude errichten will, als ein ächter Weltweiser und ungebundener Liebhaber nützlicher Studien, mit großem Ernst erweget, um sich solche richtige Vorstellungen
von der Sache zu machen, die ihn nicht gar zu sehr erhitzen, sondern nur lieblich und
sattsam erwärmen.« (Mattheson 1744, S. 103)

Also nur nicht in Feuer geraten? Immer mit Maßen?
    O doch! Mattheson, der wichtigste deutsche Musikschriftsteller der ersten
Jahrhunderthälfte, konnte das sehr wohl, aber bei anderen Gelegenheiten:

»Ich habe mirs bißher / in dem wunderschönen / musicalischen Garten / ziemlich saur
werden / und nichts erwinden lassen / das alte / tiefeingewurzelte / starre / stachelichte /

steiffe / wüste / wilde / barbarische Gesträuch / hin und wieder / mit aller Macht /
auszureissen / und auf die Seite zu werffen: ich habe auch manchesmahl gedacht / es
würde so leicht nicht wieder aufkommen / weil es gleichsam mit Stumpf und Stiel / in
dem Feuer der Vernunfft / zu Asche geworden seyn müsse. Aber / siehe! ehe ich mich
noch fast meiner Arbeit freuen kann; da es kaum an einer Stelle rein ist / käumet schon
an einer andern das Aergerniß vom frischen heraus / und richtet / in unveränderter
Gestalt / ... das alte Unwesen / auf verjüngte Weise / wieder an.« (1722, Vortrab)

Warum nur diese Aufregung?

»Ja, es will auch Herr Hanß Omnis [Jedermann] bißweilen seinen Senff darzu geben /
und von der Music sein Urtheil fällen. Wie nun ein jeder es gewohnt ist / und was er vor
Music von Jugend an gehöret / dieselbe liebet er.« Man sieht, »wie durch die Gewohnheit / der Menschen Sinne können eingenommen / und verführet werden / ja es ist des
Menschen Zuneigung offte so verkehret, und ist so eingenommen / daß er auch gelüstet
das jenige so ihm sonst höchst schädlich ist / ob er es schon wohl weiß: denn mancher
belustiget sich an solcher Speise die da faulet / und zu putresciren [vermodern] angefangen / als an sehr faulen Wildprät / faulen Käse / sauren Getranck / gelben garstigen
alten Speck / und dergleichen mehr. Nun weiß man ja wohl / was da putresciret / das ist
seinem Untergange nahe / und ist daher der Natur verhäßig und zuwider / denn der
Untergang und Verderben ist demselben nahe.« (Andreas Werckmeister, Cribrum musicum oder musicalisches Sieb, Quedlinburg und Leipzig 1700, S. 30f)

»Es muß uns dieses nicht abschrecken, sondern vielmehr anspornen, die Welt einmahl
aus den alten Moden-Ketten (die sonst sinnreich genug geschmiedet worden, und eben
darum desto gefährlicher sind, wenn sie auch von Gold wären) zu erlösen: sintemal ein
leichter Sieg für keinen zu halten.« (Mattheson 1725, S. 241)

»Es ist daher lächerlich, wenn Leute, die doch nicht die gehörige Einsicht besitzen, die
Güte einer Sache bloß aus dem Grunde behaupten wollen, weil es ihnen gefiele, oder
nach ihrem Geschmacke wäre: als ob die Gründlichkeit der Wissenschaften und die
Güte des Geschmacks von einer Menge unerfahrner Leute abhinge. Gewiß, auf solche
Weise dürfte das Reich der Wissenschaften und freyen Künste gar bald von den
barbarischen Gothen überschwemmt, und alles dasjenige, woran seither der Verstand
und die gesunde Vernunft mit so vieler Mühe und mit so vielem Nachdenken gebauet
haben, zum Nachtheile der Glückseligkeit der Menschen, niedergerissen und zerstöret
werden.« (Scheibe 1745, Vorrede, 10. Seite)

»Der Geschmack untersuchet und urtheilet zwar; aber endliche Schlüsse kann er
nimmer machen. Er stellet gleichsam ein bequemes Fuhrwerk vor, zum rechten Zwecke
zu gelangen. Doch wenn ein Wagen noch so gemächlich ist, kann er umwerfen.«
(Mattheson 1744, S. 123)

Die Italiener – na, endlich! – »hätten gehöret und gelesen: ein Componist müsse sich
bemühen, das Gehör zu vergnügen. Sie sahen aber diesen Satz nicht so an, wie er von
Rechts wegen verstanden und genommen werden muß: weil sie nicht begreifen konnten, daß das Gehör nur gleichsam der Canal ist, wodurch der Verstand die Music
empfindet, die er hernach beurtheilet und richtet.« (Scheibe 1745, S. 7)

»Man will sich nicht die Mühe geben, etwas aufs genaueste nach den Regeln zu
untersuchen.« (Marpurg 1749, S. 166)

»Die Vernunft muß ja auch in den Ergetzlichkeiten herrschen.« (Scheibe 1745, S. 7)

»Die grübelnde Vernunft ... rectificirt die Freude.« (Marpurg 1749, S. 141f)

Da ist offenbar ein Kampf im Gange.

Früher war es finster, alles von Gewohnheit und Unwissen verdunkelt. Jetzt kommt endlich die Vernunft und säubert den Augiasstall. Und nun gerät sie erst recht in Bedrängnis, weil nämlich eine Vielzahl von Unwissenden sich auch anmaßen, über Musik zu urteilen und an den hohen geistigen Prozessen teilnehmen: Es macht sie ein Geschmack nicht satt, es muß auch ein Denken her! (Die Wendung hat Brecht im »Einheitsfrontlied« vergessen.)

Es herrscht ein offensichtlicher Widerspruch in den Argumentationen der Musikschriftsteller. Einerseits sollen einfache, natürliche Melodien gemacht werden, damit möglichst viele sie singen können und sich ohne spezielle Ausbildung am Musikleben beteiligen können. Andererseits wird deren Versuch, sich auch intellektuell zu beteiligen, entrüstet als ungegründet und unwissenschaftlich zurückgewiesen. Dort gegen Exklusivität, hier für sie! Der Ablösungsprozeß vom Feudalismus ist inkonsequent, die Frontstellung gegen das zentralistische Prinzip nicht durchgehend: Für die Allgemeinheit der Musikausübung wird gekämpft, jedoch werden Versuche einer allgemeinen Geschmacksbildung mißtrauisch beobachtet. Die französisch beeinflußte rationalistische Aufklärungsphilosophie ist im ständigen Abwehrkampf gegen die Bürgermassen, will ihren Aktionsdrang und ihre Aktionslust eindämmen, beschneiden, relativieren, ausrichten, kontrollieren und bemerkt dabei nicht (oder zu spät), daß sie auf ideologischer Ebene das Szepter des Feudalismus weiterträgt und die sofortige Selbstbeschneidung und Selbstbeschränkung der bürgerlichen Emanzipation betreibt.

»Die Morallehren der Aufklärung zeugen von dem hoffnungslosen Streben, anstelle der geschwächten Religion einen intellektuellen Grund dafür zu finden, in der Gesellschaft auszuhalten, wenn das Interesse versagt. Die Philosophen paktieren als echte Bürger in der Praxis mit den Mächten, die nach ihrer Theorie verurteilt sind ... Es ist der übliche Versuch des bürgerlichen Denkens, die Rücksicht, ohne welche Zivilisation nicht existieren kann, anders zu begründen als durch materielles Interesse und Gewalt, sublim und paradox wie keiner vorher, und ephemer wie sie alle.« Ich hoffe, daß Horckheimers und Adornos »Dialektik der Aufklärung« von 1944 (Ausgabe 1947, S. 104) nicht ebenso ephemer sein wird, jedenfalls für diejenigen, denen dieses Fremdwort unbekannt ist: es bedeutet kurzlebig, eintägig. Über Moral auch bei Balet (S. 287 ff) wichtige Dokumente.

Alexander Gottlieb Baumgarten, der mit dem Ausbau der »Ästhetik« in seinem gleichbetitelten Werk von 1750 den – im Sinne der rationalistischen Philosophie – notwendigen Schritt unternahm, eine systematische Analyse und Lehre vom Schönen und seiner Anschauung zu entwerfen, hat dann auch zwischen dem nur sinnlichen, verworrenen Urteil der Sinne über die Vollkommenheit des Wahrgenommenen (Geschmack) und dem vernunftgemäßen, logischen Urteil (Kritik) unterschieden (vgl. die ausführlichen Darstellungen bei Alfred Baeumler, Das Irrationalitätsproblem in der Ästhetik und Logik des

18. Jahrhunderts bis zur Kritik der Urteilskraft, Halle/Saale 1923, S. 87 f; vgl. auch Balet, S. 303 ff).

Da konnten in den Hochsphären der vernunftgemäßen Kritik die »sogenannten einfachen Töne der Natur«, sonst das Panier der Aufklärer, zum Abzeichen des allzu Simplen, Verwerflichen werden.

Ja, es war schon ein Unterschied, was man unter Aufklärung verstand! Kant antwortete 1784 auf die Frage: »Was ist Aufklärung«: »Aufklärung ist der Ausgang des Menschen aus seiner selbstverschuldeten Unmündigkeit. Unmündigkeit ist das Unvermögen sich seines Verstandes ohne die Leitung eines anderen zu bedienen. Selbstverschuldet ist diese Unmündigkeit, wenn die Ursache derselben nicht am Mangel des Verstandes, sondern der Entschliessung und des Mutes liegt, sich seiner ohne die Leitung eines anderen zu bedienen. Sapere aude! Habe den Mut, dich deines eigenen Verstandes zu bedienen, ist also der Wahlspruch der Aufklärung.« (Vgl. auch weiteres bei Balet, S. 270 ff.) Das hätte Mattheson sehr gefallen.

Dagegen Philipp Heinrich Bossler 1790 (nach Sp. 208), etwas ironisch gegen die hohen Geister und damit sicher sehr nahe an dem, was die breite bürgerliche Mehrheit auch praktisch als ihren Fortschritt verstand (»Plan und Einladung zur teutschen Filarmonischen Gesellschaft«):

»Das Kennzeichen der Aufklärung einer Nation und eines Jahrhunderts darf man unter andern auch mit Recht in die Ausbreitung derselben unter alle Stände sezen. Eine Wahrheit, die, wenn sie auch nicht das Ansehen unsers philosophischen Eberhards vor [für] sich hätte, wohl schwerlich jemand in Zweifel ziehen wird. Forschet man aber nach den wohlthätigen Quellen, welche diese ausgebreitetere Aufklärung, diesen so unläugbaren Vorzug unseres Zeitalters vor den Zeiten unserer Vätter, bei den Nachkommen derselben, bewürkt haben; so entdekt man bei einem geringen Nachdenken hauptsächlich folgende zwo Quellen, nemlich: Preßfreiheit und jene so gemeinnüzige Anstalten der nun beinahe in ganz Deutschland errichteten Lesegesellschaften. –

Jene ist es, die dem Geist des Menschen alle lästige Fesseln abstreifet; dem Fluge seiner Ideen alle Hindernisse aus dem Wege räumet, und ihn in den Stand sezt, das Resultat seines Nachdenkens, wenn es auch noch so paradox seyn sollte, dem Publikum in seinen Schriften vorzulegen, und Wahrheiten zu schreiben, die blinden Wahn und Vorurtheil entkräften; Diese aber sind das Vehikulum, wodurch die Früchte, des um die Aufklärung andrer arbeitsamen Gelehrten eine größere Cirkulation im Publikum erhalten, der Vorrath bereits gesammelter Ideen bei mehrern bereichert, manche zum weitern Nachdenken über entdekte Wahrheiten geleitet, zur Erweiterung ihres Gebiets aufgemuntert, und wodurch Liebe zu Wissenschaften überhaupt fortgepflanzt, und das Gefühl ihres Werths und ihres Einflusses auf allgemeine und besondere Glükseeligkeit bei mehrenen hervorgebracht wird.« (Die Wichtigkeit des Lesepublikums betont auch Hauser, S. 626 ff, vgl. auch hier S. 175 f.)

Da wird nicht mehr von den Anforderungen an das Vermögen des einzelnen geredet, nicht mehr moralisch ein geistiges Aufraffen gefordert, sondern es werden die Institutionen, die handfesten Fortschritte benannt, die erst die Möglichkeit zum Weiterkommen des einzelnen bieten. Da redet der Praktiker, der sich an der Organisation des bürgerlichen Fortschritts abarbeitet. Diese Seite des bürgerlichen Aufstieges im Musikbereich, die Welt des Konzerts, der Musikgesellschaft, der Musikerziehung und des Druckes kennen wir aus Kap. II.

Die Hoffnung der Aufklärer auf eine Lösung der gesellschaftlich-musikalischen Probleme bezog sich aber nicht nur auf solche privaten oder städtischen Initiativen, sondern zielte von Anfang an, dann mit dem Abflauen des ersten aufklärerischen Impetus immer stärker auf eine Unterstützung auf höchster Ebene: Der Staat sollte sich die Aufklärung der Bevölkerung zu eigen machen, sie anleiten und überwachen, damit die Bemühungen der einzelnen Schriftsteller nicht im Chaos der beginnenden Warenwirtschaft und vermarkteten Sinnlichkeit versanken.

Dann muß man euch zu eurem Glück zwingen!

»Unsre Federn sind zu kurtz;
die lange Hand muß es thun.«
(Mattheson 1739, Teil I, Kap. V, § 25)

Was für ein nützliches Ding wäre doch die Musik für die Obrigkeit!

»Die *Einigkeit* der Bürger ... ist der Thronen Grund, das Siegel der Monarchien; die Stütze der Kronen. Die stärcksten Reiche, ehe sie von fremden Kriegen umgekehrt worden, waren anfänglich durch innerliche Unruhen erschüttert, durch anarchische Händel und bürgerliche Spaltungen zerrüttet, da eben diejenigen den Fall des Regiments beförderten, die solches doch billig hätten erhalten, und demselben zur Brust-Wehr hätten dienen sollen. Nein, das Vaterland hat keine schädlichere Feinde, als uneinige Bürger ... Ist aber wol ein undurchdringlicherer Schild wieder die Pfeile der Mishelligkeit zu finden, als die ruhige Harmonie? ... Ist sie es nicht, die die Bürger mit liebreichen Bindungen vereinbaret, die sie in *Ordnung* stellet, mit einander vergleichet, und unter die *Gesetze* einer angenehmen Gesellschaft bringet? Bey ihr ist alles still, freundlich und in gutem Vernehmen; bey ihr höret man weder die Stimme der Zwietracht, noch den Lerm des Pöbels, noch das ungestüme Schul-Gepolter, noch das ungezähmte Heulen der Lehr-Bäncke, noch das Geschrey der Gerichts-Stuben; sondern nur lauter liebliche *Übereinstimmungen* und sanfften Beifall ... Hat wol je die *Harmonie* ein Feuer angezündet, das dem Staat seinen Untergang gedrohet hätte? ... [Es würde] dadurch zu helfen seyn ... dem Lobe des höchsten in der Kirche; der ab-

gängigen *Zucht* und *Erbarkeit* in Schauspielen und öffentlichen Concerten; ingleichen
den guten *Sitten* im gemeinen Leben und Wandel.« (Ein ungenannter zitiert, sowie
Mattheson selbst, 1739, Teil I, Kap. 5 »Vom Nutzen der Music in der Republick«,
§ 4-7, § 19)

»Meinem lieben Leser aber muß ich jedoch diese eintzige Anwendung machen, daß,
neben und unter andern Dingen, welche (des göttlichen Lobes zu geschweigen) nur zum
aufnehmen eines bürgerlichen Lebens dienen (den Adel unausgeschlossen) und dasselbe
recht glücklich machen, auf alle Weise die Music, so fremd es auch manchen vorkommen mag, kein geringes beitragen kann.« (Mattheson 1728, Vorbericht, Aufzählung der Nutzen für Staat und Leben in Gestalt der Moral)

»›Ey!‹ wird hier mancher ausrufen; ›reden die Leute nicht von ihren Concerten und
musicalischen Gesellschaften, als ob das *Heyl der ganzen Republik* daran hienge!‹ Mit
ihrer Erlaubniß, Herr Amusos vielleicht hängt mehr davon ab, als Sie denken. Können
und sollen solche Gesellschaften, außer dem erlaubten und ehrbaren Vergnügen, das
man sich da macht, nicht auch den Zweck haben der Kirche Gottes Subjecte zu
verschaffen, die den Nahmen des *Herrn* mit Harfen und Psaltern, mit Singen und
Spielen auf eine würdige Weise *verherrlichen?*« (Hiller 1767, S. 162)

»Die sanften Empfindungen reizender Töne machen die *Sitten* feiner ... Ihre Eindrücke
befördern die Fertigkeit, Liebe, Güte und Mitleiden zu empfinden und geben unsern
Leidenschaften die nützlichste Mässigung, als worinn das wahre Wesen der *Tugend*
bestehet.« (Johann Gottlieb Krause, Von der musikalischen Poesie. Berlin 1752, zit.
Balet, S. 296)

»[Der Lehrer und Organist] Angerstein war es auch, der mich die Wahrheit lehrte, daß
Reinheit des Satzes dem Componisten einen *bleibenden Werth* giebt, so wie uns die
Vernunft lehrt, daß *Reinheit der Gesinnungen* dem Menschen überhaupt eben dasselbe
gewährt.« (Dulon, S. 87)

»Fränklin in seinen Experiments and observations on Electricity, Lond. 1769, erwartete
von den ihm zugeschickten Liedern Wirkung zur Beförderung der *Mässigung* und Liebe
zur häuslichen *Sparsamkeit,* und – er hat diesen wunderbaren Effect gewiß nicht
umsonst erwartet. Sulzer in der a. Th. [Sulzer, 1771 ff] Art. Leidenschaft, glaubt sogar,
in großen Städten wo täglich dramatische Schauspiele (Opern und Operetten mitunter)
aufgeführt werden, könnte man vermöge dieser die nämliche Wirkung hervorbringen.«
(Kraus 1777, S. 11, ironisch gemeint; alle bisherigen Kursiv-Hervorhebungen von mir)

Aber die Obrigkeit will sich die Musik gar nicht zu Nutze machen!

»Die politisch-musicalische Lehre ... lieget ... fast gantz unter der Banck, und will
niemand seine politische Gedancken auf die Music wenden, weil dadurch dem Kam-
mer-Gute [der fürstlichen Kasse] nichts zuwächst ... Denn wer bekümmert sich darum?
wenn wir nur lange beten und predigen; wenn wir nur eine Menge Zuschauer und
Zuhörer bekommen; wenn wir nur von außen fein höflich scheinen. Das andre mag
gehen wie es will ... es lieget einem ieden im Amte stehenden Gottes-Gelehrten,
vielmehr dem höchsten Bischofe, summo Episcopo, d. i. Regenten und Fürsten, allerdings ob, solche Music und Meister derselben im Hause Gottes zu bestellen ..., die dem
heiligen Zweck nicht entweichen.«

Vor allem aber:

»Das öffentliche weltliche Musiciren, welches gewiß und wahrhaftig einer großen
obrigkeitlichen Aufbesserung bedarff, falls dasselbe gute und tugendhaffte Einwohner

machen, und nicht vielmehr zu allerhand Aergerniß, Üppigkeit, sündlicher Galanterie und Verschwendung Anlaß geben soll. Unsre Federn sind zu kurtz; die lange Hand muß es thun ... Bey uns Teutschen hergegen sieht sich selten eine obrigkeitliche Würde nach solchen Dingen um, woraus lauter ungezäumte Freiheit und Verwirrung entstehet, und eine an ihr selbst recht gute nützliche Sache, die wahre hohe Schule der Music, im Grunde verdorben, gemisbraucht, verächtlich und fast stinckend gemacht wird. Wir haben Schauspiele ohne Verstand, ohne Geschicke, ohne gute Sitten; zu keinem andern Ende, als unsre Vernunfft an den Nagel zu hängen, oder sie zu schänden.

Es stehet übrigens höchst zu bedauern, daß itzund kein Mensch bey uns zu finden ist, der auch nur wisse, was Musica moralis für ein Ding sey. Wenn die Ethic, oder die Tugend-Lehre, welche den innerlichen Menschen betrifft, nur wol bestellt wäre; so würde es sich mit der Moral, oder Sitten-Lehre, die auf das äusserliche gehet, auch besser anlassen, und man nicht nöthig haben, die Wissenschafft und Aufführung der grössesten Ton-Meister in solcher mitleidenswürdigen Uneinigkeit zu sehen, daß man die groben Fehler bey der blossen Haushaltung auf eine ganze Mandel berechnen kan.« (Mattheson 1739, Teil I, Kap. 5, §§18–20, 25, 28, 34)

»[Die Musik] die inzwischen fast gantz unter die Füsse getreten, oder wenns hoch kömmt, als ein blosser, äusserlicher Zierath, betrachtet wird.« (Mattheson 1728, Vorbericht) »Ja, es würde sich einer heutiges Tages nur lächerlich machen, der beweisen wollte, wie viel einer Stadt daran gelegen, sich dieser oder jener Music-Art zu bedienen; und welche Krafft dieselbe besitze, der Einwohner Sitten zu regieren, oder zu verderben ... Wer ein ganzes corpus politicum in Ordnung bringen will, der muß bey den membris [Gliedern] anfangen.« (Mattheson 1725, S. 285; über die »zur Music gehörende politische Wissenschafft«)

»O daß ich solche Kunstschulen noch sähe! dann wollt' ich meine Kunst, die ich aus heißer Liebe einst schon verlies, als die schönste Bestimmung, die mir werden konnte verehren, und den Fürsten, der sie so erhob mit heißer Inbrunst segnen, und sein Volk und die Menschheit wird ihn segnen, daß er die Kunst, die izt nur angenehme Zeitkürzerinn, oft Ekel erweckende Tändlerinn, höchstens nur wollüstige Schmeichlerinn ist, daß er die zur seelerhebenden allgewaltigen Schöpferinn edler hoher himmlischer Gefühle erhob: und der gesegnete Fürst wird auch hiedurch ein Großguter Regent seyn.« (Reichardt 1782, Vorrede »An Großgute Regenten«; S. 104 wird ein »Windmüller, namens Vetter, in Leinde ohnweit Wolfenbüttel wohnhaft« erwähnt, der ohne entsprechende Ausbildung eine mechanische Orgel erbaut habe und zu noch weiteren musiktechnischen Erfindungen im Stande wäre, »wenn dieser Müller Unterstützung hätte«. Diesem aus einer anderen Zeitung übernommenen Bericht schließt Reichardt die Frage an:)

»Ist er seinem kunstliebenden Landesfürsten nicht bekannt?«

Reichardts Haltung ist zwar nicht geradezu antifeudalistisch, verrät aber doch deutlich eine Kritik an den Fürsten, eine fordernde Einstellung, die zu jener Zeit in Deutschland schon etwas bedeutete, vor allem bei Musikern. Der Schiller der Musik, wo ist er zu finden?

Wegen der Seltenheit solcher kritischen Stimmen hier noch zwei:

»Wo nicht irgendwo eine weise Gesetzgebung die Künste aus dieser Erniedrigung herausreißt, und Anstalten macht, sie zu ihrem großen Zwecke zu führen, so sind auch die einzelnen Bemühungen der besten Künstler, der Kunst aufzuhelfen, ohne merklichen Erfolg. Von der Schuld des schlechten Zustandes der Sachen ist mancher Künstler, der sich gerne höher schwingen möchte, frey: aber durch seltene und einzelne Bemühungen dafür richtet man wenig aus. Der große Haufe der Künstler kennet nach dem gemeinen Vorurtheile, das die Großen nur zu sehr unterhalten, keinen anderen Beruf, als müßige Leute zu vergnügen. Wie soll aber das glücklichste Genie, auf dieses schwache Fundament gestützt, sich in die Höhe heben können? woher soll er seinen Schwung nehmen? Große Kräfte werden nie durch kleines Interesse gereizt; und so bleiben die herrlichsten Gaben des Genies, die die Natur den Neuern nicht mit kargerer Hand, als den Alten ausgetheilt hat, meist ungebraucht liegen.« (Reichardt 1791, S. 5)

»Denn unstreitig hat es nie an Schmeichlern gefehlt, die, um ihr eignes Bestes zu begründen, guten Fürsten immer das als Gnade anrechneten, was doch eigentlich nur Gerechtigkeit war ... Ein Tyrann, welcher geringe Verbrechen mit den unbarmherzigsten Strafen belegte, hieß deshalb nicht grausam, sondern gerecht. Ein Fürst hingegen, der das Gute nur einigermaßen belohnte, hieß nicht gerecht, sondern gnädig, wie es dann auch heut zu Tage noch gebräuchlich ist ... Aber wäre es nicht weit richtiger, und ich darf kühn hinzusetzen, den meisten unsrer dermaligen Völkerbeherrscher weit angenehmer, wenn man ausriefe, o! des gerechtesten der Regenten!« (Dulon 1807, S. 133ff)

Man hätte die Obrigkeit nötig, um die Vorteile der Musik deutlich zu machen und durchzusetzen: Das Publikum will ja nur sein Vergnügen und ist mit dem Niedrigsten zufrieden. Es zieht nicht mit, obwohl man doch mit ihm zusammen die bürgerliche Kultur aufbauen will! Und es zieht auch noch die meisten Komponisten mit sich in den Sumpf hinab, obwohl doch so ein schöner Anfang gemacht war!

Wie jubelte Scheibe 1737 (1745, S. 3, Beginn der Zeitschrift):

»Endlich ist die in den Wissenschaften herrschende Barbarey in einigen Theilen unsers werthen Deutschlandes bey nahe gänzlich vertilgt worden ... der gute Geschmack beginnt zu herrschen, und dadurch fangen wir an, zu empfinden, wie glücklich diejenigen sind, welche der Vernunft und der Natur in einer wohlgeprüften Beurtheilungskraft folgen.«

Und 1740 (71. Stück, 1745, S. 650 u. 655):

»Daß zu unsern Zeiten die Ausübung der Musik weit höher, als sonst, gestiegen ist, wird wohl niemand streitig machen ... Endlich aber haben unsere heutigen Componisten, in der Ausübung, die alte Art gänzlich verlassen, und sind der Vernunft und der Natur durch ihre Schreibart deutlicher nachgegangen, und sie haben also auch den Zweck erreicht, der der Musik eigentlich gebührt.«

Jedoch war Scheibe auch nicht blind vor Euphorie. Er fügte schon 1739 seinem Jubel die Einschränkung hinzu (1745, S. 3), Musik betreffend:

»Diese edle Wissenschaft brauchet noch alle Bemühungen ... Sie liegt noch in einer so großen Verwirrung, daß es uns und unsern Nachkommen noch Zeit und Mühe genug kosten wird sie in eine vernünftige Ordnung zu bringen.«

Aber gelang es denn? Hing nicht das genußsüchtige Publikum wie ein Stein an den Emporstrebenden, und hemmte es nicht durch seine niederen Bedürfnisse jeden Fortschritt der Musik?

Der Jubel wurde immer seltener, kam Ende des Jahrhunderts höchstens noch einmal in der Provinz auf wie 1790 in Hohenlohe. Dort waren gerade die Segnungen der Aufklärung erkannt worden (vgl. S. 170).

Sonst aber sahen die Aufklärer, von der Obrigkeit im Stich gelassen und den Marktgesetzen gebeutelt, den Scherbenhaufen vor sich, der von ihren moralisch-ästhetischen Bemühungen übrig war, und trauerten den alten Zeiten nach. In den 70er und 80er Jahren, als die Ausbreitung von Mode und Konkurrenz auf dem Markt die Musikproduktion völlig durchdrungen hatte (vgl. Kap. IV), waren bei den Fachleuten Resignation und Pessimismus an der Tagesordnung. Der große Aufbruch des Jahrhundertbeginns schien in sich zusammengefallen zu sein: Die alten Ideale waren nicht mehr allgemein anerkannt.

»Die erste Hälfte unsers gegenwärtigen Jahrhunderts hindurch, war die Tonkunst unstreitig in allen Betracht in ihrer schönsten und männlichsten Reife. Ernst, Würde, Größe und Erhabenheit des Innern Charakters, – Ordnung und Richtigkeit des grammatischen und rhetorisches Baues ... sind Merkmale ihrer wahren Vollkommenheit ... Aber, eben dieser glückliche Zeitpunkt ihrer Vollkommenheit, war er nicht zugleich ein Vorbote ihrer Abnahme? Geriethen nicht die Künstler, aus Furcht für bloße Nachahmer gehalten zu werden, bald auf neue und unbetretene Wege? Wendeten sie sich nicht von der schönen Einfalt der Natur ab, welche ihre Vorfahren unwandelbar vor Augen gehabt hatten, und stürzten sie sich nicht, nachdem sie mit vieler Mühe die eine Seite des Parnasses, wenn ich so sagen darf, glücklich erstiegen hatten, auf der andern wieder hinunter?« (Forkel B I, 1778, Vorrede S. V f)

»Friedrich II. zeigt sich von einem sehr richtigen und weisen Urtheile, solchergestalt unverrückt bey den Produkten einer Periode zu beharren, welche man die Zeiten des Augustus in der Musik nennen kann [Mitte und Ende der ersten Jahrhunderthälfte: ›die Scarlattis, Vincis, Leos, Pergolesis und Porporas‹]; mit einer solchen unwandelbaren Beständigkeit den Strom der Mode und des Leichtsinns aufzuhalten, heißt eine Art von Stet sol besitzen [Die Sonne stehe still!], wodurch Apoll und seine Söhne verhindert werden, ins Wilde zu gehen, oder Veränderungen vom Guten zum Schlechten und vom Schlechten zum Schlimmern einzuführen.« (Burney 1773 II, S. 109; das fiel ihm natürlich »während meiner Unterredung mit Herrn Quantz« ein.)

»Wer kennt den Zeitpunkt nicht, in welchem mit der Musik sowohl überhaupt als besonders mit der accuratesten und feinsten Ausführung derselben, eine neue Periode sich gleichsam anfieng, wodurch die Tonkunst zu einer solchen Höhe stieg, wovon ich nach meiner Empfindung befürchte, daß sie gewissermaßen schon viel verlohren habe.« (C. P. E. Bach bei Burney 1773 II, S. 201)

»Lieder und elender Operettensingsang scheinen fast allen Geschmack zu ernsthafter Musik verdrängt zu haben; und Bach [C. P. E.] und Wolf [Ernst Wilhelm, Hofkapellmeister in Weimar] mögen immerhin uns mit ihren Ankündigungen unterbrechen; wir hören nicht darauf, und singen fort, daß wir taumeln. In der Geschichte der Musik, die ein künftiger Geschichtsschreiber nach 50 Jahren einst schreiben wird, werden die Componisten und das Publikum der itzigen Zeit einen der sonderbarsten Contraste machen. Man wird nicht begreifen können, wie die Musik unter einem so lauen Publikum so erstaunende Fortschritte hat machen können; wie in einer Zeit, da Gluck, Wolf und so viele Lieblinge Polihymniens [Polihymnia, Muse der Tonkunst] lebten, das Publikum einen so falschen, von dem Geschmack dieser Männer so weit entfernten Geschmack haben konnte, daß gegen ein mit Mühe untergebrachtes Meisterwerk immer hundert Schofelarbeiten aufgerechnet werden können, die ein gutes Glück gemacht haben und wohl für Musica dell'altro mondo gehalten sind [Musik des Jenseits, überirdische Musik], von denen dann aber hoffentlich außer den Denkmählern ihrer Schande, den Titeln, nichts mehr übrig sein wird. Kann man bey solchen Sodomszeiten es noch wagen, gute Sachen gut zu nennen, wenn man zum Publikum redet?« (Positive Besprechung eines Oratoriums des Leiters der Gewandhaus-Konzerte und späteren Thomaskantors Joh. Gottfried Schicht; vgl. S. 210; Cramer II/2 1786, S. 880)

Kapitel IV
Die Komponisten:
Schönes ist schwer herzustellen, aber
noch schwerer zu verkaufen

Einleitung

Es wird sicherlich Leser und Leserinnen geben, die gehofft hatten, dieses Buch
würde für sie endlich einmal klar und handlich die Frage nach den sogenannten Epochen klären. Und sie werden enttäuscht sein.

Nicht erst Werner Brauns Buch über »Das Problem der Epochengliederung
in der Musik« (Darmstadt 1977, Wiss. Buchgesellschaft) hat die Fragwürdig-
keit der Epocheneinteilung geschichtlicher Zusammenhänge gezeigt. Was gibt
es da alles – je nach Interesse und Blickpunkt des Untersuchenden – für
verwirrende Möglichkeiten der Einteilung und Benennung!

Nehmen wir einmal die erste Hälfte des 18. Jahrhunderts. In Abhandlungen
kann man folgende Bezeichnungen für diesen Zeitraum finden: Bach-Zeit,
Spätbarock, Rokoko, Frühbürgertum, Hochfeudalismus, Ende des General-
baßzeitalters, Wiege der Konzertform, Galanter Stil, Aufklärungs-Zeitalter
usw. Und dann erst die Zeit von ca. 1750 bis 1780! Nachbarock, Vor-Klassik,
Früh-Klassik, Sturm und Drang, Übergangszeit, Empfindsamkeit usw.

Wem und wozu soll das nützen?

Nur der Ordnungsfanatiker kann mit derartigen Einteilungen zufrieden
sein, aber nur mit jeweils einer davon. Denn schon die Zusammenschau all
dieser unterschiedlichen Periodisierungsmöglichkeiten zeigt die Vielfalt der
Perspektiven, aus denen sich das geschichtliche Kontinuum betrachten läßt,
personen-, stil-, geistes-, gattungs-, kunst-, literaturgeschichtlich.

Wer an einer nicht allzu eingeschränkten Sicht von Geschichte interessiert
ist, an einem möglichst komplexen und den Nachvollzug menschlicher Handlungen und Entscheidungen erleichternden Einblick, wird sich mit der Tatsache abfinden müssen, daß er einem Geflecht von unterschiedlich starken
und sich ständig verändernden Fäden folgen muß, von denen einzelne plötzlich hervortreten oder wieder zurückfallen können, die aber doch insgesamt
ein gleichmäßiges Band von praktisch-geistigen Tätigkeiten bilden.

Nur pragmatische Gründe, wie z. B. die Begrenzungsnotwendigkeiten von
Büchern oder Lehrgängen, können Grenzsetzungen verständlich machen, sie
aber nicht zu Epochengrenzen aufwerten. Daß dieses Buch das 18. Jahrhundert thematisiert, ist einerseits Verlagsnotwendigkeit entsprungen – also
dem Bedürfnis nach möglichst handlichen und unideologischen Abgrenzungen –, andererseits dem Umstand, daß ich mich schon immer besonders für
das Phänomen des gesellschaftlichen bzw. gesellschaftlich motivierten Wandels
in der Musikgeschichte interessiert habe, wofür der angegebene Zeitraum
einen günstigen Materialrahmen gewährleistet.

Wenn ich den Schwerpunkt meiner Darstellungen auf die sozialen, musik-
praktischen und ideologischen Komponenten des Übergangs vom Feudalismus
zum Bürgertum in Deutschland lege, so hat das mit meinem Interesse für die
Verbindung von stil- und sozialgeschichtlichen Zusammenhängen zu tun,
nicht aber mit einer Entscheidung für eine ganz bestimmte Epocheneinteilung.

Aus dem, was in diesem Buch steht, werden die Leser entnehmen können,
daß es ganz unmöglich ist, eine auch nur auf ein Jahrzehnt festzusetzende
Grenze zwischen den beiden Systemen Feudalismus und Bürgertum zu ziehen.
Der Wandel vollzieht sich langsam und kontinuierlich durch das ganze Jahrhundert und ist auch mit dem Jahr 1800 bekanntlich noch längst nicht
abgeschlossen: Erst 1918 gab es eine für ganz Deutschland geltende Republik!

Und was ist nicht alles im Bürgertum fast unverändert vom Feudalismus
übernommen worden und bis heute erhalten geblieben – man denke nur an so
eine angeblich unwesentliche Kleinigkeit wie unsere »höfliche« Anredeform
»Sie« (vgl. S. 254) –, und was hat sich das Bürgertum nicht alles an Kulturformen des Adels und der Kirche anverwandelt und in dieser veränderten
Form erhalten!

Das am Beispiel der großen Komponisten und ihrer neuartigen Werke zu
zeigen, ist eines der Ziele dieses Kapitels. Ein anderes ist, tatsächliche Neuentwicklungen vorzustellen, durch die das Bürgertum in einer wirklich eigen-
ständigen Art das System des Feudalismus überwunden hat; viele der in Kap.
II beschriebenen Züge des öffentlichen Konzerts hatten auch schon diesen
Charakter. Weiterhin sollen die Erfolge und Mißerfolge der aufklärerischen
Volkserziehung weiter verfolgt werden. Man wird feststellen, daß die Ge-
schichte des Bürgertums nicht einfach eine Geschichte der Fortschritte und
Weiterentwicklungen ist, sondern in vielen Punkten auch eine Geschichte der
Rückschläge und der abgebrochenen Neuansätze. Auch das war schon in der
Entwicklung des öffentlichen Konzerts zu beobachten.

Die neuen Götter

Tod und Ewigkeit:

Über die Anbetung von Denkmälern

Zunächst ein Vergleich zweier Lieder von Johann Sebastian Bach (1736) und Wolfgang Amadeus Mozart (1787). In beiden ist die Rede von den Gedanken über den eigenen Tod. Der Dichter des zweiten Liedes ist J. H. Campe, der des ersten unbekannt.

Komm, süßer Tod

Str. 1	Komm, süße Ruh!	Anzahl der Takte 2
	Komm, sel'ge Ruh!	2
	Komm, führe mich in Friede,	3
	Weil ich der Welt bin müde.	3
	Ach, komm! Ich wart auf dich,	3
	Komm bald und führe mich,	3
	Drück mir die Augen zu.	3
	Komm, süße Ruh!	2

Der Tod ist personifiziert. In festem christlichen Glauben, d. h. mit der Vorstellung von der Erlösung aus dem irdischen Jammertal durchs Eingehen in das himmlische Jerusalem zu Jesus, sieht Bach dem Tod mit freudiger Erwartung entgegen.

Das Lied steht in der »schwarzen« Tonart c-Moll. Der Gesamteindruck: Alles ist ganz ruhig, ohne Verzierungen und Schmuck, klar strophisch komponiert. Nur die Darstellung der Erde (»Weil ich der Welt bin müde«) zeigt Quälerei- und Überdruß-Harmonik mit etwas rauhen Intervallen. An dieser Stelle ist der Beginn g-a-h-c auch inhaltlich ganz ähnlich wie der Beginn des Chorals »Es ist genug!«, nur daß dort statt c noch ein Leitton cis eingefügt ist, was wohl kaum bei einem Lied möglich wäre.

Wichtig ist die Betrachtung der Periodik. Denn nur Anfang und Schluß (Jesus bzw. der Tod sind Anfang und Ende!) sind liedhaft »normale« Zweitakter, dazwischen aber sind alles Dreitakter, die zwar harmonisch richtig kadenzieren, aber immer etwas zu schnell vorbei sind, nicht die üblichen vier Takte haben wie Bachs weltliche Lieder der gleichen Zeit. Es ist ein schwebender, unruhiger Schluß jeweils, nicht gerade vorwärtsdrängend (fast alles Tonikaschlüsse), sondern irgendwie unfertig. Der Eindruck kann sowohl der des Sehwebens im Himmel sein, leicht, unirdisch, schwerelos (Schwere ist irdi-

Komm, süßer Tod

Abendempfindung

A - sche sehn, dann, o Freunde, will ich euch er-scheinen und will Him — mel

auf   euch wehn.   Schenk auch du   ein Trän - chen

mir und pflü-cke mir   ein Veilchen auf mein Grab, und mit dei - nem see - len-

vol - len Bli-cke sieh dann sanft auf mich her - ab, sieh dann sanft, sieh dann sanft auf

mich ___ her - ab.   Weih mir ei-ne Trä - ne, und

scher Viertakter mit Gewichtssymmetrie), aber auch, daß alles, was geschieht, unfertig, unbefriedigend bleibt und nur bleiben kann, bis endlich der Tod mit seiner abschließenden, endlichen Ordnung das Ziel setzt. Vor ihm ist nichts vollkommen (zeitlich und wertmäßig). Also: Die Dreierketten können positiv (Himmelsunschwere) und negativ gedeutet werden (irdische Unvollkommenheit).

Abendempfindung

1. Abend ist's, die Sonne ist verschwunden,
   und der Mond strahlt Silberglanz.
   So entfliehn des Lebens schönste Stunden,
   fliehn vorüber wie im Tanz.

2. Bald entflieht des Lebens bunte Szene,
   und der Vorhang rollt herab.
   Aus ist unser Spiel! Des Freundes Träne
   fließet schon auf unser Grab.

3. Bald vielleicht – mir weht wie Westwind leise
   eine stille Ahnung zu –
   schließ ich dieses Lebens Pilgerreise,
   fliege in das Land der Ruh.

4. Werd't ihr dann an meinem Grabe weinen,
   trauernd meine Asche seh'n?
   Dann, o Freunde, werd ich euch erscheinen
   und will Himmel auf euch weh'n.

5. Schenk auch du ein Tränchen mir, und pflücke
   mir ein Veilchen auf mein Grab,
   und mit deinem seelenvollen Blicke
   sieh dann sanft auf mich herab. (wiederholt)

6. Weih mir eine Träne! Und ach! schäme
   dich nur nicht, sie mir zu weihn,
   o sie wird in meinem Diademe (mehrfach wdh.)
   dann die schönste Perle sein. (dto.)

6 Strophen, vierzeilig, Reimschema abab, a fünf Trochäen mit »weiblicher«, b vier mit »männlicher« Endung. Strophenlängen nach Musiktakten: 18, 15, 14, 14, 16, 33. Mehr Verzierungen als im Bach-Lied; Formstabilisierung durch Zwischenspielfloskel (Materialvereinheitlichung); kein Thema, sondern lockeres Deklamieren ohne starke Beachtung der Periodik, nur gegen Ende symmetrischer bei den vielen Textwiederholungen.

Es ist bei Mozart weniger vom Tod die Rede als von einem Rückblick aufs Leben mit der Sehnsucht, es weiterleben zu können. Trost angesichts des nahenden Todes bietet nicht die Hoffnung auf Jesus und das Paradies, sondern die Aussicht auf die Trauer der Zurückgebliebenen und auf den eigenen Nachruhm: Ein sehr unchristlicher, ichbezogener Gedanke. Vom Tod wird nur sehr unoffen, kokettierend und tändelnd gesprochen. Mozart blickt nicht von unten hinauf wie Bach, sondern von oben herab auf die anderen, und er beobachtet ihre Reaktionen wie mit einer Tarnkappe, wie der Schauspieler von der Bühne herab. Daher auch die vielen Theaterbilder: Tanz, Vorhang, Szene. Das Leben ein Schauspiel! Mozart spielt bereits im Leben den kleinen Gott und stellt sich die weitere Erhöhung vor, die er nach dem Tod dazugewinnen wird: »Dann, o Freunde, werd ich euch erscheinen«! Solche Voraussagen waren bisher Christus und Gott vorbehalten. Nun darf es auch der große Künstler sagen. Und wie drohend er es sagt, mit punktierten, martialischen Achteln! Da wird den Freunden aber ein ganz schöner Schauer über den Rücken jagen.

1. Str. 2	unser Spiel unser Grab	WIR	des Freundes Träne	ER	*Ebene der Beziehung:* Wir alle müssen sterben (noch ganz unindividuell), der »Freund« ist jedes Hörers Freund	
2. Str. 3	mir weht schließe ich ich fliege	ICH			Stärkere Individualisierung: Der Sänger zeigt sich	
3. Str. 3	mein Grab ich werde erscheinen und auf euch wehn	ICH	euch ihr werdet weinen O Freunde	IHR	Eine Gruppe wird ins Auge gefaßt, direkter Kontakt	
4. Str. 5/6	mir mein Grab auf mich weih mir mein Diadem	ICH	Du deine Träne dein Blick weih mir pflück mir schenk mir schäme dich nicht	DU	Einer wird herausgepickt und mit Forderungen traktiert	

Nur die Stellen mit der »Pilgerreise« und dem »Land der Ruh« erinnern von Ferne an Bachs Auffassung, aber das sind auch wieder nur Bilder und Vergleiche. Sonst ist das Lied ein bemerkenswertes Zeugnis der Selbsterhöhung: Die Wörter ›ich‹, ›mich‹ und ›mein‹ sind immer hervorgehoben und geschmückt, das eigene Diadem – wie kommt er denn zu dieser Auszeichnung? – ist geradezu der Angel- und Zielpunkt des Liedes (Wiederholung!). Und die »Freunde«, deren Mitleid er herbeiredet, werden geschickt aus der anonymen Masse herausgeholt, zu einzelnen Betroffenen gemacht, allmählich persönlich angesprochen wie an der Marktbude. Verfolgen wir die Wandlung, die während des Liedes mit den Personen und deren Beziehung untereinander vor sich geht. Es gibt da vier Phasen der Veränderung (vgl. S. 358).

Allmählich ist in mehreren Stufen der Veränderung aus einem Verhältnis zwischen zwei nicht näher bezeichneten Gruppen ein intimes Gespräch zwischen dem Sänger und einem Hörer geworden: Mozart und jeder einzelne Hörer, der aus der anonymen Menge herausgeholt wird und der zu dem Mozartschen Denkmal aufblickt und von ihm Bitten und Anweisungen erhält. Er schuldet dem Heroen Trauer, und der ruft ihm das deutlich ins Bewußtsein. Es ist ein emotionaler Zugriff auf jeden Hörer in der großen Menge, als ginge es allein um ihn bei diesem engen, seelenvollen Kontakt mit dem großen Komponisten.

»Mir weht wie Westwind leise eine stille Ahnung zu«

Diese Stelle ist, gelesen als Teil des Gedichtes, nicht sehr stark, etwas flach und »poetisch«. Aber musikalisch ist sie eines der stärksten Elemente des Liedes, ein Beispiel dafür, wie Musik den Sinn und die Bedeutung des komponierten Textes verändern, umwerten kann. Gegenüber der Melodie und Begleitung des Umfeldes geschieht hier ein völliger Wandel. Die begleitenden Achtelfiguren stocken, die Pausen schneiden ein, die Harmonik bewegt sich in fremdartigen, »neapolitanischen« Rückungen. Die Zeit steht still, plötzlich sieht man innerhalb des vielen Geredes und Lamentierens ein Bild: Abendsonnenuntergang, kühl und dunkel, unheimlich, drohend, gruselig, und dann dieser Windhauch (warum von Westen?). Hier ist tatsächlich einmal etwas vom nahen Tod zu spüren und von der Angst davor: Keine Stimmung mehr wie sonst im Lied, sondern Realität. Da ist doch ein Stückchen Ehrlichkeit in diesem Meer von bürgerlicher Aufgeblasenheit. Es ist wie jene Stelle aus dem John Ford-Western kurz vor dem Indianerüberfall, als alle unruhig auf die abendliche Steppe blicken und ein geheimnisvoller, ahnungsschwerer Wind aufkommt.

Mehr an persönlicher Ehrlichkeit dem Tod gegenüber bringt Mozart im Lied nicht zustande, obwohl er doch eineinhalb Monate vor der Komposition in einem Brief an den Vater schreiben kann (4. 4. 1787):

»da der Tod (genau zu nemmen) der wahre Endzweck unsers Lebens ist, so habe ich mich seit ein Paar Jahren mit diesem wahren, besten Freunde des Menschen so bekannt gemacht, daß sein Bild nicht allein nichts schreckendes mehr für mich hat, sondern recht viel beruhigendes und tröstendes! und ich danke meinem gott, daß er mir das glück gegönnt hat mir die gelegenheit (sie verstehen mich) zu verschaffen, ihn als den Schlüssel zu unserer wahren Glückseeligkeit kennen zu lernen.« (Briefe IV, S. 41)

Falls das seine wirkliche private Meinung ist und er nicht nur den gerade kranken Vater trösten will, so scheint es für ihn notwendig zu sein, in der öffentlichen Behandlung des Themas den Heros zu spielen und sich zu verstellen, jedenfalls im Lied. Auch ein ganzes Requiem ist ihm möglich, in lateinischer Sprache, also ebenfalls verbrämt und offiziell. Die deutsche Sprache ist in der Musik solchen intimen, schicksalsträchtigen Gedanken erst auf der Spur, findet erst im 19. Jahrhundert zu einer dichterischen Höhe, die den raffinierten und assoziationsreichen Möglichkeiten der Musik entspricht (in der italienischsprachigen Oper, auch bei Mozart, ist das schon früher möglich, vgl. S. 494 ff). Dagegen ist die Musik, wenn sie ohne Text arbeitet, zum Ausdruck von Todesgedanken und Sterbenstrauer zu Mozarts Zeit viel ungehemmter in der Lage. Hier, in Sinfonien und Klavierkonzerten, kann Mozart wesentlich offener und unverstellter, ganz ohne den Helden zu spielen, von sich reden. Und hier braucht er nicht so umständlich und taktisch wie in dem besprochenen Lied den einzelnen Hörer aus der Menge herauszuziehen und zu seinem privaten Gesprächspartner zu machen. Hier geht das sofort, wortlos, wie selbstverständlich. Das ist eine ganz neue Möglichkeit der Instrumentalmusik, begeisternd und verwirrend, für viele auch beängstigend. Ein Paradestück für diese neue Sprachmöglichkeit Mozarts ist sein Klavierkonzert in d-Moll. Auch da hört man, am Beginn schon, den Westwind recht unheimlich wehen. Zwei Jahre vor dem Lied wurde das Stück geschrieben.

Und dieses Konzert erklang mit anderem von Mozart am 7. Februar 1794 in Prag bei einem Gedenkkonzert für den 1791 Verstorbenen. Der Bericht über dieses Ereignis mutet an, als wäre das Lied »Abendempfindung« wortwörtlich in Realität umgesetzt worden. Es ist wirklich unheimlich. Ein genauer sprachlicher Vergleich des Berichts und des Liedertextes lohnt sich. (Die »Pyramiden« weisen offenbar auf Mozarts Mitgliedschaft bei den Freimaurern hin.)

»Der Akademiesaal war stark beleuchtet. Im Hintergrund desselben über dem Orchester flammte Mozarts Name in einer Art von Tempel, zu dessen beiden Seiten zwei Pyramiden mit den Inschriften ›Dankbarkeit und Vergnügen‹ transparent illuminiert standen. Man wählte für diesen Abend die besten Stücke von Mozart. Den Eingang machte eine Sinfonie in C, dann spielte Hr. Wittassek, ein sehr hoffnungsvoller junger Böhme, das prächtigste Concert von Mozart in D-Moll auf dem Fortepiano mit ebenso viel Präcision als Gefühl. Darauf sang Böhmens geliebte Sängerin Frau Duschek das himmlische Rondo der Vitellia aus der Opera seria ›la clemenza di Tito‹ von Mozart. Ihre Kunst ist allgemein bekannt; hier begeisterte sie noch die Liebe für den großen Todten und seine gegenwärtige Fr. Witwe, deren warme Freundin sie immer gewesen ist. Den Beschluß machte eine der besten Sinfonien, die es gibt, in D-Dur von Mozart. Die Musik ging sehr gut, obgleich es kritische und meist concertirende Stücke waren: denn es exequirte das Prager Orchester und sie sind von Mozart! Man kann sich vorstellen, wenn man Prags Kunstgefühl und Liebe für Mozart'sche Musik kennt, wie voll der Saal gewesen ist. Mozarts Witwe und Sohn zerflossen in Thränen der Erinnerung an ihren Verlust und des Dankes gegen eine edle Nation. So wurde dieser Abend auf eine schöne Art der Huldigung des Verdienstes und Genies geweiht; es war ein genußreiches Fest für gefühlvolle Herzen – und ein kleiner Zoll für das unnennbare Entzücken, das uns oft Mozarts himmlische Töne entlocken! Von manchem edlen Auge floß eine stille Thräne um den geliebten Mann!« (Mozart Dok. S. 411)

Diese Erhöhung von Komponisten zu Gottheiten, deren Namen, manchmal auch Bilder, im Konzertsaal erscheinen wie sonst Name und Bild Jesu in der Kirche, war im späteren 18. Jahrhundert nichts Ungewöhnliches: Philipp Emanuel Bach hat solche Ehrungen besonders häufig erfahren. Im neuen Gewandhaussaal in Leipzig prangte seit 1781 sein Name, wie im Prager Mozartkonzert von sinnreichen Beiwörtern umringt, im Deckengemälde (vgl. S. 165). Die »Musikalische Societät« in Güstrow feierte 1783 unter einem Denkmal für Bach den Neubau des Orchesterpodiums (vgl. S. 239): »Das Publikum, welches zu einem Concert eingeladen war, ward nicht wenig überrascht da ihm sogleich beym Eintreten im Saal, dieser Gegenstand ins Auge fiel.« (Cramer I/1, S. 557) Dieser »Gegenstand« ist in einer mäßigen Skizze erhalten (a. a. O., gegenüber S. 556) und hat offenbar folgendermaßen ausgesehen: Zwei nebeneinander stehende glatte Säulen, oben abgeschlossen mit knospenartigen Gebilden, die Urnen sein könnten, unten auf großen quaderförmigen Basen ruhend, die Schilder mit den Namen »Haendl« und »Graun« tragen. Diese beiden Säulen stehen etwa um die Hälfte ihrer Länge auseinander und sind am oberen Abschluß durch eine große Wolke verbunden, aus der ein Engel mit weiten Flügeln hervorschaut und mit beiden Händen ein Band hält, auf dem der Name »BACH« steht.

Und im Februar und März 1788 wurde in Wien (ein dreiviertel Jahr vor seinem Tode – wiederum recht ahnungsvoll! –) das Oratorium »Die Auferstehung und Himmelfahrt Christi«

»nach der vortreflichen Composition des unvergleichlichen Hamburger Bachs, bey dem Grafen Johann Esterhazy, von einem Orchester von 86 Personen in Gegenwart und unter Leitung des großen Kenners der Tonkunst, des Freyherrn von Swieten, mit dem allgemeinsten Beyfall aller vornehmen Anwesenden aufgeführt. Der Kayserl. Königl. Capellmeister, Hr. Mozart tactirte und hatte die Partitur, und der Kayserl. Königl. Capellmeister, Hr. Umlauff spielte den Flügel. Die Ausführung war desto vortreflicher, da zwey Hauptproben vorher gegangen waren. In der Aufführung am 4ten März ließ der Hr. Graf das in Kupfer gestochene Bildniß des Hrn. Capellmeist. Bach im Saale herumgehen. Die anwesenden Fürstinnen und Gräfinnen und der ganze sehr glänzende Adel bewunderten den großen Componisten, und es erfolgte ein hohes Vivat, und eine dreyfache, laute Beyfallsbezeugung. Unter den Sängern waren Madam Lange, der Tenorist Adamsberger, der Bassist Saale, 30 Choristen etc.« (Forkel A IV, 1789, S. 121 f)

»Vivat Bach!« und dreimal »Bravo!« rief offenbar das adlige Publikum, offenbar im Chor. Und Mozart, dachte er nicht in Verehrung für den bereits 74jährigen Hamburger an sein Lied, das er vor knapp einem Jahr geschrieben hatte (Juni 1787)? Fühlte er nicht den Westwind über Hamburg streichen?

1. Nachricht von Carl Philipp Emanuel Bach

Die letzte der schon genannten Klaviersammlungen »für Kenner und Liebhaber« (1787) enthält eine Fantasie in B-Dur. Inmitten der recht wilden Kapriolen und Läufe taucht zweimal, bald wieder in Arpeggien verschwimmend, eine Melodie im ¾-Takt auf. Es ist ein Zitat aus einer Klavierpolonaise des älteren Bruders Wilhelm Friedemann. 1786 komponierte Philipp Emanuel seine Fantasie, zwei Jahre vorher war sein Bruder gestorben. Schwer zu entdecken, dieses Denkmal, inmitten des Dickichts der Fantasie!

1787 komponierte Philipp Emanuel seine letzte Fantasie in fis-Moll. »Sehr traurig und ganz langsam« ist die Spielanweisung, der Titel »C. P. E. Bachs Empfindungen«. Wenige Takte vor dem Schluß des langen Stückes geschieht ein plötzlicher Abbruch eines sehr schnellen Teils, dann ein Wiederbeginn in der Tiefe, der langsam absinkt zum tiefsten Fis, dem Schlußton des Stückes. Bach war 73 Jahre alt. Das Stück ist ein instrumentales Requiem auf sich selbst, ein »Memento mori«, wie es etwa hundert Jahre vorher der Klavierkomponist Johann Jakob Froberger schon für seinen eigenen Tod schrieb: »Meditation faicte sur ma mort future« (Meditation, die ich auf meinen zukünftigen Tod geschrieben habe.) Dieser musikalische Grabstein Bachs ist leichter zu entdecken: Er trägt Aufschriften. (Nachweise bei Schleuning, S. 249 f und S. 278 ff)

Die neuen Götter setzen sich in ihren Kunstwerken selbst Denkmäler, die nicht mehr so schnell veralten sollen wie die Stücke der älteren Komponisten, sondern »noch länger halten« werden, wie Philipp Emanuel Bach sagt (vgl. S. 400). »Telemann ... sang alles und sang sich um die Ewigkeit: wird itzt nicht mehr gesungen.« (Reichardt 1782, S. 4) Nun gilt es, Werke zu verfertigen, die potentiell ewig halten und nie veralten. Es kommt die Ideologie vom Komponisten auf, der in selbstvernichtender Arbeit nur wenige Werke schreibt, die zunächst niemand begreift, kaum jemand aufführen will, die dann aber – möglichst nach dem Ende eines aufopferungsvollen, jeder Anerkennung baren Lebens – einen nicht enden wollenden Siegeszug durch alle Länder und Zeiten antreten. Alltagsgeschäft und Auftragsarbeit verblassen natürlich vor solchen Jupiter-Leistungen. »Unsterblich«, das ist das neue höchste Prädikat für Kunstwerke und ihre Autoren.

Der Komponist als Heiliger, als Gott!

»Ursprung und Zweck der Kunst ist heilig: heilig werde sie auch betrieben. Nur da, wo's drauf ankömmt den Menschen über sein schlechteres Selbst, über sein Zeitaltes über diese Erde zu erheben, nur da werde die Kunst angewand ... Alle höhere Kunst entsprang durch Erhebung der menschlichen Seele über das Erdenleben ... Nur der, der sie ganz zu vollenden vermag, werde hinzugelassen; und dessen Wirken wird auch stets heilig, edel seyn.« (Reichardt 1782, S. 7)

»Legende einiger Musikheiligen« (Titel einer Biographien- und Anekdotensammlung von Fr. W. Marpurg, Köln 1786)

Wer nicht »prächtig und donnernd« in seiner Musik ist (wie angeblich Karl Heinrich Graun), gilt wenig (Burney III, 1773, S. 171).

Was ein »praktischer Tonkünstler« 1806 sich von der Musikpflege und ihren humanitären Auswirkungen erhoffte: »eine solche, wenn auch unsichtbare Kirche«, also etwas Vergleichbares zu der alten Kirche, als sie noch herrschte (Allg. Mus. Zeitung 1806, Sp. 645; zit. Preußner, S. 92).

Reichardt sah diese Hoffnung aber bereits erfüllt: »Das Volk hing mit wahrem Religions- und Kunsteifer an seinen Nationalschauspielen«, z.B. auch an der Oper (Berl. mus. Zeitung 1805; zit. Reichardt, Briefe, die Musik betreffend, Leipzig 1976, S. 243).

Und wie das Volk in seinen neuen Gotteshäusern, den Konzertsälen und Opernhäusern, seine neuen Götter anbetete!

Philipp Emanuel, »unser erster Classiker der Tonkunst«
(Frh. v. Eschstruth,
Musicalische Bibliothek,
Marburg u. Gießen 1784, S. 152)

»Seine Seele ist ein unerschöpfliches Meer von Gedanken; und so wie das große Weltmeer den ganzen Erdball umfasset und tausend Ströme ihn durchdringen, so umfaßt und durchströmt Bach den ganzen Umfang und das Innerste der Kunst.«

(Reichardt, Schreiben über die Berlinische Musik, Hamburg 1775; zit. Reichardt, Briefe, die Musik betreffend, Leipzig 1976, S. 72) Das angeblich von Beethoven stammende kalauernde Wort: »Nicht Bach, Meer sollte er heißen!« (bei Beethoven aber auf Johann Sebastian gemünzt) hat also schon alte Vorbilder.

»O! du großer Mann! ... Warum mußtest du, da ich dich kennenlernte, bereits ein so hohes Alter erreicht haben, ich hingegen noch ein bloßes Kind seyn, dessen schwacher Geist die Größe und Erhabenheit des deinigen nicht zu fassen vermochte, nicht zu würdigen verstand? ... Doch wohl dir! Du bist vorausgegangen in das Land der Harmonie, wo dein reiner Geist schon längst einheimisch zu seyn schien, während du noch unter uns warst.« (Dulon 1807, S. 172 f)

»Wunderbar ists, daß ein Mann ... mit Adler Flug so hoch hinan sich schwingen kann ... Ein mahl schon hab ich ... mein Glaubensbekenntniß von ihm abgelegt.« (Carl Ludwig Junker, Betrachtungen über Mahlerey, Ton- und Bildhauerkunst, Basel 1778, S. 115 f; von ihm auch Zitate S. 269) »Einem Riesen muß man es nicht zumuthen, mit Knaben im Sande zu spielen.« Wahr ist es, »daß der wirklich große Mann sich zwar bücken – aber nie zur Zwergheit seiner Zeitgenossen herabwürdigen kann ... Alles Tändeln auf dem Clavicorde, alles süßliche geistentnervende Wesen ... ist seinem Riesengeiste ein Greuel.« (Schubart, Teutsche Chronik 1775; in: C. F. D. Schubarts, des Patrioten, ges. Schriften und Schicksale, Stuttgart 1839, Bd. VI, S. 181 ff; Ideen zu einer Ästhetik der Tonkunst, 1806, S. 178)

»Ich erstaunte selbst darüber, wie sich dieser große Mann so sehr von seiner gewöhnlichen Höhe – die ihm so natürlich ist, wie dem Adler der Flug nahe bey der Sonne – hatte herablassen, und einen leichten uns armen Erdensöhnen so faßlichen Gesang singen können.« (Reichardt 1776, S. 14 und hier S. 277)

»Sonnenflammen der Empfindung« schleudert der »Genius unserer Zeit«, der »Heros der deutschen Musik«, der »Vater unsrer«, nämlich »unsrer deutschen Musiker«. (Cramer I/1783, S. 557)

Joseph, der Unsterbliche

Und wiederum: »Unser Vater«, nämlich »unser Vater Haydn«, für den die englische Nation in der Westminster-Abtei »ein Monument ... errichten ... lassen« will, u.a. »um den Namen Haydn zu verewigen« (Cramer 1784/86, S. 953, 194). Überhaupt stand Haydn im Ansehen der englischen Nation sehr hoch, was nicht nur seine äußerst erfolgreichen Konzertreisen der 1790er Jahre beweisen, sondern auch der folgende Brief, der die Übersendung einer neuen Art von Monument an den Komponisten begleitete:

William Gardiner (Leicester) an Haydn am 10. August 1804
»Sir, – For the many hours of delight which your musical compositions have afforded me, I am emboldened (although a stranger) to beg your acceptance of the enclosed small present, wrought [gewebt] in my factory at Leicester. It is no more than six pairs of cotton stockings, in which is worked that immortal air

> ›God preserve the Emperor Francis‹, with a few other quotations from your great and immortal productions. Let not the sense I have of your genius be measured by the insignificance of the gift; but please do consider it as a mark of the great esteem I bear to him who has imparted so much pleasure und delight to the musical world.
>
> I am, dear Sir, with profound respect, your most humble servant,
>
> William Gardiner.« (Haydn Dok. 353)

Wie mögen die Noten eingewebt gewesen sein? So, daß Haydn sie lesen konnte, wenn er seine bestrumpften Beine hinabblickte? Oder so, daß er sie lesen konnte, wenn er in den Spiegel blickte? Oder so, daß er sie nur dann richtig lesen konnte, wenn er die Strümpfe in der Hand hielt?

Ich hoffe, daß nicht zu viele Lesende bei diesem Brief nur lachen. Dieser Industrielle wollte Haydn nicht einfach einen begeisterten Brief schreiben – vielleicht hätte er das auch gar nicht gekonnt –, sondern er wollte ihm mit seinen Möglichkeiten etwas leiblich Gutes tun, so als wenn man praktische Geräte oder Feldfrüchte vor den Altar legt, seiner Hände sterbliche Arbeit (bei einem Industriellen?) zum Dank für die »unsterblichen Schöpfungen«.

Und der Gott schützte seine Verehrer: Angeblich stürzte in einem Haydn-Konzert gerade zu dem Zeitpunkt ein Leuchter in den Saal, als das Publikum nach vorne gestürzt war, um den Meister zu sehen, der bei Aufführung einer Sinfonie leibhaftig auf dem Podium erschien. Die Sinfonie hieß ab da »Le Miracle«, das Wunder.

Georg Friedrich, der Gott der großen Masse

> »Man hat die Bemerkung machen wollen, daß große Komponisten oft starke Esser sind; man nennt in dieser Rücksicht Händel, ... Gluck und Bach und erklärt es aus dem großen Aufwand von Lebensgeistern, den ein solcher Mann beim Setzen oder Aufführen seiner Werke macht.« (Schlichtegroll, S. 24 f)

»Vom Oktober 1758 an nahm seine Gesundheit merklich ab, und die Lust zu essen, die sonst sehr stark bey ihm gewesen war, verließ ihn ... Am sechsten April 1759 wurde sein letztes Oratorium aufgeführt, wobey er gegenwärtig war; und den vierzehnten starb er. Den zwanzigsten wurde er in der Westmünster Abtey begraben, wo er ihm, auf seine Kosten, ein Denkmal zu errichten verordnet hat.« (Hiller 1770, S. 398)

Jedoch mußte er nicht allein für sein Denkmal sorgen.

Mai 1784: Händel-Festival anläßlich des 25. Todestages, u.a. in Westminster Abbey (Bericht Cramer 1784, S. 162 ff: Ein Deutscher wird geehrt, daher die Ausführlichkeit),

»... wobey das Orchester gewiß stärker und zahlreicher werden wird, als man bisher in der Geschichte der Music ein Beyspiel hat. Da man alle hiesige Diletanten öffentlich aufgefordert hat, zur Verherrlichung dieses Festes das Ihrige beyzutragen, so hatten sich bereits bis zum 25sten März dazu gemeldet: 96 Violinen, 33 Bratschen, 30 Violoncells, 20 Contrebässe, 30 Oboen, 28 Bassons, 14 Trompeten, 12 Waldhörner und 5 Paar Pauken, welches zusammen 268 Instrumente machte ... Man glaubt, daß wegen des morgenden Concerts kein Levee bey Hofe statt finden solle. Das Orchester, welches diese Music aufführen wird, hat sich bereits bis auf 350 Spieler vermehrt, und mit den Sängern wird es bey nahe 500 Personen ausmachen. Die neue Orgel im Pantheon ist mit einem durchscheinenden Portrait von Händel geziert ... Dasjenige, was in der Westminster Abtey und in dem Pantheon zu dieser Music gebauet worden, kostet über 1600 Pf. St. aber man erwartet auch eine Einnahme von wenigstens 50000 Thalern ... Die Liebhaber, welche freywillig mitspielen, erhalten silberne, und diejenigen, welche vorzüglich zu dieser Unternehmung beschäftigt gewesen, goldene Medaillen, welche ausdrücklich zu diesem Ende geprägt werden. Herr Doctor Burney wählt die aufzuführenden Stücke; alle von Händels Composition. Die Musik des 2ten Tages wird im Pantheon aufgeführt werden; das Jubiläum soll überhaupt 4 Tage dauern, und mit dem Messias geschlossen werden ... Die Begierde, diese neue Szene zu sehen, war so außerordentlich, daß alle Billets zum Eingehen in die Abtey gar bald verkauft wurden, obgleich jedes eine Guinee kostete, und sicher über 4000 waren. Die Anstalten, eine so große Menge Menschen in der Abtey mit Sitzen zu versehen, die Errichtung einer Gallerie für den König und die Königl. Familie, die Einrichtung eines Orchesters für 268 Musiker und 245 Sänger, machten der Erfindung, dem Geschmack und der Kunst des Architecten Wyats Ehre ... Nichts destoweniger blieben an die 300 zurück, die nicht einkommen konnten ... Die Stille, die unter den Zuhörern herrschte, war beynahe wie die feierliche Stille der Todten, über deren Gebeine ihre Sitze errichtet waren ... man sagt, der König und die Königinn haben daran ein so großes Vergnügen gefunden, daß der König Befehl ertheilt, die Gerüste noch nicht abzubrechen, weil die Feyerlichkeit am Mittewochen in nächster Woche noch einmal soll wiederholt werden ... Man rechnet, daß vorgestern in der Westminster Abtey wenigstens 4500 Personen gegenwärtig gewesen. Zwey Drittel derselben waren Damen ... Man rechnet, daß mit der vierten [Jubelfeier], die noch am Donnerstage gehalten wird, an die 25000 Billette, jedes zu einer Guinee, sind verkauft worden. Ja, die Begierde darnach, war bey einigen so groß, daß Tages zuvor, ehe die Music aufgeführt wurde, 4 bis 5 Guinees für ein Billet sind geboten und bezahlt worden ... Nach Abzug der Unkosten und 1412 Pf. Sterl. für das Westminster Hospital ist der Ueberrest in einen Fond, zur Unterhaltung verarmter und verdienter Musiker unter dem Patronate des Königs verwandelt worden, und zur Ehre dieses musikalischen Festes ist eine weisse Marmortafel ... über Händels Monument in der Westmünster Abtey aufgehängt.«

Zu welchen Anlässen wurden in der Zeit davor solche großen, mit Musik ausgestatteten Feste begangen? Immer zu politischen Anlässen: Fürstengeburten und -hochzeiten, Inthronisationen, Ratswahlen, Friedensschlüssen oder Stiftungsfesten, Siegen oder Fürstentreffen. Aber niemals vorher ging es um einen bestimmten Komponisten und seine Musik. Sicherlich schwang in der großen Händelfeier auch eine Selbsterhöhung nationaler, typisch englischer Volksliberalität mit, die auf musikalischer Ebene bereits seit 1724 in regelmäßig gefeierten Chorfesten zum Ausdruck kam, in Deutschland erst Anfang des 19. Jahrhunderts mit den nationalen Musikfesten beantwortet wurde. Vor allem aber zeigt sich im Händel-Fest der Sieg der bürgerlichen Revolution: Der König und die Bürger feiern Händel, nicht mehr Händel den königlichen Regierungsantritt (Wassermusik, 1717) oder den Sieg der königlichen Armee (Utrechter Te Deum, 1713).

1785 fand in London eine »wiederholte Aufführung der musikalischen Stücke, welche letztes Jahr schon zum Andenken unseres unsterblichen Händels ... aufgeführt wurden«, statt: »Etwas Größeres läßt sich in der ganzen Welt nicht sehen.« (Cramer 1784/86, S. 734 ff) Diesmal war der Andrang noch heftiger:

> »Als die Music schon angefangen hatte, schlug eine Menge galanter Herren und Damen, die nicht mehr herein konnten, und doch bezahlt hatten, die Bretterwand ein, welche grade unter der Loge des Königs war. Der Lärm war stark, es ward ihnen aber nicht gewehrt, und der König erkundigte sich bloß, was es wäre.« Die uns schon bekannte Madame Mara sang wie schon im letzten Jahr mit. Der Erlös ging wieder an Krankenhäuser und in die »Unterstützung des Fonds für abgelebte Künstler«, d. h. eine Witwen- und Waisenkasse.

(Haydn erlebte 1791 in London solch ein einwöchiges Händelfest und hat dabei offenbar starke Eindrücke für seine späteren Oratorien gewonnen.)

Und siehe da, wiederum war Johann Adam Hiller an einer modernen, bürgerlichen Aktion beteiligt: Er leitete 1786 eine ähnliche Massenaufführung des Händelschen »Messias« in Berlin. (Cramer 1784/86, S. 974 ff) Inzwischen war er nicht mehr in Leipzig tätig, sondern Kapellmeister des Herzogs von Kurland.

Das Orchester war 188 Spieler stark, im Chor sangen über 100 Menschen. Die Hofkapelle des Prinzen von Preußen und »eine große Anzahl braver Dilettanten von hohem und geringem Stande« vereinigte sich bei der Aufführung. »Das Chor: Hallelujah! ward wegen seiner vortrefflichen Wirkung auf hohen Befehl wiederholt.« Die Nettoeinnahme von 1111 Reichstalern wurden zum größeren Teil »zur Versorgung armer Wittwen und Waisen verstorbner Musiker zinsbar niedergelegt«, zum kleineren Teil »an bedürftige musikalische Familien sogleich vertheilt.«

Diese Verehrung für Händel war neben der Pflege der Haydnschen Oratorien und der Wiederentdeckung J. S. Bachs in Zelters Singakademie (Berlin) die musikalische Wiege der großen deutschen Chorbewegung des 19. Jahrhunderts (vgl. S. 482 ff).

Christoph Willibald,

> »ein eben so fürchterlicher Mann, als Händel zu seyn pflegte: ein wahrer Dragoner, vor dem sich jedermann fürchtet« (Burney Bd. II. 1773, S. 188; Einzelheiten s. hier S. 426 f).

Im November 1789 wurde vom Kasseler Liebhaberkonzert der zweite Todestag Glucks gefeiert (Bossler 1790, Sp. 86). Die zwei-»aktige« Veranstaltung ließ sieben Stücke aus Glucks Opern erschallen. Jedoch wurde nach der

Anfangs-Ouvertüre aus »Alceste« ein Stück des heute leider fast unbekannten Komponisten Ignaz von Beecke aufgeführt, der Gluck gekannt hatte. (Könnte sich nicht einmal jemand intensiv und populär um diese vergessenen großartigen »Sturm und Drang«-Komponisten kümmern wie Beecke, Joseph Martin Kraus und Johann Schobert?) Das Stück hieß »Musikalische Apotheose des Ritter Gluk« (Text Bossler 1789, Sp. 23 f). Es gipfelte in dem Chor:

> »Er wallt dahin von dieser Erde
> Hin zur Unsterblichkeit,
> Auf daß er ganz ein Engel werde
> In Zions Herrlichkeit.
> Verklärt wie er, hängt seine Leyer
> An Gottes Thron empor.
> Heil Dir! singt ihm in ew'ger Feyer
> Der Himmelsschaaren Chor.«

Leider ist nicht überliefert, ob die Saalausstattung wieder so prachtvoll war wie zum Fastenkonzert ein halbes Jahr vorher (vgl. S. 114). Hoffen wir, daß die allgemeine Hingabe an den sterblichen Unsterblichen die Zuhörer und die Sängerin, das »ältere Fräulein d'Aubigny«, nicht daran gehindert haben, die bildlichen Schwächen zu bemerken, die das Reimwort »empor« hervorruft.

Alternativvorschlag:

> . . .
> Verkläre wie er, hängt seine Leyer
> An Gottes Thron herab.
> Heil Dir! bringt ihn in ew'ger Feyer
> Der Himmelchor auf Trab.
> (oder: Der Chor, und nicht zu knapp!)

»Die Musik in den Händen des Mannes . . ., der mit dem Geiste des Dichters setzet, und da, wo dem musikalischen Handwerker von dem gemeinen Regeln Fessel anlegt sind [so!], diese Fessel zerbricht, sich über die Regeln hinweg schwingt, und mit der Freyheit des Genies selbst Regel und Muster wird; in den Händen eines solchen Mannes muß die Musik Wunderwerke thun.« (Hiller 1768, S. 127)

Die Regeln der Aufklärer gelten also nur für »Hans Omnis« (s. S. 340).

»O, daß wir ihn nicht verkennten! den Mann, der im Stande ist, der hohen Muse Klopstocks Flug zu halten – dessen Urkraft im Kleinsten, was es giebt, alles zu dem Punkte, wohin ers haben will, mit sich fortreißt, wenn sie ausströmt. Und doch kommen arme – arme Geschöpfe, derer Magen nichts als Spinat vertragen kann – nennens Bergmannsgesang – abscheulich – und urtheilen über des grossen Schöpfers Füße, und setzen ein Liedlein, das neben seinem paradirt, wie eine Katze neben einem Elephanten.« (Kraus 1777, S. 82)

Einer dieser musikalischen Popeyes war Forkel, der Glucks Rückführung der Arienmelodik auf eine neuartige, volksliedähnliche Einfachheit und die gesamte Konzeption der neuen Operndramatik mit Vehemenz als Sieg der Unvernunft und des lauten Pöbels brandmarkte (B I, 1778; A IV, 1789, Vorrede, S. VIIf).

Genie und Befreiung:

Ich bin mein eigener Herrscher!

> Schubart zum Maler Müller 1776: »Schau, Müller, Gott ist's größte Genie, und hat doch alles nach Maß, Zahl und Gewicht so weislich geordnet. Genies sind sichtbare Gottheiten.« (Oskar Walzel, Das Prometheussymbol von Shaftesbury bis Goethe, München 1932, S. 25)

Daß die Nachahmungslehre schon zu Zeiten ihrer Herrschaft nicht bruchlos und ohne Kritik war, haben im entsprechenden Abschnitt der Darstellung einige Zitate belegt. Und ebenso hat es lange vor dem 18. Jahrhundert und dann speziell auch zu Beginn des Jahrhunderts Vorstellungen von den Vorzügen irrationaler Produktion und der Gottähnlichkeit des Künstlers gegeben. Die Franzosen Bouhours, Crousaz (teilweise übers. bei Forkel 1778) und Dubos, letztere 1715 und 1719, vertraten bereits positive Meinungen zum Einfluß des Unklaren, des Zufalls und der Ausnahme, die Schweizer Bodmer und Breitinger in den zwanziger Jahren und vor allem Engländer wie Addison und Shaftesbury vertraten in der Auseinandersetzung darüber, wie das spontane Geschmacks- und das bedachte Vernunfturteil im Hinblick auf allgemeine Schönheitsregeln zusammenwirken und zusammenstimmen sollen, einen freieren, die Aktivität des einzelnen hervorhebenden Standpunkt (vgl. Alfred Baeumler, Das Irrationalitätsprinzip in der Ästhetik und Logik des 18. Jahrhunderts bis zur Kritik der Urteilskraft, Halle 1923).

Augenfällige Korrespondenzen zu diesen ästhetischen Auseinandersetzungen und Fortbewegungen waren in der Lockerung des Umgangs mit den Gefühlen, auch den Hörgefühlen, zu beobachten, eine Konzentrierung auf die Erhöhung und Selbstbeobachtung des Gefühlslebens. »Empfindsamkeit« wird häufig diese erste Ausbruchsbewegung aus den Vernunftfesseln genannt, eine feinfühlige Privatisierung und Anbetung starker, oft geradezu absichtlich herbeigeführter und kultivierter Schmerz- und Seeligkeitsgefühle.

»Leser, bist du noch nicht verwöhnt vom Schellenklange des Rondos; so komm, bring dein Ohr und dein Herz mit; ich will dir dies Stabat mater auf dem Clavier vorspielen. Nur zwey mittelmäßige Menschen Stimmen sollen drein singen; und du mußt von Stein seyn, oder ein Zährchen, so süß, als du jemals eins weintest, wird dir im Augenwinkel zittern,« schreibt Schubart über Pergolesis »Stabat Mater« (Deutsche Chronik auf das Jahr 1774, Augsburg, S. 510; verblüffende Beispiele dieses Tränenkultes bei Balet, S. 306 ff).

Brief- und Tagebuchform werden zum verbreiteten Mittel, intimste Gefühle und private »Herzensergießungen« zu beflügeln. Cramer kündigt den 2. Band seines »Magazins der Musik« (1784) im Vorbericht als eine Art Tagebuch an. Diese Kultivierung der Subjektivität (Balet, S. 180 ff) äußert sich auch im Hang, sich musizierend zu kleinen, von Gefühlen geschüttelten Gruppen zusammenzufinden (vgl. S. 401).

Aus dieser Gefühlsbewegung, aber auch im Gegensatz zu ihr – »Weichlinge!« – entwickelt sich, stets in Auseinandersetzung und Bedrängung mit der keineswegs vernichteten Aufklärung, die Genie-Bewegung etwa von den späten 60er bis in die 80er Jahre.

»Genialisches Feuer«, »Ergießungen der Leidenschaften«, »Enthusiasmus«! Solche Begriffe waren der ärgste Feind der rationalistischen Anschauung und brachten sie schließlich auch zu Fall. Weit stärker als das Eindringen der südländischen Sinnenfreude war es dieser feurige Irrationalismus und Individualismus, der die Vernunftkontrolle und das soziale Gewissen der anfänglichen Erhebung ins Schwimmen brachte.

»Man entdeckte, erfand immer mehr … und brachte endlich die Sache des Gefühls in – ein Sistem … Nun – kommt ein Mann, der wünscht, daß man die Theorie der Musik aus dem Gesichtspunkte des Geschmacks betrachten möchte: behandelt die Musik, wie die Kolossalgrösse, und schreibt eine Tonkunst, wie ein – Kochbuch, worinn allen Liebhabern und Kennern offenherzig alle kleine Vortheile, Pasteten, Frikassen, süß und piquant ad libitum in aller Kürze zu machen, deutlich gezeigt und vorgelegt werden … Aber die Musik nicht mehr aus dem Standpunkt als Handwerk so gut wie Blaufärberei betrachtet – angenommen für das, was sie ist: Was soll das heissen? ›Zorn ist die baßartigste, Liebe die diskantartigste Leidenschaft. Stolz ist vielleicht Tenor – Traurigkeit Altartig.‹ Was will das heißen: ›Thema für die Leidenschaft des Zorns: Singbaren Satz; in der Taktbewegung ¢ mit Herrschung des Basses in Dur; – oder simple Anfangsvorstellung durch Einklang. Bei der Leidenschaft des Stolzes ist das Taktmaaß C oder ¾, und die Bewegung desselben, allegro: Bei der Leidenschaft der Liebe ist die Diskantstimme herrschend, das Taktmaaß am besten ¾ oder auch ¾‹ usw. Was soll das heissen? Sachen, die ihrer Mannichfaltigkeit wegen in aller Welt sich nicht bestimmen lassen können, auch nur in soweit, als wir gekommen sind, in so ein Tabellchen zu bringen? Was das für eine Nation seyn muß, die in einem Odem, in ebendemselben Tone von dem und dem spricht, als wäre Dreschen und Komponieren einerlei. Just so, als wenn ich sagte und bestimmte: Der Hexameter ist für das, der Trochäus für das, der Spondeus für jenes. – Rezeptchen für Leidenschaften!« (Kraus 1777, S. 4, 13 f, 21 f)

Tatsächlich, das war ja gerade die Absicht der Rationalisten gewesen!

Wie hatte noch der alte Batteux gesagt?

»Das Genie ist nicht ... ein heftiges Feuer, welches die Seele aus sich selbst reißt, und sie auf gut Glück mit sich hinweg führt. Es ist keine blinde Gewalt, die maschinenmäßig wirkt. Es ist eine Vernunft, die alle ihre Kunst an einer Materie beweist, die mit großem Fleiße alle ihre wirklichen und alle ihre möglichen Seiten aufsucht, die ihre feinsten Theile methodisch zergliedert, ihre entferntesten Verhältnisse genau abmißt; es ist ein denkendes Instrument, welches nachgräbt, forscht, fühlt. Seine Verrichtung besteht nicht darinn, daß es erdichten soll, was nicht seyn kann, sondern daß es findet, was da ist ... Das Genie muß also etwas haben, woran es sich halten kann, wenn es sich erheben und aufrecht erhalten soll. Und dieses ist die Natur. Der Künstler selbst darf sie nicht schaffen, er darf sie auch nicht vernichten; er kann also weiter nichts thun, als ihr folgen und sie nachahmen; und also ist seine ganze Kunst die Nachahmung.« (Übersetzung in Marpurg 1760, S. 24 f)

Mitnichten!

»Sein [Jommellis] Feuer war für den kalten Theoretiker ein verzehrendes Feuer, daher waren die damaligen Urtheile einiger gefrornen Kunstrichter über ihn gleich der Kritik der kalten, rotzigen Schnecke über den Sonnenflug des Adlers.« (Schubart's Leben und Gesinnungen von ihm selbst im Kerker aufgesetzt, 1791, Kap. V; nach Schubarts, des Patrioten, gesammelte Schriften und Schicksale, Stuttgart 1839, Bd. I, S. 91)

Das Genie schafft nur nach seinem eigenen Maßstab wie Gott selbst. Es ist vorbei mit der ruhigen Betrachtung und Kritik, denn die Natur als äußeres Vorbild ist nicht mehr der objektivierende Leitstern:

»Glunk (!) wurde das, was er ist, nur durch sich selbst. Gewöhnliches Schicksaal, des Original Genies. Blos durch den Antrieb seiner großen Seele, und seines Feuer Genies, schwang er sich, ohne Aufmunterung, auf die Höhe, wo er jezt steht.« (Carl Ludwig Junker, Betrachtungen über Mahlerey, Ton- und Bildhauerkunst, Basel 1778, S. 111 f)

Das ist schon nicht mehr Telemanns Bildungsmethode, ohne geregelte Lehre die Natur als Lehrmeisterin zu nehmen. Nun ist man selbst, aus sich heraus, sein eigenes Vorbild. Der Musiker ist, »wenn er das Gewöhnliche nicht nachleyert, mehr Schöpfer, als irgend ein andrer Künstler« (Wilhelm Heinse, Hildegard von Hohenthal, 1794; GA, hg. v. C. Schüddekopf, Bd. V, 1903, S. 238).

»Man hat schon oft die Bemerkung gemacht, daß wir die schönsten, und dem menschlichen Geiste rühmlichsten Erfindungen weder dem tiefen Nachsinnen, noch dem mühsamen Untersuchen gelehrter Männer zu verdanken haben; wir müssen sie vielmehr einer Art von Instinct, oder, besser zu sagen, dem bloßen Zufalle zuschreiben. Diese Bemerkung findet sich nie richtiger, als wenn man sie auf die schönen Künste anwendet. Die, die sie zuerst erfanden und mit Glück ausübten, wurden von einem Innern Gefühle geleitet, wovon sie selbst keine andern, als dunkle Begriffe hatten. Sie gehorchten dem Triebe des Genies, eines Genies, das man den Instinct zu großen Dingen nennen kann. Nie sind die Regeln eher entstanden als die Beyspiele; die Vernunft hat auch nie dem Genie voraus gesagt, was es machen soll. Dieses arbeitet blos unter der Leitung des Gefühls ...« (Hiller 1781, S. 1 f)

Das ist allerdings, vor allem bei einer Schrift, die in Norddeutschland erschien, ein Schlag gegen die Tradition! Der Komponist richtet sich nach nichts mehr außer nach sich selbst.

»Er hat sich ... ganz seinem Genie überlassen, ohne auf diesen oder jenen Umstand Rücksicht zu nehmen.« (über C. P. E. Bachs Oratorium »Auferstehung und Himmelfahrt Jesu«; Cramer 1784, S. 257)

»Solange der Tonkünstler kein höheres Ziel kennt als das Vergnügen seines Publikums, so sind es bloß die Eigenschaften dieses Publikums, die ihn in der Wahl und Behandlung seines Stoffes bestimmen. Bald wird er durch schmetterndes Geräusch erschüttern, bald zärtere Nerven durch schmelzende Töne reizen, bald einen Zuhörer der mehr denkt als empfindet, durch künstliche Zusammenstellungen und kühne Übergänge beschäftigen. Ihm ist die Musik bloß angenehme Kunst; davon, daß sie etwas mehr seyn könne, hat er keinen Begriff. Mit dem Eintritte hingegen in das Reich der Schönheit unterwirft sich auch der Tonkünstler ganz andern Gesetzen. Befreit von aller äußern Herrschaft der Vorurtheile, Moden und Launen seines Zeitalters wird er desto strenger gegen sich selbst, und sein einziges Bestreben ist, seinen Werken einen unabhängigen, selbständigen Werth zu geben.«
(Christian Gottfried Körner, Über Charakterdarstellung in der Musik; Beginn des Textes; Quellenangabe s. S. 218f)

»Eigentlich arbeitet er [der wahre Künstler] auch nicht für diesen Kenner, sondern für sich; die Idee, die in ihm liegt, die ihn treibt und beseligt, sie darzustellen, ist seine Sorge, sie dargestellt zu haben, sein Lohn. Vorschreiben will Er der Menge nicht; und noch weniger dem Urtheil des Kenners gebieten, und durch ein Postulat ›So soll es seyn!‹ ihm den Mund stopfen; er benähme ja damit jeder freien Stimme die Luft, und entzöge sich selbst alle belehrende Aufmunterung. Ein Tyrann des Geschmacks ist (das wissen wir alle) die albernste Figur, die je die Sonne beschienen.«
(Johann Gottfried Herder, Kalligone, 1800; Ort und Quelle s. S. 454)

Ein geistiger Stammvater dieser Rebellion gegen die Vernunftlehre war der Engländer Edward Young. »Regeln sind Krücken für die Lahmen«, formulierte er 1759, »alles Vortreffliche und Außerordentliche liegt außer dem betretenen Wege. Ausschweifung und Abweichung sind notwendig, wenn man dasselbe erreichen will. Je weiter euer Pfad von der Heerstraße abgehet, desto rühmlicher ist es für euch«. Und bereits 1728 beschrieb er den Unterschied zwischen Nachahmer und Originalgenie (Albert Köster, Die deutsche Literatur der Aufklärungszeit, Heidelberg 1925, S. 256ff).

In Deutschland wirkten diese Lehren mächtig:

Hamann 1763:

»Ein Genie muß sich herablassen, Regeln zu erschüttern.« (Köster, S. 260)

Schubart 1775:

»Laß einen Feuerkopf abgekühlt seyn, er wird dir das schlechteste Zeug rausschwätzen; heiß aber schreibt er, wie'n Engel. Daher kömmt die erstaunenswürdige Ungleichheit in den Produkten des Genies. Der philosophische Kopf aber ist immer heiter und ruhig; die Gedanken gleiten auf seiner Seele so sanft, wie ein Nachen auf der Donau im schönsten Sommertage. Freylich scheitert er im Sturme.« (Deutsche Chronik, 20. 7. 75, vgl. Köster, S. 266)

Und der Sturm war das Idealbild dieser Aufrührer, die Nacht, die Düsterkeit, die wilde Landschaft und die graue Vorzeit! Die »Edda« (1765) wurde ebenso bekannt wie das vermeintlich echte Bardenlied »Ossian« (1764 deutsch), woran sich viele orientierten (1767 Klopstocks »Hermannschlacht«). Goethes Briefroman »Werther« erschien im Zentrum des »Sturm und Drang«-Jahrzehnts, 1774, von Lessing mißbilligt (Balet, S. 294; Hauser, S. 629), Schillers »Räuber« und die anderen Frühdramen Anfang der 80er Jahre.

Die Sprache dieser Werke wie auch der Äußerungen anderer »Genies« war zerrissen, wüst, in der Pose des Kraftmenschen, der von Gedanken und Schöpfung so voll ist, daß er keine Sätze bilden, nichts Regelhaftes äußern kann, nur halbe Flüche stammelt, Ausrufe ausstößt:

»O komm – komm du, dessen Sprache Seele und Kraft ist – der mit einem Blicke zu einem Bilde ganze Welten durchläuft – mir den Odem benimmt, wenn er allmählig tief aus dem Innersten die verborgensten – nie gesehenen Bilder herauf – mit vor meine Seele zaubert – mich auf dem Sturme mit sich fortschleudert, wenn er raßt und mich hinwirft, daß Wälder und Klipp' und Sterne um mich rumtaumeln – dann mir auf die Brust kniet und's Innerste hinauf bis an die Augen treibt – der aus mir machen kann, was er will – Gott, Held, Teufel und Furie – O mein Müller – nimm meine Seele und schüttel sie, daß sie wieder munter wird. Ihr – die ihr noch Kraft in euch fühlt, einen grossen göttlichen Funken außer euch zu denken – die ihr Trieb fühlt, euch ihm zu nähern und euch dran zu erwärmen – leßt eine Seite aus seinem Tod Abels – eine einzige aus Faust ... Daß so ein Mann – daß Müller verkannt werden kann – Ha!« (Kraus 1777, S. 62; Maler Müller ist eine Symbolfigur der »Sturm und Drang«-Dichtung.)

Der Rationalist Forkel rückt »zur Ergötzlichkeit unserer Leser« ein Zitat aus dem Vorwort der Sammlung »Wonneklang und Gesang für Liebhaber – auch Anfanger des Claviers« von Johann Adrian Junghanß (1. Sammlung, Arnstadt und Einbeck 1783) in seine Rezension des Werkes ein (Forkel A III, S. 22):

»Gläubige – oder Ungläubige! Dis – dis soll er seyn – der Wonneklang und
Gesang! – Nehmt'n hin! – Schmeckt'n! –– und dann urteilt: – ›das gestohlne
Brod schmeckt w–!‹ Urteilt was ihr wollt! – Weder Lob noch Tadel werden meine
Musik aus den Gränzen der ihr eigen gewordenen Natur entführen.«

Ebenso wie der Komponist und sein Produkt nur noch sich selbst verantwortlich sind als Schöpfer und Geschöpf, ist auch die Reaktion des Publikums
weder genau nach vernunftmäßigen Regeln zu lehren, noch durch die Arbeit
des Komponisten auf der Basis der Verstandestätigkeit lenkbar.

»Das heftige Feuer, so durch das Werk flammt, kann ich Ihnen gar nicht mit
Worten beschreiben; Ich wurde zuweilen bis zur Wuth erhitzt; und der Ausdruck
des Schmerzes und der Klage war eben so heftig und stark.« (Reichardt 1774,
S. 124, über eine C. P. E. Bachsche Passionsmusik)
    »Will ich eine Sonate von Bach vortragen, so muß ich mich ganz in den Geist
dieses großen Mannes versenken, daß meine Ichheit verschwindet und Bachisches
Idiom wird.« (Schubart, Vom musikalischen Ausdruck, 1782 zit. nach R. Steglich,
K. Ph. E. Bach u. d. Dresdner Kreuzkantor Homilius im Musikleben ihrer Zeit ...,
Bach-Jahrbuch 1915, S. 83)

Die Gefühle werden dunkel und unbestimmbar. Traum, Wahnsinn und Nacht,
Tod und Irren werden bevorzugte Themen, teilweise auch innerhalb der
Musik (vgl. Schleuning, S. 172 ff), der vormals als regellos kritisierte Shake-
speare wird wiederentdeckt (Balet, S. 454 ff).

»In Deutschland stellt W. v. Gerstenberg schon 1766/7 fest (Briefe über Merkwürdig-
keiten der Literatur), was die galante Epoche verneint hatte, daß nämlich dunkle
Affekte wie Haß, Rache, Verzweiflung Gesang werden könnten.« (Rudolf Schäfke,
Gesch. der Musikästhetik in Umrissen, 1934, S. 323)

Die überschaubare, helle Klarheit und Einfachheit ist nicht mehr das Non-
plusultra. Im Extrem kann es zu Äußerungen kommen wie der folgenden, die
die enge Verbindung zur Frühromantik deutlich macht:

»Die Sonne löscht alle Freuden der Nacht aus, wie die schönen Sterne, so die
süßen Melodien und Harmonien der Phantasie, und die stärksten Gefühle der
Vergangenheit und Zukunft. Die Nacht hat etwas Zauberisches, was kein Tag hat;
so etwas Grenzenloses, Inniges, Seliges. Das Mechanische der Zeitlichkeit, das
einen spannt und festhält, weicht so sanft zurück, und man schwimmt und
schwebt, ohne Anstoß, auf Momente im ewigen Leben.« (Heinse, Hildegard von
Hohenthal, 1794, zit. nach der genannten GA, Bd. V, S. 5)

Der Schöpfer, der die Hörer dorthin führt, muß immer etwas Außerordent-
liches schaffen, um die unerhörte Wirkung zu erzielen. Galanter Geschmack
und leichtes Mittelmaß reichen nicht mehr aus, Nachahmung der Natur und
berühmter Vorbilder auch nicht. Man muß immer etwas Neues hervorbringen, da es ja aus einem selbst kommt, scheinbar ohne äußeres Vorbild: Man

muß aus sich heraus schöpfen (Genie sein), und zwar immer etwas Neues und Eigenartiges (etwas Originales), kurz man muß Original-Genie sein.

> »Man erkennt [C. P. E.] Bachs Original-Geist an allen seinen Werken, auch an den kleinsten Stücken; alle tragen den Stempel der Originalität; und alle sind unter hundert andern Stücken kenntlich, wiewohl in jedem Erfindung und Neuheit ist ... so passend und stark, und dabey neu, daß dieses als ein besonderer und untrüglicher Beweis für das Originalgenie des Herrn Bach gelten kann; wie er nemlich seine neuen und fremden Gedanken nicht mühsam sucht und weit herholt, sondern wie sie von selbst aus seiner Seele entspringen.« (Reichardt 1774, S. 111, S. 121)

Diese Ideologie ist eine Begleiterscheinung und ein Werbemittel auf dem Konkurrenzmarkt, zugleich den Zwang zur ständigen Neuartigkeit und den Hang zum Markenartikel auf dem Gebiet der Musik entwickelnd. Die Gegenüberstellung zweier Zitate über Johann Christian Bach und Ernst Wilhelm Wolf (Weimar) soll eine Hilfe geben, die Inhalte der Genie-Zeit auch als Ausprägungen der neuen Probleme auf dem anonymen Warenmarkt zu erkennen:

> »Wenn doch Herr J. C. Bach in London, der Original seyn könnte, wenn er wollte, in seinen Clavier-Sonaten mehr original wäre! Noch immer finden wir, daß seine vor einigen Jahren herausgegebene Sonaten ... alle diejenigen weit übertreffen, die er seit dieser Zeit mit Begleitung einer Violine herausgegeben hat. Zwar gehören die gegenwärtigen nicht zu seinen schlechtesten Werken, aber man findet doch in selbigen viele Gedanken, die er schon in seinen vorigen Sonaten angebracht hat, ob wir gleich gestehen müssen, daß sie uns weit besser gefallen, als diejenige Sammlung, die vor dieser herausgekommen ist.« (Cramer 1783, S. 85)

> »Man weiß, daß er in seinen ersten Arbeiten einer der besten Nachahmer der Bachischen Claviermanier war. Auf einmal fieng er an, davon abzuweichen. Als ich über die glückliche Änderung seiner Manier mit ihm sprach, sagte er mir sehr naiv: ›Ich habe lange geglaubt, es gäbe nichts höheres in der Welt als Bach; und ein Clavierkomponist könne und müsse auch nichts anders denken, als ihm nachzuahmen. Nun ist aber hier zu Lande seit Göthens Ankunft alles original geworden. Da dacht ich, du mußt doch auch suchen, original zu seyn.‹« (Reichardt, Berliner Archiv der Zeit 1795, Nr. II, S. 162, bei J. Chr. Koch, Journal der Tonkunst, S. 2, zit. Steglich, K. Ph. E. Bach und der Dresdner Kreuzkantor..., S. 142, Anm. 117)

Es ist sicher aufgefallen, daß häufig in diesem Buch, nun auch bei den »Genies« die Bemühungen der rationalistischen Ästhetiker und Musikschriftsteller etwas parteiisch kritisiert wurden: Mit der immer wieder ausgesprochenen und nirgends zu übersehenden Absicht dieser Männer, das Publikum und die Komponisten sollten sich Vernunft und kritische Urteilskraft zur Richtschnur ihres Umgangs mit Musik machen, ging auch eine im schlimmsten Falle lustfeindliche Disziplinierung der sich gerade erst ihrer neuen Freiheiten und Möglichkeiten bewußt werdenden Bürger einher. In dieser Funktion waren tatsächlich die Rationalisten so etwas wie Spielverderber und

Moralapostel. Das stellten viele der immer wieder ermahnten Bürgerlichen fest und äußerten es z.T. auch etwas mißvergnügt.

Was die Schriftsteller aber dennoch auszeichnet, auch wenn sie darin oft zu weit zu gehen scheinen, ist die Tatsache, daß sie sich nicht einfach mit der Erscheinungswelt als einer unabänderlichen und letztlich unerklärlichen Tatsache abfanden, sondern immer wieder und immer stärker auf Beweisbarkeit und Nachprüfbarkeit der Produktionen und Sinnesurteile bestanden. Und das hat einen eminent sozialen Effekt: Durch die gesamte bisherige Darstellung der Aktivität der Aufklärer zog sich die Forderung, daß einerseits die Kunstproduktion allen im Publikum verständlich zu sein habe – gegen spezialistischen Höhenflug! – und daß andererseits die Qualität der Produkte das Publikum zu belehren und nicht in dumpfer Sinnlichkeit zu belassen habe – kontrollierte Demokratisierung. Und genau diese Ansprüche drohten im Laufe des Jahrhunderts zusehends verlorenzugehen und an Gewicht zu verlieren. Zwischen Komponisten und Publikum begannen sich unkontrollierte und unkontrollierbare Verbindungen herzustellen, in denen Sinnlichkeit und musikalische Reize in chaotischen Wechselbeziehungen auftraten und sich bestärkten.

Das schmale Bett der einfachen, natürlichen Melodie, das den Aufklärern wie ein Ozean vorkam, wollte bald dem Publikum nicht mehr genügen, und es genoß je nach seinen Bedürfnissen und seinem Bildungsstand die verschiedenartigen Einbrüche neuer Stile und Musikrichtungen und förderte damit das, was die Aufklärer als verderblichen Mischmasch, als unkontrollierbare Modesucht fürchteten, brandmarkten und abzuwehren suchten. Stilentwicklung und Marktmechanismen verbanden sich zu einer untrennbaren Entwicklungseinheit und gipfelten im Geniekult.

Diese extreme Bewegung wendete sich gegen Autorität überhaupt, vor allem die der Fürsten, aber auch Gottes, der eher als Mitschöpfer gesehen wurde. Die alte Religionshörigkeit wurde abgeschwächt, und es entstand ein wortgewaltiger Antifeudalismus.

Aber die Bewegung richtete sich auch gegen die Autoritäten klarer, logischer Gedankenführung und systematischer Zusammenhänge.

Der Rückschlag gegen die Aufklärung schüttete das gerade zu entwickelnde Kind der gesellschaftlichen Befreiung mit dem Bade aus, war in seinem dumpfen, auffahrenden Grollen gegen jede Unterdrückung zutiefst bürgerlich, d.h. individualistisch, jedem sozial verantwortlichen Gedanken abhold. Die selbstverständliche Kontrolle, der gesellschaftliche Anspruch der Aufklärung wurden abgelehnt, aus den Augen verloren.

Arnold Hauser hat für diese Wiege der deutschen »Klassik« ähnliche Gedanken gefunden (1953, Auszüge aus dem Teil »Deutschland und die Aufklärung«, S. 616 ff):

»Die Welt erschien der Aufklärung als etwas durchaus Verständliches, Erklärbares und
zu Erklärendes, dem Sturm und Drang hingegen als etwas grundsätzlich Unbegreif-
liches, Geheimnisvolles und, vom Standpunkt der menschlichen Vernunft, Sinnloses.
Solche Anschauungen werden nicht einfach ausgedacht und logisch entwickelt. Die eine
ist die Folge der Überzeugung, die Wirklichkeit erobern und beherrschen zu können, die
andere der Ausdruck des Gefühls, in dieser Wirklichkeit verloren und verlassen zu sein.
Ganze Gesellschaftsschichten und Generationen geben die Welt nicht freiwillig auf; und
wenn sie dazu gezwungen werden, erfinden sie oft die schönsten Philosophien, Märchen und Mythen, durch die sie den Zwang, dem sie erliegen, in die Sphäre der Freiheit,
der Geistigkeit und Innerlichkeit erheben. So ist auch die Lehre von der Selbst-
verwirklichung der Idee in der Geschichte, dem kategorischen Imperativ des sittlichen
Menschen, dem sich selbst auferlegten Gesetz des schöpferischen Künstlers und ähnlichem mehr entstanden. Nichts spiegelt aber die Motive, aus welchen der Sturm und
Drang sein Weltbild entwickelt, so scharf und vielseitig wie der Begriff des künstlerischen Genies, den man nun an die Spitze der menschlichen Werte stellt. Der Begriff
enthält vor allem die Merkmale des Irrationalen und Subjektiven, die die Vorromantik
der dogmatischen und generalisierenden Aufklärung gegenüber betont, die Aufhebung
des äußeren Zwanges in eine innere Freiheit, die gleichzeitig ein Rebell und ein Despot
ist, und schließlich das Prinzip der Originalität, die in dieser Geburtsstunde des freien
Literatentums und der sich stündlich verschärfenden geistigen Konkurrenz zur wichtigsten Waffe im Existenzkampf der Intelligenz wurde . . .
   Der Sturm und Drang war in seiner soziologischen Struktur noch komplizierter als
die westeuropäischen Formen der Vorromantik, und zwar nicht nur, weil das deutsche
Bürgertum und die deutsche Intelligenz mit der Aufklärung nie tief genug verwachsen
waren, um die Ziele der Bewegung scharf im Auge zu behalten und davon nicht
abzuirren, sondern auch weil ihr Kampf gegen den Rationalismus des absolutistischen
Regimes zugleich ein Kampf gegen die fortschrittlichsten Tendenzen des Zeitalters war.
Sie wurden sich der Tatsache nie bewußt, daß der Rationalismus der Fürsten eine
geringere Gefahr für die Zukunft bedeutete als der Irrationalismus ihrer eigenen
Standesgenossen. Sie wurden somit aus den Feinden des Despotismus zu den Werkzeugen der Reaktion und förderten durch ihre Angriffe gegen den bürokratischen
Zentralismus nur die ständischen Interessen.«

Selbstbefreiung

Ihre Einzelinteressen vermochten die bürgerlichen Helden tatsächlich gut zu
fördern, allerdings nur, wenn ihnen ihre persönliche Leistung und öffentliche
Anerkennung erlaubte, sich gegen die Autoritäten durchzusetzen. Dann konnten sie zu Mustern der individuellen Auflehnung und Unabhängigkeit werden,
aber eben nicht zu Beispielen kollektiven Widerstandes.
   Bevor ich Techniken der Selbstbefreiung am Beispiel einiger Heroen darstelle, führe ich einige Anekdoten und Maximen vor, die in verbreiteten
deutschen Musikzeitschriften standen und den Bürgern Bilder und Anleitun-
gen boten für die Probleme der Klassenkonflikte. Meist waren es Geschichten,
die vom Vermeiden von Konflikten oder der Versöhnung der Klassen sprachen, mal durch die Einsicht der Fürsten, mal durch die Überzeugungskraft

der Bürger. Welche der so vermittelten Verhaltensmuster auf welche der anschließend wiedergegebenen Heroen-Erlebnisse passen, mögen die Leser selbst entscheiden.

Genie bricht Höflichkeit

»Nothwendig mag es wohl nicht seyn, aber die Erfahrung bestätiget doch, daß viele große Genies nicht auch die artigste Lebensart haben. Solche Köpfe könnten vielleicht nicht so vortreflich seyn, wenn sie den unwiderstehlichen Hang ihrer Seele zu ihrer Kunst und Wissenschaft durch Bemühungen und Handlungen unterbrächen, ohne welche sich eine gute Lebensart nicht erlangen läßt. Die großen Helden sind selten zugleich die artigsten Hofleute.« (Marpurg 1756, S. 188, 2. Zählung, »Vermischte Gedanken«, §15)

Genie bricht Klassendünkel

»Schobert starb zu Paris an vergifteten Erdschwämmen. Der Prinz Conti war fast untröstlich über den Verlust dieses Mannes. Ein reicher Marquis starb zu gleicher Zeit an vergifteten Erdschwämmen. Ach, sagte Conti, Marquis kann der König machen, aber keinen Schobert.« (Bossler 1789, Sp. 24; »Anekdote«)

Immer auf der Hut sein

»Es giebt zweyerley Arten, diejenigen die man in Diensten hat, los zu werden: entweder man wird auf sie böse, sagt es ihnen, und schickt sie fort; oder man macht es so, daß sie auf uns böse, und unsrer überdrüssig werden müssen. Die Musici solten sich dieses merken, und Acht geben, ob die Herren, bey welchen sie in Diensten sind, etwa das letzte Mittel anwenden, sie los zu werden. Der gröste Haufe aber verlangt, daß das erste Mittel gebraucht werde, gleich als wenn ein grosser Herr sich von seinen Musicis so scheiden müste, als ein Mann von seiner Frau.« (Marpurg 1757, S. 525; »Vermischte Gedanken«, § 5)

Moralische Überlegenheit beschämt den Adel

Der Pianist Vogler spielt bei Hofe. Ein junger Bürgerlicher will ihn hören und schleicht sich unbemerkt ein, steht weit entfernt, unwissentlich jedoch am Platz eines, der dazukommt: »Endlich kam ihm der Minister ... näher, und gab in pöbelhaften Ausdrüken einen tüchtigen Verweis. Jener vertheidigte sich auf eine sehr höfliche Art, so gut er konnte, und entschuldigte sich damit, daß er als ein Liebhaber der Musik diesen großen Tonkünstler nicht nur hören, sondern ihn auch spielen sehen mögen, und daß seine Aufmerksamkeit so groß gewesen seie, daß er des Lieutenants nicht gewahr worden wäre.

›Sie spielen also wohl selbst das Klavier, und vielleicht eben so gut, wie Vogler?‹ sagte der Minister mit höhnischer und aufgeworfener Lippe!

Euer Exzellenz verzeihen! antwortete der junge Mensch, mit lächelnder Miene. Dies ist eben so, als wenn ich sie fragte, ob sie wohl auch ein so großer Staatsmann wären, als Herzberg oder Zidliz in Berlin? – – Es wäre schlimm, sezte er hinzu, wenn's nicht außer diesen auch noch brauchbare Staatsmänner gäbe, so schlimm, als wenn's außer Herrn Vogler nicht auch noch brauchbare Klavierspieler gäbe. – –

Der Minister ward durch solche unerwartete Antwort ganz beschämt, und verließ den jungen Menschen mit mehr Achtung, als er vorhin gegen ihn hatte.«

(Bossler 1789, Sp. 34 f; zitiert aus einem Lehrwerk des Musikers Christmann, der im Anschluß an diese »Anekdote« eine verräterische Lehre formuliert, in der die ganze Hohlheit dieser bürgerlichen Versöhnungstendenzen deutlich wird – von wegen: allgemeine Anerkennung und Versöhnung aller Menschen!)

»Wenn ihr lieben Kinder! einmal groß, und reiche und angesehene Leute werdet: so begegnet jedermann, wer er auch seie, und so schlecht sein Aeusserliches auch sein mag, mit gehöriger Achtung. Denn man weiß oft nicht, wen man vor sich hat.«

Innere Emigration und Selbstbeschneidung sind auch ein Protest

»Das Stük geht zu geschwind – – unterbrach ein junger Monarch, der Musikkenner sein wollte, einen Virtuosen, der eines seiner Meisterstükke unaussprechlich schön vortrug – – ›Sire, es steht allegro assai darüber.‹ – – ›Ich befehle aber, daß es langsam gehe.‹ Der Künstler schwieg, wiederholte sein allegro assai in dem schleppendsten Tempo, das sich denken ließ, verhunzte es wie natürlich; forderte am andern Morgen seinen Abschied; erhielt ihn nicht, und geigte seitdem bei Hofe nichts, als Alltagssachen.« (Bossler 1788, Sp. 168; »Anekdote«)

Joseph Haydn

Joseph Haydn war seit 1761 Kapellmeister am Hofe des Fürsten von Esterhazy in Ungarn, dem Rang nach »Haus-Officier«. Er sollte am Offiziertisch essen »oder ein halben gulden des Tags-Kostgeld haben.« (Anstellungskontrakt, Haydn-Briefe, Nr. 1) Sein Ruhm und die Verbreitung seiner Werke nahmen in den 70er und 80er Jahren sprunghaft zu, und auf Grund seiner erfolgreichen Arbeit an den neuen Ideal-Gattungen des Bürgertums, Sonate, Streichquartett und Sinfonie, galt er bald als »Vater« der deutschen Musik.

1790 überschreitet er zum erstenmal in seinem Leben die Grenzen Österreichs zu einer Konzertreise nach London. Der Konzertunternehmer Johann Peter Salomon hat ihn geworben und die gewaltige Summe von 5000 Gulden zur Sicherheit auf Haydns Wiener Konto hinterlegt. Haydn ist 59 Jahre alt. Die Reise wird ein riesiger Erfolg. Haydn sticht die Konkurrenz aus, komponiert zahlreiche »Londoner« Sinfonien, eine davon zu seiner Ernennung zum Oxforder Ehrendoktor, wird der Liebling des Publikums. Er wird zum reichen Mann. Er verpflichtet sich, ohne seinen Fürsten um Erlaubnis zu fragen, 1791 nochmals für eine Saison bei Salomon.

Am 17. 9. 1791 schreibt er an seine Wiener Freundin Marianne von Genzinger (Briefe Nr. 163):

»Kurtz das schicksall will es so haben, daß ich noch 8 oder 10 Monathe in London verbleibe. O meine liebe gnädige Frau, wie süss schmeckt doch eine gewisse freyheit, ich hatte einen guten fürsten, muste aber zu zeiten von niedrigen Seelen abhangen, ich seufzte oft um Erlösung, nun habe ich sie einiger massen, ich erkenne auch die gutthat derselben ohngeachtet mein geist mit mehrer arbeith beschwert ist. das bewußt sein, kein gebundener diener zu seyn, vergütet alle mühe, allein so lieb mir diese freyheit ist, so gerne verlange ich bey meiner zurückkunft in fürstl. Esterhazyschen Diensten zu seyn, bloß meiner armen Familie wegen. Ob ich aber dieses verlangen erhalten werde, zweifle ich sehr, indem mein Fürst über mein längeres Aussenbleiben sich in seinem schreiben über mich beschwert, und Absolute [strikt] meine baldige Rückkehr verlanget, ein welches ich aber vermög neuen Contracts so ich hier machte, nicht vollziehen kann; ich erwarte nun leider meine entlassung; hofe aber anbey, daß mir gott die gnade geben wird, durch meinen fleiß diesen schaden in etwas zu ersetzen.«

Das ist ein Musterdokument des bürgerlichen Bewußtseins! Die Möglichkeit, Freiheit von der höfischen Bindung zu erlangen, erwächst aus Fleiß und Arbeit. Garantiert ein Kontrakt den Erfolg dieser Bemühungen, kann man sich über den fürstlichen Befehl hinwegsetzen (vor allem, wenn man außer Landes ist). Nicht Berühmtheit und Reichtum werden als Leitsterne dieses Vorgehens empfunden, sondern »das schicksall«. Wirft der Fürst einen hinaus, werden eben Fleiß und Arbeit erhöht. Diesem Leistungsstreben hat der Feudalismus auf die Dauer nichts entgegenzusetzen. (Übrigens wurde Haydn nicht entlassen, als er 1792 zurückkehrte. Er blieb bis zu seinem Tode 1809 auf seiner Kapellmeisterstelle, fuhr auch ohne Schwierigkeiten von 1793 bis 1795 noch einmal mit dem gleichen Erfolg nach London.)

1799 wird Haydns »Schöpfung« uraufgeführt, und als das Werk selbst im fernen Rügen erklingt, schreibt der Leiter des dortigen Musikvereins einen Brief an Haydn, in dem er, wie der Biograph Nohl berichtet, das »überwallende Gefühl des innigsten Dankes jenem großen Manne« ausdrückt. Haydns Antwort an den Absender des Briefes, Jean Philipp Krüger, ist erhalten (22. 9. 1802; Briefe Nr. 315). In ihm wird der Antrieb zu Mühe und Arbeit nun nicht mehr mit dem Schicksal begründet, denn dies ist offenbar die Instanz für eher *private* Entscheidungen. Für die Begründung des Fleißes gegenüber der *Öffentlichkeit* werden andere Mächte bemüht.

»Oft, wenn ich mit Hindernissen aller Art rang, die sich meinen Arbeiten entgegen stämmten, wenn oft die Kräfte meines Geistes und Körpers sanken, und mir es schwer ward, in der angetretenen Laufbahn auszuharren, – da flüsterte mir ein geheimes Gefühl zu: ›Es giebt hienieden so Wenige der frohen und zufriedenen Menschen, überall verfolgt sie Kummer und Sorge, vielleicht wird deine Arbeit bisweilen eine Quelle, aus welcher der Sorgenvolle oder der von Geschäften lastende Mann auf einige Augenblicke seine Ruhe und seine Erholung schöpfet.‹ Dieß war dann ein mächtiger Beweggrund vorwärts zu streben, und dieß ist die Ursache, daß ich auch noch itzt mit Seelenvoller Heiterkeit auf die Arbeiten zurückblicke, die ich durch eine so lange Reihe von Jahren mit ununterbrochener Anstrengung und Mühe auf diese Kunst verwendet habe.«

Nachdem bisher die Befreiung von fürstlicher Abhängigkeit ein Grund gewesen ist, Leistung zu erbringen und sich zu schinden, läßt man es nicht etwa nach der Befreiung etwas langsamer angehen. Nun treibt einen die moralische Instanz, die Verantwortung gegenüber der Gesellschaft, zu neuem Fleiß an, »vorwärts zu streben«. Soziale Verantwortung läßt einen nicht ruhen. Das ist Humanität. So sah es auch Telemann (vgl. S. 64). Mögen auch die Begründungen wechseln: Hauptsache, man kommt nie zur Ruhe und »strebt« ständig Zielen entgegen.

Bemerkenswert ist, daß nie Gott oder die Religion herangezogen werden; sie eignen sich auch zur Begründung dieser rastlosen Dynamik nicht gut. Und da die Ziele des Strebens so gemischt und unklar sind – Freiheit und Verantwortung sind stets mit dem Geldverdienen verbunden bzw. nur im Zusammenhang mit ihm möglich –, müssen die Ursprünge für die neuen Ziele auch unklar und dunkel bleiben: einmal »das schicksall«, das andere Mal »ein geheimes Gefühl«. Auf derartige Fundamente läßt sich keine einleuchtende Gesellschaftstheorie des Bürgertums bauen.

Da hatte es der Feudalismus mit dem Gottesgnadentum einfacher gehabt.

Christoph Willibald Gluck

Christoph Willibald Gluck, der Fanatiker szenischer Wahrheit, ist offenbar, was seinen Umgang mit Höflingen und Hofsitte betrifft, oft der Elefant im Porzellanladen gewesen bzw. wurde vor allem vom deutschen Publikum gerne so gesehen. Dabei scheint er entweder soviel Geschick oder soviel persönliche Überzeugungskraft gehabt zu haben, daß die jeweils Höchsten in seinem Umkreis ihn schützten, offenbar z.T. auch mit der Nachsicht, die man einem gegenüber übt, der wegen seiner manischen Besessenheit etwas außerhalb der üblichen Maßstäbe bewertet werden möchte. Glucks Umgang mit seinen Orchestern war offenbar tyrannisch bis bestialisch. Sein unerbittliches Verhalten den Wiener Musikern, ja sogar Hofmusikern gegenüber wurde zeitweise vom Kaiser gedeckt und ausgeglichen. Der Gewährsmann hierfür ist einer der betroffenen Musiker gewesen (vgl. Zitate S. 426).

Ein ebenso kompetenter Gewährsmann, der Dichter Klopstock, ein Bekannter Glucks, hat Carl Friedrich Cramer (1783, S. 562) von Glucks Umgang mit Sängern und Sängerinnen erzählt. Es sind oft Szenen, die an die Anekdoten über Händels Verhalten an der Londoner Oper erinnern. Vor allem die Berichte über Glucks Pariser Zeit (1772–1779), wo er Schützling der Königin Marie Antoinette war, hat das deutsche Publikum sicher mit Schmunzeln aufgenommen, dabei sicher auch die Geschicklichkeit bewundert, wie Gluck sein »Genie« im Ausnutzen von Autoritätsstrukturen durchgesetzt hat.

»Man stelle sich so eine französische Opernsängerinn, eine Mademoiselle la Guerre, le Vasseur, vor, von Geld und Diamanten strotzend, von den Princes du sang [Prinzen von Geblüt, also altem Adel] und dem ganzen Pariser Publico fetirt [gefeiert], zu der so ein tüdesker [deutscher] Componist kömmt, und die nun mit ihrer siegenden Miene ganz stolz an den Flügel hintritt – ihren Gesang von ihm bewundern zu lassen: und da es vorbey ist, erschalt statt des Bravo, ganz kalt sein: ›Mademoiselle, il faut bien re-commencer!‹ [noch mal von vorne!] – So ist aber nun einmal seine Weise gewesen. Die Opernprinzessinnen haben sich beleidigt gefunden, sich auf die Lippen gebissen, sich gesträubt; aber es hat alles nichts geholfen; Gluck hat ihnen ganz deutsch und rund erklärt: ›Sehen sie, Mademoiselle, man hat mich kommen lassen, die Iphigenie aufzu-führen – wollen Sie singen; so ists gut – wollen Sie nicht, so steht das bey Ihnen; nur gehe ich denn zur Königinn, und sage: ich kann die Oper nicht aufführen, seze mich auf meinen Wagen und reise morgen wieder aus Paris ab.‹ – Er hätte es auch sicher gethan; und wollten die Damen gut oder übel; sie mußten sich am Ende doch bequemen.«

(Die im Zitat erwähnte Oper ist entweder »Iphigenie auf Aulis« von 1774 oder »Iphigenie auf Tauris« von 1779.)

Wolfgang Amadeus Mozart

Die »Sau-Historie«

> »Das Herz adelt den Menschen; und wenn ich schon kein graf bin, so habe ich vielleicht mehr Ehre im Leib als mancher graf« (Briefe III, S. 130, 133).

Wolfgang Amadeus Mozart, 1756 in Salzburg geboren und erfolgreicher Kinderstar auf Konzertreisen durch ganz Europa (vgl. S. 233 f), wurde, kurz bevor er anfing, Italien zu bereisen, 1769 Konzertmeister in der Kapelle des Salzburger Erzbischofs und damit ein Untergebener seines Vaters, der dort Kapellmeister war. Als der alte Erzbischof Sigismund Graf Schrattenbach 1771 starb, brach mit der Amtseinsetzung des Nachfolgers, Hieronymus Graf Colloredo, für Vater und Sohn eine schwierige Amtszeit an, und zwar nicht, weil der neue Herr ein altmodischer, sondern weil er ein neumodischer Prinzi-pienreiter war, ganz in jener straffen, unflexiblen und überall nach dem Nutzen spürenden Art des »aufgeklärten« Absolutismus, wie ihn der europäi-sche Musterkönig dieser Art, Friedrich II. von Preußen, vorexerzierte.

Da war es nicht mehr so einfach mit dem Urlaub für Kunstreisen. Mit offenbar wachsendem Unmut sah der Bischof zu, wie sein Konzertmeister in den Folgejahren umherreiste, wenn auch seltener als früher. Die Atmosphäre wurde frostig, wohl auch weil Mozarts Musikstil dem Bischof etwas zu ausgefallen war (nicht nur ihm, vgl. S. 295). Jedenfalls hörte der Bischof sich eine Mozartoper nicht an, als er zur Zeit ihrer Münchner Uraufführung gerade dort war, und Mozart hörte auf, Sinfonien für das Hoforchester zu schreiben. Das konnte nicht gutgehen, wenn Mozart nicht so enden wollte wie der Geiger in der zitierten Anekdote, der nach Umstimmigkeiten mit seinem Herrn nur noch »Alltagssachen« spielte (S. 379).

Als Leopold und Wolfgang im Juni 1777 schon wieder ein Urlaubsgesuch einreichen, lehnt der Bischof das ab. Am 1. August 1777 bittet Mozart um seine Entlassung (Briefe III). Er schreibt:

»Euer Hochfl. Gnaden etc.: werden mir diese unterthänigste Bitte nicht ungnädig nehmen, da Höchstdieselben schon vor drey Jahren, da ich um die Erlaubniß nach Wienn zu reisen bath, sich gnädigst gegen mich erklärten, daß ich nichts zu hoffen hätte und besser thun würde mein Glück anderen Orts zu suchen.«

Seine Begründung für die vielen Reisen ist bemerkenswert:

»Die Eltern bemühen sich ihre Kinder in den Stand zu setzen ihr Brod für sich selbst gewinnen zu können: und das sind sie ihrem eigenen, und dem Nutzen des Staats schuldig. ie mehr die Kinder von Gott Talente erhalten haben; ie mehr sind sie verbunden Gebrauch davon zu machen, und ihre eigene und ihrer Eltern Umstände zu verbessern, ihren Eltern beyzustehen, und für ihr eigenes Fortkommen und für die Zukunft zu sorgen. Diesen Talentenwucher lehrt uns das Evangelium. Ich bin demnach vor Gott in meinem Gewissen schuldig meinem Vatter, der alle seine Stunden ohnermüdet auf meine Erziehung verwendet, nach meinen Kräften dankbar zu seyn, ihm die Bürde zu erleichtern, und nun für mich, und dann auch für meine Schwester zu sorgen, für die es mir leid wäre, daß sie so viele Stunden beym Flügel sollte zugebracht haben, ohne nützlichen Gebrauch davon machen zu können.«

Das Gehalt eines Konzertmeisters ist nicht hoch. Wolfgang will selbständig werden, hat auch schon in München und andernorts nach einer Stelle angefragt. Auch will er offenbar die Weiterbildung seiner Schwester finanzieren. Und er versucht, den Erzbischof mit dessen eigenen Waffen zu schlagen, dem Evangelium: Hieronymus stimmt der Entlassung sofort zu, übrigens auch gleich noch für Leopold, der – heute würde man sagen – solidarisch auch noch seine Entlassung beantragt hat. Jedoch bleibt er im Amt. Hieronymus nimmt es bei ihm nicht so genau.

Es scheint nicht nur zu Spannungen, sondern wirklich zu üblen Auftritten gekommen zu sein vor der Entlassung. Das kann man aus den Briefen Wolfgangs und Leopolds vom 8. und 7. November des Jahres schließen (Briefe III).

Wolfgang aus Mannheim an den Vater:

»ich hoffe auch, daß sie itzt weniger vedruß haben, als da ich noch in Salzburg war. man gieng mit mir schlecht um; ich verdiente es nicht. sie nahmen natürlicherweis antheil – – aber zu sehr. sehen sie, das war auch die gröste und wichtigste ursache warum ich so vom Salzburg wegeilte. ich hoffe auch mein wunsch ist erfüllet.« (Der Vater wird gesiezt wie noch weit ins 19. und gar 20. Jahrhundert.)

Der Vater antwortet dem Sohn:

»wegen dem H: Hagenauer Architect ist nun die Sache auch in Bewegung er will fort, und der Fürst sucht ihn immer mit allerhand arbeiten und schmeicheleyen aufzuhalten, und kein Entschluß kommt zum Vorschein. Bey solchen Gelegenheiten, bin ich allzeit frohe, daß du aus diesen Verdrusses heraus bist. du hast wohl recht, daß ich die grösten Verdruss wegen der niederträchtigen Begegnungen, die du erdulden müssen, empfunden habe; das war es, was mir das Herz abnagte, was mich nicht schlaffen ließ, was mir immer in Gedanken lag, und mich am Ende verzehren muste.«

Mozart reist nun mit seiner Mutter über München und Augsburg nach Mannheim, dann nach Paris (wo die Mutter stirbt) und wieder zurück nach Mannheim. Er komponiert viel, hat aber keineswegs viel Erfolg damit. Unterdessen setzt der Vater zu Hause Erstaunliches in Gang: Er verschafft dem immer noch stellungslosen Sohn die Hoforganistenstelle – offenbar ist der Erzbischof doch nicht so unbeugsam. Verständlicherweise ist Wolfgang wenig begeistert und beeilt sich mit der Rückreise nicht, bis der Vater ihm am 19. November 1778 nach Mannheim schreibt (Briefe III):

»Ich weiß in der That nicht, was ich schreiben muß – ich werde noch von Sinnen kommen, oder an der Abzehrung sterben. Es ist ohnmöglich mich aller deiner projecten, die du seit deiner Abreise von Salzb: im Kopf hattest und auch mir überschriebst zu erinnern, ohne meinen gesunden Menschenverstand darüber zu verlieren. alles lief auf Vorschläge, leere Worte, und am Ende auf gar nichts hinaus ...«

Im weiteren Verlauf des Briefes zerreißt Leopold sämtliche Pläne und Hoffnungen Wolfgangs in der Luft und überhäuft ihn mit Vorwürfen. Dann kommt eine Passage, deren Hintergründe uns aus dem 1. und 2. Kapitel hinreichend bekannt sind:

»Du hoffest in Manheim angestellt zu werden? angestellt? – – was heißt das? – – du sollst weder in Manheim noch an keinem Ort der Welt itzt angestellt werden –, ich will das Wort angestellt nicht hören. Wenn der Churf: heute stirbt; so können ein Batallion Tonkünstler die in München und Manheim sind in die Weite Welt wandern und Brod suchen.«

Selbstverständlich hat ein kirchliches Amt wie das Salzburger eine wesentlich größere Sicherheit. Leopold fährt an anderer Stelle fort: »daß du also in 14 Monaten mich in Schulden gesetzt mit 863 f [florin = Gulden]«. Und dann wird er massiv:

»daß ich dich nach Salzb: auf ein paar Jahre in Diensten verlange, weil ich dadurch diese Schulden zu bezahlen aussehe ... bisher waren meine Briefe nicht nur als Vatter, sondern auch als freund geschrieben; ich hoffe du wirst nach Empfang dieses Schreibens, deine Reise alsogleich beschleunigen, und so verfahren, daß ich dich mit freuden empfange, und dir nicht mit vorwürfen entgegen gehen darf: ja ich hoffe, daß du, nachdem deine Mutter mal à propos in Paris hat sterben müssen, du dir nicht auch die Beförderung des Todes deines Vatters über dein Gewissen ziehen willst. Ich hab Gott Lob, noch meinen Verstand nicht verlohren – mir liegt es ob für das Beste, für das zeit: und ewige Wohl meiner Kinder zu sorgen – ich muß Gott dafür Red und Antwort und die strengste Rechenschaft geben – ich muß auf meine und meiner Kinder Ehre sorgfältig acht haben. die 863 f müssen bezahlt seyn. Ich verstehe das Plan machen besser als du, der einer ieden Schmeicheley glaubt. ich weiß, daß ichs in 2 Jahren bezahlen kann. Ich alleine kanns aber nicht bezahlen. und du bist itzt nicht im Stande etwas mit kaltem Bluthe zu überlegen: und bekümmerst dich wenig um die reputation deines Vatters, der seit fast 2 Monaten heute das erste mahl weis wohin er dir zuschreiben muß. Kurz! meine Schulden müssen bezahlt seyn, bey dem Empf: dieses wirst du abreisen.«

Und so geht es noch eine Weile weiter. Gleich im nächsten Brief ist die Rede (23. 11.) von »deinen flichtigen Lieblingsgedanken und Projekten …, die wie eine Seifenblase in der Luft zerplatzen«, von Wolfgangs »flüchtigem Geist«, der »eine nützliche Lehre für die Zukunft daraus ziehen« solle.

Wer kann das ertragen? Aber zugegeben: Wolfgang hatte tatsächlich in praktischen Dingen schwache Momente, und es gab schon Gründe, daß der Vater sich die Haare raufte (unter der Perücke!). Wahrscheinlich mit dem Gedanken im Kopf: »Der Alte macht mich krank« trödelt Mozart noch ganze zwei Monate herum, handelt sich dabei noch einen bedrückenden Liebeskummer ein, und so trifft er denn, vermutlich völlig wirr und verblödet, Mitte Januar in Salzburg ein, auch noch mit dem »Bäsle« an der Seite, einer verwandtschaftlichen Liebschaft. Der Vater muß die Hände gerungen und einen gewaltigen Krach vom Zaun gebrochen haben. Jedenfalls tritt Wolfgang die Stelle an, spürt die bösen Blicke von Vater und Erzbischof auf sich und bemüht sich, keinen Anlaß zu weiteren Krächen zu geben, komponiert sogar wieder Sinfonien für die Hofkapelle. Aber lange kann die ganze Sache bei derartigen Spannungen nicht dauern. Hier die Tatsachen des unrühmlichen Endes (Briefstellen aus Brief III):

Wolfgang bereitet während eines Sonderurlaubs in München die Uraufführung seiner Oper »Idomeneo« vor. Auf die briefliche Aufforderung des Vaters, das »populare« beim Komponieren nicht zu vergessen, also ganz im Sinne des Freiherrn von Knigge nicht nur für die Kenner, sondern auch für die Liebhaber zu komponieren (vgl. S. 295 f), antwortet Mozart, indem er das schwierige Problem ziemlich lax löst: »wegen dem sogenannten Popolare sorgen sie nichts, denn, in meiner Oper ist Musick für aller Gattung leute; – ausgenommen für lange ohren nicht. –« (11. und 16. 12. 1780) Der Alte mußte sich auch in alles einmischen!

Nach der erfolgreichen Aufführung am 29. 1. 1781 überzieht Wolfgang seinen Urlaub beträchtlich. Der Bischof beruft ihn per Dienstbefehl nach Wien, wo er mitsamt seiner Kapelle ist. Mozart muß viele wichtige Termine absagen. Er fährt mit einer unbequemen Kutsche (»da hat mich aber mein Arsch und dasjenige woran er henkt, so gebrennt, daß ich es ohnmöglich hätte aushalten können«, 17. 3.), und in Wien muß er am Bediententisch sitzen:

»die 2 herrn leibkammerdiener sitzen oben an – Ich habe doch wenigstens die Ehre vor den Köchen zu sitzen – Nu – ich denke halt ich bin in Salzburg – bey tische werden einfältige grobe spasse gemacht; mit mir macht keiner spasse, weil ich kein Wort rede, und wenn ich was reden muss, so ist es allzeit mit der größten seriosität.« (17. 3.; eine wichtige Analyse von Mozarts Aufstiegsbestrebungen, weg von seiner Klasse, hin zu altem und neuem Adel, in dem S. 219 genannten Buch von Ruf, S. 46 f, zur Rangfolge vgl. S. 61 f)

In Wien fängt er wieder an, neue Verbindungen anzuknüpfen. Er will sich dem Kaiser bekannt machen und ihm Fugen vorspielen, »denn das ist seine Sache«. Er will ohne Eigennutz für die Tonkünstler-Societät ein Konzert geben »zum vortheile der Witwen von den Musicis«. Er bittet den Bischof: »Er erlaubte es mir nicht.« (24. 3.) Der Erzbischof befiehlt seine Kapelle zurück nach Salzburg. Mozart ist fest entschlossen, nicht zurückzukehren. Durch die Abhängigkeit vom Bischof hat er schon einen Termin verpaßt, wo der Kaiser anwesend war. Er bekommt kein Geld für eine Extra-Komposition. Der »Menschenfeind« erlaubt ihm nicht, Privatunterricht zu geben. Er fragt sich, »ob ich noch ferners in Salzburg meine jungen jahre und mein talent vergraben solle«, und: »wenn ich daran denke, daß ich von Wienn wegreisen soll, ohne wenigstens 1 000 fl. wegzutragen so thut mir das Herz weh; – ich soll also wegen einen – schlechtdenkenden fürsten – der mich mit lausige 4 hundert Gulden [im Jahr] alle tage cujonirt – tausend Gulden mit fussen wegstossen? – denn, das mach ich gewis wenn ich ein Concert gebe.« (11. 4.) Wolfgang hat schon einigen Erfolg, könnte aber noch weit mehr haben. Jedoch der »erzlimmel« von Bischof ist ein »hinderniß« (4. 4.).

Dann will er doch zurück. Aber er betont, »daß es der Erzbischof von Salzburg nur ihnen, Mein Bester vatter zu danken hat, daß er mich nicht gestern auf immer, versteht sich, für seine Personn, verloren hat«. (28. 4.) »Gestern« hatte es einen Streit zwischen dem Bischof und Mozart gegeben.

9. Mai: Er ist doch nicht nach Salzburg zurückgefahren.

»Ich bin noch ganz voll der Galle! ... schon zweymal hat mir der – ich weiß gar nicht wie ich ihn nennen soll – die gröbsten Sottissen und impertinenzen ins gesicht gesagt ... – er nennte mich einen buben einen lieder-lichen kerl – sagte mir ich sollte weiter gehen – und ich – litte alles ... – Nun hören sie; – vor 8 Tägen kamm unverhofft der laufer herauf, und sagte ich müsste den Augenblick ausziehen.«

Er verläßt sofort das Erzbischöfliche Palais und zieht zur Witwe Weber, deren Tochter Konstanze später Mozart heiraten wird. Er kündigt, nachdem der Erzbischof (wiederum nach dem Brief vom 9. 5.) ihm folgendes an den Kopf geworfen hat:

»Nun, wann geht er den Bursch? – ich seye der liederlichste Bursch den er kenne – kein mensch bediene ihn so schlecht wie ich – er rathe mir heute noch weg zu gehen, sonst schreibt er nach haus, daß die besoldung eingezogen wird ... er lügte mir ins gesicht ich hätte 500 fl: besoldung – hiesse mich einen lumpen, lausbub, einen fexen – ... was, er will mir drohen, er fex, O er fex! – dort ist die thür, schau er, ich will mit einem solchen elenden buben nichts mehr zu thun haben.«

Hier allerdings bricht Mozart mit der Höflichkeit und sagt: »Und ich mit ihnen auch nichts mehr!«

Das wollen wir ihm ewig danken. Nun *muß* er ja kündigen. Am 12. Mai erinnert er sich an noch andere Schimpfwörter: »Bube, schurke, pursche, liederlicher Kerl, und dergleichen mehr im Munde eines fürsten rühmliche Ausdrücke.« Das Schimpfwort Fex muß Wolfgang besonders beleidigt haben, da es in Salzburg die Irrenhäusler bezeichnete (Briefe VI, S. 63). »Was Wunder denn, wenn ich Endlich … ganz ausser mir.« Nach drei solchen Auftritten mit diesem »herrlichen Mann gottes« ist es vorbei mit Mozarts Kraft: Er »zitterte am ganzen leibe – und taumelte wie ein besoffener auf der gasse«.

Dann (12. Mai) hört er, wie die Kammerdiener ihm in dem Streit recht geben, ekelt sich aber vor diesen »schlangen, wippern – alle niederträchtige Seelen sind so; sie sind bis zum Eckel hoh und stolz, und dann – kriechen sie wieder – abscheulich; die 2 leibkammerdiener sehen die ganze sauerey ein.«

Mozart denkt nun, daß die Sache ausgestanden ist. Aber mitnichten. Der Vater rät ihm, sich zu unterwerfen. Mozart ist fassungslos (19. Mai): »Ich kann meine Ehre durch nichts anders retten, als daß ich von meinem Entschlusse abstehe? – wie können sie doch so einen Wiederspruch fassen. – sie dachten nicht, als sie dieses schrieben, daß ich durch einen solchen zurückschritt der Niederträchtigste kerl von der Welt würde.« Er beschwichtigt den Vater noch und erklärt ihm immer wieder, wie leicht es in Wien ist, als Musiker mehr zu verdienen als die 400 Salzburger Gulden.

Der Alte läßt nicht locker und erinnert den Sohn an dessen praktische Schwächen. Mozart (6. Mai) hat wirklich mit seinem Vater Geduld: »sie haben ganz recht, so wie ich ganz recht habe Mein liebster vatter! – Ich weiß und kenne alle meine Fehler; aber – kann sich denn ein Mensch nicht bessern? – kann er sich nicht schon wirklich gebessert haben?« Jedenfalls sagt er unmißverständlich, daß er nicht einmal für 1200, ja nicht für 2000 Gulden Jahresgehalt nach Salzburg zurückkehren würde (19. und 12. Mai). Mit dem Grafen Arco, einem Vertrauten des Erzbischofs, setzt er sich auseinander, weil der Erzbischof in Wien schlecht über seinen ehemaligen Untergebenen redet und »daß der Erzbischof gar nicht werth ist daß sie [der Vater] so gut für ihn denken« (Ende Mai 1781). Die Gespräche werden hitziger:

»Wenn ich sehe daß mich Jemand verachtet und gering schätzet, so kann ich so stolz seyn wie ein Pavian«, sagt ihm Mozart einmal (2. Juni), was den Grafen sicher überrascht hat.

Der Vater entblödet sich nicht, dem Grafen Arco zu schreiben, er möge auf den Sohn mäßigend einwirken, der aber nichts anderes im Sinn hat, als dem Erzbischof noch einmal abschließend ein endgültiges und mit Argumenten gespicktes Kündigungsschreiben zu überreichen. Graf Arco verhindert aber, daß Mozart vorgelassen wird. Und dann »hat es der Herr Graf Arko recht gut gemacht!«, schreibt Mozart am 9. Juni mit unnachahmlichem Sarkasmus: »anstatt daß graf Arco meine Bittschrift angenommen, oder mir audienz verschafft, oder gerathen hätte selbe nachzuschicken, oder mir zugeredet hätte die Sache noch so zu lassen, und besser zu überlegen, afin [nun denn], was er gewollt hätte – Nein – da schmeist er mich zur thüre hinaus, und giebt mir einen tritt im hintern« (13. Juni), »das geschahe in der ante chambre – mithin war kein ander Mittel als sich losreissen und lauffen – dann ich wollte für die fürstlichen Zimmer den Respect nicht verlieren, wenn ihn schon der arco verloren hatte« (9. Juni).

Dieser Respekt vor der Fürstenkammer bezieht sich sogar auf Mozarts Racheträume, »dem H.grafen wieder ingleichen einen tritt im arsch zu geben, und sollte es auf öfentlicher gasse geschehen ... nur an keinem ort wo ich respect haben muß« (13. Juni).

Der Respekt vor der fürstlichen Behausung ist festeingewurzelt, ganz gleich was für ein Fürst im Schloß sitzt. Das Schloß ist der Sitz der von Gott eingesetzten Macht, wie die Kirche. Hier muß man an sich halten, darf sich nicht gehen lassen. Wir werden noch einem Beispiel dafür begegnen (S. 424).

Die Lösung von Hieronymus war auch eine Lösung vom Vater. Denn der unterstützte Mozart beileibe nicht in seiner Auflehnung. Was war nur in den Alten gefahren, daß er seinen Sohn nicht so unterstützte und mitlitt wie bei der Auseinandersetzung vier Jahre zuvor? Offenbar hatte ihn die Angst vor Mozarts Unfähigkeit, zu planen und vorzusorgen, um die Sympathie und das Zutrauen zu dessen Freiheitsdenken gebracht.

Mozart wurde durch einen Fußtritt zum »freien« Künstler in Wien. Komponieren, Musizieren, Dirigieren, Unterrichten wurden seine Einnahmequellen.

23. 1. 82 an den Vater:

»ich habe nun 3 Scolarinen ... ich kann freylich das Jahr wenigstens eine oper schreiben. ich kann alle Jahr eine accademie geben. – ich kann Sachen stechen lassen. sachen auf suscription herausgeben – es giebt auch andere bezahlte accademien, besonders wenn man lange in einem orte ist, und schon credit hat. – solche sachen wünschte ich mir aber nur als accidentien [Nebeneinnahmen] und nicht als Nothwendigkeiten zu betrachten.« (über seine Konzerte vgl. S. 97 f, 110 f)

Auch Anstellungspläne macht er sich, unter anderem am kaiserlichen Hof (10. 4. 82), auch noch später, 1790 (Bd. VI, S. 64). In den Wiener Anfangsjahren hat er auch mit all seinen Plänen Erfolg. Später jedoch bleibt der Erfolg aus bis hin zu den späten Jahren, in denen sich Mozart große Summen leihen muß und kaum noch jemand auf seine Subskriptionsangebote reagiert (vgl. S. 98). Die Gründe für diesen Niedergang sind offenbar bis heute ungeklärt.

Sein unsteter Charakter oder die schwindende Lust der Wiener zur Musik sind als Gründe unwahrscheinlich. Ob es an der zunehmenden Kompliziertheit seines Stils lag oder an der wachsenden Neigung zum Billardspiel auf Geld, ist unbekannt.

Leopold Mozart am 23. 8. 1782 (III, 222) an eine Bekannte in Wien,
sozusagen als Resümee von Mozarts Befreiung, vielleicht aber auch als
eine Vorahnung seiner zukünftigen Mißerfolge:

»ja, ich würde ganz beruhiget sein, wenn ich nur nicht bei meinem Sohne einen
Hauptfehler entdeckte, und dieser ist, daß er garzu gedultig und schläferig, zu
bequem, vielleicht manchmal zu stoltz, und wie sie dieses alles zusammen taufen
wollen, womit der Mensch ohnthätig wird: oder er ist zu ungedultig, zu hitzig
und kann nichts abwarten. Es sind zween einander entgegen stehende Sätze, die
in ihm herrschen – zu viel oder zu wenig und keine Mittelstraße. Wenn er keinen
Mangel hat, dann ist er alsogleich zufrieden und wird bequem und ohnthätig.
Muß er sich in die activetet setzen, dann fühlt er sich, und will alsogleich sein
Glück machen. Nichts soll ihm im Weg stehen: und, leyder, werden eben nur den
geschicktesten Leuten, den besondern genies die meisten Hindernisse in den
Weeg gelegt.«

Die Lösung vom Vater als Emanzipationsschritt thematisiert der folgende
Abschnitt, aber am Beispiel eines anderen Heroen.

2. Nachricht von Carl Philipp Emanuel Bach

Die Befreiungen im Leben von Haydn, Mozart und Gluck haben wir gesehen.
So etwas gab es auch bei dem heute unbekanntesten der damaligen deutschen
Musikheroen, Philipp Emanuel Bach, dem zweiten Sohn von ... na, Sie wissen
schon. Es war eine Befreiung ähnlich derjenigen, die sein Vater in Weimar
durchsetzte (vgl. S. 66).

Philipp Emanuel scheint nach über 20 Jahren Dienst seine Cembalisten-
stellung bei Friedrich II. in Potsdam nicht mehr sehr geschätzt zu haben. Es
gab Streit unter den Kollegen, eine unangemessene Bezahlung und auch
Zurücksetzungen gegenüber anderen Hofmusikern. Und: Bach kam mit seinem königlichen Herren nicht gut aus. »Er behauptete, der König sei zwar
gebietender Herr in seinem Lande, doch nicht im Reiche der Kunst, wo Götter
walten, von denen alles Talent ausgehe und wieder dahin zurückgehe«, berichtet 1809 Zelter von Bach. Friedrichs starres Festhalten am guten alten
italienischen Stil wird nicht ohne Folgen auf das Verhältnis zu dem Neuerer
am Cembalo gewesen sein. »Seine Ansprüche auf den besten Geschmack in
der Literatur und in den Künsten, sein Macht-Regiment hier, wie in der
übrigen Welt, waren vielen unerträglich und verhaßt. Unter ihnen war Bach
... Der König merkte es Bachen an, hatte eine persönliche Abneigung gegen
ihn und schätzte diesen großen Künstler deswegen nicht nach Verdienst«,
beurteilt Zelter die Situation in seiner Biographie von Bachs Freund Fasch

(S. 46; beide Äußerungen zit. bei C. H. Bitter, C. P. E. Bach und W. Fr. Bach und deren Brüder, Bd. I, Berlin 1868, S. 182). Es scheint auch zu weiteren Schwierigkeiten gekommen zu sein, als Bach nach dem Tode seines Freundes Telemann in Hamburg seine Stelle kündigte und sich als Nachfolger Telemanns als Hamburger Kirchenmusikdirektor bewarb. Wie Telemann zog er also letztlich den freieren Geist der Republik dem Hofdienst vor (vgl. Telemanns Äußerung S. 52).

Bachs Befreiung zum ungebundenen und selbstbestimmten Komponisten – wenn auch noch nicht zum »freien«, also stellungslosen Künstler – ist vielleicht aus einem ganz anderen Blickwinkel als dem des Verhältnisses zum Dienstherrn besser und vor allem für uns ergebnisreicher zu beobachten: nämlich im Hinblick auf die Befreiung von seinem Vater.

Vergleichen Sie einmal die beiden folgenden Lebensläufe! Kennen Sie nicht auch solche Fälle, bei denen der ältere Sohn es schwerer hat, sich vom Vater zu lösen, der jüngere aber – im erzieherischen Windschatten – es leichter hat mit seiner Arbeit? (Erinnern Sie sich noch an S. 336?) Hätte Emanuel die musikalischen Fortschritte machen können, wenn er Friedemanns Zwillingsbruder gewesen wäre? Musikgeschichte als Ergebnis familienpsychologischer Bedingungen?

Wilhelm Friedemann Bach (1710–1784) 1. Sohn	*Carl Philipp Emanuel Bach* (1714–1788) 2. Sohn
1710 geb. Weimar 1717–23 Köthen (»Orgelbüchlein« des Vaters wohl für ihn zur Übung, sicherlich »Clavierbüchlein« von 1720)	1714 geb. Weimar Köthen Unterricht beim Vater
1723–33 Leipzig Sechs Orgeltriosonaten des Vaters für ihn, Fahrten mit Vater zu Orgelkonz. und Oper nach Dresden, erste Kompositionen und Schüler, Vertretung des kranken Vaters als Besucher Händels in Halle 1728, Berufsbestimmung: Musiker. 1729 Universität Leipzig zur allg. Bildung	1731 Studium mit dem Berufsziel Jurist an der Universität Leipzig 1732 Erste Kompositionen 1734 Studium weiter in Frankfurt a. d. Oder
1733–46 Organist Sophienkirche **Dresden**. 1745 Erstveröff. Klaviersonate (Mißerfolg)	1738 Entgegen der Empfehlung des Vaters, einen Kavalier als Hauslehrer nach Italien zu begleiten, als Cembalist zu Kronprinz Friedrich nach Ruppin u. Rheinsberg 1740–68 Hofcembalist Fr. II. in **Potsdam**. Erstveröffentlichung (Klav.-Sonaten)

	1744 Heirat mit Johanna Dannemann (Tochter eines Weinhändlers), 3 Kinder

1746–64 Organist in **Halle**, wenige Veröffentlichungen
1747 Reise mit Vater nach Potsdam

28. Juli 1750 Tod Joh. Seb. Bach

August 50 Bedrohung mit Entlassung wegen Verleihen von Instrumenten an Coll. Musicum	1750 Vergebliche Bewerbung um Nachfolge des Vaters
Dez. 50 Tadel wegen Urlaubsüberschreitung	
1751 Heirat mit Dorothea Georgi (Tochter eines Steuereinziehers), 3 Kinder	1753 Klavierschule
1760 Zwangszahlung wegen Schäden an ausgeliehenen Pauken	1755 Drohung mit Fortgang, da seine Klavierschüler höher dotiert sind als er. Daher Gehaltsaufbesserung.
1761 Bitte um Gehaltserhöhung mit Hinweis auf Dienstfehler abgelehnt	
1762 Bestallung als Darmst. Hofkapellmstr. durch Unentschlossenheit versäumt	
1764 Entlassungsgesuch und sofortige Amtsniederlegung (Gehaltskürzung)	
1764–71 Ohne Amt in Halle, kaum Veröffentlichungen	
1770 Versteigerung d. Grundstücks d. Frau	
1771–74 **Braunschweig**, ohne Familie. Bewerbungen um Stellen dort und in Wolfenbüttel erfolglos. Privatunterricht und Konzerte. Versteigerung der Autographe aus dem Erbe des Vaters.	1768–88 Stadtkantor von **Hamburg** als Nachfolger Telemanns, erst nach wiederholten Bitten um Entlassung bei Fr. II., der seinen unbequemen »Spiritus« hervorhebt. In der Folgezeit Ansehen als »Heros der deutschen Musik«. Viele »vorteilhafte Rufe« an andere Stellen abgelehnt. Zahlreiche Veröffentlichungen.
1774–84 **Berlin** Wenige Konzerte und Kompositionen, Gönner stützen ihn, Fälschungen eigener Werke als solche J. S. Bachs wegen höheren Erlöses.	
1784 gestorben	1788 gestorben

Konkurrenz und freier Markt:

Eine Szenenfolge

Der Untergang der Köstenbrüder
(Nach Preußner, S. 144 ff)
Diese Bruderschaft war eine um 1670 gegründete Musikergenossenschaft, die
unter dem mehr oder weniger funktionierenden Schutz des Senats in Lübeck
ein Exklusivrecht zum Aufspielen bei Festen, Hochzeiten, in Gasthäusern und
bei ähnlichen Gelegenheiten hatte. Die ärgsten Feinde der Köstenbrüder waren
einmal die zunehmende Unlust zur Brautmusik bei den Lübecker Bürgern – sie
mußten zeitweise tatsächlich bei fehlender Musik ein Ausfallsgeld an die
Bruderschaft zahlen –, dann aber andere Musiker, die ihnen das privilegierte
Festmusizieren in der Stadt streitig machen wollten und oft auch machten:
Militärmusiker (»Hoboisten«), Ratsmusiker bzw. Stadtpfeifer aus anderen
Orten. Wurden diese dabei erwischt, wurden ihnen die Instrumente abge-
nommen, oder die Wirts- bzw. Brautleute mußten Strafen zahlen.

Es war also eine typisch zunftartige Tätigkeit mit allen Exklusivitäts- und
Schutzrechten der vorbürgerlichen Gesellschaft: Eine Innung.

Im 18. Jahrhundert wurde die ohnehin schon immer wieder durchlöcherte
Sicherheit völlig brüchig.

Die sogenannten »Böhnhasen«, wie nicht in der Innung organisierte Arbeiter und Handwerker hießen, nahmen sich immer öfter die »angemaßte Fry-
heit«, in Gasthäusern zu spielen, und 1779 wurde ihnen das auch »gegen
Erlegung der bestimmten Abgabe« vom Stadtrat ausdrücklich zugestanden.
Diese Böhnhasen wurden bezeichnenderweise von den Köstenbrüdern »bürgerliche Musikanten« genannt. Und die Militärmusiker scherten sich auch
immer weniger um die Verbote.

Die Köstenbrüder klagten immer lauter gegen die unlautere Konkurrenz
und führten dem Stadtrat vor Augen, wie schädlich für sie die gänzliche
Regellosigkeit der Ausbildung und Organisation bei den Böhnhasen war:

> »Wir müssen unsere 5 bis 6 Lehrjahre aushalten, alsdann unserer Nahrung nachgehen,
> bey vorkommenden Fällen hieselbst unsere Probe machen ... unsere gantze Wissen-
> schaft ist die Musick, die, weil sie in beständiger Übung erhalten werden muss, keinen
> Betrieb anderer Gewerbe zuläßt ... Die bürgerlichen Musikanten hingegen haben keine
> Lehr-Jahre zu halten, sie dürfen [brauchen] keine Probe von ihrer Fähigkeit in der
> Musick ablegen, sie geigen so guth sie können und fangen damit an wenn sie wollen ...
> die Musick kann und darf nur für sie ein Nebenwerck ihren Unterhalt zu verdienen
> seyn ..., sie wohnen zum Theil auf fremden Dörfern und verdienen in der Stadt ihr
> Geld.«

Auch mit den Ratsmusikern hatten es die Köstenbrüder nicht leicht, denn
diese wollten den Anspruch der Köstenbrüder auf alle freien öffentlichen

Veranstaltungen nicht anerkennen. 1768 schrieben sie den Köstenbrüdern über ihre Rechtsauffassung. Es ist eines der wichtigsten Schriftstücke zur Begründung des Überganges vom Ständestaat zur bürgerlichen Gesellschaft, was die Musik anbetrifft.

»Das wissen wir, und machen es ihnen nicht streitig, daß sie die Aufwartung bey den Handwerkern auf ihren Amthäusern oder Krügen [die Zunfthäuser], nächstdem bey Hochzeiten auf den Dörfern, die zu dieser Stadt auch Johannis Kloster und dem Heil. Geist Güthern gehören, die sogenandten Faß Bieren, in gleichen die Kirchen-Musiken zu St. Jacobi und St. Petri prirerertire [zuallererst, allein] haben. Dagegen bedienen wir exclusive, alle die Hochzeiten wo ein Lübeckischer Prediger copuliret, die Kirchen Musiken von St. Marien und von Ostern bis Michaelis das wöchentliche Abblasen vom Rathause.«

Und jetzt kommt es!

»Alle übrigen Lustbarkeiten, wobey Musik erfordert wird, kennen keinen Zwang ... Es würde auch der Musik, die hier kaum anfängt etwas in Aufnahme zu kommen den unvermeidlichen Untergang nach sich ziehen, wenn denen angesehensten Einwohnern und Bürgern dieser Stadt und den Kennern der Tonkunst die freye Wahl genommen werden sollte, bey ihren Zusammenkünften, Concerten, Bällen und dergleichen Lustbarkeiten diejenigen auszusuchen, die sie für die geschicktesten halten ... Die Musik kann den Zwang nicht leiden, den die älteren Zeiten bey andern Künsten und Handwerken eingeführt haben. Sie kann zu keiner Vollkommenheit gelangen, wenn Kenner und Liebhaber nicht unter den Musicis frey wählen dürfen.«

Die Ratsmusiker schrieben das Programm der neuen Zeit: Kein Zwang mehr, Wahlfreiheit! Aber: Worunter wird frei gewählt? Unter Waren? Nein, unter »Musicis«, also Menschen! Und jetzt zeigt sich, daß die Ratsmusiker nur so argumentiert hatten, um den Köstenbrüdern die Privilegien zu schmälern, daß sie aber nicht weitsichtig genug waren zu bemerken, daß die Gedanken dieses programmatischen Papiers sich auch gegen sie selbst richten konnten. Und so kam es auch: Wie im Fall der Köstenbrüder nahmen auch die Beliebtheit und die geschützten Rechte der Ratsmusiker ab, und zu Beginn des 19. Jahrhunderts mußte der Stadtrat sich viel Gedanken darüber machen, was er nun mit diesen festangestellten Musikern machen sollte. Das Papier hatte sich bewahrheitet: Die Prinzipien von Leistung, Konkurrenz und freier Wahl, von Angebot und Nachfrage, also alle Grundlagen der »freien« Wirtschaft, setzten sich gegen die Zunft- und Innungsprivilegien und städtisch geschützten Exklusivrechte durch. Aber nicht zugunsten der Ratsmusiker!

(Die für Lübeck dargestellte Erscheinung ist symptomatisch für die Zeit: 1782 z.B. wurden in Wien von Kaiser Josef II. die zunftartigen, jahrhundertealten Musiker-Bruderschaften aufgelöst. An ihre Stelle trat als zentrale Wiener Musikorganisation die 1771 gegründete »Musikalische Societät der *freyen* Tonkunst«, die keine zunftmäßig Organisierten aufnahm; vgl. S. 238, dort auch die genaue Titelangabe des Buches von Hanslick über den Zusammenhang. Eine ausgezeichnete Darstellung der Organisations- und Arbeitsform des deutschen Spielmannswesens bis ins 18. Jahrhundert, ebenso der deutschen Ratsmusiker findet sich in den Aufsätzen von Schwab und Krickeberg bei Salmen 1971.)

3. Nachricht von Carl Philipp Emanuel Bach

(nach Schleuning, S. 234 ff; dort auch alle Quellenangaben)

1753 hatte er seine epochemachende »Freie Fantasie in c-Moll« veröffentlicht (vgl. S. 468 f). Bis 1770 folgten noch einige kleinere Beispiele dieser seltenen Gattung im Druck. Dann war Schluß damit. Bach phantasierte häufig an seinem Clavichord, und von Hörern gibt es auch Berichte über dieses faszinierende Improvisieren, das stets ausgesprochenen Kenner-Charakter hatte, kunstvolle und extravagante Musik war. Fantasien machte Bach, ob niedergeschrieben oder improvisiert, nur »zu seinem Vergnügen«, für seine »Freunde«, »vor sich« oder »für wenige«. Auch Dr. Burney aus England (vgl. S. 259 ff) hörte ihn bei seiner Europareise, ebenso Reichardt, aber immer privat. 1775 schrieb Bach einen Brief an seinen Freund Johann Nikolaus Forkel. Darin heißt es:

»Man will jetzt von mir 6 oder 7 Fantasien haben, wie das achtzehnte Probestück aus dem c-moll ist; ich läugne nicht, daß ich in diesem Fache gern etwas thun möchte, vielleicht wäre ich auch nicht ganz und gar ungeschickt dazu, überdem habe ich einen Haufen Collectanea [Sammlungen] dazu, welche, wenn ich Zeit hätte sie in Ordnung zu bringen und sie allenfalls zu vermehren, zu der Abhandlung von der freyen Fantasie meines zweyten Versuchs gehören [2. Bd. der Klavierschule]: allein, wie viele sind deren, die dergleichen lieben, verstehen und gut spielen? Der Herr von Gerstenberg und Hr. C. M. [Kapellmeister] Scheibe in Copenhagen u.a. m. wünschen dergleichen und offeriren alle bona officia [guten Dienste]: allein noch habe ich wenig Lust dazu, ebenso wenig, als zu Claviersonaten mit einem begleitenden Instrument nach dem jetzigen Schlendrian. Doch dieses letztere Un- oder Mittelding könnte lucrativer seyn, als jene finstere Fantasie.«

Bach sah bei Publikationen von Musik genau darauf, ob ein Käuferkreis von genügender Größe für die jeweilige musikalische Gattung zu vermuten war, ob sie »lucrativ« sein mochte.

So nahm er ab 1776 die in Liebhaberkreisen geschätzte Gattung des Instrumentalrondos in seine Werke auf, auch wenn Kenner wie Reichardt monierten, er habe sich damit »zu der Bequemlichkeit und dem Unvermögen des Volkes herabgelassen« (Freund Forkel dagegen: »Vom Feuer eines Genies belebt, und vom Verstande cultivirt, kann jede Musikgattung gedeihen« – er hielt also im Grunde auch nicht viel von der Neuerung, wenn Hinz und Kunz sie anwendeten; Schubart dazu vgl. S. 370). Bach blieb bei den Rondos, auch in seinen sechs Sammlungen von Klaviermusik »für Kenner und Liebhaber« (1779–87). Um 1785 begründete er das so (an einen Engländer):

»Die Liebhaberei zu den Rondos ist hier so groß als in London, und ich habe sie deswegen mit eingemischt, um meinen Verkauf zu befördern. Ich weiß aus Erfahrung, daß sehr viele meine Sammlungen bloß wegen der Rondos kaufen.«

Es sind wohl auch die besten und verrücktesten Klavierrondos des 18. Jahrhunderts. Ich empfehle, sie zu spielen oder zu hören.

Ebenso ist er beim Ersetzen längerer Adagiosätze, »weil dies Ding nicht mehr Mode ist«, durch einfachere und kürzere Allegretto- und Andanteteile in seiner Klavier- und Kammermusik seit den siebziger Jahren dem Dilettantengeschmack gefolgt. Auch die im Brief von 1775 erwähnte Gattung der Klaviersonaten mit einem begleitenden Instrument, in der dem ungeübten Dilettanten als dem Ausführenden des leichten Zusatzparts die Teilnahme an schwieriger Musik ermöglicht wurde, nahm Bach, obwohl er sie noch im Vorjahr als »Un- oder Mittelding« abgetan hatte, schon 1776 in seine Produktion auf, weil er »doch endlich habe müssen jung thun«. Auch hier hatte sein Geschäftssinn ihn bewogen, seine kompositorischen Skrupel zu überwinden und sich dem Geschmack der bürgerlichen Käufermasse der Liebhaber anzupassen.

Dies gilt natürlich nur für die Musik, die Bach zu veröffentlichen gedachte. Daß er einen stilistischen Unterschied zwischen Musik fürs Publikum und für sich bzw. seinen engeren Kreis machte, beweist der Ausspruch: »Weil ich meine meisten Arbeiten für gewisse Personen und fürs Publikum habe machen müssen, so bin ich dadurch allezeit mehr gebunden gewesen, als bey den wenigen Stücken, welche ich für mich verfertiget haben.« Zu diesen letzteren Stücken gehörte neben »bloß einige Trios, Solos und Concerte« auch die niedergeschriebenen »Freien Fantasien«.

Nur dem Spiel »für sich« war die ganze Kunst der Komposition und die volle Freiheit der Fantasie vorbehalten, die ein Kenner zu würdigen verstand. Beim Veröffentlichen war der Komponist durch Rücksicht auf das Publikum gebunden. Im Bewußtsein dieses Unterschiedes riet Bach einem jungen Kollegen: »Bey Sachen, die zum Druck, also für jedermann, bestimmt sind, seien Sie weniger künstlich und geben mehr Zucker ... In Sachen, die nicht sollen gedruckt werden, lassen Sie Ihrem Fleiße vollkommenen Lauf.« (1784)

Bach faßte daher in seinem Brief an Forkel eine Möglichkeit der Veröffentlichung von Fantasien ins Auge, die schon bei seiner ersten veröffentlichten Fantasie, der in c-Moll, erfolgreich gewesen war: als Beispiel zu seiner Klavierschule. Dadurch war die Verkäuflichkeit der Stücke nicht an den mangelnden Fantasie-Geschmack der Liebhaber, sondern an die erwiesene »Lucrativität« der mehr für gebildetere Liebhaber und Kenner bestimmten Klavierschule gebunden (vgl. S. 251 ff). Bach zögerte noch lange mit der weiteren Veröffentlichung von Fantasien. Das änderte sich dann aber im Verlauf seiner Planungen der sechs Sammlungen von Klaviermusik »für Kenner und Liebhaber«, die er im Selbstverlag herausbrachte (Druck bei Breitkopf). Kenner *und* Liebhaber sollten dabei zu ihrem Recht kommen, ein nur schwer einzulösender Anspruch. Beobachten wir Bachs Marktstrategie an der Folge der sechs Bände.

Die erste Sammlung (1779) enthielt sechs Sonaten, in die zweite und dritte
nahm er neben je drei Sonaten auch je drei Rondos auf, des »Verkaufs«
wegen, wie er gesagt hatte (s. o.). Die Absicht, mit den Rondos die Liebhaber
zu erreichen, mit den Sonaten aber die Kenner zu halten, spiegelt sich in Bachs
Brief von 1779 an den Drucker Breitkopf (über die 2. Sammlung): »Der Inhalt
dieser Sonaten [er meint alle Stücke der Sammlung damit] wird ganz und gar
von allen meinen Sachen verschieden seyn; ich hoffe für Jedermann.«

Wenn man annehmen kann, daß jemand mit 300 Pränumeranden schon
eines kleinen Gewinns sicher sein konnte (nach Hortschansky, Pränume-
rations und Subskriptionslisten ..., Acta musicologica 1968), so stand Bach
nicht schlecht da: Die erste Sammlung fand bei einer Auflage von 1000 Stück
519 Pränumeranden, und er freute sich: »Meine Sonaten ... gehen ab wie
warme Semlen.« Und: »Ich habe ansehnlich mit meinen Sonaten gewonnen.«

Die Pränumerandenzahl sank aber mit der Aufnahme der Rondos, also bei
der 2. und 3. Sammlung, auf 330 und 307 ab! Diese Tatsache läßt vermuten,
daß die Zahl der Pränumeranden dem Anteil der Kenner an der Käuferschaft
entsprach, wie auch die vielen Musikerberufe zeigen, die die Pränumeranden
hatten (jede Sammlung begann mit einer Liste dieser Vorbesteller, die Adligen
stets am Beginn, dann nach Städten alphabetisch geordnet). Die Bereitschaft
der Kenner, die 2. und 3. Sammlung zu pränumerieren, nahm wegen der
Rondos schlagartig ab. Der Gesamtverkauf muß dadurch nicht unbedingt
gelitten haben, denn die Liebhaber kauften die Noten offensichtlich eher im
freien Ladenverkauf. Und sie taten das im Falle der 2. und 3. Sammlung
sicherlich in größerer Zahl (zu den Pränumeranden vgl. S. 248 f).

Bach sah aber das Schwinden der Kenner ebensowenig gern wie einen
Mangel an Liebhaberkäufern. Es sollte eben »Jedermann«, Kenner wie Lieb-
haber, angesprochen werden. Dazu machte er sich nach der dritten Sammlung
Gedanken. Und nun endlich wurde sein alter Plan wahr gemacht. Denn:

»Unser Herr Kapellmeister Bach, hat einige neue freye Phantasien componirt, und sich
auf vieles Anhalten verschiedener Freunde der Music, welche diese Meisterstücke
gehört haben, entschlossen, ein Paar derselben seiner vierten Sammlung von Sonaten
für Kenner und Liebhaber beyzufügen.« (Cramer, I/1, S. 132, dort auch die Liste der
»Collecteurs«)

Bach hob in einem dem Manuskript beigefügten Brief an Breitkopf nochmals
die Abhängigkeit der Veröffentlichung der Fantasien vom Wunsch der
Freunde hervor: »Meine Freunde wollten unbedingt zwei Fantasien mit dabei
haben, damit man nach meinem Tode sehen könne, welcher Fantast ich war.«
Der Erfolg gab Bachs Handlungsweise recht: Die Zahl der Pränumeranden
stieg wieder auf 388, was die stärkste Schwankung innerhalb der Reihe außer
der zwischen 1. und 2. Sammlung war. Bei den beiden folgenden Sammlungen
fiel die Zahl freilich wieder auf 308 und 288 ab.

Bach hatte sich bei der Vorbereitung der 4. Sammlung große Mühe gegeben, um seinen Verkauf wieder aufzubessern. Die für die Kenner bestimmten zwei Fantasien standen am Ende der Sammlung, als Höhepunkt für die Kenner, unauffällig für die Liebhaber. Um die Liebhaber als Käufer jedoch nicht zu verlieren, mußte er deren Lieblingsgattung, das Rondo, nach bewährtem Muster wieder mit drei Exemplaren aufnehmen. Um die Sammlung nicht zu sehr anschwellen zu lassen, verringerte er die Zahl der Sonaten von drei auf zwei, so daß die in den Sammlungen einmalige Werkzahl von sieben erreicht war. (In den beiden folgenden Sammlungen reduzierte er auch die Zahl der Rondos auf zwei.) Auf diesen Umstand wies Bach selbst in einem Brief an Artaria hin: »Diese Sammlung unterscheidet sich von den übrigen merklich. Sie ist leichter, süßer und stärker, weil sie 7 Stücke enthält.« Und C. Fr. Cramer rechtfertigte die Zusammensetzung der Sammlung im Hinblick auf ihren Titel »für Kenner und Liebhaber« damit, daß Bach »sowohl den erstern tiefere harmonische, als den letztern und Ungeübteren, auch die von ihnen besonders gesuchten melodischen Reize« vermittle.

Sechs Sammlungen zu je 1 000 Stück Auflage

Nr.	Jahr	Sonaten (f. Kenner)	Rondos (Lieb-haber)	Fantasien (Kenner)	Stück-zahl	Pränume-randen (Kenner)	Pränume-randen-wechsel
1	1779	6			6	519	
2	1780	3	3		6	330	−189
3	1781	3	3		6	307	− 23
4	1783	2	3	2	7	388	+ 81
5	1785	2	2	2	6	308	− 80
6	1787	2	2	2	6	288	− 20

Bach war ein sehr kluger Mann. Denn er tat mehr, als sich im Dickicht des anonymen Marktes durch Vor- und Zurückschieben der verschiedenen Gattungen vorzutasten. Er baute auch die Gattungen um, machte also etwas mit deren Inhalt.

Die beiden Fantasien aus der vierten Sammlung von 1783 waren recht ähnlich wie das Paradestück in c-Moll von 1753; sprunghaft, bunt und überraschend wechselnd, tiefsinnig, schwierig, offensichtlich Ergebnisse aus den Ideensammlungen (»Collectanea«), die er 1775 im Brief an Forkel erwähnte, Studien in musikalischer Schwierigkeit, eine Art Rumtopf für Kenner. So kompliziert wie das folgende Zitat, das der Freund Carl Friedrich Cramer in seinem Magazin der Musik über die Fantasien dieser Sammlung schrieb (I/2, S. 1250ff):

c-Moll-Fantasie
Stelle mit »enharmonischer Verwechslung« des verminderten Septakkords

»Man erlaube mir doch noch einige Worte hinzuzufügen, um den Gesichtspunkt anzugeben, aus dem sie zu beurtheilen sind. Und dieß ist, dünkt mich, der, daß man bey dieser ganzen Gattung überhaupt nicht sowohl Befriedigung der Empfindung, als des Verstandes, nicht sowohl sinnliches, als intellectuelles Vergnügen suchen muß. Wer also nur nicht mit Rousseau ausschließend das Wesen und die ganze Kraft der Musik in Nachahmung und Leidenschaft sezt, wer nicht gegen die Instrumentalmusic insbesondre, sobald sie nicht mahlt, gefühllos ist, und auch solchen Folgen von Tönen, denen keine genau bestimmbaren Empfindungen und Ideen entsprechen, und die auch sogar bisweilen für das Ohr keinen entschiedenen Reiz haben, dem ohngeachtet aus andern Gründen Werth zugestehen kann, dem wird eine solche Sammlung von momentanen Einfällen, Gedanken, Capriccio's, kurz solche freye Ausbrüche der musicalischen Dichterwut, ... sicher die unterhaltendste Geistesbeschäftigung verleihen, und das um so viel mehr, je mehr er mit den geheimeren Regeln der Kunst vertraut geworden, und je tiefer er in das Heiligthum derselben gedrungen ist. Denn für den Denker eröfnen sich hier bey jedem Schritte die mannigfaltigsten Aussichten. Das Neue so vieler oft ganz heterogenen, aber doch immer mit harmonischer Richtigkeit und Kunst zusammengewebter Gedanken, ihr Unerwartetes, und weil gar kein Thema angenommen wird, das das Gedächtnis des Hörers auf Zukünftiges vorbereitet, immerdar Überraschendes; die Kühnheit der Modulationen, der Abschweifungen und Wiedereinlenkung, die Unerschöpflichkeit an Gängen und Wendungen, die Mannigfaltigkeit der einzelnen Figuren, aus denen das Ganze zusammengesezt ist, und dann das Brillante im Spiele der Hand, das auch für den Unerfahrensten wenigstens das Vergnügen des Anstaunens überwundener Schwierigkeiten mit sich führt: alles dieß sind große und wichtige Seiten, von denen man solche

Werke der Kunst, solche Studia ansehen, und in Rücksicht auf welche ein Mann
wie Bach, auf diese auch nur von wenigen genossene, und von wenigen ge-
nießbare Werke einen nicht geringen Theil seines Ruhms gründen kann.«

Welch ein Stil! Und das in einer für die Öffentlichkeit bestimmten Zeitschrift!
Weniger »sinnliches, als intellectuelles Vergnügen«! Es lohnt sich aber dennoch zu versuchen, die Inhalte dieser nur fünf Sätze zu verstehen. Denn es sind
kluge Gedanken über den Unterschied von alter und neuer Instrumentalmusik
darin. Und es lohnt sich auch, diese Fantasien zu hören, die es auch auf
Schallplatten gibt. Sie sind schöner als Cramers Absatz, wenn auch ähnlich
kompliziert.

Bach scheint sich, als er in der folgenden, fünften Sammlung (1785) die
Stückzahl wieder auf sechs zurücknahm, überlegt zu haben, wie er Kenner-
und Liebhaberinteressen noch besser zugleich befriedigen könne. Und zwar
auch bei den Fantasien. Er lieferte noch eine Fantasie der beschriebenen
wüsten Art nach, offenbar noch aus dem »Collectanea«-Bestand. Aber die
andere, ein großes Stück in C-Dur, folgt schon einer neuen Konzeption: fast
nichts mehr taktstrichlos, viel Melodie, weniger schnell aufeinander folgend
die Tonart- und Stimmungssprünge und »überhaupt genommen, nicht schwer
in der Exekution«, wie Cramer schreibt (II/2, S. 872). Es ist meine und
Cramers »Lieblingsfantasie«, denn sie hält sich »noch ziemlich in den Schranken der Sittsamkeit, obgleich auch einige Seitensprünge gemacht werden«,
diese mehr für den »Kenner«, der darin sehen kann, »wie die Manier des
Componisten hierinn beschaffen sey, durch welche besondere Wege er von
einer Tonart in die andere bald langsam hinschleicht, bald gleichsam durch
einen salto mortale hinüberspringt, wie er die kühnen Ausweichungen vorbereitet, und die Tempi verändert, so wie es sein Genie in der freyen Fantasie für
gut findet«. Erstaunlich und von Beethoven aufgegriffen sind gegen Ende kurz
aneinandergehängte Zitate aus Anfangsteilen des Stückes.

Diese Fantasie verfolgt ganz neue Prinzipien, die sich eher mit dem Lieb-
habergeschmack vereinen lassen: leichter und nicht so wild.

Und das wird in der letzten Sammlung (1787) noch verstärkt. Die Fantasie
in B-Dur wurde schon unter anderem Gesichtspunkt besprochen (vgl. S. 362),
die andere in C-Dur ist kaum noch eine Fantasie im alten Sinne: ein fünf-
teiliges, symmetrisch angelegtes Gebilde mit geschlossenen, langsamen zweiten
und vierten Teilen und thematischer Gleichheit in Außenteilen und Mittelteil,
und deren Thema ist »eine Art von Rondothema« (Cramer II/2, S. 996); also
ist das Stück formal und thematisch in Richtung auf Liebhaberinteressen
geschnitten. Das zeigt sich auch darin, daß es betont lustig ist, kaum noch
tiefsinnig und traurig wie die früheren Stücke, dafür mit klarer, »deutscher«
Melodik (Notenbeispiel s. S. 278).

Anfang der C-Dur-Fantasie der 6. Sammlung

Die Richtung aufs Leichte, Liebhaber-Gängige hat Bach sicherlich aus Verkaufsgründen angestrebt, aber er gewann dadurch auch eine neue kompositorische Qualität, die damals sehr geschätzt wurde: Die Befriedigung von Kennern und Liebhabern mit der gleichen Musik. Die Ähnlichkeit mit Haydn ist da kein Wunder, denn er wurde stets für diese Tugend geschätzt (vgl. S. 129 f).

fis-Moll-Fantsie
Gleiche harmonische Prozedur wie in der c-Moll-Fantasie, höchste Raffinesse des intellektuellen Komponierens der Zeit. Hörergebnisse: Verwirrung, Bestürzung, »angenehme Betrügerey« (C. P. E. Bach).

Bach schrieb 1788 über die Stücke dieser 6. Sammlung: »Ihre Einrichtung ist nicht das, was Mode bloß ist und bald vergeht. Sie sind original, gefällig, lange nicht so schwer, wie vieles Zeug, was jetzt erscheint, und sie sind nicht altväterlich; genug, sie werden sich, wie meine anderen Sachen, und noch länger halten.«

Die fis-Moll-Fantasie von 1787, »C. P. E. Bachs Empfindungen«, »sehr traurig und ganz langsam«: Als Instrumental-Requiem für sich selbst muß man sie ansehen (vgl. S. 362). Aber hier interessiert mehr die stilistische Seite. Und da stellt man verblüfft fest, daß das Stück wieder genauso kompliziert, sprunghaft, schwer, taktstrichlos, harmonisch raffiniert und eben auch düster ist wie jenes alte Stück von 1753 in c-Moll.

Das war also nach wie vor noch sein Stil, aber eben bei Stücken »für sich« Die fis-Moll-Fantasie gibt es nur im Manuskript, sie wurde damals nicht veröffentlicht und sollte es auch wohl nicht werden! So redete er zu sich selbst, wenn er allein war oder vor wenigen Kennern: Dann improvisierte er, spielte »aus dem Kopfe« (dies und weitere Zitate mit Quellenangaben bei Schleuning, S. 166 f). Er konnte sich »stundenlang ... in seine Ideen, in ein Meer von Modulationen vertiefen und verlieren« (Reichardt). »Stundenlange Phantasien« (Reichardt) waren es, die er, »ohne daß er lange dazwischen aufhörte«, vom Abendessen »fast bis Eilf des Abends« spielte.

»Während dieser Zeit gerieth er dergestalt in Feuer und wahre Begeisterung, daß er nicht nur spielte, sondern die Miene eines außer sich Entzückten bekam. Seine Augen stunden unbeweglich ... und seine Seele schien sich um ihren Gefährten nicht weiter zu bekümmern, als in so weit er ihr zur Befriedigung ihrer Leidenschaften behilflich war« (Burney). Der Gefährte ist dabei der Körper! »Seine ganze Seele ist dabei in Arbeit, welches die völlige Ruhe, und fast sollte man sagen, Leblosigkeit seines Körpers sattsam anzeigt« bzw. »Seine Seele schien dann ganz abwesend, die Augen schwammen wie in süßem Traume« (Reichardt).

Das alles streifte er ab, wenn er für die Publikation Fantasien vorbereitete. Da war er kühl, bewußt, geschickt, ein Meister der Taktik. So war er zwei Personen, eine für sich und eine für die Öffentlichkeit bzw.: eine für seine Seele und eine für seinen Geldbeutel.

Diese Zerrissenheit der Komponisten ergab sich mit den Erfordernissen des anonymen Marktes. Viele kamen nicht gut damit zurecht, wurden gescholten, egal ob sie mehr für Kenner veröffentlichten, also den Versuch einer Integration von Innen und Außen machten, oder ob sie mehr für die Liebhaber schrieben, d. h. auch einmal ans Geldverdienen dachten. Kenner und Liebhaber, das waren Positionen, die im Komponisten selbst Platz ergriffen hatten und ihn ständig hin und her zogen. Was er »eigentlich« gut fand und was er tun mußte für den Markt, das waren oft zwei ganz verschiedene Dinge. Und er kam nie mehr zur Ruhe. Dieses Künstlerbewußtsein, das heute so lebendig ist wie früher, gibt es erst seit jener Zeit.

Ich stelle im folgenden einige Beispiele für diese Zerreißprobe der frühen bürgerlichen Komponisten zusammen.

Das Gegeifer von oben:

Über Klaviervariationen von Wilhelm Fr. Rust: »Von einem Manne, der, wie die Rede geht, schon in seinem dreyzehnten Jahre Joh. Seb. Bachs Fugen spielen konnte, hätte man freylich Veränderungen anderer Art, hätte man etwas im wahren grossen Claviergeschmack erwarten sollen. Jene kunstreichen und meisterhaften Werke müssen daher entweder von sehr schwacher Einwirkung auf die musikalische Einbildung des Verfassers gewesen seyn, oder Herr R. ist ein so feiner Politicus, daß er es in den jetzigen bedrängten musicalischen Zeiten, wo das Ohr, wie unser Gaumen, sich zu einem gewissen haut gout empor geschwungen hat, für rathsam erachtet, die wahre Kunst zu Hause zu behalten, und dafür lieber ein musicalisches Gerichte mit Asa foetida [asiat. Gummiharz] und Knoblauch reichlich gewürzt, aufzutischen. Zu Ehre des Herrn R. muß man das letzte glauben, obgleich es schwer zu begreifen ist, daß ein Mann sich so sehr verläugnen kann. Nach dem Laufe der Natur singt jedes Geschöpf, wie ihm der Schnabel gewachsen ist, und was auch immer durch Gewohnheit, Zwang und dergleichen für Veränderungen hervorgebracht werden mögen, so weiß man doch, daß jene eigenthümliche Art nie gänzlich vertilgt werden kann. Wenn demnach die Nachtigal beständig wie ein Sperling singt, ohne sich auch nur bisweilen durch süssere Thöne zu verrathen, so muß natürlicherweise jederman glauben, der Vogel sei ein wirklicher Sperling und keine Nachtigal. F – I. [Wer ist es wohl?]« (Cramer I/1, 1783, S. 457)

Bericht über das Liebhaberkonzert in Celle 1783 und den Komponisten Friedrich Gottlieb Beckmann:

»Seine Freunde zanken oft mit ihm, daß er nicht fleissiger componirt, und sich zu sehr nach dem heutigen Modegeschmack richtet, darüber das ihm Eigenthümliche der Composition verläugnet, und daher das allen Künstlern, die nicht unter den großen Haufen gemeiner Componisten gemengt seyn wollen, so unentbehrliche Characteristische der Manier vernachläßigt. Er ist darunter offenbar zu nachgebend gegen die Wünsche der Verleger seiner Werke, die alles recht leicht und luftig gesetzt verlangen, damit der Debit desto größer sey.« (Cramer I/2, S. 976)

> Und wie sah es in der Unterwelt der Verrissenen aus?
> Die Produzenten, die nicht das Glück hatten, Genies zu sein wie Carl Philipp Emanuel Bach oder Haydn oder Mozart, sondern nur hofften, die neuen Möglichkeiten des freien Marktes zum Kommunizieren und Verdienen nutzen zu können, wie verhielten sie sich?

Maßstab:

»Der wahre Künstler arbeitet daher nicht für den gemeinen Geschmack, ist auf das Urtheil des Pöbels nie stolz; das Lob des Narren beschämt ihn, und der Beifall, die Aufmunterung Eines Kenners gilt ihm statt Vieler, statt Aller.« (Johann Gottfried Herder, Kalligone, 1800, Abschnitt I/5; Ausgabe Heinz Begenau = Beitr. z. deutschen Klassik, Texte Bd. 1, Weimar, 1955, S. 75)

Schönberg, ick hör dir schon wieder trapsen! (vgl. S. 136)

Carl Philipp Emanuel Bach dagegen:

>»Bey dieser Gelegenheit muß ich anführen, daß die Herrn Kritiker, wenn sie auch ohne Passionen [parteiische Leidenschaften], wie es doch selten geschieht, schreiben, sehr oft mit den Kompositionen, welche sie recensiren, zu unbarmherzig umgehen, weil sie die Umstände, die Vorschriften und Veranlassungen der Stücke nicht kennen.« (zit. Burney 1773, II, S. 208)

Dr. Gericke aus Hamburg kündigt 1786 Lieder an:

»Von vielen darum ersucht, wage ich es, dem Publico einige meiner Lieder unter dem Titel: Melpomene, welche von einem, wofür ich bürge, guten, und vielleicht, wenn ich ihn nennen dürfte, auch beliebten Componisten gesetzt sind, auf Prenumeration anzubieten. Ich weiß zwar wohl, daß es nicht sehr rathsam ist, zwischen einen Gastwirth und einer Gaarküche ein Speisehaus anzulegen, (und dies möchte so ziemlich der Fall mit Musikalien seyn.) Allein ich denke doch, wenn man so etwas Eigenes hat, das die andern nicht haben, möchte man's gar wohl thun.«

Rats- und Stadtmusikus F. Pannenberg kündigt 1786 Tänze an:

»Durch den schmeichelhaften Beyfall ermuntert, den meine musikalischen Arbeiten seit einigen Jahren erhalten haben, und durch Liebhaber der Tanzmusik aufgefordert, habe ich mich entschlossen . . .«

J. D. Gerstenberg aus Leipzig 1787:

»Den Liebhabern der Tonkunst kündige ich hiemit drey Sonaten fürs Clavier an. Sie waren anfänglich nicht bestimmt vor dem Publico zu erscheinen; nur der unerwartete Beifall, und die schmeichelhafte Aufmunterung verschiedener Kenner allhier konnten mich zu dem Entschlusse vermögen, sie herauszugeben . . .«

Georg Wilhelm Fischer, Hofmeister beim Herrn Baron von Firks, 1784, kündigt eine Liedersammlung an:

»Wenn ich den Versicherungen fühlbarer Freunde trauen darf, so habe ich die beste Aufmunterung, mich von einer noch vortheilhaftern Seite zu zeigen und die angenehme Hofnung, dabey auf mehrere gütige Beförderer rechnen zu dürfen. Ich biet' also dem geneigten Publikum den zweeten Theil meiner musicalischen Sammlung: Versuche in der Tonkunst und Dichtkunst betitelt, auf Pränumeration an, welche von Weyhnachten 1784 bis Ostern 1785 offen stehen soll . . . Die Sammlung besteht aus 20 Liedern. Um dem Vorwurf der Monotonie auszubeugen, hab ich von etlichen Freunden Texte mit aufgenommen, und für Mannigfaltigkeit und Gesang so gesorgt, daß man ohnstreitig diese Sammlung der ersten vorziehn wird.
Weit entfernt, mein eigner Lobredner zu werden, verweis' ich jeden gütigen Unterstützer auf das Werkchen selbst, welches, wo nicht um Johannis, doch gewiß um Michaelis 1784 die Presse verlassen und in der Buchhandlung der Gelehrten zu haben seyn wird. Volkstedt, bey Eisleben, 1784.«

Michael Ehregott Grose, Organist an der altstädtschen Hauptkirche in Brandenburg an der Havel, kündigt 1784 an:

»1) 24 Lieder von guten Dichtern.
2) 6 Sonaten fürs Clavier, leicht und im Geschmack der so viel Beifall gefundenen Türkschen.

Die Sündfluthen von musikalischen Compositionen würden mich abhalten, mit meinen eigenen Einfällen das Publikum noch mehr zu überschwemmen, wenn nicht – ich wills geradezu gestehen – meine eigene Bedürfnisse – falls ich den Beifal des Publikums erhielte – dadurch mit befriediget, und dem so mannigfaltigen Andringen meiner Freunde genüget würde. –

Doch keines von beiden würde mich allein dazu determiniren, käme nicht der Beifall wahrer Kenner, die mir besonders einen brillanten Fingersatz zugestanden haben – die ich aber zu nennen doch eben nicht schicklich erachte – dazu. Es sind nicht die ersten Sachen, die ich jetzt herausgeben will, doch aber erschien ich nie gedruckt. Zum Bekanntwerden gehört dies nun doch wohl einmal ...«

Aus dem Vorwort der 6 leichten Claviersonaten von Daniel Gottlieb Türk, Breitkopf 1783, die der Kritiker Cramer den Anfängern empfiehlt:

»Hauptsächlich nam ich auf solche Liebhaber Rücksicht, die das Leichte und Gefällige dem Gekünstelten vorziehen; daher schrieb ich einige Sätze mit unter, die Kenner wahrscheinlich überschlagen werden: doch sollen auch diese hoffentlich nicht ganz übersehen worden seyn. Für Anfänger, im eigentlichsten Verstande, welchen ich aber freylich nicht rathen würde, Sonaten zu spielen, hab' ich hin und wieder, bey Doppelgriffen, kleinere Noten mit drucken lassen, die allenfalls wegbleiben können. Die Herren Critiker werden bey dieser Arbeit wohl bedenken, daß es gar keine geringe Aufgabe ist, kurz und ganz leicht zu schreiben, ohne dabey ins Alltägliche zu verfallen.«

Türk kündigt diese Sonaten mit der Bemerkung an, daß »selbst solche Liebhaber, die meine ersten beyden Sammlungen schwer fanden, mir bei dieser darüber gewiß keine Vorwürfe machen werden«.

Friedrich Burchard Beneken, Kloster Wennigsen bei Hannover, kündigt 1786 »Lieder und Gesänge für fühlende Seelen« an:

»Liebes musikalisches Publikum! werde nicht unwillig, daß deine Güte durch eine neue Pränumerations-Ankündigung abermal in Gefahr gesetzt wird, gemißbraucht zu werden. Vorsätzlich möcht' ich das nicht, und deswegen sag' ich dir offenherzig, daß ich eigentlich nicht zu den Geweihten der Kunst gehöre; glaubst du aber, daß leidenschaftliche Liebe für sie, reges Studium derselben in Theorie und Praxis von früher Jugend an, und innige Vertraulichkeit mit ihren besten Werken demohngeachtet etwas leisten könne, und trauest du mir Discretion genug zu, dir nichts anzubieten, was nicht auch Kenner billigten, so befördere durch deine Unterstützung eine kleine Sammlung von Liedern, die gewiß dir manche gute Empfindung aufregen und nähren wird.«

(Quellen der acht Zitate: Cramer II/2, S. 892 ff; II/2, S. 896 f; II/2, S. 1179; II/1, S. 243 ff; II/1, S. 261 ff; I/2, S. 1281; I/1, S. 305; II/2, S. 997 f)

Finden Sie das unterwürfig? Falls ja, haben Sie noch nie in einem »freien« Beruf gearbeitet, oder: Sie haben in einem gearbeitet und sich noch nie darüber Gedanken gemacht. Dieser Wunschberuf des Bürgertums zwingt zu solchen Gesten. Allerdings wird man entschädigt, wenn man sich erst einmal hochgedient hat. Dann genießt man diese Geste von anderen.

Johann Wilhelm Hässler kann uns da ein Beispiel sein. 1747 geboren, lernte er das musikalische Handwerk bei einem Schüler J. S. Bachs, blieb auch weiterhin unter dem Einfluß des Bachkreises, ob in Leipzig selbst oder bei einem Besuch in Hamburg bei Philipp Emanuel (dies und alles weitere nach Schleuning, S. 302 ff).

Er wurde Organist und Konzertdirektor in Erfurt. Um den Jahreswechsel 1774/75 besuchte er Forkel in Göttingen und hatte dort mit einem selbst-arrangierten Konzert starken Erfolg, in dem er »einige Sonaten mit unter-mischten freien Fantasien auf dem Klavier spielte«. 1776 erschien sein erstes Werk, »Sechs Sonaten mit einer vorgesetzten Fantasie«, über die der Rezen-sent der »Allgemeinen Deutschen Bibliothek« etwas boshaft, aber für die Bach-Nachfolge Hässlers bezeichnend schrieb: »Der Verfasser ist ein Nach-ahmer unseres C. Ph. E. Bach, und ein glücklicher Nachahmer; oft aber auch ein kühner Abschreiber...« Dieses Werk brachte auf Grund seiner ken-nerhaften Kunstfertigkeit Hässler offenbar Achtung, aber wenig finanziellen Gewinn ein.

Brief vom 25. 3. 1776 an Breitkopf:
»So angenehm mir auch die jüngsten Urtheile seyn mussen, die ich von verschiedenen Tonkünstlern über meine Sonaten erhalte, so ist mir doch der Gedanke: meine Absicht nur halb erfüllt zu haben, unerträglich. Die Liebhaber zanken gewaltig mit mir ... Ich habe ein zweites Werkchen geschrieben ... Ich habe alle Kunst vermieden, und nur Gesang und Leichtigkeit beobachtet ...«

Die wirtschaftliche Notlage, die ihn fast die ganze Erfurter Zeit über be-drückte, zwang ihn dazu, seinen Stil ganz dem leichten, verkaufssicheren Liebhabergenre anzupassen und »den Geschmack vieler zu befriedigen«. »Warum schrieb ich Dummkopf nur für wenige?« fragte er sich und ließ vom Kennergenre, damit auch von größeren Fantasien ab. Die Kritik bemerkte mit Bedauern diese Schwenkung:

»... denn ohnstreitig ist er alsdann am glücklichsten, wenn er sichs nicht zum Gesetz macht, leicht und für Liebhaber zu schreiben.« E. L. Gerber nennt Hässlers Werke gut, »wenn er sich nicht genötigt sähe, der eingeschränkten Kenntnisse und Kräfte der Käufer wegen, sein Feuer zurücke zu halten und nur immer Kleinigkeiten und soge-nannte leichte Sonaten zu schreiben«.

Trotz der wirtschaftlichen Zwänge entfaltete das »Kraftgenie Hässler« eine reiche Konzert- und Reisetätigkeit. U. a. beteiligte er sich seit 1786, meist fantasierend, an den Dienstag-Assembléen des Kurmainzischen Statthalters in Erfurt, Graf Stolberg. Im Sommer 1788 konzertierte er in Dresden und gefiel vor allem durch sein Fantasieren auf dem Klavier. In Pillnitz und der Neu-städter Kirche spielte er im September des gleichen Jahres vor dem Kurfürsten Fantasien über Themen des Kurfürsten und Naumanns. 1791 gab er während eines London-Aufenthaltes in der Savoy-Kirche »vor einigen Herrschaften und Kennern« ein Orgelkonzert, wobei er u. a. »eine Phantasie und Fuge« und »eine Phantasie, im pathetischen Stile« extemporierte.

Öfters konzertierte er auch am Hof der Herzogin Anna Amalie in Weimar, die ihm als Anerkennung im Jahre 1787 Mozarts c-Moll-Sonate und -Fantasie, 1785 gedruckt, schenkte, worin Hässlers Gestaltungsweise von 1778, eine Sonate durch eine große Fantasie einzuleiten, entsprochen wurde.

Die Not zwang ihn schließlich, sein »geliebtes Vatterland« (Mozart, vgl. S. 270) zu verlassen und nach Rußland auszuwandern (1792).

Joseph Haydns Frauen

Beethoven sagte am Ende seines Lebens, daß er ganz glücklich sei, sich nicht an eine Frau gebunden zu haben, denn das hätte sicherlich seiner Kunst geschadet.

Daß der große Künstler die Frauen meide um seiner Produktion willen, wurde jetzt eine weit verbreitete männliche Auffassung. Stellvertretend drei Anekdoten über den einstigen Heroen Georg Benda (1722–95), Hofkapellmeister in Gotha (Schlichtegroll, S. 24, 26; über die ideologische Propagandafunktion der Anekdote vgl. S. 276)

»Als er einst einem Bekannten begegnete und vermutete, daß dieser mit ihm reden und ihn begleiten würde, blieb er stehen, sagte kein Wort und sah sich immer um. Als der andere fragte, ob er auf jemand warte, antwortete Benda: ›Ich warte auf meine Frau.‹ – ›Sie haben ja keine Frau!‹ sagte der andere. ›O ja! erwiderte Benda; die Einsamkeit!‹ – und so ließ ihn sein Bekannter allein, wie er es wünschte …

Als er mit seiner Frau in ein Bad reisen will, ist der Wagen vor der Türe, schon alles aufgepackt und er ganz reisefertig. Während seine Frau noch hin und wieder geht und einiges verschließt, geht er hinunter und setzt sich in den Wagen. Der Postillon denkt, dies sei sein einziger Reisender, und fährt fort. Nach einer halben Stunde ruft er den Postknecht, wo seine Frau sei – er sieht, daß er sie vergessen hat, und sie kehren wieder um, sie abzuholen.

Alle häuslichen Geschäfte überließ er seiner Frau; er lebte mit seinen Gedanken, nicht mit den Dingen um ihn. Fiel ihm bei der Arbeit etwas ein, oder kam sonst etwas Häusliches vor, so rief er es seiner Frau durch die Türe zu. Diese ihm so unentbehrliche Frau starb. Er war untröstlich, kam aber den zweiten Tag schon ganz wieder in seine gewöhnliche Arbeit hinein. Es fällt ihm ein, ob der Tod seiner Frau auch wohl seinen Freunden angesagt sein möchte; nach seiner Gewohnheit öffnet er die Zwischentüre und will eben der toten Frau zurufen, sie sollte ihren Tod ansagen lassen. Man denke sich seinen Schrecken!«

Die letzte Anekdote ist bekannter in der Fassung über Johann Sebastian Bach und seine erste Frau Maria Barbara. Kleist hat zu ihrer Verbreitung beigetragen. Sie feiert auf dem Rücken der Frau das Ideal des weltabgewandten Genies und wäre mit Sicherheit auch auf Beethoven angewendet worden, wenn er verheiratet gewesen wäre. Diese Ideologie der Geniezeit auf Bach umzubiegen, ist ein Vorgang, der Kleist als unzulänglichen Kenner der Geschichte zeigt.

Anekdoten zeigen die Wünsche, die Bestrebungen der Bürger oft weit

deutlicher als die übermittelten Tatsachen: Die Frau löst durch ihre Unart im
Genie gewalttätige Neigungen aus und treibt ihn in den Ruin (über den der
Trunksucht verfallenen Joh. Joachim Christoph Bode, 1730–1793; Schlichte-
groll, S. 47); oder: Das Genie ist im praktischen Leben ein Kind, die Frau muß
alles für ihn tun, ihm sogar das Fleisch schneiden (über Mozart; Schlichtegroll,
S. 94 ff).

Mozart selbst schreibt am 15. 12. 1781 seinem Vater aus Wien, um
diesem die Zustimmung zur Ehe leichter zu machen (Briefe III, S. 180):

»Die Natur spricht in mir so laut, wie in Jedem andern, und vielleicht läuter als
in manchem grossen, starken limmel. Ich kann ohnmöglich so leben wie die
Meisten dermaligen Jungen Leute. – Erstens habe ich zu viel Religion, zweytens
zu viel liebe des Nächsten und zu Ehrliche gesinnungen als daß ich ein unschuldiges Mädchen anführen könnte, und drittens zu viel Grauen und Eckel,
scheu und forcht vor die krankheiten, und zu viel liebe zu meiner gesundheit als
daß ich mich mit hurren herum balgen könnte; dahero kann ich auch schwören
daß ich noch mit keiner frauens-Person auf diese art etwas zu thun gehabt habe.
– denn wenn es geschehen wäre, so würde ich es ihnen auch nicht verheelen,
denn, fehlen ist doch immer dem Menschen Natürlich genug, und einmal zu
fehlen wäre auch nur blosse Schwachheit obwohlen ich mir nicht zu versprechen
getraute, daß ich es bey einmal fehlen bewenden lassen würde, wenn ich in
diesem Punckt ein einzigesmal fehlete. – darauf aber kann ich leben und sterben.
ich weis wohl daß diese ursache (so stark sie immer ist) doch nicht erheblich
genug dazu ist – Mein Temperament aber, welches mehr zum ruhigen und
häuslichen leben als zum lärmen geneigt ist – ich der von Jugend auf niemalen
gewohnt war auf meine Sachen, was Wäsche, kleidung und etc: anbelangt, acht
zu haben – kann mir nichts nöthigers denken als eine frau. – Ich versichere sie,
was ich nicht unützes öfters ausgebe, weil ich auf nichts acht habe. – ich bin ganz
überzeugt, daß ich mit einer frau (mit dem nämlichen einkommen, daß ich allein
habe) besser auskommen werde, als so. – und wie viele unütze ausgaben fallen
nicht weg? – man bekommt wieder andere dafür, das ist wahr, allein – man weis
sie, kann sich darauf richten, und mit einem Worte, man führt ein ordentliches
leben. – ein lediger Mensch lebt in meinen Augen nur halb. – ich hab halt solche
augen, ich kann nicht dafür.«

Vielleicht ist Schlichtegrolls Darstellung doch nicht ganz aus der Luft ge-
griffen: Mozart will von der Frau deren körperliche Liebe, aber auch deren
häusliche Umsorgung und finanzielle Aufsicht.

Konstanze scheint im Hinblick auf den letzten Punkt nicht sehr viel Erfolg
gehabt zu haben, wie die gewaltigen Summen zeigen, die Mozart sich gegen
Ende seines Lebens zusammenlieh (Übersicht Briefe VI, S. 367 ff) und deren
Verwendungszweck immer noch nicht restlos geklärt ist.

Und was die Ordnung betrifft: Entgegen einem immer wieder auftretenden

Vorurteil war Konstanze offenbar durchaus zu Ordnung und verantwortlicher Tätigkeit in der Lage (im Gegensatz zu Mozart), wie die Tatsache zeigt, daß sie als erste Frau in der Musikgeschichte nach dem Tod des berühmten Mannes dessen Erbe verwaltete und seine Werke sammelte und herausgab wie dann später Clara Schumann und Cosima Wagner.

Mozarts erstgenannte Hoffnungen auf die Ehe scheinen jedoch erfüllt worden zu sein, wie die Offenheit zeigt, mit der er auf Reisen seiner Frau von der Notlage seines »bübderl« oder auch »plumpi-strumpi« schreibt.

Prüfen wir die Frage, ob die großen Genies neuartige Emanzipationsmöglichkeiten für die Frauen eröffneten, die sie umgaben, am Beispiel Joseph Haydns. Der »Papa« Haydn, wie er sich selbst nennen ließ, war nämlich ein dem weiblichen Geschlecht sehr zugetaner Mann, und er war in dieser Hinsicht wie auch in seiner Komposition ganz und gar nicht der etwas altbackene, treuherzige Mensch, als der er manchmal dargestellt wird, sondern äußerst vielseitig und beweglich. Er hatte eine ganze Reihe von Zugangsarten zu Frauen, und es ergibt sich bei Betrachtung seiner so unterschiedlichen Verhältnisse ein ganz modernes Spektrum von Beziehungen, das wir an historischen Dokumenten verfolgen wollen. Vier verschiedene Frauen scheinen in seinem Leben eine wichtige Rolle gespielt zu haben, und jede dieser vier Beziehungen zeigt einen anderen Aspekt.

Maria Anna Keller: Die Xantippe

Ein Jahr vor seinem Amtsantritt als fürstlicher Kapellmeister in Esterhazy (Ungarn) heiratete Haydn die 1729 Geborene und hatte Kinder mit ihr. 1800 starb sie. »Ihr ist es gleichgültig, ob ihr Mann ein Schuster oder ein Künstler ist«, sagte Haydn über sie, und sein Biograph Griesinger: »Sie war von einem gebieterischen, unfreundlichen Charakter, und er mußte seine Einkünfte sorgfältig verbergen, weil sie den Aufwand liebte, dabei bigott war, die Geistlichen fleißig zu Tische lud, viele Messen lesen ließ, und zu milden Beyträgen bereitwilliger war, als es ihre Lage gestattete.« Das Idealbild der zänkischen Ehefrau, die das Geld verschleudert und die Ehe zur Hölle macht. Deshalb:

Luigia Polzelli: Das Verhältnis, das zur Alternative wird

Sie war seit 1779 mit ihrem bald verstorbenen Ehemann Musikerin in Esterhazy und wurde Haydns Geliebte, hatte angeblich auch zwei »natürliche« Kinder mit ihm. Ihr, die später nach Bologna zurückging, schrieb Haydn nur in der damals in Künstlerkreisen üblichen internationalen Sprache: Italienisch (»Cara mia Polzelli!«). Ich übersetze einige Briefe und Dokumente (in Haydn Briefe). Die ersten stammen von Haydns erster Londoner Konzertreise.

»Liebe Polzelli!   London, den 4. August 1791
Ich hoffe, daß Du den letzten Brief durch den Grafen Fries erhalten hast und zugleich auch 100 Gulden, die ich dir angewiesen habe. Es sollte mehr sein, aber für den

Augenblick kann ich das nicht. Was deinem armen Mann passiert, da hat die Vorsehung gut daran getan, dich von einer großen Last zu befreien, denn es ist besser, im Jenseits zu sein, als im Diesseits unnütz zu sein. Der Arme hat genug gelitten. Liebe Polzelli, vielleicht, vielleicht kommt einmal die Zeit, in der – wie wir uns das schon häufiger gewünscht haben – vier Augen geschlossen sind. Zwei sind es schon, aber die anderen beiden – Schluß mit all dem, was Gottes Wille ist. Ich denke häufig an Dein Wohlergehen, und ich bitte Dich, mir ganz schnell zu schreiben, denn ich bin schon seit langem Tage voller Schwermut, ohne zu wissen warum, und Deine Briefe trösten mich, auch wenn sie traurig sind. Addio, liebe Polzelli, die Post will nicht länger warten. Ich küsse Deine Familie und bin ewig Dein treuester Haydn.«

»Liebe Polzelli! London, den 13. Dezember 1791
Du hast mir mit Deinem ersten Brief große Angst gemacht, weil ich glaubte, daß meine Briefe verloren wären, und damit auch das Geld. Ich war so unruhig, daß ich drei Tage lang nicht habe schlafen können, bis ich Deinen zweiten Brief erhalten habe. Ich hoffe, Du wirst in Zukunft nie wieder einen so grausamen Verdacht gegen mich hegen. Ich verehre Dich, ich liebe Dich wie am ersten Tag. Ich möchte Dir helfen, und ich bin immer halbtot, weil ich nicht in der Lage bin, mehr für Dich zu tun. Aber habe Geduld: Vielleicht kommt der Tag, an dem ich Dir beweisen kann, wie sehr ich Dich liebe. Schreibe mir sofort, wo das Haus ist, wo Du bist, und wie es heißt, und ob Du mit Deinen lieben Kindern gut angekommen bist . . .«

Nun ist die Polzelli nach Bologna gezogen, und Haydn schreibt ihr dorthin, u. a. über ein Gerücht vom Tod seiner Frau:

»Meine liebe Polzelli! London, 13. Juni 1792
Ich habe Deinen Brief erhalten mit der falschen Neuigkeit über meine Frau. Allerdings geht es ihr überhaupt nicht gut, aber sie hält sich mit diesen ihren üblichen Krankheiten über Wasser und lebt vielleicht noch länger als ich. Aber diese Zukunft muß man doch der Vorsehung überlassen. Ich reise am Ende dieses Monats von London ab und schreibe Dir aus Frankfurt . . .«

Es folgt ein Eheversprechen Haydns vom 23. Mai 1800, zwei Monate nach dem Tod seiner Frau:

»Ich Endesunterschriebener verspreche der Frau Luisa Polzelli, daß ich im Falle, daß ich an eine Wiederheirat denken sollte, niemand anders als eben diese zur Frau nehmen werde. Und falls ich ledig bleibe, verspreche ich der genannten Polzelli, ihr nach meinem Tode jedes Jahr eine Pension von 300 Gulden Wiener Geldes für ihr ganzes Leben zu überlassen . . .«

Haydn hielt sich nicht an dieses Versprechen, und die Polzelli heiratete einen italienischen Sänger. Haydn schrieb später in seinem ersten Testaments-Entwurf:

»Die von mir unterschriebene Verheißung in welscher Sprach, so Madam Polzelli aufweisen wird, erkläre ich für null und nichtig, weil so viele meiner armen Verwandten bei größerer Abgabe zu wenig erhielten. Endlich, sie Polzelli soll also mit obiger jährlichs Vermächtniß von 150 fl. zufrieden sein.« (fl. ist die Abkürzung von Florin, also Gulden)

Sie erhielt also wenigstens noch etwas. Merkwürdigerweise schreiben die Herausgeber der modernen Briefausgabe, das Eheversprechen sei »durch die Polzelli Haydn abgezwungen worden« (Kommentar zum Dokument). Hatte er nicht 1791 geschrieben: »Vielleicht kommt der Tag, an dem ich Dir beweisen kann, wie sehr ich Dich liebe.« War der 23. Mai 1800 dieser Tag? Das »Schicksal« jedenfalls (S. 380) hatte diesmal nicht geholfen.

Marianne von Genzinger: Die mütterliche Muse und Zuflucht
Sie war die Frau eines Wiener Arztes, starb 1793. Haydn scheint in diesem musikalischen Haus häufig verkehrt zu haben. Bemerkenswert ist, daß Marianne offenbar die Beziehung von sich aus begann, indem sie von einem Werk Haydns einen Klavierauszug herstellte, ihn Haydn schickte und um sein Urteil bat. Haydn antwortete begeistert. Es entspann sich ein reger, intimer Briefwechsel.

»Hochgeehrtester Herr v. Hayden   wien den 12. November 1789.
Ich bin nicht im Stande das vergnügen sattsam auszutrüken, welches ich bey durchlesung dero mir so schäzbaren Schreibens von 9^tn fühlte, wie sehr bin ich für meine Mühe belohnt, da ich dero zufridenheit darüber sehe, wolte nichts sehnlicher wüntschen als mehrere Zeit (vermög meinen viellen Hauß geschäfften) zu haben, so würde ich gewiß viele Stunden der Musik widmen welches meine Liebste, angenehmste Beschäftigung were. Nehmen sie, werthester Herr v. Haydn, nicht ungütig das ich Sie wiederum mit meinen schreiben belästige (dan ich diese gute Gelegenheit nicht wolle vorbey gehn laßen, ohne Ihnen den Richtigen Empfang dero Briefes zu bestattigen) mit gröster Sehnsucht sehe ich den angenehmen Tag entgegen, sie hier in wien zu sehen. Empfelle mich fernerhin Ihrer Freindschaft u. andenkhen u. gebleibe unverändert
                                                    dero aufrichtigst Ergebenste
                                                    freindin u. dienerin«

»Wohl Edl gebohrne   (Estoras, den 9. Februar 1790; Estoras = Esterhazy)
Sonders Hochschäzbarste – allerbeste Frau von Gennzinger
Nun – da siz ich in meiner Einöde – verlassen – wie ein armer waiß – fast ohne menschlicher Gesellschaft – traurig – voll der Errinerung vergangener Edlen täge – ja leyder vergangen – und wer weis, wan diese angenehme täge wider komen werden? diese schöne gesellschaften? wo ein ganzer Kreiß Ein herz, Eine Seele ist – alle diese schöne Musicalische Abende – welche sich nur dencken, und nicht beschreiben lassen – wo sind alle diese begeisterungen? – – weg sind Sie – und auf lange sind Sie weg. wundern sich Euer Gnaden nicht, daß ich so lange von meiner Danksagung nichts geschrieben habe! ich fande zu Hauß altes verwürt, 3 Tag wust ich nicht, ob ich Capell-Meister oder Capelldiener war, nichts konte mich trösten, mein ganzes quartier war in unordnung, mein Forte piano, das ich sonst liebte, war unbeständig, ungehorsam, es reitzte mich mehr zum ärgern, als zur beruhigung, ich konte wenig schlafen, sogar die Traume verfolgten mich, dan, da ich an besten die Opera le Nozze di Figaro zu hören traumte, wegte mich der Fatale Nordwind auf, und blies mir fast die schlafhauben von Kopf; ich wurde in 3 tagen um 20 Pfd. [Pfund] mägerer, dan die guten wienner bisserl verlohren sich schon unterwegs, ja ja, dacht ich bey mir selbst, als ich in mein. [meinem] Kost Hauß stat den kostbahren Rindfleisch, ein stuck von einer 50 Jährigen Kuhe, stat den Ragou mit kleinen Knöderlrn, einen alten schöpsen [verschnittener Schafbock] mit gelben Murcken [Brotbrocken], stat den böhmischen Fason, ein leder-

nes Rostbrätl, stat den so guten und delicaten Pomeranzen, einen dschabl oder so
genanten graß Sallat, stat der backerey, düre Äpflspältl und Haslnuß – und so weiter
speisen muste, – ja ja dacht ich bey mir selbst, hätte ich jezo manches bisserl, was ich in
wienn nicht habe verzöhren können – hier in Estoras fragt mich niemand, schaffen Sie
Cioccolate – mit, oder ohne milch, befehlen Sie Caffe, schwarz, oder mit Obers [Sahne],
mit was kan ich Sie bedienen bester Haydn, wollen Sie gefrornes mit Vanillie oder mit
Ananas? hätte ich jez nur ein Stück guten Parmesan Käß, besonders in der Fasten, um
die schwarzen Nocken [Klößchen] und Nudln leichter hinab zu tauchen; ich gabe eben
heute unsern Portier Commission mir ein baar Pfund herabzuschücken:
  Verzeihen Sie allerbeste gnädige Frau, daß ich Ihnen das allererstemahl mit so
ungereimt. gezeug, und der Elenden schmirerey die Zeit abstehle, verzeihen Sie es ein.
Mann, welchen die Wienner zu viel gutes erwisen haben, ich fange aber schon an, mich
nach und nach an das ländliche zugewöhnen, gestern studirte ich zum Erstenmahl, und
So zimlich Haydnisch.«

London, 17. 9. 91
»... gute gnädige Frau was macht Ihr forte piano? wird doch zu zeiten ein Haydnischer
Gedancke durch Ihre schöne Hand erneuert? ...« (Ein anderer Teil des Briefes wurde
S. 380 wiedergegeben.)

Offenbar hatte auch Haydn »Die Leiden des jungen Werther« von Goethe
gelesen, und es kommt in diesen Briefen ein Frauenbild zustande, das mit
Sicherheit zu jener Zeit neu ist: geschlechtslos, gütig, verständnisvoll, müt-
terlich, verehrungswürdig. Man könnte ihr den Kopf in den Schoß legen und
ihr alles »beichten«. Die Krankenschwester-Muse! Dies, noch angereichert
durch die sehnsuchtsdurchtränkte Entfernung, aus der Haydn Marianne an-
betet, ergibt ein frühes Beispiel des männlichen Liebesglücks im Verzicht und
im Leiden, wie es in der Empfindsamkeit begann und in Beethovens Liederzyklus »An die ferne Geliebte« einen musikalischen Höhepunkt erreichte (vgl.
dazu die S. 221).

Rebecca Schröter: Die Traumfrau
Sie war die Witwe des Pianisten und Komponisten Johann Samuel Schröter,
der 1788 starb. Sie lebte in London und lernte Haydn während dessen erstem
triumphalen Besuch kennen, sicher begeistert von seiner Musik, aber offenbar
auch von ihm selbst. Es muß eine Art Liebesrausch gewesen sein, und Rebecca, offenbar sehr oft mit Haydn zusammen, schrieb ihm im Frühjahr 1792
21 Briefe, die nur in Haydns Abschrift erhalten sind und die er 1805 seinem
Biographen Dies lächelnd zeigte und dazu sagte: »Briefe von einer englischen
Witwe in London, die mich liebte; aber sie war, ob sie gleich schon 60 Jahre
zählte [angeblich ein Irrtum Haydns, denn die Witwe scheint um 40 gewesen
zu sein], noch eine schöne und liebenswürdige Frau, die ich, wenn ich damals
ledig gewesen wäre, sehr leicht geheiratet hätte.«
  Wehe, wehe, Josef! Schriebst du nicht gerade im Frühjahr 1792 an die »liebe
Polzelli« noch die freundlichsten Briefe?

An Rebecca Schröter sind keine Briefe Haydns erhalten. Hier aber eine Probe von ihren Briefen:

»My D: I was extremely sorry to part with you so suddenly last Night, our conversation was particularly interesting and I had [a] thousand affectionate things to say to you, my heart WAS and is full of TENDERNESS for you, but no language can express HALF the LOVE and AFFECTION I feel for you, you are DEARER to me EVERY DAY of my life. I am very sorry I was so dull and stupid yesterday, indeed my DEAREST it was nothing but my being indisposed with a cold [Erkältung] occaison'd my Stupidity. I thank you a thousand times for your concern for me, I am truly sensible of your goodness, and I assure you my D. if any thing had happened to trouble me, I wou'd have open'd my heart, & told you with the most perfect confidence. Oh, how earnesly [I] wish to see you, I hope you will come to me to morrow. I shall be happy to see you both in the Morning and the Evening. God Bless you my love, my thoughts and best wishes ever accompany you, and I always am with the most sincere and invariable Regard my D:
Your truly affectio[nate]«

Man stelle sich einmal Haydn 1792 in London vor: Seine Xantippe steht drohend und hemmend vor seinem Bild der Zukunft – ach, wäre sie doch schon tot! Seine Alternative beunruhigt ihn durch ihre Briefe und verlangt seine Liebe und Treue, die er auch verspricht und beteuert, mit Geldsendungen unterstützt! Seine Muse aber erfüllt ihn mit einer wehmütigen Sehnsucht und Hochachtung, beflügelt vielleicht sein Schaffen. Und dann ist da noch diese tolle Witwe, kennt und versteht Musik, kennt und versteht die Liebe ... könnte er zugreifen und einfach alles andere hinter sich lassen?

Die Heimlichkeiten der Männer!

Die neue Musik

Normierungen, Einschränkungen, Straffungen:

Die Musiker

Der Prozeß der sogenannten Verbürgerlichung der Musik vollzieht sich in einer Wandlung der Funktion von Musikstücken, die man vergröbert folgendermaßen in Worte fassen kann.

Um 1700 waren Musikstücke von den Komponisten in den meisten Fällen auf die Erfordernisse bei bestimmten Anlässen des Fürstenhauses, des Kirchenjahres oder der feierlich-unterhaltenden Veranstaltungen von Stadt und Bürgern zugeschnitten, davon auch textlich und musikalisch-strukturell bestimmt. Sie hatten zweckhaft-dienenden Charakter und mußten je nach Bestimmungszweck auch ganz unterschiedliche äußere Formen und Zusammensetzungen haben. Logisch, daß sie dabei auch relativ schnell veralteten. Der Komponist war dabei der vom Auftraggeber angestellte Zulieferer, und sein Produkt wurde nach oben weitergegeben.

Um 1800 wurden die Musikstücke bereits eher ohne Bindung an punktuelle Aufführungsanlässe komponiert, und es gab weniger Fälle von einzelnen Auftraggebern. Die Stücke hatten nach dem Selbstverständnis der manchmal schon »freien« Komponisten angeblich ihren Anlaß in sich. Aber: Sie mußten sich gut verkaufen lassen, sollten sie dem Komponisten Geld bringen. Zwar verlangte keine Befehlsgewalt eine bestimmte Form. Aber das Ziel der Produkte war ein weiter, schwer zu überschauender Markt mit vielen Orchestern und zahllosen Hörern an vielen verschiedenen Orten in ganz Europa. Möglichst viele dieser Orchester mußten die Stücke spielen können, möglichst an vielen Orten mußten sie sich einführen lassen. Es bestand also die Anforderung, die Kunstwerke bei aller Bemühung um zweckungebundene, unverwechselbare »Originalität« äußerlich so zu vereinheitlichen und zu normieren, daß ihre Verbreitungschancen möglichst groß waren und ihre Bekanntheit, d.h. ihr Absatz, nicht nur auf wenige Konzertorte oder Orchester beschränkt blieb.

Diese widersprüchlichen, schwer zu vereinenden Ansprüche der neuen bürgerlichen Kunstmusik hatten verschiedene Auswirkungen auf die Struktur der Musik, der Orchester und der Spielpraxis. Ich werde versuchen, die Grundlinien dieser Entwicklung in der gebotenen Kürze zu skizzieren.

Wie auch bei allen anderen Waren auf dem Markt wird eine Einheitlichkeit des Erscheinungs-, hier Klang-Bildes eines Stückes an verschiedenen Orten angestrebt. Dieses Ziel läßt sich sowohl als Ergebnis einer Emanzipation des Produzenten zur bestimmenden Figur im Musikgeschehen interpretieren als auch als Ergebnis einer Emanzipation des internationalen Publikums, das an verschiedenen Orten ein beliebtes Stück in gleicher Gestalt angeboten bekommen will. Diese beiden Bilder von Emanzipation werden zusammengeschlossen unter den Gesetzen des bürgerlichen Marktes, die vom Komponisten immer wieder Abstriche an seinem Originalitätsanspruch verlangen zugunsten von Normierungen und Modeproduktionen, vom Publikum immer wieder Abstriche an seinen Bedürfnissen nach echter Neuigkeit, Belehrung und Selbsttätigkeit. Dennoch haben Komponisten und Publikum – wie an vielen Beispielen gezeigt wurde – vielerlei Vorteile von der neuen Situation.

Auf der Strecke blieben aber die Musiker, die Interpreten, die im Orchester die Neuheiten vorführen sollten. (Vorsicht vor dem Vergleich mit den Industriearbeitern! Er führt aufs Glatteis. Schließlich ist ja der Komponist auch nicht dem Unternehmer zu vergleichen, sondern eher dessen Ingenieur. Die Konzertunternehmer und Verlagsdirektoren sind aber ebensowenig den Industriebossen zu vergleichen, da sie den Kulturmarkt nicht so beliebig lenken können, viel eher von Trends des Publikums und der Komponisten abhängig

sind. Die materialistische Wirtschaftstheorie des Musiklebens muß noch entwickelt werden.)

Was sich für sie alles änderte:

Nach jahrhundertealter Tradition waren bis zu diesem Zeitpunkt die Musiker am Zustandekommen des Klangergebnisses fast ebenso stark beteiligt
wie der Komponist. Die Komposition war in vielen Bereichen der Musik für
sie eine Grundlage, die sie frei bearbeiteten, und zwar im Hinblick auf Tempo,
Klangfarbe (relativ freie Instrumentenwahl), Tondauer (Punktierungen konnten in bestimmten Stilarten verschärft oder überhaupt erst eingeführt werden,
Achtel- und Viertelketten triolisch gespielt werden, Pausenlängen bestimmt
werden) und vor allem auch Tonhöhe (die melodische Linie konnte durch
formelhafte, aber auch durch freie melodische Verzierungen angereichert, z. T.
auch stark verändert werden).

Die Entscheidungen über diese Veränderungen der komponierten Vorlage
wurden spontan von den einzelnen beim Spiel, nach vorheriger Absprache
unter den Spielenden oder auch in Auseinandersetzung mit dem oder den –
später sogenannten – Dirigenten vor der Aufführung und während ihr getroffen. Außer bei Großbesetzungen spielten zwei »Anführer«, meist einer am
Generalbaß-Cembalo und einer an der ersten Geige, mit, hoben sich also nicht
so stark vom Orchester ab wie später. Nur bei Sonderaufführungen wie in der
Oper oder groß besetzten Konzerten, manchmal auch in der Kirche, dirigierte
einer von beiden, weithin sichtbar, stehend vor dem Orchester.

Das alles änderte sich nun grundlegend, und zwar in derartig eng ineinan-
dergreifenden Zusammenhängen, daß nie das auslösende Moment aus diesem
Entwicklungsgeflecht herauszutrennen ist, sondern alle Momente sich gegenseitig bedingen. Hier ein Beispiel für ein solches Bedingungsgeflecht. (Nicht
ganz unwichtig ist allerdings, mit welcher Tatsachenfeststellung man beginnt.
Die Dokumentation und historische Untermauerung des folgenden Ablaufes
müßte und könnte große Dimensionen haben, jedoch müssen die Leser und
ich hier mit weniger vorlieb nehmen.)

1. Das Konzertpublikum nimmt wegen der Öffentlichkeit der Konzerte gewaltig zu.
2. Die Orchester werden größer. (Von hier aus könnte man auch auf Punkt 4
   springen.) Es entstehen Probleme bei der Ausgewogenheit des Klangbildes,
   die der anonyme Autor des Aufsatzes für die »Flötenliebhaber« so ein-
   drucksvoll dargestellt hat, vgl. S. 119 f.
   a. Einerseits nehmen die Streicher an Zahl erheblich zu, z. T. pro Stimme
      von 3 auf 10, auch wird der Bau der Streichinstrumente auf Lautstärke
      hin geändert. Die Intonationsreinheit wird durch die zahlenmäßige
      Zunahme zwar erschwert, läßt sich aber durch Proben steigern (bei
      Cramer II, S. 1001 eine Erfindung gegen Verstimmen von Geigen!).

b. Andererseits kann die Zahl der Bläser pro Stimme nicht entsprechend erhöht werden (außer bei den seltenen Massenaufführungen, vgl. S. 366): Die Intonationsprobleme der alten Blasinstrumente verhindern das. Die Periode bis 1850 ist von einem ständigen Bemühen gekennzeichnet, die Entwicklung von solchen Blasinstrumenten voranzutreiben, die im Hinblick auf Intonation, Lautstärke und leichte Spieltechnik auch bei »solistischer« Orchesterbesetzung den Streichinstrumenten ebenbürtig sind. (Beispielhaft habe ich den Übergang von der alten hölzernen Traversflöte zur metallenen Boehm-Flöte in einem Aufsatz in dem von mir hg. Band »Warum wir von Beethoven erschüttert werden«, Frankfurt 1978, dargestellt.)

3. Zur Versorgung des Massenpublikums mit möglichst reichhaltiger musikalischer Kultur nehmen die Zahlen der Konzertstätten und der Orchester zu. Der Komponist schreibt also nicht mehr für ein ganz bestimmtes, ihm bekanntes oder von ihm geleitetes Orchester, sondern ideell für jedes bestehende Orchester. Das erzwingt eine Standardisierung der Orchesterbesetzung.

Als Standardbesetzung für sinfonische Musik (Sinfonien, Ouvertüren, Instrumentalkonzerte usw.) setzt sich allmählich durch: Je ein Paar Flöten, Oboen, Klarinetten, Fagotte (das sind die Holzbläser), je ein Paar Hörner, bei festlichen Anlässen auch Trompeten (das sind die Blechbläser; Posaunen vorerst nur in kirchlichen Zusammenhängen wie in Mozarts Requiem) und Pauken. (Das Spielprivileg für Pauken und Trompeten war bisher an spezielle höfische Musiker gebunden und löst sich langsam auf.) Dazu kommt noch der vierstimmige Streichersatz, 1. und 2. Geige, Bratschen sowie die meist mit den Kontrabässen gekoppelten Violoncelli. Instrumente, die die Wechsel der Dynamik in der neuen Musik nicht leisten können, wie Blockflöte oder Gambe, verschwinden.

Aus dem gleichen Grunde werden auch Clavichord (»Clavier«) und Cembalo (»Flügel«) durch das Hammerklavier (»Fortepiano«) – heute Flügel oder Klavier – abgelöst, das Cembalo, weil es die Lautstärke nur stufenweise wechseln kann, das Clavichord, weil es trotz stufenloser Dynamik insgesamt zu leise ist. Jedoch findet dieser Wechsel schneller im Konzertsaal statt als im Hause, wo die alten Instrumente erst weichen nach zähem Kampf des Clavichords, der »Mutter aller musicalischen Instrumente« (wegen seiner »sprechenden Töne«, vgl. Cramer I/1, S. 512), mit dem neuen Pianoforte. Noch 1783 nennt Cramer (S. 1246) bei Besprechung von C. P. E. Bachs 4. Sammlung »für Kenner und Liebha-

ber« das Fortepiano ein »mangelhaftes Instrument«, bei dem »an-
einanderhängende Töne schlechte Wirkung thun«. Am Clavichord
wie auch an der zu Herzen gehenden, für die Zeit der Empfindsamkeit so typischen Glasharmonika – auch kurz Harmonika
genannt – hängen die Kenner und Liebhaber noch lange Zeit.
Ehe endlich im 19. Jahrhundert ein Standard von Orchester- und
Hausinstrumenten sich herausgebildet hat, sammelt sich eine derartige Flut von instrumentalen Neuerfindungen und Neuentwicklungen vor den Augen und Ohren der Zeitgenossen an, daß bald
kaum noch ein Überblick zu gewinnen ist, auch wenn die Musikzeitschriften sich bemühen, treulich jede neue Meldung zu ver-
zeichnen. Vor allem auf dem Gebiet des Klavier- und Blasinstru-
mentenbaues wird zäh um Anteile auf dem neuen, noch ganz
unübersichtlichen und unausgerichteten Markt gekämpft, und die
Instrumentenbauer bilden mit der Vorführung ihrer Neuerfindungen eine nicht unwichtige Seitenlinie der reisenden Virtuosen,
indem sie im Konzert den Aspekt des Außergewöhnlichen und
Sensationellen verstärken (vgl. S. 233).
So gewöhnt ist man an unerwartete Neuentwicklungen, daß man
zunächst sogar der Zeitungsente glaubt, in Hamburg würden
»steinerne Violinen« gezeigt und daß die »Herrn Musikanten,
sothane zerbrechliche Instrumente ja behutsam zu handhaben hätten«, obwohl es sich doch nur um Geigen des berühmten Instru-
mentenbauers Steiner handelt (Mattheson 1744, S, 23 f).

4. In den großen, fest besetzten Orchestern werden Entscheidungsprozesse
   der Orchestermitglieder untereinander unmöglich. Sie würden bei 30 bis 40
   Spielern, manchmal auch mehreren, zu viel Zeit erfordern. Vor allem aber
   kann bei der wachsenden Zahl von Liebhabern gegenüber den Fach-
   musikern im Orchester eine Diskussion oder Absprache auf gleicher fach-
   licher Ebene nicht mehr erfolgen.

5. Die Doppeldirektion (s. o.) geht mit dem Absterben des Generalbasses zu
   Ende (vgl. S. 436 f). Von den beiden an dieser alten Dirigierart Beteiligten
   verliert so der Cembalospieler allmählich seine Funktion. Ein Spätstadium
   der Entwicklung zeigt das Wiener Dokument von 1788, S. 361 f. Der
   zweite Beteiligte, der erste Geiger, wird im neuen Orchester als sogenannter
   Konzertmeister zu einer Art Gehilfen des neuen Dirigenten ohne selbständige Leitungsfunktion degradiert.

6. Dieser Einzeldirigent spielt nun nicht mehr im Orchester mit, sondern steht
   gut sichtbar vor ihm, dies nun nicht mehr nur in Sonderfällen, sondern
   grundsätzlich. Er setzt sich als alleinige Autorität durch, die zwischen
   Komponist bzw. Komposition und Orchester vermittelt.
   Es ist einsichtig, daß bei einem großen Klangkörper Unsicherheit darüber,

ob der Cembalist oder der Konzertmeister die »Direction einer Music« in der Hand habe (dies diskutiert Forkel in Cramer I/2, 1783, S. 1055 ff), ziemliche Verwirrung auslösen kann. Denn eine wortlose Verständigung zwischen beiden bzw. eine Weitergabe ihrer Verständigung an die übrigen Spieler ist angesichts von deren großer Zahl nur schwer möglich.

Zum Jahrhundertende hin setzt sich das Einzeldirigieren vor dem Orchester immer mehr durch, ist auch schon in Karl Ludwig Junkers Abhandlung (1786, Cramer II/2, S. 741 ff) über die »vornehmsten Pflichten eines Capellmeisters oder Musikdirectors« gemeint. Darin steht neben Gedanken und Ratschlägen zu Fragen des Einstimmens, der Sitzordnung des Orchesters und der Tempowahl ein für die Stellung des Dirigenten zum Orchester sehr wichtiger Abschnitt »Von der Politik des Kapellmeisters« (S. 773 f). Ähnlich dem von Forkel angestellten Vergleich, wonach die gute Wirkung des Orchesters von der Dirigentenleistung so abhänge »wie die Tapferkeit der Soldaten größtentheils vom Rath und der Anführung eines Feldherrn« (Quelle s. o.), gibt Junker Ratschläge für die Behandlung der »Untergebenen« in der »Heerde«, die stark an die Verhaltensregeln für Offiziere ihren Mannschaften gegenüber erinnern:

»Vor allen Dingen darf der Kapellmeister keinen besonderen Liebling in seiner Kapelle haben, den er öffentlich auszeichnet und Beweise seiner besonderen Gewogenheit giebt, gesetzt auch, daß er es zehnmal verdiente.

Er muß überhaupt gegen alle Glieder der Kapelle, den gefälligen, den insinuanten [überzeugenden], den freundschaftlichen Mann spielen [!] . . .

So nöthig diese allgemeine Gefälligkeit ist, so sehr ist es auch zu rathen, nie bis auf einen gewissen Punkt zu familiär mit den Kammermusikern zu werden.

Nicht wegen des Abstandes, der zwischen beyden ist; sondern deswegen, weil übertriebene Familiarität leicht zu allerhand Verdrüßlichkeiten Anlaß geben kann.

Privatconcerte, die der Kapellmeister dann und wann in seinem Hause giebt, und die immer dabey die Stelle der Proben versehen können, stiften einen gewissen Grad von näherer Bekanntschaft, und erhalten den guten Ton.«

Nicht unähnlich sind die Ratschläge, die Leopold Mozart am 25. 12. 1780 seinem Sohn schreibt (Mozart B III):

»Suche nur das ganze Orchester bey guter Laune zu erhalten, ihnen zu schmeicheln und sie durch die Bank mit Lobeserhebungen Dir geneigt zu erhalten; denn ich kenne Deine Schreibart, es gehört bey allen Instrumenten die unausgesetzte erstaunlichste Aufmerksamkeit dazu, und das ist eben kein Spaaß, wenn das Orchester wenigstens drey Stunden mit solchem Fleiß und Aufmerksamkeit angespannt seyn muß. [Daß das auch für das Publikum so sein konnte, vermutete Herr von Knigge, vgl. S. 295.] Jeder, auch der schlechteste Bratschist, ist aufs Empfindlichste gerührt, wenn man ihn tête à tête lobt, und wird dadurch eifriger und aufmerksamer, und so eine Höflichkeit kostet dich nichts, als ein paar Worte.«

Die empfohlene Freundlichkeit ist nur Taktik und dient dazu, den immer größer werdenden Widerspruch zwischen den schwerer zu spielenden Kompositionen und der potentiellen Interesselosigkeit der Orchestermusiker an der blößen unproduktiven Ausführung der vorgeschriebenen Noten auszugleichen (s. weiter unten S. 472; über Gluck S 473 f, weitere wichtige Einzelheiten, z. B. auch zur Einführung des Taktstocks als Dirigierhilfe, bei Schünemann, Geschichte des Dirigierens, 1913, sowie in den MGG-Artikeln Orchester, Dirigieren, wo auch die Anordnung des Orchesters gut dokumentiert ist).

Johann Friedrich Reichardt war in Deutschland offenbar einer der Vorkämpfer des neuen Dirigententypus.

Musikerspruch

Ausm Taktstock kann nie ein falscher Ton kommen.

---

7. Diese Hierarchisierung der Aufführungspraxis wird auch nach oben hin zum Komponisten ausgeweitet. Der Dirigent stützt seine Entscheidung auf die Anweisungen des Komponisten in der Partitur. Sie sind seine Legitimation und treten an die Stelle der Musiziererfahrung als Entscheidungsgrundlage. Da der Dirigent nicht mehr mitspielt und seinen Auftrag vom Komponisten erhält, entzieht er sich auch weitgehend der Kritikmöglichkeit der anderen Musiker, stellt sich schwer angreifbar eine Stufe höher als sie, in die Nähe des Komponisten.

Es war ein Dirigent, ein großer Dirigent,
so berühmt wie Herbert von Karajan.
Wenn er den Taktstock in seine Hände nahm,
dann hielt das Publikum den Atem an.
Das Orchester war getrimmt
und bestens eingestimmt,
ein letzter Blick auf die Partitur...
(Udo Lindenberg, 1975)

---

8. Der Komponist baut seinen produktiven Anteil an der Entstehung des Klangergebnisses aus und läßt die Orchestermusiker kaum noch daran teilnehmen: Sie werden jetzt zu Reproduzierenden. Zu diesem Zweck verfeinert der Komponist die Genauigkeit der Spielanweisungen in der Partitur und überträgt dem Dirigenten die Aufgabe, über deren Einhaltung zu wachen.

Die im folgenden aufgeführten Maßnahmen, die diesem Ziel dienen, entfalten erst gegen Ende des Jahrhunderts, manche auch erst im 19. Jahrhundert, ihre volle Wirkung.

a. Die *Probentechnik* wird, soweit möglich, erweitert. Es gibt nun eine Verpflichtung des Dirigenten gegenüber dem Komponisten bzw. dem Kunstwerk als abstrakter Zielmarke, eine Art ethischer Verantwortung, zu deren Einlösung das Orchester als Werkzeug »geschliffen« werden muß.

Die »rigorosen Proben« des Biberacher Kapellmeisters Knecht werden bei Bossler 1791 gerühmt (III, Sp. 61 f). Er führt sie immer im Konzertsaal durch, um eine gleichbleibende Akustik zu haben. »Zudem sind es die Proben, in welchen einem Orchester die Seele durch den Director eingehaucht werden kann, die dasselbe beleben muß.«

Der Spieler muß sich dabei, »gleich dem Schauspieler, aus seiner eigenen Lage heraussetzen, und ganz in die Gemüthsstimmung des Componisten hineinarbeiten« (Cramer 1786, II/2, S. 906; vgl. Reichardt, S. 162).

Die Arbeitsweise des Hallenser Kapellmeisters Türk ist »ein sicherer Beweis, daß ein geschickter Anführer auch nur mit mittelmäßigen Leuten viel ausrichten kann. Herr Türk soll, wie man allgemein sagt, bey den Proben so genau auf den richtigen Vortrag halten, daß er einzelne Stellen so oft wiederholen läßt, bis sie jeder Mitspielende genau nach dem Sinn des Componisten vorträgt. Und so, deucht mich, muß es auch ein Director anfangen, wenn er selbst edels Kunstgefühl hat, und unpartheyisch genug ist, der Ehre eines jeden Componisten Gerechtigkeit wiederfahren zu lassen. Denn von dem guten Vortrag hängt, so nicht alles, so doch gewiß ein großer Theil der Würkung eines Tonstücks ab. Große Virtuosen, wenn sie nicht alle gemeinschaftlich auf einerley Endzweck arbeiten, richten daher im Ganzen oft weniger aus, als mittelmäßige Musiker, die zur strengsten Accuratesse angehalten werden. Ein Satz, den die Erfahrung hinlänglich bestätiget.« (Cramer 1784, II/1, S. 700)

Aber dieser Satz bedeutet eben auch eine völlige Verunselbständigung der Musiker, ihre gänzliche Abhängigkeit und produktive Entmündigung.

Wie nun die Probenzahl pro Aufführung war, ist schwer im Durchschnitt auszumachen. Auffällig ist, daß bei dem Wiener Bericht von 1788 (S. 361 f) hervorgehoben wird, für diesen besonderen Anlaß habe es sogar zwei Hauptproben gegeben, also wohl Proben des gesamten Orchesters, evtl. auch nach heutigem Sprachgebrauch Durchspielproben. Wieviel Teil- und Stimmproben ihnen vorangingen, ist unbekannt.

Man muß davon ausgehen, daß in der früheren Zeit der kleinen, von Fachleuten besetzten Orchester oft eine einzige Probe reichte, wobei sicherlich Tempo- und Lautstärke-Angabe wesentlich waren, die sogenannte Interpretation aber bei den einzelnen Musikern lag. In der neuen

Situation dagegen, als so viele und dazu noch oft unprofessionelle
Musiker im Orchester sitzen, wird neben der Zunahme der Probenzahl
vor allem die Änderung der Probentechnik in Richtung auf eine genaue
Unterweisung in der gemeinsamen Interpretation auch von Einzelheiten
notwendig.

b. Die Stimmen des komponierten Satzes können nicht mehr frei oder
alternativ besetzt werden. In der älteren Musik fehlten entweder genaue
Besetzungshinweise (z. B. »für allerlei Instrumente«), oder die angegebenen Instrumente konnten in bestimmten Grenzen durch andere ersetzt
werden, ohne daß eine Verletzung des Komponistenwillens empfunden
worden wäre. Eine Geigensonate konnte ohne weiteres von einer Flöte
gespielt werden, wenn das Fortlassen der Doppelgriffe und das Hoch-
transponieren der zu tiefen Töne so geschickt bewerkstelligt wurden,
daß das Stück nicht völlig aus den Fugen geriet (selbst für J. S. Bach
lohnt der Versuch). Nun werden allmählich die komponierten Stimmen
auf bestimmte Instrumente genau festgelegt, und Alternativbesetzungen
werden nicht mehr geduldet, bzw. sie sind auch nicht mehr möglich,
weil sich – dies ein Vorteil der neuen Entwicklung – charakteristische
Melodien- und Spieltypen für die einzelnen Instrumente ausprägen, ein
Vorgang, der u. a. von Johann Sebastian Bach entscheidend geprägt
wird, vor allem bei den Begleitstimmen von Vokalwerken, da hier die
Instrumentencharaktere sich am Textsinn schärfen.

Die Instrumentenfestlegung der einzelnen Stimmen und die Ausbildung instrumentaler Virtuosität drängen auch die in den alten Hofkapellen, den frühen Liebhaberorchestern und bei den Spielleuten übliche
instrumentale Vielseitigkeit zurück (vgl. S. 37 u. S. 117 f) zugunsten
einer Spezialisierung auf ein Instrument allein. Diese Professionalisie-
rung des Instrumentalspiels ist eine der Voraussetzungen für die Bildung
der städtischen Berufsorchester am Beginn des 19. Jahrhunderts, deren
Entstehung an die flauen Zeiten der Liebhaberorchester Ende des 18.
Jahrhunderts anschließen (vgl. S. 106 f) und die bei ihrer Ausstattung mit
Berufsmusikern auf die spezialisierten Abgänger der im 19. Jahrhundert
allmählich entstehenden Musikhochschulen zurückgreifen können.

c. Als seit der Mannheimer Schule um die Jahrhundertmitte die dynami-
schen Möglichkeiten als Bestandteil des Kompositionsvorganges erkannt und genutzt werden (vgl. S. 430 ff), fangen die Komponisten an,
die *dynamische Bezeichnung* der Musik zu verfeinern, und zwar über die
sporadischen Angaben von piano (p) und forte (f) in der älteren Musik
seit dem 16. Jahrhundert hinaus:

Zum einen werden Zwischenwerte vorgezeichnet wie mezzoforte (mf)
oder Extremwerte wie fortissimo (ff), zum anderen werden die allmählichen Übergänge zwischen den verschiedenen Werten, also allmähliche

Steigerungen oder Abschwächungen, mit Hinweisen versehen wie crescendo il forte (später cresc.) oder descrescendo il forte, wobei die Dauer
der Prozesse zunächst durch engere oder weitere Schreibung der Buchstaben angedeutet, bald aber durch graphische bzw. ikonische Zeichen
ohne Wortzusatz verdeutlicht wird, nämlich die sog. Haarnadeln; ihre
Länge schreibt unverwechselbar die Dauer der Prozesse vor (<bzw.>).
Zudem werden noch verschiedene Zeichen für die *Artikulation* erfunden
bzw. verfeinert oder konsequenter angewendet (Bindebögen, Staccato-
punkte, Strich- und Spielarten der Streicher). Diese Neuigkeiten werden
zunächst in der Orchester-, bald auch in der Kammermusik eingeführt
und schränken die freie Bestimmung über die Interpretationsmöglichkeit
eines Stückes durch die Musiker ein. Der Autonomiecharakter des musikalischen Kunstwerks sowie die Bestimmungsmöglichkeiten des Komponisten (und dadurch auch des Dirigenten) werden durch diese Maßnahme jedoch gestärkt.

Die folgenden drei Punkte betreffen die *Vortragsbezeichnungen* (deutsche statt italienischer Wörter benutzte vor R. Schumann bereits G. Ph.
Telemann; vgl. Dok. S. 36).

d. Das gleiche gilt im Hinblick auf die Verfeinerung der *Tempobezeich-*
nungen. Neben Hinweisen auf die seltene Möglichkeit freier Tempo-
schwankungen nach dem Gutdünken der Spieler (tempo rubato; wenn
die Begleiter sich dem freien Spiel des Solisten anpassen sollen: colla
parte = mit der Stimme) und Hinweisen auf Tempozunahme und -ab-
nahme (accellerando bzw. ritardando) geht es vor allem um die genauere Angabe des Grundtempos und des Grundcharakters im Satz.
Dabei entwickeln sich die Möglichkeiten der Verstärkung (prestissimo)
oder der Abschwächung (Zusatz ma non troppo = nicht zu sehr, z. B. bei
allegro), wobei im letzten Falle Wortänderungen wie allegretto auch
eine Charakterabwandlung anzeigen, hier eine Wendung zum eher
Harmlosen, Niedlichen. Auch Zusatzwörter können diesem Ziel nützen,
etwa wenn es heißt allegro con brio (mit Feuer) oder andante maestoso
(majestätisch). Der Dirigent hat die Aufgabe, diese Feinheiten durch
Tempovarianten oder Artikulationsanweisungen in Klang umzusetzen.

Ein rigoroser Versuch der Komponisten, ihre Tempovorstellungen
exakter anzugeben, ist die Anwendung von Metronomzahlen. Bevor der
heute gebräuchliche Metronomtyp (von Mälzel) seit Anfang des 19.
Jahrhunderts allmählich zu einem selbstverständlichen Hilfsmittel der
Komponisten wird, gibt es seit dem späten 17. Jahrhundert eine Tradition von Versuchen und Wünschen in Richtung einer unzweifelhaften
Tempoangabe. In der zweiten Hälfte des 18. Jahrhunderts konzentrieren
sich diese Bemühungen auf die Konstruktion von Pendeluhren. Zwei
Französische Erfindungen (Gabory 1771 und Pelletier 1782) werden in

deutschen Musikzeitschriften in einer für die gesamte Musikentwicklung beispielhaften Art besprochen (Forkel B I, 1778, S. 258 f; Cramer
1783, S. 198 ff). Hier einige Auszüge:

> »Alle die aus dem italiänischen entlehnten Ausdrücke, deren man sich zur
> Bezeichnung dieser Bewegung bedient, als: Adagio, largo, larghetto, allegro,
> andante, presto etc. sind noch schwankend und ungewiß; sie geben uns nur so
> ungefähr einen Begriff, und sind noch so unbestimmt, daß sich jeder Ausführer
> denselben auf eine verschiedene Art erklären kann. Aber, wenn der Componist,
> vermittelst der Zahlen, Zolle oder Linien über jedem musikalischen Stücke, die
> Länge, die man der Pendul, oder dem Metrometer zu geben hätte, um ein Stück
> in der besten und zuträglichsten Bewegung auszuführen, gehörig andeuten
> wollte, so würde er die Bewegung physikalisch bestimmen, – das Willkührliche
> wegnehmen, und nicht mehr dem unangenehmen Fall ausgesetzt seyn, seine
> Musik, selbst von den geschicktesten Leuten in einer unrichtigen Bewegung
> ausgeführt zu sehen, wodurch sie oft ihren ganzen innern Werth, Charakter und
> wahren Ausdruck verliert.«

Hier ist jeder Sinn für die produktive Aneignung eines komponierten
Stückes durch die Musiker verlorengegangen, und Forkel bläst nur noch
ins Horn des Komponisten. Im folgenden Zitat kommt auch der Grund
für das Drängen zum Metronom zur Sprache: Die »Fehler«-Möglichkeit
erhöht sich durch die immer stärkere Verbreitung gleicher Kultur.

> »Ein nach dem Tacte dieses Instruments gesetztes Stück, würde alsdann in
> London mit eben der Präcision wie in Paris gespielt werden können, weil man
> aufs genaueste die Anzahl der Tacte wissen könnte, die in einer Minute oder
> einer Secunde durchgespielt seyn müssen, anstatt daß sonst die nemliche Com-
> position, die von Einem Orchester gespielt, gefällt, von einem andern executirt,
> misfällt, weil man nicht das nemliche Zeitmaß beobachtet ... Der Mann sollte
> für alle deutsche Liebhaber-Concerte eine solche Uhr machen, und alle Compo-
> nisten anstatt ihr unbestimmtes Andante, Allegro, Adagio oder gar tempo giusto
> [übliches Tempo, ca. 60–80 Viertelschläge pro Minute], mit Affekt, wie das
> Wallen des Zephirs und dergleichen über ihre Musikstück zu setzen, sollten mit
> Zahlen nach der Uhr das Tempo anzugeben gehalten seyn. Das wäre ein
> wesentlicher Gewinn für die Music.«

Und was macht das Liebhaberorchester, dem das exakt angegebene
Tempo zu langatmig oder für seine technischen Fähigkeiten zu schnell
erscheint?

e. Die Streicher müssen sich pro Stimme auf die gleiche *Strichart* einigen,
   um bei der Größe der Gruppen eine einheitliche Artikulation hervorzubringen (vgl. S. 127). Hier finden der Konzertmeister und die anderen
   Stimmführer eine ihrer Aufgaben. Der ästhetisch-ideologische Effekt
   dieser uniformen Spieltechnik wird wohl keinem Konzertbesucher verborgen geblieben sein. Nur ist die Frage, ob man sie eher in Richtung
   Gleichschritt oder Achter-Rudern interpretiert.

f. Wie eine Erinnerung an vergangene Zeiten klingt es, wenn Hiller 1781

(S. 166, 162) aus dem Französischen über die *Verzierungspraxis* übersetzt:

>»Der Componist und der Ausführer vereinigen zu einerley Endzweck die ganze Zauberkraft ihres Styls ..., (da) ein geschickter Ausführer sich nicht immer sklavisch an die vom Componisten vorgeschriebenen Noten bindet. Hier ziert er die Melodie durch Zusatz aus, dort führt er sie auf wenigere Noten zurück; er setzt der Dauer der Zeit einer Note zu, was er der andern abnimmt; und durch diese Veränderungen macht er sich gewissermaßen zum Eigenthümer und Schöpfer dessen, was er vorträgt.«

Schon früh im Jahrhundert gibt es Stimmen, die gegen das übermäßige oder überhaupt gegen das Verzieren sprechen. In der Auseinandersetzung zwischen Scheibe und Birnbaum über Bachs Musik (Kap. III, S. 317f) tritt Scheibe eher für die alte Praxis, damit auch die Unabhängigkeit der Musiker ein, während Birnbaum die »Ehre« des Komponisten vor solchen ins Werk eingreifenden »Verbrämungen« geschützt wissen will.

Noch schärfer heißt es 1750 (Marpurg, S. 336, Übers. aus dem Französischen):

»Der Musikus bringet es dahin, daß die gantze Musick durch sein Spielen einerley zu seyn scheint ... Er wird zehn Sonaten spielen, und man wird immer noch glauben, er spiele die erste; denn er hat diese Wendungen einmal in seinen Fingern und bringt sie ohne Unterschied aller Orten an.«

Jedoch geht es dabei nicht nur gegen Mißbrauch, sondern grundsätzlich gegen das Verzieren:

»Diese Ausziehrungen sind Stacheln, die durch ihre Menge die Blumen ersticken; es sind geschminckte Annehmlichkeiten, die nur mit einem falschen Glantze prangen; es sind schwelgerische Züge, deren Eindruck durch andre gleich vertilget wird, und die zusammengenommen nichts als ausgekrahmte nichtige harmonische Kleinigkeiten, nichts als eine stolze Kakophonie sind.«

Solche Ausfälle beziehen sich, da in der Orchester- und Chormusik schon lange Zeit kaum noch frei verziert wurde, im wesentlichen auf Kammermusik und die Solostimmen von Konzerten. (Hier wurde das freie Spiel ins Ghetto der Solo-Kadenz gesperrt.) Stellvertretend für die Hitzigkeit, mit der dieser Streit zwischen Interpreten- und Komponistenanteil am Musikwerk weit ins Jahrhundert hinein geführt wurde, soll ein Vorfall aus der »Geschichte der Musik am Fürstlich Waldeckschen Hofe zu Arolsen« deutlich machen (Rouvel, S. 68ff). Der zu Gast weilende Geiger Greff und der Hofmusiker Polon geraten laut Protokoll im Jahre 1731 aus folgendem Grund aneinander:

Greff habe »bey einer Cantate mit accompagniret, und anstatt daß er alles, wie
es in Noten gesetzt, schlicht weg spiehlen sollen, allerley Manieren angebracht,
so die Sängerin in Unordnung bringen können, welches deponent [der Aussa-
gende, nämlich Polon] ihme gesagt, er solte es spiehlen, wie es darstehe; wodurch aber der Cammerdiener Greff dermaßen offendirt [beleidigt] worden, daß
er ihme dargegen versetzt: was er darvon zu raisonniren habe [klug zu reden], er
wolle von ihm nichts lernen. Wie er anderen Tages Herrn Telemann darüber
gefragt, habe er ihm [Polon] solches ebenfalß so gesagt.«

Bei einer ähnlichen Gelegenheit kommt es dann wieder zu Streitereien
zwischen den beiden, bis Polon sagt, Greff

»habe ihme nichts zu befehlen; jener aber fortgefahren, er solte schweigen, oder
er wolte ihme was anders sagen; und wie er hiergegen wieder versetzt, daß er
[Greff] hier im Herrschaftlichen Zimmer seye, wo er respect vor haben müsse,
wenn er was gegen ihn hätte, solte er es ihm außerhalb des Schloßes sagen. Der
Cammerdiener Greff habe aber hierauf ihn einen S. V [salva venia = mit Verlaub]
Hunds ... [Hundsfott] etc. gescholten, am Kleid vor der Brust bekommen, und
gedroht gar an den Kopf zu schlagen, welches Hr. Lieutenant von Braun, der
Cammerdiener Henrici und andere von der Music mit angehört, und ersterer
darzu gesagt: daß ist etwas stark. Er vor sich habe es geschehen lassen müssen,
weil es im Herrschaftl. Zimmer gewesen, wo ihm der respect, so er demselben
schuldig, nicht erlaubt, mit Gegenschmähungen zu antworten. Setzet hinzu,
daß der Cammerdiener Greff ebenfalß mit andern von der Music, nahmentlich
dem Eichner und Reinhard, darum Verdruß gehabt, daß er mit Letzteren die
Sachen anders gespiehlet, als sie gesetzet, und von sich dardurch vermuthen
gemacht, daß er es in der Intention gethan, selbige irre zu machen.«

Den Vorwurf, durch zu viel freies Spiel andere in der Musik zu »confun-
diren«, mußte sich schon J. S. Bach anhören (S. 66). Noch nach der
Jahrhundertmitte ist es unter den Berliner Geigern nicht unüblich, Kompositionen bis hin zur Abwandlung ihres Grundcharakters ins Gegenteil
und bis zur Umformung der Themen zu verzieren und zu verändern,
eine Tatsache, die man weder in der Musikforschung noch in der
Musikpraxis wahrhaben will, obwohl sie spätestens seit einem inter-
essanten Aufsatz von Hellmuth Lungershausen von 1934 bekannt ist
(Zeitschr. f. Musikwiss. Bd. 14).
    Das Festhalten an den Verzierungen scheint sich auf Norddeutschland
konzentriert zu haben. Carl Philipp Emanuel Bach hat sogar das Kunst-
stück fertiggebracht, sich als Komponist dabei nützlich zu machen,
nicht nur durch Anweisungen in seiner Klavierschule, sondern auch als
Erfinder der »Sonaten mit veränderten Reprisen« (1760), in denen er
auskomponiert, was man gewöhnlich frei erfindet, nämlich die verzierten Wiederholungen der Teile eines Sonatensatzes. Seine für die
neuen Konzertmöglichkeiten und die neue Schicht der weniger fachlich
geschulten Musikliebhaber gedachte Erfindung begründet er so:

»Das Verändern von Wiederholungen ist heutzutage unentbehrlich. Man erwartet solches von jedem Ausführer ... Bloß dieses Verzieren ... preßt oft den meisten Zuhörern das Bravo aus ... Bei Verfertigung dieser Sonaten habe ich vornehmlich an Anfänger und solche Liebhaber gedacht, die ... nicht mehr Geduld und Zeit genug haben, sich besonders stark zu üben. Ich habe ihnen das Vergnügen verschaffen wollen, sich mit Veränderungen hören zu lassen, ohne daß sie es nötig haben, solche entweder selbst zu erfinden oder sich von anderen vorschreiben zu lassen und sie mit vieler Mühe auswendig zu lernen. Ich freue mich, meines Wissens der erste zu sein, der auf diese Art für den Nutzen und das Vergnügen seiner Gönner und Freunde gearbeitet hat.« (zit. E. Ferand, Die Improvisation ..., Köln 1956, S. 22; Marpurg, 1758 ff, S. 560, begreift diese Stücke u. a. auch als »Lectionen für alle Veränderer«, also als Lehrbeispiele im Sinne der »Methodischen Sonaten« von Telemann, in denen Hauptstimme und verzierte Versionen untereinander gedruckt sind.)

Das Verzieren und damit die eigenständige Produktivität der Musiker sterben aber bald ganz ab. Der Komponist bleibt Sieger, muß deshalb auch mißvergnügt sein, wenn er – in Gestalt von Berlioz – noch gegen Mitte des 19. Jahrhunderts in süddeutschen Orchestern Bläsern antrifft, die seine komponierten Stimmen verzieren (in Stuttgart und Hechingen; vgl. Lebenserinnerungen, Ausgabe München 1914, S. 278, 283).

g. Der galante Stil hat mit der durchgearbeiteten, alle Orchesterstimmen möglichst gleichartig behandelnden Satzart aufgeräumt, wie sie etwa in Konzerten J. S. Bachs zu beobachten ist. Statt dessen wird die Oberstimmenmelodie herausgearbeitet und steht als wichtigstes Moment der Komposition gegen die anderen Orchesterstimmen, die oft nur noch *Begleitungsfunktion* haben. Die Langeweile, die sich dann durch diese Stimmen zieht, ist unbeschreiblich und wirkt in allen klassischen Orchesterwerken fort. Man vergleiche einmal die Bratschenstimmen von J. S. Bachs Doppelkonzert in d-Moll und eines beliebigen Quantzschen Flöten- oder Mozartschen Klavier-Konzerts! Kein Wunder, daß der Teil des Orchesters, der diese Stimmen spielt – meistens unendlich lange Achtelwiederholungen des gleichen Tons –, kein kreatives Interesse mehr an seiner musikalischen Tätigkeit hat! Diese armen Musiker, die nicht die Melodie spielen, sondern im sogenannten Tutti (alle) begleiten, heißen heute noch manchmal im Orchesterjargon Tuttischweine. Da wird die Leichtverständlichkeit der Musik, die die Aufklärer für das breiter werdende Publikum verlangten und die die Komponisten erreichten, auf dem Rücken der Musiker ausgetragen.

h. Nicht unähnliche Auswirkungen hat die *durchbrochene Arbeit* der »klassischen« Musik (vgl. S. 434) auf die Musiker. Selten hat ein Instrument eine ganze Melodie zu spielen, vielmehr verteilen sich die Melodiestücke sukzessiv auf unterschiedliche Instrumente. Oder es werden Melodiepartikel durchs Orchester geworfen. Der Zusammenhang ist eher vom Hören im Saal her zu begreifen, als daß er sich vom

Musizieren her für den einzelnen Musiker darstellt. Er muß jetzt einen
Dienst am Ganzen, an einer höheren Gesamtleistung, am Kunstwerk
tun, ist also in eine Totalität eingespannt, die ihm ein individuelles
Erfinden und Gestalten unmöglich macht. An Verzieren ist selbstverständlich bei Melodieteilchen nicht mehr zu denken.

Die Punkte a bis h haben wohl zur Genüge gezeigt, in welch verschiedenen
Weisen die ausübenden Musiker entmündigt und von der alten spontanen
Musizierart abgebracht werden. Es scheint jedoch, daß sie sich daran nicht
nur gewöhnt haben, sondern zusätzlich noch dem neuen Zustand allmählich
etwas Positives abgewonnen haben.

Hofmusiker Polon (Punkt f) ist ja bereits 1731 die ideale Verkörperung des
neuzeitlichen Musikers, indem er die Unterordnung unter die gesellschaftliche
Autorität – hier noch am Hof – bruchlos mit der Unterordnung unter die
geschriebenen Noten verbindet. Und daß die Vereinsmeier der Musikgesellschaften in ihrem Ordnungs- und Unterordnungsfanatismus (vgl. S. 241 f) bei
ihren Übungskonzerten viel frei erfunden und den geschriebenen Noten zugesetzt hätten, wird ja wohl niemand glauben. Sie aber im Verein mit den
bestimmenden, richtungsweisenden Komponistenheroen des späten 18. Jahrhunderts sind es, die die weitere Entwicklung des Musizierens und des Konzerts maßgeblich bestimmen.

Man richtet sich mit dem Befolgen von geschriebenen Anweisungen und –
nach dem Durchbruch des Dirigentenprinzips – der zentralen Gestik ein,
entwickelt dabei ein seltsam folgsames Ausführungs-Handeln, über das
Adorno böse Worte geschrieben hat. »Renitenz« nach allen Seiten bezeichnet
er als wesentliches Merkmal von Orchestermusikern. Immerhin! Vielleicht –
wenn das so stimmt – hat sich darin noch ein Rest des widerspenstigen
Musikergeistes von Geiger Greff erhalten.

Aber von Renitenz bis zur Diskussion oder gar Verweigerung von Anweisungen ist ein weiter Weg.

Burney über Gluck (Bd. II, 1773, S. 253 f):

»Er ist ein strenger Zuchtmeister, und eben so furchtbar als Händel zu seyn pflegte,
wenn er ein Orchester dirigirte; dennoch versicherte er mich, daß er seine Brigade
niemals widerspenstig befunden habe, ob er gleich niemals gelitten, daß sie den
geringsten Theil ihrer Schuldigkeit versäumt, und er sie zuweilen eines von seinen
Manöuvern zwanzig bis dreissigmal habe machen lassen. Dieses war die beste Probe
von der Nutzbarkeit seiner Mannszucht; denn wenn Leute, die nicht völlige Sklaven
ihres Befehlshabers sind, seine Ordres ohne Murren ausrichten: so giebt das eine starke
Vermuthung, daß sie selbst von ihrer Zweckmäßigkeit überzeugt seyn müssen.«

Toscanini, ich hör dir trapsen! Allerdings auch die Entstehung von Musiker-
und Orchestergewerkschaften! Und so ist es tröstlich, daß der Kontrabassist
Joseph Kämpfer im Mai 1783 (Cramer I, S. 561 f) die Atmosphäre bei Gluck
doch ein wenig anders beschreibt:

»So ein gutmüthiger lieber Mann er sonst in jedem Verhältnisse des Lebens ist, so macht er doch, sobald er auf dem Platze als Director steht, den wahren Tyrannen, der durch den geringsten Schein von Fehler in Harnisch und bis zu den stärksten Äußerungen der Hitze gebracht wird. Zwanzig, dreissigmal reicht nicht, daß er die geübtesten Spieler der Capelle, unter denen gewiß Virtuosen sind, die Passagen wiederholen läßt, bis sie die von ihm intendirte Wirkung des Ensemble herausbringen. Er brusquirt sie alsdenn so sehr, daß sie ihm oft schon den Gehorsam aufgekündigt, und nur durch Zureden des Kaisers [in Wien] ›Ihr wißt ja! Er ist nun einmal so! er meints nicht so arg‹, haben bewogen werden können unter ihm zu spielen. Auch müssen sie immer doppelt bezahlt werden, und diejenigen, die z. E. [zum Exempel] für ihr Spielen einen Ducaten sonst erhielten, bekommen, wenn Gluck dirigirt, zweye.«

Musikalische Anekdoten
(Cramer I/2 1783, S. 740)

»4) Als der vorige König von Preussen den polnischen König August zu Dresden besuchte, und mit ihm ins Opernhaus kam, eine hassische Oper zu hören, ward er ausserordentlich durch den Anfang der Ouvertüre frappirt. Er kam zurück nach Berlin, ließ dieselbe Oper aufführen, vermißte aber die große Wirkung der Ouvertüre. Er besprach sich hierüber mit seinen Tonkünstlern, und man konnte die Ursache davon nicht ausfinden. Es ward an den damaligen Concertmeister Pisendel in Dresden um Auskunft geschrieben. Dieser antwortete: daß die Ursache vermuthlich in dem Stimmen der Instrumente unmittelbar vor dem Anfange der Ouvertüre liege; sein Orchester müsse allemal eine halbe Stunde vorher völlig rein gestimmt haben, und dann dürfte kein Ton weiter durch Stimmen und durch Präambuliren, vor der Ouvertüre gehöret werden. Man folgte diesem Beyspiel und jene starke Wirkung ward gewonnen.«

Instrumentalmusik

Der Sieg des Gefühlsdramas: Die Südfront bricht!

All die Theoretiker und Ästhetiker, all die neuen Musikzeitschriften und viele der Instrumentalschulen und Musikanweisungen stammen aus Norddeutschland und haben dort ihren Haupteinfluß. Hier ist das Zentrum der Vernunft-Herrschaft und des »guten Geschmacks« in der Musik. Die Mainlinie in Deutschland als ideologische Grenze hat es damals schon gegeben, und zumindest die Norddeutschen sahen in ihr auch eine Qualitätsgrenze.

1783 noch, als beispielsweise für Mozart in Wien der Umgang mit dem Hammerklavier längst selbstverständlich war – er hatte schon viele Klavierkonzerte dafür komponiert –, schreibt der Kieler Carl Friedrich Cramer (I/2,

S. 1246f) anläßlich einer Rezension von Philipp Emanuel Bachs 4. Sammlung von Sonaten, Rondos und Fantasien über das Pianoforte:

»Traurig freylich ists für die Tonkunst, diese Gattung Instrumente unter ganzen Nationen so herrschend zu finden, und selbst in Deutschland, dem wahren Vaterlande der Claviere [Clavichorde], besonders den südlichen Provinzen, zwanzig gute Pianofortes, Fortpiens, Clavecinroyals und wie die Hackbrettart weiter heißt [zeitgenössische Hammerklavierformen], gegen ein einziges erträgliches Clavier anzutreffen.«

Man hört den norddeutschen Chauvinisten in Cramers Rezensionen sprechen, z.B. wenn er von einem »Concert pour le Clavessin« eines gewissen Birnbach lapidar sagt (1783, S. 1314):

»Scheint aus den Gegenden des Rheins, oder dem südlichern Deutschland zu kommen; und das ist leider genug gesagt. Alle das dortherige Geklimper kennt man den Augenblick an den einförmigen Figuren, den altäglichen Modulationen, abgedroschnen Harfenbässen, beständigem Auf- und Herunterrennen der diatonischen Scala, und solchen Kunststücklein, die auf so wenig verschiedne Art in allerley verschiednen Formaten, und gemeiniglich auf sehr weissem Imperial- oder Royalpapier, das noch dazu zu einem gewissen andern Gebrauche, der die wahre Bestimmung solcher Arbeiten wäre, zu steif ist, uns für wahre Musik verkauft wird; und die ächten Arbeiten besserer Meister aus den dasigen Gegenden verdrängt.«

Die »Verbreitung des ächten Niederdeutschen Geschmacks in Clavier-Compositionen« kann aber eben nur von dem Hamburger Bach, Carl Philipp Emanuel, und seiner Schule ausgehen: »Erfindung, Reichthum an Gedanken, Kenntnis der Harmonie, Laune, Witz, ein sehr feines Gefühl des Wahren und Schönen, Kraft und Nettigkeit im Ausdruck aller durch Töne darzustellenden möglichen Empfindungen und Leidenschaften, der edelste und geläutertste Geschmack in den Ideenverbindungen und der Darstellung, vereinigen sich in diesen Sonaten auf eine so bewundernswerthe wie seltene Art.« (Cramer 1786, S. 12lo über Klaviersonaten von F. S. Sander) Mit dem süddeutschen »Geklimper« kann man sich, wäre das Papier nicht so steif, den Arsch wischen! Ausgangspunkt der Sünden ist natürlich Italien: Vielleicht erinnern sich manche an das Vorurteil Georg Bendas gegen das »leere Tongeklingel« der italienischen Oper. Er war ja »an die fleißig gearbeitete Berlinische Musik gewöhnt« (vgl. S. 267).

»Ist es nicht auch billig, wenn wir selbst unter unsern Vergnügungen nicht ganz vergessen, daß wir denkende Geschöpfe sind? Und hierinnen hat nun die berlinische Musik einen fast unermeßlichen Vorzug vor der Musik aller andern Nationen und aller musikalischen Sekten aller Nationen.« Allerdings: »Es ist wahr, daß viele von den berlinischen Komponisten eine Trockene und Dürre in ihren Arbeiten haben, die notwendig den Zuhörer gähnen machen muß ... Ebenso wie sich die berlinischen Tonkünstler in der Instrumentalmusik als Komponisten und Virtuosen über alle andere erheben, so auch in ihren Anweisungen zur Erlernung und zum rechten Gebrauch der Instrumente.« (vgl. Kap. II, S. 251ff) Das gilt natürlich auch für die »theoretischen Schriften, die uns Berlin über die Musik geliefert hat.« (J. Fr. Reichardt, Schreiben über die berlinische Musik, Hamburg 1775; in Reichardt, Briefe die Musik betreffend, hg. v. Grita Herre und Walter Siegmund-Schultze, Leipzig 1976, S. 71 ff)

Burney (1773 II, S. 168) betrachtet den gleichen Sachverhalt allerdings anders:

»So wahr ist es, daß die Werke des kalten und überlegten Nachsinnens weit weniger Gewalt über unser sinnliches Gefühl haben, als die Ergiessungen der Leidenschaft und des Enthusiasmus. In Berlin sind mehr musikalische Streitschriften und mit mehr Hitze und Eifer gewechselt worden, als anderwärts. Es giebt in dieser Stadt auch wirklich mehr theoretische als praktische Tonkünstler, und das hat vielleicht weder den Geschmack verfeinert noch die Phantasien begeistert.«

Die Verachtung, die Burney ob solcher Urteile durch manche Deutsche erntet, wurde schon an anderer Stelle dargestellt (S. 259 ff).

Auf einen ähnlichen Angriff von Carl Ludwig Junker (Musikalischer Almanach auf das Jahr 1784) antwortet der Freiherr H. A. v. Eschstruth (Musikalische Bibliothek, Marburg und Gießen 1784, 1. Stück, S. 80 f):

»Also nicht trokne Grillen, nicht steife Panzer für di Sele, nicht natürliche Schranken des Geistes, sondern Resultat vieljähriger Beobachtungen, Resultat unermüdeter Versuche, von Männern di sich durch Geist, Talent und Eifer auszeichneten aufbewart, das heißt Teori der Kunst. Verdint nun eine solche Kunst Achtung, oder sollen wir zugeben, daß ire Stifter und Anhänger mit Kot beworfen werden? ... – Also Ere und gebürender Rum den Berlinern! Aus iren Schulen werden die grösten Männer kommen, so lange es noch ware Musik gibt. Aber der Verfasser dieses Almanachs kan si freilich nicht loben, denn er scheint in den Gegenden des Ober-Rheins zu wonen oder daher zu stammen, und die Mannheimer und Berliner haben alzeit zusammen contrastirt.«

Wenn Burney schreibt (1773 I, S, 270), daß man der Stadt Wien (Wien, nicht Berlin!) »mit Recht einräumen muß, daß sie sowohl die Hauptstadt der deutschen Musik, als des deutschen Reichs ist«, und wenn aus Wien berichtet wird (Cramer I/2 1783, S. 843): »Singend, lachend, gefällig, auch sprechend ist die hiesige Music gewiß, und wärs mit allen Künsten und Wissenschaften hier auf gleichem Fuß: so würde Wien das Athen von Europa seyn«, was mögen da die Norddeutschen gedacht haben! Süddeutschland und Österreich hatten die italienische Musik, auch die leichtere, bereitwillig in Vokal- und Instrumentalstil aufgenommen.

Vor allem die Volksmusik fand hier wie selbstverständlich Eingang auch in die instrumentale Melodiebildung. Diese Assimilierung war bereits ein Jahrhundert früher unter italienischem Einfluß erfolgt (vgl. C. Dahlhaus, Der Dilettant und der Banause in der Musikgeschichte, Archiv für Musikwissenschaft, Bd. 25, 1968, S. 163 ff). Die Versteifung auf die deutsche Eigenart, d. h. auch die Aversion gegen den ausländischen Einfluß, wurden im Süden nie so extrem und ausschließend gehandhabt wie im Norden. Mozart als norddeutsche Erscheinung, ein Unding! Etwa als Thomaskantor oder als Kapellmeister Friedrichs des Großen! Wie begierig und ausdauernd sog er in Italien die dortige musikalische Sprache auf!

Ich stelle im folgenden zunächst einmal einzelne musikalische Elemente vor, die den neuartigen Stil des Südens bestimmten und deshalb von den Norddeutschen abgelehnt wurden. Auch von Elementen wird dabei die Rede sein, die der Süden sich vom Norden entlehnte, allerdings neuartig verwendete.

Nachdem diese Aufzählung durch eine theatralische Zitatencollage norddeutscher Gegenstimmen abgeschlossen ist, wird dann der neue Instrumentalstil des Südens grundsätzlicher besprochen.

Zunächst also zu den Einzelheiten.

Da war einmal eine einfache *Amüsiermusik*, die aus dem Singspiel und der komischen Oper Frankreichs und Italiens nach Deutschland übergriff und hier auf einen sehr fruchtbaren Boden fiel. Das war der »komische Geschmack«, von den Schriftstellern verpönt, von dem Publikum wegen seiner problemlosen Heiterkeit und bedingungslosen Simplizität hoch geschätzt. Nicht nur in Liedern und Singspielen, sondern auch in der Instrumentalmusik machte er sich bald breit. Ich führe zwei Beispiele von Mozart vor, der diesen Geschmack, aber eben mit anderen Stilen abwechselnd – ein Merkmal der deutschen »klassischen« Instrumentalmusik! – ebenfalls aufnahm. Neben der Melodik sind es vor allem die *Begleitformen* (Albertibaß im ersten, Murky-Baß im zweiten Beispiel), die die Aufklärungs-Musiker erbitterten. So etwas Simples und Mechanisches! Hiller (1766, S. 45) tadelt die »Unbequemlichkeit« des Alberti-Basses.

Das erste Beispiel ist ein Arienanfang aus der »Entführung aus dem Serail«, das zweite stammt aus der Violinsonate KV 454. Der Unterschied dieser »komischen« Melodik zu der des »galanten Stils« springt wohl in die Augen (Dreiklangsfiguren und »springende« Tonrepetitionen und -gänge).

Noch eine Bemerkung dazu: Eigentlich begleitet ein Orchester die Sängerin, und zwar nicht mit einem Alberti-Baß. Diese Baßform ist vom Klavier her erfunden und stammt im Beispiel vom Hersteller des modernen Klavierauszuges; aber der Klavierauszug wurde als Musikform gerade zu jener Zeit erfunden, damit die Bürger sich auch im eigenen Spiel Orchester- und Opernmusik aneignen konnten. Der Alberti-Baß im Beispiel ist also der Zeit des 18. Jahrhunderts angemessen und könnte gut aus einem alten Klavierauszug stammen.

Eine weitere Neuerung vollzog sich auf dem Gebiet der *Dynamik* (vgl. schon S. 420 f).

Man muß »anmerken, daß die Tonkünstler in verschiednen Gegenden von Europa, gewisse Verfeinerungen in der Art und Weise, selbst alte Musiken auszuführen, entdeckt und angenommen haben, welche die Berliner Schule noch nicht anerkennen will, welche weniger Aufmerksamkeit auf die Piano's und Forte's verwendet, und wo jeder Spieler auf nichts so sehr zu sinnen scheint, als seinen Nachbar im Lautspielen zu übertreffen.« (Burney III 1773, S. 150) In anderen »Gegenden«, nämlich in Süddeutschland, vor allem aber Mannheim, war das ganz anders: Die Orchesterschulung

von Johann Stamitz brachte den »gegenwärtigen Synfoniestyl« hervor, »der so voller großer Wirkungen, so voller Licht und Schatten ist.« (Burney III 1773, S. 72) In Mannheim »ist der Geburtsort des crescendo und diminuendo«, schreibt Burney an anderer Stelle (II, S. 73 f) und fügt eine für die neue Instrumentalsprache sehr feinsinnige Beobachtung hinzu: »Hier war es, wo man bemerkte, daß das piano, (welches vorher hauptsächlich als ein Echo gebraucht wurde, und gemeiniglich gleich bedeutend genommen wurde), sowohl als das Forte musikalische Farben sind, die so gut ihre Schattirungen haben als Roth und Blau in der Mahlerey.«

Wie mühsam und gegen die eigene sinnliche Überzeugung arbeitend ist dagegen das Rückzugsgefecht des norddeutschen Reichardt (1774, S. 11). Wenn es wahr ist, daß ein komplizierter, unklarer Stil von der mangelnden Klarheit des Schreibers über seinen Gegenstand zeugt, so haben wir hier ein gutes Beispiel:

»Von dem Anwachsen und Verschwinden [Fußnote: »Man erzählet, daß, da Jomelli dieses in Rom zum erstenmale hören ließ, die Zuhörer sich bey dem crescendo allmählich von den Sitzen erhoben, und bey dem diminuendo erst wieder Luft schöpften, und merkten, daß ihnen der Athem ausgeblieben war. Ich habe diese letztere Wirkung in Mannheim an mir selbst empfunden.«] eines langen Tones oder auch vieler auf einander folgender Töne, welches, wenn ich mich so ausdrücken darf, die ganze Schattirung

einer hellen oder dunkeln Farbe durchgehet, und welches in Manheim so meisterhaft ausgeführet wird, von diesem will ich hier gar nicht reden: denn Hasse und Graun haben sich dessen niemals bedient. Woher? Das habe ich noch nicht ergrübeln können. Weshalb sie sich aber nicht des itzt so sehr zur Mode gewordenen schnell auf einander folgenden Fortes und Pianos, wo oft eine Note um die andere stark oder schwach ist, – woher sie sich dessen nicht bedient haben, kann ich mir sehr wohl aus ihrem richtigen Gefühle und seinem Geschmacke erklären. Nur der, dessen Geschmack schon völlig stumpf und verdorben ist, begehret die stärksten Gewürze zu seinen Speisen, wenn er Geschmack daran finden soll: und welch ein Gefühl muß das seyn, welches in dem lebhaften Gemählde eines Kranken, der im hitzigen Fieber heftige Verzuckungen macht, Gefallen finden kann? Und was ist jenes anders, als fieberhafte Verzuckungen?«

Ähnlich knöchern wird im Norden oft über neue *Melodie*wendungen geurteilt: 1767 schreibt Johann Adam Hiller in Leipzig eine Kritik einer anonym eingesandten Arie (1766/67, S. 314). Er zitiert die folgende Melodie aus dem instrumentalen Begleit-Thema (Ritornell):

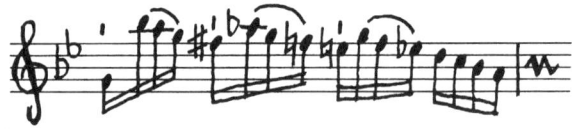

Er meint dazu, den Tonabstand fis-as betreffend: »Mit dem Intervall der verminderten Terz in der Melodie eben dieses Ritornells: sind wir gleichfalls nicht zufrieden; das ganze Intervall ist nicht viel werth; am wenigsten taugt es eine Melodie zu verschönern.«

   Daß die aufsteigende verminderte Terz (»Tertia manca, ascencendo«) als melodisches Intervall »durchgehends verworffen« sei, war eine jener althergebrachten, 1721 noch einmal von Franz Xaver Murschhauser vertretenen Lehrmeinungen (Academia Musico-Poetica, oder: Hohe Schule der musicalischen Composition, Nürnberg, S. 15), die auch 1722 Matteson »lauter

Früchte von der Cantor-Classe / von mehr als hundert Jahren« nannte und an Hand von praktischen Beispielen widerlegte (S. 14 f).

Daß eine Terz nicht groß, z.B. f-a, auch nicht klein, z.B. fis-a, sondern vermindert war, wie oben fis-as, war in vielen norddeutschen Musikerköpfen etwas ganz Unnormales, der gesunden Berechnung und Empfindung Widersprechendes. So etwas war als melodisches Intervall höchstens in ganz besonderen Ausnahmefällen anwendbar, bei Klage und flehendlicher Anrufung; dann meist aber absteigend (Bach, h-Moll-Messe):

Während noch Hiller an diesem altmodischen Zopf festhielt, war der Gebrauch des Intervalls im Süden, von Italien inspiriert, schon allgemein gebräuchlich und bildete schon in der frühen deutschen »Klassik« einen melodischen Grundbestandteil. Bei Haydn und Mozart ist er selbstverständlich (Klaviersonaten Es-Dur 1789, Satz 2, und F-Dur 1774, Satz 1):

Und zum Stilmittel *Klangfarbe* eine Stelle bei Mattheson (1744, S. 161), in der er Mittel schmäht, die bald im Süden die eindrucksvollsten Wirkungen erzielten:

»Dem klugen Pöbel des guten Geschmacks kann man auch keinen grössern Dienst thun, als mit solchen Arietten, dabey die Saiten zum Accompagnement geknippen werden, oder deren Begleitung aus Sordinen ... bestehet.« (also entweder pizzicato oder mit Dämpfer)

Wenn es nach ihm gegangen wäre, könnten wir so etwas wie den Mittelsatz von Mozarts Flötenquartett D-Dur mit der Pizzicato-Begleitung heute nicht hören (KV 285, 1777 in Mannheim geschrieben).

»Nun tadle mich, daß ich die Regeln schmäh',
und mehr auf das Gefühl, als ihr Geschwätze seh!«
(Lessing, vgl. S. 134)

Dazu kommt noch eine grundlegende Änderung im musikalischen *Satz*. Der kontrapunktische Orchestersatz, wie er z. B. in Suiten und Konzerten von J. S. Bach auftritt, wo selbst noch die Bratsche an selbständiger, oft sogar imitierender Melodik teilhat, fällt auseinander und wird abgelöst von zwei beherrschenden Satzarten, die für die gesamte Musik der folgenden Jahrzehnte bestimmend sind: Entweder Oberstimmenmelodie mit Begleitung der anderen Stimmen oder reine, melodielose Harmoniebewegung aller Stimmen zusammen (oft verbunden mit »durchbrochener Arbeit«, s. S. 425 f). Diese Entwicklung beklagt Petri 1769 (S. 105) und versteht sie nicht als Begleiterscheinung der neuen bürgerlichen Musikbewegung, sondern als deren Hemmschuh:

»Soll man denn aber einen Verfall der Musik fürchten, da sie jetzt so in Aufnahme gekommen ist? ... So bald aber Melodie ohne Harmonie seyn wird, oder gar die bloße Harmonie ohne Melodie wird gesucht werden, so verfallen wir in die vorigen Fehler zurück, und die Musik wird sich schwerer wieder aufrichten lassen, als ehemals.«

Dabei sind beide Satzarten nur funktional getrennte Ausformungen des neuen Bedürfnisses nach unkomplizierter, einfacher und klarer musikalischer Darstellung: entweder Melodie oder Harmonik als Hauptgegenstand der Musik, nicht aber beides vermischt wie im alten kontrapunktischen Stil.

Der *Melodiesatz,* der schon seit der Zeit der Konzerte Vivaldis allmählich an Boden gewinnt, treibt die Konzentrierung auf das Hervorheben der Oberstimmenmelodie in einer Weise auf die Spitze, daß die Begleitstimmen häufig zu völliger Farblosigkeit absinken (vgl. S. 425). Dieser Prozeß aber führt, vor allem im Kontakt mit der Volksmusik (s. u.), zu einem ungeheuren Fortschritt bei der Bildung volkstümlicher, eingängiger Themenmelodik. Die Komposition origineller, charaktervoller und »gesanglicher« *Hauptthemen* wird jetzt zu einem Merkmal eines guten Musikstückes.

Mit typisch »norddeutschen« Argumenten kritisiert Forkel (B II, S. 152) diesen Melodiesatz in einem Bericht über eine 1775 in deutscher Sprache erschienene Schrift des Engländers Avison: »Die gegenwärtig herrschende Mode, alle Musik auf eine einzelne Stimme einzuschränken, und eben dadurch alle wahre Harmonie zu vernachlässigen, wird daher vom Verf. für einen sehr beträchtlichen Fehler erachtet. In der That ist dieser Fehler so groß, als der seyn würde, welchen ein Maler macht, der in seinen Gemälden bloß für Zeichnung sorgen, das Colorit aber gänzlich vernachlässigen oder hintansetzen wollte. Die Harmonie, sagt unser Verf. dient vornehmlich dazu, die vielfache Arbeit und Kunst einer guten Composition zu zeigen und auseinander zu setzen, die, bey einer vollen und vollkommenen Ausführung aller Stimmen, jene edlen Wirkungen hervorbringt, welche wir oft bey großen Musiken wahrnehmen.«

Die zweitgenannte Satzart, der *Harmoniesatz,* die ihre meisterhafte Ausprägung beim späten Mozart (d-Moll-Klavierkonzert!) oder bei Beethoven (»Eroica«) fand, wird wie die neuartige Dynamik vor allem von Johann Stamitz ausgebildet (Musikbeispiel S. 436).

In ihr gewinnen diejenigen musikalischen Elemente die Oberhand, die bisher lediglich als Verschönerungen und Verstärkungen der Melodie behandelt wurden: Rhythmus, Harmonik, Dynamik. Statt der Melodie sind *sie* nun das Thema der musikalischen Arbeit. Vor allem die Konzentration auf stürmische harmonische Entwicklungen, auf die modulatorische Arbeit, ist ein wesentliches Merkmal der neuen Instrumentalmusik. Genau wie beim Melodiesatz sind die Orchesterstimmen dabei ohne selbständige Melodik, sondern ordnen sich dienend einem höheren Prinzip unter, dort dem der Melodie, hier dem der Harmoniefortschreitung.

Symbolisiert der Melodiesatz eher individuelle Momente (Singen), so vermittelt der Harmoniesatz eher den Eindruck des Über-Individuellen, Allgemeinen, für die Frühromantiker auch des Sphärischen, Unbestimmten und Absoluten, in dem man sich verlieren und auflösen kann (Zitate bei Schleuning, S. 206).

Joh. Stamitz, (op. 8 No. 5)

Nicht verwunderlich ist es, daß um die Jahrhundertmitte auch eine neuartige Theorie der *Klanganalyse* aufkommt. Die Fundamentalbaßtheorie des Franzosen Jean-Philippe Rameau faßt die Akkorde nicht mehr nach Intervallverhältnissen zum Baß und nach Stimmführungsregeln auf wie die Generalbaßtheorie, sondern führt sie auf einen zugrunde liegenden Dreiklang zurück, auch wenn dessen Grundton (urspr. genannt »Tonika«) nicht im Baß liegt. Er ist das gedachte Fundament des Klanges, der oft lediglich als Umkehrung einer Drei-Klangs-»Funktion« erkannt wurde. Es geht also nicht mehr um die Zusammenstellung von Einzelstimmen und -intervallen zu einem Klang, sondern um einen bestimmten Akkord bzw. dessen Dreiklangsfunktion, dem sich die Stimmen unterzuordnen haben. Diese Lehre, im Norden noch lange Zeit abgelehnt, hat über viele Entwicklungsstufen des 19. Jahrhunderts jene Form erlangt, die uns vor allem seit dem Musikwissenschaftler Hugo Riemann um 1900 als »Funktionstheorie« bekannt ist: Tonika (nun als Dreiklang des Tonartgrundtons), Subdominante, Dominante und deren Nebenfunktionen. Rameau ging es um die Logik der Klang-, weniger der Stimmfortschreitung.

Da es in der neuen Satzart wesentlich um die Klänge selbst geht und ihre Komponierung, kann nun auch der Generalbaß fortfallen, die alte halbimprovisierte Klangfüllung durch ein Tasteninstrument, das in der Funktion des Baßinstruments die Oberstimmen im Satz stützt und zugleich klanglich zusammenfaßt. Der neue Satz thematisiert ja gerade das, was bisher der Generalbaß lediglich als Zusatz und Füllung zum kontrapunktischen Satz geliefert hatte.

Hier tritt das Problem auf, wie *melodielose Klänge im Akkordsatz* auf Klavier und im Orchester optimal dargestellt werden können. Auf dem Klavier wird das Problem durch einfache gegriffene Akkorde, vor allem aber

durch deren Zerlegung im Alberti-Baß gelöst (s. o. S. 429 f). Im Orchester
wird nach verschiedenen Möglichkeiten gesucht, Streicherklänge aus der Monotonie von Viertel- oder Achtelwiederholungen gleicher Töne herauszubringen. Zunächst ist die fortlaufende Synkopierung ein verbreitetes Mittel
(z. B. Mozart, Anfang des d-Moll-Klavierkonzertes), dann setzt sich das Strei-
chertremolo als bestes Mittel kollektiven Streicherklanges durch. Von Anfang
an, also seit der Mitte des 18. Jahrhunderts, wird zusätzlich ein bis heute
beibehaltenes neuartiges Mittel zur orchestralen Klangstütze eingeführt, und
zwar aus Böhmen: Zwei Hörner werden zusammen mit dem Streich- und
Fagottbaß die Stabilisatoren der großen Klangflächen, z. B. auch dann, wenn
Melodie- oder durchbrochene Arbeit in Streichern und den andern Bläsern
auftreten (dazu ein Aufsatz von Z. Pilkova in: Die Musikforschung 1952,
S. 262 ff). Die Waldhörner sind die idealen Instrumente in dieser Funktion, da
sie ihre im Duo vorgetragenen harmoniestützenden »Pedal«-Töne (auch zusammen mit den Trompeten und Pauken, falls besonders festliche Anlässe
vorlagen wie bei Mozarts »Krönungs«-Klavierkonzert) sowohl sehr lange als
auch in vollkommener Anpassung an die neuartige an- und abschwellende
Orchesterdynamik ausführen können, also vom äußersten Pianissimo bis zum
stärksten Fortissimo mühelos und ohne wesentliche Tonhöhenschwankungen
spielbar sind. Sie werden zum klanglichen Grundbestand des neuen Klang-
flächensatzes und tragen durch ihre Klangfarbe auch wesentlich zur inhaltlichen Gefühlsbestimmung der neuen Instrumentalmusik bei. Zunächst mit der
Konnotation »Jagd« behaftet, vermitteln sie später zur Jahrhundertwende hin
für die Hörer (und auch die Komponisten) zunehmend die Sphären von
»Geheimnis«, »Waldesdunkel« usw. Auch die Aufnahme der Klarinette ins
Orchester seit der Jahrhundertmitte verstärkt die Farbigkeit des Akkordsat-
zes.
    Die bis hierher aufgezählten neuartigen Stilelemente der süddeutschen und
österreichischen Musik machen aber noch nicht alles aus, was diese zur
Idealmusik des neuen Bürgertums werden läßt. Die süddeutschen und österreichischen Komponisten sind nämlich nicht nur offen gegenüber Einflüssen
aus Italien, sondern auch gegenüber der Melodik der Volksmusik ihrer Region.
    In Norddeutschland wurden Volkslied-Melodien oder Volkstänze in be-
sonderen politischen Konstellationen aufgegriffen wie im Falle der polnischen
Musik (vgl. Telemann, hier S. 51, 54), die seit der Übernahme Polens durch
Sachsen »hof«-fähig wurde. Diese kunstmäßige Übernahme und Umformung
ausländischer Folklore entsprach dem Umgang, der in Orchester- oder Kla-
viersuiten ohnehin schon nach französischem Vorbild mit den dortigen Hof-
tänzen gemacht wurde, die sich weit von Volksmusik entfernt hatten. Deutsche Volksmusik oder Volkstänze wurden meist in der Kunstmusik nur zu
satirischen Zwecken oder bei besonderen Kompositionsanlässen und Auf-
trägen verwendet (z. B. J. S. Bachs »Bauernkantate«).

Der Forderung der Aufklärer nach Einfachheit und Eingängigkeit der Melodik bemühten sich die norddeutschen Komponisten dadurch nachzukommen, daß sie die Künstlichkeit kleinerer Notenwerte, überladener Verzierungen und komplizierter Harmonik abbauten. Jedoch kam dabei oft noch nicht eine eingängige, »natürliche« Melodik heraus, sondern oft eine etwas simple, trockene Tonfolge (vgl. das Lied S. 325). Erst in der Phase der »Lieder im Volkston« (J. A. P. Schulz) in der Mitte der zweiten Jahrhunderthälfte entstand so etwas wie eine volksliedhafte Melodik. Der Idealtypus dieser späteren Phase waren Stücke wie das Lied »Der Mond ist aufgegangen« (Text: M. Claudius 1773; Melodie: J. A. P. Schulz 1790). Dabei waren oft vornehmlich ideologische Gründe (bäuerliche »Einfachheit« und ihre Erziehungsfunktion für die städtischen Bürger) ausschlaggebend, nicht aber eine Nähe der Komponisten zu ländlicher Melodik, ein normaler Umgang mit ihr (vgl. S. 479 f). Auch die wissenschaftliche Beschäftigung mit der Volksmusik, z. B. bei Herder und anderen, war ja eine Sache des norddeutschen Raumes.

In Süddeutschland und Österreich dagegen ist sehr früh eine praktische Assimilierung der Melodik der Volksmusik üblich und selbstverständlich. Einmal kommt diese melodische Einbindung volksmusikalischer Elemente in die Kunstmusik durch die Arbeit böhmischer Musikanten und Musiker in fürstlichen Kapellen, z. B. in Mannheim, zustande, dann auch durch die geographische Begrenztheit städtisch-intellektueller Kultur in Österreich, wo es außer Wien kaum ein städtisches Zentrum gibt, auf das man sich musikalisch beziehen kann. Joseph Haydn im österreichisch-ungarischen Eisenstadt, dann in Schloß Esterhazy, ist – was er oft beklagt (vgl. S. 410 f) – von der wienerischen Kultur wie überhaupt von allem städtischen Leben ganz abgeschnitten, lebt statt dessen mitten in einem unermeßlichen bäuerlichen Umland, aus dem er melodische Elemente ohne Widerstand, vielmehr mit einer offenen Sympathie und großer Experimentierfreude aufnimmt. Die Menuette seiner Sinfonien sind beredte Beispiele für diesen Vorgang. Überhaupt atmen viele Themen der Instrumentalmusik Mozarts, Haydns und der süddeutschen und österreichischen Zeitgenossen diese Verbundenheit zur ländlich-volkstümlichen Musik, sind ideale Musik »zum Mitsingen« und »Mitpfeifen«. Fernab von den norddeutschen Forderungen nach Einfachheit und Natürlichkeit hat sich im Süden, ganz ohne theoretischen Antrieb, diese Annäherung zwischen Kunstmusik und volkstümlich beeinflußter Einfachheit vollzogen (dazu empfohlen: W. Wiora, Europäische Volksmusik und abendländische Tonkunst, Kassel 1957). Und noch in einem weiteren Bereich ist der musikalische Süden offen für Übernahmen und Assimilierungen, und zwar erstaunlicherweise gegenüber dem Norden. Während dort noch lange eine selbstzerstörerische Abstinenz gegenüber den angeblichen musikalischen Sünden des Südens bestimmend ist, ist man im Süden schon relativ früh bereit und interessiert, die *spezifisch nördlichen musikalischen Techniken* kennenzulernen, sich anzueignen und für den neu aufkommenden Stil nutzbar zu machen. Mozarts Begeisterung für die Musik von Johann Sebastian Bach und dessen Sohn Philipp Emanuel (vgl. S. 321 f u. S. 361 f) ist ebenso bekannt wie die Selbstbildung Haydns an Philipp Emanuels Klavierschule und sein Studium von dessen Sammlungen »für Kenner und Liebhaber«. Er läßt es sich auch nicht nehmen, nach seiner zweiten London-Reise 1795 noch über Hamburg zu fahren, um den Verehrten zu besuchen, weiß allerdings nicht, daß Philipp Emanuel schon gestorben ist (1788). So läßt er sich dann noch dessen letzte Fantasie (»C. P. E. Bachs Empfindungen«) abschreiben. Auch Beethovens Klavierunterricht in Bonn ist von Bachs »Wohltemperiertem Klavier« und den Sonaten Philipp Emanuels bestimmt, und diese Kenntnisse tragen sich in seinem Klavierstil fort, auch als er ab 1792 in Wien ist.

Es ist für die Süddeutschen und Österreicher eine Selbstverständlichkeit, daß von den Norddeutschen das Ordentliche, Regelhafte, sauber Gegründete in der Setzkunst zu lernen ist. Und diese Elemente nehmen sie auch begierig auf. Das betrifft vor allem die *Kontrapunkt- und Fugentechnik,* die Technik der »durchbrochenen Arbeit« sowie spezielle *Durchführungsmethoden* der Abspaltung und Neukombinierung von Themenelementen, die schon Johann Sebastian Bach verwendet und weitgehend ausgebaut hatte und die sich dann unter den Händen der Süddeutschen und der »Wiener Klassiker« zu der von Schönberg sogenannten »entwickelnden Variation« verfeinert (vgl. S. 461). Ebenso nehmen die Süddeutschen den Stolz der Norddeutschen, nämlich den »wahren niederdeutschen« *Klavierstil,* bereitwillig auf und verbinden ihn mit eigenen Traditionen und Neuentwicklungen.

Jedoch sind es nicht nur die ordentlichen, lehrhaften und soliden Züge der norddeutschen Musik, die im Süden Aufnahme finden, sondern auch die unangepaßten, fortschrittlichen Züge, mit denen einige norddeutsche Komponisten selbst unter ihren Aufklärer-Zeitgenossen Schwierigkeiten bekommen: die neuartige Technik des *Affektwechsels* in der Instrumentalmusik, also des Bruches mit dem alten, starren Prinzip der Affekteinheit (vgl. S. 448 f), und die darauf basierenden Ausdrucksbereiche musikalischer Düsterkeit und Wildheit, der ungeregelten Ausbrüche, wie sie in der Musik der »Geniezeit« in den 60er und 70er Jahren im Norden anzutreffen sind.

Wiederum ist Carl Philipp Emanuel Bach die Leitfigur für diese neuen Stil- und Ausdrucksbereiche, und es scheint, als hätten manche Komponisten des Südens vieles von den Neuentwicklungen Bachs besser verstanden und sich angeeignet als die Musiker des Nordens. Die Beispielstücke zum ersten Teil von Bachs Klavierschule (1753) enthalten Sätze, die zwar in der Ausführung der Einzelstimmen noch etwas »zopfig« wirken, im Ausdruck aber eine schroffe und unstete Düsterkeit enthalten, die offenbar nicht ohne Auswirkung auf die süddeutschen Komponisten blieb, die das Lehrwerk kannten. In ihren Klavierstücken und Sinfonien hört man oft vergleichbare Anwandlungen

4. Nachricht von Carl Philipp Emanuel Bach

Nicht mal im Urlaub hat man seine Ruhe!
Eine komische Scene

Johann Adam Hiller, Philipp Emanuel Bach, Johann Philipp Kirnberger, Lessing und Schubart sitzen in Hörnum auf Sylt in der Strandkneipe und hören durch Zufall, wie der Radio-Sprecher der BBC ansagt: »... and now you are listening to John Christian Bach, playing his pianoforte sonata in D major, op. V, No. 2, which was first published in 1765!«

Sofort überzieht der Ausdruck höchsten Unmutes die Gesichter der braungebrannten Urlauber, und als die ersten Takte erklingen, werden sogar hämisches Gelächter und zorniges Geknurre laut. Der Wirt schaut beunruhigt herüber und ruft: »Eine Runde auf meine Kappe!«

Warum sind unsere sonnenhungrigen norddeutschen Musiker und Denker nur so erregt? Das fragt sich auch der Wirt.

Nun nimmt die Wirtin ihn beiseite und erzählt ihm erst einmal alle biographischen Einzelheiten und Voraussetzungen. (So erfahren auch wir sie wie in jedem guten Drama.)

Die Wirtin (sich die Hände an der Schürze abtrocknend):

Tja, Hauke, weißt du das denn nicht? Johann Christian ist doch der jüngste Sohn des seligen Thomaskantors, 1735 geboren isser. 1750, als sein Vater den Löffel abgab, ging er nach Berlin zu Carl Philipp Emanuel – (raunend) der kleine Dicke da hinten – und lernte bei ihm Musik, führte auch schon was auf und hatte dann noch son Techtelmechtel mit der Frau von Agricola – sagt man! Jedenfalls isser dann 56 oder so nach Italien gegangen und ist da Katholik geworden, damit er Organist in Mailand werden kann.

Der Wirt: Sach bloß! Papist isser geworden? Stell den Kasten ab!

Wirtin: Mach mal halblang! Alle hier hat das auch mächtig gewurmt, ne? Die Bachs waren doch immer Lutheraner – und denn so was! Also, er war für die Familie unten durch, ging denn 62 nach London und hat dort diesen italienischen Musikstil in breiter Front vorangetragen (sie strafft sich und denkt an ihre Sitzung vom Sozialistischen Insel-Bund SIBU). (Beiseite ins Publikum): 1782 isser dort gestorben, nur daß ihr's wißt! (Beifall.)

Der Wirt: Also! Katholisch werden und dann noch dieses süßliche italienische Gedöns, das ist ja stark! (Geht kopfschüttelnd in die Küche)

Die Wirtin putzt Gläser und hört recht angetan dem ausgestoßenen
    Londoner Bachsproß zu, während die Tischrunde in dumpfem Grü-
    beln den Tönen folgt.
Philipp Emanuel: Abstellen, Herr Wirt!
Die Wirtin: Sofort! (Stellt das Radio ab und den Kassettenrecorder an:
    Matthäus-Passion.)
Philipp Emanuel: *Wie verderbt ist er nicht schon jetzt. Alles muß när-*
    risch und komisch sein. Graun und Hasse sind nicht mehr mode!
    (Brief vom 29. 11. 1774; gemeint ist allerdings der Geschmack,
    nicht der Bruder; vgl. C. H. Bitter, C. P. E. und W. Fr. Bach und
    deren Brüder, Bd. 2, Berlin 1868, S. 315 ff.)
Kirnberger: Na, Alter! *Es ist doch nicht zu vermuten, daß alle Menschen*
    in der Welt gleich dumme sind, und die jetzig nichtswürdige Opern-
    comique aller Wege von Musik den Vorzug einräumen werden.
    (Brief vom 18. 1. 1774, gleiche Quelle.)
Hiller: Herr Wirt, noch ein Blondes und einen Doppelten!
Der Wirt (zurückgekehrt): Sofort! – Aber worum geht es denn, Herr
    Hiller?
Hiller: Schaun Sie mal, mein Lieber: *Neuerer Zeit hat man eine Menge*
    hierher gehöriger Stücke gesehen, welche vermöge der ihnen gege-
    benen neuen Einrichtung, und des veränderten Tons, der oft ins
    Comische und Tändelnde fällt, alles bisher Angeführte beynahe
    verdrungen zu haben scheint.
Schubart (zum Wirt): Er meint Hasse, Graun und die andern Großen!
Hiller: *Man erräth vielleicht, daß wir von den Sinfonien der Herren*
    Hofmann, Hayden, Ditters, Fils usw. reden ... Sollte nicht das
    seltsame Gemisch der Schreibart, des Ernsthaften und Comischen,
    des Erhabenen und Niedrigen, das sich so oft in einem und eben
    demselben Satze beysammen findet, bisweilen eine üble Wirkung
    thun? (III 1768/69, S. 107)
Schubart: Und die Mannheimer mit ihrem Stamitz und den anderen
    böhmischen Musikern? *Da bildeten sich die Böhmen einen ganz*
    eigenen Geschmack in der Musik, der voller Anmuth und Eigen-
    thümlichkeit ist; nur nähert er sich in etwas dem Comischen. (Ideen
    zu einer Ästhetik der Tonkunst, Wien 1806, S. 75; geschrieben seit
    1774 während seiner Festungshaft auf dem Hohenasperg.)
Hiller: Leute, daß ihr mich nicht mißversteht: Es ist ja klar, *daß der*
    comische Geschmack über den ernsthaften in Italien ziemlich die
    Oberhand habe. Es sey fern, daß wir ihn an und für sich für
    schlecht und verwerflich halten sollten; (Philipp Emanuel schüttelt

SONATE

Allegro di molto

mißbilligend den Kopf.) Laß mich ausreden, Carl! nämlich: dennoch aber möchten wir wohl wünschen, daß er sich nicht so sehr an andern Orten, wo er nicht hingehört, eindringen möchte; oder daß die Componisten nicht alle Augenblicke Comisches und Ernsthaftes in einerley Stück unter einander würfen. Wie viele Concerts, Sinfonien u.d.g. bekommen wir heut zu Tage zu hören, die uns die Würde der Musik in gesetzten und prächtigen Tönen fühlen lassen; aber ehe man es vermuthet, springt Hans Wurst mitten darunter, und erregt durch seine pöbelhaften Possen um so viel mehr unser Mitleid, je ernster die vorhergegangene Rührung war. (II 1767/68, S. 14)

Kirnberger: Hier in dem Stück war's gerade anders herum! Erst klatsch, klatsch wie eine Operetten-Ouvertüre, dann plötzlich ernsthaft mit punktierten Noten im Baß und oben in Art des Streichertremolos, dann plötzlich wieder lustig und läppisch!

Philipp Emanuel: *Machte es anders als der ehrliche Veit!* (Dies schrieb er angeblich an einen schriftlichen Stammbaum der Bach-Familie beim Namen von Johann Christian, um damit dessen abweichendes Verhalten vom Stammvater der Familie, Veit Bach, zu betonen, der nach Ungarn auswanderte und dann gegen Ende des 16. Jahrhunderts unter dem Druck der Gegenreformation wieder nach Deutschland zurückging: Sein lutherisches Bekenntnis war ihm heilig!)

Schubart: Diese Stelle mit den Baß-Punktierungen klang übrigens sehr nach Mozart. (Er pfeift die entsprechende Stelle aus dem 1. Satz von Mozarts a-Moll-Klaviersonate von 1778.)

Lessing: Aber das kann man dem göttlichen Wolferl nicht vorwerfen! Er war ja noch ein Kind, als ihn sein Vater Leopold im Jahre 64 nach

London schleppte und da den Indoktrinationen von Johann Christian überließ! Solche komischen Ideen halten sich bei jungen Menschen oft noch Jahre über im Kopf fest, wie man hieran siehet! Übrigens: Pfeifen kannst du wirklich nicht schlecht, Danny!

Philipp Emanuel: Verzeiht einen Augenblick, Brüder! (Zum Abtritt)

Lessing (ihm nachschauend): *Bach klagt über den itzigen Verfall der Musik. Er schreibt ihn der komischen Musik zu ... Bachs Klage über den Nachteil, welchen der überhand genommene Geschmack an der komischen Musik der Aufnahme der ernsthaften geschadet hat, ist nur allzusehr begründet. Besonders ist der Geschmack an der komischen Oper, auch an unseren deutschen Höfen, dem Geschmack an der ernsthaften sehr nachtheilig geworden.* (Lessings Collectaneen, zit. bei D. F. Schmid, C. P. E. Bach und seine Kammermusik, Kassel 1931, S. 85, und H. Miesner, C. P. E. Bach in Hamburg, Lpz. 1929, S. 38; ähnlich auch bei Burney 1773 II, S. 201.)

Kirnberger: *Der gegenwärtige Geschmack bringt es nun einmal so mit sich, daß man alles Pathetische aus den Compositionen weglassen muß; denn wenn das letzte Allegro eines Concerts nicht so beschaffen ist, daß man darnach tanzen kann, so hält man es nicht für gut.* (Zit. bei Dulon 1807, S. 105 f.)

Bach (kommt zurück, vor sich hin murmelnd): *... daß sie fast nichts als Allegros hat und die Adagios gänzlich verbannt, kaum, daß sie noch dann und wann ein Andante erlaubt.* (Ebenfalls von Lessing notiert, zit. bei Schmid, a. a. O.)

Schubart (hat ein Schnitzel bestellt und würzt es gerade nach): *Vielleicht etwas zu viel comisches Salz ... der Charakter der Wiener Schule.* (Ideen, s. o., S. 77)

Kirnberger: Schönberg?

Schubart: Nein, die erste Wiener Schule: Starzer und die andern, auch die vier, die Hiller vorhin nannte, bis hin zu Mozart! *Welch ein kindisches Publikum, das hinter jedem unzeitigen Schreier daherfluthet, daherjolt, und sich in wenigen Monaten seines verschwendeten Beifalls schämt! Komponisten, die zu Sebastian Bach's, Händel's, Lulli's, Caldara's, Telemann's Zeiten ausgezischt worden wären, sind jetzt im Ansehen.* (Schubart's Leben und Gesinnungen von ihm selbst im Kerker aufgesetzt, Erster Theil, 1791, Kap. V; in: C. F. D. Schubarts, des Patrioten, gesammelte Schriften und Schicksale, Stuttgart 1839, Bd. II, S. 286.)

Hiller (der gerade einige scharfe Pepperoni in seinen Bohnensalat gemischt hat): *Ich habe immer gewarnt vor einem seltsamen Gemisch*

des Comischen und Ernsthaften, des Lustigen und Traurigen (ver-
zieht bereits das Gesicht), *des Hohen und Niedrigen* (steht auf, um
Luft zu schöpfen, und setzt sich wieder), *das so lange abgeschmackt
bleiben wird, als es unnatürlich ist, zugleich zu lachen und zu
weinen. (IV, S. 19.)* (Die Tränen treten ihm in die Augen, die
anderen lachen.)

Kirnberger: Kennt ihr den Witz von Tünnes und Schäl und dem Senf?

Alle (außer Hiller): Kennen wir!

Bach: Habt ihr eigentlich mal meine Sammlung von Musiker-Porträts
gesehen? Nein? Ich hab jetzt annähernd sechzig Stück, von Palestrina bis zum General-Bach! (Schaut erwartungsvoll um sich.)

Hiller (wieder Herr seiner Sinne, wütend): Du immer mit deinen blöden
Kalauern!

(Scene wird ausgeblendet; C. Ph. E. Bach hatte tatsächlich eine
große Sammlung von Musikerporträts, und seine Vorliebe für »Ca-
lembourgs« ist verbürgt.)

von Schwermut, die ohne Anstöße aus dem Norden kaum musikalisch artiku-
lierbar gewesen wären.

Überblicken wir, was der Süden alles aufgegriffen hatte: Amüsiermusik mit
leichten Begleitformen, Volksmelodik, Kontrapunkt, Affektwechsel, Düsterkeit und Ausbrüche; und was er alles Neues entwickelt hatte: Neue Melodiein-
tervallik, neue Klangfarben, Melodie- und Harmoniesatz, Dynamik als Kom-
positionsthema! Und all das in schnellem Wechsel und in den unterschiedlichsten Kombinationen! Das war die neue Instrumentalmusik, die siegesbewußte
Sinfonik, Ausdruck des rastlosen bürgerlichen Aufbruchs: der kunstvolle und
irrationale Individualismus, der die Aufklärer vom Katheder fegte!

Affektwechsel

Betrachten wir die Neuerungen der südlichen Musik, ihrer Kompositions- und
Wirkungsweise etwas genauer.

Der fundamentale Unterschied zu aller Musik, die bisher im Kunstbereich
vorherrschend gewesen war, ist die Tatsache, daß die Neuentwicklungen im
wesentlichen in der Instrumentalmusik geschehen, also ohne Text, ohne Gesang auskommen.

Unter dem Feudalismus und der Aufklärung war der Text, getragen vom
Gesang, als eindeutiger und vordergründig bestimmender Sinnstifter das lei-

tende Prinzip bei der Komposition. Die Instrumentalmusik galt grundsätzlich als zweitrangig, als ein Mittel, den Textgesang zu stützen und zu interpretieren oder in anderen Zusammenhängen eine dienende Funktion auszuüben. (Eine Ausnahme vgl. S. 451).

Hier zwei prominente Ausführungen dazu (»Über die Freyheit der Musik« von d'Alembert, übers. bei Hiller 1769, S. 296f; und Sulzer 1771, Art. Instrumentalmusik):

»Alle diese Musik, die bloß für die Instrumente ist, und weder eine Absicht noch einen Gegenstand hat, sagt weder dem Verstande noch dem Herzen etwas; und man kann die Frage des Fontenelle an sie thun: Sonate, was willst du mir sagen? die Componisten, die dergleichen Stücke für Instrumente verfertigen, werden nichts als ein leeres Geräusch machen, so lange sie sich nicht, nach dem Beyspiele des berühmten Tartini, eine Handlung oder Leidenschaft auszudrücken vorsetzen. Einige Sonaten, deren Anzahl aber ziemlich klein ist, haben diesen wichtigen und so nöthigen Vortheil, wenn sie Leuten von Geschmack angenehm seyn sollen. Wir wollen eine anführen, welche den Titel hat: Didone abbandonata [Violinsonate von Tartini über die verlassene Dido]. Es ist ein sehr schöner Monolog; man siehet auf eine sehr merkliche Art Betrübniß, Hoffnung, Verzweiflung, nach verschiedenen Graden und Schattierungen auf einander folgen, und man könnte aus dieser Sonate leicht eine sehr lebhafte und pathetische Scene machen. Aber dergleichen Stücke sind rar. Man muß sogar gestehen, daß man überhaupt den Ausdruck der Musik nicht so vollkommen empfindet, wenn sie nicht mit Worten oder mit dem Tanze verbunden ist. Die Musik ist eine Sprache ohne Lautbuchstaben; die Handlung muß sie hinein bringen. Es wäre demnach zu wünschen, daß in unsern Opern nichts als ausdrückende Instrumentalstücke seyn möchten, das ist solche, von denen der Sinn entweder durch die Scene, oder durch die Verbindung mit der Handlung und dem Schauspiele angedeutet würde; daß die Tanzarien, stets mit dem Subjecte genau verbunden, stets characterisirt, und stets pantomimisch, von dem Componisten auf so eine Art entworfen würden, daß er im Stande wäre, uns so zu sagen vom Anfange bis zum Ende eine Uebersetzung davon zu geben, und daß der Tanz genau mit dieser Uebersetzung überein käme; daß eine Symphonie, die einen großen Gegenstand zu mahlen hätte, z. E. die Vermischung und Trennung der Elemente, dem Zuschauer durch eine schicliche Decoration erklärt und deutlich gemacht würde, deren Spiel und Bewegungen genau mit den Bewegungen der Symphonie überein kämen; mit einem Worte, daß die Augen, mit den Ohren stets übereinstimmend, der Instrumentalmusik stets zum Ausleger dienten.«

»Man kann in der That bey Tänzen, bey festlichen Aufzügen und kriegerischen Märschen, die Vocalmusik völlig missen, weil die Instrumente ganz allein hinreichend sind, die bey solchen Gelegenheiten nöthigen Empfindungen zu erweken und zu nähren. Aber wo die Gegenstände der Empfindung selbst müssen geschildert, oder kennbar gemacht werden, da hat die Musik die Unterstützung der Sprache nöthig. Wir können sehr gerührt werden, wenn wir in einer uns unverständlichen Sprache, Töne der Traurigkeit, des Schmerzes, oder des Jammers, vernehmen; wenn aber der Klagende zugleich verständlich spricht, wenn er uns die Veranlassung und die nächsten Ursachen seiner Klage entdeket, und die besondern Umstände seines Leidens erkennen läßt, so werden wir weit stärker gerührt … Hieraus lernen wir mit völliger Gewißheit, daß die Musik erst ihre volle Würkung thut, wenn sie mit der Dichtkunst vereiniget ist, wenn Vocal- und Instrumentalmusik verbunden sind … Dadurch wird der Gebrauch der Instrumentalmusik ihrer Natur nach vornehmlich auf die Tänze, Märsche und andre festliche Aufzüge eingeschränkt. Diese sind ihre vornehmsten Werke. Hiernächst kann sie auch bey dem dramatischen Schauspiel ihre Dienste thun, indem sie den Zuschauer zum voraus durch Ouvertüres oder Symphonien zu dem Hauptaffekt, der in dem Schauspiel herrscht, vorbereitet. Zum bloßen Zeitvertreib aber, oder auch als nützliche Uebungen, wodurch Setzer und Spieler sich wichtigern Dingen geschickter machen, dienet sie, wenn sie Concerte, Trios, Solos, Sonaten und dergleichen hören läßt ... Aber die Erfindung für Concerte, Trio, Solo, Sonaten und dergleichen Dinge, die gar keinen bestimmten Endzwek haben, ist fast gänzlich dem Zufall überlassen. Man begreift noch, wie ein Mann von Genie auf Erfindungen kommt, wenn er etwas vor sich hat, daran er sich halten kann; wo er aber selbst nicht sagen kann, was er machen will, oder was das Werk, das er sich zu machen vorsetzt, eigentlich seyn soll, da arbeitet er bloß auf gutes Glück. Daher kommt es, daß die meisten Stücke dieser Art nichts anders sind, als ein wohlklingendes Geräusch, das stürmend oder sanft in das Gehör fällt. Dieses zu vermeiden, thut der Tonsetzer wol, wenn er sich allemal den Charakter einer Person, oder eine Situation, eine Leidenschaft, bestimmt vorstellt, und seine Phantasie so lang anspannt, bis er eine sich in diesen Umständen befindende Person glaubt reden zu hören. Er kann sich dadurch helfen, daß er pathetische, feurige, oder sanfte, zärtliche Stellen, aus Dichtern aussucht und in einem sich dazu schikenden Ton declamirt, und alsdenn in dieser Empfindung sein Tonstük entwirft. Er muß dabei nie vergessen, daß die Musik, in der nicht irgend eine Leidenschaft, oder Empfindung sich in einer verständlichen Sprache äußert, nichts, als ein bloßes Geräusch sey.«

Diese Art rationalistischer Sicherheits-Ästhetik hat sich noch lange in die Zeit hinein gehalten, als Haydns und Mozarts Instrumentalmusik schon die Höhepunkte der neuen Entwicklung markiert hatten. Immer wurde mit einer gewissen konservativen Hochnäsigkeit der alte Standpunkt betont, etwa in der Art, wie man heute in Norddeutschland das Wort »gediegen« benützt. So der Freiherr H. A. v. Eschstruth (Musicalische Bibliothek, 1. Stück. Marburg u. Giessen 1784, S. 109):

»ich kan ein Andante spilen hören, wobei nicht gesungen wird, und was denke ich dabei? nichts, als das Stük geht langsam und melancholisch schön; singt man dabei aber, so entwickeln sich die Empfindungen im Verstande und Herzen, und ich füle den Gesang und die Harmonie erst durch die mitgesungne Melodie und Texte; vorher war die Musik nur symbolisch. nun wird si zur hinreissenden Dichterin.«

Und in einem Bericht über das Liebhaberkonzert in Detmold 1784 heißt es (Cramer II/1, S. 220):

»So sehr Instrumentalmusik hier auch Beifall findet, so ungleich mehr findet ihn die Vocalmusik. Eine simple Arie gefällt mehr als das beste Concert.«

In dieser eindimensionalen Idee der Musik ging auch die Forderung und die Praxis auf, pro Satz nur einen Affekt, nur ein Gefühl zuzulassen. Es sollte unter der klaren Leitung des Textes ein Thema abgehandelt werden. Und das galt erst recht, wenn – wie in der Instrumentalmusik – kein Text vorhanden war. Dann mußte, um keinerlei Unklarheiten aufkommen zu lassen, die Anfangsidee festgehalten werden, so wie es Scheibe sagt (1745, S. 78 ff; 8. Stück von 1737):

»In allen musikalischen Stücken ist ein Hauptsatz [Thema] nöthig, woraus die ganze Folge desselben unumgänglich entstehen muß. Das übrige ist meistenstheils nur allein die Ausarbeitung, und gehöret zur Schreibart. In dem Hauptsatze äußert sich die Erfindung. Ist nun der Componist von einem aufgeweckten, feurigen und erhabenen Geiste, so wird ihn auch diese Größe seines Geistes beständig anspornen, den Hauptsatz so zu erfinden, daß er die Absichten ausführt, auf welche ihn die Vernunft und die Natur, als seine eigentlichen Richter, verweisen.«

Die Idealmusik war die Opern- oder Kantatenarie, in der die vokalen und instrumentalen Einfälle sich dem Textgeschehen unterordnen und in der – mit einer geringen Differenzierung im Mittelteil – ein Hauptaffekt durchgehalten wurde. Die Prävalenz des Textes führte allerdings oft dazu, daß das ihn tragende Element, der Gesang, sich melodisch so sklavisch und künstlich an die Interpretation des Textinhalts band, daß in Extremfällen wie in manchen Kantaten oder Oratorien von Bach Vokal- und Instrumentalmelodik zu einem gemeinsamen, den Text interpretierenden Konglomerat wurden. Dabei zwang die größere Beweglichkeit der Instrumente – als ein bequemes Mittel hintersinniger Textanalyse – der Gesangsmelodie instrumentale Figuren auf, die von einer Selbständigkeit und Erstrangigkeit des Gesanges – außer in der Funktion des Textträgers – kaum noch etwas spüren lassen: Die gesamte Musik erscheint oft als eine kaum nach Gesang und Instrument unterschiedene Interpretationsmaschine des obwaltenden Textes. Die leitende, steuernde Textidee ist das alleinige Zentrum, die ausführenden Stimmen sind wirklich nur Ausführende dieser Zentralidee. Daß dieses Kompositionsprinzip der Praxis und Idee der zentralen Machtentfaltung und -kontrolle im Feudalismus ideal entsprach, ist wohl verständlich, und ebenso verständlich, daß mit einer Bewegung, die auf Individualismus und »natürliche« Selbstentfaltung gerichtet war wie im frühen Bürgertum, dieses zentralistische, eindeutige, auf einen Punkt lenkende und fesselnde Komponieren nicht mehr durchzuhalten war. Und damit fiel auch die vokale Herrschaft des Textes in einem relativ raschen Prozeß dem Emporwachsen der Instrumentalmusik zur beherrschenden Musikart zum Opfer.

Burney gibt diesen Prozeß bei der Beschreibung der Sinfonien der Mannheimer Kapelle in differenzierter Weise wieder (II 1773, S. 73 f):

»Es ist aber nicht allein in der großen Oper des Churfürsten, daß die Instrumentalmusik so sehr ausgebildet und verfeinert worden ist, sondern in seinen Concerten, woselbst diese ausserordentliche Capelle Platz und Raum genug hat, ihre ganze Macht zu beweisen, und große Wirkungen hervorzubringen, ohne durch die Rücksicht verhindert zu werden, sie möchten die größern und feinern Schönheiten, welche der Vokalmusik besonders eigen sind, verdunkeln. Hier eben wars, wo Stamitz zuerst über die Gränzen der gewöhnlichen Opernouvertüren hinwegschritt, die bis dahin bey dem Theater gleichsam nur als ein Rufer im Dienste standen, um durch ein Aufgeschaut für die auftretenden Sänger Stille und Aufmerksamkeit zu erhalten. Seit der Entdeckung, worauf Stamitzens Genie zuerst verfiel, sind alle Wirkungen versucht worden, deren eine solche Zusammensetzung von inarticulirten Tönen fähig ist.«

Und Philipp Emanuel Bach schreibt 1788 im Vorwort von Forkels »Allgemeiner Geschichte der Musik« über die Möglichkeiten von Vokal- und Instrumentalmusik: Die »neuere Musik« ohne »Poesie oder andere Nebenumstände« – z.B. als Vorspiele zu Theaterstücken wie zuvor in Mannheim oder als charakteristische Musik (vgl. S. 470ff) – »thut ... ähnliche Wirkungen ganz aus eigenen Kräften«, denn sie habe zu diesem Zwecke nun mehr harmonische Möglichkeiten als die frühere Musik, weshalb jene sich »an Poesie ... fest anschmiegen« habe müssen: eine sehr kluge Analyse, die den S. 435f vermittelten Darstellungen über die Emanzipation der bisher nur dienend eingesetzten Kompositionselemente entspricht (Quelle s. folgendes Klopstock-Zitat).

Es ist offensichtlich, daß in der Emanzipation der Instrumentalmusik vom Diktat des zentral lenkenden Textes, in dieser Wirksamkeit der neuen sinfonischen Musik »aus eigenen Kräften« eine Parallelerscheinung zur Emanzipation der Bürger vom Diktat der städtischen, kirchlichen und feudalen Gewalt vor sich ging. Ob zu jener Zeit eine politische Gemeinsamkeit zwischen diesen beiden Prozessen bewußt erkannt wurde, läßt sich nicht sagen, aber es ist sicher, daß die individuelle Freiheit, die die Instrumentalmusik für die Hörgefühle des einzelnen im Publikum läßt, als Genuß und Fortschritt gegenüber der alten Höreinschränkung durch die Textvorgabe empfunden wurde. Hiller hatte – wie schon so oft – das richtige Gefühl für die wesentlichen Entwicklungen in der zeitgenössischen Musik, als er sich entschloß, die französische Schrift des Chabanon in deutscher Übersetzung herauszubringen (1781), in der u.a. Sätze wie die folgenden stehen:

»Selbst die Vereinigung der Poesie mit der Musik kann dieser letztern nachtheilig werden, wenn man ihr, als einer selbständigen Sprache der Leidenschaften, nicht gleiche Rechte mit jener einräumt, sondern sie zu einer blos nachtretenden Magd erniedrigen will.« (S. 5) Und: »Die Musik hat, eben so wie die Sprache, ihre eigene Metaphysik.« (S. XIV)

Der Genuß lag wesentlich darin, daß den Hörern nicht das Hörgefühl vorgekaut wurde in Gestalt des Textes, sondern daß sie in der Entschlüsselung der musikalischen Figuren selbständig waren, also ernst, für voll genommen wurden. Sie wurden vor eine Aufgabe gestellt, konnten in eigener Gefühlsverantwortung am musikalischen Geschehen mitarbeiten. Da war etwas zu wagen, ein Hörabenteuer lag vor einem.

Klopstock entwarf ein Denkmal für Philipp Emanuel Bach in der Hamburger Michaeliskirche mit der Inschrift: »War groß in der vom Worte geleiteten, noch größer in der kühnen sprachlosen Musik.« (C. H. Bitter, C. P. E. und W Fr. Bach u. deren Brüder, Bd. II, 1868, S. 124f; vorangegangenes Bach-Zitat S. 111) Lessing wird in J. J. Engels Schrift »Über die musicalische Mahlerey« (Cramer I/2 1783, S. 1189) zitiert, und zwar mit einer Passage aus seiner »Hamburgischen Dramaturgie«:

»In der Vocalmusik hilft der Text dem Ausdrucke allzusehr nach; der schwächste und schwankendste wird durch die Worte bestimmt und verstärkt: in der Instrumentalmusic hingegen fällt diese Hülfe weg, und sie sagt gar nichts, wenn sie das, was sie sagen will, nicht rechtschaffen sagt. Der Künstler wird also hier seine äußerste Stärke anwenden müssen; er wird unter den verschiedenen Folgen von Tönen, die eine Empfindung ausdrücken können, nur immer diejenigen wählen, die sie am deutlichsten ausdrücken; wir werden diese öfterer hören, wir werden sie mit einander öfterer vergleichen, und durch die Bemerkung dessen, was sie beständig gemein haben, hinter das Geheimniß des Ausdrucks kommen.«

Wie hier gibt es immer häufiger Bemerkungen, aus denen zu erkennen ist, daß das Komponieren ohne das Hilfsmittel Text im Grunde viel anspruchsvoller ist und mehr Können erfordert. (Ein Vorreiter ist Johann Kuhnau im Vorwort der »Biblischen Historien« von 1700: Wenn »blosse Instrumental-Music den gehörigen Affect bewegen soll / so wird es ohne Zweiffel was mehrers zu thun setzen« als bei Vokalmusik.)
Marpurg 1757 (S. 543, Vermischte Gedanken, §2, Nr. 33):

»Ein Instrumentalcomponist kann sich nur als einen großen Tonkünstler zeigen. Wer aber Singestücke verfertiget, kann den Zuhörer in Zweifel lassen: ob der Verfasser ein grösserer Philosoph oder Tonkünstler gewesen sey?«

»Der Componist einer Symphonie, der keine andre Regeln als seine Einbildungskraft hat« (Hiller 1770, S. 83), ist – wie schon Scheibe (1745, S. 622: 68. Stück von 1739) bemerkt – »mit einer größern Freyheit, was so wohl die Erfindung, als die Schreibart, betrifft,« ausgestattet: »Das Feuer des Componisten ist fast ganz allein ... Er kann seine Gedanken so vortragen, wie es ihm anständig ist ... Er ist gar nicht eingeschränkt. Seine Lebhaftigkeit und Geschicklichkeit, eine Melodie zu erfinden, vorzutragen und zu beseelen, sind es ganz allein, denen er folgen muß.«

Daß es mit der Herrschaft des Textes schon eine ganze Weile Probleme gegeben hatte, macht Mattheson deutlich (1728, S. 54), wenn er einen anderen Autor mit der Bemerkung zitiert:

»Wenn uns eine Arie gefällt, ..., so bekümmert man sich nicht viel um die Worte: wie mans in einer Oper wahrnimmt, welche man nicht lesen würde; doch aber bei der Vorstellung mit Bewunderung anhöret.«

Marpurg bewertet das Phänomen anders (1749, S. 361):

»Schon lange hat Addison über die Thorheit gespottet, eine Oper in einer fremden Sprachen zu unterhalten, und die wenigen Leuten so kundig ist, daß ihnen die Zeit dabey nicht lang werden sollte ... Eine italiänische Oper ist, eigentlich zu reden, nichts anders als ein Concert; und ein Concert von drey Stunden ist zu lang für diejenigen, die die Sprache nicht verstehen. Die Reitze der Tonkunst sind nicht einzig und allein fürs Ohr gemacht; sie sollen das Herz rühren. Der Ausdruck, den die Töne den Worten ertheilen, kann in keiner andern Sprache, als der, die uns am bekanntesten ist, empfunden werden.«

> Seine Worte legen aber den Schluß nahe, daß zumindest ein Teil des
> Publikums diese Art von Konzert recht gerne wahrnahm und vielleicht
> darauf wartete, daß in diesen drei Stunden endlich hauptsächlich reine
> Instrumentalmusik zu hören sein würde – mit Erfolg, wie wir wissen.

Diese zunehmende Gleichgültigkeit gegenüber der Leitung der Musik durch
Worte und damit auch gegenüber der Nachahmungslehre schlug sich bald
auch in musikalischen Schriften nieder. Forkel, in allem der Bewahrer der
Tradition und Logik, sieht das mit Besorgnis, wenn er die »Betrachtungen
über die Verwandtschaft der Poesie und Musik« (Leipzig 1771) des Engländers Daniel Webb rezensiert (Forkel B II, S. 128 f):

»Der Grundsatz des Hrn. V. scheint uns daher ... zu seyn ..., daß folglich die Uebereinstimmung der Bewegungen, welche von der Seele und von den Tönen in den Nerven
und Lebensgeistern unsers Körpers erregt werden, der wahre Grund ist, nach welchem
sich musikalische Eindrücke erklären lassen.
   Wider diesen Grundsatz an sich selbst also haben wir nichts einzuwenden. Nur in der
Anwendung desselben können wir mit dem Hrn. V. nicht vollkommen ... übereinstimmen. Nach ihm hängt die ganze Wirkung musikalischer Eindrücke von dieser
Zusammenstimmung der Bewegungen ab; die Musik wird also zu einem bloß sinnlichen Gegenstand gemacht, und dadurch gleichsam von allen intellektuellen Wirkungen
ausgeschlossen. So wenig aber die Farben eines Gemäldes die Hauptursache der Wirkung desselben seyn können, sondern unstreitig nur Nebenmittel dazu sind; eben so
wenig, deucht uns, können die Töne, sie mögen in ihren Bewegungen dieser oder jener
Leidenschaft so genau zusammenstimmen wie sie wollen, als Hauptursache musikalischer Wirkungen angesehen werden. Dort sind die Farben nur die Mittel, wodurch
Ideen und Empfindungen durch den Sinn des Auges in die Seele gebracht werden; und
hier geschieht das nämliche durch den Sinn des Ohrs.«

Die Verdrängung der Vokal- durch die Instrumentalmusik bedeutete eine
Emanzipation der sinnlichen gegenüber der rationalen Tätigkeit beim Hören,
und dieser Wandel entsprach genau dem Bedürfnis des neuen bürgerlichen
Publikums nach ungegängelter Unterhaltung und psychisch selbständiger musikalischer Arbeit. Niemand wird sich darüber wundern, daß es über diesen
Wandel keine Einigkeit unter den Kennern, also auch im Schrifttum, gab,
sondern daß dabei erbitterte Kämpfe auftraten, die in der ersten Reihe der
Nein-Sager von Männern wie Forkel und Reichardt angeführt wurden. Denn
es stand ja das alte Prinzip der Nachahmung auf dem Spiel, damit auch die
angebliche Kontrollierbarkeit der kompositorischen Mittel und der Hörgefühle. Und selbstverständlich war dabei der Hauptangriffspunkt der Bruch mit
der Affekteinheit, der ohne die Einschränkung des Textes und anderer »Nebenumstände« leicht zu vollziehen war und nun Möglichkeiten der Instrumentalmusik vor Ohren führte, die bisher noch nicht wahrgenommen worden
waren.

Einige Kostproben dieser Abwehrkämpfe haben wir schon bei dem Gespräch der Herren in Hörnum auf Sylt gehört, und die Meinung von Forkel stand des langen und breiten in dessen Einladung zum akademischen Winterkonzert 1779 (vgl. S. 140 f). Hier noch einige Höhepunkte anderer Autoren:

Sinfonien und Sonaten mit Affektwechsel sind nur ein »angenehmes Geräusch, ein liebliches Geschwirre von Tönen« (J. J. Engel in Cramer 1783, S. 1166 f), sind wegen »jener so höchst unschicklichen Vermischung, wo Weinen und Lachen sich jagen, ... unmöglich« (Reichardt 1782, S. 24 f; daraus auch das 3. Motto am Beginn dieses Buches), sind »heillose Anarchie« von »Stümpern«, ein »Tintamarre der Instrumente, welches um ihre [Hörer] Ohren rauschet«, voller »Langeweile, von welcher tausend und aber tausend Menschen bei unzähligen auch gut exequirten Musikstüken gequälet werden« (Ideal einer Gesellsch. musikalischer Kritiker; Bossler 1790; Quelle hier S. 251), »ein musikalisches Ungeheuer«, »ein eitler Sandhaufen, der keines dauerhaften Eindruckes fähig ist« (J. J. Engel als Kommentar zu Lessings »Dramaturgie« und einer Sinfonie von Agricola, die einer Hamburger Aufführung von Voltaires »Semiramis«-Schauspiel voranging und Engel sehr mißfiel; Cramer I/21783, S. 1190 ff).

Eben gerade das Unklare, das nicht logisch Verbundene und Vermittelte, das Unerklärliche und Sprunghafte! Das waren ja die neuen Magneten des Hörbewußtseins und des musikalischen Gefühls. Der Irrationalismus, der sich über die freie Instrumentalmusik von Johann Sebastian Bach und seinem Sohn Carl Philipp Emanuel direkt in die neue Sinfonik bis hin zu Beethoven fortpflanzte und den Frühromantikern diese Instrumentalmusik zur Idealkunst machte, mußte ja die alte Garde der Aufklärer beängstigen.

Und wie schreiben die von den neuen Sinfonien Begeisterten über ihre Hörgefühle?

»Musik erregt eine Folge inniger Empfindungen, wahr, aber nicht deutlich, nicht anschauend, nur äußerst dunkel. Du warest, Jüngling, in ihrem dunklen Hörsaale: sie klagte, sie seufzte, sie stürmte, sie jauchzte; du fühltest das alles, du fühltest mit jeder Saite mit. Aber worüber wars, daß sie, und du mit ihr, klagtest, seufztest, jauchztest, stürmtest? Kein Schatte von Anschauung. Alles regte sich nur im dunkelsten Abgrund deiner Seele, wie ein lebender Wind die Tiefe des Ozeans erregt.« (Johann Gottfried Herder, Werke, Band 4, S. 161 f)

»Instrumentalmusik, worin Fleiß wahren Gefühls und Schwung, Flug origineller Phantasie herrscht, ... drückt so eignes geistiges Leben im Menschen aus, daß es jeder anderen Sprache unübersetzbar ist.« »Für sich allein ... ist sie ein ergötzliches Spiel für die Phantasie, und schmeichelt dem Ohre durch Neuheit von Melodie und Harmonie und Fertigkeit des Vortrages, und rührt, und erschüttert wohl noch das Herz mit unbestimmten Gefühlen und Ahnungen von Leidenschaften.« (Wilhelm Heinse, Hildegard von Hohenthal; Ausg. Schüddekopf, Bd. VI, S. 40; Bd. V., S. 230)

»Bei all dem zeigt sichs, daß sich Musik von Poesie (nehmt eine Wirkung, die sie zusammen vorgebracht haben, welche ihr wollt!) – immer getrennt hält. Wird der Zuhörer weichherzig, so hat die eigentliche Poesie so viel Antheil daran, als Malerei –

mehr nicht. Denkt der Sache weiter nach! – vielleicht habe ich recht … Da muß der Dichter Arien machen, wenns doch Arien seyn müssen, wo die Leidenschaft mit sich selbst beschäftigt ist: – Wenn die Leidenschaft handelt, ists abscheulich. Er soll sich nicht um den Schlendrian bekümmern, daß eine Arie aus zweien Theilen bestehen müsse. Es ist abgeschmackt, hier eine allgemeine Aeusserung der Empfindung, und eine besondere Anwendung derselben, zween Sätzen unterzuordnen. – Geschwind abwechselnde Leidenschaften sind nicht für Arien – und auch, durchgängig, lange Sinne nicht …

Der einzige Vortheil, den eine Musik mit Worten vor einer solchen, wo keine Worte dabey sind, außer dem Theater voraus hat, ist, daß sie der Schwäche der Halbkenner und Unwissenden zu Hülfe kommt, und ihnen den Charakter jeden Stücks bestimmen hilft, indem sie ihnen den Sinn deutlich macht, den sie, ohne diesen Beystand, nicht finden würden.« (Hiller 1781, S. 25, 28, 57)

»Gedanken zu bezeichnen ist uns die Rede gegeben; Gefühle stammelt sie nur, und drückt in ihnen mehr aus durch das was sie nicht, als was sie saget. Auch die Musik muß Freiheit haben, allein zu sprechen … Ohne Worte, bloß durch und an sich, hat sich die Musik zur Kunst ihrer Art gebildet.« (Johann Gottfried Herder, Kalligone; Ausg. Begenau, Weimar 1955, II, S. 150f)

Herder schreibt bereits 1769 (Viertes Kritisches Wäldchen) von der »Zaubersprache« der »dunklen« »Wundermusik« (vgl. Schäfke, Geschichte der Musikästhetik in Umrissen, 1934, S. 325f).

»Wenn aber, wird man sagen, die Musik nicht Nachahmung der Natur ist, was ist sie denn sonst? Seltsame Eigenschaft des menschlichen Geistes, sich mit Schwierigkeiten zu quälen, die man sich selbst macht, und bey dem Sinne dunkler Worte stehen zu bleiben, die, wenn man sie recht untersucht, gar keinen haben! Die Musik ist für das Gehör eben das, was für unsere andern Sinne die Gegenstände sind, die ihnen das angenehmste Vergnügen verschaffen. Wenn nun ein schönes Gesicht eure Blicke an sich zieht, und durch einen unwiderstehlichen Reiz fesselt, was trägt da die Nachahmung zu dem Vergnügen bey, das ihr empfindet? Und warum soll das Gehör nicht ebenso wie das Gesicht, der Geschmack, das Gefühl, seine süßen Empfindungen und seine unmittelbaren Ergötzlichkeiten haben? Giebt es für dasselbe wohl ein anderes Vergnügen, als wohlgeordnete harmonische Töne?« (Hiller 1781, S. 34)

All diese Zitate stammen von einem Kreise von Autoren, die zwar nicht den Frühromantikern zugerechnet werden, aber sie enthalten bereits Ideen und Begriffe, die zum zentralen Gedankengut der Frühromantiker wie Wackenroder, Tieck und Novalis gehören (Zitatensammlung bei Schleuning 1973 im Abschnitt »Ästhetik der Freien Fantasie«, S. 172ff). Gerade das Dunkle, Rätselhafte, Unklärbare, der Sprache Unzugängliche war es ja, was die Frühromantik beschäftigte und ihr die sinfonische Musik so artverwandt erscheinen ließ. Johann Sebastian Bach und seine Schule sind also nicht nur im Hinblick auf bestimmte kontrapunktische Techniken, sondern auch auf dem Gebiet einer antirationalistischen Kunstpraxis und Kunstanschauung Wegbereiter und Stilbrücke zu den »klassischen« Sinfonikern und der Frühromantik (vgl. dazu Schleuning 1973, S. 329ff u. 348f, wo eine Stelle in Mozarts großer c-Moll-Fantasie, die auf Toccatentypen bei J. S. Bach zurückgeht, als

Ausdrucksträger düsterer Verzweiflung und Ziellosigkeit in Art frühromantischer Gefühlshaltungen beschrieben ist).

Sonatensatz

Was sind die kompositorischen Besonderheiten dieser Musik der »grossen Symphonieepoche«, wie sie schon 1783 in einer hymnischen Rezension von Haydns Sinfonie »La Chasse« genannt wurde (Cramer I/1, S. 491)?

Die Grundidee ist, sowohl eine Vielfalt der Gefühle zu erwecken als auch Zusammenhang und Einheit herzustellen. Das Bemühen darum, diese Idee in Komposition umzusetzen, entspringt sowohl der pragmatischen Berücksichtigung von Liebhaber- und Kennerbedürfnissen als auch den für die deutsche »klassische« Kunst bestimmenden erzieherischen Maximen und ideologischen Grundsätzen, die die auseinanderstrebenden Ziele des Publikums zugleich aufgreifen und verdecken sollten. Beispielhaft dafür Forkel.

In seiner nun folgenden Kompositionsanweisung meint er mit »Sonate« nicht einfach den drei- oder viersätzigen Zyklus der neuen Instrumentalmusik (Instrumentalkonzert, Sinfonie, Sonate für ein oder mehrere Instrumente, Ensemblemusik wie das Streichquartett oder Bläserquintette), sondern wohl auch den neuen zentralen Satztyp, den »Sonatensatz«, wie er mit seiner Dreiteiligkeit von Exposition, Durchführung und Reprise grundsätzlich den Anfangssatz, oft auch den langsamen Mittelsatz oder den Schlußsatz der genannten Zyklen bestimmt (Forkel A III, S. 29f; anläßlich der Rezension einer Klaviersonate aus C. P. E. Bachs 3. Sammlung »für Kenner und Liebhaber«):

»Wir (haben) also bey einer guten Sonate hauptsächlich zweyerley zu bemerken, erstlich:

Begeisterung, oder höchstlebhaften Ausdruck gewisser Gefühle; zweytens:

Anordnung, oder zweckmäßige und natürliche Fortschreitung dieser Gefühle, in ähnliche und verwandte, oder auch in entferntere. Die erste der erwähnten beyden Eigenschaften ist ein Werk der schöpferischen Natur. Wo diese sie schafft, müssen wir sie mit Dank annehmen, und zu unserm Nutzen und Vergnügen zu verwenden suchen; aber die Kunst hat bey ihrer Erschaffung nichts zu thun. Diese beschäftigt sich bloß mit der zwoten Eigenschaft, und ist daher im Grunde nichts als ein Mittel, jenes Feuer auf gewisse Wege, in gewisse Canäle zu leiten, und es zu besondern Absichten und Entzwecken bald auf sanften, graden Betten, bald durch allerhand Krümmungen, auch wohl sogar bisweilen, nach Maasgabe der Veranlassungen, über Stock und Steine fortzuführen. Sie ist wie reissenden Strömen ein Damm, damit sie nicht ausbrechen, und die umliegenden Gegenden verheeren können; oder ein heilsames Verwahrungsmittel vor dem Feuer, um es nicht zu einer wilden, alles verzehrenden Flamme empor lodern zu lassen, sondern deren Kräfte blos auf Verbreitung einer wohlthätigen alles belebenden Wärme einzuschränken.«

Denn »der erste Grundsatz der ganzen musikalischen Aesthetik ist: angenehme Leidenschaften und Empfindungen zu schildern, oder mit andern Worten, dem Menschen
wohlzuthun und ihn zu ergötzen.« (S. 26)

Dieses Ziel wird in der Sonate erreicht durch »die Nothwendigkeit, daß in einem
Kunstwerke 1) eine Hauptempfindung, 2) ähnliche Nebenempfindungen, 3) zerglie-
derte, das heißt, in einzelne Theile aufgelöste Empfindungen, 4) widersprechende und
entgegengesetzte Empfindungen etc. herrschen müssen« (S. 32), wobei es dann »der
Gipfel der Kunst eines ächten Sonatencomponisten« ist, »Ordnung und Plan in den
Fortgang der Empfindungen zu bringen.« (S. 28)

Es ist deutlich, daß die technischen Möglichkeiten, jedem Teil des Publikums
durch die Ausgewogenheit von »Natur« und »Kunst« etwas zu bieten, von
einer dem frühen Bürgertum entwachsenen Kunstideologie der angenehmen
Unterhaltung und der Stillung störender Leidenschaften getragen werden. Die
Sonate soll wohl die widersprüchlichen Fährnisse des Lebens und die Bedrohung und Erregung durch ausbrechende Leidenschaften zeigen und darstellen,
aber auch – ganz im Sinne der Disziplinierung und Selbstzucht des Bürgers
zum »vernünftigen« Handeln – deren Harmonisierung zu einer einheitlichen,
ausgeglichenen Haltung vorführen.

Wenn dieser Gegensatz und Ausgleich im Rondo, das den Werkzyklus oft
abschließt, eher in Art einer idyllischen Reihung, also ohne Auseinandersetzung, dargestellt wird (fortwährende Wiederkehr des Anfangsthemas nach
abweichenden Zwischenteilen, den »Couplets«), so wird der Kampf um den
Ausgleich im Sonatensatz thematisiert. Und es ist kein Wunder, daß die
Gattung, in der der Sonatensatz besonders repräsentativ vorgeführt wird,
nämlich die Sinfonie, Anfangs- und Endstück, Angel- und Höhepunkt der
zeitgenössischen (aber auch noch der heutigen!) Konzertprogramme ist (vgl.
S. 112 f).

Ich versuche im folgenden, an Hand eines ersten Sinfoniesatzes wesentliche
formale und inhaltliche Elemente der sogenannten Sonaten-Hauptsatzform zu
beschreiben und dabei historische Zitate über die Technik und die Bedingungen dieser Kompositionsstruktur einfließen zu lassen. Der Satz stammt aus der
ersten Zeit der Sinfonie-Hochblüte um 1790, nachdem die Mannheimer (Johann Stamitz u.a.) und die frühen Wiener Komponisten (Hoffmann, Starzer,
Monn, Wagenseil) die Sinfonie entwickelt hatten und die althergebrachte
Dreisätzigkeit (schnell – langsam – schnell) durch die Einfügung eines Ele-
mentes aus der Volksmusik, nämlich des Menuetts, zur Viersätzigkeit erweitert hatten.

Hierbei handelt es sich um einen verwickelten Prozeß, dessen Ausgangs- und Endpunkt
durch die langsamen Menuette nach Hofart in den viersätzigen Sinfonien Monns um
1740 und die schnellen, oft humoristischen Menuette in Haydns Sinfonien seit den 60er
Jahren gekennzeichnet sind. Die Tempobeschleunigung ist sicher nicht allmählich vor
sich gegangen, sondern hat wohl eher mit einem Wechsel des Vorbildes zu tun, nämlich
einem Wechsel von der Hof- zur Volksmusik. Haydns Menuette, auf denen Beethovens

Scherzi aufbauen, hängen jedenfalls sicherlich von dem schnellen deutschen bzw. österreichischen ⅜-Rundtanz ab, der z. T. auch »Allemande« genannt wird und in der Tanzszene aus Mozarts »Don Giovanni« von 1787 unter der Bezeichnung »La Teitsch« als Abzeichen der Bäuerlichkeit erklingt zugleich mit dem alten, langsamen Menuett als Abzeichen der Aristokratie. Bemerkenswert ist dabei, daß um 1790 das Wort Menuett zugleich den altbackenen Hoftanz als auch den schnellen, volkstümlichen Sinfoniesatz bezeichnet. Konzerte, Sonaten und die gesamte Kammermusik mit Ausnahme der Streichquartette kommen bis Beethoven ohne das Menuett aus.

Haydn hatte in seiner Experimentierklause im fernen ungarischen Esterhazy in einem beispiellosen intellektuellen Entwicklungsgang während der 60er und 70er Jahre in den Gattungen Streichquartett, Sonate und Sinfonie sowohl die Vielfalt der »Natur« als auch die Raffinessen der »Kunst« ausgelotet und zur allgemeinen europäischen Bewunderung in einen »wohlthuenden« und »ergötzenden« Ausgleich gebracht. Die »klassischen« Hochpunkte der Sinfonieentwicklungen erreichte er in den 12 Sinfonien der 90er Jahre, die entsprechend ihrer teilweisen Entstehung für die Konzerte seiner großen Auslandsreisen die »Londoner« heißen.

Von Haydn stark beeinflußt, hat Mozart seine letzten großen Sinfonien kurz vor 1790 geschrieben. Der erste Satz seiner 1786 komponierten sogenannten *Prager Sinfonie* (C-Dur, KV 504, seltenerweise ohne Menuett) soll hier als Beispiel für das Komponieren eines Sonatensatzes besprochen werden. Ich verzichte auf Notenbeispiele, da der Höreindruck für die meisten Lesenden ausreichen wird. Notenkundige verweise ich auf die Taschenpartitur (Eulenburg, Nr. 446).

Besetzung
Das Stück ist neben Holzbläsern (ohne Klarinetten) und Streichern sowie den seit den Mannheimern obligaten Hörnern noch mit Pauken und Trompeten besetzt, zu Mozarts Zeit noch Zeichen besonderer, vormals von königlichem Privileg abhängiger Festlichkeit. (Zu den Widerständen und Verteidigungen gegenüber Trompeten und Pauken in der Kirchenmusik vgl. Mattheson 1728, S. 54 f, und Hiller II 1767, S. 208 ff u. 216 ff; über die Kritik am Einsatz der Instrumente in Sinfonien wurde schon in Kap. II, S. 120 berichtet.) Erst beim späten Haydn und bei Beethoven wird diese »königliche« Besetzung die Regel bei der großen Sinfonie. Den Hörern bei Mozart wird schon durch den Anblick der Trompeter und des Paukers signalisiert, daß etwas besonders Feierliches zu erwarten ist.

Mozart dirigierte die Uraufführung am 19. Januar 1787 in Prag, eine Woche nach seiner Ankunft, und wollte sicherlich das ihm ohnehin günstig gesinnte Prager Publikum durch ein besonders festliches Konzertprogramm für die bald folgende Aufführung der »Hochzeit des Figaro« und die Uraufführung des »Don Giovanni« im Oktober des Jahres gewinnen. In einer Prager Zeitung heißt es von dem Konzert: »Alles was man von diesem großen

Künstler erwarten konnte, hat er vollkommen erfüllt.« (Mozart D, S. 251) Die
Sinfonie wirkte offenbar wie ein Paukenschlag, wie man heute noch sagt, und
sie wurde im Gedenkkonzert in Prag wiederholt (vgl. S. 360f).

Langsame Einleitung (Adagio)
Solche prächtigen, Spannung aufbauenden und die Hörer auf den eigentlichen
schnellen Anfangssatz vorbereitenden Einleitungen sind ab den mittleren 80er
Jahren notwendiger Bestandteil der großen Sinfonie, bis Beethoven – wie auch
auf allen anderen Ebenen der Sinfonik – die Tradition in Frage stellt und in
vier seiner Sinfonien frappante Alternativen für die langsame Einleitung erfindet (Nr. III, V, VI, IX). Diese Einleitungen stehen in der Tradition der
französischen Ouvertüre aus der Suite der Feudalzeit. Während dort scharfe
Punktierungen und oft chromatische Harmonik des vollen Orchesters den
Einzug oder die Präsenz der Autorität versinnbildlichen, sind es nun gewaltige
Orchester-Unisoni, drohende Rollfiguren, Klangsäulen, untermischt von sehn-
suchtsvollen Melodiefloskeln und chromatischen Gängen, die eine eigentümliche Spannung erzeugen und eine Vielzahl von widersprüchlichen Charakte-
ren und Gefühlen auftürmen; aber zu welchem Zweck?
    Sicherlich können diese Einleitungen die Funktion eines Achtungsrufes an
das schwatzende Publikum sein – aber schwatzte es um 1790 noch? Sicherlich
kann man in vielen dieser Anfangsteile sozusagen die Wiege des thematischen
Materials sehen, das dann sich zum ersten Thema des Allegro zusammenfügt
(hier Synkopen verschiedener Geschwindigkeit, viertönige Rollfiguren, stufenweise Abgänge) – aber ist das nicht eine etwas platte, technizistische, das
Sekundäre hervorhebende Begründung, die so tut, als sammle der Komponist
erst bei Komposition der Einleitung seine Gedanken für das 1. Thema des
Allegro, als diene die Einleitung zur analyse-heischenden Genealogie der
Themengestalt?
    Wichtiger scheint mir, daß man zur inhaltlichen Bestimmung dieser An-
fangsteile die Gefühle ernst nimmt, die sie beim Hören auslösen: diese Mischung aus Erhöhung und Verwirrung, dann aus Anspannung und Erleichterung, mit der man ins Allegro entlassen wird. Es ist doch immer wieder eine
Art prächtige Selbstfeier der im Konzert Versammelten und zugleich die
Vorführung des Ungeordneten, Gestaltlosen, der un-»canalisirten« »Natur«
– nach Forkel –, der sich die durch »Kunst« kanalisierte Themengestalt an-
schließt. Die langsamen Einleitungen scheinen mir immer neue Formulierungen der Mühen und Hoffnungen der bürgerlichen Klasse zu sein, ihre eigene
Idee, ihr neues Prinzip zu erreichen. Sie repräsentieren die Erschütterungen
und Unsicherheiten des gesellschaftlichen Aufbruchs und stellen immer wieder
die Frage: Wird es gelingen? Erreichen wir unser Ziel in all der Unordnung
und in all der erkämpften Regellosigkeit des persönlichen Strebens? Und
immer wieder sagt der Einsatz des Allegro: Jawohl, es gelingt!

Exposition
(Allegro bis zum Wiederholungs-Doppelstrich;
ein einfacheres Beispiel von J. Chr. Bach, S. 442f)
Häufig hört und liest man, in der Exposition würden auf dem Wege von der
Tonika zur Dominante (hier in D-Dur also von dort nach A-Dur) bzw. in
Mollsätzen von der Tonika zur Durparallele die beiden Themen »aufgestellt«,
dann würde deren Material im Mittelteil des Satzes, der Durchführung,
»verarbeitet«, und zwar in jener schon genannten Abspaltungstechnik und
raffinierten »durchbrochenen« Arbeit mit den Themenmotiven (»entwik-
kelnde Variation«).
    Dieses Bild von der Sinfoniekomposition ist nicht nur eine unzulässige
Verallgemeinerung, sondern es ist falsch.
    Es ist keineswegs ein Gesetz, daß zwei Themen vorkommen müssen. Zwar
haben Mozart und Beethoven sich immer daran gehalten, wenigstens in den
repräsentativen Stücken, aber Haydn hat in einigen seiner Sinfonien vorgeführt, wie man auch mit einem einzigen Thema geistreich umgehen kann. So
kommt in seiner letzten Sinfonie (Nr. 104, D-Dur) nach der Modulation in die
Dominanttonart das Hauptthema, anders instrumentiert, wieder – und kein
bißchen Langweile stellt sich ein. Wegen dieser Fähigkeit, aus dem Hauptthema viel zu machen, wurde er auch öffentlich gelobt (so in einer Pariser
Besprechung der Sinfonie Nr. 82 »L'Ours« von 1786).
    Zum anderen ist nicht nur die Durchführung der Ort der entwickelnden
Motivarbeit, sondern auch die Exposition. Hier beginnen schon die kompositorischen Finessen solcher Arbeit. Und sie spielen sich – wie erwähnt – auch
schon zwischen Einleitung und 1. Thema ab. Die Durchführung führt dann
die spezifische Idee jeder Sinfonie ohne die Zwänge einer vorgeschriebenen
Tonartfolge vor.
    Mozart beginnt recht untypisch, nämlich nicht mit einer der ihm nachge-
rühmten Melodien vom Typ »singendes Allegro«, sondern mit einem »Un«-
Thema, einer etwas ausgeweiteten Kadenz in D-Dur, in die verschiedene
Motive quasi »eingehängt« sind: Achtelsynkopen als Begleitung, Viertelsyn-
kopen als Themenkopf, der aber nicht recht vorankommt, sondern durch
Achtelrepetitionen mit 16tel-Rollfigur weitergeführt wird, denen noch Oktav-
sprung und Sekundabgang in Achteln angehängt werden: alles jeweils in
unterschiedlichen Instrumenten, eine Motivsummierung auf Harmoniebasis.
Nachdem dieses Gebilde wiederholt ist, angereichert durch eine synkopische
Oboenmelodie, wird Mozarts selbstgesetzte Arbeitsaufgabe klar: Imitation,
Kontrapunkt. Die veränderte Rollfigur und die Achtelrepetitionen stürzen sich
nun – einmal kurz unterbrochen vom 1. Thema – in ein wildes, vom ganzen
Orchester getragenes Treiben, dessen Ausdehnung und Intensität weit über
das hinausgehen, was üblicherweise Aufgabe der sogenannten Überleitung
zum 2. Thema bzw. zur Dominante ist: nämlich die Modulation. Die ist im

Verlauf bald abgehakt. Nein, es geht um das Vorführen von triumphalen Mühen. Dabei ist das künstlerische Niveau der Kontrapunktik – gemessen etwa an Fugenarbeit – äußerst bescheiden. Das konnte Mozart besser, aber hier wollte er es auch gar nicht: Es geht um die Idee kontrapunktischer Arbeit (wie in der Durchführung von Beethovens »Eroica«) als Darstellung des Wucherns mit dem eigenen Pfunde: Sich abarbeiten, Schweiß vergießen und dabei vorwärts kommen!

In dieser Überleitung gibt es auch jene tonartbestätigenden Kadenzschläge, die der wohl klügste, wenn auch nicht immer angenehmste Musikschriftsteller des 19. Jahrhunderts, Richard Wagner, mit sozialgeschichtlicher Hellsichtigkeit beschreibt:

»So war Mozart ... oft ... in diejenige banale Phrasenbildung zurückgefallen, die uns seine symphonischen Sätze häufig im Lichte der sogenannten Tafelmusik zeigt, nämlich einer Musik, welche zwischen dem Vortrage anziehender Melodien auch anziehendes Geräusch für die Konversation bietet: mir ist es jedenfalls bei den so stabil wiederkehrenden und lärmend sich breitmachenden Halbschlüssen der Mozartschen Symphonien, als hörte ich das Geräusch des Servierens und Deservierens einer fürstlichen Tafel in Musik gesetzt.«

Und nicht genug damit, schreibt Wagner weiter über das Schicksal dieser Relikte inhaltsloser Musik:

»Das ganz eigenthümliche und hochgeniale Verfahren Beethovens ging hiergegen nun eben dahin, diese fatalen Zwischensätze gänzlich verschwinden zu lassen, und dafür den Verbindungen der Hauptmelodien selbst den vollen Charakter der Melodie zu geben.« (»Zukunftsmusik«, 1860; Sämtliche Schriften und Dichtungen, Bd. VII, 6. Auflage, Leipzig o. J., S. 126 f)

Wer's nicht glaubt, höre die »Eroica«: Da gibt's kein Kadenzgetöse mehr! (Der Gedanke Wagners zeigt, daß Adorno viel von ihm gelernt hat.)

Und dann kommt das typische »2. Thema« Mozarts: Das müßte die Grinzinger Streichmusik spielen oder das kleine Salonensemble, vor allem an der Stelle, wo die Fagotte die für viele 2. Themen typische Moll-Wiederholung einleiten. So etwas hat ihn beim Wiener Publikum sicherlich beliebt gemacht, der Kontrapunkt dagegen, den er in den späten Sinfonien so sehr bevorzugt hat (g-Moll-Sinfonie, »Jupiter«-Sinfonie), sicherlich nicht. Eine eigentümliche Liebe zum imitierenden oder auch fugierten Satz hat er nach der Begegnung mit Bach und Händel in den 80er Jahren entwickelt. Und so stürzt er sich auch gleich wieder, wie wenn er ein schlechtes Gewissen für das schöne zweite Thema hätte, in das Genudel aus der Überleitung, »serviert und deserviert« wiederum prächtig und findet noch nicht einmal Zeit für eine seiner so schönen »Schlußgruppen«, also jener melancholischen Abschlußmelodien, die unser Herz bei seinen Klavierkonzerten und Kammermusikwerken sonst so erwärmen. »Erklärenden Anhang« nennt Heinrich Christoph Koch diese Schlußgruppen (Versuch einer Anleitung zur Composition, Bd. III, Leipzig

1793). Das ist wirklich die Unausgeglichenheit, die der Vater mit solcher Sorge beschrieb! Oder? (vgl. S. 389)

Wenn er wirklich so unausgeglichen gewesen wäre, hätte Mozart es nicht über sich gebracht, auch noch die gesamte

Durchführung

der imitierenden Verarbeitung nach Art der Überleitung zu widmen. Aber nun geht er doch ein wenig anders vor, analytischer: Das sinnliche Bonbon des 2. Themas bleibt ausgeschaltet, eignet sich für Mozart offenbar nicht für intellektuelle Arbeit, aber das Material des 1. Themas wird von hinten nach vorn kontrapunktisch behandelt; erst Oktavsprung und Achtelabgang, dann wieder Achtelwiederholungen und Roller. Dann kommt nochmals das 1. Thema in Moll und mit einer neuartigen Kombination verschiedener Themenpartikel der Übergang zur Reprise.

Das muß man ernst nehmen.

Hier wird – nun im Extrem – Arbeit dargestellt, und zwar mit einer Haltung, die wichtig, existentiell wichtig für das Bürgertum ist.

Hören wir dazu einiges über einen der Pioniere dieser Art zu arbeiten, Carl Philipp Emanuel Bach.

»Die Treue gegen das Thema in der Ausarbeitung bis zur Hartnäckigkeit gesteigert, und doch nirgends bloße Wiederholung oder sonst Monotonie, und auch nirgends Trockenheit und Künstelei – und der gute Gesang überall.« (J. Fr. Rochlitz, Componist und Liebhaber; zit. Cornelia Auerbach, Die dtsch. Clavichordkunst des 18. Jh., Kassel und Basel 1959, S. 37)

Er machte aus dem »Minimum von Materie« ein »Maximum von Geist« (Allg. mus. Zeitung 1811, Sp. 666; weitere und genauere Anweisungen und Bestimmungen für die Durchführungsarbeit aus dem 18. Jahrhundert, u.a. auch bei Heinrich Christoph Koch, vgl. Fred Ritzel, Die Entwicklung der »Sonatenform« im musiktheoretischen Schrifttum des 18. u. 19. Jh., Wiesbaden 3. Aufl. 1974, Kap. 7 und 10).

Und Koch (s. o., 1793, S. 309f) schreibt, in »den modernen Sinfonien« sehe dieser »zweite Perioden« (die Durchführung) so aus,

»daß man einen in dem ersten Theile enthaltenen Satz, oft auch nur ein Glied desselben, welches hierzu besonders schicklich ist, entweder in der Oberstimme allein, oder auch wechselweise in andern Stimmen dergestalt fortsetzt, zergliedert, oder transponirt, daß man nach und nach erst in mehrere, theils nahe verwandte, theils auch entferntere Tonarten durchgehende Ausweichungen macht.«

Sicherlich gibt es geist- oder kunstvollere Durchführungen in der Geschichte der Sinfonie als gerade diejenige der Prager Sinfonie. Aber selten führt eine Sinfonie die »Hartnäckigkeit« deutlicher vor, mit der das Ausgangsmaterial der Sinfonie bearbeitet wird, Stück für Stück, immer wieder von neuem, bis sich eine große Fülle von Stoff unterschiedlicher Art aus der Anfangsmaterie ergeben hat. Es ist ein zwanghaftes Arbeiten. Selbstverständlich haben frühere Komponisten, unter ihnen vor allem Johann Sebastian Bach, diese Technik entwickelt und gepflegt, aber nie so manisch und zusammengedrängt, so melodie- und kompromißlos. Da nagen die Motive aneinander, entwickeln sich auseinander, springen von Instrument zu Instrument und bilden dabei zusammen auch einmal einen Melodiefetzen (»durchbrochene Arbeit«). Aber immer bleibt der Unterschied bestehen zwischen der schönen, gefälligen Melodie, über die man sich richtig freuen kann, durch die man unterhalten wird, und der harten Arbeit am thematischen Material, zwar unerfreulich, aber dafür dem Publikum aus dem Alltag bekannt (vgl. den Brief an Brahms hierzu, S. 301 f).

Niemandem, der dies liest und die Sinfonie hört, wird wohl die Parallelität zwischen dieser Kompositionsmethode und dem tragenden Moment bürgerlicher Arbeit verborgen bleiben können: Man muß fleißig sein, Leistung zeigen, um von den Abhängigkeiten loszukommen. Mozart ist selbst ein Beispiel dafür (vgl. S. 388). Und wie fleißig er war! Wie hat er gestrampelt, immer die Rollfigur in der Imitation! Fleißig, aber mit welchem Ziel? Marx hat sich viel Gedanken gemacht über das Ziel des individuellen Unternehmertums im Kapitalismus, andere auch. Daß die Gesellschaft versorgt werden soll, kann nach kurzer und langer Überlegung niemand mehr als Ziel annehmen. Dazu läuft das Wirtschaftssystem zu ziellos und chaotisch. Was ist also das Ziel all dieser mühseligen Arbeit? Wozu dies Glaubensbekenntnis des Bürgertums, das uns in den Durchführungen entgegenklingt und das sich oft zu hymnischen Figuren aufschwingt am Ende dieser Mittelteile, zu Selbstfeiern der neuen Lebensart? (Beethoven Sinfonie Nr. 1, 1800)

Reprise – das Ziel?
Die Reprise ist die Wiederkehr der Exposition, aber keiner richtigen Exposition, da keine Modulation in die Quinte stattfindet. Und das soll nun das Ziel der ganzen Arbeit sein, der Lohn der Mühen?

Adorno hat es so gesehen und sich sehr aufgeregt über die »Wiederkehr des Aufgehobenen«, darüber, daß sich der »Prozeß als sein eigenes Resultat bestätigen« soll, »wie es bewußtlos in der gesellschaftlichen Praxis geschieht«, über »die sich selbst übertreibende Versicherung, die Wiederkehr des ersten sei der Sinn«, darüber, daß in der Reprise das »lückenlose Funktionieren« sich vollziehe. (Einleitung in die Musiksoziologie, Frankfurt 1962, NA Reinbek 1968, S, 224 f; ähnliche Zitate und Allgemeines zu der Frage in meinem S. 158 genannten Aufsatz)

Im 18. Jahrhundert sind solche Gedanken, allerdings ohne die ideologischen Implikationen, keineswegs unüblich gewesen. Schon der – wie heute – kaum mehr befolgte Usus, die Exposition selbst zu wiederholen, hat kritische Gedanken ausgelöst, vor allem beim Vergleich mit Wiederholungen in Reden (vgl. Ritzel, a.a.O., Kap. 8). Gewöhnlich aber wurde diese Art der Wiederholung damit begründet, daß die Exposition beim zweiten Erklingen mehr

»Vergnügen« bereite als beim ersten Hören, wo »die Schönheiten ... gar zu
vorüberrauschend« seien (Hiller IV 1770, S. 83; Junker 1777, zit. bei Ritzel,
a.a.O., S. 157).

Wie erstaunt und beglückt aber wäre Adorno gewesen, hätte er folgende
Bemerkung von Reichardt gekannt:

»So angenehm und so nothwendig in der Musik Wiederholungen sind, und besonders
die Wiederholungen eines bedeutenden Themas, so höchst bedeutend auch am rechten
Orte ein ganzes Da Capo seyn kann, so allerhöchst unnatürlich und sinnlos ist das stete
Zurückkehren auf den Ausgangspunkt denselben Weg rückwärts.« (Geist des musikalischen Kunstmagazins, Berlin 1791, S. 111; zit. bei Ritzel, a.a.O., S. 157)

Was Adorno als ästhetisches Zeichen gesellschaftlich-ideologischer Regression
sieht, ist für Reichardt »unnatürlich« und »sinnlos«. Blicken wir aber zunächst noch ein wenig auf die Geschichte der Reprise zurück, ehe wir uns
weiter auf Bewertungen einlassen.

Für die zweiteilige Instrumentalform, wie wir sie z.B. aus Bachs Klavier-
suiten kennen oder auch aus älteren Sinfonien, gibt Scheibe (1745, S. 623; 68.
Stück von 1739) lediglich die Anweisung, man solle den zweiten Teil nach
dem ersten richten, könne dabei allerdings tonartlich etwas freier verfahren,
also über die Quintmodulation hinausgehen: »Man muß aber endlich den
Zusammenhang so einrichten, daß man zuletzt auf eine lebhafte und unge-
zwungene Art in die Haupttonart wieder zurücke kehren, und den zweyten
Theil damit endigen kann.«

Über die bloße Rückkehr zur Haupttonart geht einer der »Vermischten
Gedanken« bei Marpurg hinaus (1756, S. 217, §52):

»Darin aber scheint die Poesie mit der Musik keine Gemeinschaft zu haben, daß die
Oden [Gedichte] sich oft sehr mit einer Ausschweifung schließen, ohne wieder zur
vorigen Materie zurück zukehren; die musikalischen Stücke hingegen allezeit einen
ordentlichen wohlzubereiteten Schluß mit der Hauptempfindung haben wollen.«

Marpurg geht also schon davon aus, daß im Satz die Affekte gewechselt
werden. Aber wieviel und welcher Art das auch geschieht: Am Ende des Satzes
muß der Anfangsaffekt wiederholt werden. Dieser musikalische Rahmen, der
in Liedern und kurzen Instrumentalstücken seit Jahrhunderten nichts Ungewöhnliches ist und neben anderen Formungen vorkommt, wird als bestimmende Ablaufidee problematisch, sobald er – wie im Sonatensatz – auf
größere musikalische Zusammenhänge übergreift (vgl. schon S. 4 f).

Bei Koch (1793, S. 311) heißt es schließlich, die gesamte Thematik der
Exposition (»erster Perioden«) würde im dritten Teil »unsers ersten Allegro«
»nun gleichsam zusammen gedrängt«, nur daß die Teile, »die dem Quintab-
satze in der Quinte folgten, in dieser Haupttonart wiederholt (werden) und
damit das Allegro geschlossen« werde. Von Zusammendrängen kann aber
selten die Rede sein: Die Exposition kommt oft getreulich wieder, eben ohne
Quintmodulation. Diese letzte Besonderheit, also die Notwendigkeit, die

Quintmodulation durch eine »Überleitung« (die ja keine ist) in die Haupttonart zu ersetzen, ist ein Prüfstein für die Qualität des traditionellen Komponierens: Etwas tonartlich im Grunde Funktionsloses soll sinnvoll erscheinen. Das wird besonders dann schwierig, wenn die Überleitung in der Exposition im Wagnerschen Sinne »den vollen Charakter der Melodie« hatte, also nicht nur ein beliebiges Durchrasen von Tonleitern, Akkordbrechungen und Akkordschlägen war. Da hat Mozart, weil er ja in der Exposition eine lange, verzweigte kontrapunktische Behandlung eines Thementeils zur Überleitung gemacht hatte, keine Mühe, in der Reprise der Prager Sinfonie durch eine Wendung nach Moll im ersten Thema und eine leichte Modifikation des imitatorischen Geschehens die »Modulation« von Haupttonart zu Haupttonart sinnvoll und notwendig erscheinen zu lassen.

Es ist offensichtlich, wie gerade an diesem Punkt zwei verschiedene Formprinzipien sich widersprechen: Einmal soll die Exposition von der Tonika zur Dominante modulieren, die Reprise jedoch in der Tonika bleiben, damit die Tonarteinheit trotz Quintspannung erhalten bleibt – das ist eine Axialsymmetrie, also eine formale Spiegelung mit Spiegelachse in der Satzmitte. Dann aber sollen die beiden Themen der Exposition und die dazwischen liegende Überleitung gleichartig in der Reprise wiederkehren – das ist eine Ablaufsymmetrie.

Diese beiden sich widersprechenden Mittel der Satzvereinheitlichung bleiben mindestens ein Jahrhundert lang nebeneinander bestehen. Sie werden kaum einmal gegeneinander abgewägt oder bewußt einer kompositorisch »sauberen« Lösung zugeführt, sondern bilden ein ständiges Problem der Komposition, das dann sogar noch offenkundiger wird, wenn der Satz in Moll steht, wenn also das zweite Thema in der Exposition in der parallelen Durtonart, in der Reprise dagegen in der Moll-Grundtonart stehen muß. Man stelle sich ein richtig schönes Dur-Thema in der Exposition vor, das dann in der Reprise nach Moll gedrückt werden muß! Eine Überprüfung solcher Problemfälle sei empfohlen, z.B. an Hand der g-Moll-Sinfonie von Mozart (KV 550).

Beethoven hat all diese Probleme erkannt und z.T. erstaunliche Lösungsversuche gemacht. Selbst das Reprisenproblem hat er aus dem Stadium des unbewußten Zwanges herausgeführt und in verschiedenen Ansätzen einer fortschrittlichen Behandlung unterworfen. Eine davon ist der Versuch, durch Strecken der bisher nur kurzen *Coda* (nach der Reprise als Schlußhöhepunkt) zu einer Art zweiter Durchführung die Dreiteiligkeit des Sinfoniesatzes zu einer Vierteiligkeit zu machen und damit die Reprise nicht als Rückfall ins Alte, sondern als Neubeginn für eine zweite Bearbeitungslösung erscheinen zu lassen (wiederum in der »Eroica« beispielhaft vorgeführt).

Trotz Beethovens formalen Bemühungen ist das grundsätzliche Formproblem des Sonatensatzes bestehen geblieben: Sonatensätze ohne Reprisen oder ohne Tonarteinheit hat es fast nie gegeben, und eher diese Tatsache als das Vorhandensein der Reprise könnte auf Gedanken wie die Adornos führen.

Jedoch kann man das Problem der Reprise im Sonatensatz nicht einfach über den Kopf abhandeln, sondern muß daneben auch die Möglichkeit einräumen, daß die Hörgefühle, wie sie im zeitlichen Ablauf eines solchen Satzes sich entwickeln und anreichern, auch zu ganz anderen Beurteilungen dieses formalen Prozesses Anlaß geben können. Selbstverständlich werden viele Hörer Adornos Urteil dann bestätigen, wenn sie nach den Anstrengungen der Durchführung beim Wiedereintritt in die Reprise erleichtert aufatmen, sich wieder sicher und zu Hause fühlen: Im Altbekannten ist es doch am schönsten! Bleibe zu Hause und nähre dich redlich! Aber ist es nicht auch möglich, daß viele Hörer nach den Verarbeitungskunststücken der Durchführung die wiederkehrenden Gestalten der Reprise in einem ganz anderen Lichte sehen bzw. hören, etwa so, wie man seine lieben Eltern ganz anders erlebt, wenn man lange Zeit in der Fremde mit ihren Erbteilen und Erziehungsinhalten sich auseinandergesetzt hat und sie nun nach der Rückkehr wieder am heimischen Familientisch sitzen sieht?

Im Sonatensatz werden bürgerliche Lebensprobleme abgehandelt. Dies geschieht nicht nur durch die neuartige Technik des Affektwechsels, mittels derer – »wie im Leben«! – unterschiedlichste Gefühle und Schicksalsschläge unerwartet aufeinander folgen und den Hörer treffen können, sondern auch durch die sich widersprechenden Einheitssysteme, die den Satz zusammenhalten, ganz so, wie die Antriebe des frühen Bürgers von verschiedenen Ideen getragen werden, die eine Lebenssicherheit geben sollen, sich gegenseitig aber in vielen Fällen ausschließen: Menschenliebe und -fürsorge, Konkurrenz und privates Unternehmertum, Verantwortung gegenüber Kirche und Gott, vernunftsgemäßes Handeln gegenüber der Gesellschaft. Wenn diese Leitlinien des Lebens sich zu einem unentwirrbaren Knoten verflechten, der oft »Schicksal« oder »Vorsehung« genannt wurde und auch noch heute genannt wird, und wenn bis heute kaum daran gearbeitet wird, von der Faszination dieser chaotischen Lebensgrundlage abzulassen, wen will es dann wundern, daß die Idealmusik dieser Menschen kein gelöster, die Phantasiefreiheit ermöglichender Gesang ist, sondern ein wortloser zwanghafter Apparat, der mit einer Vielzahl von Überraschungen und Schlägen »erschüttert« und gefangennimmt, nicht aber der Klärung von Problemen dient.

Diesen Zusammenhang in selbstkritischer Intention zu denken und zu formulieren, wäre damals keinem Befürworter der Sinfonik in den Sinn gekommen. Lediglich die aufklärerischen Rationalisten à la Reichardt und Forkel kamen mit ihrer hartnäckigen Kritik der Instrumentalmusik auf ähnliche Bedenken, und ihre Argumente sind deshalb heute auch sehr ernst zu nehmen und genau zu prüfen. Die Verfechter der Sinfonik dagegen waren darauf angewiesen, jeden Zusammenhang zwischen bürgerlichem Leben und ihrer

Idealmusik zu verneinen, vielmehr darauf zu bestehen, daß in der Musik die Idee, der besondere Charakter oder das Ideal der neuen Zeit erklinge, aber ohne jede Verbindung zu tatsächlichen, gelebten, in der Praxis auftretenden Widersprüchen und Problemen. Leben und Kunst galten für sie als getrennte Bereiche, vor allem seit den Romantikern, für die die Kunst etwas Unirdisch-Religiöses hatte. Eine solche Bewertung der neuen Sinfonik ist ein ideologisches Postulat, das schon sehr früh von Musikern und Ästhetikern mit Vehemenz vertreten wurde, und zwar unter dem Gütesiegel »absolute Musik«. Schon der bloße Geruch, daß Musik etwas mit irdischen Dingen zu tun haben könnte, ihnen auch nur bildlich vergleichbar sein könnte, brachte sie um höhere Bewertungen.

Entsprechend negativ wurde auch von allen Kunstrichtern das gesehen, was in Deutschland »charakteristische Musik« hieß (vgl. S. 470 ff). Alles »Malende«, d. h. aber auch alles Realistische im Sinne der Abbildlichkeit, wurde in Zukunft der niederen Unterhaltungsmusik zugeschlagen, höchstens für die Ungebildeten geeignet. Es war eine Großtat von Liszt und Wagner, sich über diesen Dünkel der »absoluten« Musiker hinwegzusetzen und dem Bedeutungshaften und Bildlichen in der Kunstmusik durch Sinfonische Dichtungen und Musikdramen wieder zu öffentlicher Anerkennung zu verhelfen. Das ganze 19. Jahrhundert blieb von den Fehden zwischen zwei Erblinien Beethovens bestimmt: der einen, die meinte, Beethoven habe den Auftrag zur »absoluten Musik«, d. h. zur formalen Sinfonik gegeben (Schubert, Mendelssohn, Schumann, Brahms), und der anderen, die – beeinflußt von der 9. Sinfonie und anderen bedeutungshaften Stücken Beethovens – gerade das Gegenteil als Beethovens Vermächtnis auffaßte (die »Neudeutschen« Liszt und Wagner, in anderer Weise später auch Bruckner und Mahler).

Die »absolute Musik«, zu deren Idee und Geschichte es einige lesbare Bücher gibt (Dahlhaus, Die Idee der absoluten Musik, dtv 1978; Hermand, Konkretes Hören. Zum Inhalt der Instrumentalmusik, Argument-Buch 1981), ist die notwendige musikalische Ausformung jener dialektischen Verschränkung von Emanzipation und Realitätsflucht, wie sie für das frühe deutsche Bürgertum symptomatisch ist und im Hinblick auf die Kunstentwicklung in diesem Buch schon mehrfach angesprochen wurde. Um das Problem dieser typisch deutschen Musikentwicklung abschließend an einem Beispiel darzustellen, komme ich nochmals auf den Heros des Zeitalters zurück.

5. Nachricht von Carl Philipp Emanuel Bach

Über den 1788 Verstorbenen heißt es 1801 in der Allgemeinen Musikalischen Zeitung:

Er »zeigte: die reine Musik sei nicht bloß Hülle für die angewandte oder von dieser abstrahiert, sondern vermöchte sich zur Poesie zu erheben, die um desto reiner sei, je weniger sie durch die Worte (die immer Nebenbegriffe enthalten) in die Region des gemeinen Sinnes hinabgezogen würden.« (zit. bei Dahlhaus, Musikästhetik, 1967, S. 43)

Da haben wir den Lobpreis für das Unirdische, Materielose, Reine und Transzendente, das angeblich in der wortlosen Musik erreicht wird, und dagegen die Abwertung all dessen, was eine gefühlsmäßige oder gedankliche Verbindung zum Realen herstellen könnte, vor allem in Worten: Sie legen fest, binden ans Erklärbare, verhindern die reine Musiksprache, ziehen hinab zum gemeinen Sinn. (»Gemein« hier als allgemein, niedrig, platt-real, pöbelhaft verstanden.)

Von dieser unseligen Diskussion über die »Nebenbegriffe« stammen auch die wertenden Adjektive inner- und außermusikalisch, die heute oft noch bei Analysen verwendet werden: Innermusikalisch soll demnach das sein, was sich an rein Tonlichem tut, also Modulationen, Motivbeziehungen, rhythmische Verwandtschaften usw., außermusikalisch dagegen alles, was die erklingende Musik mit der sonst existierenden Welt in Verbindung bringt, also Programme im Sinne der Programmusik, Gefühle, Bilder oder Handlungen, die einem beim Hören kommen. Die beiden Kategorien und ihre Wertigkeit sind Kampfmittel der Partei der »absoluten Musik« des 19. Jahrhunderts und haben in vielen musikinteressierten Köpfen jene Furcht und Taubheit gegenüber produktivem Hören erzeugt, die voll gehorsamen Dünkels die eigene Gefühls- und Bildproduktion beim Hören unterdrückt und statt dessen voll Stolz die verminderten Septakkorde und α'-Motive als eigentlichen Inhalt der Musik vorweist. Sollten wir nicht endlich von diesem Sockel analytischer Gefühlsarmut herunterkommen und uns eingestehen, daß selbstverständlich die Gefühle und Bilder, die wir beim Hören in uns erzeugen, die Hauptsache, sozusagen das Innermusikalische sind, während die analysierten Tonformeln stets die unterstützende, im Glücksfall erklärende Nebensache für den Hörprozeß sind: das Außermusikalische? Daß ein Mensch wie Stockhausen im allgemeinen Künstlerprestige (und auch in der GEMA-Bewertung) so haushoch dem besten Filmkomponisten überlegen ist, hat seine Quelle in jener alten Apotheose des Unrealen.

Zurück zu Philipp Emanuel!

Was da 1801 an ihm so gelobt wurde, hat er schon in seinen Sonatenzyklen der 1740er Jahre vorgeführt, aber so richtig zeigte er es den erstaunten

Zeitgenossen erst mit den »Probe-Stücken« zu dem ersten Teil seiner Klavierschule (1753), speziell dem schon erwähnten letzten Stück, der »Freien Fantasie in c-Moll« (vgl. S. 398). Dieses großenteils taktstrichlose, harmonisch
verblüffende und melodisch zerrissene Stück beschäftigte viele, die sich mit
Musik abgaben, auch Nicht-Musiker wie Bachs Dichterfreunde Klopstock,
Lessing, Claudius, Gerstenberg. Die Fantasie mit den wilden Überraschungen
und Affektwechseln war sozusagen der Geheimtip der norddeutschen Musik
(über den Gesamtzusammenhang vgl. Schleuning 1973, S. 153 ff; dort auch
Quellenangaben). Die Freude über diese neue Möglichkeit von Musik, ohne
die Hilfe eines Textes etwas zu sagen, war – wie bekannt – nicht ungeteilt.

Bei Marpurg (III 1757, S. 36 f) heißt es in Nr. 85 der »Vermischten Gedanken« (ähnlich auch S. 533 ff, §16–19):

»Unsere jetzigen Dichter machen eine ganze Menge kleiner Gedichte, bey denen man
ohne ihre Ueberschriften nicht errathen würde, was ihr Hauptinhalt seyn soll. Aber was
soll man von unsern Componisten sagen, die nichts mehr von charakterisirten Stücken
wissen wollen? Wir haben nur noch Singearien, und diese von zwey Theilen mit einem
Dacapo, Sinfonien, Concerten, Trios und Solos. Und diese alle, und ihre Theile, was
führen sie zur Ueberschrift? Nichts als Allegro und Adagio. Schildern wir denn in der
Musik weiter nichts mehr, als die Freude und die Traurigkeit? Oder wo noch mehr
geschildert wird, sind alle Ausüber musikalischer Stücke so feinen und sichern Geschmackes, daß sie einem Allegro oder Adagio so gleich ansehen können, welche
Gattung der lustigen oder der betrübten Gedanken darinn nachgeahmet ist?«

Das Unbehagen an den nicht wörtlich bezeichneten Musikgefühlen ver-
stummte lange nicht. Noch 1781 heißt es bei Hiller (S. 95), bezeichnenderweise aus einer französischen Quelle:

»Ich glaube nicht, daß es ein wirklich schönes Instrumentalstück giebt, das man nicht
zu einem Singstücke machen könnte, wenn man Worte darunter legt. Ist es eine
rauschende Sinfonie, so mache man einen Chor daraus; man bringe die bunten Passagien der Violine für die Singstimme auf einfache Noten zurück, indem man aus einer
Reihe von Sechzehnteln nur die Hauptnoten aushebt, die den Gesang führen. Duette,
Trii, Claviersonaten, alles läßt sich nach Worten einrichten, wenn nur Charakter in den
Stücken ist.«

Und als hätte er dieses Zitat vorausgeahnt, schreibt der norddeutsche Dichter
von Gerstenberg 1767 in einem Brief:

»Ich nehme ernstlich an, daß die Musik ohne Worte nur allgemeine Ideen verträgt, die
aber durch hinzugefügte Worte ihre völlige Bestimmtheit erhalten; zweytens geht der
Versuch nur bei solchen Instrumentalsolos, wo der Ausdruck sehr deutlich und sprechend ist.«

Und was versuchte er? Er unterlegte, getreu den Vorschlägen, die bei Hiller für
die Textierung schneller Geigensoli stehen, Bachs Fantasie zwei Texte: »Ham-
lets Monolog« und »Sokrates, den Schierlingsbecher trinkend«. Damit meinte
er, die Güte des Stückes zu beweisen, zeigte aber zugleich, wie verständnislos
viele Dichter jener Zeit gegenüber den Neuerungen der Musik waren und auch

noch lange blieben. Bachs Freund Claudius fragte den Komponisten 1768, was er von derartigen Versuchen halte, ob sie denn ein neuer Weg seien. Bach antwortete, in scheinbarer Unlogik: »Aber nur ein kleiner, man kanns näher haben, wenn man Worte dazu nimmt.« Und ganz ähnlich sarkastisch schrieb er 1773 dem Dichter Gerstenberg, der nicht locker ließ und Bach die Komposition von Programmsonaten – der betende David u.ä. – vorschlug, also von Dingen, die Johann Kuhnau schon Anfang des Jahrhunderts in die Tat umgesetzt hatte (»Biblische Sonaten«):

»Ich als ein Clavierspieler, getraue mir zu behaupten, daß man auf unserm Instrumente in der That bey einer guten Ausführung viel sagen könne. Ich sondere hiervon das bloße Ohrenkützel ab, und fordere, daß das Herz in Bewegung müsse gebracht werden. Ein solcher Clavierspieler, zumahl, wenn er ein erfindungsreiches Genie hat, kann sehr viel thun. Indessen Worte bleiben immer Worte und die Menschenstimme bleibt uns immer voraus. Solange wir das Nähere haben können, dürfen wir, ohne Noth, das Weitere nicht suchen.« Hiller (1781, S. 58) nannte solche Textierungstechnik: »mit unschicklichen Lappen behängt.«

Mit Ohrenkitzel meint Bach die Primitiv-»Mahlerey«, das bloße Abbilden nach Art des Haydnschen »französischen Quarks« (vgl. S. 335). Daß das Herz durch viele verschiedene, wörtlich unbestimmbare Gefühle »in Bewegung müsse gebracht werden«, wollte den Aufklärern nicht einleuchten, war ihnen zu unkontrollierbar. Immer wieder mußten ihre Angriffe und Eingriffe abgewehrt werden, einmal sogar bei Forkel (B I 1778, S. 66 f; in einem Verriß eines Buches von Riedel »Ueber die Musik des Ritters ... Gluck«, Wien 1775):

»Sie ist zwar eine Sprache, aber eine Sprache der Empfindungen und nicht der Begriffe ... Aehnlichkeiten sind es nur, die sich in keiner Sprache sagen lassen, weil man in keiner Sprache Worte für sie hat, und weil sie erst da anfängt, eigentlich Sprache der unendlichen Grade von Empfindungen zu werden, wo andere Sprachen nicht mehr hinreichen, und wo ihr Vermögen sich auszudrücken ein Ende hat.«

Und wie das Herz in Bewegung gebracht wurde! Beethoven hat es ja fast bis zum Herzinfarkt getan. Natürlich wird man immer sehr leicht die Bemühungen der Gerstenberg & Co mit dem Gedanken abtun: Das sind halt die Reaktionäre, die den Fortschritt und die jungen Genies in ihrem kometenhaften Lauf aufhalten wollen.

Aber was wollten sie denn? Sie sagten ja nur: O. K. Leute, aber vergeßt nicht, auch den Verstand in Bewegung zu halten! Und das wurde in der Folgezeit in der Musik nun wirklich nicht getan. Sturm und Drang, dann Romantik wirbelten ins Land. Die geneigten Leser und Leserinnen werden vielleicht sagen: Aber, den Verstand in Bewegung bringen, ist das denn eine Aufgabe, die die Musik überhaupt leisten kann? Ist es denn nicht gerade musikspezifisch, die Gefühle begriffslos anzusprechen? Nicht doch, verehrte Lesergemeinde! Das ist *eine* ihrer Möglichkeiten. Und gerade diese Möglichkeit erscheint uns nur deshalb als die hauptsächliche und einzige, weil wir fast nur mit der Instrumental-Musik des Bürgertums vertraut sind und andere Musik nur durch die Gefühlsbrille des Bürgertums hören (Verzeihung: durch das Beethovensche Hörrohr). J. S. Bach jedenfalls hatte neben der Gefühlsweckung ein ganz zentrales Interesse daran, den Verstand zu bewegen und die Menschen zum Denken zu bringen. Und deshalb komponierte er auch so viel Vokalmusik. Und bei Hanns Eisler war das nicht viel anders (Filmmusik!). Beide waren Rationalisten, die die Hörgefühle in den Dienst bestimmter Ideen stellten, Überzeugungsarbeit mit Hilfe der Musik leisten wollten, der eine für das Evangelium, der andere für die Weltrevolution. Und das frühe Bürgertum, was hatte es für eine zusammenfassende Idee, für die sich mit Worten hätte werben lassen? Eben, die gab es nicht. Sicher, gegen den Feudalismus und für Menschenfreundschaft konnte man mit dem »Figaro« und der »Zauberflöte« werben, da waren ja auch die Wortmöglichkeiten in der Oper gegeben. Aber die wesentlichen Ideen, Individualismus, persönliche Freiheit, Profit und Konkurrenz ließen sich eben nicht in hymnische Worte zusammenfassen, die mußten einzeln und wortlos empfunden werden, geleitet von wortloser Musik, durch Sinfonien.

Charakteristische Musik

Bemühungen wie die soeben dargestellten des Dichters Gerstenberg, der der Instrumentalmusik durch allerlei Zusätze die genaue Bestimmbarkeit der Affekte zu erhalten und sie dadurch vor dem völligen Abgleiten in den sinfonischen Sumpf zu bewahren suchte, hat es im 18. Jahrhundert vielfach gegeben, bis dann im 19. Jahrhundert die Trennung zwischen »absoluter« und Programm-Musik sozusagen offiziell, d. h. auch mit festen Begriffen, vollzogen wurde. Auch in diesem Bereich also zeigt sich die Zeit des frühen Bürgertums als Probierphase, in der noch Vermittlungen und Überbrückungen gesucht wurden.

Eine im späten 18. Jahrhundert in Deutschland beliebte, aber dann kaum weiterverfolgte Gattung war das Melodram (Georg Benda hatte seit 1775 die Vorbilder geliefert; vgl. S. 282). Es bestand in einer theatralischen oder konzertanten Ausführung von Sprechdramen, zu denen an bestimmten Punkten Orchesterstücke traten, die die jeweilige Orts- und Affektsituation klar machten, verdeutlichten oder weiterführten, eine Anwendung der für die Aufklärer so typischen Anweisungen, verschiedene Affektarten exakt in Musik zu setzen (vgl. S. 333). Interessant für uns ist diese Art der Untermalung auch deshalb, weil sie eine fast funktionsgleiche Nachfolge in der Filmmusik gefunden hat, die – vor allem im Stummfilm – einen ähnlich katalogartig systematisierten Musikbestand ausbreitet.

Alle anderen Arten von »malenden« Instrumentalstücken wurden von der hohen Kunstwarte her unter Verweis auf das Nachäffen französischer Vorbilder mit Geringschätzung betrachtet. Schon Mattheson meinte (1722, S. 95), solche Stücke »gehören in die Hölle«. Dennoch gab es immer wieder Anregungen, durchaus auch mit Hinweisen auf ausländische Muster wie Vivaldi (Marpurg 1749, S. 328) oder Couperin (Reichardt 1782, S. 147 ff). Und es gab auch eine zwar schmale, aber immer lebendige Tradition derartiger Musik bis hin zur Programmusik des 19. Jahrhunderts.

So wurden genau spezifizierte deutsche Titel und szenische Vorgaben für Klavierstücke empfohlen – »zum Schlaf einladend, ... zärtlicher Hoffnung voll, steif-ernsthaft« usw. (Marpurg 1757/58, S. 533 ff) – oder in Kompositionen angewendet – »Schwermuth und Gemüthsunruhe«, »Bitten und Drohen« (Stücke von Füger; vgl. Cramer I 1783, S. 1364 f). Reichardt (1782, S. 64 ff) nahm gar Liszt voraus, indem er einem Klavierstück eine Stelle von Petrarca voranstellte, von der aus er fantasierend auf die Komposition gekommen war, ähnlich dem, was über Gedicht-Musikalisierungen des später noch zu erwähnenden Abtes Vogler berichtet wird (Bossler 1789, Sp. 343).

Was der zu seiner Zeit sehr gerühmte Schleswiger Komponist Benedikt Friedrich Zink (Cramer I 1783, S. 1259 ff) über die Entstehung seiner Klaviersonate »Kain am Ufer des Meers« erzählt: Voll »ärgerlicher« Stimmung habe er fantasiert und dann seine Erfindungen zu einer szenischen Affektfolge konkretisiert. In diesem seltenen Beispiel eines frühen Berichts über den musikalischen Erfindungsvorgang macht Zink auch den Versuch, sein Stück in Begriffssprache zurückzuübersetzen, u.a.: »... bis er endlich am jähen Ufer des Oceans den schäumenden Wellen entgegen heulte: Wehe! Wehe mir! Wohin treibt mich mein geschlagner Sinn!« Er vermutet auch sehr klug, ursprünglich könne die Pantomime »Veranlassung gegeben haben, characteristische Instrumental-Stücke zu setzen«.

Eine ähnliche Rückübersetzung versuchte ein Rezensent der Ouvertüre von Salieris schon erwähnter Oper »Die Danaiden« (S. 135): »Der Vater entdeckt den Töchtern seine Rache. Eine schaudervolle Music. – Sie schwören bey der Nemesis. – Das Wanken der Hypermnestra. – (Das Künstlichste von allem scheint mir hier der so wahrhafte Ausdruck der gemischten Empfindung)« usw. (Cramer I 1783, S. 1210 f). Die schon mehrfach zitierte Abhandlung von J. J. Engel »Ueber die musikalische Mahlerey« in der gleichen Zeitschrift (S. 1139 f) fällt weit hinter derartige praktische Versuche zurück. Zwar wurden Themen wie Jagd (caccia; vgl. S. 66), Sturm (tempesta), Landleben (pastorale) oder Schlacht (battaglia bzw. bataille) auch auf dem Klavier heimisch, aber erst als Themen der großen Orchestersinfonie gewannen sie ihre volle Wirkung, z.B. in der fünfteiligen Sinfonie »Das Tongemälde der Natur« von Justin Heinrich Knecht (Cramer I 1783, S. 1129). Die Handlungsfolge ist ganz ähnlich wie in Beethovens »Pastoral«-Sinfonie von 1808.

Besonders groß ist die Bedeutung solcher Sinfonien beim Thema »Bataille«,

einmal wegen der Entwicklung ungeheuer publikumswirksamer Klangeffekte
für Kanonendonner, Signale, Hufgetrappel, Schüsse, Schreie und Wimmern.
Daß man gerade deshalb einer Musik wie Freistädtlers Klavierstück »Die
Belagerung Belgrads« (Wien 1789) »zwar nicht das Bürgerrecht, doch wenigstens das Beisitzerrecht *bei einer gewissen Klasse* des Publikums zugestehen«
müsse – also offenbar beim Pöbel unter den Liebhabern –, ist eines jener
hochnäsigen Kennerurteile, in denen die endgültige Trennung zwischen Kunst-
und Unterhaltungsmusik bereits vollzogen ist (Bossler 1790, Sp. 121).

Dann aber ist diese Musik auch wegen ihres Eingehens auf die zeitgenössischen politischen Ereignisse wichtig. Nur sie läßt im großen Orchester
die Höhepunkte der napoleonischen Kriege deutlich sprechen, zuletzt in Beethovens Schlacht-Sinfonie (1813), die die französische Niederlage bei Vittoria
schildert. Sie stellt die Verbindung zwischen Sinfonik und Politik her, auf ihre
Weise vielleicht etwas platt. Aber darin steckt ein Stück Realismus, das die
Hochkunst nicht zeigen wollte, auch nicht konnte: Franz Neubauers »Kapi-
talsinfonie La Bataille« erwähnt Schlichtegroll (S. 99) mit der zwielichtigen
Bemerkung, daß sie »an Wirkung allen anderen vorgeht und wahrer Kunst
hingegen ... allen übrigen nachstehen muß«. Worin bestand nun ihre Wirkung, und wodurch kam sie zustande?

Eine Ahnung von dieser Wirkung bekommen wir durch die Nachricht von
einem 27teiligen »Instrumental-Tonstück« namens »Bataille« von Klöfler für
zwei Orchester, »zwischen welchen sich die Zuhörer befanden«, die also die
Kugeln der beiden Heere, »21) Den Trapp der Pferde, 22) Den Galopp der
Pferde, 23) Fürchterliches Geschrey« über sich hinwegbrausen hörten (Reichardt 1782, S. 52). Bei der Hamburger Aufführung war das Schauspielhaus
»ungewöhnlich voll« »aus der Neubegierde der Menschen« (Cramer I 1783,
S. 154).

Noch mehr von der Faszinationskraft solcher Musik zeigen Berichte über
den Mannheimer Hofkapellmeister Abt Georg Josef Vogler (1749 bis 1814),
der seinen Dienst praktisch nur mit Konzertreisen verbrachte, »weil es unserm
Herrn schmeichelt, wenn seine Diener auswärts Aufsehen machen«, wie ein
Höfling sagte (Bossler 1788, Sp. 76). So gut hätte es Mozart auch gerne in
Salzburg gehabt – kein Wunder, daß er Vogler nicht mochte.

Dieser »Rubens« der Tonkunst, »der jedesmal seinen Pinsel in Saftfarbe
taucht« (ebda., Sp. 61) und – vor allem auf der Orgel – »Seeschlachten
geliefert, Todesfälle erzählt, den Kampf der Elemente geschildert, Geisterer-
scheinungen bewirkt, das Wehklagen der Bedrängten und das Frohlocken der
Geretteten nachgeahmt« hat (Dulon S. 199 f), machte wirklich alles klingend,
von der zwölfteiligen Folge »Polymelos, oder karakteristische Nationalmusiken« – als Klaviersonate oder Quintett erhältlich (Bossler, Mus. Korrespondenz der teutschen Filarm. Ges., 1790, Sp. 183 f) – bis hin zu seinen Lieb-
lingsimprovisationen, der vom Sturm überraschten Rheinüberquerung oder

dem Fall der Mauern von Jericho, die er auch in folgendem Konzertprogramm von 1805 verwendete (Preußner, S. 68):

»1. Teil
1. Choral: Wie schön leuchtet der Morgenstern.
2. Gesang der Hottentotten, der aus 3 Takten und 2 Worten besteht:
   Magema, magema, huh, huh, huh.
3. Flötenkonzert: Allegro, Polonaise, Gigue.
   2. Teil
1. Die Belagerung von Jericho: a) Israels Gebet zu Jehova; b) Trompetenschall; c) Umstürzen der Mauern; d) Einzug der Sieger.
2. Terrassenlied der Afrikaner, wenn sie ihre platten Dächer mit Kalk befestigen, wobey wechselweis ein Chor singt, der andere stampft.
3. Die Spazierfahrt auf dem Rhein, vom Donnerwetter unterbrochen.
4. Händels Hallelujah, fugiert zu 2 Themen, kontrapunktiert von einem dritten Thema.«

Liebe Lesende, bedenken Sie nach dem Gelächter auch die Unvoreingenommenheit und den historischen Weitblick dieses Orgelmeisters! Beethoven kam mit seinen Anleihen nur bis Rußland und Schottland. Vogler brachte die Weltgeschichte in die Kirche. (In den Zeitschriften der 2. Jahrhunderthälfte gab es bereits zahlreiche Aufsätze über die Musik Afrikas, Chinas und Amerikas.)

Allgemein wurde ihm höchste Meisterschaft in der »Malerei« bescheinigt, und er war ein solcher Kassenmagnet, daß »Charlatane«, »unkundige Farbenreiber« und »Quaksalber« »den Namen Vogler mißbrauchen« und ungekonnt seine Spielart nachahmen wollten, so in Elberfeld, wo der »aufrührerisch gewordene Pöbel« deshalb eine »Gährung, die einer Revolution ähnlich sieht«, vollführte. Es wurde eine »Warnung für Organisten und Orgelliebhaber« veröffentlicht (Quelle wie »Polymelos«, Sp. 197 ff) zusammen mit den falschen Orgelprogrammen der Scharlatane.

An Voglers »malendem« Orgelspiel schieden sich die Geister, je nach dem, ob sie die »absolute« oder die eher volkstümlich-programmatische Musik bevorzugten. Fast zeitgleich erschienen die beiden folgenden Beurteilungen, die erste »Jk.« signiert, also offenbar von Junker (Bossler 1788, Sp. 76 f), die zweite vom Freiherrn von Knigge, der von einem Auftritt Voglers in Hannover berichtet (Bossler 1789, Sp. 348 f). Der Vergleich ist hochinteressant im Hinblick auf die Ästhetik sinfonischer Instrumentalmusik und sollte mit der Lektüre des Buches »Beethovens Eroica und Prometheus-Musik« von Constantin Floros (Wilhelmshaven 1978) weitergeführt werden, einem bemerkenswerten Versuch, Beethovens »absolute« Musik durch Entschlüsselung der zeitgenössischen Tonformelsprache in Begriffe umzusetzen – wieder ein Fall von Scheringscher »Symbolforschung«, der die Absolutheit der »absoluten« Musik ins Wanken bringt.

Der »Einfall seiner musikalischen Malereien« und »Bizarrerien ... ist allerdings unglüklich; denn er ist unnatürlich. Vogler verbürgte sich, (was schon der Anfänger wissen kann) durch seine musikalischen Malereien etwas zu leisten, was doch offenbar auser den Gränzen der Kunst lag; und es ist kein Wunder, wenn er über diese Widersprüche mit sich selbst von einem Theil des Publikums verlacht, von dem andern bedauert oder verachtet wurde; obgleich beides mit mehr Diskretion hätte geschehen können. Hätte Vogler seinem Kinde nicht diesen verdächtigen Namen gegeben, wer hätte es nicht gerne gekoset in seinem Schoos? Hätte er den schäumenden Sturz der Oderfluten, oder die Wetter seines jüngsten Gerichts, blos majestätisches Allegro einer Sinfonie oder eines Conzerts genennt – wer hätte ihm da nicht mit Wonne, mit Vergnügen zugehört? Glauben Sie nicht, daß ich diesen musikalischen Malereien etwa gar das Wort reden wolle! Nein! ich sage nur worinnen Vogler eigentlich dabei gefehlt.«

»Man hat hier, wie andrer Orten, nicht ganz damit zufrieden sein wollen, daß dieser große Künstler solche Gegenstände, als die Belagerung von Jericho, den Retter-Tod des Herzogs Leopold von Braunschweig etc. ist, musikalisch zu schildern sucht. Ich weiß, was sich gegen solche Malereien sagen läßt ... Aber alle Nachahmungen sinnlicher Gegenstände aus Musik und Dichtkunst verdrängen zu wollen, das hieße doch aus diesen Künsten einen Theil ihrer Zauberkraft rauben. Und haben wir nicht das Beispiel der größten Dichter und Tonkünstler vor uns? ... Läßt nicht der große Benda, in Ariadne auf Naxos, den Löwen im Orchester brüllen, und in Romeo und Julie die Lerche pfeifen? Finden wir nicht in den vortreflichsten Opern musikalische Schilderungen von Donnerwetter, Seestürmen, Nachtigallen-Gesang u. s. f. Hätte nun der Herr Abt auf sein Zettel gesetzt: ›Ich werde zuerst den Ausdruk der Andacht und das Sehnen nach einem glüklichen Erfolge schildern. Durch Trompeten-Stimmen werde ich hierauf das muthvolle Unternehmen eines großen Werks; dann die Verwirrung, die durch tapfres Würken und Streben entsteht, und endlich den Triumf des siegreichen Erfolgs ausdrüken‹ so würde niemand an dieser Schilderung leidenschaftlicher Gefühle etwas auszusezen gefunden haben. Allein nun dachte er sich das anwendbar auf eine bekannte Begebenheit, versinnlichte das Bild, und sagte kürzer: ›Ich stelle die Belagerung von Jericho dar 1) Israels Gebeth zu Gott 2) Trompetenschall 3) Umstürzen der Mauern 4) Siegreicher Einzug‹ – Und was ist nun anstößig bei dieser Art von Darstellung, die noch dazu äusserst täuschend ausfiel?«

Ich empfehle, die Sätze der »Eroica« nach den Forschungen von Floros neu zu benennen, auch die in den Sätzen jeweils erscheinenden Bilder. Was tut sich dann im Kopf beim Hören? Nimmt der Hörgenuß ab oder zu?

Vokalmusik

Geistliche Musik

> »Wir hingegen irren noch immer in den unwirthbaren Wüsten der verbotenen
> Quinten und Oktaven umher, wo so mancher moralische Septimen-Accord
> unrichtig aufgelöst wird. O! meine musikalischen Freunde ..., auch wir sind
> gegenwärtig nichts anders als Septimen-Accorde; laßt uns also dahin trachten,
> daß dereinst unsre Auflösung vor dem allgemeinen Vater der Consonanzen
> harmonisch-richtig befunden wird; dann können wir sicher darauf rechnen, uns
> in jenem unbekannten Lande ... als reine Haupt-Accorde wieder zu finden und
> wieder zu erkennen.« (Dulon, S. 173 f)

»Die Geistlichen widersezen sich dem ungeistlichen Konzert«, nämlich dem
erwähnten Orgelspiel »nach dem Geschmak des Hrn. Abt Voglers«, das sogar
das Explodieren eines Kriegsschiffes oder den Triumph Mariä Himmelfahrt
»nach Guido Reni« – also nach einem Gemälde! – aus der Orgel preßte
(Quelle wie S. 473 über den »Pöbel«, Sp. 199 f). »Verfall!« werden die
Geistlichen gestöhnt haben – so betitelt auch der lesenswerte Abschnitt über
die 2. Jahrhunderthälfte in Fr. Blume, Geschichte der evangelischen Kirchenmusik, Kassel und Basel 1965. Aber wie werden sie gestaunt haben, wenn sie
den echten Vogler hörten und bemerken mußten, daß er ein Meister des
Kontrapunkts, ein Spezialist der Fuge war – das Programm S. 473 ließ es
bereits vermuten. Und daneben spielte er noch ein »Flötenkonzert«! Vogler ist
ein Spiegel der widersprüchlichen und sprunghaften Entwicklung der geistlichen Musik des frühen Bürgertums, deren Stationen ich kurz andeuten will.

Die erste Phase aus der ersten Jahrhunderthälfte kennen wir schon zur
Genüge aus Kapitel III: Keine Fugen, keine Kunst, keine Virtuosität mehr!
Alles leicht und mit einfacher Melodie! Nur das Passionsoratorium »Der Tod
Jesu« (1755) des preußischen Hofkapellmeisters Carl Heinrich Graun, noch
weit ins 19. Jahrhundert die übliche Karfreitagsmusik im Norden, zeigt neben
eingängiger, galanter Melodik noch den Stil der alten Zeit. Es war eines der
letzten großen Musikstücke dieser Art.

Sonst wurde in den Jahrzehnten um die Jahrhundertmitte die Szene von
leichteren Arien und Liedern beherrscht. Typisch für die Entwicklung ist ein
»Schreiben von Verbesserung des Kirchengesangs« von S. von Sydow (Marpurg 1758/59, S. 289 ff). Der Autor geht kritisch Choraltexte eines verbreiteten lutherischen Gesangbuches durch und gibt Kommentare. Weder bleibt
»Vom Himmel hoch da komm ich her« (Luther) verschont – es tauge als
»Kinderlied« vielleicht zu der »Tändeley« der »damals gewöhnlichen heiligen

Christbescheerungen«, aber nicht für die Gegenwart – noch »Wie schön leucht uns der Morgenstern« (Philipp Nicolai, 16. Jh.) wegen der Stelle in der ehemaligen 3. Strophe: »Nach dir ist mir gratiosa Coeli Rosa« (gnadenvolle Himmelrose): »Ich möchte wol wissen, was Leute, die kein Latein verstehen, denken, wenn sie diese Zeilen singen?« Zu einem Lied, dessen Strophen beginnen mit »Ach Schäfchen!«, »Mein Lämmchen!«, »Mein Bienchen!« usw., schreibt Sydow nur abschließend »Ach Häschen!«, eine Form knapper bissiger Ironie, die wir dem Frühstadium der öffentlichen Kritik im 18. Jahrhundert verdanken. Nun faßt der Aufklärer zusammen:

»Der gemeine Mann verstund zwar kein Wort davon. Aber genug, er fand seine Erbauung. Noch singt er sein Kyrieleis ... Wie das möglich sey, begreife ich nicht. [Ein schwerer Mangel der Aufklärer] Aber so viel begreife ich, daß die schlechten Gesänge ohne Gefahr und Schaden ... ausgemerzt werden können.«

Merke:

»Nicht alles, was alt ist, ist deswegen schön und vorzüglich. Fegt den alten Sauerteig aus!«

Ersatzvorschlag für Texte:

»Gellert, Klopstock, Lange, haben hierzu einen vortrefflichen Anfang gemacht.«

Musik:

»Wenn unsre grosse Componisten sich die Mühe geben wollten, ... eine dem Inhalt gemäße, und dabey von jedermann leicht zu erlernende Melodie zu setzen.«

Merke:

»Was schön und leicht ist, lernt man bald und mit Vergnügen.«

Und:

»Alle alte Lieder sind einmahl neu gewesen.«

Wer je fragte, was die Aufklärung war, weiß es jetzt.

Und genau das Erwünschte geschah. Eine Flut von geistlichen Liedern wurde erfunden und veröffentlicht, aber keine Choräle, sondern galante Erbauungslieder, die den Drang der Frommen (Pietismus!) in den privaten Andachtszirkeln unterstützten und mit »empfindsamem« Material belieferten. Vor allem auch Carl Philipp Emanuel Bach beteiligte sich an dieser Produktion mit mehreren gerühmten Liedersammlungen. Als typisch soll hier das vierstrophige Lied »Gott« mit der Musik des Weimarer Hofkapellmeisters Ernst Wilhelm Wolf stehen (Hiller 1768/69, S. 46 f). Es ist im Text von einer schon etwas bedrückenden Vernunft, musikalisch norddeutsche »galante« Tradition: Vorhalthäufungen, Terz- und Sextparallelen, der punktierte Majestätsbaß wie im ersten Teil von Mozarts »Requiem«, umgekehrte Punktierungen in der Melodie, dann auch die Verzierungen, nämlich Doppelschlag und »prallender

Doppelschlag« (T. 3), der nach C. P. E. Bach auszuführen ist, wie unten zu
sehen; beim einfachen Doppelschlag läßt man die

64stel-Noten weg und egalisiert die Tondauern; diese
Verzierungen müssen gespielt, brauchen aber nicht mit-
gesungen zu werden; bei »Licht« muß nach C. P. E.
Bach der Doppelvorhalt eine halbe Note gehalten werden, die Auflösung auf
die Pause fallen, was auch der Hauptmelodie entspricht; nach Können und
Belieben können Akkorde zusätzlich gespielt werden. Bemerkenswert schlecht
bzw. nur die Gesamt-»Empfindung« berücksichtigend ist das Komponieren
gegen die Wortbetonung (»werden«, »zu erkennen«) bzw. gegen den Wortsinn
(Aufstieg bei »mattes Licht«).

Solche Eingängigkeit geistlicher Musik ging vielen zu weit, wenn sie sich
nicht auf Lieder, sondern auf große Kirchenstücke erstreckte: »Missen und
Psalmen auf Sarabanden- Giquen- oder Correntenart« (Mattheson, zit. bei
Scheibe 1745, Vorrede b4 Rücks.), ja, »ein gewisses tanzmäßiges und hüpfen-
des Wesen … hat sich auch in das Heiligthum geschlichen«, was man natürlich »von den Italienern gelernet hat« (ebda., S. 166). »Sezt andre Worte
darunter, so könnt ihr Operettchen draus machen«, sagt Kraus verächtlich
(1777, S. 95 f) und meint damit Messen, wie wir sie von Mozart und Haydn
kennen: »Vor dem ersten Kyrie gieng eine rauschende Ouverture mit Trompeten und Pauken her.« Aber: »Soll die Musik in den Kirchen nicht am meisten
fürs Herz seyn? Taugen darzu Fugen?«

Da traf Kraus zwar die allgemeine Tendenz, die von dem geistlichen Ideal-
werk des gesamten Jahrhunderts bestärkt wurde, dem »Stabat mater« von
Pergolesi (1736) für nur zwei Solostimmen und Streichorchester mit volks-
tümlicher, kontrapunkt-armer Melodik (vgl. S. 370). Aber er unterschätzte die
Zähigkeit der Tradition in der Kirchenmusik: Oft blieben die obligatorischen
Fugen trotz ihrer Verpöntheit, und sie wurden dabei nur immer schlechter. So
siechte die Kirchenmusik in den Jahrzehnten um die Jahrhundertmitte, der
»Zopf«-Zeit, dahin, so benannt nach der damaligen männlichen Haartracht.
(Auch der Musikstil wie in dem angeführten Lied wird heute oft in Nachfolge
der Kunstgeschichte »zopfig« genannt.)

Dieser Qualitätsverfall und das Desinteresse des Publikums, das sich gerade
eine andere musikalische Öffentlichkeit eroberte, führten bis ins 19. Jahrhundert zu dauernden Klagen über den Niedergang. Sie sind so zahlreich und
ähnlich (vgl. genannter Abschnitt bei Blume), daß sie hier nur mit zwei kurzen
Beispielen zur Sprache kommen. In einem Bericht über die Kirchenmusik in
Mühlhausen (Marpurg 1760/78, S. 390) heißt es: »Man würde sich an einem
Paukensolo begnügen«, in einer Beschreibung einer Bamberger Meßfeier:
»Nachdem … der Organist wieder ein wenig gedudelt hatte, kam eine beynahe comische Sinfonie …, darauf kam ein Andante, das, wie man in Berlin
zu sagen pflegt, nicht viel, aber doch wenig war.« (Cramer I/2, 1783, S. 936)

Eine Wiederbelebung fand auf den Gebieten des Liedes und der Chormusik statt.

Das noch recht choralartige geistliche Lied des frühen 18. Jahrhunderts, wie wir es aus einem Beispiel J. S. Bachs kennen (S. 352 f), gewann neuartige Beschwingtheit – wie im Lied »Gott« von 1768 – in Anlehnung an die Vereinfachungen und »angenehmen« Glättungen des weltlichen Liedes, das in den »Oden und Melodien« der sog. Berliner Liederschule der 50er und 60er Jahre epochemachende Muster fand. C. P. E. Bach und C. H. Graun waren die Hauptkomponisten (von letzterem ein Beispiel auf S. 325 f).

Entsprechend der überall um sich greifenden Verweltlichung im frühen Bürgertum blieb das geistliche Lied ständig an die Entwicklung des weltlichen Liedes gebunden und fand sich in all dessen wesentlichen Ausprägungen wieder.

1) Lied nach Volkslied-Vorbild

Der Widerstand der Landbevölkerung gegen die ausbeuterischen Zwänge von Bürgertum und Feudalherren (Industrialisierung, Militarisierung, Schulpflicht) beantwortete der bürgerliche Erziehungsapparat mit der Harmonisierung zur Idylle und folgte dabei dem Vorbild des Feudaladels, der in »Schäfereien« herumgetändelt hatte, während die Landeskinder in fremden Ländern als bezahltes Schlachtvieh kämpften.

Die Bürger gingen aber weiter als der Adel, da sie das falsche Bild vom ländlichen Idyll als erzieherisches Vorbild gegen die angebliche Modesucht und für das Stillhalten der eigenen Klasse benutzten: Wenn schon der geplagte Bauer so brav ist, dann erst recht müssen wir ...! Im Märzen der Bauer, im Herzen der Bürger!

Reichardt (1782, S. 2 f) faßt die gesamte Erziehungsrichtung programmatisch zusammen:

»So wirst du oft in einem ächten Volksliede, das Jahrhunderte überlebte, mehr wahren Kunstsinn finden, als in mancher großen Oper, angebetet von vielen tausend Menschen einen ganzen Monat lang. Und wenn du vorher durch hundert Werke schulgerechter Kunstweisen, in deine Kunst wie in ein Labyrinth blicktest, wirst du nun oft durch ein Hirtenlied auf Spuren geführt werden, von denen du den Gipfel der Kunst in reinem freyem Himmelslicht erblickest.

Und wozu dient die Kunst, deren Gipfel man im Volkslied erklommen hat?

»Nichts erhebt unsre Seele mehr zu dem unaussprechlichen Urquell aller Schönheit, nichts reinigt veredelt uns mehr zu dem künftigen herrlichen Anschauen der höchsten Schönheit, als Du, o edle Kunst! Wer einmal an deiner Brust Lebenskraft gesogen, wer einmal den Himmel in deinen Augen erblickt, von dir hold

angelächelt wurde, der achtet aller der Thorheit und Üppigkeit nicht, aus der so
viel Millionen Menschen sich Sklavenketten winden und in sinnlosem Taumel an
Thronen und Ruderbänke sich anketten, um ohne wahren Lebensgenuß, ohne
selige Aussicht dies Leben zu durchlügen.

Auch der bessere edlere Thronbesitzer kann nur durch dich zu wahrem
Lebensgenuß und Losreißung weltmenschlicher Thorheit gelangen.

Auch der ärmste unglücklichste Galeerensklave kann nur durch dich sein
Elend sich mildern, nur durch dich seinen Geist aus der gefesselten geängsteten
Hülle schwingen ...

Junger Künstler fühle das ganz, und dann stürze nieder vor dem, der dies deine
Bestimmung seyn hieß! ...

Fühltest du dich ..., wie durch süße Worte der Geliebten, mächtiger zur edlen
Kunst hingezogen, durchlief dein Geist einen himmlischen Augenblick, in süßer
Ahndung dein ganzes künftiges edles Künstlerleben, wohl dir! So will ich dich
vor mir stellen, deine Hand fest in die meine drücken, daß ich freyer begeisterter
zu deinem Herzen rede.

Freiheit, Wahrheit, Liebe und edler Wirkungstrieb machen das wahre Wesen
des Künstlers.

Wahre Freiheit kannst du in dem Grade nur erhalten in dem du Herr bist über
deine körperlichen Bedürfnisse und kleine niedrige Neigungen, um für keinen
Preis dein Gefühl der Meinung oder dem Eigensinne irgend eines Menschen
aufzuopfern.«

Da kann ich nur beschämt schweigen.

Ob man diese unglaubliche Vermengung von Kunst, Gott, Liebe, Realitätsflucht, Künstlerpriestertum, Körperfeindlichkeit und religiösem Wahn – und
das alles noch mit dem Vorbild des Volksliedes! – lieber als frühromantische
Kunstanschauung oder als Sumpfblüte bürgerlicher Ideologie bezeichnet:
Wähle, Leser, »daß ich freyer begeisterter zu deinem Herzen rede!« (3. Möglichkeit: Man braucht sich gar nicht zu entscheiden, weil das eine das andere
bedeutet.)

Ausgangs- und Zentralpunkt dieser nützlichen Ideologie waren nach der
sogenannten Anakreontik der früheren Jahrzehnte – vgl. nochmals Hagedorns
Frühlingslied S. 180 – synthetische Volkslied-Kompositionen, angeführt von
den »Lieder im Volkston« (seit 1782) des in preußischen Diensten stehenden
Johann Abraham Peter Schulz, deren Titel zu einer Art Gattungsbezeichnung
wurde. Reichardt, Zelter u. a. folgten Schulz nach.

Es sind Lieder für »auch ungeübte Liebhaber«, »ohne Ritornellen- und Zwischen-
spielkram«, »mehr volksmäßig als kunstmäßig«, und dies so, daß der »Schein des
Bekannten« (»das ganze Geheimnis des Volkstones«) »dem Volksliede zu seiner schnellen Empfehlung dienlich, ja nothwendig ist.« Es ist aber eben nur ein »Schein des
Ungesuchten, des Kunstlosen, des Bekannten«. Denn die Lieder sind raffiniert, suchen
aus der Direktheit und Rauheit vieler ländlicher Volkslieder nur das Glatte, Friedliche
und Einlullende heraus als Mittel des falschen Vorbildes, so in Schulzens geistlichem
Lied »Der Mond ist aufgegangen« (ebenfalls in den »Liedern im Volkston«; Zitate aus

der »Vorrede«). Die disziplinierende Wirkung solcher Lieder in Volks- und vor allem Arbeitsschule kann ich hier nur erwähnen.

Schulzens »Religiöse Oden und Lieder aus den besten deutschen Dichtern« (Hamburg 1786) zeigen die Beliebtheit solcher volkstümelnden Produkte durch die extrem hohe Zahl von 1273 Pränumerationsexemplaren, die – so das Pränumerandenverzeichnis am Beginn des Werkes – von einem weitgefächerten Interessentenkreis bestellt worden waren: Der 16jährige Wilhelm Wackenroder ist ebenso darunter wie Mitglieder des preußischen Königshauses, dann die uns schon bekannten Magister Müller in Bremen, Organist Zink in Schleswig, Dichter Gerstenberg in Kopenhagen, Professor Cramer in Kiel, Herr Breitkopf in Leipzig, Frau Kapellmeisterin Westenholz in Ludwigslust (»geborene Fritscher«) und Prediger Taaks in Ostfriesland ebenso wie Musikalienhändler Torricella in Wien (50 Exemplare). Ein Heft ging ans Kap der guten Hoffnung.

2) *Kunstlieder* in Nachfolge der Berliner Schule, aber auch der Operetten- und der leichten Opernarie gab es auch später noch mit quasi religiösem Inhalt wie das schon ausführlich besprochene Lied »Abendempfindung« (1787) von Mozart (S. 353 ff), das neben seinen erstaunlichen Gottkünstler-Inhalten formal auch insofern bemerkenswert ist, als es die durchkomponierte Form ins religiöse Lied aufnimmt. Seit Ende des Jahrhunderts gab es dann auch – offenbar unter dem Eindruck der großen Chormusik (s. u.) – wieder Lieder mehr choralartigen Charakters. Höhepunkt sind Beethovens Gellert-Vertonungen von 1803 (Nr. 4: »Die Himmel rühmen des Ewigen Ehre«).

3) *Vaterländische Lieder* und Hymnen wie die »Lieder der Deutschen« (S. 274) oder »Das deutsche Mädchen« von Klopstock und Gluck (S. 289 f, auch von Schulz »im Volkston« komponiert) sind Reflexe der im preußischen Expansionismus vorgeahnten Sehnsucht nach der deutschen Nation. Hier bot sich ein weites Feld für die musikalische Amalgamierung von Gott und Vaterland, von den Hymnen und Marschliedern der preußischen Kriege (C. P. E. Bach: »Herausforderungslied vor der Schlacht bei Rossbach« 1762) über die zahllosen Feier- und Trauerhymnen für Land und Landesfürsten (»National-« oder »Volkslieder« wie Haydns »Gott erhalte Franz den Kaiser« von 1797, primitiver der Kanon auf S. 219) bis hin zu den gräßlichen Volkskriegs-Liedern der Franzosen- und »Befreiungs«-Kriege, die in Hymnen gipfeln wie Arndt/Methfessels »Der Gott, der Eisen wachsen ließ«, das auch noch die faschistischen Heere gerne sangen. (Sondermeldung: *Dieses* Lied steht nicht mehr im Bundeswehr-Liederbuch!)

Der gesamte Bereich des volkstümlichen und vaterländischen geistlichen Liedes ist für die Darstellung und das Verständnis des bürgerlichen Selbstbewußt-

seins von immenser Wichtigkeit, vor allem im Hinblick auf die weitere Entwicklung im 19. Jahrhundert. Ich muß es bei den wenigen Andeutungen
belassen und gehe zum zweiten Bereich über, in dem die geistliche Musik im
18. Jahrhundert wieder belebt wurde, nämlich der Chormusik. Sie ordnete
sich nicht dem zeitgenössischen Gang der weltlichen Musik unter, sondern
zeigte verschiedene Spielarten der Eigenentwicklung und Assimilation.

Selbstverständlich kann ihr Ursprung niemals ein Gedicht von Klopstock
gewesen sein (»Die Chöre«, 1767), wie der Autor Feder bei Fr. Blume (a. a. O,
S. 526) meint. Näher liegt es doch wohl, daß die frühe bürgerliche Chorbewegung in Nachfolge der englischen »Choir-Societies« zur Pflege älterer Chormusik (vgl. S. 367) bürgerlicher Klassensolidarität und nationalem deutschen
Selbstgefühl entsprang. Um die Jahrhundertmitte verfolgten nur noch wenige
Musiker die Komposition von Oratorien und Kantaten, also richtiger »Kir-
chen-Stücke«, mit ernsthaftem Interesse und einem gewissen lebendigen Tradi-
tionalismus; im Norden Graun und der Magdeburger Joh. Heinrich Rolle
(gest. 1785), im Süden Komponisten wie der Wiener Hofkapellmeister Florian
Gaßmann (gest. 1774). Daneben wurden die Restbestände des »strengen«
Kirchenstils mit galanten oder gar komischen Elementen zu einer – s. o. –
vielkritisierten Mischung verlängert. Seit den 70er Jahren jedoch gab es erstaunliche Neuerungen.

Da war zunächst eine Einzelleistung des wenigstens *uns* inzwischen wieder
bekannten Musik-Gottes des Nordens, Emanuel Bach, nämlich sein »Heilig«
von 1779, wohl das berühmteste Chorwerk in Deutschland nach Graun. Die
hymnische Mehrchörigkeit ist angeregt durch den im Klopstock-Text versinn-
lichten Wechselgesang der Engel. Dies Stück muß in die kirchenmusikalische
Dürre geprasselt sein wie die Pendereckischen Werke in den 1960er Jahren.
Auch Bachs spätere Oratorien blieben Muster, die auch Mozart durch persönliche Beteiligung ehrte (S. 361).

Während Bach – wie immer – in den Grenzen der Regeln in Art seines
Vaters blieb (vgl. Cramer, Text S. 398 f), gab es Akte der Kompromißlosigkeit
wie die Italomanie des zunächst widerspenstigen Georg Benda (S. 267) und
volksmusikalische Provokationen in Werken der in Mannheim arbeitenden
Böhmen Filtz und Holzbauer. All das findet sich dann teilweise auch in den
Messen Mozarts und Haydns wieder. Stücke dieser Art müssen auf viele eher
traditionelle Hörer gewirkt haben wie in den 1950er und 1960er Jahren Jazz
und Beat in der Kirche: Das gehört hier nicht hin! Joseph Haydn begegnete
solcher Kritik mit der ihm eigenen unvergleichlichen Unbekümmertheit:

»Wenn ich an Gott denke, ist mein Herz so voll Freude, daß mir die Noten wie von der
Spule laufen. Da mir Gott ein fröhliches Herz gegeben hat, so wird er's mir schon
verzeihen, wenn ich ihm auch fröhlich diene.«

Das wesentlichste Moment in der Neubestimmung der geistlichen Musik aber beschreibt Reichardt mit erstaunlichem Zynismus so (Cramer I/1 1783, S. 147 f):

»Es ist dem wahren Kenner und Verehrer ächter Kirchenmusik gewissermaßen angenehm zu sehen, wie so gewaltig schnelle Schritte die edle Kunst zu ihrem Verfall thut: man muß dadurch desto eher bewogen werden, zurückzusehen und zur edlen erhabenen Simplizität zurückzukehren.«

Die Tendenz kennen wir schon vom Thema Volkslied her. Mit ihrem Eingehen auch in die geistliche Chormusik gewinnt sie nun insofern eine besondere und zusätzliche Bedeutung, als die Gestaltung der Konzertprogramme betroffen ist. Hier beginnt es, daß Programme nicht mehr nur mit zeitgenössischen, sondern auch mit älteren Tonstücken ausgestattet werden (vgl. schon S. 164, 232), was in der Gegenwart dazu geführt hat, daß zeitgenössische Musik im Konzertprogramm die Ausnahme ist. Diese Entwicklung kommt also aus dem Bereich der geistlichen Vokalmusik, nicht aus dem der Instrumentalmusik. Diese folgt der Vokalmusik mit der Historisierung der Programmteile erst im 19. Jahrhundert nach.

Die Aufnahme von geistlichen Vokalwerken in die Programme der öffentlichen Konzerte scheint erst recht spät erfolgt zu sein (wenn man von Ausnahmen absieht; vgl. S. 113 f), und zwar nach mehreren Hinweisen auf ältere Kirchenmusik, die alle um das Jahr 1780 stattfanden und die Beendigung der eher gemütlichen Phase des öffentlichen Konzerts einleiteten. *Händels Oratorien* wurden durch die Propaganda Forkels, z. B. 1779 (S. 140 ff) – sozusagen als Heilmittel gegen die Instrumentalmusik –, und durch die ersten Berichte über die Londoner Mammut-Festivals seit 1784 (S. 366) als Beispiele deutscher Stärke und religiöser Reinheit wiederentdeckt. (Daß Choräle und Orgelmusik ebenso als Spezialitäten deutscher Kunst galten, paßt ins Bild; vgl. S. 274 f.) Händels Musik wurde dann vor allem von der Berliner Singakademie (seit 1790) unter Fasch und Zelter gezielt geübt und aufgeführt (S. 164), wobei auch erstmals wieder Vokalwerke von *J. S. Bach* probiert wurden, die aber erst im 19. Jahrhundert ins öffentliche Hörbewußtsein gelangten.

Der Einfluß Händels auf die großen Messen und die vom Baron van Swieten gedichteten Oratorien Haydns ist unverkennbar (Theresienmesse und »Schöpfung« 1799, »Die Jahreszeiten« 1801). Er geht z. T. auf Londoner Eindrücke Haydns zurück. Die Bedeutung, die diesen Oratorien beigemessen wurde, erkennt man darin, daß bei ihrer Aufführung in der Wiener Tonkünstler-Sozietät erstmals keine instrumentalkonzertanten Zwischenmusiken in die Oratorienaufführungen eingeschoben wurden (Hanslick, Gesch. d. Concertwesens in Wien, Wien 1869, S. 22).

Neben Händels Werken wurden die der alten *Italiener,* speziell von *Pale-*

strina wiedererweckt. Das geschah vor allem durch den erzieherischen Impetus Reichardts, und zwar in seinen französischem Vorbild folgenden »Concerts spirituels« seit 1783 (vgl. S. 113 f, 154 f). Dieses Engagement war bis ans Jahrhundertende eine norddeutsche Angelegenheit: In den fast ausschließlich auf Oratorien beschränkten Konzerten der Wiener Tonkünstler-Sozietät seit 1772 (Verzeichnis bei Hanslick, a.a.O., S. 30 ff) sind die ältesten Kompositionen von Händel und Hasse, der überwiegende Anteil aber von zeitgenössischen Österreichern wie z.B. Gaßmann, dem Gesellschaftsgründer. Entsprechend der – gegenüber Preußen – spürbaren Reserve des Wiener Hofes gegenüber der italienischen Oper wurde bis 1800 von den »Tonkünstlern« kaum ein Oratorium aus Italien aufgeführt: Die Sozietät arbeitete nur sekundär für ästhetische Zwecke, primär für soziale, und zwar mittels der Stücke ihrer österreichischen Mitglieder (vgl. S. 238).

Die Reichardtsche Erziehung des Publikums zur deutschen Reinheit, die wir schon aus seinen Tiraden gegen die Instrumentalmusik und für das schmucklose Lied kennen, fand in der fernen Musik der alten Italiener ihr bestes Mittel.

Unter Verweis auf die seltenen noch bestehenden Bemühungen um Chorschulung in Norddeutschland (Homilius in Dresden, Hiller in Leipzig) zählt er 1782 die ganze Ahnenreihe der alten Italiener (seit Palestrina) und Deutschen (seit Haßler) auf, wettert gegen die »komischen Opernkomponisten«, die jetzt die Chöre verderben, und fordert eine neue systematische Chorerziehung in Deutschland: »bitte nur um langsamen gehaltenen und andächtigen Vortrag.« Und genau so wurde es dann in der um geistliche Musik alten Stils bemühten Chorbewegung um und nach 1800 gemacht.

Die alten Chorwerke wurden oft teilweise doppelt so langsam gesungen, wie sie gesungen werden müssen. Denn man wußte nicht, daß die ganze Note des 16. Jahrhunderts mindestens genau so schnell gesungen werden muß wie die halbe Note des 18. Jahrhunderts, daß also kein Tempo-, sondern nur ein Schreibunterschied besteht. Dieser historische Fehler war der goldene Boden für die Reinheitsideologie des musikalischen Historismus. Denn die Chöre, die auf diese Weise die schleppend vorgetragenen Klangfolgen genossen, faßten die altitalienische Kunst als Paradies des edlen, reinen Dreiklangs auf, konnten aber nicht die Künste der kontrapunktischen Stimmführung erkennen und deutlich machen, da diese nur bei einem munteren Tempo zu hören sind.

Der dogmatische Umgang mit alter Kirchenmusik führte so weit, daß ein Mann wie der Süddeutsche Franz Xaver Witt, Hauptfigur des katholischen Caecilianismus im 19. Jahrhundert, von den fröhlichen Kirchenstücken Haydns sagte, sie verhielten sich zu wahrer Kirchenmusik »wie die Hure zur Königin«, »wie ein Walzer zum Tode Christi«. Ja, er stellte sogar an Papst Leo XIII. den – erfolglosen – Antrag, Haydns Werke in der Kirche zu verbieten.

Auch auf die Disziplinierung des Konzertpublikums wirkte sich dieser

Weihedruck der Wiederaufführung alter Musik aus. Und er hatte sich ja auch
auswirken sollen, wie schon dargestellt (S. 164). Um 1840 schreibt Berlioz
betroffen nach einer Aufführung der Matthäuspassion in der Berliner Singakademie (Lebenserinnerungen, München 1914, S. 349):

>Wenn man aus Paris kommt und unsere musikalischen Gebräuche kennt, muß man,
um es zu glauben, Zeuge der Aufmerksamkeit, der Ehrfurcht, der Pietät gewesen sein,
mit der ein deutsches Publikum eine derartige Komposition anhört. Jeder folgt den
Worten des Textbuches mit den Augen; nicht eine Bewegung im Auditorium, kein
Gemurmel, weder zustimmendes, noch tadelndes, keine Beifallskundgebungen; man ist
in der Kirche, hört den Evangelisten singen, wohnt schweigend nicht einem Konzert,
sondern einem Gottesdienst bei. Und so muß man diese Musik auch hören. Man betet
Bach an, man glaubt an ihn, ohne einen Moment dem Gedanken Raum zu geben, seine
Göttlichkeit könne jemals bezweifelt werden; ein Ketzer würde Abscheu erregen, man
darf davon nicht einmal reden. Bach ist Bach, wie Gott Gott ist.«

Oper und Operette

Zwar ist es richtig, daß die wesentlichen musikalischen Entwicklungsschritte
des Bürgertums auf dem Gebiet der Instrumentalmusik gemacht wurden und
daß der Anteil der Vokalwerke bei einigen der »Klassiker« deutlich niedriger
liegt als der der instrumentalen Werke. Das darf aber nicht zu dem Schluß
verleiten, die Vokalmusik habe im allgemeinen Wertbewußtsein einen niederen
Rang eingenommen. Es war ja nur die bürgerliche Avantgarde der Komponisten, der Kenner und einiger Liebhaberkreise, die der Sinfonik huldigte.
Viele der Publizisten und auch ein großer Teil des Publikums lehnten diese
neue Musik ja noch lange und heftig ab, bevorzugten nach wie vor die
Vokalmusik.

Gesichtspunkte für diese nie rostende Liebe sind schon zahlreich genannt
worden. Und einer davon war, daß die gesungene Musik nicht unbegriffliche
Affektdramen erzählte, sondern richtige, klare und begrifflich gefaßte Geschichten, die man »verstehen« und diskutieren konnte. Und das ging vor
allem bei Oper und Operette. Sie hatten gegenüber Lied und Chormusik den
Vorteil, daß man in ihnen längere spannende Handlungen verfolgen konnte –
nicht umsonst wurde auf dem Gebiet des Liedes die Ballade so beliebt! – und
daß man dabei etwas *sehen* konnte. Da war noch etwas von dem Unterhaltungswert und Sensationseffekt, der den Zuhörern in den Konzerten immer
mehr entzogen wurde. Ich wiederhole meine Vermutung von S. 107, daß das
Publikum, welches im letzten Viertel des Jahrhunderts den Konzerten davon-
lief, dies auf Grund der Entsinnlichung dieser Veranstaltungen tat, um in die
musikalische Schaubühne abzuwandern, wo der alte Sinnenkitzel – und zwar
nicht nur für das Ohr! – aus den Anfangszeiten des öffentlichen Konzerts auf

anderer Ebene erhalten war und durch alle möglichen Effekteinrichtungen
zum Jahrhundertende hin auch noch gesteigert wurde.

Und noch einen für das frühe deutsche Bürgertum zentralen Aspekt hatte
das Festhalten an der wortgebundenen Musik: In der Zurückdrängung der
italienischen Oper und dem Aufbau der deutschen Operette und Oper wurde
noch deutlicher als in der sprachlosen Musik, daß Musik *deutsch* war, nämlich
durch die Emanzipation der deutschen *Sprache* auf der Bühne; Mozarts Brief
(S. 269 f) ist ein Spiegel dieses brennenden Interesses. War denn eine lange
Oper in einer Sprache wie Italienisch, die vielen unverständlich war, nicht
ohnehin ein Unding (S. 452)? Insofern muß vielen national denkenden Musikliebhabern der Aufbau der Instrumentalmusik wie ein Abweg, ja wie ein
Verrat an der deutschen Sache vorgekommen sein: Konnte man denn hören,
daß das *unsere* Musik war? Das war ja schon fast Kosmopolitismus (S. 279 f)!
Wer Deutschtum und musikalische Öffentlichkeit in Einklang bringen wollte,
der sollte das doch auch deutlich machen, eben: zur Sprache bringen! Kein
Wunder, daß die Protagonisten meines fiktiven Dramas »Der Kampf ums
Nadelöhr« aus Kap. III fast durchweg Gegner der neuen Sinfonik waren.

1767 über Hillers Operette »Lottchen am Hofe« (in Hiller I, S. 376):

»Es ist für einen patriotischen Deutschen eine allzu angenehme Sache, den
deutschen Gesang sich bisweilen der Schaubühne bemächtigen zu sehen, von
welcher ihn bisher der italiänische gänzlich verdrungen zu haben schien; wir sind
daher auf alles aufmerksam, was die Ehre der deutschen Sprache zu retten die
Absicht zu haben scheint.«

Das ganze Jahrhundert war erfüllt von Kämpfen gegen die italienische Oper
und damit auch gegen ein Paradestück des feudalen Hofpomps. Davon ist
schon so gut wie alles in Zitaten vorgekommen: Schamlosigkeit, Virtuosität,
Schnörkelkram, Verworrenheit, Deutschfeindlichkeit, Besetzen der besten
Hofstellen, Überbezahlung, Ungründlichkeit usw. waren die Themen der At-
tacken. Daß die italienische Oper noch lange Augapfel der Höfe blieb, wissen
wir.

Bevor ich einige Informationen über die Entwicklung der deutschen Oper
und Operette (Singspiel) gebe, muß aber noch ein dritter Aspekt genannt
werden, der – so kompliziert er auch erscheinen mag – für die Faszination und
die spezifische Entwicklung dieser Gattungen bestimmend war, nämlich der
Nutzen, den sie aus den Fortschritten der Instrumentalmusik zogen. Dieser
vielleicht zunächst etwas merkwürdig anmutende Gedanke wird bei Hiller in
Übersetzung »Aus dem Französischen« präzise dargestellt (1770, S. 58):

»Die Instrumentalmusik brachte es endlich dahin, daß sie sich vom Gesange trennte. Da sie in Ansehung ihres Gegenstandes und ihrer Mittel freyer ist, als dieser, so erhielt sie neue Gewalt und verschaffte in der Folge der Stimme Schönheiten, welche sie von den Instrumenten erborgt hatte. Der Gesang hörte auf, nichts weiter als eine etwas merklichere und erhöhtere Declamation zu seyn; er vertrug jetzt auch Modulationen und Gänge, welche bisher bloß an die Instrumentalisten verwiesen waren ...«

Erstaunlich, aber dennoch wahr ist wohl, daß die grundsätzliche Trennung vom Primat des Wortes es der Instrumentalmusik viel leichter als der Vokalmusik machte, Formen des »Gesanglichen« zu entwickeln, die den virtuosen oder steifen Formeln der Gesangsstücke echte »cantable« Melodien entgegensetzten. Und sie konnte offenbar die eigenen Bemühungen der Vokalmusik durch die Ergebnisse ihrer Kompromißlosigkeit unterstützen, vorbildhaft wirken.

Um die Mitte des Jahrhunderts, als die deutsche Instrumentalmusik die ersten Sprünge machte, waren die Bemühungen um die deutsche Oper auf einem Tiefpunkt angelangt. Die frühen, der italienischen Erfindung nachstrebenden deutschen Versuche seit der verlorenen »Daphne« von Schütz (1627) waren vor und um die Jahrhundertwende die Aufführungen einzelner Opernhäuser kleinerer deutscher Fürstentümer wie Weißenfels, Meiningen, Bayreuth, Braunschweig oder Hannover und einzelner Reichsstädte wie Nürnberg, Leipzig und vor allem Hamburg (Keiser, Kusser, Telemann) gewesen. Sie hatten immer im Schatten der italienischen Oper an den großen Höfen gestanden (Wien, München oder Dresden). Besonders die deutschen Opern in den Städten waren ständig vom finanziellen Untergang bedroht. Mattheson (1728, S. 199) meinte resignierend nach einer Aufzählung von Aufführungen und Finanzen der 1678 gegründeten Hamburger Oper: »Kurz zu sagen: Opern sind mehr für Könige und Fürsten, als für Kauf- und Handels-Leute.« »Etliche besondere Kenner« freue es, »die übrigen sehen es ... wie eine Vieh-Magd die Gemählde von Michel Angelo.« Mattheson hatte die Oper häufig ihrer Unsittlichkeit (S. 178f) und ihrer Respektlosigkeit wegen gescholten – am Begräbnistage eines Bürgermeisters wurde eine Oper aufgeführt mit Namen »Die verkehrte Welt«! (1728, S. 174f) –, aber er gestand der Gattung grundsätzlich das Beste zu und freute sich nach Telemanns Eintreffen in Hamburg über dessen Engagement (1722, S. 24), auch wenn der Gelobte schon 1724 an den Frankfurter Uffenbach schrieb, »daß ich mich nicht zu der Classe der feinen zu rechnen habe«, indem er nämlich »noch bey der Oper engagiret« sei (Briefe, S. 217). Ein moralischer Makel, der der Oper auch sonst oft anhaftete (S. 201ff).

Die frühdeutsche Oper führte trotz vieler stilistischer Neuerungen ein Schattendasein, da sie diese Neuerungen wegen finanzieller Notlagen oft nicht ausbauen konnte. 1740 klagte Scheibe beredt über diesen unnötigen Verfall einer deutschen Kunstrichtung und verfluchte das Vorurteil, die deutsche

Sprache eigne sich nicht für Opern (1745, 77. Stück) – wir kennen die
Diskussion aus der Rockmusik um 1970. Hoch Ton-Steine-Scherben und Udo
Lindenberg! Es waren also gewiß nicht Gesichtspunkte der Aufklärung, die
z.B. die renommierte Hamburger Oper zerstörten. Diese frühe Opernphase
erscheint dann in den späteren Musikzeitschriften schon sozusagen unter der
Rubrik Musikgeschichte, so in den letzten drei Bänden von Marpurgs »Histo-
risch-kritischen Beiträgen« ab 1757 und – sicher mit einer patriotischen
Nebenabsicht – 1791 bei Reichardt (S. 85).

Daß Händel nach einem frühen Hamburger Gastspiel nicht in Deutschland
geblieben war, sondern in England den Konkurrenzkampf um Oper und
Oratorium aufgenommen hatte, war für die deutsche Entwicklung ein schwerer Verlust, der noch später beklagt wurde (S. 288). Tatsächlich gingen ganz
wesentliche künstlerische Prozesse im Ausland vor sich, so daß von einer
deutschen Stilrichtung, jedenfalls um die Jahrhundertmitte, höchstens auf dem
Gebiet der Instrumentalmusik zu reden war. Die Berliner Liederschule konnte
wohl kaum als Gegengewicht gegen die beherrschende italienische Oper angesehen werden, die in Berlin und Dresden mit den Komponisten Graun und
Hasse unbeirrt ihren auf Virtuosentum, Prachtausstattung, Formenstarre und
regelhafte Personentypik festgelegten Stil ausbreitete.

Die große deutsche Oper, nach der sich auch Mozart so sehnte, blieb bis ins
19. Jahrhundert ein Traum. Die Versuche Schweizers und Holzbauers aus den
70er Jahren blieben vereinzelt (S. 262), und die wirklich großen Komponisten
der zweiten Jahrhunderthälfte schrieben keine deutschen Opern, Gluck offenbar wegen seiner italienisch-französischen Kompositionstradition und seinem
Unverständnis für nationale Ziele (S. 279) – Herder bot ihm 1774 vergeblich
sein »Brutus«-Drama zur Komposition an – und Mozart, weil er in Wien
keinen Aufführungsort für deutschsprachige Bühnenwerke finden konnte außer den Operettenhäusern. Die deutsche »Nationaloper«, als die Schweizers
Stück gefeiert worden war, wurde als Institution nicht eröffnet.

Christoph Willibald Gluck (1714–1787), dessen Ruhm und persönliche
Durchsatzkraft schon dokumentiert wurden (S. 368, 381, 426f), schöpfte
seinen Widerstand gegen die italienische Oper aus einem langjährigen, inten-
siven Umgang mit ihr: In seiner Jugend lebte er als Komponist in Italien, reiste
dann mit Theatertruppen der Gebrüder Mingotti durch ganz Europa und
erhielt vielerlei Aufträge für italienische Hofopern. Wesentliche Anstöße für
eine Überwindung des festgefahrenen Systems dieser nach ihrem wesentlichen
Textdichter Metastasio benannten Opernart (»metastasianisch«) vermittelten
ihm offenbar die Kenntnis der Händelschen Oratorien und der großen französischen Oper (»tragédie lyrique«), etwa bei Lulli und Rameau. In ihnen
wurden Inhalte thematisiert, die in der italienischen Oper wenig beachtet
wurden, aber dem zeitgenössischen, an der Antike orientierten Ideal von
»edler Einfalt« (S. 328) nahekamen: deutliche Natur- und Charakterzeich-

nung, einfache und volksliednahe Melodik sowie eine sorgfältige, dem Sprechen nahe Textvertonung. Ganz im Sinne seiner Weltbürger-Ideale war Gluck eine gesamteuropäische Erscheinung: Nach seiner über fast alle Länder sich erstreckenden Jugendtätigkeit entwickelte er seine Reformen in Zusammenarbeit mit italienischen Dichtern und Theaterfachleuten (Calzabigi, Algarotti, Durazzo) und in unmittelbarem Austausch mit dem Wiener Hof. Als er mit seinen sogenannten Reformopern – »Orpheus und Eurydike« 1762, »Alceste« 1767, »Paris und Helena« 1770 – in Wien Erfolg gehabt hatte, kämpfte er bei mehreren Parisaufenthalten ab 1773 gegen die althergebrachte italienische Oper, die ihm in Gestalt des Komponisten Piccinni gegenübergestellt wurde. Seine Waffen waren dort »Iphigenie auf Aulis« 1774, »Armida« 1777 und »Iphigenie auf Tauris« 1779.

Gluck stellte dem Pomp und den auf die Möglichkeiten der Musik abgestellten Libretti der italienischen Oper Musikdramen – allerdings keine deutschsprachigen – entgegen: die Handlung schlicht, natürlich und von großen Idealen getragen, die Figuren monumentale, tragische Gestalten, die sich der kompromißlosen, von starkem Gefühl beherrschten Ideenwelt im Sinne der griechischen Dramen unterordnen. Diesen Prinzipien paßte sich auch die Musik an: liedhaft einfach in großen Blockbildungen, aber ohne die formale Monotonie der italienischen Arien; das Orchester nicht nur begleitend, sondern die starken Charaktere zeichnend; und dies ebenfalls ein Rückgriff auf die Antike – eine neue Funktion der Chöre, die den Solisten gleichberechtigt standhalten. Im Vorwort zur »Alceste« schreibt Gluck (hier in der Übersetzung bei Burney, 1773, I, S. 196 ff):

»Als ichs unternahm, dieses Gedicht zu komponiren, war meine Absicht, die Musik von alle dem Mißbrauche zu befreyen, womit die Eitelkeit der Sänger, und die zu gefällige Nachgebenheit der Komponisten, seit so langer Zeit die italiänische Oper entstellt, und aus dem schönsten und prächtigsten von allen öffentlichen Schauspielen, eines der langweiligsten und lächerlichsten gemacht haben. Mein Zweck war, die Musik zu ihrer eigentlichen dramatischen Bestimmung zurück zu führen, da sie nemlich dem poetischen Ausdrucke zu Hülfe kömmt, und das Interesse der Fabel verstärkt, ohne die Handlung zu unterbrechen, oder solche durch unnütze und überladene Zierrathen frostig zu machen; denn der Dienst der Musik, wenn mit der Dichtkunst verbunden, schien mir einerley zu seyn, mit dem Colorit in einer korreckten und wohlgeordneten Zeichnung, worin Licht und Schatten die Figuren beleben, ohne den Umriß zu verändern.«

Daß Gluck jede eigene Bewegung und Erfindung der Musiker verhinderte, der »nichtssagenden Cadenz« ebenso den Kampf ansagte wie der »närrischen Kunst ..., Passagien [Läufe] zu verändern und zu verstellen, bis sie der

Komponist am Ende selbst nicht mehr kennt«, dürfte einleuchten. Auch konnte er logischerweise kein Freund von Schwierigkeiten oder originellen Erfindungen im Sinne der neuen Instrumentalmusik sein. Denn er führte ja nur das alte Prinzip der Unterordnung der Musik unter das Gesetz des Wortes zu neuer Höhe, blieb also beim rationalistischen Verfahren der Nachahmung, nun aber unter der Leitung eines wahren Dramas.

>>Und endlich war meine Meinung, meine erste und vornehmste Sorge, als ein dramatischer Komponist, müsse dahin gehen, nach einer edlen Einfalt zu trachten; und ihr zufolge, habe ich alles Auskramen unnatürlicher Schwierigkeiten, der Deutlichkeit zu Gefallen vermieden; eben so wenig habe ich ängstlich gesucht neu zu seyn, wo es nicht natürlich aus der Situation des Akteurs und aus dem poetischen Ausdrucke entsprang, und es ist keine Regel der Komposition, die ich nicht für Pflicht gehalten hätte, aufzuopfern, wenn ich der Leidenschaft dadurch aufhelfen, und Wirkung hervorbringen konnte.«

Gluck konnte es sich leisten, sich außerhalb der Zwänge und kompositorischen Anforderungen des Marktes zu stellen, denn er hatte von seiner früheren Tätigkeit genug Ruhm und Geld angesammelt und wurde außerdem vom Adel protegiert. Ein Komponist ohne diese Polster wäre mit derartigen Ideen im Strudel der Konkurrenz sofort untergegangen.

Interessant ist, wie ein Rezensent bei Hiller (III 1768, S. 128 f) in der Besprechung der »Alceste« Glucks Vergleich mit der Malerei verändert:

»Seine Einbildungskraft ist ungeheuer: daher sind ihm die Schranken aller Nationalmusiken zu enge: er hat aus der wälschen, aus der französischen, aus den Musiken aller Völker eine Musik gemacht, die seine eigne ist; oder vielmehr: er hat in der Natur alle Töne des wahren Ausdrucks ausgesuchet, und sich derselben bemächtiget.« Ein Hochfest der Lehre von der Nachahmung der Natur nach Batteux (vgl. S. 328 ff)! »Die Grundzüge seines Satzes sind immer dem Gegenstande angemessen, und gleichsam ein richtiger freyer Umriß, durch ein schönes Kolorit bearbeitet, worinnen das Licht mit der Häuslichkeit eines scharfen Beurtheilers vertheilet, die Abstechung sorgfältig, aber mit Wahl angebracht, und überhaupt die feinste Symmetrie beobachtet wird. Jeder Theil seiner Musik macht, für sich selbst betrachtet, ein sehr angenehmes Ganzes aus, das aber zu dem größeren Ganzen in einem so ebenmäßigen Verhältnis steht, daß die gluckischen Sätze die wohlgestaltesten Körper seyn würden, woferne die Töne sichtbar könnten gemacht werden.«

Gluck arbeitete also quasi nach dem goldenen Schnitt. Der Schreiber hatte offenbar Glucks Vorwort gekannt (»Kolorit«), aber in eine ganz andere Richtung verändert: Ihm ist – entgegen Gluck – die Musik wichtiger als das zugrunde liegende Drama.

Es ist kein Wunder, daß Glucks Werke in einer Umwelt hektischer Neuerungen und konkurrenzgeborener Originalität es fast stets etwas schwer hatten,

bis sie anerkannt wurden. Die Uraufführungen seiner Opern waren selten
Erfolge, gleich von dem revolutionären »Orpheus« an, dessen Unterwelt-
Szenen wie ein genialer Fremdkörper im ganzen 18. Jahrhundert wirken, so
konzentriert und treffend. Man war zu frappiert von dieser großen Einfachheit, die sicher vielen zunächst ausgesprochen fade und unattraktiv erschien.
Man spürt in manchen seiner Stücke, daß Gluck sich geradezu Mühe gab, im
Dienst des monumentalen Ausdrucks und in der Rückführung auf das Wesentliche alles aus seiner Vorstellungswelt zu verbannen, was allein *musikalisch* auffällig oder »interessant« hätte sein können.

Ich empfehle die Lektüre und Diskussion der 157 Seiten, die Forkel zum
Zweck eines Verrisses der Musik von Gluck in seiner »Musikalisch-
kritischen Bibliothek« (Bd. I 1778, S. 53 ff) veröffentlicht hat. Alle
Theorie und Musik Glucks wird in der Luft zerrissen, und zwar mit
recht triftigen Argumenten. Vor allem Glucks monumentale Einfachheit
wird als schließlich »eckelhaft« gerügt (S. 112). Forkels Schrift gibt es
als Reprint (Hildesheim 1964, Verlag Olms).

Gluck tat wahrscheinlich mit der Musik das, was die Archäologen seiner Zeit
mit der ausgegrabenen Kunst der Griechen taten: Sie bewunderten das »klassische« Ebenmaß, die »wohlgestaltesten Körper«, und saßen dabei eben einer
solchen Ideologie auf wie die begeisterten Palestrina-Sänger am Jahrhundertende mit ihren schleppenden Tempi (S. 484 f): Sie wußten nicht, daß den
Tempeln der alte Schmuck, die Buntheit fehlten, daß sie selbst also das zum
Ideal erhöhte Gerippe anbeteten, nicht den lebendigen Menschen. Es war wie
beim Volkslied: Der moralische Wunsch, den Grundbedingungen des bürgerlichen Marktes, der konkurrenzbedingten »Modesucht« zu entgehen, brachte
in den verschiedensten Ausformungen immer wieder das Festklammern an der
angeblichen Reinheit und Sauberkeit von fernen und mit vorgefaßten Meinungen kopierten Idealen hervor. Das echte, reine Volkslied, die heilige, alte
Kirchenmusik, die »stille Größe« der griechischen Kunstwerke, die »edle
Einfalt« der Gluckschen Antike, ja selbst die Bauernidylle der Operette, wie
wir noch sehen werden.

Sehnsucht und Fernweh sind bürgerliche Fluchtbewegungen aus dem eigenen Chaos. Und immer ersetzen sie eine Analyse und Bearbeitung der realen
Situation. Führte schon die Instrumentalmusik in die so sehr kritisierte Un-
klarheit der Affektdramen, so war es immer die Vokalmusik, in der der
angeblich rettende Sprung aus der Gegenwart versucht wurde.

Reichardt, Spitzenreiter auf dieser Fluchtwelle: Wie unmöglich fand er es, daß in Paris 1802 zum französischen Titel der »Zauberflöte«, »Les mystères d'Isis« (Die Geheimnisse der Isis), ein »Calembourg« gemacht wurde, ein Kalauer: »Les misères d'ici« (Die Erbärmlichkeiten von hier). (Reichardt, Briefe die Musik betreffend, Leipzig 1976, S. 212)

Auf die ganze Richtung kann man den Satz münzen, den der Freiherr von Knigge über Operetten (Singspiele) wie die »Zauberflöte« schrieb (vgl. S. 501 f):
»Statt Bild des Lebens bekommen wir abendtheuerliche Romane, deren ganzer Nutzen darin besteht: daß wir falsche Größe bewundern lernen.« Auch die bürgerlichen Bilder von der Antike, vom Volkslied und von der geistlichen Chormusik von Palestrina bis Bach sind solche »abendtheuerlichen Romane«.

Damit ist Gluck aber doch ein wenig zu einseitig beleuchtet worden, so wie in den »Kellerlicht«-Bildern des Carravaggio, die ja schon der verehrte Marpurg kritisiert hatte (S. 312).

Die Lesenden können sich selbst in die Lage der Hörer des 18. Jahrhunderts versetzen, die die neuesten Stücke von C. P. E. Bach, Mozart und Haydn gehört hatten und nun plötzlich Tonstücken wie den folgenden gegenübersaßen (Anfang der Ouverture zu »Armida«, gegenüberliegende Seite; Beginn der Arie Nr. 17 aus »Iphigenie in Tauris«, abgedruckt S. 494).

Diese »klassische« Selbstbeherrschung und monumentale Kontur hätte Mozart nie über sich gebracht. Beispiele aus dem von Gluck geförderten Singspiel »Die Entführung aus dem Serail« (1782) haben das bereits deutlich gemacht (S. 295 ff).

Die Opernkunst Mozarts möchte ich nicht an Entwicklungszügen, vielerlei Beispielen und Mozarts Äußerungen zur Opernästhetik darstellen. Einiges aus diesen Bereichen ist bereits angeklungen, wie das Register verdeutlicht. Stellvertretend für eine umfassende Behandlung will ich an einem einzigen Beispiel Mozarts spezifische Meisterschaft im Herausarbeiten und Komponieren psychologischer und sozialkritischer Feinheiten zeigen, und zwar an der Arie Nr. 9 (»Nun vergiß leises Flehn«) aus der italienischen komischen Oper (opera buffa) »Die Hochzeit des Figaro« (1786, Textbuch von Lorenzo da Ponte nach einem französischen Schauspiel von Beaumarchais). Dazu gehört allerdings eine politische Vorinformation.

Neben der primären Ausbeutung der Untertanen (Abgaben, Steuern, Naturalien, Frondienste usw.) gab es seit dem 17. Jahrhundert zunehmend eine sekundäre Ausbeutung, die persönliche Einschränkungen bedeutete, z. B. Verhinderung von Abwanderung, Heiratsverweigerung, Bauernlegen mit Zins-

knechtschaft usw. Dazu kam noch eine spezielle Art persönlicher Ausbeutung, die sich im 18. Jahrhundert immer mehr durchsetzte: Bei den Männern das gewaltsame oder erlistete Einfangen zum Verkauf als Soldaten an kriegführende Mächte, vor allem für die Übersee-Kriege Frankreichs und Englands (Balet, S. 55), bei den Frauen das gewaltsame Verschleppen in die Betten der Fürsten als Maitressen wider Willen (Karl Eugen von Württemberg hatte sechs Maitressenschlösser, Karl von Baden 300 kasernierte Maitressen und für jede einen Klingelzug an seinem Bett, Schwangere wurden möglichst an Hofbeamte verheiratet oder zu ihren Eltern zurückgeschickt, vgl. S. 15 f). Schillers »Kabale und Liebe« (1784) ist ein Protest gegen diese Praxis. Ebenso greift Beaumarchais' Lustspiel aus dem gleichen Jahr solche und andere Mißstände des Feudalismus und speziell der Hofintrige auf, ein Stück beißender Kritik im vorrevolutionären französischen Absolutismus.

Die Situation im Österreich der 80er Jahre war aber grundsätzlich anders, denn gleich zu Beginn seiner Herrschaft (1780–90) hatte der aufgeklärte Kaiser Joseph II. Reform-Gesetze erlassen, die wesentlich dazu beitrugen, die österreichische Monarchie zu retten: Gewerbefreiheit = Zunftverbot, Aufhebung der Leibeigenschaft, Religionstoleranz und Aufhebung vieler Klöster, Zivilehe, Aufhebung der Steuerfreiheit für Klerus und Adel, liberale Zensur (außer Unsittlichkeit, Angriffen auf fremde Staaten und den Feudalismus; vgl. das S. 221 genannte Buch von Ruf, S. 22 ff, 40 f).

Auch wenn da Pontes Libretto teilweise Zensurprobleme hatte, konnten die bei Beaumarchais angesprochenen Themen nicht die kritische Schärfe erzeugen wie in Frankreich. Kein Wunder also, daß die beiden Produzenten ihr Augenmerk eher auf Darstellung der Charaktere, Gefühle und psychischen Hintergründe legten als auf die Hervorhebung gesellschaftskritischer Themen oder scharfer Konflikte: Am Ende steht die Einsicht des »bösen« Fürsten in die Überlegenheit der moralischen Prinzipien der neuen Bürgerklasse. Dieses »Großmuth«-Prinzip zur Harmonisierung der Klassenkonflikte wird später noch am Beispiel der Operette kritisiert.

Diener Figaro hat entdecken müssen, daß sein Herr seiner Verlobten Susanna nachstellt. Er ist voller Wut (»Will der Herr Graf ein Tänzchen nun wagen«). Jedoch entlarvt sich seine antifeudalistische Geste bald als bloße Eifersucht: Der Page Cherubino verzehrt sich nicht nur nach der Gräfin, sondern tändelt auch mit Susanna herum; der Graf schickt den Störenfried zum Militär, Figaro ist voller Schadenfreude (über Geschlechterrollen bei Mozart S. 221 f). Nicht der Bürger, sondern der eifersüchtige Mann in ihm ist bestimmend. Er singt dem verzweifelten Cherubino ironisch zu (wörtliche deutsche Übersetzung):

Nicht mehr wirst du, verliebter Falter,
Nacht und Tag hier im Haus herumwandern
und den Schönen die Ruhe stören,
kleiner Narziß und Liebesadonis.

Nicht mehr wirst du diese schönen Federchen haben,
dieses lockere und galant frisierte Haar,
diese Mähne, dies glänzende Aussehen (Teint),
diese rosige frauenhafte Farbe.

Unter Kriegern Knaster paffen!
Große Bärte, schmaler Beutel (Geld),
Flinte auf der Schulter,
Säbel an der Seite,
Hals gerade, kühne Fratze,
ein großer Helm oder Turban,
viel Ehre, wenig zufrieden.
Und an Stelle des Fandango
ein Marsch durch den Schlamm (»fango«),
über Berge, durch Täler
bei Schnee und Hitze
zum Konzert von Posaunen,
von Bombarden, von Kanonen,
die die Kugeln in allen Tonarten
um die Ohren zischen lassen.

Nicht mehr wirst du ...

Cherubino alla vittoria,
alla gloria militar!

Ein gesungenes Todesurteil, zynisch formuliert, aber auch zynisch und hinter-
gründig komponiert.

Die Hauptmelodie, nämlich die der ersten vier Textzeilen, nimmt die Trom-
petenmelodik eines Militärmarsches auf. Daß aber dadurch der »Plebejer
Figaro« zeigt, »daß er nicht mehr als anonymes Instrument nur mitläuft«,
sondern »die Militärkapelle, die sonst die Schlachten der Gekrönten mit
zynischer Ostentation verbrämt, ... selbst anführt« (Ruf, S. 116), ist eine
Interpretation, die wohl nur mit der Absicht entstanden sein kann, Mozart als
Größe zu verteidigen. Figaro ist gerade ironisch dabei, dem Grafen zu appla-
dieren: Alle beide sind sich einig, daß zum Schutz der eignen Frau der
»fehlgeleitete Page« (Ruf) zum Himmelfahrtskommando geschickt werden
darf.

So zwiespältig dieses Verfahren Mozarts am Beginn der Arie sein mag, so –
meiner Meinung nach – eindeutig ist sein kompositorischer und politischer
Einfall an der Stelle, wo Figaro mit den für die buffa-Oper so typischen
erzählenden Tonrepetitionen den Marsch durch den »Schlamm« auszumalen
beginnt: Das Orchester schwenkt von den bisherigen Begleitfloskeln und
Akkordschlägen in einen richtigen Militärmarsch um, das »Konzert von Po-

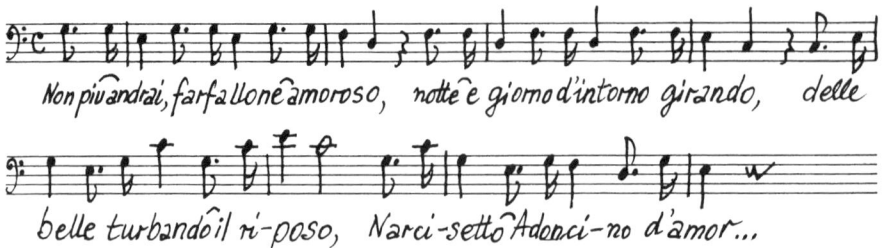

saunen, von Bombarden«, das nun bis zum Arienschluß selbständig neben
dem Ariengesang herläuft (gegenüber abgedruckt).

Hier hört die Ironie auf zugunsten eines neuen Bildes und einer neuartigen
Technik: Das Orchester läßt das im Text Angesprochene lebendig werden, so
als sähe man in einem Film, während die Personen im Vordergrund sprechen,
im Hintergrund das geplagte Regiment vorüberziehen, durch Schnee und
Hitze. Hier spricht die Instrumentalmusik selbständig, ergänzt den Gesang
und erweitert das Hören um eine bildliche Dimension. Das liegt wohl u. a.
daran, daß zu der bisherigen Zeitebene der Arie, die nur von Textstruktur und
Marschrhythmus bestimmt war, jetzt die reale Zeit des marschierenden Heeres
tritt. Eben hat man nur davon gesprochen, es sich vorgestellt, jetzt ist es
leibhaftig da, und zwar zugleich zu der Vorstellungsebene des Gesanges. Es
wirkt wie eine Tonbandeinspielung zu einer anderen laufenden Musik, eine
Art Musik-Collage, wie sie Mozart auch im »Don Giovanni« mit einem
anderen Ziel angewendet hat (vgl. S. 456). Es ist wohl nicht verfehlt, hier von
Verfremdungstechnik im Sinne von Brecht zu sprechen: Als wenn zu einem
munteren Gespräch über Entwicklungshilfe zwischen zwei Lebensmittel-Bos-
sen im Halbdunkel das Dia von Hungernden eingeschaltet wird. Der schreckliche Alltag zeigt sein wahres Gesicht erst in Konfrontation mit seiner bös-
artig-falschen Interpretation. Eisler ist oft in der Vertonung zu Brechts Gedichten über den Faschismus so verfahren.

Das ist musikalische »Malerei« auf höherer Ebene. Jetzt nimmt man den
Text ernst. Die Zukunft des Pagen wird real erkennbar, nicht als Männerwitz.
Damit hat Mozart dem Text eine andere, kritische Sicht abgewonnen. Es ist
ein musikalischer Einfall, der in jener Zeit wohl recht selten ist.

Hinzu kommt noch, daß der zitierte Marsch eine Melodie hat, die den
zeitgenössischen Soldatenliedern, und zwar auch den oppositionellen wie
»Und wenn dann Frieden wird, wo wenden wir uns hin?«, recht ähnlich ist.
Zwar handelt es sich bei solchen Melodien um einen sehr variablen Typus,
und es ist auch zwecklos, eine mögliche oppositionelle Absicht Mozarts durch
ein entsprechendes Liedzitat überzustrapazieren. Aber dennoch besteht die
Möglichkeit eines solchen Zitats, das den Sinn des Marsches noch erweitern
würde. Das sollte einmal genauer erforscht werden.

fan_go,   per mon_ta_gne,per val _ lo_ni,   col_le ne_vi e i sol_
schie_ren,   durch verschneite,wü_ste Wäl_der,   ü_ber sonnenglühnde

li _ o_ni al con_cer_to di trom _ bo_ni, di bom_bar_de, di can _ no_ni, che le palle in tutti i
Fel_der, bei dem Donner der Ge _ schütze, und im hel_len Pulver _ blit_ze sausen Bomben und Gra_

tuo_ni all' o _ recchio fun fi _ schiar.
na_ten rechts und links dir um das   Ohr.

Die Überladenheit und Künstlichkeit, die an Mozarts Instrumentalbeglei-
tungen kritisiert wurde, hat ihren Grund auch darin, daß Mozart wie in dem
angeführten Beispiel die Instrumente während der Gesangsstücke nicht nur in
Begleitfunktion verwendete, sondern ihnen auch textinterpretatorische Selbständigkeit zuwies, und zwar gerade in der Offenlegung von Feinheiten, die
der Gesangsstimme auf Grund ihrer Text- und Melodiebindung nicht zugänglich sind. Bemerkenswert ist, daß Mozart das nicht nur in der eher den
Gebildeten vorbehaltenen Oper tat, sondern auch in der Operette, also der
Gattung für die ungebildeteren Liebhabermassen. Ehe ich zum Abschluß die
Kritik daran nochmals aufgreife, ein kurzer Überblick über Geschichte und
Charakter dieser in Deutschland neuartigen Gattung.

Die deutsche Operette bzw. das deutsche Singspiel entwickelte sich aus der
Aneignung und Umformung ausländischer Vorbilder, nämlich sowohl englischer wie der »Beggar's Opera« von Gay und Pepusch (1728; von Brecht/
Weill 200 Jahre später als »Dreigroschenoper«) als auch französischer wie den
sog. Vaudevilles. Beide Arten waren Sprechstücke über Themen aus den
unteren Volksschichten, oft ironisch, derb und kritisch, untermischt mit ein-

fachen Gesangsstücken, die häufig Volkslieder und Gassenhauer aufgriffen und z. T. als Parodien auf die hohe Kunst der Oper geschrieben waren. Auch Pergolesis komische Kurzoper (opera buffa) »La serva padrona« (Die Magd als Herrin) von 1731 hatte seit der Jahrhundertmitte Einflüsse auf die deutsche Entwicklung, als nämlich die Pariser Auseinandersetzungen über französische und italienische Opern-Kunst (Buffonisten-Streit) in Deutschland diskutiert wurden.

Die Eindeutschung eines englischen Stückes unter dem Titel »Der Teufel ist los, oder Die verwandelten Weiber« (Berlin 1743) brachte den Stein ins Rollen und zeigte sich als ersehnte Attraktion der reisenden Theatertruppen, die im Zeichen der Aufklärung die alten Hans Wurst-Komödien abstießen (zu den Truppen vgl. S. 235 f). Der Dichter Weiße verfaßte zusammen mit dem Komponisten Standfuß eine Neuauflage des Berliner Stückes für die Kochsche Truppe in Leipzig, später dann nach einem Paris-Aufenthalt eine weitere Neufassung (1766) leichteren, französischen Stils zusammen mit J. Adam Hiller, der den Musikanteil vergrößerte. Der Erfolg war so überwältigend, daß im Folgejahr noch »Lottchen am Hofe« (nach französischem Vorbild des Favart) nachgeschoben wurde, das endgültige Muster der Gattung.

Der alten englischen Satire waren inzwischen die Zähne gezogen worden. Treuherzige, naive Landleute und Kleinstadttypen wie Lehrer, Doktoren, Bürgermeister und Apotheker tummelten sich auf der Bühne mit kleinen, sentimentalen Scherzen und Liebeshändeln, die von der Musik durch leichte Lieder und »Rundgesänge« gestützt wurden. Sie waren geradezu wie im heutigen Schlager als »Hits« angelegt, Massenlieder zum Merken und Mitsingen mit problemvernebelndem Inhalt.

Beispielhaft sind folgende Melodiezeilen aus der Operette »Amors Guckkasten«, die Christian Gottlob Neefe, Beethovens späterer Lehrer, 1772 in Leipzig unter Anleitung Hillers schrieb. Sie sind typisch für die norddeutsche Operette der zweiten Jahrhunderthälfte, an der außer den Genannten auch Georg Benda und Johann André musikalisch mitarbeiteten.

Nr. 10 (»Psyche« ist eine handelnde Person.) un poco lento

Nr. 15 (Wiederum singt Psyche.) Allegretto

Sind solche langsameren Melodien mit ihren Vorhalthäufungen und ein-
schmeichelnden Gängen unverkennbar »galant« im Sinne der Liedästhetik der
Zeit – wegen der Texte und der Aufführungsumgebung allerdings häufig als
»elender Operettensingsang« gescholten (S. 348) –, so tragen viele der schnel-
leren Gesangsstücke und vor allem die instrumentalen Ouvertüren (Sonatensätze!) die schon charakterisierten Züge der »nichtswürdigen Operncomique«
(S. 442). Hier das Anfangsthema von Hillers Erfolgsoperette »Die Jagd«
(1770) im Klavierauszug (Allegro con spirito):

Auf die ideale Verbindung zwischen komischer und Militärmelodik in Mozarts Figaro-Melodie S. 495 f sei hier aufmerksam gemacht.

Die Traditionskette, die zwischen den hier angeführten Melodien und denen
der späteren Küchen- und Gassenhauerlieder des 19. Jahrhunderts besteht, ist
deutlich. Auch diese entstammen oft der Operette. Vor allem die Einfachheit
von Wiederholungs- und Sequenzbildungen ist für diesen Entwicklungsstrang
bestimmend.

Die grundsätzlich sentimentale Haltung der Operette blieb auch bei Stoffen
wie dem von »Lottchen am Hofe« bestehen, in denen die ländliche Unschuld
gegen die Sündhaftigkeit des Hofes ausgespielt wurde: Muster des moralischen
Selbstbildes der Bürger. Allerdings sind sie mit den entsprechenden zeit-
gleichen Dramen Lessings nicht vergleichbar, da dort wie auch in Mozarts
»Figaro« die Bürger in der Auseinandersetzung selbst auftraten, während sie

sich in der Operette durch ländliche Abziehbilder (»Hänsgen«, »Liesgen«)
vertreten ließen, über die sie mitleidend lächeln konnten, ohne unmittelbar
betroffen zu sein. Hier ein Textbeispiel aus Hillers »Jagd« (in seiner Zeitschrift
1770 mit Noten abgedruckt, S. 174):

>»Der Graf bot seine Schätze mir
von Gold und Edelsteinen;
allein ich dankte schön dafür,
und fieng an zu weinen:
Ich mag nicht Schätze, sprach ich, nein!
Ich kann die Ihrige nicht seyn,
mein Herz ist nicht mehr mein,
mein Herz ist nicht mehr mein.

Da warf der Graf, voll schlauer Kunst,
sich auf die Knie nieder,
und bat um meine Gegengunst.
Allein ich bat ihn wieder:
Ach gnädger Herr, Sie spotten mein,
Ach gnädger Herr, das ist nicht fein!
Mein Herz ist nicht mehr mein . . .

Nun sah der Herr, dieß half ihm nicht!
Da fieng er an zu schmälen [schimpfen],
und drohte mir ins Angesicht,
mich Tag und Nacht zu quälen.
Ich sprach: Ich will, so sehr sie dräun,
doch lieber tod, als untreu seyn,
mein Herz ist nicht mehr mein . . .«

Was Hannchen hier singt, war der Gipfel des um 1770 in der Öffentlichkeit
ungestraft möglichen Antifeudalismus, möglich nur, da sich die Kritik nicht
auf materielle Ausbeutung bezog, sondern auf die moralischen Verfehlungen
von Wüstlingen, die sich gut anklagen, aber schlecht verteidigen ließen: Der
aufgeklärte Feudalismus war auch schon moralanfällig. Noch weiter in der
Abstraktion von der realen Situation ging Goethe mit seinem aus Mozarts
Vertonung allbekannten Operettenlied »Das Veilchen« aus seinem Stück »Er-
win und Elmire« (1775): Der beleidigte Liebhaber wird zur Pflanze und das
reuige Mädchen zur »Schäferin«. Daß hinter dieser ganzen Naturschwärmerei
und moralisierenden Klassenwehmut in der Operette die Theorien Rousseaus
stehen, der 1752 selbst eine Operette verfaßte (»Der Dorfwahrsager«), macht
die Sache nicht besser. Noch die späteren Erzeugnisse Léhars und anderer
atmen diesen Ungeist feuchtnäsiger Selbstverleugnung.
     Auch die erste Wiener Operette von 1778, Umlauffs »Bergknappen« (Be-

richt bei Forkel B II, S. 392), bewegte sich in diesem Milieu, ebenso die späteren berühmten Stücke von Dittersdorf (»Doktor und Apotheker«, 1786) und Johann Schenk (»Der Dorfbarbier«, 1796). Umlauffs Stück zeigte schon das Durcheinander in Handlung und Stilrichtungen, das für viele Wiener Operetten offenbar typisch war und einen klassischen Niederschlag in Mozarts »Zauberflöte« (1791) gefunden hat, deren chaotischer Inhalt vielleicht auf werbeträchtige und konkurrenzbestimmte Winkelzüge und Abänderungen durch Theaterdirektor und Textdichter Schikaneder zurückgeht. Denn im Kampf um das Publikum schien das biedere Landleben nicht mehr auszureichen. Die Stoffe wurden massiver, dadurch auch für sensationelle Bühneneffekte geeigneter. Sie wurden nun eher aus der Zauberwelt genommen wie in der »Zauberflöte« und Goethes »Erlkönig«-Text (1782) oder (bis zu den Türkenkriegen 1787) aus dem Orient: Mozarts »Entführung aus dem Serail« (1782) für das von Joseph II. neugegründete und unterstützte Singspiel (1778) ist ein Beispiel dafür (ein »komisches« Liedbeispiel daraus S. 430; das Singspiel wurde 1783 wieder geschlossen zugunsten der italienischen Opera buffa, d.h. der Kennerunterhaltung). Besonders beliebt waren auch Stoffe aus der Mythologie oder der Sage, also »Roman«-hafte Stoffe (König Artus z.B.), wofür schon 1767 (Hiller II, S. 135 ff) der Begriff »romanisch« – »abendtheuerlich« auftauchte, noch nicht aber »romantisch«, wie H. Abert in seiner Mozart-Biographie irrtümlich angibt.

Neben der angenehmen Musik und den großartigen Bühneneffekten waren es offenbar gerade diese Tendenzen zur Realitätsflucht, die die Operette »beliebt beim gemeinen Mann« machten (Hiller 1781). Und aus dem gleichen Grunde wurde sie bei etwas einsichtigeren Musikfachleuten, die nicht einfach nur das Vergnügen des Publikums, sondern die vermittelten Inhalte kritisch sahen, mit Mißfallen gesehen.

Dulon (S. 276) schreibt:

»Operetten besuche ich nie des Textes, sondern bloß der Musik wegen, da jener in den meisten, welche dermalen zur Tagesordnung gehören, auf übernatürliche Abendtheuer und anderen Unsinn hinausläuft.«

Und der Freiherr von Knigge (Quelle S. 295 f), der an Mozarts »Entführung« die zu große Kunst und den Mangel an »populairer« Melodik kritisierte, im Gesang gar wegen zu vieler Koloraturen »nichts, als Arlekinade« sah, macht folgende Anmerkungen zur Handlung dieser Türken-Operette:

Die Großmuth, die der Bassa am Ende gegenüber dem Liebespaar zeigt, sei vollkommen »unnatürlich« gegenüber dem, was normalerweise passieren würde, nämlich Rache. »Ueberhaupt sind diese ewigen Großmuthen ein eckles Ding, und fast auf keiner Bühne mehr Mode, als auf der Wiener. Man kann beynahe sicher darauf rechnen, daß so ein Stück, in dem brav gegroßmuthet, geschenkt, versöhnt und vergeben wird, schreiendes Glück macht, wenn es auch auf die unnatürlichste Art zu diesen Dingen kömmt.« Aber Knigge ist damit nicht in der Phalanx der platten Rationalisten, die immer nur nach der Wahrscheinlichkeit des Dargestellten suchen. Er hat politische Argumente: »Um einheimische Sitte, um Bildung eines Nationalcharacters ist es also in solchen Schauspielen geschehen.« Denn: »Statt Bild des Lebens bekommen wir abend-theuerliche Romane, deren ganzer Nutzen darin besteht: daß wir falsche Größe bewun-dern lernen, [die] ... zu unnatürlich (ist), als daß wir sie nachahmen könnten.«

Man soll den Leuten keine unrealistische Klassenversöhnung vorgaukeln, sondern ihnen lieber Material geben, um ihre realen Möglichkeiten zu erleben und zu überdenken! Ist das nicht genau das, was man auch zu allen modernen Operetten sagen könnte?

Beethoven

»Ich meines Orts bin der festen Meynung, daß, wenn der musikalische Ge-schmack wieder einmal eine gänzliche Revolution erlebt, (welches doch über kurz oder lang gewiß geschehen wird), diese nicht in Wiederherstellung des alten Schlendrians, sondern in einer schönen Vereinigung, der gewissenhafteren Rein-heit unsrer Vorfahren, mit der größern Reichhaltigkeit und Gedankenfülle unsrer Zeitgenossen bestehen wird. Vater Haydn legte bereits den ersten Grund dazu, und es bedarf nur noch eines einzigen Mannes, der mit solchem Forscher-Blick, mit solcher Fülle des Genies, mit so kühnem und allumfassendem Geiste, die tiefsten Tiefen, die geheimsten Irrgänge der Kunst zu durchschauen vermag, als es dieser Inbegriff musikalischer Größe nun schon dreissig Jahre hindurch gethan hat und noch thut – und die Sache ist richtig. Hierauf darf sich jedoch schwerlich unsre und die nächstfolgende Generation Rechnung machen; denn nicht jedes Jahrhundert bringt in einer und derselben Kunst so ein Non plus Ultra hervor.« (Dulon 1807, S. 212 f; Vorwort von 1802; Dulon lebte noch bis 1826.)

»Haydn erschuf es [das Streichquartett als Gattung] aus der reinen Quelle seiner lieblichen originellen Natur ... Mozarts kräftigere Natur und reichere Phantasie griff weiter um sich und ... baute so auf Haydns lieblich phantastisches Garten-haus seinen Palast. Beethoven hatte sich früh schon in diesem Palast eingewohnt, und so blieb ihm nur, um seine eigne Natur auch in eignen Formen auszu-drücken, der kühne trotzige Turmbau, auf den so leicht keiner weiter etwas setzen soll, ohne den Hals zu brechen. Mehrmalen ist mir dabei Michelangelos stolzer, kecker Gedanke eingefallen, das herrliche Pantheon als Kuppel auf seine Peterskirche zu setzen.« (Johann Fr. Reichardt, Vertraute Briefe, geschrieben auf einer Reise nach Wien ..., 1810; Brief vom 16. 12. 1808; zit. bei Reichardt, Briefe, die Musik betreffend, hg. v. Gr. Herre und W. Siegmund-Schultze, Leipzig 1976, S. 273 f)

Die Geschichte der Musik hatte eine ursprünglich recht langsame Entwick-lung, die plötzlich im 18. Jahrhundert explodierte und sich das zu eigen machte, was man Fortschritt nennt.

In den anderen Künsten begann dieser Fortschritts-Gedanke früher, und die Künste setzten ihn auch in eine langsamere Gangart um, ohne diesen Sprung.

Der Grund für diesen Unterschied mag darin zu suchen sein, daß Musik weit eher als die anderen Künste geeignet ist, simultane Massenerlebnisse zu bewerkstelligen. Malerei und Dichtung ermöglichen diese Erlebnisform nur in einzelnen Spielarten (Schauspiel; der Film wurde erst im 20. Jahrhundert erfunden – als Nachfolger der Sinfonie? –). Vor allem aber: Die Musik, wenn sie ohne Worte arbeitet, vermag wie keine andere Kunst das Unbewußte, aber auch Unreflektierte anzusprechen. Und die kollektiven Massenerlebnisse des Unbewußten waren und sind die spezifischen kulturellen Bedürfnisse des Bürgertums. Insofern ist die sinfonische Musik *die* Kunst der bürgerlichen Revolution.

Die Komponisten verarbeiteten diesen schnellen Wandel im 18. Jahrhundert durch ein ungeheures Pensum an Kompositionsleistung. Sie begriffen den Wandel zunächst nur als gesellschaftlichen Auftrag durch das Publikum. Denn dieses war die handelnde Person, solange das Bürgertum die frühe Phase seiner Erhebung durchmachte. Die Komponisten reagierten zunächst nur, versuchten Schritt zu halten und die Aufgaben zu erkennen, rannten oft der Entwicklung des Aufschwungs hinterher, mußten zunächst einmal ihre eigene Person in Einklang bringen mit dem neuen Stand der Dinge.

Die Komponisten waren selten handelnde Personen im öffentlichen Sinne. Andere Künstler wie Dichter und Maler waren schon lange interessiert an öffentlichen, auch politischen Dingen, waren oft auch einmal Berater oder Begleiter von hohen Herren. Aber die Musiker? Bis auf wenige Ausnahmen hatten sie bisher in ihrer engen Handwerkerexistenz gar nicht das Format erreichen können, zu Teilnehmern oder Teilhabern der großen Ereignisse und der großen Politik werden zu können. Bach oder sein Sohn als Berater von Königen oder gar als öffentliche Kritiker von königlichen Zwängen? Unmöglich. Sie blieben bei ihren Leisten.

Aber jetzt plötzlich der Sprung ins Wasser des Publikums, der Öffentlichkeit, plötzlich diese Riesenbedeutung ihres Mediums in der Gesellschaft! Da mußten sie erst mal nachziehen. Mozart begriff das genau, war aber nicht so vernünftig und taktisch wie Haydn, der die Situation zu nutzen wußte.

Dann aber begannen die Komponisten allmählich zu verstehen und ernst zu nehmen, was für eine Verantwortung durch die Ausstrahlung ihrer Kunst in der Gesellschaft auf ihnen lastete, aber auch was sie jetzt auf einmal für Möglichkeiten hatten, als Einzelmenschen die Gesellschaft zu beeinflussen. Es dauerte noch eine Weile, bis sie merkten, daß die Sinfonie und die Instrumente nicht ausreichten, sondern auch Schreiben und Gesangstext zur öffentlichen Funktion eines Menschen gehören: Schumann und Wagner. Aber schon früher gab es den Komponisten als bewußte politische Person, der die gesellschaftlichen Bewegungen durchschaute, sie aktiv mitgestaltete und versuchte, mit Musik in sie einzugreifen.

Das war Beethoven.

Diese Pionierstellung als Musiker, der von sich aus öffentlich, also politisch mit seiner Kunst aktiv ist, macht Beethovens Schlüsselstellung in der neueren Musikgeschichte aus, die nach ihm höchstens von Wagner noch einmal eingenommen worden ist. Seit Beethoven gibt es eine historische Rechtfertigung für Musiker, der Öffentlichkeit – wie Politikern – zu sagen, was sie tun sollen.

Beethoven war in einer unglücklichen musikgeschichtlichen Situation tätig: Die sprachlose Musikkunst war auf dem Höhepunkt angelangt, die unpolitische deutsche Bürgermusik. Und Beethoven bediente sich als politischer Mensch dieses Mittels. Er ahnte sein ganzes Leben lang, daß er es mit der Musik ohne Worte allein nicht schaffen würde, seine Überzeugung präzis und schlagkräftig genug darzustellen. Er versuchte Programmatisches, Erschütterndes, Bedeutendes, Hinweisendes, ließ selten den Zeigefinger hinter dem Klang vermissen. Worte hätte er gebraucht, aber die Sinfonie blieb sein Problem. Deshalb ist sein Ausbruch in der 9. Sinfonie auch so ein Zwitterding. Er hatte keine Übung! Wagner hatte – entgegen den folgsamen Schülern der Schubert-Schumann-Brahms-Linie – schon ganz recht (Oper und Drama; Sämtl. Schriften III, S. 278): Beethoven war wie Kolumbus, der meinte, Indien entdeckt zu haben (die Idealsinfonie), aber – ohne es zu wissen – Amerika entdeckt hatte (die politische Vokalmusik). Nur benahm Wagner sich dann wie Pizarro.

Mit Beethoven ist das frühbürgerliche Experiment zu Ende. Positionen werden bezogen, Entscheidungen getroffen, die bis heute gültig sind. Beethovens begeisternde Wirkung liegt darin, daß er nach einer kurzen Anfangsphase der politischen Illusion das bürgerliche Prinzip mit ernüchterndem Feuer formulierte: Das Leben ist Kampf und Enttäuschung, und das wird sich nie ändern, ist das menschliche Schicksal. Nur die Kunst vermag einen Ausweg zu bringen.

Über das Ansinnen, eine Revolutionssonate für Klavier zu schreiben, bemerkte er 1802, so etwas könne er nicht machen, »da sich alles wieder ins alte Gleis zu schieben sucht«, »Bonaparte mit dem Pabste das Concordat geschlossen« habe. Die Napoleon-Widmung der »Eroica« nahm er nach der Kaiserkrönung des einstigen Idols zurück.

An einen adligen Freund schrieb er 1808: »Nein, nichts als Wunden hat die Freundschaft und ihr ähnliche Gefühle für mich. – So sei es denn, für Dich, armer B. [Beethoven], gibt es kein Glück von außen, Du mußt Dir alles in Dir selbst erschaffen, nur in der idealen Welt findest Du Freunde«: »Denn vor Liedesklang entweichet jeder Raum und jede Zeit.« (Liederzyklus »An die ferne Geliebte«, 1816)

Die Ideal-Welt ist die Kunst, rein und ohne Rücksichten. Rücksichten muß man ja sonst schon überall nehmen. Unterhaltungsfunktion und leichte Kost kann nicht die Absicht sein: Das sind wieder solche feindlichen Bedürfnisse der Außenwelt, des nichtswürdigen Publikums, das sich auf die seichte, »malende« Musik und die leichte Oper à la Rossini stürzt. Fort mit ihnen! Sie seien ewig vom Thron der Kunstmusik verbannt.

Nicht die Menschen und ihre politischen Ränke gewähren Trost, sondern nur die Kunst und – die Natur: »Allmächtiger – im Walde – ich bin selig – glücklich im Walde – jeder Baum spricht – durch dich, o Gott, welche Herrlichkeit in einer solchen Waldesgegend – in den Höhen ist Ruhe – Ruhe ihm zu dienen.« Reichardt und die Gleichgesinnten hatten gut vorgearbeitet (S. 479 f). Und so komponierte er auch: Wie der Wald ist die Musik nur Sprachrohr höherer Ideen, Ideale. Stellen aus den beiden Anfangssätzen der »Eroica« klingen gar nicht mehr wie Musik (Satz I, T. 128 ff; Satz II, T. 209 ff), sondern sind wortlos: Bürgerliches Schicksal, höhere Mächte.

»Das ist wie das Ringen und Schluchzen eines ganzen Menschenlebens ... Wenn ich diese Musik oft hörte, würde ich immer sehr tapfer sein.« (Bismarck nach dem Hören von Beethovens Klaviersonate »Appassionata«; vgl. Emil Ludwig, Bismarck, Goldmann-Sachbuch, S. 172)

»Stumpfen Zuhörern, die nur erschüttert und wieder hin und her gewiegt und geworfen sein wollen, gefällt das freilich am meisten, und nichts ist ihres lautesten Beifalls gewisser. Ein Mann von Beethovens Genie und Kunst wird aber diese doch wohl nicht vor Augen haben, wenn er Scenen ausarbeitet, die in den Stunden der glücklichsten Eingebung empfangen, mit gerührter und erhobener Seele gesungen wurden, für diese am Ende noch das laute Händegeklatsch der Menge durch gemeine Kunstmittel herausrufen zu wollen wäre gewiß seiner und seiner Kunst gar wenig würdig ... Alles Auffallende und daher von der Menge am lautesten Beklatschte wird leichter und hundertfältig nachgeahmt, ehe das wahre Schöne und Große in seinen Arbeiten einmal ganz sentiert [gefühlt] und zu eignem Gewinn angewandt wird.« (Reichardt über Beethovens Szene »Ah perfido!«, in: Berlinische Musikalische Zeitung, Jg. I, 1805; zit. bei Reichardt, Briefe die Musik betreffend, Leipzig 1976, S. 259 f)

»... als ich, am Tage nach meiner Ankunft, einem Konzert beigewohnt hatte, währenddem die Zuhörer nicht einen einzigen Augenblick aus ihrer Kälte herausgekommen waren, und wo ich der Vorführung von Wunderwerken, selbst solcher wie Beethovens C-Moll-Sinfonie, vollkommene Ruhe folgen sah. Als ich mich über diese Gleichgültigkeit wunderte, von der ich allerdings andererorten nie ein Beispiel gesehen hatte, und mich über eine solche Aufnahme Beethovens beschwerte, sagte eine, auf ihre Weise vom großen Meister selbst hochbegeisterte Dame zu mir: ›Sie irren; das Publikum bewundert das Meisterwerk, so tief man nur bewundern kann; und wenn es nicht applaudiert, geschieht es aus Ehrfurcht!‹ Dies Wort, das in Paris und überall, wo die schändlichen Manöver der Claque [sprich: klack; gemietete Beifallklatscher] üblich sind, von tiefer Bedeutung wäre, flößte mir, wie ich gestehe, lebhafte Befürchtungen ein. Ich hatte große Angst, respektiert zu werden.« (Berlioz, Lebenserinnerungen, München 1914, S. 445; über einen Besuch in Breslau in den 40er Jahren des 19. Jahrhunderts)

Der Kreis schließt sich:

>>Music, die ins Herz dringt,
muß uns vergessen machen,
daß wir Hände haben.<<
(S. XI: 3. Motto)

Register (Sachen, Orte, Personen)

Sachregister

Ortsregister (keine Länder und Regionen)

Personenregister

Peter Schleuning
Die Sprache der Natur
Natur in der Musik des 18. Jahrhunderts
1997. IX, 230 Seiten, zahlreiche
Notenbeispiele, gebunden
ISBN 3-476-01280-8

Was die »Natur« des Menschen sei und was die
ihr angemessene Musik, ist heute genau so umstrit-
ten wie im 18. Jahrhundert, als diese Frage entstand.
Peter Schleuning stellt in seinem Buch die
Bandbreite dar, mit der die Komponisten des
18. Jahrhunderts auf diese Herausforderung
geantwortet haben.

Einzelne Kapitel widmen sich u.a. den
Instrumental- und Vokalwerken Bachs und
Telemanns, der Musiktheorie Matthesons, Carl
Heinrich Grauns für den Hof Friedrichs II. geschrie-
bener Oper »Montezuma«, der Operette und dem
Lied , den pastoralen Elementen in Oratorium und
Oper, nicht zuletzt dem Frühwerk Beethovens. Auf
diese Weise entsteht ein neues Bild von der Musik des
18. Jahrhunderts, die in vielem bereits vorromanti-
sche Züge aufweist.

»Seriöses Kompaktwissen. Mit zahlreichen Noten-
beispielen und Zitaten regt es zum Weiterlesen und -
hören an.«

WESTDEUTSCHER RUNDFUNK

VERLAG J.B. METZLER

**Metzler Lexikon Literatur-
und Kulturtheorie**

Ansätze – Personen – Grundbegriffe
Herausgegeben von Ansgar Nünning
1998. VII, 593 Seiten, gebunden
ISBN 3-476-01524-6

Dieses Lexikon bietet in über 600 Artikeln einen kompakten Überblick über die Vielfalt der literatur- und kulturwissenschaftlichen Ansätze. Es erläutert die zentralen Grundbegriffe und stellt die Theoretiker vor, die die Debatten geprägt haben.

Die Literaturtheorie wird durch literaturgeschichtliche Überblicksartikel, u.a. über Antike, Mittelalter, Renaissance, Klassizismus, Romantik und Ästhetizismus auch in ihrer historischen Entwicklung erschlossen und in ihren internationalen und interdisziplinären Zusammenhang eingeordnet. Umfassend berücksichtigt werden kultur- und medienwissenschaftliche Ansätze sowie neuere Entwicklungen wie Dekonstruktion, Diskurstheorie, feministische Theorien und Geschlechterforschung, Konstruktivismus, New Historicism, Mentalitätsgeschichte, postkoloniale Literaturkritik und Poststrukturalismus.

Autorenporträts informieren über die wichtigsten Theoretiker/innen und ihre Werke (z.B. Aristoteles, Bachtin, de Man, Derrida, Foucault, Greenblatt, Iser, Jauß und Luhmann. 300 Sachartikel erklären die von ihnen geprägten Begriffe (von Appellfunktion bis Zirkulation).

»Dieses Lexikon ist eine nützliche Sache, eine Studienreform im kleinen [...] Es gehört auf den Gabentisch jedes Erstsemesters.«

DIE ZEIT

VERLAG J.B. METZLER

Amerikanische Literaturgeschichte
Herausgegeben von Hubert Zapf
1997. XII, 596 Seitern, 424 Abb., gebunden
ISBN 3-476-01203-4

Deutsche Literaturgeschichte
Von Wolfgang Beutin u.a.
5., überarbeitete Auflage.
1994. X, 630 Seiten, 400 Abb., gebunden
ISBN 3-476-01286-7

Englische Literaturgeschichte
Herausgegebenn von Hans Ulrich Seeber
3., erweiterte Auflage.
1999. X, 461 Seiten, 364 Abb., gebunden
ISBN 3-476-01728-1

Französische Literaturgeschichte
Herausgegeben von Jürgen Grimm
4., überarbeitete und aktualisierte Auflage.
1999. XII, 494 Seiten, 283 Abb., gebunden
ISBN 3-476-01729-X

Italienische Literaturgeschichte
Herausgegeben von Volker Kapp
2., verbesserte Auflage.
1994. X,427 Seiten, 430 Abb., gebunden
ISBN 3-476-01277-8

Lateinamerikanische Literaturgeschichte
Herausgegeben von Michael Rössner
1995. XI, 549 Seiten, 350 Abb., gebunden
ISBN 3-476-01202-6

Spanische Literaturgeschichte
Herausgegeben von Hans-Jörg Neuschäfer
1997. X, 423 Seiten, 312 Abb., gebunden
ISBN 3-476-00960-2

VERLAG J.B. METZLER